U0941065

2010
增城年鉴
ZENGCHENG YEARBOOK

广 州 东 部 板 块
GUANGZHOU ESTERN PLATE

《增城年鉴》编委会 主编

广 东 旅 游 出 版 社

图书在版编目（CIP）数据

增城年鉴. 2010 / 《增城年鉴》编委会主编. — 广州：广东旅游出版社，2011.3
ISBN 978-7-80766-309-6

Ⅰ. ①增… Ⅱ. ①增… Ⅲ. ①增城市-2010-年鉴 Ⅳ. ①Z526.54

中国版本图书馆CIP数据核字（2011）第026179号

出版发行　广东旅游出版社
（广州市中山一路30号之一　　邮编：510600）
责任编辑　邱诗灵　刘蓓
印　　刷　河源市天才印务有限公司
（河源市高新技术开发区）
开　　本　787毫米×1092毫米　16开
印　　张　24.375
字　　数　600千字
版　　次　2011年1月第一版
印　　次　2011年1月第一次印刷
定　　价　120.00元

《增城年鉴》顾问

《增城年鉴》编纂委员会

《增城年鉴》编辑部

编 辑 说 明

一、《增城年鉴》于1997年创刊，本期（2010年刊）为第14期，纪述2009年增城市政治、经济、军事和社会事业发展状况。

二、本期年鉴以“部类”、“分类”、“条目”3个层次组成框架主体，其中“条目”为反映具体情况的主要形式，其名目均用“【】”号和黑体字显示；部分“条目”下增设“子目”，以楷体字显示。全书共分10个“部类”：（1）特辑；（2）大事记；（3）增城概貌；（4）政治；（5）经济；（6）社会事业；（7）镇（街）概况；（8）人物；（9）国民经济统计资料；（10）附录。

三、本年鉴所载内容，绝大部分由各有关单位撰稿人提供，并经单位领导审阅。故在每一“分类”或“条目”所载内容下面附有撰稿人姓名和该单位当年年末在任的主要领导人姓名。

四、本年鉴所载各类内容中，由于统计口径不一或其他方面的原因，有部分同一指标的统计数字可能有些差异，读者使用时应以市统计局提供的“国民经济统计资料”为准。

五、本期年鉴的出版，得到各单位领导和撰稿人的热情关怀和大力支持，对此，我们表示衷心的感谢。

六、由于我们编辑水平有限，错漏在所难免，恳请广大读者多提宝贵意见，以便今后改进。

《增城年鉴》编辑部

目　录

·石滩镇·

·中新镇·

·派潭镇·

·正果镇·

·小楼镇·

人　物

国民经济统计资料

附　录

›››2010年5月15日，中共中央政治局常委李长春视察增城绿道。

»» 中共中央政治局常委李长春视察增城广场画廊。

»» 中共中央政治局常委李长春视察增城体育设施。

>>> 中共中央政治局常委李长春视察增城图书馆。

»»2009年1月8日，广东省委副书记、省长黄华华在省委常委、广州市委书记朱小丹和市长张广宁等同志的陪同下，到增城市调研。

›››6月18日，省委常委、广州市委书记、广州市人大常委会主任、广州市委深入学习实践科学发展观活动领导小组组长朱小丹（左二）到第二批学习实践活动联系点增城市荔城街开展专题调研。

›››12月14日，广州市委书记朱小丹、增城市委书记朱泽君为学习实践科学发展观培训基地揭牌。

››› 9月17日，广州市市长张广宁来到增城，就城乡统筹发展、城镇生活污水处理和水环境综合整治、生态环境建设和生态旅游开发等工作进行调研。

››› 6月29日，博鳌亚洲论坛秘书长龙永图（左三）一行到增城市考察。

5月5日，广东省副省长万庆良（左二）到增城市调研，了解旅游业发展情况。

7月8日，广东省副省长佟星（前排右三）到增城市调研。

›››10月19日，广东省副省长佟星（前排左二）在广河公路小楼段建设现场听取项目施工方汇报工程进度情况。

›››2月18日，广州市加快北部山区经济社会协调发展工作会议在增城市召开。广州市委副书记张桂芳（左二）在小楼镇东西境老街了解农家乐发展情况。

>>> 5月21日，广州市副市长许瑞生（左二）就亚运会场馆改造及建设情况到增城市调研。

>>> 7月10日，广州市副市长陈国就社会养老保险、社保扩面和扩大就业工作到增城市调研。

>>>6月9日，香港廉政公署专员汤显明（前排右三）率领代表团到增城市考察并与本市领导座谈。

>>>4月27日，广东省委常委、秘书长、办公厅主任徐少华（前排左五）一行到增城市调研。

»»2月12日，广东省水利厅厅长黄柏青（左一）率调研组到增城市调研水利工作。

»»5月5日，广州市安监局副局长方少华（右二）率广州市安委办督查组到增城市督查建筑施工安全工作。

»»10月20日，广州市旅游局巡视员马相承，增城市领导邓少敏、李荣渝为增城白水仙瀑景区创建国家4A级旅游景区工作领导小组办公室揭牌。

增城市市委书记朱泽君

增城市市长叶牛平

2月5日中国共产党增城市第十一届委员会第七次全体会议在市委1号楼隆重召开。市委书记朱泽君和市长叶牛平分别在会上作报告。

»»3月23日，增城市党政考察团在佛山市南海区考察。

»»5月7日，市委书记朱泽君（右二）到市各民主党派、工商联机关调研，了解本市各民主党派、工商联机关知识分子联谊会的工作情况。

»»4月15日，市长叶牛平率有关部门负责人到市政府窗口单位明察机关服务年活动开展情况。

»11月25日，市长叶牛平（左一）主持召开全市水利工程建设现场会。

»5月7日，增城市领导干部昆山学习交流班在昆山市委党校举行开学典礼。

»6月26日，以“树立机关形象，转变行业作风，帮助群众排忧解难，促进增城科学发展和和谐建设”为主题的增城市“行风月月谈”电视节目开播。

»7月28日，增城市领导率慰问团慰问驻罗浮山部队官兵。

»5月15日，增城市在艺都影剧院举行科技创新与科学发展专题报告会。

»5月22日，增城市政府与华南农业大学签订合作框架协议，共建科学发展试验区。

»»7月25日，2009年全国县域经济科学发展交流年会上，增城首次进入全国百强县十强。

»»8月3日，增城市柏迪创展有限公司与华南理工大学共建的纺织装备工程技术研发中心和研究生培养基地在增城市凤凰城举行挂牌仪式。

»»7月23日，岭南集团增城市增江两岸旅游开发项目报告会召开。该项目总投资估算超过100亿元人民币，将建成集旅游、休闲、运动、度假、居住、保健和疗养多功能于一体的国际化综合自然生态园区。

»»8月20日，举行广州新穗东（增城）投资推介会，40个优质项目落户增城，总投资270亿元。

»»10月15日，作为环境综合治理重点工程的增城中电荔新2×300MW热电联产工程项目举行开工仪式。

»»9月28日，举行增莞深高速公路东江大桥竣工通车仪式。

»9月30日，碧桂园增城千亩大盘亮相房博会，碧桂园在增城兴建的楼盘受购房者追捧。

»12月1日，香港至增城旅游直通车正式开通。

»2月18日，新丰县旅游考察团到增城市考察，以加强两地友好合作，促进旅游蓬勃发展。

»»5月26日，增城市旅游局在昆山市举办旅游推介会，并与昆山旅游局签订旅游合作协议。

»»3月26日，2009年广州国际旅游展览会在广州市锦汉展览中心举行，增城展位大放异彩。

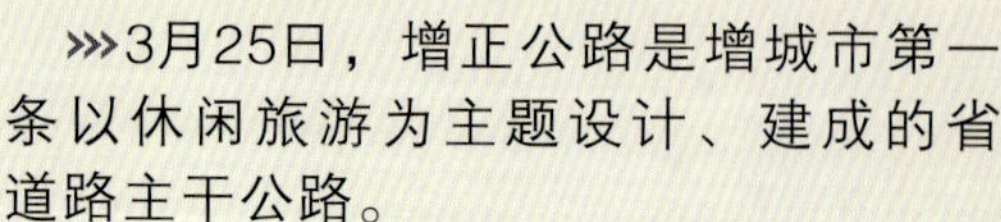

»»3月25日，增正公路是增城市第一条以休闲旅游为主题设计、建成的省道路主干公路。

»»6月27日，2009年广州增城市荔枝文化旅游节开幕式在增城广场举行。

»»7月8日，2009年广州增城何仙姑文化旅游节开幕。

»» 100多公里自行车道、1000平方公里田园风光自驾车乡村公路等多个人文自然景观组成五彩缤纷的旅游线路。

»» 8月8日，增城市举办“迎接亚运，创造新生活”2009年增城市全民健身活动月启动仪式及“美利达”杯首届增城市安达国旅自行车越野挑战赛。近千名健身爱好者参加了自行车健身巡游活动。

»»11月，增城市晚稻进入秋收阶段。图为成熟的稻田一片金黄。

»»小楼镇腊圃村迟菜心生产基地，年亩产可达到1500公斤。

»»12月9日举行2009年广州增城菜心美食节香港推介会，广州市仙源旅游景区有限公司与香港油麻地旅游有限公司签订“增城小楼乡村游”协议。

»12月19日，2009年增城市白水寨番薯美食文化节新闻发布会在广州举行。

»12月25日，2009年增城菜心美食嘉年华开幕。

»6月5日，广东省领导干部“生态文明与旅游资源开发”研讨班学员一行70多人到增城市考察。

›››12月28日，增城市科技文化博物馆开工建设。

›››6月23日，广东省干部艺术团文艺晚会在增城广场永久舞台举行。

›››11月2日，增城新图书馆举行启用仪式，标志着增城新图书馆正式竣工开馆。

»»11月 15日，2009中国广州（增城）广场音乐文化节隆重开幕。

»»6月30日，挂绿广场举行的文明出行广场论坛主题活动吸引了众多群众参与。

»»6月5日，2009年新塘龙舟节暨首届美食娱乐购物节在新塘市民文化活动中心开幕。

›››7月3日，增城市委、市政府在挂绿广场举行2009广州增城荔枝文化旅游节系列活动之一增城挂绿赠百姓活动，将挂绿母树上的30颗珍贵荔枝通过现场抽签的方式赠送给30位市民。

›››12月26日，“2009中国最具幸福感城市”在西安揭晓，增城市入选2009年中国最具幸福感城市。

›››增城市连续17年荣获“广东省体育突出贡献奖”，运南体校被国家体育总局评为“国家高水平体育后备人才基地”，图为市十运会开幕式。

»»10月12日，第13届女乒世界杯在广州体育馆落下帷幕，增城籍运动员刘诗雯首夺世界冠军。

»»7月23日，增城市派出100名游泳健儿组成两个方队参加“2009年广州游珠江活动”。

»»6月4日，新塘龙舟锦标赛在东江举行。

香港皇朝傢俬集团
HONGKONG ROYAL FURNITURE HOLDING

北京2008年奥运会生活家具独家供应商新闻发布会

深圳第26届大学生夏季运动会生活办公室家具类赞助商签约仪式

香港皇朝家私形象大使:刘嘉玲

皇朝简介

香港皇朝家私集团成立于1994年,是国内产销量最大的板式家具生产企业之一。2002年于香港上市,成为香港首家上市的家具企业,连续10年以最快速度发展成为行业龙头企业,在广东增城、永和开发区、北京等地开设三大生产基地,占地近1000亩,厂房及经营面积50万平方米,集团员工逾4000人。

皇朝家私拥有强大的营销网络和完整的产品链覆盖全国,在北京、上海、深圳、沈阳、哈尔滨、济南、郑州、杭州、成都和长沙十大城市设立了皇朝直营分公司,直接经营100多家零售店。目前,经皇朝家私授权的皇朝品牌专卖店已达3000家。

自1999年以来,皇朝家私以优良的品质、精湛的工艺、原创的设计,相继通过德国RWTUV国际机构的ISO9001国际质量管理体系认证、CTA品质验证、CQC环保认证等,并获得"中国家具行业十大影响力品牌"、"中国市场家具行业十大知名品牌"、"中国家居产业最具价值家具品牌"等诸多荣誉和称号。

2007年3月,香港皇朝家私在与中外几大家具知名品牌企业的竞争中胜出,成为北京2008年奥运会生活家具独家供应商。为北京奥运村、奥运新闻中心、鸟巢、村长院及VIP贵宾接待室提供超过30万件家具,并精心打造了全球90位国家元首尊座,得到北京奥组委及全球奥运健儿的赞扬与肯定。

2008年11月11日,香港皇朝家私以强大的综合实力成为深圳2011年第26届大学生夏季运动会办公及生活类家具赞助商。

面对新世纪的发展机遇与挑战,皇朝将不懈追求,执着奋进,致力于把健康生活家居理念传递给每一位消费者,为您的品位生活保驾护航!

熔炼品质，铸造辉煌

——前进中的广州金邦有色合金有限公司

广东省、广州市领导在增城市、广钢有色集团领导陪同下多次视察金邦，关心企业发展

广州金邦有色合金有限公司是香港金钧企业（集团）有限公司和广州南方有色金属有限公司共同投资兴建的中外合资企业。广州金邦有色合金有限公司年产15万吨有色合金项目是广钢集团实施“黑色与有色产业并重”发展战略目标的重要一步，符合国家“十一五”规划鼓励发展的重点产业，对完善广州市的产业布局和结构调整，满足国内、特别是珠三角地区有色合金市场的强劲需求，推动我国再生金属循环经济产业的健康发展。

广州金邦有色合金有限公司主要生产“前进牌”铸造铝锌合金，其质量一直处于国内领先水平。“前进牌”铝合金锭在1997年就荣获广州市名牌产品称号。自行研制的铝硅系38#铸造铝合金荣获了“广州市科研成果奖”和“广东省优质产品”称号，并荣获中国有色金属工业总公司“部优”产品称号。产品的化学成分均匀稳定，机械性能及铸造、加工性能优良，被广泛地应用于汽车、摩托车、机械制造业、家电、五金、玩具、卫浴等各个领域。

广州金邦有色合金有限公司以“熔炼品质，铸造辉煌”为企业精神，围绕“为企业创造价值、为员工创造财富、为生活创造快乐”的办企目标，在广州市和增城市政府的关怀下，在广钢集团和有色集团的指导下，建立起以董事会领导下总经理负责制的现代化企业。承载着广钢集团有色产业做优做大做强的使命，肩负着有色集团跨越式发展的期望，从建设、试产到投入生产经营过程中，就在不断地摸索和进步，并通过广大干部职工的不断努力和拼搏，取得了一个又一个骄人的成绩。

2007年2月8日，15万吨再生有色合金项目在新塘宁西工业园奠基。

2007年6月，15万吨再生有色合金项目正式动工建设。

2008年1月28日，广州金邦公司锌合金生产线热负荷试车。

2008年3月28日，广州金邦公司铝合金生产线正式投产，15万吨项目一期工程全面建成投产。

2009年2月，顺利通过了SGS公司ISO9001质量体系认证。

质量体系证书

优秀供应商

企业精神：熔炼品质 铸造辉煌
企业愿景：国内领先 世界一流
核心价值观：责任 卓越 和谐
办企目标：为企业创造价值，为员工创造财富，为生活创造快乐
经营理念：专业品质 卓越服务 科学发展 共创辉煌

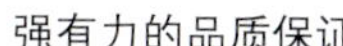

强有力的品质保证

职工文艺演出

2009年6月，有色合金产量首次突破3000吨，7月销售量首次突破3000吨。

2009年9月，有色合金产量首次突破4000吨；11月销售量首次突破4000吨。

2010年8月，实现有色合金月度产销5000吨的大关，标志着一期项目达产达销。

发展未有穷期，冲刺永无止境。年轻的金邦公司正如冉冉升起的朝阳。未来的金邦，坚持合理开发利用国内外有色金属资源，立足本土，开拓海外，实施企业“走出去”方略，发展有色合金产品的延伸和深加工，加强与配套产业的联系，逐步向工业配套产业链方向推进。

心随我动。瞄准更高的发展标杆，自信的金邦人如潜龙腾渊，冲刺更加高远的发展目标，打造行业知名品牌，竭诚为新老客户服务，与海内外朋友携手合作，为实现有色金属产业的腾飞，铿锵前行。

金邦公司现代化厂区一角

地址：广州增城市新塘镇宁西工业园内
网址：www.jballoy.com
邮政编码：511340
电话：（020）82968111（总机）、82968123（办公室）、82968112（销售部）
传真：（020）82968137

金邦全貌

魅力增城
MEILIZENGCHENG

魅力增城
MEILIZENGCHENG

魅力增城
MEILIZENGCHENG

世家
HEREDITARY LORDSHIP

智慧学养的传承印记

增城房预（网）字第20100518号

奥晨地产，以复合地产实践者的高度理念，

以相连增城中学、实验小学及荔城三中的优越地理氛围，

为［世家］传承者精心筑造兼备‘精华品质与世家文化气质’的名校学馆高尚社区。

名校学馆区。承袭世家智慧。

园林盛翠，凝聚成熟之美！一期单位精彩售罄！

全新二期［世家］风范展示！

79~218m² / 两梯两户 / 入户花园 / 日光大露台 / 南北对流......

- **荔城花园［世家］，凝聚荔城西核心优势**，地铁16号线规划接通明日价值；荔新公路、广惠高速、广深高速纵横交汇，广州直通巴士、8号公交线等穿梭直达
- **世家气质园林** 逾11万m²东南亚园林倚山缓奏；［世家会所］凝聚精英气质，多级日光园林泳池及幼儿园、商业街等掩映于高达55%的绿化覆盖中......
- **灵感建筑 精华户型** 两梯两户的拉阔式阳光建筑，拥有入户花园及日光大露台，从79m²两房精品单位至218m²复式天伦大户，南北对流绝佳座向，适合不同家庭所需......

奥晨地產 | 荔城花園II | 项目地址：荔城大道422号(增城中学旁) +020 8266 7888 / 8266 7555

本案
增城中学
荔城大道
增派大道
荔城区政府
新城幼稚园
往广州方向
荔城公园
荔星大道
荔城三中
增城实验小学
农机学校
荔景大道
增城公园

广州市敏捷房地产开发有限公司

广州市敏捷房地产开发有限公司是在增城注册的一家大型房地产开发企业。其母公司成立于1993年，是一家以房地产为主，集房地产开发、建筑设计、工程施工、园林规划、销售策划、物业管理为一体的现代化大型民营房地产集团企业。公司注册资金超过5亿元人民币，目前公司有在册员工5000多人，拥有广州市敏捷房地产开发有限公司、广州锦绣投资有限公司、广州锦绣大地房地产发展有限公司、梅州市敏捷建筑工程有限公司，广州完全房地产物业管理有限公司（2009年获得国家二级物业管理企业资质）等40多家全资及控股企业。目前，公司拥有整套科学、合理、高效的管理制度，形成了项目开发、工程监理、营销策划、财务管理以及物业管理等成熟的运作体系，形成了完善的法人治理结构和健全合理、有效的重大经营决策程序及内部风险控制制度。

有远见才有发展。敏捷集团2006年正式进入增城房地产市场，开发了荔城首席大型湖畔社区“增城锦绣御景苑”，该项目地处荔城街中心地段，首创增城立体式园林社区，已成为当地公认的高档豪宅项目，当年销售超1000套。2007年，敏捷集团首入新塘镇，首盘锦绣银苑当年开发的1000多套住宅单位半年售罄。同年十月敏捷集团新塘镇的第二个楼盘锦绣新天地开盘也取得良好销售业绩。2009年10月，敏捷集团在增城第四个大型项目锦绣半山御景正式发售，2010年5月公司位于荔城核心千亩大盘锦绣御景国际成功推出！目前，敏捷集团在增城就先后开发了锦绣御景苑、锦绣银苑、锦绣新天地、锦绣半山御景、锦绣御景国际等多个大型优质项目，销售超1万套住宅单位。集团旗下的“锦绣”系列住宅产品在增城已是家喻户晓，成为了当

地高端豪宅的代表，赢得了社会各界的广泛好评，先后荣膺“全国城市物业管理优秀示范住宅小区”、“广东省优良样板工程”、“广东省房地产诚信企业”、“中国广东成功开发企业”、“广州市A级纳税企业”、“2008年、2009年、2010年度广东地产资信20强”等30多项殊荣。

房地产行业承载着城市发展和民众安居的光荣与梦想，建立诚信、责任地产已经成为社会共识。近年来，集团大力开展扶贫、济困、助学、赈灾等各类慈善活动；以实际行动回报社会的关爱。

展望未来，公司秉持“创造和谐人居”这一企业使命，树立可持续发展的长远目标，继续遵循企业诚信、务实、专业、团结、学习、创新等核心价值观，为社会提供最具升值潜力高品质住宅、商业等多元化产品和优质物业服务，满足增城人民不断提升的居住需求，同时并为广大员工构筑广阔事业空间及实现人生价值的平台，致力于成为中国房地产行业的最具实力的品牌房企，为推动中国的城市化进程和社会的进步贡献的自已的力量。

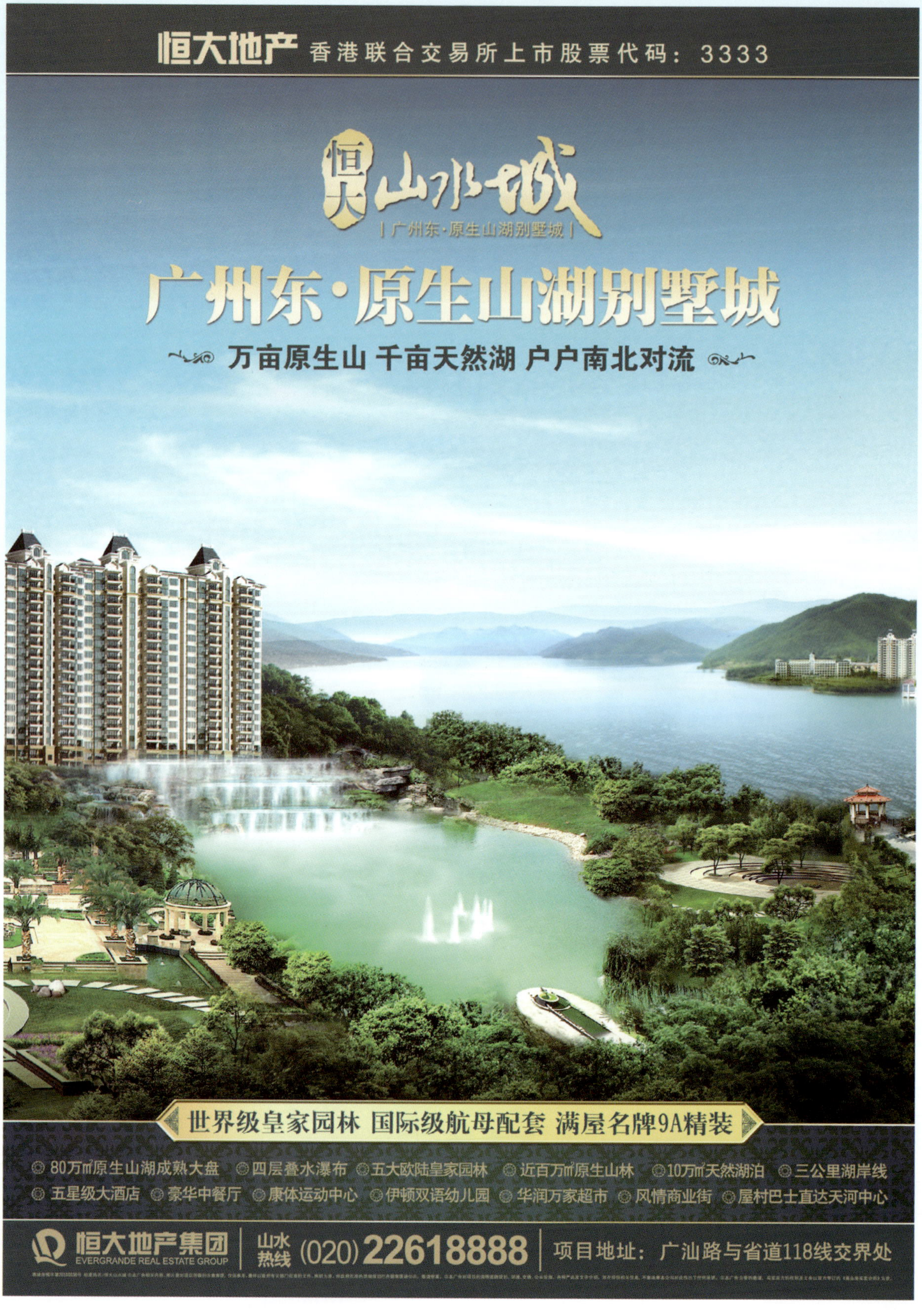
恒大地产 香港联合交易所上市股票代码：3333
恒大山水城
广州东·原生山湖别墅城
广州东·原生山湖别墅城
万亩原生山 千亩天然湖 户户南北对流
世界级皇家园林 国际级航母配套 满屋名牌9A精装
80万㎡原生山湖成熟大盘 四层叠水瀑布 五大欧陆皇家园林 近百万㎡原生山林 10万㎡天然湖泊 三公里湖岸线
五星级大酒店 豪华中餐厅 康体运动中心 伊顿双语幼儿园 华润万家超市 风情商业街 屋村巴士直达天河中心
恒大地产集团
EVERGRANDE REAL ESTATE GROUP
山水热线 (020) 22618888
项目地址：广汕路与省道118线交界处

知识城旁最美大盘

居花园 · 揽碧湖 · 观远山

恒大山水城项目概况

恒大山水城，雄踞广河高速、北三环高速、广汕公路和省道118线城市脉动枢纽，位居广州东半小时生活圈内，具有不可复制的地理优势，市区繁华触手可及。项目占地700余亩，总建筑面积近100万平方米，建筑形态涵盖半山湖景洋房以及双拼别墅，以原生山林湖泊为特色，并拥有豪华园林景观和成熟配套。

恒大山水城背依百万平米原生茂林，正临波光粼粼湖泊，不仅拥有独立近5万m² 中心花园，而且户户朝南面湖，加上超宽楼间距，清新的阳光与氧气毫不吝啬的萦绕家中，让居者安享原生态品质生活。

户户尽享园、湖、山 三重立体景观

居花园

原生态立体化欧洲皇家园林，拷究打造五大新古典主义风格园林、四层叠水瀑布，成就人与自然和谐共生的至美景致。

揽碧湖

10万方天然湖、千棵名贵水杉沿湖而生，潺潺湖水与蓝天交相辉映，印出五光十色的绝美画面，自然与恬静由心而生。

观远山

万亩生态美地，拥有皇家园林血统的采用原态移植手法，千颗原生大树与黄金竹林，每日滋养居者身心。

三年成熟社区 乐享山水生活

五星级大酒店

近在家门口的国际五星级大酒店，商务娱乐功能齐备，设施先进豪华。

伊顿双语幼儿园

伊顿双语幼儿园，以世界性的标准、创新的思维模式、成熟的精英教育机制，启迪孩子们的无穷智慧，享受国际教育，无需远行。

生活配套完善

三千平方米风情商业街、华润万家超市等生活配套应有尽有；屋村巴士现已开通，每天往返大河中心。

近享千亿配套 恒大山水城独饮头啖汤

市政配套一流

恒大山水城目前是知识城内距离最近、规模最大、园林最美、装修最豪华旗舰大盘，近享国家千亿市政配套，共享周边商业、学校、医疗、娱乐、交通等一流设施。

交通路网升级

中新知识城板块将与广园东板块相辅相成，拥有广汕公路、广园快速路、广深高速、广惠高速等多条交通干线，与穗莞深城际轻轨、广深四线和夏深铁路联络线。届时，山水城将与该板块全面纳入半小时都市核心生活圈。

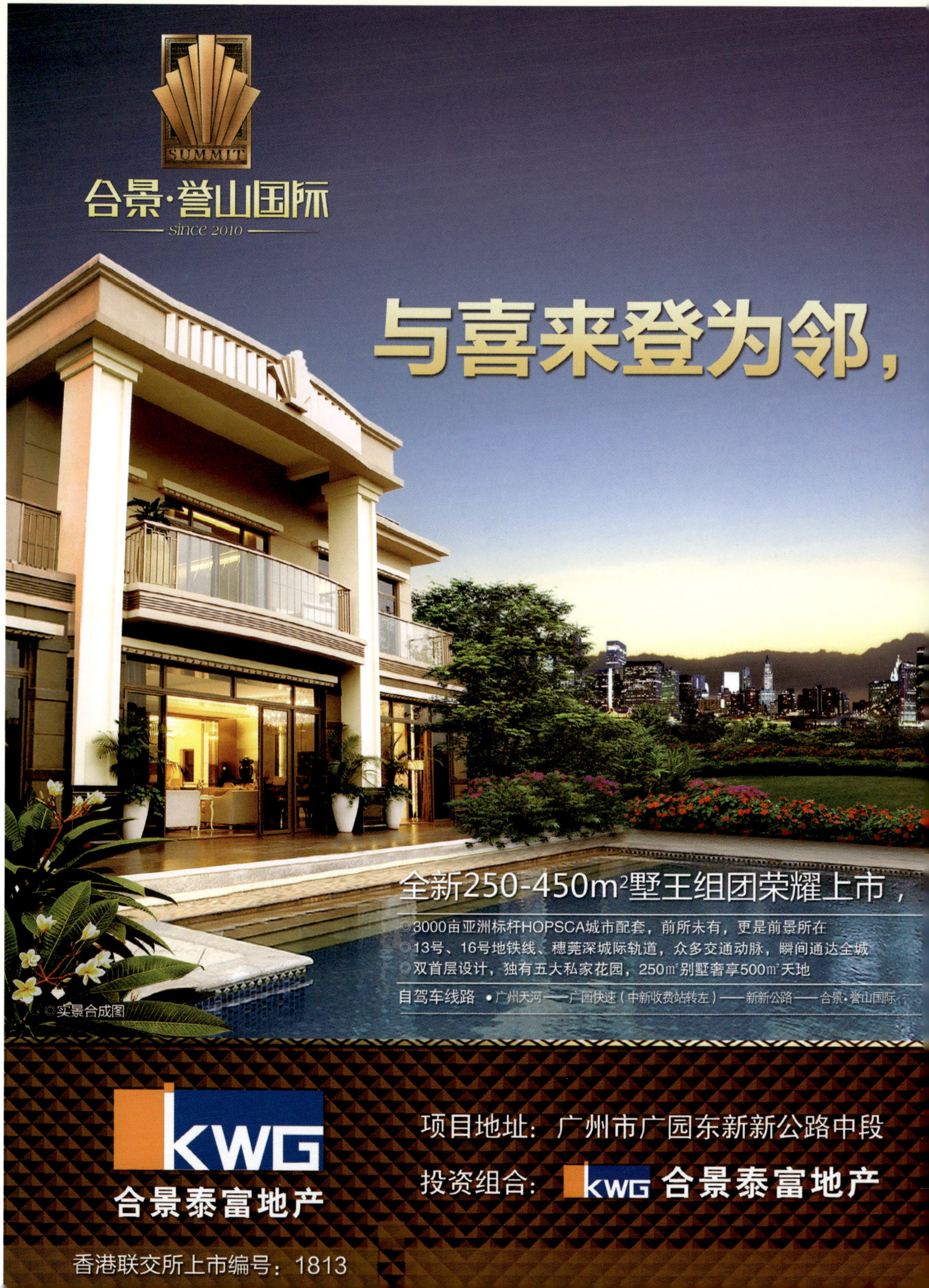
SUMMIT
合景·誉山国际
since 2010
与喜来登为邻，
全新250-450m²墅王组团荣耀上市，
◎3000亩亚洲标杆HOPSCA城市配套，前所未有，更是前景所在
◎13号、16号地铁线、穗莞深城际轨道，众多交通动脉，瞬间通达全城
◎双首层设计，独有五大私家花园，250㎡别墅奢享500㎡天地
自驾车线路 •广州天河——广园快速（中新收费站转左）——新新公路——合景·誉山国际
◎实景合成图
KWG
合景泰富地产
项目地址：广州市广园东新新公路中段
投资组合：KWG 合景泰富地产
香港联交所上市编号：1813

世界由此不同
恭迎品鉴
◎五星级喜来登酒店、5万㎡购物中心、1000亩市政公园，各类生活配套无需外求
◎万亩南香山，千亩余家庄水库自然山水资源，纵享无边江山境界
◎国际设计大师团队联袂，鼎力打造国际级荣耀宅邸
• 广州天河——广汕公路——新新公路——合景·誉山国际
本广告内容仅作形象宣传，宣传内容以政府最终批复方案及商品房买卖合同为准，一切解释权归开发商所有
标准地名：誉山国际
预售证号：增城房预（网）字第20100076号
020 - 32 988 988
DONGLING 東凌集團
策划销售代理：中原地产 CENTALINE CHINA
广汕公路
白云山风景区
新新公路
合景 誉山国际
荔新公路
广深高速
永顺大道
开发大道
广园快速路
中新收费站
中信广场
新塘中心区
G107国道
以心筑家 创建未来
www.kwgproperty.com

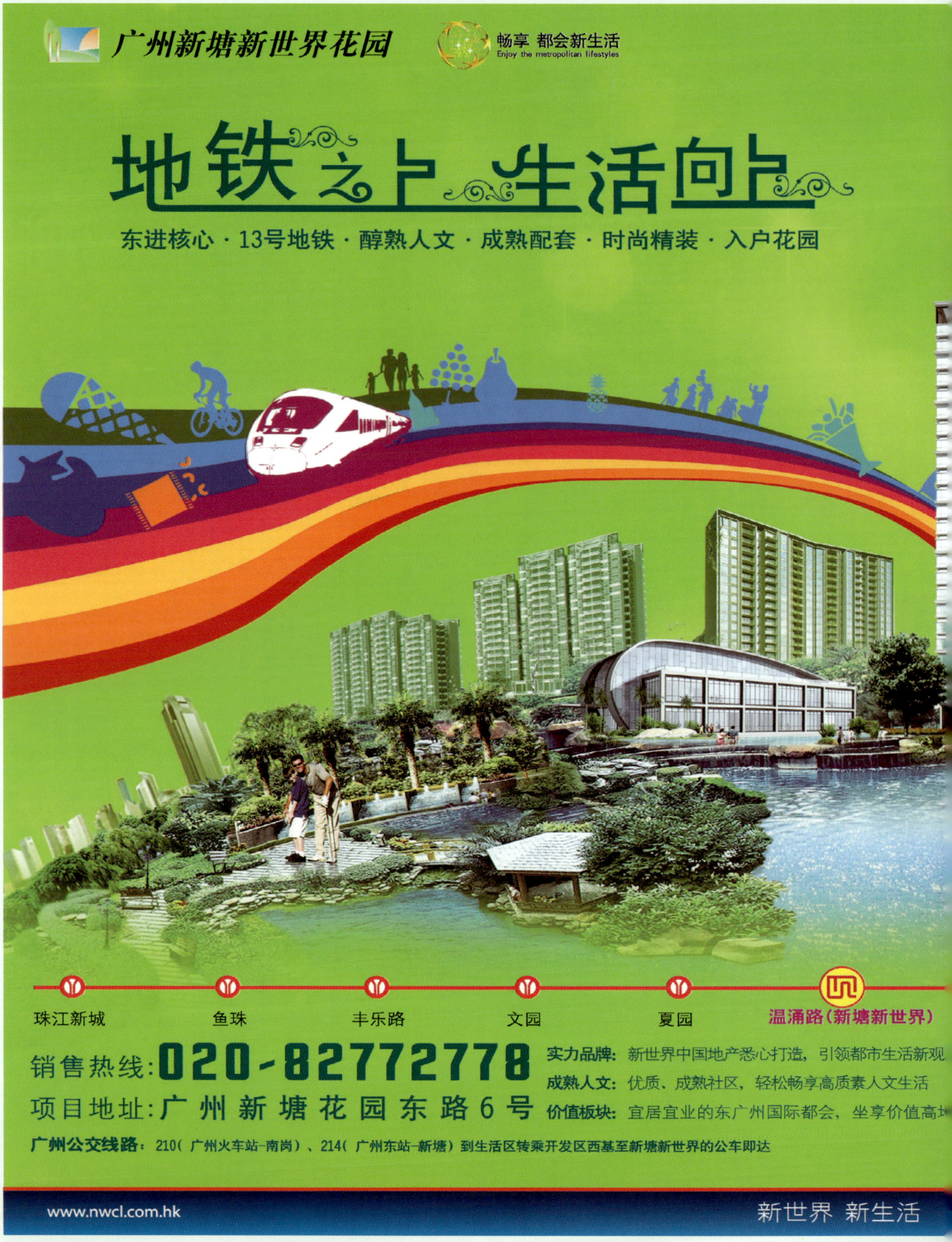

广州新塘新世界花园

地铁之上 生活向上

东进核心 · 13号地铁 · 醇熟人文 · 成熟配套 · 时尚精装 · 入户花园

珠江新城　鱼珠　丰乐路　文园　夏园　温涌路（新塘新世界）

销售热线：020-82772778

项目地址：广州新塘花园东路6号

实力品牌： 新世界中国地产悉心打造，引领都市生活新观

成熟人文： 优质、成熟社区，轻松畅享高质素人文生活

价值板块： 宜居宜业的东广州国际都会，坐享价值高

广州公交线路： 210（广州火车站-南岗）、214（广州东站-新塘）到生活区转乘开发区西基至新塘新世界的公车即达

www.nwcl.com.hk　　新世界 新生活

新世界中国地产，城市的建设者。38年来成功打造了37个项目，遍布全国21个主要高增长城市，致力于不断探索更优越的都市居住理念，让不同阶层的家庭享有更为舒适、更具品味的生活，成就高质素、更和谐的中国现代社会。
广州新塘新世界花园，是新世界中国地产于广州东部精心打造的高标准高品质的大型高尚品牌社区，数年来以建设大社区为己任，与城市同进，成就东广州现代人居中心，凝聚城市未来所在！
州
新塘
官湖
象颈岭
水景楼王：北区中心园区，揽山、水、竹、草四大景观
地铁上盖：紧靠地铁13号线温涌路站，30分钟广州生活圈
都市配套：成熟完善的社区配套，璀璨缤纷的城市商业配套
免费看楼线路（节假日）：黄埔大沙地（黄埔书城）/开发区东区商业城（康师傅对面）/开发区西区利丰大厦
开创立交桥
凤凰城
广园东路
新塘站出口
广州东站
轻轨建设中
中信广场
生活区
开创大道
开发区东区
广深高速
铁路桥底
新塘中学
新塘站
天河城
南岗
南新收费站
东洲站
新好景
港口大道
107国道
地铁13号线
广州开发区
温涌路站
新塘大道
广州新塘新世界花园

以人文 筑首善

新都·盛世名门

五年成熟，见证新塘的发展与超越，并以更高的城市理想，缔造都市中心高品质人居地标，为您带来充满人文关怀的生态和谐家园，创造新塘人居的生动！

城市之心
承载高尚理想

◎ 中心区位，出则繁华，入则宁静

新塘都市中心，40万㎡超大规模，进掌繁华，退享闲适，历经六年发展，成就东广州首席人文生态社区。

◎ 繁华深处，品享生活完美

建设中的新塘市政广场、新塘体育馆、大型公交换乘枢纽，周边商场、超市、银行、医院林立，便利生活触手可及。

◎ 畅达全城，地铁就在家门口

建设中的地铁13号线东洲站、新塘站双入口举步即达；穗莞深轻轨新塘站近在咫尺；广深/广园/107国道三条快线于此交汇。

人文居所
筑就上层品位

◎ 12万㎡西班牙风情园林

超大西班牙风情园林，自由浪漫、盛景无边、春色盎然，让你的心情缤纷起来。

◎ 5万㎡名门专属商业街

一条专属的名门商业街，吃喝玩乐一条龙，不出门也能享受逛街的乐趣！

◎ 水景、休闲双会所

水景、休闲主题双会所，多种功能设施配备，不同功能分区，丰富生活质感！

◎ 用“心”构建的生活

首创五心级贴心服务，让您生活安心、居住放心、享受舒心，尽享尊崇生活！

学府为邻
沐浴翰墨书香

社区内高标准双语国际幼儿园，家门口的省一级名校新塘中学，让孩子在一片广阔天地中幸福成长。

名门尊线：020+82883333 61773333

地址：广州新塘东进东路8号（新塘中学旁）

GRAND TIME
GREAT FAME

开发商：广州新发实业有限公司
景观设计：美国爱普斯顿
策划营销：■ 同创卓越 ◆方圆地产
全程推广：易繁广告

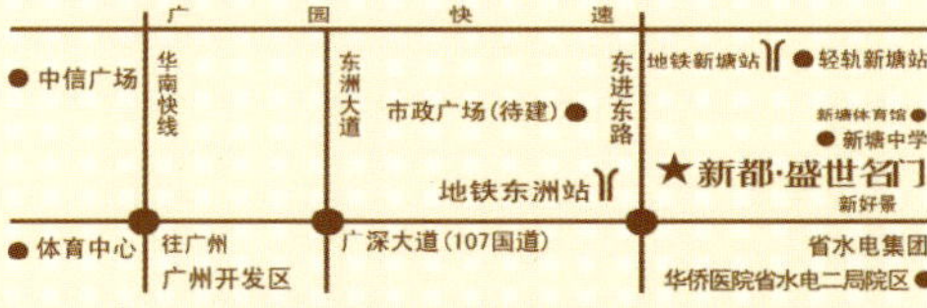

保利®地产　和者筑善

保利·新塘
同一段传奇 同一个梦想

保利：央企地产龙头

保利地产是中国保利集团控股的大型国有房地产企业，自成立以来，公司一直保持着高速稳定的发展态势，形成了以穗、京、沪为中心、覆盖十八个城市的全国性战略布局。现今保利地产已经跃居中国央企房地产综合实力第一名、国有房地产企业品牌价值第一名。

保利东江首府：和者筑善

静水流深，棋行天下。十八年的栉风沐雨，每一场变革都是一次洗礼与升华，每一次创新都折射出保利地产的智慧与成长。

今天的保利，没有放慢脚步，仍然秉承着"和者筑善"的精神和理念，以"和谐"为企业根本，将和谐理念始终贯彻于企业的规划设计和后期服务中，致力于创造自然、建筑、人文交融的和谐人居生活！

咨询热线/ 89898233-222

保利：开启增城人居新时代

从一个不起眼的村庄，到乾隆年间"舟车辏幅，户口殷繁"的墟镇，再到如今经济繁荣的中国东部之窗……新塘的成长让所有人见证了一个奇迹。这个奇迹的缔造与保利的发展过程有着不谋而合的共同点，那就是世世代代"肝胆相照、荣辱与共"的拼搏精神。

现在，新塘已被定位成广州东部的国际商务城，这个充满希望的城市，正迎来它的又一次成长机遇。2010年5月，保利东江首府项目正式奠基。

项目占地740余亩，坐拥东江一线江景，产品设计户户望江。项目是集合了高端住宅、五星级酒店及豪华公寓的旗舰项目，必将开启增城人居新时代！

新塘，这个奇迹般的城市，将成为保利成长的又一个见证地，保利的传奇将会在这块土地上继续书写……而保利和新塘，将为同一个成长的梦想而并肩作战！

■中国央企房地产综合实力第一名　■中国央企房地产品牌价值第一名　■中国房地产上市公司综合价值第一名　股票代码：600048　www.polycn.com

保利壹号公馆 开启荣耀生活

公馆文化传承至今，已有数百年的历史。公馆，自古就是诸侯王宫私邸豪宅的专有称号，是尊贵生活的符号象征。公馆，并不单指贵人所居之所，其气质内涵更代表着崇尚文化的格调生活。保利壹号公馆，在增城首次引入公馆建筑理念，既对公馆文化有所沿承，又努力追求建筑对人和生活的文化回归。项目萃取公馆建筑形态的精华，典雅中凸显非凡气质。小区内双拼别墅、联排别墅、电梯洋房，错落有致，器宇轩昂。保利壹号公馆，开启至高无上的荣耀生活。

观山、阅湖、赏江、师法自然气度天成

中国传统的村落选址讲究与自然山水相契合，即“人之居处，宜以大地山河为主”。东依葱郁青公山，西望浩瀚5900亩荔湖，举步即达滨江风光带。观山、阅湖、赏江，保利壹号公馆呈自然天地之灵气，以太极环抱之势，藏风聚气，气度天成。

项目力邀知名设计研究院担纲规划，在深入探析增城本地景观资源和人居形态的基础上，最大限度利用自然地形，创造出多层次公共社区景观空间，实现了理想居住理念——背山面水。项目整体布局围而不和，揽园林风情，收湖江胜景，叠台布局背依林木葱郁的青公山。自然风光与现代建筑交融于青山环绕，碧波沉浮之地，奏响了一曲美妙的协奏曲。洋房依湖畔而筑，别墅沿坡地而生，保利壹号公馆乘风聚气，天人合一犹如山水之间的振翅大鹏，器宇轩昂，大气天成。

四重观景洋房，独步城央

天赋美宅，秉承百年纯正公馆文化，保利壹号公馆洋房汲取东南亚风格之精华，融入增城特有的地域文脉，注意以比例、线条及尺度构筑立体美感，彰显高贵大方。

十一栋电梯洋房矗立在项目外围，隽永而有力，非凡气势之中透势之中透显雅致与风味，建筑本身成为一道美丽的风景线，与周围如诗如画的环境浑然一体，相得益彰。

洋房共拥有11-13层多种形态，户型面积90-140m² 不等，设计有一梯两户、一梯三户或两梯三户、两梯四户。

观山、阅江、赏湖、品园，保利壹号公馆阳光美宅将最大限度提升居住舒适度，营造浪漫温馨的和谐人居环境。

- ◆ 厅房布局均以提升居住私密感为前提，尽显主人的尊贵风范。
- ◆ 独立主人套房，步入式衣帽间设计，彰显主人非凡格调。
- ◆ 南北双阳台设计引清风入室，不同的功能设置使得景观、生活互不干扰。
- ◆ 卧室特色超大飘窗尽览山、湖、江、园四重景，移步易景，美景全收。

精雕细琢，墅赏全城

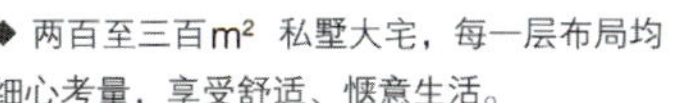

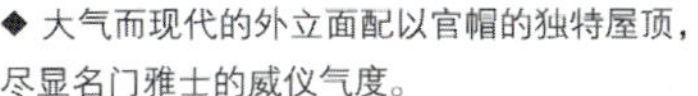

76套公馆别墅，源于中国传统聚落营造理念，在充分利用项目地形和周边环境优势的基础上进行建筑分布，每一套皆细心雕琢，在营造私密空间的同时，让您独享绝无仅有的立体景观。保利壹号公馆别墅以高端定位，非凡设计让您的生活徜徉于空间几何的美学之中。

- ◆ 两百至三百m² 私墅大宅，每一层布局均细心考量，享受舒适、惬意生活。
- ◆ 大气而现代的外立面配以官帽的独特屋顶，尽显名门雅士的威仪气度。
- ◆ 云南精选石材，上海空运工匠。环保砂岩石材彰显高贵典雅气质。
- ◆ “双首层”空间设计，令您的别墅占据更高视界，自然美境，尽纳于怀。
- ◆ 全采光通透式地下空间可随性打造奢华生活会馆，为生活带来无限想象天地。
- ◆ 附送阳光车库、全采光地下空间、270° 围合花园及休闲露台，空间加法得以实现。
- ◆ 双拼别墅引入欧美高档社区采用的电梯别墅概念，问鼎增城别墅居住新典范。

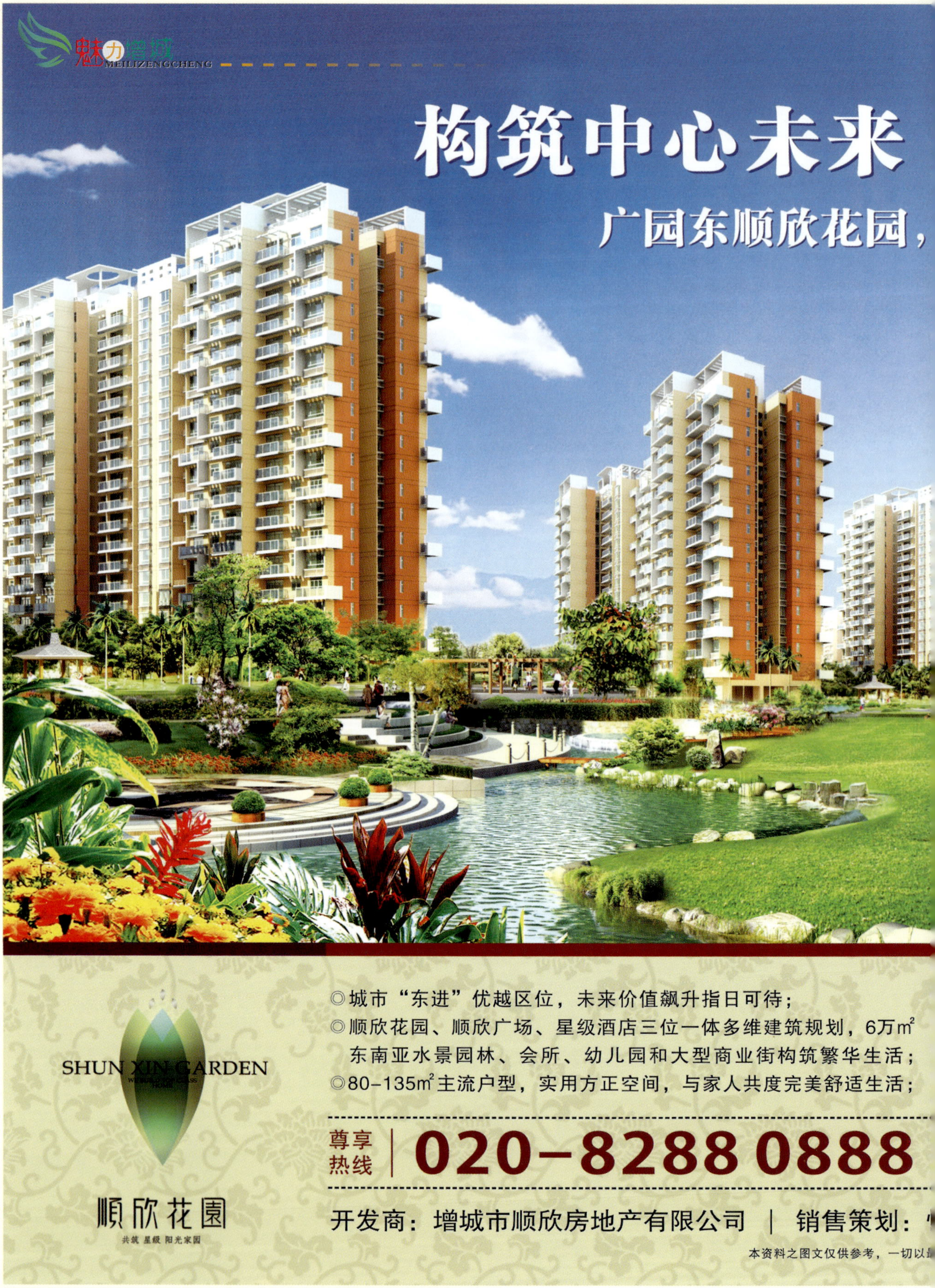
魅力增城
MEILIZENGCHENG
构筑中心未来
广园东顺欣花园，
◎城市“东进”优越区位，未来价值飙升指日可待；
◎顺欣花园、顺欣广场、星级酒店三位一体多维建筑规划，6万m²东南亚水景园林、会所、幼儿园和大型商业街构筑繁华生活；
◎80-135m²主流户型，实用方正空间，与家人共度完美舒适生活；
SHUN XIN GARDEN
顺欣花園
共筑 星级 阳光家园
尊享热线
020-8288 0888
开发商：增城市顺欣房地产有限公司 ｜ 销售策划：
本资料之图文仅供参考，一切以

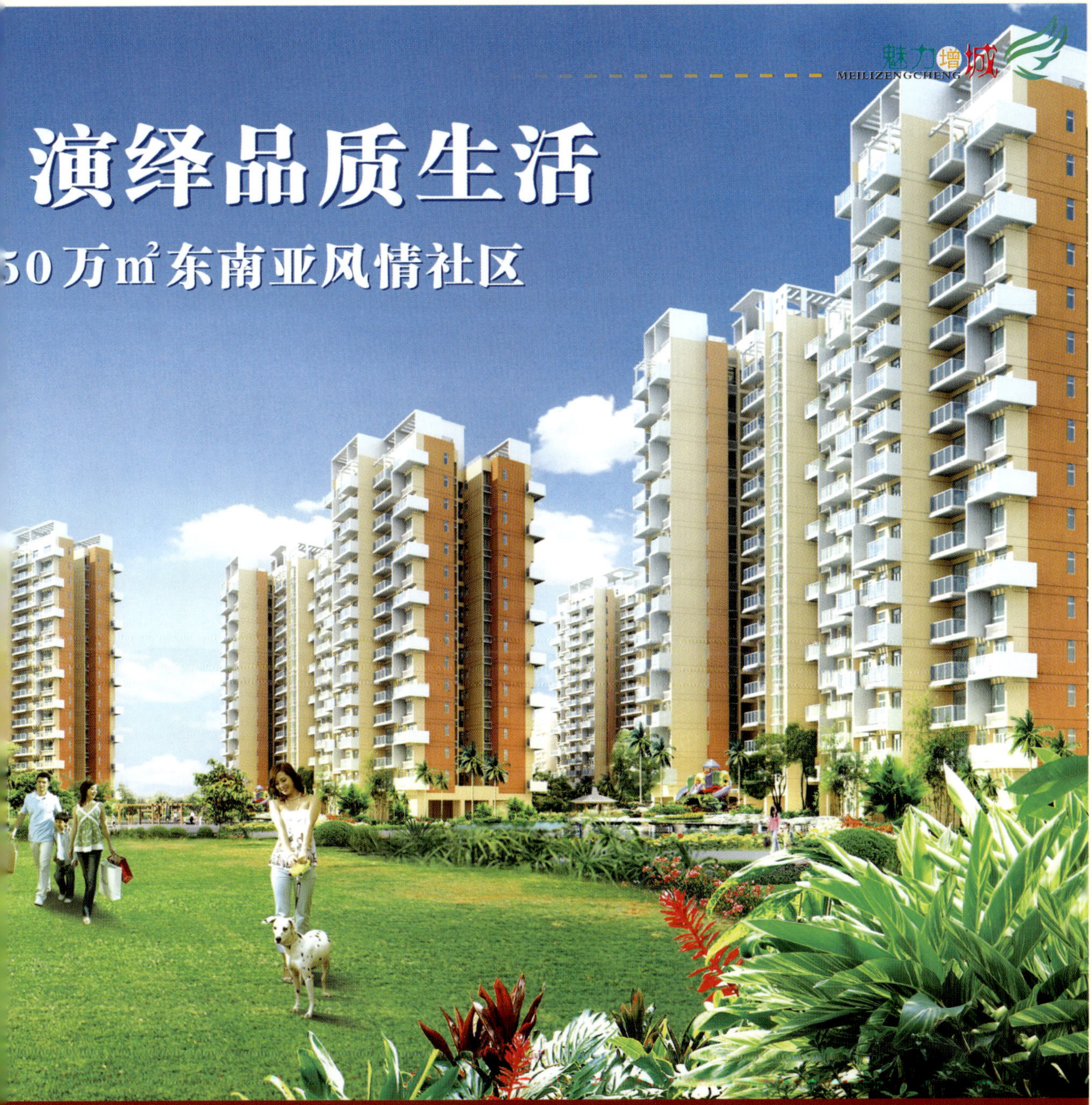
魅力增城
MEILIZENGCHENG
演绎品质生活
50万m^2东南亚风情社区

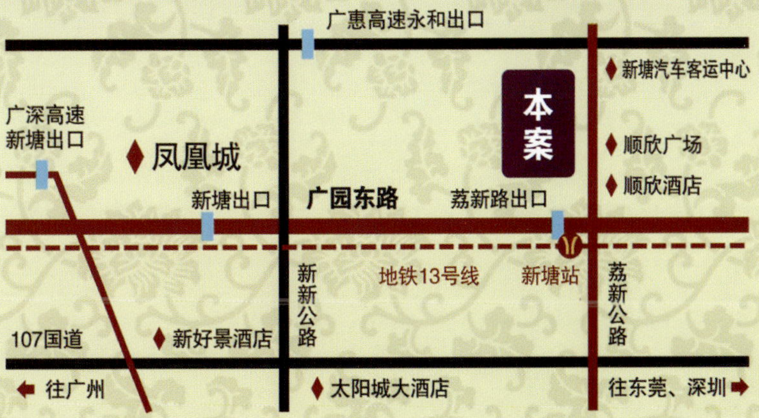
广惠高速永和出口
新塘汽车客运中心
本案
广深高速
新塘出口
凤凰城
顺欣广场
顺欣酒店
新塘出口
广园东路
荔新路出口
新新公路
地铁13号线
新塘站
荔新公路
107国道
新好景酒店
往广州
太阳城大酒店
往东莞、深圳

新塘现代地标　时尚生活新城

城市繁华中心 MODERN CITY GARDEN

铸就新塘名流生活圈

我们是用品质在打造新塘人居生活绿洲，我们是在东南亚热带风景中建造房子

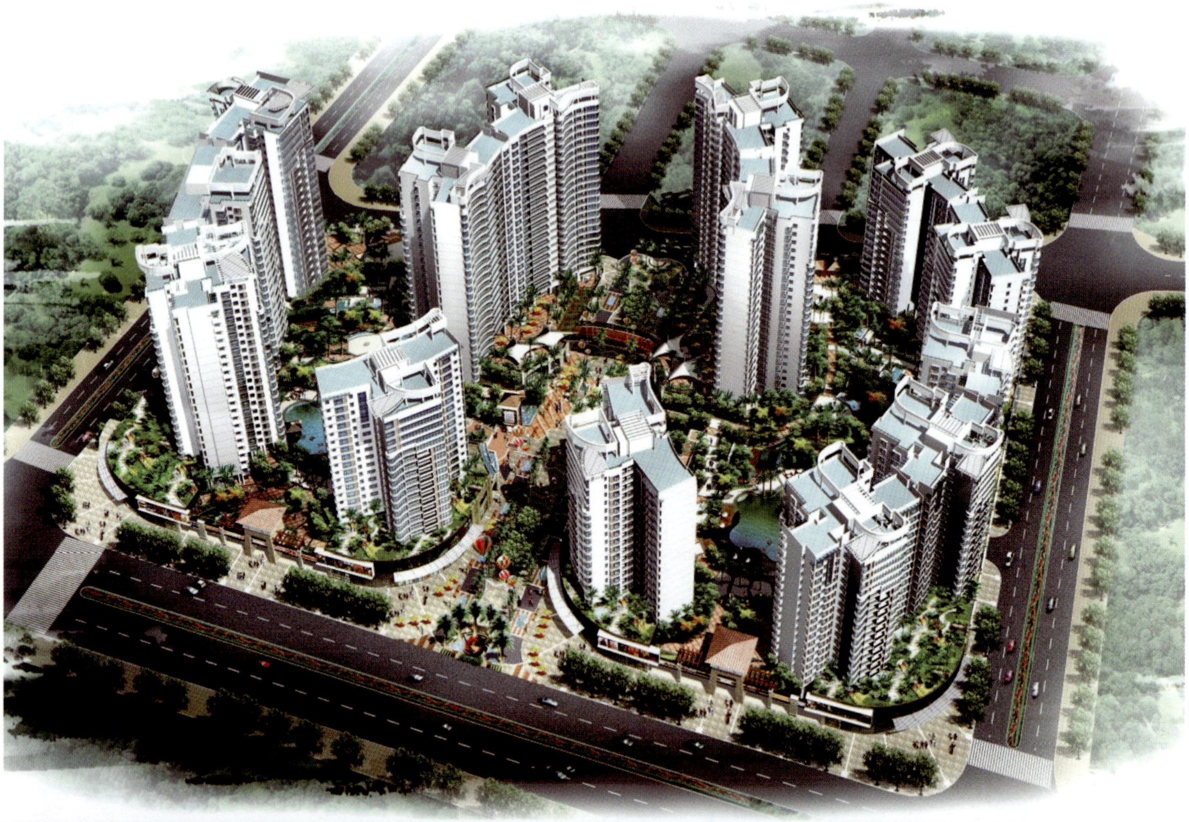

项目地址：广州·新塘·港口大道363号　销售热线：020-82679999

发 展 商：广州市华正房地产发展有限公司　招商热线：020-32869888

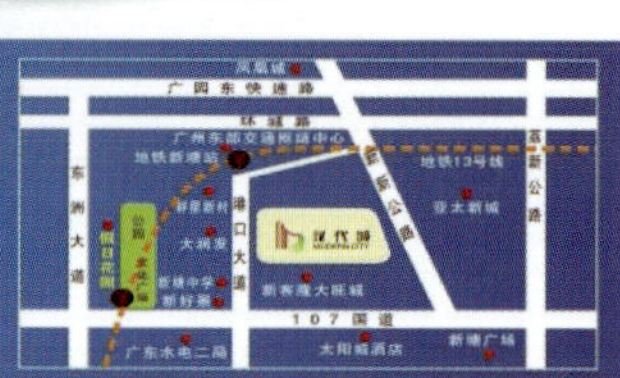

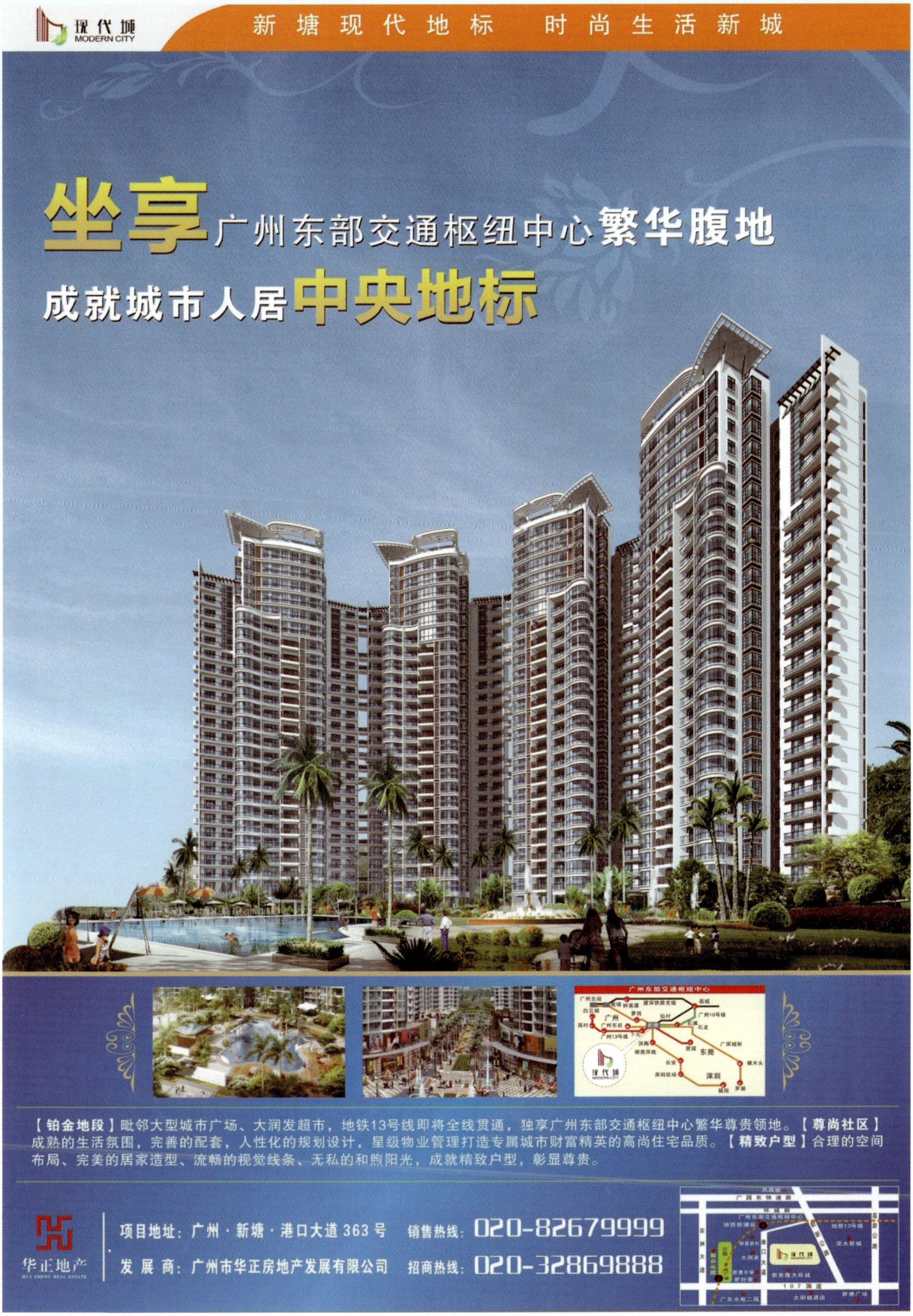
现代城
MODERN CITY
新塘现代地标　时尚生活新城
坐享广州东部交通枢纽中心繁华腹地
成就城市人居中央地标
【铂金地段】毗邻大型城市广场、大润发超市，地铁13号线即将全线贯通，独享广州东部交通枢纽中心繁华尊贵领地。【尊尚社区】成熟的生活氛围，完善的配套，人性化的规划设计，星级物业管理打造专属城市财富精英的高尚住宅品质。【精致户型】合理的空间布局、完美的居家造型、流畅的视觉线条、无私的和煦阳光，成就精致户型，彰显尊贵。
华正地产
项目地址：广州·新塘·港口大道363号
发展商：广州市华正房地产发展有限公司
销售热线：020-82679999
招商热线：020-32869888

广州科美环保实业有限公司

广州科美环保实业有限公司成立于2004年11月3日，注册资金5800万元人民币，总资产规模46000万元，是一家专业化环保综合类公司。

公司成功投资建设增城市荔城污水处理厂。目前一二期工程污水处理建设规模达到10万吨/日，远期工程建设规模为日处理污水30万吨。首期工程于2007年3月建成投产，运营三年多来，运行状况良好，出水水质稳定达标。

公司拥有完善的法人治理结构和齐备的专业人才。公司按照现代企业管理制度进行规范管理运作，实行董事会领导下的总经理负责制。公司现有职员49人，其中各类专业技术人员27人。

公司管理规范,污水处理运营经验丰富。公司根据ISO9000和ISO14000环境管理体系，建立了一套完善的管理体系。公司拥有一批熟悉各种污水处理工艺，如 CASS、A^2/O、氧化沟等方面的专业人才，特别对污水处理BOT项目有丰富的运作经验和深刻理解。

公司拥有优质的服务和良好的诚信。公司始终坚持环境优先战略，牢固树立为增城投资环境服务的观念，不断提高管理水平。污水处理厂正式运营以来，其优质的服务和良好的诚信获得国家环保部和省、市环保局的充分肯定，公司先后获得了“环保诚信企业”、“守法企业”、“用户满意企业”、“重合同守信用企业”等荣誉。

公司地址：广州增城市荔城街增滩路段罗岗村委会对面直入500米

联系电话：020-82615366　传真号码：020-82616567

增城市荔城污水处理厂（远期30万吨/日）鸟瞰图

广州市市委书记张广宁莅临我厂视察

增城市市长叶牛平莅临我厂视察

增城市荔城污水处理厂通水运行仪式

MEILIZENGCHENG 魅力增城

城之央 景之上

Landscape on the city center

距荔城中心仅一步之遥，真正的离尘不离城。百鸿公司精心打造，城市中央的世外桃源

⊙拥有超大水景园林 ⊙独有260m²奢华复式 ⊙豪华休闲会所 ⊙户户带亲自然入户花园

⊙800亩原生态森林坡地，三公园环绕

发展商：广州百鸿房地产开发有限公司　销售代理：中营地产代理

地址：广州增城荔景大道北433号　聆听自然：020-32826888

整合传播：广州美星文化　本广告最终解释权归发展商所有

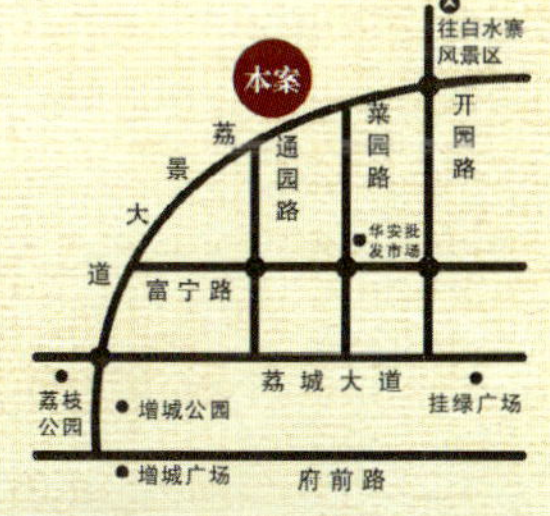

亚太新城

新城心·心中城

魅力增城
MEILIZENGCHENG

地铁新塘枢纽站
城央精装中小户

Dream City

新塘站

广州地铁

广州亚太土地建设有限公司 是一外资房地产开发商，从事房地产开发、楼盘销售、租赁及物业管理。

目前开发的"**亚太新城**"座落于增城市新塘镇中心区(地铁轻轨新塘枢纽站口)，地理位置极其优越，共占地面积为16万平方米。

销售热线
(020) **8268 8666**

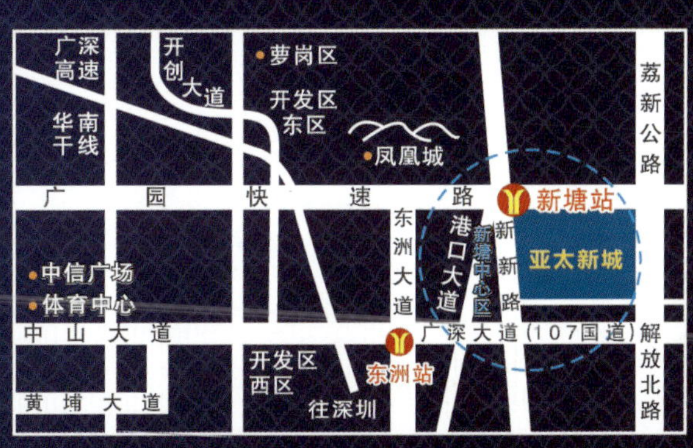

一站式购物航母 夸越时代的繁华中轴地标

港集团凭着旗下一流运营团队的努力，东汇城商业部分已确定规 2.2万m^2 的广百百货，2万多m^2 的大润发超市，拥有9个豪华放厅的大地影院院线，一个能同时筵开100席的国际宴会厅，以及一大型酒店自助餐厅，一个高级私房菜馆和经营面积达8000m^2 的美街，还有1万m^2 的大型儿童游乐场，1条国际名牌休闲步行街。真做到未开业，先旺场！

超国际化公寓，与尖峰世界零距离对话！

★270度公园景观豪华大宅 ★全景观空中餐厅
★私家入户电梯厅设计 ★主人套房空中花园沐浴空间

全景式五星级酒店，印证都市新发展的时代名片！

★以音乐为主题的艺术酒店 ★娱乐配套与购物中心融一体
★所有客房均有视野开阔的绝佳景观 ★设计标准高，配套设施齐全

第一座钢琴歌剧院，激活一座城市的艺术影响力！

★城市文化艺术载体 ★城市名片级钢琴造型建筑

广东省水电二局医院

（暨南大学附属第一医院省水电二局院区）

广东省水电二局医院创始于1958年，1989年医院随企业迁入新塘基地，经过20多年发展，已成为暨南大学附属第一医院院区，中山大学附属第一医院技术扶持医院，是当地规模最大的集临床、医疗、科研、教学、预防、保健、康复为一体的现代化省属二级综合性教学医院，是增城南部医疗、急救、预防、保健中心。医院是卫生部颁发的“爱婴医院”；广东省卫生厅预防接种规范门诊；广东省工伤保险治疗定点医院，是广州市、增城市社会医疗保险、公费医疗、工伤保险、生育保险定点医院，是增城市新型农村合作医疗定点医院。

医院地处东江之畔的商业重镇——新塘镇。该镇人口逾80万，南与东莞市仅一河之隔，西与广州市相连，地处广州、香港、深圳等大都市圈中间，是通往以上各地的交通咽喉，具有“多城辐射”效应，发展空间大，是广州“东进”战略的主要实施地。因此，被经济学家称之为“广州东部板块的黄金走廊”。

一切以病人为中心“人本医疗”赢口碑

三年多来，医院始终坚持把满足病人需要作为第一服务理念，把病人利益作为第一考虑，积极推行“人本位医疗模式”，果断改革、锐意进取，努力提升服务质量，积极改善就医环境，着力优化人才结构、全面提升综合实力，使医院各方面取得了长足进步和跨越发展，2009全年住院人数12000余人次，年门诊量42万人次。

医院环境优美，设施先进，处处体现人性化设计和理念。门诊实现一人一医一诊室。拥有增城市最先进的多排螺旋CT、核磁共振（MRI）、乳腺钼靶、美国原装进口的高分辨四维彩超等一系列先进设备，为高水平的临床诊治提供了有力保证。

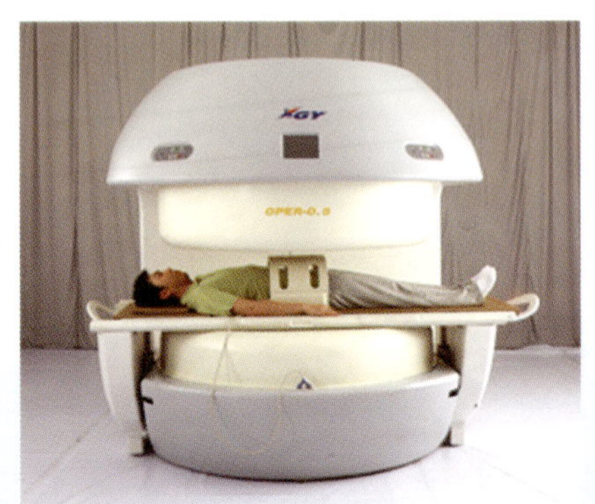

增城市首台最先进的核磁共振（MRI），是目前少有的对正常人体没有任何伤害的安全、快捷、准确的临床诊断方法

医院科室设置齐全，设有临床及医技科室20余个，其中微创中心、血透中心、产科、儿科在当地享有较高声誉，检验科正发展成为“地区检验中心”。同时开展了泌尿微创外科技术、电视腔镜微创技术、颅内血肿微创清除技术、四维彩超产前检查、生长发育评估门诊、体外热疗等特色专业。

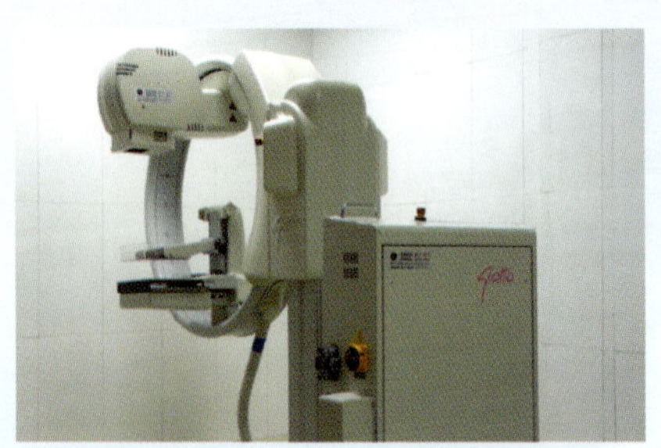

增城市首台全球最先进进口乳腺钼靶机，是目前诊断乳腺疾病最简便、最可靠的无创性检测手段

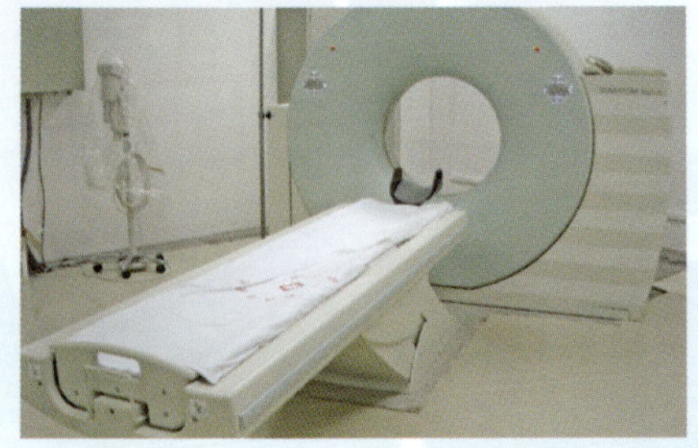

增城市最先进的多排螺旋CT，能够发现微小的病灶，特别是临床症状不明显而被忽略的病灶

以社会责任为己任 新思路开拓新局面

把患者满意作为第一标准，已逐步建立了以患者需求为导向的人性化服务体系

本院谨遵“尚德、正己、砺精、图强”的院训精神，坚持“争做病人赞赏的医生，创建群众满意的医院”的服务宗旨和“优质服务、合理用药、合理检查、合理收费”“一优三合理”的服务承诺和社会监督制度，以患者需求为最终导向的经营模式，以精湛的医疗技术、优质的医疗服务，全力将医院打造成为增城南部一流医院，为当地政府及主管部门解决群众“看病难，看病贵”的焦点问题做出应有贡献，努力创建本区域优质、安全、人本的最好医院，为本区域群众提供最安全、最人性化的医疗服务。

长期以来，本院积极承担社会责任，努力做到为民所想，为政府所为。在当地公共卫生突发事件的应急处理、重大疾病预防和数次重大交通事故应急处理方面，多次受到当地政府和上级主管部门的肯定和嘉奖。

通过授帽及宣誓仪式，大力弘扬职业精神，培养职业道德

统筹规划促发展 乘风破浪铸辉煌

本院一贯坚持实现二级医院的收费，三级医院的诊疗服务的方针，医疗管理工作中，严格将药比控制在35%以内。同时，充分借助中山大学和暨南大学发展平台，常年有大批教授及学科带头人驻院工作，定期查房，极大地推动了医院的学科建设，为医院培育了一大批院内骨干和专家，综合实力显著提升。2009年12月，本院顺利通过教学医院评审，成为增城市南部唯一一家拥有广东省卫生厅和教育厅颁发的教学医院资质的医院。同时，本院荣获广州市医保局颁发的增城市唯一一家“AAA信用等级单位”称号，是对本院医疗技术水平和服务水平的有力肯定。

面对充满挑战和机遇、魅力无限的未来，本院领导班子将以科学发展观为指导，创新发展方式，满怀豪情带领全院员工描绘医院发展腾飞的蓝图，努力为当地群众的身心健康保驾护航。

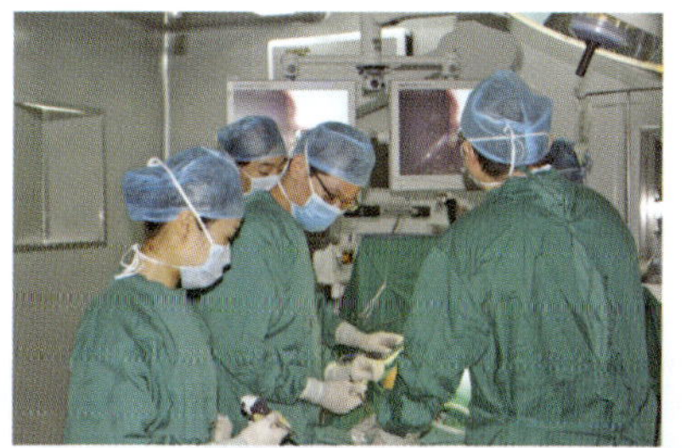
设备、功能一流的现代化层流手术室

地　　址：增城市新塘镇港口大道312号
乘车路线：新塘镇内乘10、11、13、14路公交车在水电二局医院站即到
联系电话：020-82707579 020-61776045
急救电话：020-82609981
邮政编码：511340
E-mail：ssdejyy@126.com

宽敞明亮的就医环境

增城供电局

党员干部挂点农村保供电责任区活动

2009年，增城供电局在增城市委、市政府和广州供电局的正确领导和大力支持下，全体员工众志成城、攻坚克难，积极应对国际金融危机挑战，圆满完成学习实践科学发展观活动3个阶段、12个环节各项工作，创建国际先进水平供电局进入冲刺阶段。在抓好安全生产的同时，电网建设、经营管理、优质服务及企业文化建设均取得优异成绩，“党员挂点农村解决农村电压低问题”主题实践活动继续深入开展，2009年全市农网建设投资达1.42亿元，为改善农村电压质量，为推进社会主义新农村建设作出了应有的贡献。

服务

在全体员工共同努力下，2009年，增城供电局被授予“广州供电局先进基层党组织”、“增城市宣传思想工作先进单位”、“增城市市直党政群机关事业单位2008年工作考评一等奖”、“2008年增城市减轻农民负担优秀单位”、“增城市2008年度基层工会先进单位”、“增城市2008年度维护稳定及社会治安综合治理工作先进单位”、“2008年度增城市总工会模范单位”等光荣称号。

特 辑

在市委十一届九次全会上的讲话

增城市委书记、人大常委会主任　朱泽君

（2009年11月18日）

同志们：

这次市委全会的主要任务是,认真学习贯彻落实党的十七届四中全会精神与中共中央政治局常委李长春,中共中央政治局委员、广东省委书记汪洋和省委副书记、省长黄华华，省委常委、广州市委书记朱小丹，广州市委副书记、市长张广宁等各级领导同志重要指示批示精神，号召全市各级党组织、广大党员努力创建学习型社会，建设智慧型城市，增强科学发展能力，建设科学发展之城，创建全国科学发展示范市。今天上午，与会同志对《中共增城市委、增城市人民政府关于创建全国科学发展示范市的决定》（审议稿，以下简称《决定》）进行了认真的讨论，提出了许多很好的意见和建议，会议审议并通过了《决定》。通过这次会议，大家进一步认清了形势，明确了目标，振奋了精神，激发了干事创业的热情，为新一轮科学发展打下了坚实的基础。下面，我就如何贯彻落实这次全会精神，增强科学发展能力，建设科学发展之城，创建全国科学发展示范市，讲几点意见。

一、深刻认识创建全国科学发展示范市的重大意义，进一步增强责任感和使命感

当前，我市正处于经济社会发展全面转入科学发展轨道的关键时期，对今后发展提出了更高、更新的要求。在新的历史起点上，迫切需要我们以更高的标准，更大的魄力来破解发展难题，勇闯科学发展新路。

（一）创建全国科学发展示范市，是深入贯彻落实科学发展观和各级领导重要指示批示精神的重大举措。近几年来，在科学发展观的指引下，我市经济社会发展取得了巨大成就，广大干部群众深深体会到科学发展观真管用，贯彻落实科学发展观已成为全市上下的内在动力和自觉行动。2008年我市被确定为中共中央政治局常委李长春同志深入学习实践科学发展观活动的联系点。李长春同志对增城给予了亲切关怀和悉心指导，去年10月亲临我市视察调研，先后作了两次重要讲话和多次重要指示批示，对我市学习实践科学发展观、推动科学发展、构建和谐社会充满信心、寄予厚望，勉励我们要把联系点办成贯彻落实科学发展观的示范点。特别是今年8月9日和9月19日的两次批示，既充分肯定了我市经济社会发展所取得的成就，又为我市今后发展指明了方向，明确要求增城再接再厉，继续努力在建立科学发展的长效机制上狠下功夫，力促科学发展再上新台阶，在各个方面都走在全国的前面。汪洋书记、黄华华省长、广州市朱小丹书记和张广宁市长等各级领导对我市高度重视、具体指导，先后多次深入增城调研并作出重要指示批示，要求我市认真贯彻落实李长春同志重要指示批示精神，把增城建设成为各个方面都走在全国前面和贯彻落实科学发展观的示范点。为进一步巩固和扩大我市贯彻落实科学发展观的成果，切实把各级领导重要指示批示精神落到实处，市委、市政府在广泛调研、深入讨论的基础上，结合增城实际，制定了《决定》，以此作为全市干部群众的共同行动纲领，万众一心，众志成城，用5年左右时间把增城创建成为全国科学发展示范市，力争各个方面都走在全国的前面。

（二）创建全国科学发展示范市，是掀起我市新一轮科学发展热潮的战略部署。回顾发展历程，增城之所以能在较短的时间实现跨越式发展，关键是在科学发展观的指引下把握了三次很好的发展机遇：第一次是2003年中央提出科学发展观后，我市因地制宜率先规划建设了三大主体功能区，以“不平衡发展”破解“发展不平衡”，变散乱无序发展为组团式园区化的健康有序发展；第二次是2007年南粤大地掀起新一轮解放思想大讨论，我市又实施全区域公园化战略，变发展“重物轻人”为“见物见人”，建设生态文明，建设宜居城乡，让增城处处像公园；第三次是2008年被确定为中共中央政治局常委李长春同志学习实践活动的联系点，在李长春、汪洋等各级领导同志的亲切关怀和悉心指导下，我市统筹推进城乡一体化，经济社会全面发展，城乡面貌发生巨大变化，综合竞争力和发展后劲明显增强。在新一届全国县域经济基本竞争力排名中，我市提前两年进入全国十强。这些成绩来之不易，凝结了全市干部群众的智慧和汗水，我们要倍加珍惜。科学发展永无止境，我们绝不能满足现状，要立足广东、放眼全国，站在更高的起点上谋划新一轮科学发展。创建全国科学发展示范市，是一个系统工程，《决定》提出的50条，细化了具体任务、目标、措施、方法和时限。只要围绕这一目标不动摇，落实好各项措施，就能够有力推动我市物质文明、精神文明、政治文明、生态文明建设再上新台阶。

（三）创建全国科学发展示范市，是让增城人民过上幸福美好生活的必然选择。以人为本是科学发展观的核心，一个地区科学发展的程度，最终体现在人民群众生活质量和生活水平是否得到提高，物质文化需求是否得到满足。近年来，我市大力推进统筹城乡一体化建设，实施富民惠民工程，坚持“富民优先、民生为重”、“生态优先、宜居为重”，让增城人民共享改革发展成果，大大提高了人民群众的生活质量和生活水平。但与周边发达地区相比，与人民群众的预

期目标相比，仍然存在城乡居民收入水平有待提高、基础设施建设比较滞后、“脏乱差”现象仍未得到根治等方面的差距。面对人民群众的新期盼新要求，市委、市政府决定要创建全国科学发展示范市，确立了要在9个方面走在全国前面的目标。这些目标都与广大干部群众的切身利益息息相关，特别在建设宜居城乡、大力实施富民惠民工程、提升市民整体素质、推进村落社区化等方面，直接关系到人民物质文化需求的满足。只有落实好这些措施，才能不断提高人民的物质生活水平，丰富群众的精神文化生活，建设富裕、安康、文明、和谐、美丽的新家园，营造稳定和谐的社会环境，让人民群众过上更加幸福美满的生活。

（四）迅速行动起来，全力把各项创建措施落到实处。创建全国科学发展示范市既面临重大机遇，又面临严峻挑战，全市上下要把思想统一到市委、市政府战略部署上来，形成科学发展的共识，形成推动科学发展的强大动力，充分发挥主动性和创造性，全身心投入到创建全国科学发展示范市的事业上来，努力开创增城科学发展新局面。各部门各单位要把创建工作作为当前最重要的政治任务，认真组织学习，进一步理清思路，明确目标，对照《决定》确立的50项任务，结合本单位本部门工作实际，逐一制定详细的工作方案，落实职责分工，拿出具体举措，以十足干劲狠抓目标任务的落实，以实绩实效取信于民。要加大宣传力度，加强督办，确保各项工作落到实处，不辜负上级领导的殷切期望和人民群众的热切期盼，向全市人民和各级领导交上一份满意的答卷。

二、创建学习型社会，建设智慧型城市

近年来，我市紧紧抓住三次历史发展机遇，实施了规划建设三大主体功能区、全区域公园化、统筹城乡一体化发展三大战略，经济社会发展成绩显著，干部队伍得到了很好的锻炼。同时，也应清醒地看到，我市干部群众的综合素质，尤其是干部的整体素质与科学发展观要求还有相当距离，有的干部解决实际问题的能力还不够强，推动工作的方法还不够多，特别是不会做群众工作，还存在“不想干、不会干、不敢干”等问题，与先进地区相比还有一定的差距。在新形势下，面对越来越多的新机遇和越来越大的新挑战，特别是市委、市政府提出创建全国科学发展示范市，对我市经济社会发展目标、质量、速度等提出了更高的标准和要求，迫切需要我们进一步解放思想，需要我们具备更强的能力和更高的智慧。如果不加强学习，不掌握新知识真本领，就难以拥有更强的科学发展能力，难以在激烈的竞争中取得更好更快的发展。因此，市委、市政府决定将创建学习型社会、建设智慧型城市作为我市科学发展的又一重大战略任务，把提高人的综合素质、促进人的全面发展作为下一步推动我市科学发展的重中之重，推动全民学习、终身学习，广泛凝聚干部群众和社会各界的智慧和力量，为创建全国科学发展示范市提供强大的智力支持和创新动力。

（一）发展大教育，夯实学习型社会的基础。古语有云“活到老，学到老”，人的一生都应该接受教育。学习型社会，简单来说就是一个全民学习、终身学习的社会，这需要构建一个完备的终身教育体系作为支撑。虽然近几年我市教育事业取得令人瞩目的成绩，但离一个完备的终身教育体系的要求，还有很大差距。因此，要继续加大投入，从基础教育抓起，进一步扩大免费教育覆盖面，尽快普及免费高中阶段教育，鼓励全市青少年接受普通高中教育，进而接受高等教育。鼓励社会力量创办优质幼儿园，发展各级各类的职业技术教育和成人教育，让终身教育的理念深入人心，让接受教育伴随每个增城人的一生，让学习成为人们的工作、生活习惯和社会风尚，全民学习蔚然成风，为创建学习型社会奠定坚实的基础。同时，要以市委党校为载体，充分发挥增城市科学发展专家委员会的“智库”作用，开设“科学发展增城论坛”，创办学习实践科学发展观的开放式大学，全体市民都是学员，领导干部既要当好学员，更要争当教员，让更多的专家学者成为我们的教授和顾问，把增城建设成为全国学习研究科学发展观的重要阵地之一。

（二）繁荣大文化，全面提升市民的综合素质。文化是城市的灵魂，是智慧的象征。文化活动也是一种重要的学习活动，可以开启心智，陶冶情操，锤炼品德，提高见识，增长才干，在无形之中增强一个城市的吸引力和竞争力。因此，必须以推进文化设施建设，开展丰富多彩的文化活动作为推动创建学习型社会的有效手段，并常抓不懈。过去几年，我市坚持以文化论输赢，以音乐添魅力，积极实施城乡文化公共惠民工程，以先进文化引领市民积极向上，奋发进取。下一步，要以增城广场为中心，整合周边资源，大力推进重大文化设施建设，在2011年前完成科学文化博物馆、增城歌剧院等公共文化标志性工程建设，把增城广场建设成为国内著名的音乐雕塑广场，形成在全国最具影响力的区域文化艺术中心区。充分利用好增城文化广场这个大舞台，通过开展丰富多彩的广场文化活动带动群众性文化蓬勃发展，扩大影响力，用高雅艺术营造浓厚的文化氛围，提升城市的文化品位。继续大力打造“广州（增城）广场音乐文化节”文化品牌，加大宣传，提高城市知名度，拉动旅游消费，丰富群众文化生活。各镇街、各村（居）要尽快建设好基层文化站、文化室、小广场、篮球场等公共文化设施，让城乡群众把书读起来，把网上起来，把歌唱起来，把舞跳起来，把球打起来，把画画起来，共同推动创建学习型社会，建设智慧型城市这一重大战略的实施。

（三）加强学习型组织建设，推动全民终身学习。创建学习型组织是贯彻落实党的十七届四中全会精神的基本要求，也是我们顺应时代和践行科学发展观的要求而作出的战略举措。这是一项长期的、全新的工作，没有现成的做法，要靠我们自己走出来。

营造良好的学习氛围，广泛开展各类读书活动。以新图书馆的落成启用为契机，帮助广大干部群众树立全新的学习理念，迅速掀起阅读求知的高潮。在全市基层党组织和党员中开展“创建学习型组织、争当学习型党员”主题读书活动，动员支持广大党员干部

爱读书、读好书、善读书、用好书，以党员读书带动全民读书。结合实际制定读书计划，定期给党员和干部推荐优秀书籍，确保有阅读能力的党员每人每月至少读一至两本书。领导干部带头读书，带头做好读书笔记，带头撰写读书心得，带头养成良好学习习惯。推行网络读书新方式，建立集学习、考试、交流、管理、服务于一体的党员干部在线读书平台。坚持个人自学和集体学习相结合，通过开展读书论坛、读书心得交流会、读书成果展示会等，营造浓厚的学习氛围。实行党员干部学习登记制度，基层党组织建立党员干部学习教育档案。建立学习考核评价制度，把党员干部的学习情况列入岗位责任制考核范围，把理论素养、学习能力作为选拔任用领导干部重要依据。

培育先进典型，搞好示范引导。组织和宣传部门要负责全市创建学习型组织的指导工作，制定具体实施方案，拿出有力措施，全力推动创建活动的开展。按照党的十七届四中全会关于建设学习型政党的要求，强化领导班子和领导干部能力培养，重点提高领导班子和领导干部谋划发展、统筹发展、优化发展、推动发展的本领，提高做好群众工作、公共服务、社会管理、维护稳定的本领，增强新形势下依法办事能力和应急管理、舆论引导、新兴媒体运用等方面能力，为广大干部群众学习提供示范。各单位、各村（居）要迅速成立专门学习领导小组，各级党组织“一把手”当组长、负总责，开展好学习型组织创建活动的工作，创建有特色的学习型机关、学习型社区、学习型企业、学习型村庄、学习型家庭等学习型组织。在此基础上，有针对性地选择一批基础较好的机关、社区、企业、家庭为典型，以点带面，推广经验，形成建设各类学习型组织活动齐头并进、蓬勃发展的局面。

建立保障机制，形成持续的学习力。坚持和完善领导责任制，按照分级负责、各负其责的原则，统筹抓好全市建设学习型组织工作。要建立和完善考评机制，对学习型社会建设工作进行定期考核、评比活动，各单位也要对干部职工学习情况和学习成效进行考核评估，从而有效调动学习的积极性。必须坚持从实际出发，找准切入点，把握关键环节，在推动创建学习型社会工作中不断改进组织的方式方法，不断完善保障机制，让全体市民都参与到学习中去，通过读书看报、看电视听广播，学习掌握丰富的知识，用知识改写市民命运，用才华造福增城，造福千秋万代。

（四）加强网络平台的建设，全面提高信息化水平。信息化是学习型社会的基本前提，从这个前提出发，必须加快社会的信息化进程，并以信息化带动学习型社会的创建。加快信息资源整合共享和开发利用，推动信息技术在经济社会各领域充分渗透利用，促进信息化与工业化、城市化、国际化融合，提高全民信息能力，建设高度信息化、全面网络化的“信息增城”。加快建设覆盖全市、高速互联、安全可靠和业务融合的信息基础设施体系，推进电信网、互联网和广播电视网“三网融合”。着力推进电子政府工程，到2013年内完成网上审批、网上执法反馈、网上公共服务、网上公共资源交易、网上监督等系统建设，推动城市管理和公共服务现代化；加快推进电子商务发展，引导和帮助企业提高内部信息化水平，促进企业借助网络迅速做强做大；着力推进信息富民惠民工程，进一步抓好信息入户工程工作，让信息化向所有农村和社区延伸，加快互联网和数字电视网络建设，倡导数字化生活，让信息化成为工作生活不可或缺的一部分，努力让每一个家庭都可以通过网络享受工作、生活、学习等服务。

（五）实施人才强市战略，不断壮大学习型社会的中坚力量。二十一世纪的竞争越来越集中体现为人才的竞争。人才是智囊团，是激情与活力的象征，是学习型社会的中坚力量，最能体现一个城市的智慧与潜力。因此，创建全国科学发展示范市，必须实施人才强市战略，造就大批具有丰富创新能力的高素质人才。要继续实施开放式、多渠道的大规模人才培训，坚持“引进来”与“走出去”相结合，把各级班子、党员干部建设成为敢为人先、真抓实干的高素质干部队伍。要以开阔的世界眼光和海纳百川的胸怀，立足实际，建立人才激励机制，加快引进各类高素质人才，努力实现“五个一”人才计划，即培养100名以上知名民营企业家、100名以上优秀拔尖人才、100名以上文学艺术人才、1000名以上农村致富带头人、1000名以上优秀教师，形成一支结构合理、素质优良的人才团队。同时，要充分发挥他们的示范带动作用，推动创建学习型社会、建设智慧型城市的战略不断深入实施。

（六）领导干部要率先垂范，当好学习表率。领导干部作为创建全国科学发展示范市的带头人，务必按照守信念、讲奉献、有本领、重品行的要求，自觉加强学习，提高素质、增强能力，领导和带动广大市民、一个个家庭、一个个单位成为学习型、智慧型单元。

当好虚心学习的典范。认识的高度决定科学发展的程度，执行的力度决定科学发展的速度。作为领导者，只有不断地加强学习，认识才能有高度，才能坚定理想信念、明辨是非、站稳立场、把好方向；只有不断地加强学习，执行才能有力度，才能更新观念、增长见识、提高领导科学发展的能力和水平。因此，领导干部要带头端正学习态度，把学习当作是自己的职责，放下架子，虚心向书本和实践学习，向专家和先进地区学习，向群众和基层学习；要带领和引导广大干部群众一起参与到学习活动中来。前段时间，各镇街和市直有关职能部门“一把手”先后到昆山、张家港等先进地区挂职镇长助理跟班学习，他们十分珍惜这次“走出去”的学习机会，不论是上班时间、下班时间，还是节假日，在抓紧抓实理论学习的同时，注重把学习成果与增城的发展实际紧密结合，着力把昆山、张家港等先进地区发展县域经济的先进理念，转化为实现跨越式发展的新思路、新举措，以全国先进县域单位为标杆，学先进、找差距、增动力、强后劲，努力提高推动科学发展再上新水平的能力。比如，针对农村规划建设管理滞后这一突出问题，荔城街主要领导利用昆山跟班学习机会，深入乡镇和农村，虚心向当地基层干部和农民请教、取经，借鉴昆山做法，从土地征用、拆迁补偿、社保、就业和安置等方面统筹考虑农村发展和农民利益问题，在全市率先开展规范农村建房专项整治行动，农民新村已经破土动工，并且取得了突破性的成效，为全市作出了示范，创造了经验。

当好博学善思的典范。不怕干不好，就怕没想好。如果没想好就干，发展越快，乱得越快。只有想得明白，才能说得清楚；只有说得清楚，才能干得实在。如何才能想好、想明白？这要求我们通过系统全面的学习，真正吃透科学发展观，成为一个真正有智慧的人。要在学习中把握规律，在学习中寻找方法，在学习中破解难题；要勤于调查研究，吃透上情，摸准下情，对症下药；要善于运用科学发展的规律去想问题，作决策，从而找准本地区、本部门的目标和定位。比如，中新镇在推进广汕公路中新段改造工程拆迁安置工作中，善于学习借鉴昆山经验，认真结合自身的实际，以人为本，积极探索“五个一”的工作新方法、新模式，不仅完成了6万多平方米的拆迁工作，而且把老百姓都安置好了，更重要的是没有出现上访的情况，实现了“和谐拆迁”。希望各级各部门认真学习借鉴，努力在抓落实上下功夫，确保完成各项重点工作任务。

当好学以致用的典范。学以致用是学习的最终目的，各级领导干部要坚持学以致用、知行统一，通过深化学习、统一思想，进一步把对科学发展观的认识转化为推动科学发展的坚强意志、谋划科学发展的正确思路、领导科学发展的实际能力、促进科学发展的政策措施，以对科学理论的新认识推动科学发展的新实践。要善于把学习的成果转化为工作的新思路、新举措，善于扬长避短，审时度势，结合当地的实际，在集思广益的基础上，找准对本地区本单位发展具有决定性作用的突破口，集中优势资源重点打造精品，形成发展亮点，迅速打开工作局面。比如，市海洋渔业管理服务中心在深入调查研究的基础上，认真钻研学习国家、省有关清理“三无”船只，鼓励渔民转产转业的政策法规，形成了一套具体可操作的补偿方案，并通过扎实细致的工作，成功清理了74艘住家船，既美化了增江河景观，又让37户渔家上岸过上新生活，彻底改变了原来的谋生和生活方式，解决了我市多年未解决的一个难题。

三、集中精力抓好当前重点工作，为创建全国科学发展示范市开好局

今年以来，全市上下团结一心，积极应对国际金融危机，千方百计保增长、保民生、保稳定，各项工作取得了很大的成效。第三季度主要经济指标继续稳步上升，全市经济在不断向好的方面运行，全年可望实现年初预定的经济增长目标。今年还剩下一个多月的时间，年初定下的各项经济指标和重点工作任务，都到了“冲刺”和“交卷”的阶段。希望与困难同在，机遇与挑战并存，我们一定要坚定信心，抢抓机遇，迎难而上，全力抓好当前的重点工作。

（一）千方百计保健康增长。今年1—9月，地区生产总值375.77亿元，完成了年度计划65.55%;地方财政一般预算收入21.75亿元，完成年度预算70.7%，全社会固定资产投资72.01亿元，完成了年度计划60.8%；实际利用外资5630万美元，只完成年度计划33.1%。从以上数据看，虽然比第一、第二季度有了明显好转，但是还没有达到75%的时序进度要求，最后一个多月的任务非常重。要对照目标要求，在加快重点项目建设、扩大固定资产投资、加强税收管理等方面拿出过硬的措施，确保各项任务顺利完成。

（二）抓好招商引资，发展大工业大商贸。今年1—10月，国税一般预算收入4.8亿元，同比下降18.52%，其中增值税部分3.48亿元，同比下降24.7%，反映出我市现在的工业发展水平还不理想。一是缺乏发展后劲，给我们敲响了警钟。广汽本田是我市经济的龙头企业，今年12万辆产能已经达产，第二条生产线和广本发动机项目要在2011年或以后才能投产，广本明年的增量不会很大。二是工业发展水平还不高，高科技企业不多。三是像广本这类龙头企业不多，没有形成完备的产业链，产业的结构较单一，抗风险能力较差。

我市当前工业发展出现的问题，既有国际金融危机的冲击这一大环境客观原因，也有我们自身的主观原因。近几年我们十分重视第三产业的发展，房地产业、旅游业、酒店饮食业都有亮点，但是对发展大工业大商贸的研究不多，推动力还不够，特别还不够重视抓好投入产出上规模工业项目的招商。重点开发的南部镇，这两年基本没有上过高质量的龙头带动项目，所以工业的发展后劲乏力。今明两年，各级各部门必须集中精力抓好工业项目的招商，突出汽车、电子信息、牛仔服、摩托车等重点产业，明确主攻方向，瞄准世界500强企业和国内、省内100强企业，尤其是实力雄厚的中央直属企业和国有企业。要跟踪研究他们的发展动态及投资意向，选准目标，加强联系，主动上门招商，寻求战略投资合作机会，再引进两三个像广汽本田这样的项目，形成关联度大、配套性好、带动性强的产业链条，增强产业发展后劲。对民营企业要加大扶持力度，尽快制定出台关于扶持民营企业发展的政策文件，帮助民营企业解决实际困难。

在抓好工业的同时，也要抓好大商贸尤其是现代服务业的发展。今年服务业、房地产业发展势头很好，对保证税收增长作出了很大的贡献。要借这个好势头，加大土地资源整合力度，大力发展现代服务业。目前新增用地指标越来越紧张，“三旧”改造将是今后盘活土地的一个主要方法。各镇街要充分利用“三旧”改造的政策，利用银行贷款或社会资金整合旧厂房、旧城镇、旧村庄。每个镇街近期都要落实一到两个试点，带动服务业全面发展，从而促进三次产业协调发展。我市提出力争工业产值每年保持15%的增速，2013年达到2200亿元，第三产业增加值占GDP比重达40%以上。要实现这些目标不容易，但是只要各级领导干部齐心协力抓好招商引资，今年明年种下的种子，两三年后就能结出丰硕的成果，目标定能实现。

（三）加快推进重点项目建设，拉开新一轮科学发展大格局。今年1−9月，62项政府投资项目只完成年

度计划的26.44%，38项社会投资项目只完成年度投资计划的61.44%。任务很重，困难很多，我们必须迎难而上。要坚持现场办公会议的形式，每个月下旬召开全市推进重点工作会议，抓检查、抓协调、抓落实。各镇街、各单位要抓住年底施工有利时机，对重点建设项目，超常规推进，保障资金投入，抓好服务工作，千方百计加快工程建设进度，促进已落户项目早动工、早投产、早见效益。必须强调的是穗港深轨道交通新塘枢纽站这个重点项目，新塘枢纽站是广州东部集地铁、轨道交通、火车和高速公路为一体的现代化交通枢纽。新塘站的建设将大大缩短与周边城市之间的距离，对我市发展高端制造业和现代服务业，创建国家级经济技术开发区，打造广州东部国际商务城将产生重大的影响。最近又与中国电力投资集团达成了在增城建设垃圾焚烧发电厂的协议，既有效解决垃圾污染问题，又增加了新能源，发展了循环经济。轨道交通和垃圾焚烧发电厂项目都要求在年底前必须动工，只有一个多月时间，新塘镇和有关部门要树立大局意识，尽快做出详细工作方案，特别要注意整合周边土地资源，预留充足的发展空间，保证能如期交出土地，推进项目顺利动工。各镇街和市有关部门要继续大力推进广河、增从高速公路（增城段）、北三环等高速公路建设，加快规划建设新塘到派潭的高速公路，加快推进广汕快速路升级改造和107国道（新塘段）改线工程，以及荔城、新塘两个客运站的建设。还有污水处理系统建设项目这个“一票否决”的民心工程只完成年度计划的12.7%，在广州十二区市中已经落后，必须急起直追，确保这项工作取得突破性进展。

明年是“两城两区”建设能否打开新局面的关键一年，要倾全市之力建设好“两城两区”，把“两城两区”打造成为我市新一轮大跨越、大发展的有力引擎。首先要抓紧建立健全“两城两区”各自的领导机构和工作机构，利用大学生、研究生“双百”工程的人才资源，配强配齐干部队伍，全力推动各项工作。二要尽快启动和落实各核心区的规划编制工作，最迟在春节前完成主要的规划，并且提交明年人大会议审议通过。要把规划制作成模型沙盘，按照模型推进开发建设。三要抓紧统筹推进配套设施建设。要统筹优先安排区内、区外的配套设施建设，实现“两城两区”与区外主干道的无缝对接，在5分钟车程内接上高速公路，以吸引更加优质的投资。

（四）抓好财政资金的运作和管理，及早策划一批新的项目。要抢抓货币政策比较宽松的有利时机，加快融资，发挥资本运作的最大最佳效益，通过融资进行基础设施建设，加快各种资源的整合，从而促进招商引资，发挥财政四两拨千斤的作用。“两城两区”的招商，前期必须大胆向银行融资进行基础设施建设和土地整合，土地整合出来，道路通了，生态景观好了，投资者自然就会相信你，而且土地价值都会成倍地提升。要充分利用当前适度宽松的货币政策，发挥我市现有的融资能力，本月底前各镇街各部门要报告明年的项目计划，特别是报市“十件实事”和本单位的重点工程，要抓紧报批、立项、预算等前期工作，供市委市政府决策参考，抓紧跟进落实，储备一批项目，争取明年一开年就动工，来个“开门红”，推动明年固定资产投资和各项经济增长。

（五）严肃纪律，确保机构改革顺利进行。按照中央、省、广州市的统一部署，我市机构改革工作正在推进，改革方案已经市委常委会讨论通过，很快就要组织实施。这次机构改革重点是转变政府职能，理顺关系，整合资源，形成最佳合力，提高服务水平。由于涉及一些单位的撤并和调整，在这次机构改革中，部分同志的岗位需要进行调整，希望大家识大体，顾大局，正确对待个人岗位的变化，正确对待个人职务的调整，对市委、市政府的决定，不讲条件，不折不扣坚决贯彻执行。各级各部门也要对这次机构改革所涉及的同志给予关心和爱护，最大限度地调动和发挥好各方面的积极性。各级领导干部要起模范带头作用，以实际行动来影响和带动全体干部，坚决杜绝“跑官要官”行为；严禁借机构改革之机，转移资产、突击花钱、滥发钱物；严禁突击进人、突击提干。在机构改革期间，全体机关工作人员尤其是各单位负责同志，要保持良好的思想状态、工作状态和精神状态，切实负起责任。在未明确新岗位之前，要各就各位，坚守岗位，履行好职责，确保思想不散、秩序不乱、工作不断，做到机构改革与日常工作两不误。各级党组织要加强思想政治工作，配合全局开展工作，掌握动态，及时反馈情况，确保改革有序推进。

（六）落实领导责任制，全力做好信访维稳工作。今年国庆、全运会期间，我市的各级干部做了大量工作，确保了社会和谐稳定，但是最近越级上访案件数量又出现反弹现象，信访维稳形势仍然严峻。第一，各级各部门要高度重视信访维稳工作，保持长期高压的工作态势。要全面分析、准确把握社会稳定工作的新形势、新要求，进一步提高对维稳工作重要性的认识，牢固树立正确的稳定观，增强责任感和紧迫感。特别是受广汕、广河、增从高速公路建设等因素影响，各种矛盾、冲突再次集中涌现，各级干部不能松懈，不能麻痹大意，不能只保敏感时期不保日常工作，要充分地估计到困难和风险，继续做好各项综治维稳信访工作。第二，领导干部要亲自处理维稳信访工作，亲自化解各方面的矛盾。要积极主动，以超前的思维和强有力的措施，突出重点，突破难点，抓好着力点，着力解决影响社会稳定的突出问题，强化矛盾纠纷排查，畅通情报信息，牢牢把握维稳工作的主动权。要重心下移，更加注重以人为本、关注民生，更加注重基层基础建设，更加注重对群众的宣传教育，努力从源头上消除不稳定因素。要强化合力，有关部门和社会各界多方联动，共同参与，营造良好工作氛围，形成齐抓共管的维稳工作格局。第三，要明确纪律，落实领导责任制。严格执行去年印发的《中共增城市委办公室、增城市人民政府办公室关于进一步加强信访维稳工作的通知》（增委办文〔2008〕22号）的规定，严格执行“属地管理，分级负责”和“谁主管，谁负责”的原则，凡是到广州、省集体上访的，或者越级进京上访的，责任单位或者所属镇街必须有一名主要领导到现场接人，而且分管该单位工作的市领导和联系该镇街的市领导也要到上访现场协助处理，并妥善解决上访反映的问题，做到人要息访，事要解决，以稳定的时间赢得广阔的发展空间。

同志们，创建全国科学发展示范市的号角已经吹响，让我们以此为新的起点，团结和带领全市人民，以更大的魄力和勇气，进一步解放思想，坚定信心，干事创业，争创一流，增强科学发展能力，建设科学发展之城，努力创建全国科学发展示范市，建设富裕、安康、文明、和谐、美丽的新增城！

在增城市第十三届人民代表大会第五次会议上的政府工作报告

增城市市长 叶牛平

（2010年3月10日）

各位代表：

我代表增城市人民政府，向大会作工作报告，请予审议，并请政协委员和列席人员提出意见。

2009年工作回顾

一年来，在市委的正确领导下，全市人民坚持以科学发展观为指导，积极应对国际金融危机的影响，全力以赴保健康增长、促科学发展，顺利完成市十三届人大四次会议确定的各项目标任务。

——经济继续保持平稳较快增长。全年完成生产总值574.34亿元，比上年增长14.3%，超出预定目标1.8个百分点；人均生产总值69193元，增长13.22%；财政总收入117.37亿元，增长14.52%；地方一般预算收入31.66亿元，增长18.36%。全国县域经济基本竞争力排名，增城由上年的第12位跃升到第9位，比原计划提前两年进入全国县域经济10强。

——产业结构调整成效明显。一、二、三产业增加值分别增长6.7%、13.12%和18.69%，比重调整为6.68：62.47：30.85，第三产业加快发展，成为新的经济增长亮点，形成与第二产业协同拉动经济增长的局面。

——人民生活持续改善。城镇居民人均可支配收入21932元，增长12.3%，农民人均纯收入9281元，增长17.18%；社会保障体系进一步完善，人民群众得到更多实惠。

——社会保持和谐稳定。着力构建“大综治”格局，信访、维稳、社会治安和安全生产形势保持稳定。

——城乡面貌明显改观。全市道路交通得到全面提升，污水治理、环境卫生、绿化建设持续改善，城乡水更清、地更洁、环境更优美。

一年来，我们主要做了以下工作：

一、深入学习实践科学发展观，确立创建全国科学发展示范市的新目标。按照李长春同志“努力把联系点办成贯彻落实科学发展观的示范点”的要求，扎实开展学习实践科学发展观活动，把学习实践活动与应对国际金融危机的冲击紧密结合起来，与“三促进一保持”紧密结合起来，与贯彻落实十七届三中全会精神结合起来，着力解决了一批影响和制约科学发展的突出问题，制订实施了一系列富民惠民措施，取得了一批体制机制创新成果。通过不断完善“以人为本、科学主导、市场运作、统筹城乡”的科学发展模式，我市规划建设三大主体功能区、实施公园化战略、统筹城乡一体化发展的实践和取得的显著成效得到社会各界的广泛认同与高度评价，增城的地区形象明显提升。我们对照先进找差距，在广泛征求全市人民、专家学者和社会各界人士意见和建议的基础上，制定了《关于创建全国科学发展示范市的决定》，提出要积极探索促进区域协调发展、统筹城乡一体化发展等九条新路子，计划用5年时间创建全国科学发展示范市，确立了增城新的奋斗目标并以此作为全市的行动纲领。

二、实施保增长、扩投资、促消费、谋发展的一系列举措，全力以赴保健康增长。面对2008年第四季度以后，尤其是去年第一季度，受国际金融危机的严重冲击，我市各项经济指标严重下滑的严峻形势，市委、市政府及时制定实施实现经济社会发展目标的33条政策措施。加强对工业企业的投资审批服务，积极推动外贸出口，加大内销展贸力度，保持了工业的稳产、扩产和新投产，实现工业总产值1268.17亿元，增长16.26%。发挥投资对经济增长的拉动作用，及时安排落实62项政府投资、38项社会投资共100项重点项目投资计划，市财政共安排投融资资金42亿元带动社会投资，全年完成固定资产投资131.27亿元，增长21.87%，投资对保增长促发展的效应十分明显。全面促进住房消费，及时整合出让经营性用地，通过保障用地促开工、平行审批服务、举办房地产展销会等，确保了房地产市场平稳健康发展，房地产销售面积212万平方米，增长64.1%，销售金额达到115.86亿元，增长59.07%。积极扩大消费需求，大力发展生态旅游，打造荔城、新塘美食娱乐购物天堂品牌，形成新的消费热点，社会消费品零售总额135.60亿元，增长18.41%。经过一年的艰苦努力，我们不仅经受住了严峻考验，而且积极化危为机，超额完成了经济社会发展预期目标，全市绝大部分经济指标增速高于全国、全省和广州市平均水平，增幅在全国10强县（市）和广州12区（市）中位居前列，保持了经济健康增长的良好势头。

三、扎实推进产业结构调整优化，脚踏实地促科学发展。围绕壮大先进制造业、扩大现代服务业的增量调优目标，坚持不懈开展招商引资优增量。引进了南方电网特高压国家实验检测中心、中金数据系统华南数据中心、博隆国际达益软件园等40多个优质生产力骨干项目，项目总投资270亿元；景东国际商业城、喜来登酒店、富港东汇商业城等一批酒店、商贸服务业项目落户并开工建设；积极创造条件推动广本研发中心、南方健康产业城、省工业研究院、莲塘春色度假休闲中心等项目的引进和落户，现代服务业展现了良好发展势头。积极发展生态旅游业，加强白水寨、湖心岛、小楼人家等核心景区建设，引进和培育了一批市场主体，全年接待游客1189.95万人次，实现旅游收入25.17亿元，分别增长128.6%和151.48%；加快都市农业发展，打造特色农产品品牌，完成农业总产值67.18亿元，增长7.1%，推动北部加快实现“绿色崛起”。扶持民营经济加快发展，规模以上民营工业总产值增长39.15%，规模以上纺织服装业总产值逆势增长40.15%，分别高于工业增速22.89个和23.89个百分点；一批生产型民营企业建立企业研发中心，扩大技术交流合作，在强规模、创品牌、增效益上迈出了新步伐，康威、豪进、皇朝家私被评为全国驰名商标，进一步提升了产业整体水平。扎实推进节能减排节地工作，在严格准入、逐步淘汰落后产能的过程中，全部关停了97家粘土砖瓦陶企业，为承接高端产业腾出发展空间和环境容量；针对闲置存量土地的不同类型采取不同的措施予以盘活利用，全市共盘活存量土地6633亩；启动“三旧”改造和村集体留用土地统一规划招商试点，促进了土地的集约节约高效利用，我市经济发展方式转入科学发展轨道，为更长时期又好又快发展打下坚实基础。

四、深化主体功能区建设，全面启动“两城两区”开发建设。把实施核心开发、培育发展载体作为深化三大主体功能区规划建设的重要抓手，在已成立广东增城工业园区管委会、白水寨风景名胜区管委会的基础上，新成立广州东部国际商务城管委会、广州增城国际旅游度假城管委会，各管委会明确了规划开发区域，确立了区域发展目标，配备专门编制人员，行使独立职能，搭建了投融资平台，主动承担开发建设主体、招商引资主体、与各类资本对接的市场主体职责。广东增城工业园不断发展壮大，加紧规划修编和土地征用，加快基础设施建设，加大招商引资力度，努力创建国家级经济技术开发区。广州新塘国际商务城正在开展产业发展规划国际咨询和城市规划方案国际竞赛，加紧编制土地征用拆迁安置综合方案和投融资建设方案，力争尽快启动土地征用和首期道路基础设施建设工作，形成招商引资的发展载体。广州增城国际旅游度假城正加快制定统筹城乡发展的土地征用、租用、留用，统一拆迁安置，实施社会保障的一体化发展方案，度假城规划方案正在进行国际竞赛，一批道路基础设施工程正在加快推进，荔湖建设进度加快，一批投资项目正在引进和洽谈，逐步形成新城区开发格局。白水寨风景名胜区管委会也正在加紧编制白水寨核心区发展规划，加紧推进白水寨大道、飞碟训练中心配套工程、水、电、污水处理等基础设施工程以及环境综合整治改造工程建设，一批酒店服务业项目正在加紧落户和建设。“两城两区”加快开发将有效推动主体功能区规划建设并形成新的经济增长极。

五、实施全面的道路交通建设工程，推动增城加快融入大广州和珠三角。着力构建与中心城市、周边城市相对接的多层次快捷通道，“黄金走廊”逐步走向“黄金地带”，区位优势进一步凸显。增莞深高速全线通车，与深圳、东莞的发展联系更加紧密；广河、增从高速全面动工建设，北部三镇同步规划建设出入口连接线，预计2011年全线通车后将直接推动北部生态产业的跨越式发展；全面完成广汕公路增城段20公里升级改造工程，统筹推进沿线道路及管网、绿化、居民拆迁安置和城镇建设以及区域产业规划发展，尤其是解决了中新城区段的拆迁难题，广汕公路的升级改造将进一步推动增城中部与广州中心城区的紧密快捷联系，带动荔城北部、朱村、中新板块的开发建设。争取和推动新塘的穗莞深城际轨道、广州地铁13号线2012年建成通车，并在新塘形成广州东部交通枢纽中心，广州地铁16号线2015年建成通车，广惠汕高速铁路计划设站荔城，目前各项前期工作抓紧推进，增城有望在三五年内让市民坐上广州的地铁、珠三角的城际轻轨和全国的高速铁路，加快融入珠三角城市圈的步伐。市域主干道路方面，完成了增派、荔三等道路升级改造工程，小楼、郑田、荔三、江龙桥收费站“四站合一”，解决了多年来因收费站过多对投资环境和居民出行带来的不利影响；用保留的江龙收费站作为融资平台，一揽子解决“四站合一”的历史成本和增派、荔三等市域交通体系升级改造投资成本。市域主干道路的不断完善，不仅提高了全市的内外交通通达性，解决了群众出行难问题，而且让市域主干道路成为生态大道、旅游大道、产业大道，为各主体功能区招商引资创造了条件，更为统筹城乡区域协调发展打下了良好基础。

六、深入实施公园化战略和城乡环境“清洁美”工程，着力打造珠三角生态大花园和优质生活圈。建设了鹤之洲、增江画廊、莲塘春色、白湖水乡等一批生态景点和绿道网，城区新增绿地面积29.74万平方米，人均公共绿地面积19.73平方米，森林覆盖率55.38%，我市生态文明建设经验得到国家林业部门和上级领导的高度肯定；全面清理增江河破旧住家船及存在重大安全隐患的运输船只，美化增江堤岸，既惠及了民生，又逐步改善了增江水环境。全面改革和落实城区环卫属地管理责任，健全“户集、村收、镇运、市处理”的垃圾收运制度；以创建全国文明城市为契机，实施富鹏地区综合整治工程，道路、路灯等市政配套设施全面升级改造，系统解决富鹏区的环境卫生、闲置土地、城市建设管理、规范市场秩序等“老大难”问题，新塘、石滩、派潭等镇街也加大了城区道路建设改造和环境整治力度，城乡面貌发生明显变化。治水治污工程和亚运城市行动计划加紧推进，全面启动6个污水处理系统工程（含管网）和75条村庄生活污水处理工程建设；积极开展新塘镇东、西洲及环保工业园一带环境污染重点区域的水环境治理，重点推进水南涌流域、二龙河、百花涌、西福河等河涌的整治；启动实施棠厦垃圾填埋场整治工程，着手推进垃圾无害化处理的各项前期工作；亚运城市行动计划全面启动，增城体育馆体育舞蹈比赛场、康威体育场、增江河亚运龙舟比赛场和广州飞碟训练中心等亚运场馆及配套工程加紧建设。规范农民建房“一清二控三规四拆五建”工作全面铺开，严厉查处了一批未报批擅自抢建行为；初步完成全市282条行政村村庄规划编制；积极探索典型引路，明星中心村农民集中居住区抓紧建设，罗岗村统筹城乡发展示范区建设进入全面实施阶段；市镇成立专责机构，明确专责领导，全面调查摸底，建章立制，集中研究农村建房“在哪建”和“怎么建”问题，为下一步加强农村建设管理打下了良好的基础。

七、千方百计改善民生福祉，统筹推进各项社会事业。切实把人民群众的利益放在首位，持续加大民生投入，严控经费支出和厉行节约，拿出更多资金用于解决和改善民生问题，全年民生和各项公共事业支出37.89亿元，占财政综合预算总支出的64.1%。建立完善广覆盖的社会保障体系。安排1.85亿元提高公职人员、教师和退休职工的工资待遇，职工工资收入与经济社会发展同步增长；分别投入1.1亿元、2500万元启动农村社会养老保险和城镇老年居民养老保险，加大财政补助，提高企业退休人员养老保险待遇，人均每月增加425元达到1770元的保障水平。新型农村合作医疗制度参合率99.6%，人均筹资标准从上年的102元提高到204元，报销封顶线从上年的2.2万元提高到5万元，医疗保障和服务水平进一步提高；建立政府住房保障制度，每年财政补贴约4200万元，实施货币分房补贴制度，全市共有1.5万符合条件人员享受住房补贴，政府第一批保障性住房共763套即将投入使用；投入7148万元全面实施义务教育阶段“两免”教育，约11万学生受惠，扶助义务教育、普通高中、高考上线大学生阶段家庭困难学生4750人，扶助金额3481万元。全市有2.2万人纳入低保救济对象，共发放救济金4258万元；全面启动城乡医疗救助制度；抓紧推进残疾人康复中心建设；包括低保、五保、残疾人、重大疾病、慈善基金在内的社会救济体系不断完善。多渠道开发就业岗位，创新就业培训思路，建立城乡劳动力技能培训竞争机制，公开招聘了一批硕士研究生和招收了200名增城籍大学生到基层工作。全面推进社会事业建设。抓好教育创强后续工程建设，小楼、正果镇成功创建教育强镇，全市100%的镇成为教育强镇；清燕小学和新塘示范初中建成投入使用，市一中、二中加紧建设，职教园区不断完善；进一步提高教师福利待遇，依法解决全市代课教师问题；开展教师全员培训，着力提高教师队伍素质；2009年高考上线率89.01%，比上年提高6.68个百分点；民办高校办学规模和水平明显提升，全市教育体系更加完备。积极开展全国文化体制改革试点工作，以“全国特色文化广场”增城广场为核心，加快建设文化艺术中心区，广播电视新闻大楼、新图书馆正式投入使用；增城歌剧院、科技文化博物馆开工建设；举办了广场音乐文化节和新年音乐会等节庆活动，打造音乐文化品牌。大力开展群众性文化体育活动，竞技体育再创佳绩，连续18年获“广东省体育突出贡献奖”。中山大学博济医院综合大楼启用，石滩、中新等中心镇医院建设改造工程顺利推进，城乡区域医疗保障能力进一步提高。人口计生工作不断加强，从省二类地区升为一类地区。武装、“双拥”、科技、侨务外事、口岸、统计、民族宗教、保密、档案、方志、气象、妇女儿童、残疾人等各项事业也取得新的发展。一年来，我市各方面的工作得到了上级的充分肯定和群众广泛认可，被评为“中国最具幸福感城市”、“中国改革（2009）年度十大县市”、“全国粮食生产先进市”、“全国水利系统先进集体”、“全国新农村建设档案工作示范市”、“广东省国民旅游休闲示范市”和“广东省科技进步先进市”。

八、加强政府自身建设，努力提高实践科学发展观的能力。坚持向人大报告工作和向政协通报情况制度，自觉接受市人大及其常委会、人民政协、各民主党派和社会各方面的监督，全部办复人大代表建议和政协提案共161项，办理质量进一步提高。着力加强科学发展的体制机制建设，出台了《征收集体土地补偿管理办法》、《集体土地房屋拆迁补偿安置办法》、《加强涉企投资审批服务实施办法（暂行）》、《政府投资重点建设项目报批绿色通道试行规定》、《增城市本级财政专项资金试行竞争性分配的实施意见》等一系列制度，为推动增城的长期科学发展奠定了坚实基础。全面启动新一轮政府机构改革，市政府工作部门由38个减为24个，政府效能进一步提高；认真做好新一轮行政审批制度改革，取消和调整行政审批100多项，全面清理并废止规范性文件，依法行政水平进一步提高。制定实施《领导干部问责暂行办法》，围绕安全生产、优化发展环境、提高行政效率等问题实施责任追究，有力促进了干部队伍执行力的提高。开展行风月月谈活动，为老百姓与政府部门直接对话搭建沟通平台，有效改进部门作风。

各位代表，过去的一年，取得的成绩来之不易。这是全市人民和社会各界大力支持、共同努力的结果。在此，我代表市人民政府，向全市人民，向各民主党派、工商联、人民团体、上级垂直单位以及社会各界人士、外来工作者、驻增城人民解放军、武警部队官兵，向关心和支持增城建设的港澳台同胞、海外侨胞及国际友人表示衷心的感谢！

在充分肯定成绩的同时，我们也十分清醒地看到，我市经济社会发展仍然存在不少问题和薄弱环节，主要表现在：受国内外复杂多变的经济形势影响，民间投资增长不快，外贸形势不容乐观，促科学发展的任务依然艰巨；经济结构调整力度和自主创新能力不够强，产业集聚集群集约发展水平不高，龙头带动项目少，现代产业体系建设步伐仍不够快；公共财政建设仍需进一步巩固，财政增支因素较多，发展建设任务繁重，多方面的支出需要进一步调整和统筹；资源配置功能和集聚辐射功能不强，城乡和区域发展仍不够平衡；保障民生和社会事业发展任务艰巨，社会管理面临许多新情况，维护社会稳定的难度和压力仍然比较大；转变政府职能和作风建设仍需努力，政府自身建设仍需进一步加强。我们要毫不松懈地加大解决突出问题的工作力度，不断开创科学发展新局面。

2010年主要工作任务

今年是实施“十一五”规划的最后一年，也是我市创建全国科学发展示范市的关键之年。做好今年工作，对于巩固应对国际金融危机阶段性成果，保持经济平稳健康发展，为启动实施“十二五”规划奠定良好基础都具有十分重要的意义。

做好今年的政府工作，要以中国特色社会主义理论体系为指导，深入学习实践科学发展观，认真贯彻李长春、汪洋等领导同志有关增城发展的重要指示批示精神，贯彻落实广州市委、市政府增城现场会和市委十一届十次全会部署要求，坚定不移深化三大主体功能区建设，深入实施公园化战略，大力推进城乡基本公共服务均等化，统筹城乡一体化发展，加快转变经济发展方式，着力推进经济结构优化调整、着力推进基础设施建设、着力推进城乡环境建设、着力推进民生社会建设，全面完成“十一五”规划各项目标任务，实现经济社会又好又快发展，努力创建全国科学发展示范市。

今年我市经济社会发展的主要预期目标是：生产总值增长13%，地方一般预算收入按原口径增长13%，工业总产值增长14%，全社会固定资产投资增长15%，社会消费品零售总额增长15%，城镇居民人均可支配收入增长10%，农民人均纯收入增长13%。

实现上述目标任务，今年要重点抓好八方面工作：

一、着力提升产业发展竞争力，不断壮大科学发展实力

树立“抓产业项目就是抓发展，抓大产业项目就是抓大发展，抓优质高效产业项目就是抓科学发展”的理念，围绕三大主体功能区的产业布局要求，一手抓存量提升，一手抓增量引优，努力提升产业发展竞争力。

做大做强汽车摩托车等高端制造业。汽车及其零部件、摩托车及其零部件产业已经发展成为我市重要的工业支柱产业，我们要着力在扩大规模、增强配套能力、完善产业链上下功夫。当前要紧紧依托广汽本田增城工厂扩大产能，加快推进广本发动机、广本研发中心、广汽SP件物流生产配送中心等项目动工建设；认真分析广本零部件供应商在我市和其他区域的分布情况，有针对性地加大招商力度，努力引进一批关键零部件、核心技术零部件以及产能扩大企业，提高关键零部件本地化配套比例，完善和拓展汽车产业链；努力创造条件引进大型汽车整车生产企业，进一步做大汽车产业规模。促进五羊本田、豪进、川井、奔马、好日子等摩托车龙头企业壮大发展，着力打造摩托车生产区域品牌。突出抓好摩托车整车产能提升和配套零部件企业的发展，支持鼓励企业加大研发投入，支持企业拓展国内外市场，努力把我市打造成珠三角乃至全国闻名的摩托车生产基地和集成中心，摩托车新技术、新车型的研发展示中心以及区域集中采购和销售中心。为做好汽车、摩托车及其零部件产业的发展和提升工作，市今年成立专门的工作小组，统一部署、市镇联动，认真做好汽车、摩托车零部件企业的引进和招商工作，加大扶持和培育汽车、摩托车零部件企业的力度。尤其是南部重点开发区的工业园区、新塘镇、石滩镇、中新镇，要有强烈的机遇意识，变“等”为“引”。尽快掌握广州本田及主要摩托车企业的生产计划和零部件企业的发展计划以及投资需求，组成专门小组点对点落实招商引资计划，确定具体地块承接项目，加快培育产业集群。

加快发展现代服务业。南部重点开发区要坚定不移地实施先进制造业和现代服务业双轮驱动战略。要加紧对已引进现代服务业项目的推动工作，加快普洛斯仓储物流、东华商业城、人人乐物流配送中心、侨建商业城、东凌国际装备交易中心等项目的建设。新增土地或整合闲置土地招商要重点向现代服务业尤其是汽车、摩托车物流业倾斜。在推动“三旧”改造中要把“三旧”改造的发展方向重点放在现代服务业上，着力培育现代物流、金融保险、商贸会展、研发设计、信息服务等生产型服务业。中部优化开发区要围绕城市副中心生活配套功能的需要，在国际旅游度假城以及“一河两岸”产业带的打造过程中坚持高端取向，大力发展科教研发、文化创意、主题公园、国际会议和运动休闲产业，促进富港东汇商业城、增城歌剧院、科技文化博物馆、会议酒店中心、南方健康产业城等项目的加快建设和招商服务；促进房地产市场的健康发展，重点消化房地产存量，创造条件促进具备开工建设、销售许可条件的重点项目尽快动工建设和推向市场。北部生态产业区要加快发展生态产业，培育生态产业区的内生经济发展能力。要加快景区景点的开发建设，全力创建白水寨国家4A级景区，加大白水仙瀑、小楼人家、湖心岛等核心景区和鹤之洲、增江画廊、莲塘春色、正果寺等景点建设力度；全面推进锦绣香江温泉酒店、金叶子酒店二期、三英温泉酒店、白水寨会议中心、西境星级酒店、湖心岛酒店等一批会议休闲配套项目的落户和建设；要积极发动农民参与生态产业链的经营，丰富北部多层次的生态产业发展形态和功能布局；全面创建广东省旅游强市，承办好2010年广东省国际旅游文化节开幕式。

推动传统产业转型升级。传统产业的发展必须在企业创品牌、上规模、增效益上下功夫。支持和鼓励有一定规模和市场份额的企业利用高新技术改造和提升产品，增加产品附加值，变单纯劳务加工为品牌生产、创新增效。支持和鼓励优势企业跨地区、跨行业兼并重组，在规模上有新突破，并制订切实可行的措施，切实解决企业土地、房产完善手续和归整合并中遇到的问题。认真落实扶持中小企业和民营经济发展的政策措施，制定中小企业上市培育计划，鼓励支持一批具备上市条件的民营企业通过上市扩大影响，实现资本运作、品牌运作、规范运作。引导传统企业通过“退二进三”、“双转移”、改造利用旧厂房、加大技术改造和自主创新力度、投入高新技术产业和现代服务业等，加快产业转型升级。打造“十大牛仔休闲服装”品牌，大力建设牛仔服装研发中心、牛仔服装检测中心、牛仔服装信息中心三大公共技术创新服务平台，努力营造自主创新环境，争创一批国家级纺织服装驰名商标，提升牛仔休闲服装特色产业的比较优势和集群效应。

提升发展都市型现代农业。充分发挥都市型现代农业的综合效益，以提高农民多渠道增收为目标，实现现代农业的多元化发展。要规划建设1—2个现代农业园区，适度集中土地流转财政补贴资金，推进农村土地向农业龙头企业和农民专业合作社集中，加大农田和鱼塘标准化改造力度，努力提高农业的规模化经营水平。加快发展农业龙头企业和农民专业合作社，依托“增城十宝”建设农业生产基地，推进产品的深加工和精包装，扩大传统优势农产品的品牌影响力；加大力度扶持“收购当地农产品、聘请当地农民工、带动当地种养业”成效显著的农业龙头企业；打造一批高水平的优质示范合作社，扶持合作社创立优质农产品品牌，促进农民专业合作社快速健康发展。大力发展乡村旅游，设立乡村旅游奖励补助专项资金，提高农民就业创业能力。引导农民推进土地承包经营权、集体建设用地使用权、房屋所有权和集体林地使用权等“四权”流转。要按照“资产变股权、农民当股东”的思路，推进农村集体经济股份合作制改革，盘活存量资产，推动农民从事第三产业，激发农村集体经济发展内在动力。

积极培育发展新兴产业。培育新兴产业要坚持政府主导、龙头带动、市场集群发展的原则。当前要以南方电网特高压国家实验检测中心、中金数据系统华南数据中心落户建设为契机，积极引进一批上下游配套企业，形成新的电力设备制造、机械装备制造、数据服务外包等产业群，培育新的支柱产业和高端产业链。要把生态产业、生态旅游和文化创意作为新兴产业重点培育，在打造旅游基础设施，引进星级酒店、主题公园、休闲度假项目上，在着力培育市场主体上切实下功夫，形成新的休闲产业项目集群。

建立产业项目建设目标责任制。抓产业项目关键是要明确目标，落实责任，要实现项目引进和土地供应的联动，落实新征土地和土地整合计划，着力解决项目的“落地”问题，尤其要着力解决重项目引进、轻项目建设的问题，建立项目引进与项目建设联动机制。要全面清理近两年来引进的50多个重点产业项目的建设情况，分清责任，加强服务，对无法按期推进项目建设的企业要坚决收回土地，重新策划项目，对已开工的项目要制订项目进度计划，明确投产时间；要制定和落实全市项目招商任务，各镇街和“两城两区”管委会今年要确保引进并开工2个以上优质产业项目，明确招商项目的“落地”时间和开工建设计划；原则上每月要召开一次项目建设现场会，集中解决项目引进和审批建设的突出问题，以点带面，逐个突破；要制订全市企业培育计划，今年要重点发展壮大百亿元以上企业，新培育几家30亿元以上企业，10家10亿元以上企业，20家亿元以上企业，力争全市亿元以上企业达到150家。要强化考核和问责，坚持每季度一次项目建设检查，建立以镇街为单位的项目建设“插红旗”制度，以项目倒逼进度，进度倒逼程序，程序倒逼服务，督查倒逼落实，形成全市上下共同谋项目、引项目、建项目，抢时间、争速度、出成效的良好局面。

二、切实推动经济发展方式转变，全面增强科学发展后劲

把加快经济发展方式转变作为我市推动科学发展的重要目标和战略举措，在加大产业结构调整的基础上，要在推动经济实现创新发展、绿色发展、效益发展和安全发展等方面取得实质性的突破和进展。

努力提高自主创新能力。要把自主创新作为引领增城未来发展的核心推动力。当前要把引进和培育一批重点创新型项目作为推进和实施自主创新的工作重点，促进广本研发中心、广州有色金属研究院、博隆国际达益软件园、南方电网特高压国家实验检测中心等已落户项目加快动工建设；创造条件推动省工业研究院等在谈项目尽快落户。要抓紧推进增城工业园区、增江高科技工业基地等创新平台建设，努力推动开发区成为区域创新中心。要尽快出台关于推进自主创新的政策措施，加大财政对自主创新的支持力度，为高新技术企业的落户和建设提供政策优惠，继续实施“自主创新一区一项目计划”，鼓励支持企业与高校、科研院所共建研发机构和产业联合体，加快形成激励自主创新的体制机制和利益导向。大力实施人才强市工程，吸引更多的高素质、创新型人才到增城发展创业，加大培育一百名以上知名企业家、一百名以上优秀拔尖人才、一百名以上文学艺术人才、一千名以上农村致富带头人、一千名以上优秀教师的力度，为增城科学发展、创新发展提供强大的智力支持。

大力发展绿色经济。要把发展绿色经济、促进绿色增长作为转变经济发展方式的重要途径，纳入经济社会发展规划体系，特别是在“十二五”规划编制中通盘考虑、统筹推进。南部各镇要结合旧城改造和企业入园生产经营的要求，制定具体的“退二进三”工作计划，明确“退二”企业的范围和退出进度，加快“退二”企业的转型升级；新塘镇要大力推进二级水源保护区漂染企业的关停搬迁入园工作；新塘、石滩镇要全面整治重点地区的漂染、电镀、制革、造纸等高污染耗能行业；各镇街都要严控超量排放、污染物超标，发展低能耗产业；各部门要加强对高耗能、高污染企业的监管，强化节能减排目标责任制，运用法律、经济、技术和行政等各种手段，加大执法力度，坚决淘汰落后产能。中部城区各街道要制定传统工业企业退出城区计划，腾出土地发展现代服务业和绿色经济。北部要把发展低碳经济作为核心目标，在加快传统工业产业退出的同时，严格准入条件，壮大都市农业和生态休闲度假旅游业，谋划发展科教产业和高档绿色居住产业，培育新的经济增长点，努力创建低碳经济示范区。

促进高质量和高效益发展。树立“宁要蓝天绿地，不要急功近利”的理念，把引进外来投资与资源节约、环境保护、科技创新有机结合起来，坚持高准入门槛，严把招商项目关，提升招商引资质量。要突出土地亩产“指挥棒”，对拟落户项目的投资强度、项目达产后每亩产值、每亩税收贡献等进行认真评估；对已落户的项目，要制订系统的监管办法和项目考核机制，对产值、税收达不到约定指标的，要采取切实措施予以改进和纠正；要按照亩均投入、亩均销售、亩均税收

对全市企业排座次，综合考虑企业的实际贡献，设立纳税大户贡献奖和单位产出税收贡献奖。要引导企业以提高经济效益为重点，降低成本、更新技术、加强管理、开拓市场，不断提高劳动生产率、产值利润率、销售利润率和成本利润率；引导企业在创造利润的同时，更加关注民生和富民强市目标，主动承担对员工、社会、生态环境的责任，追求更高的社会效益和生态效益。

进一步提高安全发展水平。要把安全发展作为坚持以人为本、转变发展方式的基本条件，牢固树立“抓经济发展是政绩，抓安全生产也是政绩”的理念，全面贯彻“安全第一，预防为主，综合治理”的方针。今年要在全市深入开展整顿和规范市场秩序专项行动，集中清理整治存在重大安全隐患、破坏生态环境的违法生产经营场所，深入开展食品药品安全专项整治，进一步加强危险化学品、易燃易爆物品、道路交通、建筑施工、消防、水库、学校等重点领域的安全工作，各行各业都要加强全员、全过程、全方位安全管理，坚决遏制重特大安全事故发生。要进一步强化企业的安全生产主体责任，强化政府安全监管的主体责任，加强安全生产工作的考核奖惩，落实安全工作一票否决制，巩固安全生产的好形势。

二、系统推进基础设施建设，全面营造科学发展的良好环境

牢固树立“大投入大发展，强投入快发展，有系统地投入有效益地发展，科学投入实现可持续发展”的投入理念，将基础设施的规划、建设与提高产业综合承载能力、满足项目落户需要、促进产业发展、服务广大企业、改善民生结合起来。

今年要着力推进与产业发展、人民群众生活密切相关的八大类基础设施建设。**一是道路桥梁基础设施建设。**积极配合广州市和铁路部门做好地铁13号线、16号线、穗莞深城际轨道、广惠汕高速铁路、广州近郊列车等轨道交通以及广州东部新塘交通枢纽中心的规划建设，及早谋划土地征用、拆迁等工作。全力支持配合增从、广河高速公路建设，同步规划建设高速路连接线，实现市域道路与高速公路的有效对接。继续推进107国道新塘段改线工程、白水寨大道建设工程。抓好实施增城大道（广汕公路）增江段改造工程、新城大道建设工程、荔湖大道建设工程、新新公路新塘段改造升级工程、荔城大道排水和综合改造工程、朱石公路建设工程、增江大道改造工程。研究启动新塘至派潭高速公路建设工程、广汕公路荔星路口至增城宾馆段下沉隧道建设工程、新城区广汕公路外延线工程以及光辉大桥、石滩大桥和广园东仙村立交至石滩城区连接线建设工程，实施增城大桥改扩建工程，着力解决荔城至增江交通的“瓶颈”制约问题。**二是污水治理基础设施建设。**按计划完成6个城镇污水处理系统建设工程、75条村庄生活污水处理工程和二龙河、西福河、水南涌等河涌整治工程，确保今年6月底前全面完工。加快推进棠厦垃圾填埋场整治工程，尽快启动垃圾无害化处理厂建设。全面优化初溪水利枢纽至正果湖心岛一河两岸水环境、水景观工程建设。全面开展派潭河上游小流域综合整治。**三是公共服务及市政配套设施建设。**完成增城一中、二中工程建设，新建荔城新桥小学、新塘中心小学，继续推进校舍安全工程建设，加大职教园区扩建和整合力度。全面完成增城体育馆、龙舟比赛场、康威体育场等亚运场馆配套工程建设，确保按时按质交付使用。研究启动市民服务中心、公共卫生服务中心等便民服务工程建设。**四是产业园区配套基础设施建设。**全面推进汽车产业基地、东区高科技工业基地、石滩和中新工业基地、广本研发中心等产业园区的基础设施和配套设施建设。抓好基础设施建设，关键是要确定重点基础设施建设计划，明确责任主体；重点是突破资金的“瓶颈”，尽快建立财政投融资体系，发挥财政资金四两拨千斤的作用；核心是主责部门要高度重视，要配备熟悉基本建设和管理的专门人员、专门机构，按基本建设程序规定有序推进；尤其是全市上下要形成合力，克艰破难，为工程建设提供良好的舆论氛围和建设条件保障。**五是公共交通基础设施建设。**完成增城、新塘两个国家一级客运站建设，规划建设新塘货运站场，提高我市的客运、现代物流能力，促进公交营运车辆的更新改造，全面提高公共交通的运营能力和服务水平。**六是能源保障基础设施建设。**支持做好50万伏水乡线路增城段工程、宁西站出线工程以及旺隆电厂扩建机组接入线系统线路工程建设；抓紧实施富鹏、福和、余庄、陂头、郑田等输变电工程建设；加快推进增城地区高压线路规整优化工程，做好荔城至东方线路工程、宁西至荔城线路工程建设，尤其要加快完成增城工业园区的线路规整和迁改工作，为汽车产业基地用地和发展创造条件。全面推进柯灯山水厂改扩建工程、荔新公路供水管道二期工程建设。密切配合广东省天然气管网一期工程建设，抓紧引进我市天然气经营主体，力争明年实现管输天然气。**七是水利和防灾减灾基础设施建设。**加快推进荔湖调蓄区工程、附城河整治工程、朱村黄塘围达标加固工程、正果拦河坝工程等一批水利工程，进一步加大“五小”工程建设力度，创建全国小型农田水利重点县（市）。继续加大对山体滑坡等地质灾害易发点的监控和防护力度。**八是通讯及信息化基础设施建设。**全面启动数字电视转换试点，发展交互式多功能数字电视，大力整合光纤网络管道资源，统筹推进通信和有线电视网干线落地和升级改造，提高网络传输质量。进一步加大有线、无线宽带综合网络建设力度，深入实施“村村通”全程全网互联互通工程，努力构建“随时随地随需”的信息网络。加快全市办公自动化系统建设，提高政务服务水平。

四、统筹城乡一体化发展，努力建设美好新家园

城乡一体化发展是提高城镇化水平的重要抓手，建设宜居城乡是发挥城镇对农村的辐射带动作用，努力形成资源要素优化配置、比较优势充分发挥、城镇建设与新农村建设互动互促、协调发展的新举措。

加快中心镇建设。要按照“今日中心镇，明日卫星城”的理念，把中心镇建设成为具有产业支撑能力、人口集聚功能、统筹城乡发展的重要节点，具有较强内生动力的区域服务和消费中心。要加强对中心镇建

设的组织和指导，全面落实省和广州市的中心镇发展政策；精心编制中心镇的规划，突出功能分区、突出要素集聚、突出基础设施和公共服务设施建设；要创新思路，尤其要按照统一规划、整体出让、安置优先、发展共享的旧城改造思路，多途径解决征地拆迁安置问题；要制定鼓励农民进城居住的政策措施和探索农村宅基地退出机制，把城镇发展与村庄整治有机结合起来，促进土地集约节约高效利用，促进农业集约化经营和农民生产生活、居住方式的根本性改变。今年各镇街要在城区、镇区划定拆迁改造范围，制定整体地块出让安置规划方案，年底要进行考核。

切实推动“三旧”改造。要紧紧抓住广东省作为“三旧”改造试点的特殊政策和重要机遇，把“三旧”改造作为集约节约用地、优化城镇功能、调整产业结构的主战场，打好“三旧”改造这场攻坚战。市镇各级均要成立“三旧”改造机构，明确“三旧”改造的政策要求，出台“三旧”改造政策的实施细则，制定全市“三旧”改造的整体规划；要明确“三旧”改造的责任主体，建立“三旧”改造的目标考核制度，配套完善“三旧”改造的激励政策；要广泛发动，坚持政府主导、市场主体推动，坚持科学规划、整体出让、分步开发，实行“大拆建”式的改造。

大力推进新农村建设。建设好新农村是落实城乡一体化发展的关键环节，今年要认真打一场新农村规划、建设、管理的攻坚战，市镇两级要专门研究宅基地分配管理和农村建房存在的突出问题，着重解决“在哪建”的问题，确保各项村庄规划和村庄布点规划顺利“落地”实施；继续推进“一清二控三规四拆五建”工作，全面规范农村建房行为，使农村建房有图可选，有规可依，有法可行，重点解决“怎么建”的问题；全面启动农村建房报建制度，依法批准有正当建房需求的农民按照规划建房，对未报批建房、占用耕地建房的行为必须严肃查处，坚决刹住抢建、乱建歪风；积极探索城中村改造、新村建设、旧村整治的新模式和明星、罗岗、上邵、郑田等新型农民社区试点建设，以点带面加快推进农民集中居住；继续推进农村路网、水网、电网、通讯网以及污水处理系统建设，加快形成覆盖到村、延伸到户、城乡衔接的基础设施体系；建立市、镇、村三级联动的农村公路养护管理机制。不断优化主干道路沿线村庄环境，打造一批环境优美、独具特色的生态文明村。深入开展村落社区化、文化进社区、文明进万家等活动，推动城市生活方式和社区管理模式向农村延伸，培育农村新风尚。

加快构建城乡一体化机制体制。抓紧实施统筹城乡发展综合配套改革试点，深入贯彻落实广州市委、市政府《关于加快形成城乡经济社会发展一体化新格局的实施意见》。要按照组团发展、规模适度的原则，拉开城镇化布局，建立城镇化用地保障机制；要着力研究利用“三旧”改造政策，完善历史用地手续；要着力建立健全多元化的城镇化建设投入机制和收益分配机制，解决资金瓶颈问题；要着力研究建立完善有利于构建新型居住社区和农民集中居住社区的制度，重点推进城镇建设用地增加与农村集体建设用地减少挂钩机制以及村改居、农民入城居住涉及的户籍、计生、社保、集体收入分配一揽子保障措施，为城镇化发展和新农村建设提供有力的制度保障。健全农民持续增收长效机制，认真落实好各项支农惠农富农政策，落实种粮补贴，提高农民种粮积极性，增加农民的财政转移性收入；要进一步加强对农民的培训，引导农民科学种养，提高经营管理水平；大力推动农民从农业产业链条拓展和非农产业发展中获得更多收入，鼓励农民利用土地、住宅等资源进行开发性生产，发展二三产业，支持引导农民参与生态产业化发展，依托生态旅游业建设农家乐，开发特色农产品，不断增加经营性收入。

五、全力以赴迎亚运，努力创建文明城市

办好广州亚运会是今年的重要任务，创建全国文明城市是推进生态环境、城市景观建设和城乡管理、提升文明程度的现实要求。

大力推进城乡绿道网建设。要按照省、广州市绿道网建设计划和我市全区域公园化战略的总体部署，以“幸福市民、快乐游客、致富农民”为宗旨，积极探索绿道生态化、人性化、产业化、市场化和效益化的新路子。按照主干道路生态型、乡村郊野型、城区都市型分类制定全市绿道的总体规划和建设任务，明确绿道网建设的标准和管理规范。当前，要集中力量抓紧实施增派、增正公路自驾车游生态绿道、荔城至白水寨休闲健身自行车绿道、初溪水利枢纽至正果湖心岛水路旅游观景绿道等三大绿道网建设。市规划局要抓紧制定绿道网建设规划，分解任务，明确职责；市财政局和各镇街要安排绿道建设专项资金，采取竞争性分配评比的扶持办法，确保绿道建设资金的落实和高效利用。今年5月份之前，增江画廊休闲区等绿道建设要突出特色，形成效果，全面完成省、广州市下达给我市95公里的绿道建设任务，力争成为广州市乃至广东省绿道网建设的示范样板，其余绿道网建设要争取一年基本建成，两年明显见成效。

扎实推进全国文明城市创建工作。要按照文明城市测评要求，强化责任制和精细化管理，落实环卫属地管理责任，加大市容环境的整治力度，健全“户集、村收、镇运、市处理”的城乡环境卫生保洁长效机制；全面整治城乡乱摆卖、乱拉挂、乱堆放、乱张贴、乱搭建、乱丢乱吐等“六乱”行为；要坚持教育与惩罚并重，尤其要加大交警执法力度，彻底整治交通秩序，对违反交通秩序的行为要及时曝光，坚决治理乱闯红灯、乱停乱放行为；实施市域加油站升级改造工程，进一步提升城乡文明形象；深入实施荔城富鹏区、增江街、朱村街环境综合整治工程，提升中心城区文明创建水平。

全力以赴迎亚运。第十六届亚运会的射击飞碟、体育舞蹈、龙舟比赛等三个项目赛事将于今年11月在我市举行。要按时按质完成亚运场馆及相关配套设施建设，以亚运场馆、高快速路增城出入口和市域主干道路为重点，加快建设城市生态景观工程，统筹推进城乡生态绿地景观建设和广场、公园建设，创建和谐

绿色亚运城市。要认真做好亚运赛事的筹办工作，突出抓好赛时城市运行和服务保障工作，科学编制赛时城市交通运行、食品卫生等有关政策和组织方案，严格按照竞赛流程和时间节点搞好场馆运行与城市运行的无缝衔接。制定和完善安全保卫工作方案以及应对突发事件工作预案和行动方案，确保赛事进行期间安全有序、万无一失。要深入开展“迎亚运、讲文明、树新风、促和谐”、“健康亚运、健康生活”全民行动和“争做好市民、当好东道主”市民素质提升教育系列活动，发动市民积极参与亚运、服务亚运、奉献亚运。着力抓好赛场文明建设，努力塑造讲文明、重礼仪、团结友善、热情好客的增城人风范，树立增城的美好形象。

六、大力推进基本公共服务均等化，让全市人民共享科学发展成果

要按照基本公共服务均等化要求，着力建立公共财政体系，把更多的财政资金投入到公共服务领域；要实施公共服务重点倾斜政策，基本公共服务要向低收入、弱势群体、困难家庭倾斜；要着力解决城乡公共服务不均衡问题；要扎根基层，依靠村、社、居等最贴近群众的基层组织，切实保障和改善民生。

制定实施基本公共服务均等化五年规划。要以政府职能为主导，在促进经济快速发展的同时，把促使城乡居民享有基本公共服务均等化作为长期导向。认真落实《广东省基本公共服务均等化规划纲要》，结合实际尽快制定出台我市基本公共服务均等化五年规划实施纲要，以及公共教育、公共卫生、公共文化体育、公共交通、生活保障、住房保障、就业保障、医疗保障等八项基本公共服务实施细则，切实把农村居民全部纳入城镇基本公共服务范围，建成覆盖城乡、功能完善、分布合理、管理有效、水平适度的基本公共服务体系。

创新实现基本公共服务均等化的有效途径。坚持因地制宜，进一步优化教育、医疗卫生、文化体育、基础设施等公共资源布局，努力实现公共资源在城乡之间的合理均衡配置。要着力提高有限财力配置到公共服务领域的有效性，加大对分散资源的整合力度，使有限的资源集中向“三农”倾斜、向大众群体倾斜、向基层政府倾斜，让公共服务的成果达到见物又见人的效果，认真研究并做好城乡基本公共服务各类制度的衔接，提高公共服务的效益。要充分发挥城乡基层组织的主体作用，建立稳定规范的基层组织工作经费保障制度，加强基层基本公共服务设施和网络建设，打造城乡基本公共服务平台，努力把群众的基本公共服务办实办好办出成效。建立基本公共服务多元化供给机制，加快建立与基本公共服务均等化相适应的公共财政体系，探索基本公共服务供给的社会参与机制，积极推进“规划到户、责任到人”扶贫开发工作和“三联六帮”活动，充分发挥社会各种力量在推进基本公共服务均等化过程中的积极作用。

提高社会保障水平。进一步做好职工养老、医疗、工伤、生育、失业保险扩面工作。扎实推进城乡社会养老保险和农村住房保险工作，实现全市35周岁以上农村居民参加农村社会养老保险覆盖率达到50%以上；城镇老年居民参加养老保险覆盖率达到95%以上。巩固和发展新型农村合作医疗制度，筹资标准提高到年人均260元以上，住院费用补偿封顶线提高到10万元，保障救助比例提高到30%。积极推进基本医疗保险工作，力争城镇职工和城镇居民基本医疗保险覆盖率分别达到95%以上。进一步提高公费医疗保障水平，实施慢性病门诊治疗费用纳入公费医疗管理。要建立健全低保标准自然增长机制，提高城乡低保标准；建立完善教育扶助等各项临时救助制度；发放90岁以上高龄老人长寿保健金；探索向增城籍65岁以上老人发放生活保障补贴的新举措。

加快各项社会事业发展。推进“两优工程”，加大规范化学校建设力度；以落实“两相当”和绩效工资政策为契机，深化教师工资分配制度改革，激活教师队伍内在动力；加强教师培训工作，不断提高师资队伍素质和教学水平；完善外来工子女入学管理办法，争取从今年秋季起率先实施增城籍高中阶段学生免费教育。加快文化体制改革，建设增城广场核心文化区，积极培育有实力的文化骨干企业，扶持创作更多文艺精品；继续办好广场音乐文化节、荔枝文化节、菜心节、番薯节等节庆活动，以务实办好各类文化节，促进文化发展，拉动旅游消费；推进“农家书屋”、图书下乡、送戏下乡等工程，逐步形成城乡文化资源共享和社区文化集群化发展，营造健康向上的社会文化环境。整合公共卫生资源，建立和完善公共卫生服务体系；稳步实施医药卫生体制改革，推进医疗机构标准化建设和规范化管理；加强重大传染病防控工作，确保人民群众身体健康。进一步稳定低生育水平，争创省计生先进地区和优质服务市。不断完善城乡公共体育设施，努力打造全国一流的运动城。进一步加强信访、法律援助和社会矛盾排查调处工作，不断完善公共突发事件的应急处理机制，积极化解各种社会矛盾。加强对“人屋车场”等重点场所的治安管理，严厉打击“两抢一盗”等暴力犯罪行为，确保刑事发案数降幅10%以上，全力维护社会和谐稳定。继续做好科技、民政、“双拥”、口岸、档案、气象、统计、妇女儿童、残疾人等各项工作。

七、努力提高科学主导的能力水平，创建人民群众满意的政府

面对新的发展形势、任务和要求，要进一步转变政府职能，创新管理和服务方式，提升政府科学主导的能力水平，为创建全国科学发展示范市、顺利完成今年的目标任务提供坚强保障。

全面推进政府机构改革。围绕加快转变政府职能，理顺政府部门职责关系，按照构建大部门体制要求大力推进政府机构改革，重点在规范职能、转变管理方式上下功夫，形成权责一致、分工合理、决策科学、执行顺畅、监督有力的行政管理体制，促进政府部门高效运作。认真做好部门“三定”工作，按照精简、统一、效能的原则，合理确定部门内设机构、人员编制和领导职数，更加注重强化社会管理和公共服务职能，更加注重业务培训和制度建设，再造机关工作流

程，深化行政审批制度改革，坚决清理不合理或已不适应形势发展的审批事项，优化发展环境。

全面推进依法行政。科学界定各级政府和各部门的行政决策权，完善政府内部决策规则，建立公众参与、专家论证和政府决定相结合的科学民主、依法行政的决策机制，加强对决策落实的督查督办和反馈纠偏。认真落实人大及其常委会各项决议决定，坚持向人大及其常委会报告工作，自觉接受监督。认真接受人民政协的民主监督，主动听取政协委员的意见建议。加大办理市人大代表议案、建议和市政协委员提案工作力度。扎实推进政务、村务、厂务公开，保障人民群众的知情权、参与权、表达权、监督权，引导人民群众通过合理有效途径表达诉求。健全行政执法体制，规范行政执法行为，完善行政执法程序。加强行政复议和行政应诉工作。研究制定“六五”普法规划，扎实开展普法工作，提高全民法律意识和水平，努力把创建法治示范市的各项工作落到实处。

建立完善科学发展长效机制。积极落实富县强镇事权改革，认真履行好省和广州市直接放权或委托管理的职责；以直接放权或委托等方式，依法下放市直部门行政审批权和行政执法权，扩大镇级政府行政事务管理和处置权限。深化财政管理体制改革，实施对各镇街和“两城两区”管委会的财政收入分档次和责任目标管理，调动各镇街和“两城两区”管委会加快经济发展的积极性；认真实施财政专项资金竞争性分配办法，逐步扩大财政专项资金竞争性分配的覆盖面。深化投融资体制改革，加大政府融资平台建设力度，加强全市基本建设资金、融资资金的统筹管理，提高资金使用效率和效益；探索建立多元化的基本公共服务供给制度，促进社会公益事业加快发展。

加强政风建设。当前增城正处于加快发展的关键时期，迫切需要一支懂发展、会发展、善于领导科学发展的领导干部队伍。要把学习培训作为提高科学主导能力的重要途径，建设学习型政府，在全市开展大规模的干部学习培训活动，各级各部门每周要开展一次业务培训，干什么学什么、缺什么补什么，并把学习培训的成果转化为推动科学发展的能力，着力解决招商引资、项目建设、园区载体建设、统筹城乡综合配套改革、征地拆迁、“三旧”改造、城市管理、工程建设等工作推进中遇到的各类问题。要建立健全抓落实的工作机制，坚持领导围着基层转、部门围着企业转、一切围绕项目转，做到一个项目一个项目地推进、一个难题一个难题地解决、一项工作一项工作地落实。加大行政问责力度，重点问责不作为和乱作为，坚决做到有责必问、有错必究、问责必严，确保各项目标如期实现。深入推进惩治和预防腐败体系建设，加强执法监察、廉政监察、效能监察、审计监督和纠风治乱工作；完善建设工程招投标、土地使用权出让、政府采购等制度，规范公共资源交易行为；拓展电子监察覆盖范围，深入开展行风月月谈、千家企业万名市民评行风活动，严肃查处各类违法违纪案件。进一步精简会议和文件，严格控制各类检查评比活动。坚持厉行节约，勤俭办事，努力降低行政成本。

科学编制“十二五”规划。今年，我市要科学编制“十二五”规划。各级各部门要认真总结“十一五”规划执行情况，准确把握我市经济社会发展阶段特征和内在要求，深化对一些全局性、战略性重大问题的研究，高质量、高水平编制出符合科学发展观要求、能够引领增城科学发展的“十二五”规划。

八、扎实为民办好十件实事，以实绩实效取信于民

1、建设增城歌剧院
2、建设荔城新桥小学和新塘中心小学
3、改扩建新新公路新塘路段
4、实行增城籍学生享受12年免费义务教育
5、建设明星、罗岗中心村统筹城乡发展示范点
6、改扩建增城大桥
7、规划建设增江画廊休闲区
8、规划建设新城区荔韵公园
9、办好亚运会三大竞赛项目
10、建立健全基层组织工作经费保障机制

各位代表！做好今年的政府工作使命光荣、责任重大、任务艰巨。让我们在市委的正确领导下，坚持以科学发展观为指导，以更加饱满的工作热情、更加务实的工作作风，乘势而上，真抓实干，为全面完成“十一五”规划各项目标任务，加快创建全国科学发展示范市，推动增城更好更快发展作出新的更大贡献！

名词解释

1、三促进一保持：促进提高自主创新能力，促进传统产业转型升级，促进建设现代特色产业体系，保持经济平稳较快发展。

2、退二进三：产业布局调整和环境保护的措施。指引导工业（二产）退出中心城区，腾出发展空间引导服务业（三产）进入发展。

3、双转移：珠三角劳动密集型产业向东西两翼、粤北山区转移；东西两翼、粤北山区的劳动力向当地二、三产业转移或较高素质劳动力向珠三角转移。

4、“插红旗”制度：指对产业项目建设任务完成得好的镇街授予“红旗”，对不能完成任务的追究领导责任，予以通报批评。

5、增城十宝：即增城荔枝、增城丝苗米、增城迟菜心、正果腊味、正果黄塘头菜、增城乌榄、小楼冬瓜、派潭凉粉草、密石红柿、白水寨番薯。

6、“三旧”改造：即旧城镇、旧厂房和旧村居改造。

7、绿道网：绿道是一种线形绿色开敞空间，常沿河滨、风景道路等自然和人工廊道建立，内设可供行人和骑车者进入的景观游憩线路，连接主要公园、自然保护区、风景名胜区和城乡居民居住区等。绿道网即众多区域绿道（省立）、城市绿道和社区绿道构成的网络状绿色开敞空间系统。

8、一清二控三规四拆五建：一“清”指对在建房屋全面进行清查并登记造册；二“控”指全面控制未

经审批而建设房屋的行为；三“规”指对农村建房全面实施规范管理；四“拆”指对顶风抢建的违法建房一律强制拆除；五“建”指新建的农民住宅必须符合村庄规划和相关规定。

9、“五小”工程：即小水库、小堤围、小泵站、小水闸、易受水浸的小村落。

10、两免：对义务教育阶段家庭经济困难学生免费提供教科书、免杂费。

11、两优工程：建设优质学校、培育优秀教师。

12、两相当：县域内中小学教师平均工资水平与当地公务员平均工资水平大体相当，县域内农村中小学教师平均工资水平与城镇中小学教师平均工资水平大体相当。

13、农家书屋：指为满足农民文化需求，建在行政村且具有一定数量的图书、报刊、电子音像制品和相应阅读、播放条件，由农民自主管理，自我服务的公益性文化场所。

14、充分就业社区：指城市社区内在法定劳动年龄内有劳动能力和就业愿望的居民，基本实现就业和再就业。

15、“4050”人员：指处于劳动年龄段中女40岁以上、男50岁以上的，本人就业愿望迫切、但因身体就业条件较差、技能单一等原因，再就业困难的下岗失业人员。

16、人屋车场：即流动人口、出租屋、机动车和重点场所。

17、两抢一盗：抢劫、抢夺和盗窃（入室盗窃和盗窃机动车）。

18、三定：即规定单位的职能配置、内设机构和人员编制。

广东增城市贯彻落实科学发展观考察报告

在全党开展深入学习实践科学发展观活动中，广东省增城市被确定为中共中央政治局常委李长春同志联系点，我们非常荣幸地成为驻增城联络指导小组的成员，全程参加该市学习实践活动。自2008年9月以来，我们在做好上下联络、指导交流、督促检查、总结汇报等工作的同时，还深入镇村、社区、企业、机关、学校，走访党员干部群众，详细了解增城经济社会发展情况。增城市以科学发展观为统领，以学习实践活动为契机，争创贯彻落实科学发展观示范点为目标，推动科学发展的生动实践，给我们留下了深刻的印象。

近几年来，增城以规划建设三大主体功能区为抓手，以实施公园化战略为载体，以推进富民惠民工程为重点，以统筹城乡科学发展为突破口，切实转变经济发展方式，努力实现经济社会又好又快发展。2008年，尽管受到国际金融危机带来的不利影响，增城市仍然实现了逆势飘红，地区生产总值510.27亿元，比上年（下同）增长18.28%，2000年以来（下同）年均增长15.34%；工业总产值11 04.42亿元，增长22.3%，年均增长18.45%；财政总收入102.49亿元，增长32.72%，年均增长38.18%；地方财政一般预算收入26.75亿元，增长29.48%，年均增长27.45%，提前两年完成"十一五"规划主要指标。全国县域经济基本竞争力从1999年的第58位跃升到第12位，连续7年居广东省首位。先后荣获"联合国世界和谐城市提名奖"、"中国全面小康十大示范市"、"中国和谐之城"、"全国绿色小康市"等称号。增城在短短几年时间内，走出发展困境，探索出"以人为本、政府主导、统筹城乡"的科学发展"增城模式"，在推动县域经济社会科学发展上给我们带来以下有益的启示和借鉴。

一、必须坚决贯彻落实科学发展观，不断解放思想，增强走科学发展道路的自觉性和坚定性

科学发展观是我国经济社会发展的重要指导方针，反映了当代世界的最新发展理念，体现了我国现阶段经济社会发展的新要求。增城的实践证明，只有贯彻落实好科学发展观，才能实现跨越式和全面协调可持续的发展。在工业起步的初期，增城有130多家小水泥厂、150多家小漂染厂、200多家采石场，"村村点火，处处冒烟"。拼资源、拼土地、拼劳动力的粗放型发展道路造成全市经济基础薄弱、产业发展缓慢，环境污染严重、假冒伪劣盛行，发展一度陷入困境。2003年春，胡锦涛总书记在广东提出科学发展观。增城在科学理论指引下，进行了总结和反思，开始把发展理念逐步转到科学发展上来，改变"一提发展就是搞工业"的观念，着手规划三大主体功能区，提出北部不发展工业的思路，一些班子成员不完全支持，有的干部群众半信半疑。面对怀疑和否定，在广州市委、市政府的鼓励支持下，增城坚持"不争论、埋头干"，并邀请中央、省的专家到增城宣讲科学发展观，着力引导大家统一思想。2008年上半年，广东开展了解放思想学习讨论活动，增城以此为契机，进一步加深了党员干部对科学发展观的理解，形成了由"重物轻人"向"见物见人"转变的思想共识，解决了一批影响和制约科学发展及群众反映强烈的突出问题，增强了干部群众谋求科学发展的信心。2008年9月，中央在全党开展深入学习实践科学发展观活动，增城迎来了历史性的机遇。他们通过"四大学堂"和"三论三求"等举措，引导干部群众正确理解科学发展观，使党员干部和人民群众心往一处想、劲往一处使。听民声、顺民意、集民智、聚民力，找准存在问题，为民办好事实事，用实绩赢得人民群众的理解和支持，增强了实践科学发展观的自觉性和主动性，坚定了科学发展的信心和决心。

二、必须坚持从实际出发，理清发展思路，大胆探索科学发展新路

增城之所以能够逐渐转入科学发展轨道，关键在于市领导班子善于从实际出发、集思广益、科学决策，因地制宜大胆探索出"规划建设主体功能区、实施公园化战略、统筹城乡科学发展"的新路。

一是率先规划建设三大主体功能区，积极引导科学发展。增城市委、市政府跳出增城看增城，将本地的区位条件、资源禀赋与整个珠三角都市圈的发展格局和发展趋势结合起来，发挥优势，转化劣势，借助强势，规划建设三大主体功能区。将工商业集中的南部定为重点开发的新型工业区，坚持组团式、园区化，集聚集约发展，大力发展先进制造业和现代服务业，培育汽车、摩托车及其零部件和牛仔休闲服装三大支柱产业，建设工商并举的生态卫星城；将环境优美，公共服务较为完善的中部定为优化开发的文化生活区，着力发展会议休闲、文化创意、教育研发产业，努力建设山水文化休闲城；将生态环境好，自然风光秀丽的北部定为限制开发的都市农业和生态旅游区，以白水寨省级风景名胜区和湖心岛、小楼人家等为龙头，建设广州东北部绿色生态屏障。三大主体功能区的规划建设，改变了以前"散、小、乱"的发展状况，促进了从"无序"到良性循环、健康有序发展。

二是实施公园化战略，创建宜居城乡。增城在全市上下树立起生态优先、"保护也是发展"的理念，推动了全区域公园化战略的实施。他们变"在城市里

建公园”为“在公园里建城乡”，让增城处处像公园。他们变砍树为看树，营造绿水青山、发展金山银山，把北部800平方公里定为限制开发的都市农业和生态旅游区，坚决不发展工业，实施原生态、原产权、原居民、原民俗“四原”保护，严格保护好森林、湿地、古树名木，保护好历史民居、民俗风情，保护好特色建筑、文物古迹。以路边、山边和水边“三边”整治为重点，发动全民参与公园化建设，努力营造一流的宜业和宜居环境。

*三是统筹城乡抓发展，构建起城乡一体化发展新格局。*在开展学习实践活动中，增城坚持不断深化理论武装，认真贯彻落实党的十七届三中全会精神和中共中央政治局常委李长春同志的要求，把推进城乡统筹发展作为贯彻落实科学发展观的新抓手，在已实现农村“六通”（通水泥路、通自来水、通有线电视、通电、通电话、通客运班车）的基础上，制定政策措施，大力推进工业向园区集中、农村富余劳动力向城镇集中、农业用地向规模经营集中，推动基础设施向农村延伸、公共服务向农村覆盖、城市文明向农村传播，在推进城乡一体化发展上迈出了新步伐。

三、必须坚持以人为本，努力惠民富民，让人民群众共享发展成果

增城市坚持把群众利益放在首位，想问题、作决策、办事情坚持科学算好发展成本账、社会民生账、生态环境账，多做打基础的事，多做有利于增强发展后劲和综合竞争力的事，大力实施惠民富民工程，确保人民群众长期受益。

*一是统筹城乡推动就业，不断完善公共服务。*把解决就业当作最大的民生，提出“农民的出路在于不当传统农民，农村的出路在于转移农民，农业增效的出路在于减少农民”，建立市镇村三级就业体系，实行免费技能培训和推荐就业，想方设法转移农民、减少农民和致富农民。近年来累计转移农村富余劳动力近15万人，转移就业率为89.7%。建立覆盖城乡的社会保障体系，实现应保尽保；城镇居民基本医疗保险参保率达83.17%；57.97万人参加了新型农村合作医疗，参合率达到99.44%。加强公共医疗服务体系建设，投资1.2亿元建设人民医院，并整体移交中山大学，使全市医疗保障服务水平向前迈出一大步。

*二是把教育当作最重要的德政工程和基础工程，推进城乡教育均衡发展。*树立“再穷再苦也要办教育，卖田卖地也要让孩子读好书”的理念，努力探索教育改革新路，调整优化学校布局，合理配置教育资源，撤并“麻雀学校”177所，先后投入资金30多亿元实施“两优工程”（建设一批优质学校，培育一批优秀教师），建设了增城中学等优质规范学校，全市优质学位是2000年的13.1倍，高等教育毛入学率从2000年的4.2%提高到33.84%。引导社会资金投资20多亿元，创办了7所民办高校，在校大学生达3万多人，2007年成功创建广东省教育强市，为提高人口素质打下坚实基础。

*三是大胆策划发展生态旅游，为有效解决“三农”问题开辟新路。*增城的北部资源丰富，但以前由于生态旅游起点低，基础差，年年扶贫年年贫。他们果断转换思路，变生态优势为旅游资源，变农产品为旅游产品，变扶贫“输血”为创业“造血”，逐步把生态旅游业培育成北部山区的支柱产业，“沉重包袱”变成了“绿色财富”。采取“政府搭台，企业唱戏”，将白水寨打造为广东省生态文化休闲旅游目的地之一。为打响农产品品牌，通过举办荔枝节、菜心节等活动，大力发展“好吃、好看、好玩、好价、好销”为特征的都市农业；帮助农民开设“乡村绿色超市”，畅通农产品销售渠道，占领珠三角的中高端市场，提升农副产品的价值。2008年全市游客达520万人次，旅游收入达10亿元。

四、必须注重提升文化软实力，以先进文化引领市民，促进人的全面发展

一个城市是否有吸引力，是否有竞争力，文化是核心，人才是关键。增城在推动科学发展进程中，始终坚持以文化论输赢，立足于促进人的素质提高，大力推进城乡公共文化共享，着力凸现四大文化，以先进文化夯实发展的综合竞争力。

*一是创建社区文化。*以社区为依托，深入开展“全民阅读求知”和“村落社区化、文化进社区、文明进万家”等活动，潜移默化提升市民素质。注重让城市文明辐射农村，重点加强镇村基层文化建设，实施广播电视村村通、农村文化室、农家书屋、绿色网园、文化资源共享、农村电影放映等文化惠民工程，坚持每天开设两小时农村广播专栏，让公共文化服务体系扎根基层。

*二是培育广场文化。*采用政府策划、市场运作、群众参与的方式，逐步将群众性文化活动推向市场。每周在增城文化广场举办两场由专业团体组织的文艺晚会，带动群众广泛参与舞蹈、音乐等文化活动，在广场、公园和社区跳交谊舞、现代舞已逐步成为市民健身娱乐的生活方式。每年举办广场音乐文化节和新年音乐会，广场文化的活动方式逐步深入镇村，广场音乐文化逐步成为文化精品和文化品牌。

*三是凸显生态文化。*强化“善于适应发展要求利用好可开发空间是一种作为，懂得为可持续发展留下生态空间是更大的作为”的发展理念，在推进经济发展的同时更加注重保护环境，建设生态文明，发展绿色GDP。举办生态文明高层论坛，滚动播放“创生态文明、建宜居城乡”的宣传片，组织专家学者采风，生态意识逐步深入人心，生态文明、生态文化已成为增城的后发优势。

*四是挖掘历史文化。*挖掘整理南宋丞相崔与之、明代三部尚书湛若水等历史文化资源，弘扬其人文精神。建设国内最具规模、最有特色的音乐雕塑广场，打造小楼人家、何仙姑文化等一批有增城特色的文化品牌，促进历史文化与现代休闲旅游有机结合。

五、必须牢固树立正确的政绩观，践行宗旨意识，造就一支执行力强的干部队伍

要实现科学发展，关键在人。政治路线确定之后，干部就是决定因素。领导干部担负着引领科学发展的重任，必须具有为公为民的执政自觉、敢于担当的干事魄力、坚韧不拔的创业精神，增城市领导班子和干部干事创业的热情给我们留下了深刻印象。

一是有科学的政绩导向。领导班子有什么样的政绩观决定一个地方的发展方向。增城不以GDP论英雄，重显绩更重潜绩，倡导“博学善思练就一身本领，干事创业造福一方百姓，廉洁自律确保一生平安”的从政理念。树立以人为本，一切发展都是为了人民的宗旨导向；富民优先，民生为重的为民导向；立足长远，重打基础的政绩导向；求真务实，真抓实干的作风导向；敢为人先，敢想敢干的创新导向，形成了风清气正的用人环境和干事创业的浓厚氛围。

二是有团结稳定的领导班子。领导班子在群众中有良好的口碑，在干部中有极高的威信。领导班子成员大多任职5年以上，大家充满激情、饱含感情的干实事，不为非议所惑、不为困难所动、不为误解所扰、不为责难所惧，始终一心一意谋发展，聚精会神搞建设。班子成员团结共进，在决策中认真抓好“三划”（超前策划、科学规划、有重点有计划），严格把好“三关”（规划关、环保关、安全生产关），坚持“三个结合”（群众的呼声、领导的思路、专家的意见），做到“三师而行”（经济师、工程师、律师），确保各项决策科学。

三是有真抓实干的干部队伍。从我们在增城生活工作的实践中，深深感受到增城的干部政治敏锐，作风务实，执行有力。在学习实践活动中，每当中央有重大部署，领导有重要指示，增城市马上研究部署贯彻落实举措，绝不让工作过夜，不完成任务决不收兵。比如，为了起草好分析检查报告，找准问题，深挖根源，连续多次开会到深夜研究，反反复复修改。又如，为贯彻落实好李长春同志“努力把联系点办成贯彻落实科学发展观示范点”的要求，立即研究系列举措，迅速推出了“1+6”的政策措施，一项一项抓落实。

六、必须坚持改革创新，完善体制机制，为科学发展营造良好的政策制度环境

体制机制创新是科学发展的条件，也是科学发展的成果。增城坚持立足当前、着眼长远，注重把解决现实问题与建立长效机制紧密结合起来，大胆探索，建立起一系列保证科学发展的制度。

一是建立保障主体功能区建设的机制体制。从实际需要出发，建立资源配置、生态补偿、财政转移支付等机制。在土地资源配置方面，工业建设用地向南部集中，推动工业产业集聚发展；农田生态保护区向北部集中，促进都市农业和生态旅游业集聚发展。在财政投向方面，南部重点投向工业基地以及相配套的基础设施建设，提升工业承载能力。如为支持工业基地发展，自2006年起连续三年以每年6亿元借款额度的财政贴息支持汽车产业基地发展。财政建立从南部工业镇税收超收返还额中提取部分给北部山区镇机制，设立了北部山区专项发展资金，对北部生态区进行支持和反哺，2008年该项金额达到了4500多万元。

二是实行科学的分类绩效考核办法。增城根据主体功能区的不同定位，在南部和中部镇街班子中侧重配备了工商管理和城市规划设计等专业的干部，在北部3个镇班子中侧重配备了接受过旅游专业、农学类专业高等学校教育的干部，为推动南、中、北三大主体功能区的形成夯实了组织基础。同时实施分类考核，在经济方面，南部镇侧重于考核工业产值，中部重点考核城市公共服务配套和现代服务业产值，北部镇只考核农业产值和生态环境保护，不考核工业，避免陷入一讲发展就是搞工业的误区。

三是创新推进科学发展的长效机制。围绕认真贯彻落实李长春同志考察增城时的重要讲话精神，制定了《中共增城市委、增城市人民政府关于争创贯彻落实科学发展观示范点的实施意见》，提出了推进科学发展50条具体措施。同时结合深化主体功能区建设，推进农村改革发展，加快文化体制改革和提高干部队伍的执行力，制定了《开展“三联六帮”城乡共建行动方案》、《深化主体功能区建设构建现代特色产业体系实施方案》和《领导干部问责暂行办法》等配套文件，确保科学发展落到实处。

增城在珠江三角洲的发展一度落后，现在逐步走上经济发展、生活富裕、生态良好的科学发展之路，为贯彻落实科学发展观提供了很好的范本和生动教材。我们深信，后发优势强劲的增城，将着力转化学习实践活动的丰硕成果，以胡锦涛总书记和李长春同志重要讲话精神为动力，抢抓实施《珠江三角洲地区改革发展规划纲要》的机遇，努力争创贯彻落实科学发展观的示范点，不断推动科学发展再上新台阶。

（中共中央政治局常委同志学习实践科学发展观活动联系点联络指导小组）

“增城模式”五大创新推动科学发展

探索“以人为本、政府主导、市场运作、统筹城乡”发展模式，综合竞争力和发展后劲明显增强

深入学习实践科学发展观

学习推广增城市建设贯彻落实科学发展观示范点经验现场会的召开使科学发展的“增城模式”再次受到各界关注。昔日广州的一个穷乡僻壤的山区县如今成为全国县域经济第9位、年工业产值超千亿元、年生产总值超500亿元的县级市，这个转折的背后，增城人靠什么？在这片土地上耕耘了14个春秋的增城市委书记朱泽君在现场会上给出了答案。

近年来，增城市认真贯彻落实科学发展观，积极探索“以人为本、政府主导、市场运作、统筹城乡”的科学发展增城模式，规划建设三大主体功能区，实施公园化战略，创建学习型社会，统筹城乡一体化发展，努力把中共中央政治局常委李长春的联系点办成贯彻落实科学发展观示范点，努力创建广州东部现代化生态新城区和富裕、安康、文明、和谐、美丽新增城，综合竞争力和发展后劲明显增强。

数字说事

●增城如今成为全国县域经济第9位、年工业产值超千亿元、年生产总值超500亿元的县级市。

●生产总值2000年以来年均增长15.37%，2008年实现生产总值510.3亿元。

●今年1-3季度农民人均现金收入8399元，增长16.92%，农民收入增幅高于城镇居民。

●把解决城乡居民特别是农村富余劳动力就业当作最大的民生，加大城乡居民就业培训，2003年至今累计转移农村富余劳动力15万多人，转移就业率达到90%。

●基础设施建设迅猛发展——

全面打通增城往大城市的通道，增莞深高速全线通车，广河、增从、广州北三环高速顺利推进，通达增城的城际轨道、地铁建设全面启动，广州东部新塘交通枢纽中心、新塘和增城两个客运站（国家一级A类）加快建设，投资近20亿元的广汕快速路和市内近百公里主干道综合改造工程于元旦或春节前全面竣工。

建设三大主体功能区，以不平衡发展破解发展不平衡

2003年中央提出科学发展观以后，增城根据不同区域的资源禀赋条件，因地制宜地将全市1616平方公里划分为三大主体功能区：南部重点开发的新型工业区、中部优化开发的文化生活、北部限制开发的生态产业区。为此增城建立健全了四大机制保障三大主题功能区建设的顺利推进。

一是建立资源配置机制。调整优化行政区划，将原来的16个镇街整合为6镇3街。二是建立财政转移支付和生态补偿机制。北部山区镇税收地方留成部分全额返还，每年把南部镇税收超收分成的10%转移给北部山区，确保北部干部收入与南部干部基本持平；每年安排山区镇专项建设资金各5000万元，加快北部旅游区环境建设，让北部农民增收致富。三是建立产业优化升级机制。着力构建以先进制造业为主导、以现代服务业为重点、以生态文化旅游为特色、以都市农业为基础的现代产业体系。四是建立干部绩效分类考评机制。南部重点考核工业总产值和自主创新能力，北部重点考核农业产值、服务业产值和生态保护水平，用科学的制度安排引导干部树立正确的政绩观，不要走进一谈发展就只有搞工业的误区。

增城实践表明，南中北三大主体功能区互补互动协调发展，南部新型工业区稳健发展，中部文化生活区加快发展，北部生态产业区逐步实现“绿色崛起”。

南部以新塘镇为龙头，以中新镇、石滩镇为重点，培育了汽车、摩托车和牛仔休闲服装三大支柱产业，2008年对GDP的贡献度达到43%，工业产值占全市86%。中部旅游度假城建设有序推进，形成了文化、教育、卫生等中心区，城市功能不断完善，既为南部发展工业营造了一流的生活环境，也为北部发展生态旅游提供了优质配套服务。北部山区大搞度假休闲旅游，重点建设了白水寨、湖心岛、小楼人家、增江画廊等一批核心景区。今年1-10月北部小楼、正果、派潭的税收分别增长254.15%、54.04%和29.54%。北部山区1000平公里不发展工业，经济发展更快了，环境更好了，生态更美了，为未来可持续发展留下了广阔空间。

实施公园化战略，建设生态文明的宜居城乡

2007年，南粤开展解放思想大讨论，增城积极响应，率先提出实施公园化战略，树立“保护也是发展，发展促进保护”的理念，用公园化的理念来统筹城乡规划建设，变“在城市里面建公园”为“在公园里面建城乡”，打造珠江三角洲的生态大花园和优质生态生活圈，促进工业文明和生态文明融合发展，让增城处处像公园，让市民工作在公园、生活在花园。

为此增城全民总动员，推进路边、山边和水边“三边”整治。实施原生态、原产权、原居民、原民俗“四原”保护。推动家园公园化、田园公园化、果园公园化、校园公园化、工业园也公园化等“五园”建设。大力实施城乡“清洁美”和管理精细化工程，城乡面貌发生巨变，生活与投资环境明显改善，生态优势日益凸显，城乡品位和城市价值不断提升，干部群众的幸福感明显增强。

今年以来引进优质项目107个，总投资近300亿元；

1-11 月全市接待游客11 04.62万人次，旅游收入21.62亿元，分别增长131.80%和139.16%，带动农民就业创业，促进了农产品流通升值和农民增收致富，前三季度农民人均现金收入8399元，增长16.92%，增幅明显高于城镇居民。

实施富民惠民工程，立足长远解决“三农”问题

增城一方面高起点规划建设中心镇，提高以城带乡水平，统筹城乡一体化发展，另一方面着力从人抓起，培训农民、转移农民、减少农民、致富农民，立足长远有效解决“三农”问题。

目前，以道路交通为重点的基础设施建设迅猛发展：全面打通增城到广州、东莞等大城市的通道，增莞深高速全线通车，广河、增从、广州北三环高速顺利推进，通达增城的城际轨道、地铁建设全面启动，广州东部新塘交通枢纽中心、新塘和增城两个客运站（国家一级A类）加快建设，投资近20亿元的广汕快速路和市内近百公里主干道综合改造工程于元旦或春节前全面竣工。

增城还把解决城乡居民特别是农村富余劳动力就业当作最大的民生，采用订单式、定向式加大城乡居民免费培训和推荐就业力度。2003年至今累计转移农村富余劳动力15万多人，转移就业率达到90%。

增城把教育当作最重要的民生工程和基础工程，立足长远减少未来农民和失业人口的系统工程，一方面狠抓基础教育，先后投入42亿元，合理撤并“麻雀学校”186所，集中资源建设了一批优质规范学校，全市现有优质学位是2000年的13.5倍，今年高考上线率达89.01%。另一方面大力抓好职业技术教育，引导民营企业家投资25亿元，创办7所民办高校，在校大学生达4万多人，2006年成功创建广东省教育强市。政府财政重点投向公共事业领域，用于民生的财政支出逐年加大，今年高达30.47亿元,占综合预算的64.65%。

创建学习型社会　提升发展软实力

增城创办学习实践科学发展观大学。以增城市委党校为载体，立足增城，面向全国，办好“学习实践科学发展观培训基地”，开设“科学发展增城论坛”，努力创建全国学习研究科学发展观的重要阵地。

增城人还善于借助“外脑”，推进民主科学决策。成立了增城科学发展专家委员会，先后与中央党校、中央政策研究室、新华社、博鳌亚洲论坛秘书处合作，建立了“中央党校理论动态增城研究基地” 和 “学习实践科学发展观培训基地”，举办了“科学发展南方论坛”，先后邀请了100多名专家学者到增城调研讲学和研讨。

同时，大力实施城乡公共文化惠民工程。以“全国特色文化广场”增城广场为核心，整合周边增城图书馆、广播电视中心、科技文化博物馆、增城歌剧院等资源，力争建设富有影响力的群众文化中心区，走出一条党委政府策划规划科学引领，发挥市场威力，按市场经济规律发展文化事业和文化产业的新路子。

抓班子带队伍　增强科学发展能力

增城市委书记朱泽君说，抓干部比抓项目重要，一个地区的发展关键在一支执行力强的优秀团队。

按照“博学善思练就一身本领，干事创业造福一方百姓，廉洁自律确保一生平安”的要求，增城市领导率先垂范，一级带一级，加强各级班子的思想建设、作风建设、组织建设和反腐倡廉建设。目前增城二级班子成员平均年龄45岁，大学以上学历96.8%，硕士、博士研究生40人，其中硕士以上学历的镇街“一把手”44.4%。

同时，大规模培训干部。选派干部到新加坡、清华大学和同济大学学习城乡规划建设管理先进理念，组织镇街和职能部门“一把手”到昆山、张家港等先进地区挂职镇长助理跟班学习两个月，组织部门业务骨干和村（居）干部1000多人赴苏南学习。

此外，增城多渠道招贤纳才。近年来多次面向全国公开选拔副局级以上领导干部20多人，优秀教师、医生、公务员等各类高素质人才4000多人；今年面向全国公开招聘（选调）200名全日制硕士以上研究生充实镇街干部队伍，在全市范围公选200名大学生“村官”充实农村基层“两委”，全面优化干部队伍结构，提高素质能力，为科学发展提供了坚实的组织保障。

（《羊城晚报》2009年12月16日A2版）

科学发展"增城模式"带来启示——

抓精品决策，发展驶入快车道

深入学习实践科学发展观

羊城晚报昨日专题撰文介绍了科学发展的"增城模式"引发社会各界热议。作为中共中央政治局常委李长春参加学习实践科学发展观活动的联系点，增城市在城镇布局、产业规划、统筹城乡、民生福利、干部团队培养等多方面先行先试，敢想、敢干、敢试、敢闯，给全省各地学习实践科学发展观提供了有价值的参考经验。当然，各地情况不一，"增城模式"不宜照搬、不宜克隆，增城科学发展之路其背后蕴藏的思维方式和发展理念，很值得施政者思考和借鉴。增城市委书记朱泽君在广州市召开的推广增城经验现场会上的汇报，让我们分享了增城人在学习实践科学发展观中的真切体会。

领导悉心指导　干群励精图治

朱泽君说，增城今天的发展是各级领导悉心指导和大力支持的结果。他笑谈增城的今天可谓科学发展观引领、高人指点、贵人相助，天时地利人和。记者了解到，中共中央政治局常委李长春于去年10月曾亲临增城视察调研，先后作了两次重要讲话和多次重要批示。特别是今年8月和9月的两次批示，坚定了增城实践科学发展观的信心，为增城今后发展进一步指明了方向。

中共中央政治局委员、省委书记汪洋也轻车简从深入增城点对点、面对面进行具体指导，以身作则教会了增城探求科学发展的辩证法和方法论。省委副书记、省长黄华华带领省直有关部门负责人来到增城，现场帮助解决增城在贯彻落实科学发展观中遇到的实际问题。广州市的领导也多次深入增城悉心指导和大力支持。

"个人能力有限，群众智慧力量无穷"，朱泽君认为增城的今天是广大干部群众用心血和汗水换来的。先要用科学的理念和清晰的思路统领，"我们特别注重学习和调研，广泛听取干部群众的意见，科学决策。"朱泽君说，市委、市政府所干所想由于得民心、顺民意、集民智、聚民力，全市干部群众才逐步由半信半疑到坚定不移，成为积极的支持者和忠实的执行者。

以富民惠民聚力。增城想问题、做决策、办事情始终坚持科学算好"三笔账"，即有多少群众从中得益，群众能从中得到多少益，群众是长期受益还是短期受益。从2000年开始，增城坚持每年为民办好的10件实事，10年间办好了教育、文化、医疗、交通、旅游等100多件好事实事。

增城坚持按科学发展观要求用干部，树立"五种用人导向"，要求干部"五个善于"。"五种导向"即一切发展都是为了人民的目标导向；富民优先、民生为重的为民导向；立足长远、重打基础的政绩导向；求真务实、真抓实干的作风导向；敢为人先、敢想敢干的创新导向。"五个善于"即善于发现和发掘；善于策划和规划；善于保护和利用；善于包装和推介；善于行动和推动。

解放思想　敢为人先

"一个地区的发展不怕起步晚，就怕起点低。不怕干不好，就怕没想好。不怕经济落后，就怕观念落后。"朱泽君说，增城的今天是不断解放思想、敢为人先的结果。

增城人敢想。规划建设三大主体功能区、实施全区域公园化战略、凤凰城成功传奇、音乐广场的神话，增城荔枝、迟菜心等品牌打造，白水寨景区从昔日的穷乡僻壤成为最佳旅游目的地的例证等等，都是超前策划、大胆设想和科学决策结出的丰硕成果。

增城人敢干。朱泽君说，无私才能无畏，干净干事，一身正气，才敢拆别人的房子，动别人的位置，否则别人就摘你的帽子。坚持不懈实干苦干加巧干，才能抓出成效。为促进产业优化升级，实现"腾笼换鸟"，增城各级领导顶住各种巨大压力，以"壮士断腕"的勇气，坚决淘汰落后产能，既依法依规，又讲究方式方法。"给过渡，留出路"；既充分照顾投资者利益，又妥善安置十余万工人，先后关闭了500多家治污无望的水泥、洗漂印染和采石采砂等污染企业。

增城人敢试。对中央、省和广州市作出的一系列战略部署，增城人都"甘当拓荒牛，种好试验田"，对先进发达地区的成功经验不是照搬照抄，而是结合增城实际全面创新。

善于谋事　科学干事

朱泽君说，科学发展，需要勇气和胆识，更需要谋略和智慧。只有善于找准规律，正确把握规律，才能事半功倍。增城人注重集思广益，不搞"拍脑袋决策"。

增城人坚持有所为有所不为，实行政府主导与市场运作"双轮驱动"。政府重在主导发展方向、发展理念和发展规划，做到花了钱要办好事、少花钱要多办事、花小钱能办大事、不花钱也能办成事，发挥财政资金"四两拨千斤"的作用。如通过政府策划、科学规划、市场运作、商场换广场、企业捐助、BOT等方式，政府花很少的钱就建成了增城广场、挂绿广场、增城中学、污水处理厂等一批重大市政设施和好事实事。

增城人工作注重抓重点出精品，善于以点带面推动全局。增城成功打造了广东增城工业园、凤凰城、翡翠绿洲、白水寨、增城图书馆、初溪水利枢纽工程、职业教育园区及广东商学院华商学院、华立学院等一批精品工程，并以此带动了先进制造业、现代服务业、生态旅游、文化教育等产业的快速发展。

“一个地区要实现跨越式发展，必须克服急功近利的短期行为。”朱泽君谈到他的切身体会，面对起步初期经济落后、财政困难、信贷危机、财政债务重等问题，增城人“不争论、不埋怨、不推诿”，坚持打基础、造环境、重诚信、严管理、抓服务、促可持续发展，用发展的办法解决前进中的困难和问题，盘活闲置土地过万亩，偿还政府历史债务30多亿元，城乡发展驶入了快车道。

坚持理性改革　创新体制机制

“无规矩不成方圆”，增城始终注重用科学的规章制度管人、管事，克服工作的随意性。

注重建立健全促进科学发展的长效机制。为确保三大主体功能区建设顺利推进，健全了资源配置、财政转移支付、生态补偿、产业优化升级、分类绩效考核等机制。为促进农村建设用地集约节约高效利用，确保农民“失地不失利”，制定了《鼓励农村集体经济发展用地统筹利用暂行办法》等举措。

注重建立健全狠抓落实的工作机制。每周一上午召开党政领导班子碰头会，每月通报重点工作，每季度检查点评重点项目和重点工程，年终绩效分类考核，实行领导干部问责制度，追究不落实的事和人。

（《羊城晚报》2009年12月17日A1版）

发展模式独特，增城成了“取经地”

增城坚持从实际出发、因地制宜，逐步探索出人与资源和谐相处的特色之路

本报上月底推出的系列报道《增城科学发展新探索》详细介绍了增城市在学习实践科学发展观的过程中“深化建设三大主体功能区、实施公园化战略、统筹城乡科学发展”的成功经验，引起了社会各界对增城发展的强烈关注，许多读者纷纷来电，畅谈读后感和索要相关材料。

在刚刚过去的周末，记者再探增城，所到之处，游人如鲫，星级酒店、农家旅馆客房爆满，旅游景点客流激增……人们在享受青山绿水的同时，也对“增城模式”津津乐道。

风景美，农副特产也不赖
游人热捧：呆在增城不想走

“增城处处像公园，果然名不虚传。”上个周末刚刚从增城度假回来的广州白领蔡力兴奋地告诉记者。白水寨、湖心岛、鹤之洲、小楼人家、何仙姑庙、大丰门漂流、莲塘春色、白湖水乡……说起增城的景点，他如数家珍。

虽然是土生土长的广州仔，但这次还是蔡力第一次到增城游玩。他说，以前增城在他的印象中是穷乡僻壤，经济一般化，环境脏乱差，坐火车到深圳要路经增城，成片浓烟滚滚的水泥厂让人感觉俨然一片“战争”景象。看了报道后，他觉得增城的变化不可思议，决定一探究竟。经过两天的实地“考察”发现，增城旧貌变新颜，烟囱销声匿迹，到处绿树成荫、花团锦簇，一片田园风光。“增城很美很休闲，真是晚上安静入眠、早上小鸟叫醒，这种体验，在城市里从来没有过。”蔡力一家都舍不得离开了。

像蔡力这样的游客还有很多，今年上半年，增城接待游客达640多万人次，比去年同期增长近两倍。杨之光美术中心培训学校校长杨红对增城的自行车道情有独钟。她在国外生活了多年，她说，像增城开辟的80公里的自行车健身道，即使在国外也很少见。增城城乡到处很干净，一看就知道有规划、有管理，匠心独运的生态旅游极具国际眼光。“这条单车道沿着水边绕着山边从荔城到白水寨蜿蜒延伸，穿过榄园古荔，饱览田园秀色，宛如徜徉在欧洲小镇”。

珠三角一小时优质生态生活圈的青山绿水除了吸引广州人，还有大批珠三角外地游客慕名而至。陈健是深圳一位老师，想起以前所见增城的景象，很是感慨：“简直令人惊叹，走进增城就像走进了公园，想不到工业发达的大广州也有那么大的翡翠绿洲，那种村中有园，园中有村的景象，让人来了第一次，又想来第二次、第三次……”他说，以前农民挑着装满果菜的担子在公路边叫卖，现在增城公园化战略，带动生态旅游业，带动农副特产销售，“规范变卖为买”。陈健还笑言：“周末我们到增城是满载而归，买的农副产品塞满了车尾厢，回到家太太分发给亲戚朋友品尝，大家直夸增城青菜好吃，纷纷打听是在哪里买的，让她着实‘火’了一把。”

在增江画廊景区，记者偶遇一批从东莞骑单车过来的“驴友”，与他们攀谈起来。“增城人真有创意，增江边成片淹死的荔枝树都不砍，与周边生长茂盛的荔枝林相映成趣，一边是枯木逢春的非洲景象，一边是绿草如茵的欧洲风光，还可以与清澈见底的增江零距离接触，真是个鹤之洲”。

因地制宜，大胆先行先试
专家点评：增城经验可借鉴

市民“看上”的是增城美丽的山山水水，是放松心情、休闲度假的好去处。城市管理者们“瞄准”的却是增城独特的发展模式，能否为我所用、能否造福一方。省委党校副校长、区域经济研究专家陈鸿宇认为，增城在科学发展过程中已逐步探索到一条人与资源和谐相处、具有自身特色也有普遍意义的道路，增城在县域经济发展方面的独特做法，值得广东其他县市借鉴。

广州市社会科学院数量经济研究所所长欧江波长期跟踪研究增城的发展。他认为，增城的发展经验为地处都市圈卫星城或发达地区周边的县域经济发展探索了新模式。目前，随着珠三角同城化的不断深化，珠三角核心区正在向北、向西扩展，包括惠州、清远、肇庆、佛山等地级市在内的北部、西部地区，完全可以从“增城模式”中得到启示。

连南县委书记崔建军是城市管理行家。他说，增城发展速度很快，得益于贯彻落实科学发展观，因地制宜率先规划建设三大主体功能区、实施公园化战略，充分体现了“富民优先、民生为重，生态优先、宜居为重”的理念，“很多宝贵经验都值得我们县去学习和借鉴。前不久，我们还组织近百名镇村干部专程到增城取经，在增城市委党校举办了为期三天的实践科学发展观培训班，更新了观念、开拓了视野”。

广州社科院原院长李权时谈到，增城的最宝贵经验就是坚持从实际出发、因地制宜，大胆先行先试，其他县市优势各异，要学其神而不能只学其形，不能简单照抄照搬，就是规划主体功能区也要结合自己的实际。

记者从增城市接待办公室了解到，今年1-6月份，全国各地约有785批10200人次到增城参观考察。

（《羊城晚报》2009年8月20日A01版）

大事记

2009年增城市大事记

一月

4日， 市召开党政班子贯彻落实科学发展观分析检查报告通报暨评议大会。市委书记朱泽君强调，要针对报告提出的十个方面存在问题和五点根本原因，进行全面整改。市长叶牛平主持会议并讲话。

6日， 新华社副社长崔济哲到增城调研。崔济哲说，增城环境好、经济发达，是个颇具魅力的城市。

7日， 原中央组织部部长张全景到增城参观考察。广州市人大常委会副主任杨武、增城市委书记朱泽君等陪同考察活动。

同日， 十一届全国人大常委，国家质量监督检验检疫总局原党组书记、副局长李传卿率中央第五巡视组一行到增城调研。

8日， 省委副书记、省长黄华华在省委常委、广州市委书记朱小丹和市长张广宁陪同下，就如何进一步将学习实践科学发展观活动引向深入，积极应对国际金融危机，推动经济平稳较快发展等问题到增城市调研。黄华华指出，增城的实践与探索体现解放思想的要求，体现科学发展观的要求，成绩非常突出，经验十分宝贵，值得全省学习借鉴。

9日， 海口市龙华区区委书记陈一华、区人大常委会主任梁锦武、区长宁虹雯率党政考察团到增城考察。

14日， 美国首位华裔女市长陈李琬若到增城中学参观考察。

19日， 省委常委、广州市委书记朱小丹轻车简从深入派潭镇邓村、派潭村看望慰问困难农户和困难老党员。朱小丹强调，要进一步增强责任感和紧迫感，抓紧形成保障和改善民生的长效机制，使困难群众享受改革发展成果。

20日， 中央学习实践活动指导检查三组组长、全国政协常委张维庆率检查组到增城市检查指导开展深入学习实践科学发展观活动情况。张维庆指出，增城科学发展取得很好的经验，在全国具有普遍意义。

22日， 市召开第一批深入学习实践科学发展观活动转段工作会议。市委书记、市委学习实践活动领导小组组长朱泽君要求全市各级党组织和广大党员干部以前所未有的工作责任心、工作力度和工作作风，确保学习实践活动取得圆满成功，努力向党和人民交出一份出色答卷。

26日， 农历大年初一，市委书记、市人大常委会主任朱泽君在市委常委、秘书长何鎏辉等有关负责人陪同下到增城广场与民同乐，向市民拜年，并祝全市人民身体健康、家庭幸福、事业进步、大展宏图。

二月

3日， 市委书记、市人大常委会主任朱泽君，市长叶牛平等市五套班子领导就增江一河两岸综合整治工程项目展开调研。朱泽君指出，全市各级各部门要想方设法营造良好城乡环境，做到三月一小变、半年一大变，让增城人民安居乐业；叶牛平强调要狠抓落实，进一步抓好城乡环境卫生综合整治工作。

同日， 市委书记、市人大常委会主任朱泽君，市长叶牛平等领导和新行政中心全体工作人员近600人到增城广场参加义务植树，拉开2009年植树绿化活动序幕。

5日， 中国共产党增城市第十一届委员会第七次全体会议隆重召开。市委书记朱泽君主持会议，并代表市委常委会向全会作工作报告；市委副书记、市长叶牛平对全市经济工作进行总结，具体部署2009年经济工作。

6日， 中共增城市第十一届纪律检查委员会第四次全体会议召开。市委常委、市纪委书记邓少敏代表市纪委常委会作工作报告；市委书记、市人大常委会主任朱泽君在会上强调，全市党员干部要以优良的党风促政风带民风，更好地推动增城科学发展。

9日， 元宵节，副市长叶鸿到增城广播电视台、增城电台和增城日报社慰问新闻工作者，要求新闻工作者善于做好新闻策划，多采写人民群众喜爱的新闻。

11日， 广东省水利厅厅长黄柏青率调研组到增城调研水利工作。黄柏青要求增城要高起点抓好水利工作，加快推进农业水利现代化建设。

同日， 市委中心组召开专题学习会，传达学习贯彻中共中央政治局常委李长春同志重要讲话精神，并对市委、市政府领导班子深入学习实践科学发展观活动整改落实方案进行讨论。市委书记、市委学习实践活动领导小组组长朱泽君主持学习会并作重要讲话。

同日， 市人大常委会副主任刘荣照、副市长李荣渝、市政协副主席杨爱华等到在建、扩建学校重点工程了解工程进度和建设情况。刘荣照说，教育要优先发展，教育投入要优先安排，教育规划用地要优先考虑，教育问题要优先解决。

13日， 广州市副市长曹鉴燎到增城参观鹤之洲、小楼人家景区进行专题调研。曹鉴燎指出，增城要善于发挥三大核心景区的辐射和带动作用，推动增城乡村旅游和生态旅游发展。

16日， 省人大代表、增城市委书记朱泽君在接受记者采访时说，在落实珠三角发展改革纲要的具体措施中，增城将争取在理念、产业、交通和文化等方面实现与珠三角全面对接，扮演好珠三角大花园角色。

17日， 云浮市新兴县县委书记、县人大常委会主任叶木荣，县长江壮宏率新兴县党政考察团到增城考察。

18日， 广州市加快北部山区经济社会协调发展工作会议在增城召开。广州市委副书记张桂芳、副市长陈国等出席会议；增城市市长叶牛平汇报山区镇建设情况。

同日， 东莞市厚街镇党委书记黎惠勤、镇长陈仲球率党政考察团到增城考察。

24日， 由县长王树生率领的黑龙江富裕县考察团到增城考察。

三月

1日，市委书记、市委学习实践活动领导小组组长朱泽君主持召开市委常委会。朱泽君强调，要认真做好第一批学习实践活动总结工作，巩固和扩大学习实践活动成果，再接再厉抓好第二批学习实践活动；市委副书记、市长叶牛平要求各级各部门围绕“七大工程”，真抓实干，抓好落实整改。

3日，市召开深入学习实践科学发展观活动第一批总结暨第二批动员大会，回顾总结第一批学习实践活动开展情况，动员部署第二批学习实践活动工作。会议由增城市市长叶牛平主持；中宣部常务副部长雒树刚，省委常委、广州市委书记朱小丹出席会议并讲话；增城市委书记朱泽君强调要以“乘势而上，真抓实干，整改落实，巩固提高”为主题，继续把学习实践活动引向深入。

5日，市在增城公园举行“迎亚运、讲文明、树新风、促和谐——我做东道主”主题行动启动仪式，动员和激励广大干部群众迅速行动起来，迎接亚运会、服务亚运会、办好亚运会。市委副书记王建平出席启动仪式并讲话。

6日，市召开水利与三防工作会议。市长叶牛平要求各镇街和有关部门做到防灾减灾安全化、水利建设工程景观化、农田改造标准化，早研究、早准备、早安排、早部署、早落实，建立健全三防体系，全面提高应急抢险和灾害应急管理能力。

9日，政协增城市第八届委员会第四次会议在百花山庄玉棠春厅开幕。市政协主席王运才代表政协增城市第八届委员会常务委员会向大会报告工作；广州市政协副主席平欣光，增城市委书记朱泽君、市长叶牛平等到会祝贺。

10日，增城市第十三届人民代表大会第四次会议在艺都影剧院开幕。大会由市委书记、市人大常委会主任朱泽君主持；市长叶牛平作政府工作报告。叶牛平指出，要深入贯彻落实科学发展观，以贯彻落实李长春同志的重要讲话精神为动力，以开展深入学习实践科学发展观活动为契机，把落实“三促进一保持”作为首要任务，深化建设主体功能区，实施公园化战略，统筹城乡科学发展，努力争创贯彻落实科学发展观示范点。

11日，国家安全监管总局应急救援指挥中心副主任贺黎光率国务院安委办督察组到增城检查指导工作。

13日，中宣部改革办副主任黄志坚率领调研组就文化事业发展和文化体制改革实践情况到增城调研。黄志坚指出，增城市文化建设亮点多、经验好，非常值得总结和推广。

同日，原省人大常委会主任张帼英与增城市领导朱泽君、冼银崧、杨爱华等到增城中学与师生们共栽希望之树。

同日，由广大市民对全市100多种农产品进行评选，经评审团评定的“增城十宝”农特产正式揭晓，并在市农业局举行揭晓仪式暨新闻发布会。“十宝”分别是：增城荔枝、增城丝苗米、增城迟菜心、正果腊味、正果黄塘头菜、增城乌榄、小楼冬瓜、派潭凉粉草、密石红柿、白水寨番薯。

16日，省残联理事长宋卓平和广州市残联理事长梁左宜到增城调研残疾人综合服务设施建设情况。

18日，中国旅游研究院学术委员会主任、原国家旅游局政策法规司司长魏小安率“旅游发展规划课题组”到增城调研，为增城市旅游产业发展总体规划编制工作出谋献策。

同日，市在艺都影剧院举行学习贯彻《珠江三角洲地区改革发展规划纲要》宣讲报告会，邀请广州市委宣传部副部长汤应武作题为《学习贯彻<珠江三角洲地区改革发展规划纲要>争当实施<纲要>的排头兵》的宣讲报告。

同日，韶关市委书记徐建华、市长郑振涛率领韶关党政考察团到增城参观考察。

19日，省委、省政府召开全省人口与计划生育工作电视电话会议，增城市在上年度人口与计划生育目标管理责任制考评中达标，受到全省通报表扬，并从省计生二类地区升为一类地区管理。

20日，广州发展集团有限公司与增城市政府建立战略合作关系暨公益捐赠签约仪式在市行政中心举行，标志着增城市又添实力强劲的战略伙伴。广州发展集团有限公司董事长兼党委书记杨丹地、广州电力企业集团有限公司党委书记郑木苟、广州煤气公司总经理乔武康、广州旺隆热电有限公司总经理林斌、增城市领导朱泽君和叶牛平等出席签约仪式。

同日，市举行第二批深入学习实践科学发展观活动专题报告会，邀请中国旅游研究院学术委员会主任、原国家旅游局政策法规司司长魏小安作《增城市旅游发展》报告。

23日，海南省屯昌县人大常委会主任王安仍率领屯昌县考察团到增城参观考察。

23日，市委书记、市人大常委会主任朱泽君和市长叶牛平率党政考察团赴佛山市三水、南海区学习考察，学习借鉴两地先进经验，响应广州佛山两市达成的广佛同城化建设合作框架协议，加强增城与佛山市各区的交流和合作。三水区委书记宋德平、区长卢立拜，南海区委书记李贻伟等陪同考察。

25日，《人民日报》刊登《深化主体功能区建设　实施公园化战略　统筹城乡科学发展》和《以人为本　政府主导　统筹城乡》两篇文章，介绍增城市在学习实践活动中认真执行中央决策部署，以“深化建设三大主体功能区、实施公园化战略、统筹城乡科学发展”为活动载体，不折不扣完成“规定动作”，结合实际创新“自选动作”，圆满完成学习实践活动各项工作任务，初步走上生产发展、生活富裕、生态良好的科学发展之路。

同日，市委书记、市人大常委会主任朱泽君主持召开市委常委会议，专题研究经济工作。朱泽君强调，全市上下要切实增强忧患意识和责任意识，振奋精神，集中精力保增长促发展，实现全年经济持续平稳较快发展目标。市长叶牛平要求各镇街各部门认清形势，明确目标，细化责任，统筹兼顾，推动全市经济发展。

26日，在广州市锦汉展览中心开幕的2009年广州国际旅游展览会上，市组织32家旅游企业参展，向广大游客推介旅游资源。副省长万庆良说，增城的特色就是生态和休闲，这是增城的品牌。

30日，海南省屯昌县县委书记江华安率领党政考察团到增城参观考察。

四月

1日，据增城日报载，在北京人民大会堂举行的“生态文明建设与区域绿色发展”论坛暨首届中国绿色名县（镇）推介成果发布会上，新塘镇获“中国绿色名镇”称号。

2日，广州市委常委、统战部部长孔少琼率调研组到增城调研。孔少琼强调，增城要增强企业市场竞争力，确保经济平稳增长。

7日，市召开全市机关服务年活动动员大会。市委书记、市人大常委会主任朱泽君强调，全市机关单位要扎实开展以“勤政、务实、清廉、热诚、高效”为主题的机关服务年活动，大力提倡“从我做起，向我看齐”，确保机关单位服务意识明显增强、工作作风明显转变、办事效率明显提高，党员干部特别是领导干部执行力显著提升。

8日，清远市委书记、市人大常委会主任陈家记和市长徐萍华率领党政考察团到增城参观考察。

9日，韶关市仁化县委书记、县人大常委会主任张平率领考察团到增城参观考察。

10日，香港增城同乡会、深圳增城同乡联谊会和珠海增城同乡联谊会一行70多人到增城市参观考察。

12日，广州市“新生活·健康”之青年旅游活动启动仪式在白水寨景区举行。此项活动是广州市百万青少年为迎接亚运盛会向全社会倡导包括公益、环保、诚信、健康、礼仪、科技、学习等七项主题内容的“新生活”的重要组成部分，也是贯彻落实省委、省政府推行国民旅游休闲计划的重要举措。市委副书记王建平与广州市旅游局局长朱力等为亚运会志愿者实训基地揭牌。

12日，市委书记、市人大常委会主任朱泽君赴昆山市作学习实践科学发展观专题报告，并率领增城市党政代表团学习考察昆山市经济社会发展情况。

15日，市长叶牛平率有关部门负责人到政府窗口单位明察机关服务年活动开展情况。叶牛平强调，全市机关单位要提高素质，改进作风，优化办事流程，提高工作效率。

同日，广州岭南国际企业集团有限公司党委书记、董事长冯劲率领考察团到增城考察。冯劲认为，增城坚持科学发展理念，发展科学有序，投资吸引力非常强，具有广阔的合作前景。

16日，市委书记、市人大常委会主任朱泽君主持召开增城赴昆山市考察人员座谈会，研究部署创新科学发展措施。朱泽君强调，增城要以昆山为标杆，实施“昆山追赶战略”，创新增城科学发展。

17日，浙江丽水市副市长蔡小华率考察团到增城参观考察。

22日，佛山市三水区区委副书记邓国斌率考察团到增城参观考察，借鉴学习增城市信访维稳的经验和做法。

23日，省委宣传部副部长赖斌率调研组到增城市调研文化体制改革试点工作情况。赖斌指出，增城市在文化事业发展方面创造很多很好的经验，要利用中央把增城列为文化体制改革试点单位的机遇，为全省、全国提供文化体制改革经验，打响增城文化品牌。

24日，江门开平市委书记、市人大常委会主任冯立坚率党政考察团到增城考察。

27日，省委常委、秘书长徐少华率省委办公厅考察团到增城调研，了解增城市开展深入学习实践科学发展观活动和统筹城乡科学发展情况。

28日，据《增城日报》载，市籍蹼泳运动员徐焕珊和袁海峰代表国家队参加土耳其2009世界杯蹼泳赛获5金3银，并破超1项世界纪录。

29日，市召开全市经济工作会议。市委书记朱泽君强调，全市上下要振奋精神，奋勇争先，齐心协力促科学发展，全力以赴保健康增长；市长叶牛平要求坚定目标不动摇，突出重点促生产，着眼长远谋发展，强化责任抓落实。

同日，瑞士、德国、法国、芬兰四国旅游局华南区代表和香港电台旅游节目主持人到增城市参观考察旅游发展情况。考察团认为，增城是香港、珠三角的后花园，是休闲度假、生态游的好去处。

30日，市委书记、市人大常委会主任朱泽君在中山大学附属博济医院（增城市人民医院）调研时强调，博济医院要争创一流管理、一流人才团队、一流医疗水平、一流服务、一流设备和一流环境，办成高水平的三级医院。

同日，新塘镇沙埔新慧骏绣花厂部分厂房突然倒塌，造成2人死亡，10人受伤。事故发生后，广州市委书记朱小丹和市长张广宁高度重视，作出重要指示；广州市委常委、秘书长凌伟宪，广州市副市长甘新和增城市领导朱泽君、叶牛平、王建平等赶赴现场组织救援。

五月

4日，市召开新城区建设工作会议。市长叶牛平强调，要明确任务、明确责任主体、明确项目建设资金管理办法、明确进度要求，全力推进新城区国际旅游度假城建设。

同日，张家港市委书记黄钦率党政考察团到增城考察。

5日，副省长万庆良到增城调研时指出，增城发展思路超前，规划科学，以广大人民群众为主体，是科学发展的典型。

6日，福建省厅级领导干部学习考察团到增城市考察。

同日，连南瑶族自治县县委书记、县人大常委会主任崔建军率党政考察团一行90多人到增城市参观考察，并在市委党校举办为期三天的该县班子成员及基层干部培训班。

7日，增城干部昆山学习交流

班在昆山市委党校举行开学典礼，标志着全市9镇街党（工）委书记、工业园区和部分市直局主要领导等15人在昆山挂职锻炼。市长叶牛平出席开学典礼并讲话。

8日，新华社副社长鲁炜在增城调研时说，增城的发展坚持科学决策和规划，是以人为本、生态文明、科学发展的典范。

13日，团省委、团广州市委副处级以上领导干部50多人到增城市开展学习实践科学发展观活动。

15日，市在艺都影剧院举行科技创新与科学发展专题报告会，邀请中国工程院机械与运载工程学部院士、中国工程院工程管理学部院士刘人怀教授作“科技创新、科学发展”专题报告。

同日，北京市大兴区委书记林克庆率考察团到增城开展“统筹城乡党建，推动城乡党建一体化”专题调研活动。

19日，北京市朝阳区委党校副校长吴际平率该校处级干部培训班考察团到增城考察了解建设主体功能区，实施公园化战略，统筹城乡科学发展的做法。

21日，广州市副市长许瑞生就亚运会场馆改造及建设情况到增城市调研。

同日，市在艺都影剧院召开精神文明建设总结暨创建全国文明城市动员大会，明确增城市创建文明城市的总体思路、目标、任务和要求。市委书记、市文明委主任朱泽君强调，要加强领导，提高认识，突出重点，全面提升城乡文明程度和综合竞争力，扎实有效地开展创建活动。

22日，市政府与华南农业大学签订合作框架协议，共建科学发展试验区。其主题是：增城市利用区位、政策、资源和劳动力优势，积极与华南农业大学开展科技合作，促进城乡一体化建设；华南农业大学发挥学校教育、科技、文化、信息和人才优势，提供各种适用科技信息及可转化为现实生产力的科技成果，为增城市发展农业高新技术产业提供技术、人才支撑。市委书记、市人大常委会主任朱泽君致辞；市长叶牛平代表增城市政府在协议上签字。

26日上午，市委书记、市人大常委会主任朱泽君，市长叶牛平率党政考察团赴深圳华强集团参观考察，共商双方合作大计。

31日，深圳华强集团有限公司董事长、总裁梁光伟率考察团到增城参观考察投资环境。

六月

2日，市召开创建全国文明城市工作会议。市长叶牛平强调，要统一思想，各司其职，突出重点，实施严格问责，大力推进创建全国文明城市工作。

同日，广州市委宣传部常务副部长李哲夫率调研组就《广州市加快公共文化服务体系建设实施意见》到增城市作专题调研。

同日，省政协常委、经济委员会主任张远贻率省政协专题调研组到增城开展“我省经济发展情况”调研。

3日，由省委党校市厅级班、县（处）级班和政法班学员组成的考察团到增城市参观考察。考察团认为，增城发展观念新、规划科学、成效明显，科学发展的实践和经验值得借鉴。

4日，2009’新塘龙舟锦标赛开幕。新塘龙舟赛事是珠三角地区的文化亮点，本次龙舟赛有本地37支龙舟队参赛，广州周边地区近百条龙舟前来观摩助阵。市领导朱泽君、叶牛平、王建平等出席盛会，并到竞赛现场为龙舟健儿鼓劲。

同日，佛山市三水区副区长何绮红率该区农业、水利等部门到增城考察新农村水利管理工作和“农家乐”发展情况。

5日，省领导干部“生态文明与旅游资源开发”研讨班学员一行70多人到增城市考察。

7日，2009年高考正式开考，全市设增城中学、华侨中学、荔城中学和新塘中学4个考场195个试室，有5700多名考生参加考试。市长叶牛平率有关部门负责人到各考场巡视考务情况。

8日，凤凰卫视执行副总裁、凤凰卫视中文台台长王纪言到增城参观考察。

9日，香港廉政公署廉政专员汤显明率代表团到增城考察，详细了解增城市群众文化及信息服务工作开展、农业产业化和乡村旅游发展、生态旅游开发建设等情况。省检察院检察长郑红、广州市检察院检察长王福成，增城市领导朱泽君、叶牛平等陪同考察。

同日，清远市佛冈县县长华旭初率党政考察团一行120多人到增城市参观考察。

12日，省委外宣办常务副主任莫高义率督查组到增城督查。督查组认为，增城市净化社会文化环境工作有力度，效果明显。

15日，市委理论学习中心组举行“积极应对国际金融危机，促进经济又好又快发展”专题学习会，邀请省政府发展研究中心副主任、中山大学经济学博士李鲁云作《应对全球金融经济危机，努力保持经济平稳较快增长》的专题报告。

17日，安徽省宁国市委书记孙正东率党政考察团到增城参观考察。

18日，省委常委、广州市委书记朱小丹在荔城街开展专题调研时强调，要争当实践科学发展观示范点，把荔城建设成为山水文化宜居城市、广州东部现代服务业基地、增城创新中心和文化教育中心、城乡一体化发展示范区。

21日，省发改委主任李妙娟和天津市发改委主任张志强到增城考察生态建设情况。

25日，广州市副市长陈明德到增城调研时指出，增城市下一步要借国际金融危机各行业重新洗牌的机遇，加大产业结构调整，扶持优势产业做强做精，促进外贸出口经济发展再上新台阶。

26日，在“2009第二届中国生态小康论坛”会上，增城市获“中国全面小康生态文明县（市）”称号。

27日，2009年广州增城荔枝文化旅游节开幕式在增城广场举行。本届荔枝文化旅游节以“荔乡仙境、美丽增城”为主题，以荔枝为特色，以旅游为舞台，着重培育和打造增城名优农副产品品牌，促进资源、环境优势转化为经济优势，推动增城经济社会发展。

29日，博鳌亚洲论坛秘书长龙永图到增城考察。他认为增城在发展中目标明确，思路清晰，定位准确，经济发展方式创新并符合科学发展观要求，发展成果丰硕，未来发展前景广阔。

30日，市直属机关党委召开纪念中国共产党成立88周年大会暨举行新党员入党宣誓仪式，并邀请省委党校钟立功教授作加强党性修养教育辅导报告。

七月

1日，中国第一历史档案馆向增城赠送12件清代皇宫有关增城御批的仿真史档。广州市档案局局长何伍爱，增城市领导朱泽君、何鎏辉、李荣渝等出席赠接仪式。

同日，云浮市郁南县委书记、县人大常委会主任黄志豪率考察团到增城参观考察。

8日，副省长佟星在增城调研时指出，增城的发展理念新，规划和定位科学，城市面貌大变样，经济社会发展迅速，是一个适宜创业和居住的好地方。

9日，清远市佛冈县委书记、县长华旭初率党政考察团到增城市考察。

19日，国家林业局造林司司长王祝雄率调研组就森林经营和生态建设情况到增城调研。

25日，在湖南长沙举办的2009全国县域经济科学发展交流年会上，发布第九届全国县域经济基本竞争力与科学发展评价报告，增城首次进入全国百强县（市）十强，由第12位跃升第9位，提前两年完成"十一五"规划所确定的目标。

31日，市委书记、市人大常委会主任朱泽君率团慰问广州警备区全体官兵，向官兵们表示节日祝贺和亲切慰问。

八月

3日，省国资委党委副书记、副主任戚国强率省国资委驻肇庆高要市挂村干部和15个行政村党支部书记、村委会主任，到新塘镇西南村参观考察。

4日，市召开纪律教育学习月活动动员暨廉政教育辅导报告会。市委书记朱泽君强调要采取扎实有效措施，切实解决党性党风党纪方面存在的突出问题，进一步增强纪律教育综合效果；市长叶牛平主持会议，并对加强全市党风廉政建设工作提出要求。

7日，广州市副市长甘新到增城深入了解工业发展情况。甘新强调，增城要继续把工业做大做强，推动经济发展再上新台阶。

同日，广州市副市长陈国率有关职能部门负责人就乡村旅游发展情况到增城进行专题调研。陈国指出，增城下一步要继续加快乡村旅游发展，促进农民增收致富。

12日，中共增城市委十一届八次全会召开。市委书记朱泽君代表市委常委会作报告，并部署下半年及今后一个时期工作；市委副书记、市长叶牛平总结和部署全市经济工作。

13日，市召开创建全国文明城市工作会议。市委书记、市文明委主任朱泽君提出三点要求：高度重视，充分认识创建全国文明城市的重要意义；高标准、严要求落实各项创建工作；落实责任，确保各项创建工作到位。

同日，韶关市翁源县县长朱余旺率考察团到增城考察。

14日，在京举行的中华民族生态旅游文化发展大会上，增城市荣膺"中华民族文化生态旅游名城"称号。

20日，市委书记、市人大常委会主任朱泽君，市长叶牛平到市广播电视大楼和新图书馆调研，要求加快推进文化重点工程建设，提升公共文化服务水平。

同日，由增城市人民政府、广州市投资促进中心联合主办的广州新穗东（增城）投资推介会在碧桂园凤凰城举行。特高压工程技术（广州）国家工程实验室等40个项目与增城签定投资协议，计划投资270亿元，其中投资额超亿元的项目27个。

21日，市委书记、市人大常委会主任朱泽君到荔城街调研时强调，要全面规划建设社会主义新农村，规范农村建房，掀起增城新农村建设高潮，共建美好家园。

23日，高州市委书记、市人大常委会主任李上林率党政考察团到增城考察。

26日，广州市委常委、广州市委统战部部长孔少琼率慰问组到新塘镇慰问受台风"莫拉克"影响造成财产损失的台商，并向受灾台商、家属代表送上慰问品和慰问金。

27日，市长叶牛平在公开招聘硕士研究生以上人才上岗培训班上强调，学员要立足基础岗位，燃烧青春激情，焕发创造活力，在增城新一轮发展实践中创业成才。

同日，在香港湾仔博览道会议展览中心举行的香港新界工商业总会上，祖籍增城的企业家廖榕就任香港新界工商业总会首席会长。

28日，2009第四届"阳光少年·唱响和谐中国"粤港澳青少年交流电视音乐会在增城广场隆重举行，来自粤港澳地区400名青少年用100架钢琴、300把小提琴倾情演奏《梁祝》、《敢问》和《彩云追月》等经典名曲，并奏响"和谐中国"之音。

31日，市举行2009年大学生助学金发放仪式暨高考优秀学生表彰会，市政府拨出专款99.4万元和40万元，分别资助家庭贫困学生上大学和重奖优秀学生及其毕业学校。市长叶牛平出席会议并讲话。

同日，广州市政协副主席平欣光率政协农业界委员到增城开展专题视察，详细了解农村土地承包经营权流转情况。

九月

1日，广州市检察院检察长王福成到增城调研综治信访维稳中心建设情况。

同日，作为2009年增城市政府为民办十件实事之一的清燕小学落成并举行开学典礼。市领导朱泽君、王建平等出席落成仪式并揭牌。

2日，省委办公厅副秘书长杨桐率调研组就推进县（市）经济社会管理权限改革、加快建设服务型政府等课题到增城调研。

同日，市举办人大代表法律知识培训班。市委书记、市人大常委会主任朱泽君强调，全体人大代表要紧紧围绕市委、市政府中心工作，认真履行职责，大力推动增城科学发展。

4日，据《增城日报》载，在8月30日北京召开的第二届中国管理科学大会上，市供销合作总社被确定为全国服务三农科学管理示范基地，该社主任马国新获中国农产品生产流通行业十大领军人物和中国管理科学成就特别贡献奖。

7日，肇庆市怀集县委书记、县人大常委会主任冯敏强率党政考察团到增城考察。

10日，市隆重举行创建教育强市总结暨庆祝第25个教师节大会，并表彰先进集体和先进个人。广州市教育局局长华同旭和增城市委书记朱泽君等与教育界人士欢聚一堂，共庆节日，共谋教育发展大计。

16日，省十一届人大代表广州市联组第五小组一行11人到增城视察。代表们盛赞增城市发展理念好，意识超前，三大主体功能区规划建设经验值得推广。

17日，广州市市长张广宁就城乡统筹发展、城镇生活污水处理、环境综合整治与建设、生态旅游开发等工作到增城调研。张广宁强调，增城是广州“东进”发展战略的重要支点，担负着统筹城乡发展的重要任务。城乡统筹发展，既要现代化，又要生态化，希望增城市以实施公园化战略为抓手，推进城乡统筹发展，切实促进农业增效、农民增收，争当社会主义新农村建设排头兵。

18日，中国青乡村年报社社长徐文新到增城考察，了解增城市工业发展、农业产业化、旅游、群众文化及信息服务工作开展情况。

20日，市海外联谊会、市侨联和市侨办在香港九龙美丽华酒店举行“贺国庆、迎中秋”茶话会，旅港增城五会会长、增城市荣誉市民、市政协香港委员等60多名乡亲欢聚一堂，同贺佳节，共叙乡情。茶话会由市政协副主席、市委统战部部长袁伟峰主持，市委副书记王建平致辞。

21日，市召开以“加强领导干部党性修养、树立和弘扬良好作风”为主题的党政领导班子民主生活会。广州市纪委常委、秘书长杨秦等到会指导。

22日，市召开深入学习实践科学发展观活动总结大会。市长叶牛平主持会议；市委书记朱泽君强调，要进一步巩固和扩大学习实践活动成果，努力把增城建设成为贯彻落实科学发展观的示范点，建设成为富裕、安康、文明、和谐、美丽的新增城。

25日，市长叶牛平在公开接访群众时强调，各级各部门要认真听民声，解民忧，真心真情，下真工夫，切实做好信访工作。

25日，毛泽东主席的嫡孙、全国政协委员、军事科学院战争理论和战略研究部副部长毛新宇博士出任广州松田职业学院名誉院长。

27日，原省人大常委会主任、原省长朱森林率省历届人大常委会组成人员联谊会100多名离休干部到增城考察。

28日，增莞深高速东江大桥竣工通车，标志着增莞深高速全线贯通。该大桥竣工通车后，构成连接增城、东莞、深圳之间的快速通道，对加强增城对外联系，推进“珠三角交通一体化”有重要意义。

29日，广州市海珠区区长姚奕生率政府考察团到增城考察鹤之洲湿地公园保护、管理等工作情况。

十月

9日，市委书记朱泽君主持召开市委常委会议。朱泽君强调，广大干部群众要把思想统一到李长春等领导同志的重要批示精神上来，增强信心，找出差距，力促增城科学发展，全力创建全国科学发展示范市。

10日，省政府在增城召开全省旅游扶贫工作会议，副省长万庆良出席会议并充分肯定增城市旅游扶贫工作所取得的显著成效。

同日，市召开贯彻落实中共中央政治局常委李长春同志重要批示精神、创建全国科学发展示范市动员大会。市长叶牛平主持会议，市委书记朱泽君出席会议并作重要讲话。

12日，中央党校进修部学员一行到增城调研。广州市副市长甘新、中央党校进修部副主任郭焕永、中央驻澳门联络办经济部副部长陈翔等参加调研活动。

20日，市召开白水仙瀑景区创建国家4A级旅游景区动员大会，明确创建要求，全面部署创建工作。市领导邓少敏、李荣渝，广州市旅游局巡视员马相承出席大会并为创建工作领导小组办公室揭牌。

23日，市召开征兵工作会议。市长、市征兵工作领导小组组长叶牛平强调，要切实增强做好征兵工作的责任感和紧迫感，积极探索征兵工作新路子，确保顺利完成征兵任务。

同日，浙江省桐乡市政协主席池晓明，市委常委、常务副市长张林洪率考察团到增城考察招商引资工作情况。

28日，国家行政学院培训班主任陈岩率该院厅局级公务员培训班学员到增城参观考察经济社会建设情况。考察团认为，增城市思想创新、思维超前、思路清晰、措施得力，长效的机制推动增城经济社会全面协调发展。

29日，由全国“三个代表”重要思想研究会与广东省中国特色社会主义理论体系研究中心、广州市委宣传部主办，增城市委、市政府承办的“科学发展观与新中国60周年”理论研讨会在增城召开。科技部副部长刘燕华、全国“三个代表”重要思想研究会会长李君如、中央党校原教育长李兴山、省委宣传部副部长蒋斌、广州市委宣传部常务副部长李哲夫、广州日报社总编辑李婉芬、增城市领导朱泽君和叶牛平，以及来自全国各地的专家学者150多人参加研讨会开幕式。

同日，广州市人大常委会副主任、依法治市办主任李力率调研组就创建法治城市示范点工作到增城调研。

30日，广东省高协在碧桂园凤凰城举行“庆祝广东省高尔夫球协会成立25周年大会”。中国高尔夫球协会副主席张小宁、省人大常委会副主任邓维龙、省政府副省长林木声、省政协副主席蔡东士等出席会议；中共中央政治局委员、广东省委书记汪洋和中国高尔夫球协会发来贺信和贺电。

十一月

2日，增城新图书馆举行竣工开馆启用仪式。新图书馆是一个集学习阅读、信息交流、文化休闲等功能于一体的重要知识信息枢纽，是增城建设学习型社会、创建智慧型城市的新起点和里程碑。中央党校图书馆馆长陈高桐、广州市委宣传部常务副部长李哲夫、广州市文化广电新闻出版局局长陆志强，以及增城市领导朱泽君、叶牛平、王建平等出席启用仪式。

5日，国家发改委宏观经济研究院常务副院长王一鸣率课题组就广州如何建成国家中心城市等议题到增城调研。

6日，福建省委组织部在增城举办为期5天的县（市、区）党政主要领导干部培训班，邀请广东省委党校副校长陈鸿宇、增城市委书记朱泽君等授课。福建省县（市、区）35位党政主要领导干部参加培训。

同日，张家港市委书记黄钦率党政考察团到增城考察。

7日，省普通高中教学水平评估组结束对郑中钧中学和华侨中学的评估工作，认定两校达到省普通高中优秀学校标准，顺利通过省普高教学水平评估。

8日，增城市科学发展专家委员会正式成立。会上，专家们认为，增城完全可以打造成科学发展名城。市委书记、市人大常委会主任朱泽君为首批专家，李连仲等7位同志颁发聘书。

10日，浙江省湖州市安吉县委副书记王树率考察团到增城参观考察。

11日，广西富川瑶族自治县县委书记夏振林率考察团到增城参观考察。

15日，市隆重举行2009中国（增城）广场音乐文化节开幕式晚会。著名歌唱家宋祖英、廖昌永、王莹等齐聚增城广场永久舞台，为万余名观众送上一场高品格的音乐视觉盛宴。

17日，市长叶牛平带领相关部门负责人，深入荔城、石滩、新塘、中新、朱村等镇街及主要交通干道检查绿化情况，并部署全市绿化工作。

同日，由阿联酋、马来西亚、新加坡、南非、加拿大等国商会50多名华商组成的“2009海外华商广东行”考察团到增城考察投资环境。

18日，中共增城市委召开十一届九次全会，学习贯彻党的十七届四中全会和有关领导同志重要指示批示精神。会议号召全市各级党组织和广大党员，努力创建学习型社会，建设智慧型城市，增强科学发展能力，建设科学发展之城，创建全国科学发展示范市。

20日，市长叶牛平在污水治理和河涌整治工作现场会上强调，各级各部门要增强紧迫感，加强组织领导，通过精细化管理和严格要求，齐心协力确保治水工程如期建成运营。

同日，广州市人大代表增城联组到增城视察，了解全市政治、经济、社会发展情况。

23日，从化市副市长温洁夫率考察团到增城参观考察。

23日，市举办为期两天的领导干部法律知识培训班，全市副局级以上领导干部近600人参加培训。

25日，韶关市曲江区副区长卢春燕率队到增城考察医疗卫生事业发展情况。

26日，市长叶牛平率检查组深入荔城街和中新、新塘镇检查为民办实事重点项目推进情况。叶牛平强调，要以高度负责的态度把实事办好，让群众满意，让群众受惠。

十二月

1日，市在增城广场举行“科学发展·法治环境”宣传教育周启动仪式暨创建法治示范市动员大会，动员和部署创建工作。

同日，哈尔滨市委常委、副市长王世华到增城考察经济社会发展情况。

3日，全国总工会副主席王炯率国务院农民工工作联席会议督察组到增城市检查工作。

7日，吉林省白山市副市长张太航率考察团到增城考察文化广场规划建设与公共文化服务情况。

同日，四川省彭州市委常委、副市长张映明率考察团到增城参观考察。

10日，广州市副市长甘新率有关部门负责人到增城检查交通基础设施建设情况。

14日，国务院副秘书长、中央联席办主任、国家信访局局长王学军等国家信访局领导一行到增城视察。省委常委、广州市委书记朱小丹，省委副秘书长、省信访局局长陈山地，广州市副市长陈国，增城市委书记朱泽君等陪同视察活动。

20日，在上海举行的2009世界休闲旅游发展高层论坛上，增城市被授予“中国最佳休闲旅游城市”称号。

23日，市召开全市领导干部大会。市委书记、市人大常委会主任朱泽君就如何贯彻落实广州市在增城召开的学习推广创建科学发展示范点经验现场会精神作具体部署。

24日，新华社副秘书长、总经理姚光到增城考察贯彻落实科学发展观和生态文明建设情况。

25日，由省旅游局、南方广播影视传媒集团主办的“唱响广东·2009旅游金曲精英大赛”颁奖晚会在广州举行，歌曲《白水仙瀑》被评为广东省十大旅游金曲。副省长万庆良出席晚会并为获奖单位和选手颁奖。

26日，“中国最具幸福感城市”评选活动在西安揭晓，增城市入选2009中国最具幸福感城市，并成为全省唯一入选城市。

28日，市举行科技文化博物馆工程施工启动仪式，标志着增城市科技文化博物馆进入实质性建设阶段。该馆将建成集科技馆、博物馆、档案馆、城建规划展览馆等功能于一体的文化建设标志性工程，具有鲜明时代风格和岭南人文蕴涵，是2009年市政府为民办十件实事之一。

29日，广州市委常委、纪委书记苏志佳一行200多人参观考察增城市贯彻落实科学发展观情况。

31日，由市委、市政府主办的2010中国广州（增城）新年音乐会在增城广场永久舞台开演，上万名市民和游客聆听法国巴黎阿尔戴南斯交响乐团演绎的经典名曲，欣赏中国歌舞团倾情表演的劲歌热舞，观赏绚丽缤纷的烟花表演，用欢呼声、掌声、音乐声迎接崭新的2010年。

增城概貌

基本情况

【地理位置】 增城市位于广东省中部，广州市东部，珠江三角洲东北角，市境东界惠州市博罗县，西连广州市，南与东莞隔江相望，北接龙门县、从化市。市治所在地荔城街，距广州市中心60公里。

【行政区划与人口】 增城市于1993年12月撤县设市，属广东省辖县级市，由省委托广州代管。行政区划总面积1616.47平方公里，2009年末总人口83.36人。辖区有6个镇（新塘、石滩、派潭、正果、小楼、中新）和3个街道（荔城、增江、朱村），共有社区居民委员会36个，行政村村民委员会282个。

【交通状况】 增城地处广州通往粤东各地的咽喉地带，有广九铁路和广汕、广梅、广深公路以及广深、广惠高速公路经过市境，还有广园东快速公路直通新塘。增莞深高速公路已通车，广河高速增城段、增从高速公路正在建设，荔新公路改造为超一级十车道的沥清路，全市实现镇通二级公路和行政村通水泥路及客运班车，完善市区和新塘城区公交班线。完成广汕公路增城段20公里和增派、荔三公路升级改造工程。全市公路通车里程2134公里（不含高速公路）。其中，国道43.7公里，省道111.9公里，县道212.1公里，乡道818.1公里，村道872.4公里。全市有等级公路1366.公里，其中一级以上公路180.9公里，二级公路147.7公里。市境南部的新塘港与广州黄埔港相邻，设有海关、码头和口岸机构，每日有客货轮直航香港。初步形成公路、水路、铁路联合发展的四通八达的交通网络。

【自然条件】 （1）增城地处南亚热带，北回归线经过市境北部，属海洋性季风气候，多年平均气温为21.6℃，极端高温为38.2℃，极端低温达-1.9℃。（2）主要河流有东江、增江和西福河，流域面积超过500平方公里，此处还有流域面积超过100平方公里的河流6条。多年平均过境客水179.5亿立方米，主客水合计200亿立方米，人均占有量居全省前列。（3）境内耕地多为赤红地和河谷冲积地，有机质丰富，适宜种植水稻、花生、蔬菜、水果、甘蔗和造林。（4）矿产资源丰富。已探明的主要矿产有金、银、铜、铁、锡、锰、钨、铌、锆、钛铁、铝土、水晶、石英、钾长石、陶土、煤、石灰石、花岗岩等。（5）温泉资源丰富。位于派潭镇高滩温泉日出量3400吨，水温27~73℃，是含有氟、硫、氯、钙、钾、锌、等多种元素的温泉。（6）物产丰富。北部山区盛产蕃薯、凉粉草、黑皮冬瓜、马铃薯、增城迟菜心等农家土特产。

【地方特点】 （1）增城是千年古县，有深厚的文化积淀。境内远在4000~7000年前（新石器时代）已有人类繁衍生息，是广州地区最早有古人群聚居的地方。秦汉两代时期，中原汉族逐渐迁入岭南开发，唐宋以后迁入更多。增城于东汉年间建县，至今有1800多年历史，悠久的历史和独特的地理景观，造就了不少古迹文物、地方风物、知名人物、风景名胜和众多的非物质文化遗产，积累丰富的历史文化和人文景观。（2）增城是广东重点侨乡之一。旅居海外的华侨、华人约15万人，港澳台同胞16万人，占全市总人口约38%。改革开放后，市当局加强与海外华侨、华人团体和港澳台同胞及团体的联系，双方为促进增城的经济和文化交流作出一定贡献。（3）增城是新兴的工业城市，年工业总产值占工农业总产值90%以上，改变以往传统农业的格局。全市工业聚集点共有投资项目360多个，主要聚集点为广东增城工业园区（原新塘工业加工区）、广州东部（增城）汽车产业基地，东区高科技工业基地等12个工业基地，进入基地的企业有400多家。在众多行业中，以广本汽车、五羊本田摩托车及零部件、纺织服装为三大支柱产业。三大支柱产业年产值占规模以上工业产值50%以上。（4）都市农业稳步发展。增城是著名的荔枝之乡和广东省主要粮产区之一，多种植优质荔枝和水稻。“挂绿”荔枝和“丝苗米”是享誉中外的名优产品。建国前，荔枝、丝苗米、乌榄、凉粉草称为增城“四件宝”。主要特产有荔枝、小楼黑皮冬瓜、增城迟菜心、乌榄、派潭凉粉草、密石红柿、正果腊味、正果黄塘头菜、如丰调味品等。在保持原有粮食生产水平的同时，按照“强基础、调结构、扩基地、重科技、畅流通”的要求，着力提升农业综合生产力，发展生态农业、观光农业和出口创汇农业，加快基地化农业园区建设和“公司+基地+品牌+农户”的产业化经营模式。同时，全面推进农村安居工程和环境整治，加快新农村规划和建设。（5）旅游业快速发展。境内地形复杂多样，素称“岭南之奥区”，旅游资源丰富。近年，市委、市政府坚持科学发展观，大力发展都市农业和生态旅游业，打造北部山区800平方公里乡村大公园。按照增城三大功能区规划旅游，南部重点打造工商文化游，中部荔枝文化游，北部休闲健康生态游。年内，建设鹤之洲、增江画廊、莲塘春色、白湖水乡等一批生态景点和绿道网，其中，白水寨省级风景名胜区、小楼何仙姑和正果湖心岛已成为增城生态旅游的核心景区。尤其是白水寨省级风景名胜区，2006年获“广东省最美乡村旅游示范区”和“国内最佳生态旅游目的地”称号。按国家旅游局五星级酒店标准，以温泉水疗养生为主题的高山温泉度假村已建成投入使用。

【人文资源】 增城人杰地灵，青史名人辈出。广州五仙观南粤先贤祠评广东56位最有影响的历史文化名人，增城占3个（崔与之、湛若水、陈大震）。崔与之（1158~1239）自幼家境清贫，得友人之助入太学，南宋绍熙四年进士，历任户部员外郎、广西提点刑狱、四川安抚使、广东经略安抚使等职。后被任为参知政事，右丞相，皆坚持不受。从政数十年，以“无以财货杀了孙，无以政事杀民，无以学术杀天下后世”自警。所任整肃吏治，革除积弊，被称为一代“吏师”。不仅政绩辉煌，武功亦卓著，帅淮扬、安川蜀、解粤难，处处展示出其杰出的军事才华，成为南宋文治武功的爱国名臣。词章造诣颇高，有“开岭南宋词之始”之称，所治儒学“菊坡学派”是岭南历史上首个学术流派。崔与之是宋代名臣，广东由太学取士的第一人。他曾在四川任太守职，领导抗金战争，因战功政绩显赫被宋帝理宋任为右丞相。但他反复13次婉辞，后人称他为“白麻不能起南海，千载一人非公谁？”他又是诗人，填词尤著名，被称为“粤词之祖”。明代湛若水，于弘治年间中进士，曾任吏、礼、兵三部尚书，又是著名的哲学家和教育家，他一生创办书院40余所，弟子遍布全国各地，对后世文化教育的发展有很大影响。此外，还有元代的农民起义军领袖朱光卿，清代的太平天国翼王石达开，辛亥革命黄花岗七十二烈士之一的郭继枚，北伐时期奉孙中山之命回国任华侨讨贼军军需长黄国民等。他们为推翻封建统治、推动中国民主革命作出卓越的贡献，均为后人所景仰。

文化资源丰富。据普查，境内历史遗留下来的文物有3600多处(件)。主要的有新石器时期的金兰寺村贝丘遗址、西瓜岭村战国窑址和天麻山出土的编钟等。罗岗鲤鱼岭、三江梅花岭、新塘大统岗等地的东汉古墓群。创建于西汉（增城建县前）的白花古寺、南宋时期的万寿寺、正果寺、明代新塘怀德阁、天下士祠、楼岗雁塔和石滩、小楼、朱村等的6座文塔。建于明代的何仙姑家庙和分布于南部地区的20多座拱梁式桥梁。还有比较出名的广府古建筑和客家村落；中新镇的莲塘村、坑贝村、岗埔国龙屋，新塘镇路边村、瓜岭村，正果镇岳村旧刘村、竹林村、新围村，派潭镇的新高埔村、何大塘围龙屋、邓村石屋，小楼镇的竹坑下塘村等和近代革命历史纪念地——抗日战争时期建立的中共增龙博中心县委、后方县委机关遗址等。

【市领导班子成员】 2009年在任的市四套班子成员如下：

中国共产党增城市委员会

书　记：朱泽君
副书记：叶牛平
　　　　王建平
常　委：邓少敏
　　　　曾赤鸣
　　　　何鎏辉
　　　　丘岳峰
　　　　傅　敏
　　　　冼银崧
　　　　列荣辉
　　　　罗观全

增城市人大常务委员会

主　任：朱泽君
副主任：赖慕玲
　　　　江树清
　　　　何祥芬
　　　　李沃田
　　　　刘荣照

增城市人民政府

市　长：叶牛平
副市长：李荣渝
　　　　邬卫东
　　　　曾赤鸣
　　　　范文添
　　　　郑丹群
　　　　张文远
　　　　叶　鸿

人民政协增城市委员会

主　席：王运才
副主席：李巨贤
　　　　袁伟峰
　　　　陈伟瑛
　　　　杨爱华
　　　　黄艳明
　　　　邓毛颖

发展战略

【发展目标】 积极探索“以人为本、政府主导、统筹城乡”的科学发展模式，努力创建广州东部现代化生态新城区和贯彻落实科学发展观示范点。

【发展定位】 广州东部先进制造业基地；现代服务业广州东部中心；国家级生态旅游示范区；都市型现代农业基地；广东省重要的教育基地。

【发展规划】 构建南中北“三大主体功能区”：南部建设重点开发的新型工业区，中部建设优化开发的文化生活区，北部建设限制工业开发的都市农业和生态旅游区。

实施全区域公园化战略：变“在城市里建公园”为“在公园里建城乡”，以公园化的理念统筹城乡规划建设，实施“三边”（路边、村边、水边）整治、“四原”(原生态、原居民、原民俗、原产权）保护、“五园”变化（家园变公园、田园变公园、果园变公园、校园变公园、工业园变公园），力争一年一小变，三年一大变、五年明显见成效，让增城处处像公园。

重点建设“两城两区三中心”：“两城”，即新塘创建25平方公里的广州东部国际商务城，形成具有国际水平的现代服务业和广州东部中心；增城新城区创建40平方公里集科教研发、文化创意、国际会议、运动健身和高端地产于一体的国际旅游度假城，打造山水文化宜居度假城市。“两区”，即增城工业园区创建国家级经济技术开发区，打造广州市乃至广东省新的经济增长极；北部创建1000平方公里生态旅游示范区，打造国际化的南国乡村生态公园。“三中心”，即石滩、中新、派潭三个中心镇，区域性次中心、广州未来的卫星城，石滩创建生态工业镇，中新创建增城中部工业明珠，派潭创建生态旅游特色镇。

推动基本公共服务均等化：坚持富民优先、民生为重，建立健全公共财政体系，高起点规划建设中心镇和新农村，统筹推进城乡道路交通、污水处理等基础设施和配套设施建设，努力让城乡人民都能享受到均等化的就业、教育、医疗、卫生、文化、居住等基本公共服务，不断缩小城乡、区域和群体差距。

经济发展状况

2009年，受国际金融危机的严重冲击，全市各项经济指标出现严重下滑的形势。市委、市政府坚持科学发展观，坚定信心，迎难而上，采取措施，化解危机，及时制定实施实现经济社会发展目标的33条政策措施。坚持以“三促进一保持”为工作主线，以“保健康增长、促科学发展”为主题。采取“保、促、挖、扶”等综合手段，加强对工业企业的投资审批服务，通过政企联动，推动外贸出口和内销展贸，保持工业稳产、扩产和新投产，促使经济又快又好发展，社会事业取得新的进步，人民生活水平稳步提高。全国县域经济基本竞争力排名，增城由2008年第12位跃升到第9位，比原计划提前两年进入全国县域经济10强。全年实现生产总值574.34亿元，比上年（下同）增长14.3%，超出预定目标1.8个百分点；人均生产总值69193元，增长13.22%；工业总产值1268.17亿元，增长16.26%，其中规模以上工业总产值1031.15亿元，增长17.32%；农业总产值67.18亿元，增长7.1%；社会固定资产投资131.27亿元，增长21.87%；社会消费品零售总额135.60亿元，增长18.41%；财政总收入117.37亿元，增长14.52%，地方一般预算收入31.66亿元，增长18.36%；城镇居民人均可支配收入21932元，增长12.30%，农民人均纯收入9281元，增长17.18%；一、二、三产业增加值分别增长6.7%、13.12%和18.69%，比重调整为6.68：62.47：30.85，第三产业加快发展，成为新的经济增长点，形成与第二产业协同拉动经济增长的局面。

经过一年的艰苦努力，不仅经受住严峻的考验，而且化危为机，超额完成经济社会发展预期目标，全市绝大部分经济指标增速高于全国、全省和广州市平均水平，增幅在全国10强县（市）和广州市区（市）中位居前列，保持经济健康增长的良好势头。

【调整优化产业结构】 围绕壮大先进制造业、扩大现代服务业的增量调优目标，引进南方电网特高压国家实验检测中心、中金数据系统华南数据中心、博隆国际达益软件园等40多个优质生产骨干项目，项目总投资270亿元；景东国际商业城、喜来登酒店、富港东汇商业城等一批酒店、商贸服务业项目落户并开工建设；创造条件推动广本研发中心、南方健康产业城、省工业研究院、莲塘春色度假休闲中心等项目引进和落户。发展生态旅游业，加强白水寨、湖心岛、小楼人家等核心景区建设，引进和培育一批市场主体，全年接待游客1189.95万人次，实现旅游收入25.17亿元；发展都市农业，打造特色农产品品牌，推动北部实现“绿色崛起”。扶持民营企业，一批生产型民营企业建立研发中心，扩大技术交流合作，在强规模、创品牌、增效益方面取得成效，康威、豪进、皇朝家私被评为全国驰名商标，在节能减排方面，严格准入、逐步淘汰落后产能，关停97家粘土砖瓦陶企业，为承接高端产业腾出发展空间和环境容量；采取不同措施盘活土地利用，全市盘活存量土地6633亩；启动“三旧”改造和村集体留用土地统一规划招商试点，促进土地集约节约高效利用。

【“两城两区”建设】 在已成立广东增城工业园区管委会、白水寨风景名胜区管委会基础上，新成立广州东部国际商务城管委会、广州增城国际旅游度假城管委会，各管委会明确规划开发区域，确立区域发展目标，配备专门编制人员，行使独立职能，搭建投融资平台，承担开发建设主体、招商引资主体、与各类资本对接的市场主体职能。广东增城工业园区加紧规划修编和土地征用，加快基础设施建设，加大招商引资力度，努力创建国家级经济技术开发区。广州新塘国际商务城开展产业发展规划国际咨询和城市规划方案国际竞赛，编制土地征用拆迁安置综合方案和投融资建设方案，尽快启动土地征用和首期道路基础设施建设工作，形成招商引资的发展载体。广州增城国际旅游度假城正加快制定统筹城乡发展的土地征用、租用、留用，统一拆迁安置，实施社会保障一体化发展方案，度假城规划方案进行国际竞赛，一批道路基础设施工程和荔湖城建设进度加快，引进和洽谈一批投资项目，逐步形成新城区开发格局。白水寨风景名胜区加紧编制核心区发展规划，建设白水寨大道，飞碟训练中心配套工程、水、电、污水处理等基础设施工程以及环境综合整治改造工程，一批酒店服务业项目落户景区。

【实施公园化战略和城乡环境整治】 为打造珠三角生态大花园和优质生活圈，建立鹤之洲、增江画廊、莲塘春色、白湖水乡等一批生态景点和绿道网，城区新增绿地面积29.74万平方米，人均公共绿地面积19.73平方米，森林覆盖率55.38%；清理增江河破旧住家船及存在安全隐患的运输船只，美化增江堤岸，改善增江水环境。改革和落实城区环卫属地管理责任，健全“户集、村收、镇运、市处理”的垃圾收运制度；以创建全国文明城市为契机，实施富鹏地区综合整治工程，升级改造道路、路灯等市政配套设施，解决该区环境卫生、闲置土地、城市建设管理、规范市场秩序等“老大难”问题，新塘、石滩、派潭等镇街加大城区道路建设改造和环境整治力度，城乡面貌发生明显变化。启动6个污水处理系统工程（含管网）和75条村庄生活污水处理工程建设；治理新塘东、西洲及环保工业园环境污染，重点整治水南涌流域、二龙河、百花涌、西福河等河涌；实施棠厦垃圾填埋场整治工程，推进垃圾无害化处理的前期工作；启动亚运行动计划，加紧建设体育舞蹈比赛场，康威体育场、增江河亚运龙舟比赛场和广州飞碟训练中心等亚运场馆及配套工程。规范农民建房“一清二控三规四拆五建”工作，查处一批未报批擅自抢建行为；完成全市282条行政村村庄规划编制；建设荔城街明星中心村集中居住区，罗岗村统筹城乡发展示范区建设进入实施阶段；市镇成立专责机构，集中研究农村建房“在哪里建”和“怎么建”问题。

【社会事业】 把人民群众利益放在首位，持续加大民生投入，严控经费支出和厉行节约，拿出更多资金用于解决和改善民生问题，全年民生和各项公共事业支出37.89亿元，占财政综合预算总支出的64.1%。建立完善广覆盖的社会保障体系。安排1.85亿元提高公职人员、教师和退休职工的工资待遇，职工工资收入与经济社会发展同步增长；分别投入1.1亿元、2500万元启动农村社会养老保险和城镇老年居民养老保险，加大财政补助，提高企业退休人员养老保险待遇，人均每月增加425元达到1770元保障水平。新型农村合作医疗制度参合率99.6%，人均筹资标准从2008年102元提高到204元，报销封顶线从2008年的2.2万元提高到5万元，医疗保障和服务水平得到提高。建立政府住房保障制度，每年财政补贴约4200万元，实施货币分房补贴制度，全市共有1.5万符合条件人员享受住房补贴，政府第一批保障性住房共763套投入使用；投入7148万元实施义务教育阶段“两免”教育，约11万学生受惠，扶助义务教育、普通高中、高考上线大学生阶段家庭困难学生4750人，扶助金额3481万元。全市有2.2万人纳入低保救济对象，共发放救济金4258万元；启动城乡医疗救助制度；加快残疾人康复中心建设；包括低保、五保、残疾人、重大疾病、慈善基金在内的社会救济体系不断完善。多渠道开发就业岗位，创新就业培训思路，建立城乡劳动力技能培训竞争机制，公开招聘一批硕士研究生和招收200名增城籍大学生到基层工作。全面推进社会事业建设，抓好教育创强后续工作，小楼、正果镇成为教育强镇，全市100%镇成为教育强镇；清燕小学和新塘示范初中建成投入使用，市一中、二中加紧建设，职教园区不断完善；提高教师福利待遇，依法解决全市代课教师问题；开展教师全员培训，提高教师队伍素质；2009年高考上线率89.01%，比2008年提高6.68%；民办高校办学规模和水平明显提升，全市教育体系更加完善。开展全国文化体制改革试点工作，以“全国特色文化广场”增城广场为核心，加快建设文化艺术中心区，广播电视新闻大楼、新图书馆投入使用；增城歌剧院、科技文化博物馆开工建设；举办广场音乐文化节和新年音乐会等节庆活动，打造音乐文化品牌。广泛开展群众性文化体育活动，竞技体育创佳绩，连续18年获“广东省体育突出贡献奖”。中山大学博济医院综合大楼启用，完成石滩、中新等中心镇医院建设改造工程，城乡区域医疗保障能力不断提高。加强计划生育工作，增城从省二类地升为一类地区。一年来，取得较大成绩，被评为“中国最具幸福感城市”、“中国改革（2009）年度十大县市”、“全国粮食生产先进市”、“全国水利系统先进集体”、“全国新农村建设档案工作示范市”、“广东省国民旅游休闲示范市”和“广东省科技进步先进市”。

创建全国科学发展示范市

按照李长春同志“努力把联系点办成贯彻落实科学发展观的示范点”要求，扎实开展学习实践科学发展观活动，把学习实践活动与应对国际金融危机的冲击紧密结合起来，与“三促进一保持”紧密结合起来，与贯彻落实十七届三中全会精神结合起来，解决一批影响和制约科学发展的突出问题，制定实施一系列富民惠民措施，取得一批体制机制创新成果。通过不断完善“以人为本、科学主导、市场运作、统筹城乡”的科学发展模式，规划建设三大主体功能区、实施公园化战略、统筹城乡一体化发展的实践取得成效，增城的地区形象明显提高。市委、市政府对照先进找差距，在广泛征求全市人民、专家学者和社会各界人士意见和建议的基础上，制定《关于创建全国科学发展示范市的决定》，提出探索促进区域协调发展、统筹城乡一体化发展等九条新路子，计划用5年时间创建全国科学发展示范市，确立增城新的奋斗目标和全市的行动纲领。

学习实践活动取得五大成效：一是形成科学发展理论，包括“以人为本、科学主导、市场运作、统筹城乡”的科学发展理念，二是形成浓厚的科学发展氛围，通过学习实践活动，广大干部群众对科学发展的认同不断加强。三是形成一系列科学发展的举措。在发展过程中定位明确，制定一系列具体规划和措施，尤其是规划三大主体功能区是先进的发展理念。四是取得明显成效，增城面貌发生巨大变化，经济、社会、文化等各方面取得成效。五是通过活动，形成一系列长效机制。中央联络指导组到增城考察学习实践活动“回头看”工作认为，增城广大干部群众不辜负中央领导同志重托，认真贯彻落实中央关于开展深入学习实践科学发展观活动的决策部署，按照党员干部受教育，科学发展上水平，人民群众得实惠的总要求，围绕保增长、保民生、保稳定及扩内需、调结构、促发展，扎实做好学习实践活动及整改落实工作，学习实践活动取得明显成效，为全国科学发展观创造很多很好的学习经验。

精神文明建设

2009年，市精神文明建设以庆祝建国60周年和迎接2010年广州亚运会为契机，坚持贴近实际、贴近生活、贴近群众，开展群众性精神文明创建活动，加强公民道德建设，推进未成年人思想道德建设，建设和谐文化、培育文明风尚，为建设小康社会、构建和谐增城提供精神动力和营造良好的社会环境。

【配合广州创建全国文明城市】 自2009年5月以来，市创建办以城区公共文明指数测评为手段，持续整治卫生死角、乱张贴乱涂写、占道经营等易反复的不文明现象，加快市政基础设施建设，加强交通秩序管理，优化文明出行环境和培养市民文明出行生活习惯。8月份成立富鹏片区整治建设管理办公室，对富鹏等老城区全面治理改造，提升公共文明水平。

（一）市政设施建设管理及城市卫生。一是加强涉及民生的市政设施建设和维护。投入1700多万元，对增江大道、荔城大道、北三环道路实施亮化美化工程，共安装路灯507盏；投入70多万元，在城区主要内街巷安装墙灯253盏；投入200多万元，在83条内街巷划停车位4130个；投入100多万元，对31条内街巷共8600多平方米实施硬底化建设；共修复沥青路面3150平方米，修复人行道4300平方米，安砌侧石1520平方米，实施道路交通标线10050平方米，基本完善挂绿路、中山路等25条主干道交通标线建设等。并完善197个居民小区垃圾收集点的设置，更新沿街895个破旧垃圾桶，在公交站点增设267个垃圾桶。二是开展城乡环境卫生整治行动。对全市主要路段、重点地区、城市出入口、车站、广场和公园等公共场所确保16小时保洁；开展“卫生清洁月”、“周末卫生日”等主题活动，形成全民动手齐清洁的氛围。5月份以来，共发动10800人次，清除垃圾、杂草19.3吨，“牛皮癣”4300多处，乱牵乱挂630多处，清楼道、阳台杂物240多车；开展执法活动教育390人次。9月份组建本市约900人的文明监督员队伍，保持经常性的巡查监督，督促临街各单位、店铺、住户落实“门前七包”责任制，对市民不文明行为进行劝导。三是推行城市管理作业属地化、市场化。从9月始，将原市政局承担的城区的市政环卫工作，分别下放到荔城、增江、朱村三个街道，实行属地管理；同时，向社会公开招标，城区市政设施管护、园林绿化管护、广场公园管护全部实现市场化管理，由中标单位负责。

（二）交通秩序管理。市拨专项经费，新增招聘200名交通协管员，组成由交警、协管员联合执勤的队伍，于交通高峰时段，在城区21个主要交通路口、商业大街等繁华地段指挥和疏导交通，并组织路面机动巡逻队交通巡查，形成常态化公共交通管理机制。同时，对城区主干道、机关单位、学校门前机动车违章停车行为进行整治。5月份以来，共出动民警、协管员、志愿者7076人次，车辆973辆次，查处各类交通违法行为4756宗，查扣各种车辆1246台，简易程序处罚3510宗，行政拘留严重交通违法人员26名，纠正乱停乱放违法行为3800多宗，处罚乱停乱放违法行为2845宗。对2条省道及多条地方公路共75公里路段进行修缮，完善交通标识240多个、标线6500米。同时，加强对营运车辆违法违规和非法营运行为的查处打击，共查获非法营运及违规经营行为为2460宗，其中查扣非法营运车辆1660辆。宣传普及文明行为重点宣传遵守交通秩序、文明驾驶等内容。在公交车、出租车张贴或喷洒宣传标语，在本市40多辆运输客车上播放公益宣传短片，在城区公交车站、客运站、公共汽车候车亭、出租车停车点设置公益广告及宣传标语约250个。

（三）整治占道经营和清理乱摆卖。市创建办、富鹏整治办和各部门联动，对5963宗乱摆卖、占道经营行为进行整治；对43个报刊亭、体育彩票点等超占面积、占用无障碍通道的经营行为进行规范。在迎“国检”期间，共清理占道经营645宗，乱摆卖548宗，清拆乱拉挂562宗、清理乱堆放324宗、清拆乱搭建195宗、清拆违章广告牌2823宗、处罚车辆运输撒漏413宗，暂扣物品558件，拆除遮阳、挡雨篷面积4978平方米，拆除违法广告牌1020块。增建农贸市场，引导集聚在华农批发市场、富鹏市场周边的小摊贩入室经营。

（四）开展多形式、多层次宣传活动。一年来共制作各类宣传品有大型户外广告112个；工地围墙、商场门口户外广告46个；宣传手册5000份；《致市民的一封信》116000份；创文环保袋10000个；创文信封、信纸50000份；创文帽子2000顶；候车亭、的士、公交车创文宣传画、宣传标语860幅；发放宣传短片200张；印制海报12000份；制作宣传墙报530个。

【公民思想道德教育】 开展“文明出行”广场论坛活动，活跃创建工作宣传，增强市民的认同感、荣誉感和参与热情；以“文明出行”为主题，由市创建办牵头，发动各创建责任单位开展“文明交通从我做起”主题实践活动。开展“9·20”公民道德宣传日、“诚信增城”系列活动、“书香增城”—全民阅读求知系列活动、增城市“迎亚运、讲文明、树新风、促和谐”全民行动以及组织开展“我推荐、我评议身边好人”活动，全年共推荐身边好人近40名，推荐第四届广州市道德模范候选人。开展“迎亚运、讲文明、树新风、促和谐”全民行动—“争做好市民，当好东道主”主题活动。

【开展群众性精神文明创建活动】 （1）以平安、和谐、文明为主要内容，开展创建文明社区、书香社区活动。加强荔城街西园沿江社区等12个市文明社区示范点建设，以点带面，全面推进。按“五有”标准完善街道市民学校。（2）完善文明行业（单位）测评指标体系，推动创建文明行业活动常态化、规范化。开展“诚信增城”系列活动，每年推广十家“守合同重信用”单位经验。推动“百城万店无假货”活动和创建文明风景旅游区活动。（3）开展文明示范村创建活动。年内，荔城街莲塘村、小楼镇东境村、新塘镇塘美村等3条村已进入广州市文明示范村候选村并通过检查验收，荔城街、小楼镇成为首批文明示范村竞赛活动工作先进镇街候选单位并通过检查验收。推进“农家书屋”、文体广场等农村文化设施建设。开展科技、文化、卫生“三下乡”活动。

（刘艳媚）

增城市精神文明建设委员会办公室主任　刘艳媚

政　治

中共增城市委员会

【十一届七次全会】 2009年2月5日，市委召开第十一届七次全体会议，学习贯彻党的十七届三中全会、中央经济工作会议和省委十届四次全会、广州市委九届六次全会精神，总结2008年工作，分析当前形势，研究部署2009年工作。全会号召，全市上下要全面贯彻落实中共中央政治局常委李长春同志到增城视察时的重要讲话精神，学习实践落实科学发展观，继续解放思想，坚持改革开放，勇于开拓创新，促进社会和谐，努力推动增城科学发展上新台阶。市委书记朱泽君向全会作报告，指出扎实抓好学习实践活动，努力争创贯彻落实科学发展观示范点。全会把今年定为基础设施建设年、城乡环境建设管理提升年和城乡公共文化建设年，实施现代特色产业重点项目建设、富民惠民、城乡环境“清洁美”、城乡基础设施建设、公共文化惠民、市民素质大提高和法治和谐共建“七项工程”，加快推进统筹城乡综合配套改革。全会要求，坚持以改革创新精神全面推进党的建设，为推动科学发展提供坚强组织保障，打造一支善于贯彻落实科学发展观的高素质干部队伍。

【十一届八次全会】 8月11日，市委召开十一届八次全体会议，认真贯彻落实省委十届五次全会和广州市委九届七次全会精神，总结上半年工作，深入分析当前经济形势，研究部署下半年工作。紧紧围绕“敢于先行先试，破解发展难题，力促科学发展再上新台阶”为主题，努力建设富裕、安康、文明、和谐、美丽的新增城。市委书记朱泽君向全会作报告，提出下半年工作意见：一是围绕广州建设国家中心城市，加快“两城两区”开发建设；二是推动发展方式转型，促进产业优化升级；三是加强扶持引导，做强做大民营经济；四是加强新农村规划建设，规范引导农民建房；五是注重环境建设和民生福利；六是加强干部队伍建设，营造良好政策制度环境。

【十一届九次全会】 11月18日，市委召开十一届九次全体会议，认真学习贯彻落实党的十七届四中全会精神与中共中央政治局常委李长春，中共中央政治局委员、广东省委书记汪洋和省委副书记、省长黄华华，省委常委、广州市委书记朱小丹，广州市委副书记、市长张广宁等各级领导同志重要指示批示精神，号召全市各级党组织、广大党员努力创建学习型社会，建设智慧型城市，增强科学发展能力，建设科学发展之城，创建全国科学发展示范市。会议审议并通过《中共增城市委　增城市人民政府关于创建全国科学发展示范市的决定》。全会提出，增城要力争用5年时间实现经济总量翻一番，到2013年全市地区生产总值超过1000亿元，工业总产值超过2200亿元，地方财政一般预算收入超过60亿元，到2020年经济总量再翻一番；综合实力明显增强，社会事业全面进步，城乡环境全面优化，城乡居民收入与经济同步增长，农民收入增幅高于城镇居民收入，城乡差距明显缩小，人与自然和谐相处，地区形象和干部群众幸福感显著提升。市委书记朱泽君就创建全国科学发展示范市提出三点意见：一是深刻认识创建全国科学发展示范市的重大意义，增强责任感和使命感；二是创建学习型社会，建设智慧型城市；三是集中精力抓好当前重点工作，为创建全国科学发展示范市开好局。

【重大活动】 2009年1月8日，省委副书记、省长黄华华到本市调研。黄华华强调，增城是中共中央政治局常委李长春同志开展深入学习实践科学发展观活动的联系点，也是广东省深入学习实践科学发展观活动的试点单位。要求增城市继续扎实推进深入学习实践科学发展观活动，解放思想，开拓创新，坚持发展是硬道理的战略思想，切实按照“三促进一保持”的要求，把保持经济的平稳较快发展作为重要任务，采取措施推动全市经济社会又好又快发展，争当学习实践科学发展观的排头兵。

1月20日，小楼人家景区举行“广州地区农家乐旅游示范点”挂牌仪式。

2月18日，广州市加快北部山区经济社会协调发展工作会议在增城市召开。

3月3日，中宣部常务副部长、中央深入学习实践科学发展观活动领导小组副组长、中央联络指导组组长雒树刚视察本市职教园区和增江一河两岸。雒树刚指出，增城职教园区的办学规模大，在发展过程中要保证其可持续发展，为增城的发展培育更多人才。

4月12日至13日，增城市市委书记、市人大常委会主任朱泽君赴昆山市作学习实践科学发展观专题报告，并率党政代表团学习考察昆山市经济社会发展情况。

5月5日，副省长万庆良到本市调研旅游业发展情况。万庆良指出，增城发展思路超前，规划科学，并且很注重调动广大老百姓的积极性，以广大人民群众为主体，大力推进科学发展工作，是科学发展的典型。

5月13日，增城市首次提出“两城两区”，以实施《珠三角纲要》为契机，围绕三大主体功能区的产业发展布局和定位，高起点策划、高水平规划、全方位推介、高标准推进“两城两区”建设：新塘创建广州东部国际商务城，增城新城区创建国际旅游度假城，增城工业园创建国家级经济技术开发区，北部创建1000平方公里生态旅游示范区。

5月20日，广州新穗东（增城）投资推介会在碧桂园凤凰城举行。特高压工程技术（广州）国家工程实验室项目、中金数据系统华南数据中心项目等40个项目现场与增城签订投资协议，总用地面积7834亩，计划投资270亿。

5月25日，全市召开“三联六帮”城乡共建行动动员大会，决定从2009年起，连续用3年时间，广泛发动全市党政机关干部、企事业单位及社会各界人士开展“三联六帮”城乡共建行动。

6月18日，省委常委、广州市委书记、广州市人大常委会主任、广州市委深入学习实践科学发展观活动领导小组组长朱小丹到第二批学习实践活动联系点增城市荔城街开展专题调研，听取有关情况汇报，并对荔城街开展的学习实践活动取得的成效给予充分肯定。

6月26日，以“树立机关形象，转变行业作风，帮助群众排忧解难，促进增城科学发展和和谐建设”为主题的增城市“行风月谈”电视节目正式开播，为老百姓和政府部门直接对话搭建了沟通平台。

7月1日，市举行中国第一历史档案馆清代皇宫增城御批仿真史档赠接仪式。

7月8日，2009广州增城何仙姑文化旅游节在小楼何仙姑家庙广场开幕。

7月8日，副省长佟星到本市调研消防安全工作。

7月25~26日，在2009全国县域经济科学发展交流年会上，公布“第九届全国县域经济基本竞争力与科学发展评价报告”，增城首次进入全国百强县十强，由2008年的第12位跃居第9位，提前两年完成“十一五”规划所确定的在2011年前进入全国县域经济十强的目标。

8月4日，市召开纪律教育学习月活动动员暨廉政教育辅导报告会。

9月17日，广州市市长张广宁来本市调研城乡统筹发展、城镇生活污水处理和水环境综合整治、生态环境建设和生态旅游开发等工作进行情况。

9月22日，市召开深入学习实践科学发展观活动总结大会。会议强调，巩固和扩大学习实践活动成果，要继续在深化理论武装、狠抓整改落实、改革创新、“富民优先、民生为重”和加强党的建设上下功夫。

10月10日，市召开贯彻落实中共中央政治局常委李长春同志重要批示精神、创建全国科学发展示范市动员大会。认真贯彻落实中央、省和广州市领导同志的重要批示精神，动员和团结全市干部群众，同心同德，凝心聚力，抢抓新机遇、树立新标杆，努力创建全国科学发展示范市。2009年8月以来,李长春同志两度对增城科学发展作出重要批示。8月9日，李长春同志作出重要批示：“得知增城市在广州市委的领导下，全面贯彻落实科学发展观，2008年进入全国县域经济十强行列，各方面工作都有新的进步，十分高兴。望你们再接再厉，学习先进找差距，科学发展再上新台阶。”9月19日，李长春同志再次作出重要批示：“看到增城市在广东省委、广州市委的领导下，学习实践科学发展观活动不断引向深入，在各个方面都结出丰硕的果实，感到非常高兴。望继续努力，把各项整改措施都落到实处，特别是在建立科学发展的长效机制上狠下功夫，促进经济社会又好又快发展，在各个方面都走在全国的前面。”

10月28日，福建省行政学院党委书记张程远率福建省县（市、区）党政主要领导干部到本市考察。张程远赞扬增城建设社会主义新农村的经验做法，增城科学发展经验值得借鉴。

10月29日，“科学发展观与新中国60周年”理论研讨会在本市召开，对增城落实科学发展观，创建全国科学发展示范市，将起到推动作用。

11月2日，增城图书馆举行启用仪式，用地面积52.442亩，总藏书量80万册，将提升增城的文化软实力，推进增城实现科学发展观。

11月3日，市召开规范农村建房、推进社会主义新农村建设现场会，会议要求，全面规范农村建房，高起点规划建设好社会主义新农村，把规范农村建房办成农民满意工程。

11月15日，2009中国广州（增城）广场音乐文化节在增城广场开幕，著名歌唱家宋祖英和廖昌永登台演唱。

11月16日，作为环境综合治理重点工程的中电荔新热电联产项目举行开工仪式，该项目建成后，将改善周边环境，年产值超16亿元，对促进增城经济社会可持续发展起到重要作用。

11月17日，市举行“学习实践科学发展观大学堂”专题报告会，到访的福建省县（市、区）党政主要领导干部增城培训班学员聆听了报告会。

12月1日，市召开增城歌剧院建设工作会议，加快推进歌剧院建设。

12月8日，市新塘汽车客运站举行奠基仪式，新塘汽车客运站的建设能更好发挥新塘的物流集散地的优势。借助珠江三角洲的强势，全面优化增城的投资环境。

12月10日，市召开交通基础设施建设工作现场会,与会人员实地考察了初溪大道、新城大道、增城汽车客运站、广汕公路扩建改造、荔三公路改造、光辉大桥、荔城大道、百花大道、广河高速公路、增派公路改造、新派高速公路、派高公路、白水寨大道等交通基础设施规划建设情况。

12月14日，广州市学习推广增城市建设贯彻落实科学。发展观示范点经验现场会在增城市召开。省委常委、广州市委书记、市人大常委会主任、市委学习实践活动领导小组组长朱小丹出席并强调，增城市作为中央政治局常委李长春同志参加学习实践科学发展观活动的联系点，在建设贯彻落实科学发展观示范点中创造了先进经验，是广州市的一笔宝贵财富。我们要充分发挥先进典型的示范带动作用，在广州地区学习推广增城市建设贯彻落实科学发展观示范点的经验，增强全面落实科学发展观的自觉性和坚定性，加快推进国家中心城市建设、全面提升广州科学发展实力。

12月25日，2009年增城菜心美食嘉年华开幕，这标志着小楼镇的都市农业和乡村旅游发展进入了一个新的里程碑。

12月28日，科技文化博物馆工程正式开工，建成后科技文化博物馆集科技馆、博物馆、档案馆、城建规划馆等功能为一体，成为本市重要的知识信息枢纽和精神文明建设的重要基地。

12月29日，白水寨番薯美食文化节暨增城市派潭镇30个项目竣（动工）工、签约庆典活动在派潭广场举行，该活动打响“白水寨生态旅游”品牌和“白水寨农产品”品牌，促进生态旅游业发展和农民增收致富。

12月31日，市绿道建设已初见成效，自驾车游、自行车森林生态游、增江画廊等三条绿道处处考虑到把市民的悠闲生活和农民的致富结合起来，充分发挥生态效益、社会效益和经济效益，成为全省的绿道网建设的示范点。

【常委会议及重要决策】 2009年市委常委共召开27次会议。

1月8日，传达学习广东省委副书记、省长黄华华同志到增城视察调研时的重要讲话精神。

1月16日，传达贯彻李长春同志在听取增城市开展学习实践活动情况汇报后的重要讲话精神，研究市深入学习实践科学发展观活动转段有关工作、市委十一届七次全会和市纪委全会有关事项和市委十一届七次全会和市纪委全会有关工作，审定《2009年基本建设项目及投融资安排》、《规范公务员津贴补贴和2008年度年终考核奖励方案》和《上缴支持汶川县威州镇灾后恢复重建资金安排》，评议《广州市委、市政府领导班子分析检查报告》。

1月20日，审定市直党政群机关事业单位和镇街领导班子工作考评结果。

2月4日，审定2009年国民经济和社会发展计划主要目标建议、成立市申报增城工业园区升级为国家级经济技术开发区工作领导小组、召开市纪委十一届四次全会的有关问题、市委十一届七次全会有关文件和《增城市公安局职能配置、机构设置和人员编制规定》。

2月17日，审定《增城市委市政府领导班子深入学习实践科学发展观活动整改落实方案》（稿）、《增城市开展深入学习实践科学发展观活动总结报告》（稿）、《增城市开展“三联六帮”城乡共建行动方案》（稿），审议《增城市贯彻落实〈珠江三角洲地区改革发展规划纲要〉实施意见》（稿）。

3月1日，传达中共中央办公厅、国务院办公厅《关于党政机关厉行节约若干问题的通知》和《关于坚决制止公款出国（境）旅游的通知》精神，研究召开市深入学习实践科学发展观活动第一批总结暨第二批动员大会的有关问题，审定增补政协第八届增城市委员会常务委员候选人建议名单。

3月5日，审定市政府拟提请市十三届人大四次会议审议的有关报告、《2009年市政府拟为民办的“十件实事”》。

3月25日，研究2009全市经济工作、重新启动本市撤市设区工作的有关问题，听取关于市政府与中国银行股份有限公司广东省分行开展全面金融服务合作的情况汇报，审定增城市劳动模范、先进集体和增城市先进劳动者名单及报广州市的推荐名单。

4月3日，传达学习胡锦涛总书记在参加全国人大广东代表团全体会议时的重要讲话精神，听取收费站整合和广汕公路（增城段）、107国道（新塘段）等公路改扩建工程推进情况汇报，审定《关于开展机关服务年活动的实施意见》（稿）、《增城市跨村任职党支部书记选任办法》（稿）、《增城市招聘大学生担任农村党支部书记助理、村委会主任助理实施方案及管理办法》（稿）。

4月24日，传达学习2009年广州市文明委全体会议暨创建文明城市联席会议精神，研究成立市文化体制改革工作领导小组等问题，听取市第二批深入学习实践科学发展观活动情况汇报、市党政考察团赴江苏省昆山市学习考察情况报告、近期公开出让经营性土地情况汇报和科技工作汇报，审定《关于确保实现我市2009年国民经济和社会发展预期目标的工作方案》（稿）、《增城市政府部门强化优质服务促进健康增长的工作措施》（稿）、《关于推动存量土地高效利用和实施“三旧”改造工作实施意见》（稿）和《关于促进房地产市场健康发展的意见》（稿）。

5月20日，研究创建全国文明城市和精神文明建设有关工作和公开招聘（选调）200名硕士研究生以上工作人员有关事宜，审定《增城市城镇廉租住房保障制度实施办法（试行）》（稿）、《增城市经济适用房制度实施办法（试行）》（稿）、《增城市机关事业单位住房货币分配实施方案》（稿）、《增城市新闻发布制度》和《增城市人民政府　华南农业大学共建科学发展试验区合作框架协议》（稿）。

6月4日，审定优秀村（居）党组织书记担任街镇领导干部任职人选和从优秀大学生村（居）干部中招录街镇公务员录用人选。

6月15日，传达学习广州市委组织部实施“党政领导干部基层和机关双向选拔千人计划”和区（县级市）届中考察工作的有关会议精神。

6月22日，听取市第二批深入学习实践科学发展观活动情况汇报，研究加快市委党校发展的有关问题、撤回市驻京联络处机构和人员安置问题和成立中国共产党广东省华立高级技工学校委员会的有关问题，审定《增城市文化体制改革方案》（稿）、《增城市贯彻落实〈建立健全惩治和预防腐败体系2008—2010年工作规划〉工作措施》（稿）。

7月10日，听取市创建全国文明城市工作领导小组办公室工作汇报、招商引资和项目建设情况汇报、镇街综治信访维稳中心建设工作情况汇报、市文化艺术中心筹划情况汇报和广州市汇美房地产发展有限公司与市政府诉讼案件协商和解方案的汇报，审定《中共增城市委常务委员会议事规则》（修订稿）。

8月7日，研究召开市委十一届八次全会有关问题和重点建设项目责任分工问题，听取关于增城市供水价格调整和污水处理费改革问题的情况汇报。

8月19日，传达学习李长春、汪洋、朱小丹等领导同志重要批示和讲话精神，审定《增城市征收集体用地补偿管理办法（草案）》和《增城市集体土地房屋拆迁补偿安置办法（草案）》，听取市委政法委关于610、禁毒工作情况汇报，研究社区“两委”干部考评奖励有关问题、荔城富鹏地区综合整治的有关问题和2009年度镇街和市直单位考评有关问题。

9月7日，听取市第二批学习实践活动暨全市学习实践活动情况和近期工作安排的汇报和市交通局关于荔三公路收费权益等问题的汇报，研究提高教师待遇落实“两相当”工作和庆祝教师节的有关问题，审定《中共增城市委、增城市人民政府关于贯彻落实李长春同志重要批示精神的实施方案》（稿）、《中共增城市委、增城市人民政府关于创建广东省旅游强市的实施意见》（稿）和《增城市2010亚运会城市行动暨赛时运行工作方案》（稿）。

9月21日，传达学习广州市委九届〔2009〕第14次常委会会议和广州市委副书记、市长张广宁同志到增城调研时的讲话精神和上级有关文件精神和听取近期信访维稳工作情况汇报，听取本市与广州经济技术开发区签订土地合作开发协议的情况汇报，审定2008年度市直党政群机关事业单位领导班子成员年度考核结果。

10月9日，学习领会贯彻中共中央政治局常委李长春等领导同志重要批示精神。

10月21日，学习贯彻党的十七届四中全会精神，听取市人民武装部关于武装工作的情况汇报，研究市委常委会会议和各镇街和广东增城工业园区工作汇报的有关安排，审定开展第三季度经济工作检查的问题和《关于进一步规范我市有关领导综合排名的意见》（稿）。

11月1日，听取新塘镇工作汇报、关于新塘镇城市建设投资有限公司融资进行土地整合储备经营有关问题的汇报和关于2009中国广州（增城）广场音乐文化节筹备情况的汇报，研究召开市委十一届九次全会的有关问题、关于专家课题组赴增城调研的有关问题和市公安局要求接收30名新警的问题。

11月12日，传达广州市市长张广宁批示精神和广州市信访维稳工作紧急会议精神，听取关于新塘轨道交通规划情况的汇报和市国土房管局关于和黄项目用地处理意见的汇报，审定市委十一届九次全会有关文件、市政府拟提请市十三届人大常委会第24次会议审议的有关报告和《增城市党政机构改革方案》（稿）。

12月4日，听取荔城街、增江街工作汇报、近期信访维稳工作情况汇报、关于建设“莲塘春色”城乡统筹发展项目的情况汇报和关于增城广场土地补偿问题的情况汇报，研究关于与中央党校图书馆合作共建中央党校图书馆增城分馆的问题，审定《关于建立增城市党内关爱扶助金的实施意见》（稿）、《中共增城市委关于加强和改进工会工作的意见》（稿）和《增城市劳动模范管理办法》（稿）。

12月31日，学习贯彻落实广州市学习推广增城市建设贯彻落实科学发展观示范点经验现场会和《中共广州市委、广州市人民政府关于学习推广增城市建设贯彻落实科学发展观示范点经验的决定》精神，听取创建全国文明城市工作情况汇报和2010中国广州（增城）新年音乐会筹备工作情况汇报。

【重要工作会议】 2009年1月4日，市召开党政班子贯彻落实科学发展观分析检查报告通报暨评议大会。报告提出十个方面存在的问题和五点根本原因，要求采取措施，寻找办法，进行整改。

1月22日，市召开第一批深入学习实践科学发展观活动转段工作会议，学习贯彻李长春同志到本市视察调研时的重要讲话精神，回顾总结本市学习实践活动分析检查阶段的情况，研究整改落实阶段的工作，确保学习实践活动取得成功。

2月6日，市召开第十一届纪律检查委员会第四次全体会议。主要内容是学习贯彻十七届中央纪委三次全会、省纪委十届三次全会、广州市纪委九届四次全会精神，总结2008年本市党风廉政建设和反腐败斗争情况，部署2009年反腐倡廉工作。

3月3日，市召开深入学习实践科学发展观活动第一批总结暨第二批动员大会，学习贯彻中央和省深入学习实践科学发展观活动第一批总结暨第二批动员会议精神，回顾总结本市第一批学习实践活动，动员部署第二批学习实践活动。

3月6日，市召开人口和计划生育工作会议，总结2008年工作，分析当前存在的困难和问题，部署2009年工作，并对先进单位进行表彰。

4月7日，市召开全市机关服务年活动动员大会，以“勤政、务实、清廉、热诚、高效”为主题，在全市党员干部中提倡“从我做起，向我看齐”，人人争做勤政廉政的表率、务实为民的楷模。

4月29日，市召开经济工作会议，分析当前经济形势，分解落实全年目标任务，强化措施和责任，动员全市上下集中精力抓经济，全力以赴保增长。

5月11日，市召开2007~2008年度增城市党政领导干部基础教育工作责任考核述职报告会暨民意测评会。

5月21日，市召开2007~2008年度精神文明建设总结暨创建全国文明城市动员大会，传达贯彻广州市创建全国文明城市动员大会会议精神，明确创建文明城市的总体思路、目标、任务和要求。

5月21日，市召开全市维稳综治工作会议，肯定全市维稳综治各项工作取得的明显成效，并提出做好下一阶段的维稳综治工作要求。

6月30日，市召开纪念建党88周年座谈会，回顾党的88周年光辉历程，广泛听取各界党员代表的意见和建议，研究探讨如何推动增城新一轮科学发展。

8月13日，市召开创建全国文明城市工作会议，介绍了全国城市公共文明指数测评有关情况，部署下一阶段创建工作。

9月22日，市召开深入学习实践科学发展观活动总结大会，围绕李长春同志“努力把联系点办成贯彻落实科学发展观的示范点”的要求，在“深化建设主体功能区、实施公园化战略、统筹城乡科学发展”等方面取得成效，两批学习实践活动达到“党员干部受教育、科学发展上水平、人民群众得实惠”的目标。

12月23日，市召开全市领导干部大会，学习贯彻广州市学习推广增城市建设贯彻落实科学发展观示范点经验现场会的精神。市委书记、市人大常委会主任朱泽君指出，深入学习，深刻领会，增强贯彻落实精神的紧迫感和使命感；树立主人翁意识，增强干事创业造福一方的责任感；统一思想，迅速掀起学习贯彻广州现场会精神的热潮；统筹兼顾，真抓实干，确保现场会的决策部署落到实处。

【重要文件】 2009年2月17日，印发《增城市开展“三联六帮”城乡共建行动方案》。

3月26日，印发《关于表彰增城市2006~2008年度劳动模范、先进集体和先进劳动者的决定》。

4月7日，印发《关于开展机关服务年活动的实施意见》。

6月22日，印发《中共增城市委贯彻落实<建立健全惩治和预防腐败体系2008~2012年工作规划>实施细则》。

7月10日，印发《中共增城市委常务委员会议事规则》。

8月13日，印发《增城市文化体制改革试点工作方案》。

9月7日，印发《中共增城市委、增城市人民政府关于贯彻落实李长春同志重要批示精神的实施方案》。

11月18日，印发《中国共产党增城市第十一届委员会第九次全体会议决议》。

12月4日，印发《关于加强和改进工会工作的意见》。

12月10日，印发《中共增城市委 增城市人民政府关于创建全国科学发展示范市的决定》。

12月30日，印发朱小丹同志《在广州学习推广增城市建设贯彻落实科学发展示范点经验现场会上的讲话》和中共增城市委、增城市人民政府《在广州市学习推广增城市建设贯彻落实科学发展观示范点经验现场会上的汇报》。

12月31日，转发《中共广州市委、广州市人民政府关于学习推广增城市建设贯彻落实科学发展观示范点经验的决定》。（曾评）

市委常委、市委秘书长、市委办公室主任 何鋈辉

【党史工作】 2009年，市党史研究室发挥党史以史鉴今、资政育人的作用，完成年度各项任务。

主要工作：(1) 编制《增城市党史资料征研工作中长期规划》开展深入学习实践科学发展观活动，用科学发展观统领党史工作，树立“以存史为基础、以资政为导向、以育人为根本”的发展理念，贯彻广州市党史工作会议提出的任务和要求，结合增城的实际，制定《增城市党史资料征研工作中长期规划》的工作目标，开创党史工作新局面。(2) 完成党史二卷的初稿。一是借鉴外地已出版的党史二卷书籍，吸取成功经验，突出增城特色；二是抓好编纂人员的学习和培训，组织编纂人员参加省、市党史研究室举办的党史二卷编写培训班，提高编纂能力；三是与市、区党史研究室开展编纂交流，相互学习，取长补短，吸取好的做法，提高党史二卷的编纂质量。年底，已编写出党史二卷初稿约30万字。(3) 开展党史专题研究工作。2009年5月，开展“改革开放以来增城农村经济体制改革及土地流转问题”的专题调研工作。为确保该项工作落实到位，组织专题调研小组，深入乡村进行田间调查，掌握第一手资料，编写出近10万字的初稿。(4) 加强党史宣传教育工作，发挥党史资政育人的作用。从三个方面加强党史宣传力度。一是协助电视台、报社开展建国60周年的宣传报道工作；二是做好《广东党史》刊物的发行工作，在经费极度紧张的情况下，本单位征订50本《广东党史》发行至全市33个镇街和直属局党委；三是做好党史书籍的发行工作，及时把《中国共产党增城地方史（二卷）资料汇编》（第三辑）发行至全市33个镇街和直属局党委，共发行900多册。(5) 其他工作。做好挂点村的帮扶工作，做好市老战士联谊会的管理工作和老同志来访的接待工作，开展好各项系列活动，并组织老同志开展新春慰问活动、荔枝节慰问活动和“东三支”成立60周年纪念活动等。（袁冠勤）

中共增城市委党史研究室、市地方志办公室主任 黄卓夫

增城市人民代表大会常务委员会

【概况】 2009年，市人大常委会围绕争创贯彻落实科学发展观示范点的工作大局，依法行使宪法和法律赋予的各项职权，完成市十三届人大四次会议提出的各项任务。当年，共受理人民群众来信来访150件（次），人民群众来信来访得到妥善处理。

【市人民代表大会】 2009年3月9日至12日，增城市第十三届人民代表大会第四次会议在荔城举行。大会听取了叶牛平市长作的《政府工作报告》、市发展和改革局局长钟新庭作的《增城市2008年国民经济和社会发展计划执行情况及2009年计划草案的报告》、市财政局局长张国新作的《增城市2008年预算执行情况和2009年预算草案的报告》、市人大常委会副主任赖慕玲作的《增城市人民代表大会常务委员会工作报告》、市人民法院院长曾醒萍作的《增城市人民法院工作报告》、市人民检察院检察长韩世彪作的《增城市人民检察院工作报告》。大会在认真审议的基础上作出了相应的决议，批准上述工作报告，批准市人民政府提出的2009年国民经济和社会发展计划、2009年市本级预算。

【市人民代表大会常务委员会会议】 2009年市十三届人大常委会共举行了7次会议：

3月2日举行市十三届人大常委会第17次会议，会议议程8项：审议市人大常委会工作报告；书面审议市人大常委会2008年度代表工作报告；审议增城市人民代表大会常务委员会关于召开增城市第十三届人民代表大会第四次会议的决定（草案）；审议增城市第十三届人民代表大会第四次会议主席团、秘书长建议名单（草案）；审议代表变动情况报告；审议增城市第十三届人民代表大会第四次会议选举办法（草案）；审议增城市第十三届人民代表大会第三次会议期间人民群众来信来访办理情况的书面报告。听取和审议市城乡规划局关于《广东省城市控制性详细规划管理条例》实施情况专项报告。

3月13日举行市十三届人大常委会第18次会议，会议议程2项：审议市政府《关于落实荔新公路项目回购计划及财政预算资金安排的决定》的议案；审议市政府《关于增城市城镇生活污水处理系统及棠厦垃圾填埋场改建等六大工程项目投融资计划及还贷预算安排的决定》的议案。

4月3日举行市十三届人大常委会第19次会议，会议议程3项：审议通过《2009年度增城市人大常委会工作要点》；听取市政府关于市

十三届人大四次会议代表议案（建议）办理实施方案的报告；审议接受潘月新辞去增城市第十三届人民代表大会代表职务的决定（草案）。

6月25日举行市十三届人大常委会第20次会议，会议议程5项：人事任命；听取和审议市公安局交通管理工作情况报告；听取市政府农村合作医疗报销制度实施情况报告；听取市政府招商引资工作情况报告；审议市法院关于提请确定人民陪审员名额的报告。

7月20日举行市十三届人大常委会第21次会议，会议议程1项：通过关于许可对增城市第十三届人大代表邱伙胜采取强制措施。

8月6日举行市十三届人大常委会第22次会议，会议议程1项：审议《关于许可增城市公安局对李共和采取拘留强制措施的决定》（草案）。

9月17日举行市十三届人大常委会第23次会议，会议议程4项：听取市政府“2009年为民办十件实事”实施情况报告；听取市政府2008年本级预算执行和其他财政收支情况的审计工作报告；听取市政府关于我市大中专毕业生就业情况报告；人事任免。

11月26日举行市十三届人大常委会第24次会议，会议议程3项：听取和审议市政府2009年1至9月国民经济和社会发展计划执行情况及计划调整的报告；听取和审议市政府2009年1至9月财政综合预算执行情况和年度综合预算调整报告；听取和审议市政府2008年财政决算报告。

【依法治市】 2008年广州市和省先后确定本市为“法治广州创建工作示范点”和“广东省法治市县创建工作联系点”。市人大及其常委会在法治市县创建工作中发挥主导作用，抓好组织推动工作，将法治主要工作列入人大常委会工作要点和议事日程，通过关于开展法治增城创建活动的决议，以市委市政府名义制定下发《增城市开展法治增城创建活动的实施意见》、《增城市创建法治市示范点工作方案》等，举办近3000人参加的2009年法治增城宣传教育周启动仪式暨创建法治示范市动员大会，全面推进各项创建活动。

贯彻落实市委市政府《关于创建全国科学发展示范市的决定》，加强法治环境建设，发挥法治的引导、规范、保障和促进作用，推动全市经济社会全面协调可持续发展。督促相关部门依法依规制定土地征用流转、拆迁补偿、新农村建设，以及就学就业、社保医保等民生方面的相关政策，营造统一透明的规制环境；督促依法行政，不断完善行政决策机制，建立健全执法体制，营造高效务实的政务环境；督促司法体制和工作机制改革，支持阳光审务、阳光检务建设，营造公平正义的司法环境；督促并参与综治信访维稳工作，营造和谐稳定的社会环境；督促深入普法，开展形式多样的宣传教育活动，营造健康向上的人文环境。深入开展民主法治示范村（社区）创建活动，新塘镇西南村被评为“全国民主法治示范村”，小楼镇西境村和荔城街西园社区分别被评为“全省民主法治示范村”和“全省民主法治示范社区”，为全市开展法治市县创建活动树立典型。

【执法检查和视察活动】 ①检查督促工作。先后听取和审议市政府关于2008年本级预算执行和其他财政收支情况的审计、2008年财政决算、2009年1~9月国民经济和社会发展计划执行情况及计划调整、2009年1~9月本级预算执行情况和年度预算调整等报告，向市政府提出了加强对计划和预算执行的检查、强化对预算资金支出和投融资的监管、推进绩效评价、提高预算资金使用效益、加快经济结构调整、促进经济社会可持续发展等方面的建议。听取增城国际旅游度假城筹建工作情况报告，成立专门的工作组，在规划建设、征地拆迁、融资招商、信访维稳、协调配合等五个方面加强监督支持，全力推进市政府重点项目建设。听取和审议交通管理工作情况报告、广汕公路扩建工程情况报告，视察和调研新城市中心规划建设情况、富鹏区整治情况、中心镇污水处理系统建设情况等，督促加大城市基础设施建设和管理力度，促进城市建设和管理水平不断提高。听取和审议招商引资工作情况报告，视察和调研广东增城工业园区申报国家级经济技术开发区工作情况、重点企业生产发展情况等，督促加大招商引资力度，加强安全生产管理，强化为企业服务、为经济发展服务的观念。检查和调研本市落实农业集约化发展情况、实施《广东省森林、林地权属争议调解处理办法》情况等，督促加快农业集约化发展步伐，实施森林、林地权属争议调解处理办法，为农业发展、农民增收、农村稳定提供保障。听取和审议关于市发展生态旅游业情况报告，督促加快市生态旅游业发展，保护增城的原生态环境。视察和调研了小楼镇和正果镇创建省教育强镇工作情况、亚运会相关场馆建设情况等，督促加快有关工程项目建设，促进教育、科技、文化、体育等各项事业发展。②落实民生措施。常委会坚决按照市委关于“富民优先，民生为重”的要求，围绕落实惠民措施，加强跟踪监督。先后两次听取市政府2009年为民办十件实事落实情况报告，逐件跟踪，促进落实，全力推进“民心工程”按计划进行。视察、检查增江河流域水污染综合整治情况、荔城棠厦生活垃圾填埋场整治工程、荔城污水处理厂改造扩建工程，建议市政府加强与周边地区的沟通和联系，做好污染源防控工作，切实保护好增江河，确保人民群众饮水安全。听取市政府医疗保险报销制度实施情况报告，检查、调研增城市社保工作以及城乡医保工作，建议加强社保工作和医疗保险报销工作的管理，完善相关制度，增强服务意识。听取市政府关于本市大中专毕业生就业情况报告，建议完善有关的政策措施，提高本市大中专毕业生的就业能力和就业率。检查、调研本市解决城市低收入家庭住房困难工作以及社区工作情况，督促政府相关部门加强对社区工作的研究和管理，完善有关制度。检查本市贯彻实施《残疾人权益保障法》情况，督促政府部门按法律法规及有关政策，保护残疾人权益。检查本市民族宗教三级网络建设情况，督促政府部门加强对民族宗教工作的管理。③监督司法工作。视察、检查市人民法院执行工作情况，提出加强执行队伍建设、推进执行联动机制建设、推动执行救助机制建立等意见和建议。视察、检查市人民检察院公诉工作情况，督促市检察院在强化政治素质和改进执法作风的同时，开展岗位练兵和交流培训，推动公诉工作在阳光下运行。视察、检查市司法局公证工作情况，建议加大宣传力度，使人民群众更加了解公证处的业务职能，让其更好地为群众服务。同时，检查“五五”普法规划的落实情况，督促有关部门加强法制宣传教育，提升市民的法律素质和社会法治水平。④改进监督方式方法。常委会改进和完善监督方式方法。在制定年度监督工作计划时，加强与“一府两院”的沟通和联系，增强监督的针对性。常委会紧贴工作实际，经常深入基层开展调查研究，弄清监督事项的相关情况，掌握第一手材料，做到有的放矢，真正解决实际问题。如视察“创文”工作中，发现增城的交通建设管理工作存在一些薄弱环节，于是对交通建设管理工作进行深入调研，并提出具体的可行性操作意见，得到市政府的高度重视。又如对发展生态旅游业的情况开展调查调研，提出具体的意见和建议，引起广泛关注。同时，广泛听取人民群众的意见，通过与人大代表和人民群众座谈等方式，征集人民群众迫切要求解决的难点热点问题，使监督工作更加体现人民群众的愿望。坚持重点问题反复监督，做到“建议意见不决，跟踪监督不止”。如对广州地铁、珠三角城际轻轨延伸至增城，广汕公路增城段升级改造，107国道新塘段改道扩建等重大工程，经过多年反复督促和推动，2008年得到立项或开工建设。

【代表工作】 (1)抓好代表学习培训工作。以集中学习和自学相结合的形式，组织代表深入学习相关法律法规。集中收看《中华人民共和国食品安全法》讲座录像，听取市委书记、市人大常委会主任朱泽君同志关于“创建全国科学发展示范市，充分发挥人大代表作用”的学习辅导。同时，向代表定期发送《中国人大》、《人民之声》、《增城人大》等刊物和学习资料，为代表学习提供便利条件。(2)加强与代表的沟通和联系，真心实意为代表服务。坚持常委会领导和委员联系代表的制度，密切与代表的联系，及时了解代表学习、履职情况，指导代表处理好本职工作和代表工作的关系，做一名称职的人大代表。执行《市人大常委会组成人员参加市人大代表镇街联组活动制度》，通过与代表一起视察、交流履职心得等，共同探索加强监督工作的有效途径，提高履职水平。邀请了36名代表列席常委会会议，扩大代表参加常委会工作的范围，使代表更加了解常委会的工作。慰问20名在一线工作的人大代表，鼓励他们认真履行代表职责，为市经济社会发展多作贡献。(3)积极开展闭会期间代表活动。代表大会闭会期间，常委会组织和指导各代表联组开展视察、执法检查、专题调研等活动。围绕创建全国科学发展示范市、迎亚运、创建文明城市、重点项目建设等群众关心的热点难点问题，组织代表开展视察、检查、调研等活动，一年来共组织和指导各代表联组、代表专业小组，视察、调研100多项工程和工作落实情况，检查5部法律法规的贯彻执行情况。代表们针对存在问题，向政府及有关部门提出6方面100多条的意见和建议，促进市经济社会又好又快发展。举行代表履职报告会，组织30名市人大代表进行履职报告；受广州市人大常委会委托，组织广州市人大代表增城联组5名代表进行履职报告，接受原选举单位和人民群众的监督，增强代表履职的责任感和使命感。

【办理代表议案】 市十三届人大四次会议期间共收到代表议案、建议、批评和意见67件，其中议案34件，建议、批评和意见33件，大会主席团将34件议案转作建议处理，并将“关于规范养猪场、解决养猪场污染环境问题的议案”等3件建议列为重点建议办理。常委会于2009年3月与市政府举行建议交办会，按照“归口办理”的原则，将67件建议交给市政府相关部门和有关单位办理。举行两次会议，听取和审议市政府关于市十三届人大四次会议代表建议办理方案和办理情况的报告，提出办好代表建议的意见。11月，分别到市财政局、公路局、交通局等承办单位跟踪检查建议办理情况，与承办单位研究解决建议办理过程中碰到的困难。在常委会的跟踪督促和各承办单位的努力及广大干部群众的密切配合下，67件建议的办复率达100%。

【人事任免】 坚持拟任人员到会与常委会组成人员见面的做法，增强被任命人员的责任感和使命感。一年来，常委会依法任命工作人员61名，免去职务35名，为市地方国家机关的正常运转提供组织保证。

(石雪玲)

增城市人大常委会办公室主任 陈荣汉

增城市人民政府

【常务会议及重大决策】 1月16日，第十三届30次市人民政府常务会议，讨论2008年国民经济和社会发展情况及2009年经济社会工作任务，原则同意本市2009年经济社会发展的主要预期目标；原则同意2008年度年终考核奖金和春节慰问金计划；原则同意关于规范市直机关单位公务员津贴补贴的意见；原则同意关于2009年基本建设项目和投融资安排的意见；原则同意关于上缴支援汶川县威州镇灾后恢复重建资金安排；听取市国开行办关于利用国家开发银行贷款项目资金拨付情况汇报，同意其拨付派潭高滩净水厂工程资金580557.19元、荔城市政道路综合改造工程资金1875342元。

3月5日，第十三届31次市人民政府常务会议，原则同意《政府工作报告》(送审稿)；原则同意2009年全市财政综合预算安排建议；原则同意《增城市2008年国民经济和社会发展计划执行情况与2009年计划草案的报告》；原则同意关于回购荔新公路项目的融资安排及处理意见。

3月17日，召开第十三届32次市人民政府常务会议，讨论并同意《增城市污水治理与河涌综合整治实施方案》、《增城市农村生活污水治理工程建设工作方案》；原则同意市政局协调广日集团先开展生活垃圾无害化处理项目建设前期各项工作和研究拟定特许经营条件；会议听取市国开办关于利用国家开发银行贷款项目资金拨付情况汇报，会议同意拨付教育资源整合工程资金14356365元、荔城市政道路综合改造工程资金22830133元、何仙姑旅游景区整合工程资金732677元、派潭高滩净水厂工程资金481880元。

4月8日，第十三届33次市人民政府常务会议，原则同意2009年市政府为民办十件实事责任分工安排；原则同意《派潭镇高滩村211.482亩土地公开出让方案》、《中新农垦小区406.398亩土地公开出让方案》和《东区工业园商住项目首期139.488亩土地出让方案》；原则同意关于淘汰落后水泥产能企业转产转型项目的处理意见；原则通过《增城市经济适用住房制度实施办法》、《增城市城市廉租住房保障制度实施办法》、《增城市机关事业单位住房货币分配实施方案》。

4月20，第十三届34次市人民政府常务会议，会议同意中国南方电网特高压工程技术（广州）国家工程实验室项目、高迪建材（中国）有限公司新型建材生产厂项目落户本市；原则同意《关于确保实现我市2009年国民经济和社会发展预期目标的工作方案》、《增城市政府部门强化优质服务促进健康增长的工作措施》、《关于推动存量土地高效利用和实施"三旧"改造工作实施意见》、《关于促进房地产市场健康发展的意见》、《增城市清理拆除粘土砖瓦陶生产厂实施方案》、《荔城街三联村112.088亩土地公开出让方案》、《荔城街两宗国有土地使用权公开出让方案》。

5月27日，第十三届35次市人民政府常务会议，会议通报2009年1~4月份经济运行情况。强调，各级各部门要认真贯彻落实全市经济工作会议精神，分析当前经济形势，找准经济运行存在的问题，及时研究对策措施，狠抓工作落实，确保全年各项经济目标任务顺利完成；会议原则通过《增城市政府投资重点建设项目报批绿色通道试行规定》、《增城市政府投融资建设项目资金分类拨付实施办法》、《工程概算编制审核管理办法》、《工程量清单及招标控制价编制审核管理办法》；会议听取市安监局关于当年1~4月份安全生产工作情况汇报。会议认为，1~4月事故起数、受伤人数、直接经济损失同比分别上升40.8%、70.6%、306%，死亡人数同比持平，安全生产形势比较严峻。要求做好第二季度的安全生产工作；会议传达广州市政府第三次廉政工作会议精神，部署廉政工作。

6月16日，第十三届36次市人民政府常务会议，会议原则同意《增城市加强涉企投资审批服务实施办法（暂行）》、《进一步明确2009年度招商引资任务强化涉企投资服务全面推进项目建设有关问题的通知》；会议原则同意广州西力机械有限公司、广州市雄兵汽车电器有限公司、广州卓建物流有限公司和增城市华创化工材料科技开发有限公司等四个项目落户本市；会议听取荔城街、中新镇和石滩镇关于成立城市建设投资有限公司的情况汇报。会议认为，通过组建镇街城市建设投资有限公司，向银行融资加快镇街土地的征收、整合和开发，推进重大基础设施建设，有利于减轻镇街财政投资的压力，增强镇街可持续发展能力。会议要求，由邬卫东和张文远副市长牵头，组织市国土房管局、市财政局、市土地开发储备中心、相关镇街抓紧研究成立以土地处置权和处置收益作为抵押的出资模式的按公司法运作的城市建设投资有限公司，通过项目融资，推进城镇和工业园区土地开发、基础设施建设。当前暂不同意无明确项目收益还贷管理，单纯依靠财政保证的融资工作；会议原则通过《增城市实施农村社会养老保险工作方案》；原则同意市劳动保障局关于城镇老年居民养老保险工作的意见；会议讨论关于广州市汇美房地产发展有限公司与市政府诉讼案件协调有关情况，原则同意市法制办提出的处理意见。

7月24日，第十三届37次市人民政府常务会议，会议分析全市上半年经济运行形势，研究部署下阶段工作；会议原则同意《增城市创建广东省旅游强市（县）工作方案》、《增城市城市污水处理收费改革方案》、《增城市自来水价格调整方案》、《增城新和自来水价格调整方案》；会议听取市妇联关于将市儿童活动中心更名为妇女儿童活动中心及引入社会资金改造中心大楼的情况汇报。会议肯定市妇联借助社会力量，引入社会资金改造中心大楼的工作思路；讨论两宗国有建设用地使用权捆绑公开出让建设大型综合商业中心、市民综合文化演艺中心和商住小区的问题，会议要求市国土房管局做好上述两个地块的公开出让工作，确保项目招商和建设。

8月18日，第十三届38次市人民政府常务会议，原则同意广州市达益高科技有限公司软件外包科技园项目落户新塘镇；会议原则同意增城工业园区管委会继续引进新奥燃气控股有限公司进行管道燃气基础设施建设；原则同意广州驭风铝铸件综合项目、广州易福诺木业扩建项目、广州市通图电梯项目、永华门业不锈钢门项目、广州华冠汽车精冲零部件项目、广州市能兴电气特超高压复合绝缘子项目落户本市；原则同意《增城市2010年亚运会城市行动暨赛事运行工作方案》、《增城市征收集体土地补偿管理办法（草案)》、《增城市集体土地房屋拆迁补偿安置办法（草案)》、《增城市提高社区两委干部补贴实施方案》；原则同意成立荔城富鹏地区整治建设管理办公室，会议要求市府办完善《关于成立荔城富鹏地区整治建设管理办公室的意见》；原则同意由投资单位投资增城客运站，并由市交通局依法依规组织实施。

9月3日，第十三届39次市人民政府常务会议，原则同意《关于本级财政专项资金试行竞争性分配的实施意见》、《增城市科技创新扶持资金竞争性安排办法》、《增城市水利建设实施竞争性扶持暂行办法》、《增城市农村劳动力培训和转移就业补助资金竞争性分配改革试点工作实施方案》、《增城市农家乐竞争性扶持资金评审办法》；原则同意《关于提高教师待遇落实"两相当"工作的实施意见》、《中共增城市委、增城市人民政府关于提高教师队伍素质和教育教学质量的实施意见》、《增城市教育“创强”表彰方案》；讨论安排“创强”后续资金用于建设增城一中等4所学校有关问题，原则同意市教育局创强后续工程资金安排方案和新增融资安排；讨论荔三公路收费权权益回收价格、相关协议及授权市路桥收费管理所签订收回荔三公路收费权益有关协议问题，会议原则同意市交通局与荔三公司达成的一揽子收购协议和回收价格。

9月29日，第十三届40次市人民政府常务会议，会议听取《关于加强土地整合储备、加快项目招商出让有关问题的通知》、《关于全面加强具备开工建设、销售许可条件的重点房地产项目管理有关问题的通知》、《关于加快建设用地报批依法保障我市重点项目用地的通知》和《关于加快推进政府投资项目建设的通知》等四项工作落实情况汇报；听取市治水办关于市开展污水治理和河涌综合整治工作情况的汇报；会议原则同意《关于2010年亚运会龙舟赛场和博物馆等项目用地的置换和出让方案》、《中新镇团结村74.336亩土地整合出让方案》、《派潭镇高滩村33.394亩土地公开出让方案》和《派潭镇高滩村1.885亩土地公开出让方案》。

10月23日，第十三届41次市人民政府常务会议，同意中金数据系统华南数据中心项目、商务酒店项目、易仕科技有限公司、广州市三泰实业有限公司、广州市穗兴家具发展有限公司落户本市；原则同意《增城市高压电网规划》；会议听取了市国土房管局关于本市违法用地查处整改情况汇报；讨论通过新塘镇城市建设投资有限公司融资土地整合储备经营有关问题；原则同意市城乡规划局按竞赛规程推荐的5家单位作为广州增城国际旅游度假城概念规划国际竞赛参赛单位；原则同意《增城市清理增江河荔城至小楼段渔民住家船专项工作实施方案》、《增城运输公司产权转让方案》；会议同意将糖尿病等15种慢性病纳入公费医疗报销范围。

11月10日，第十三届42次市人民政府常务会议，会议听取市法制办关于开展清理规范性文件工作的情况汇报。会议要求，市法制办要根据会议提出的修改意见对清理的规范性文件进行审核把关，明确规范性文件的废止理由和废止后相关的后续管理规定。同时，开展行政审批事项的清理工作，实现行政审批事项削减50%的目标；原则同意《关于增城市2009年1月至9月国民经济和社会发展计划执行情况及计划调整的报告》、《增城市2009年1月至9月财政综合预算执行情况和年度综合预算调整的报告》、《增城市2008年财政决算报告》、《关于加快推进“三旧”改造工作的补充意见》；同意《新塘镇744.478亩土地公开出让方案》、《石滩镇新城区10亩土地公开出让方案》、《派潭镇高滩村38.208亩土地公开出让方案》、《2010年广州亚运会龙舟赛场划拨方案》和《市科技文化博物馆用地划拨方案》；同意将新塘镇新甘湾土地开发经营收益返还新塘镇用于支付土地整合成本和融资还本付息及基础设施建设；同意市国土房管局提出的关于和黄项目用地的处理意见；原则同意将省道S256线增派公路、省道S256线荔三公路大修工程项目及国道324线广汕公路荔城至中新段改造工程项目以投融资、建设、移交的方式（即BT模式）委托广州景业投资有限公司进行融资筹集，授予广州景业投资有限公司对3个项目建设的特许权；同意市卫生局制定的2010年度新型农村合作医疗筹资及报销标准。

11月27日，第十三届43次市人民政府常务会议，原则同意《增城市突发事件信息报告及应急响应制度》等7项应急管理制度；原则同意《增城市政府与广州市银业集团关于建设“莲塘春色”城乡统筹项目框架协议》；会议听取朱村街关于南方健康产业园项目进展情况汇报；通报《2008年度本级预算执行和其他财政收支审计报告》整改情况；听取市文化广电新闻出版局关于增加增城新图书馆工程项目建设经费及解决增城新图书馆对外开放首期设备经费有关问题的情况汇报；会议听取市工商局关于制定《增城市集中清理整治重大安全隐患破坏生态环境违法市场经营场所的工作方案》，强调各级各部门重视本次清理整治行动。同意广州市世达实业有限公司搬迁扩建、广州市福鑫汽车用品有限公司、广州市科旺实业有限公司、广州市金志电气科技有限公司搬迁扩建和增城市新塘镇金穗辉纸箱包装厂等5个项目落户本市。

12月24日，第十三届44次市人民政府常务会议，原则同意《关于完善增城市漂染企业入园有关工作及加快新塘镇二级水源保护区关停搬迁入园漂染企业单体环评审批的工作方案》、《关于开展全市重污染行业环境综合整治工作方案》、《关于开展石滩镇田桥工业园区环境综合整治工作方案》、《增城市开展禁止向江河湖泊直接排放污水综合执法工作方案》；听取市检察院、市法院关于两院用房建设问题的工作汇报。

【重要会议及决定】 1月6日，召开2008年流动人员和出租屋管理工作会议，总结2008年度工作，部署2009年工作，表彰先进工作者和文明出租屋主。

2月26日，召开综合治理“人屋车场”动员大会，提出一年时间抓好流动人口、出租屋、机动车和重点场所的综合治理工作，提高群众安全感，确保经济社会快速健康发展。

2月27日，召开全市危险化学品和烟花爆竹安全生产工作会议。总结2008年本市危险化学品和烟花爆竹行业的工作情况，部署2009年安全监管工作，推行危险化学品生产、经营、储存企业安全生产工作月报告制度、安全主任例会制度。

3月6日，召开水利与三防工作会议，总结2008年市水利工作情况，部署2009年水利与三防工作任务。求各镇街和有关部门按照防灾减灾安全化、水利建设工程景观化、农田改造标准化要求，做好水利工作。

3月6日，召开人口和计划生育工作会议，总结2008年工作，分析存在的困难和问题，部署2009年工作，对先进单位进行表彰。要求全市各级党委、政府把握人口形势，认识做好人口与计划生育工作的重要性，坚持计划生育的基本国策，把人口和计生工作摆上重要位置，提高人口计生整体水平，创造良好的人口环境。

3月9日，召开2009年全市消防工作会议。总结2008年的消防工作，部署2009年的消防工作。

3月27日，召开打击走私工作会议，总结2008年全市打击走私综合治理工作，部署2009年工作。

4月7日，召开全市机关服务年活动动员大会。开展以“勤政、务实、清廉、热诚、高效”为主题的机关服务年活动

4月17日，召开电力工作会议。要求各级政府和电力部门要强化合力意识，加强沟通，加强电网的规划建设，解决电力设施建设遇到的问题。

4月29日，召开经济工作会议。研究分析当前经济形势，分解落实全年目标任务，强化措施和责任，动员全市上下集中精力抓经济，全力以赴保增长。

6月14日，召开创建全国文明城市工作会议，对创建工作中存在的薄弱环节，特别是城市公共文明指数测评涉及的突出问题进行研究，要求统一思想，形成共识，突出重点，突出创建过程，实施严格问责，实现达标，建立长效工作机制，坚持创建工作常态化。

9月8日，召开安全生产工作会议，分析1至8月份安全生产形势，部署创建全国文明城市安全生产工作。要求按照“谁主管、谁负责”的原则，落实领导责任。

9月11日，召开农村劳动力资源普查工作会议，部署2009年全市农村劳动力资源普查工作。

9月25日，召开森林防火工作会议。部署森林防火工作，落实森林防火责任制。

11月4日，召开城镇污水处理厂建设工作会议，要求新塘、石滩、中新、派潭等镇街及相关职能部门认清形势，迎难而上，推进治水工作，确保2010年6月底前完成广州市下达的治水任务，实现全市水环境质量有根本性好转。

【重要工作文件、制度和措施】

3月24日，印发《关于进一步加强处理劳资纠纷工作的通知》，加强责任管理，完善工作机制，提高劳资纠纷工作预防和处理能力，建立和谐的劳资关系，维护社会稳定。

3月25日，印发《增城市污水治理与河涌综合整治实施方案》，坚持建管并重、综合治理、标本兼治、城乡统筹、全民治污，力争在2010年实现城镇生活污水处理率达到85%的目标，农村生活污水处理率逐步提高。印发《增城市农村生活污水治理工程建设工作方案》，逐步改善村庄生产生活条件，解决村庄生活污水直接排放造成水环境污染的问题。

3月30日，印发《增城市三防应急预案》，提高三防应急能力。

4月20日，市政府印发《关于进一步做好城乡统筹就业工作的通知》，率先建立和完善城乡平等就业制度，建立和完善覆盖城乡的公共就业服务体系，促进就业的长效机制，做好城乡统筹就业工作。

4月22日，印发《增城市地质灾害防治工作方案》，明确责任制，掌握地质灾害的演变过程，捕捉地质灾害信息，为分析、评价、预测、预报及治理提供资料和科学依据，做好地质灾害防治工作。

4月24日，印发《增城市清理拆除粘土砖瓦陶生产厂实施方案》，保护土地资源和生态环境，淘汰落后生产产能，节约能源。

4月28日，市政府印发《增城市政府部门强化优质服务促进健康增长的工作措施》，减负减压，帮扶企业渡难关，落实政策扶持，优化政府服务，提高工作效能，营造企业发展的良好环境，促进全市经济社会平稳较快发展。市政府印发《关于推动存量土地高效利用和实施“三旧”改造工作实施意见》，先行先试，盘活本市的空闲土地资源和推进“三旧”（旧城镇、旧厂房、旧村庄）改造工作，实现土地资源的节约集约利用。

5月26日，市府办印发《关于2009年增城市推进政务公开工作的意见》，加强政府门户网站和政务公开制度建设，加快网上审批，提高政府行政效能和公共服务能力。

6月1日，市政府批转《增城市政府投资重点建设项目报批绿色通道试行规定》。

6月11日，市政府印发《增城市经济适用住房制度实施办法（试行）》和《增城市城镇廉租住房保障制度实施办法（试行）》，改进和规范本市经济适用住房管理，保障城镇低收入住房困难家庭的基本住房需要。

6月18日，市政府印发《增城市加强涉企投资审批服务实施办法（暂行）》，改善政务环境，服务投资企业，提高办事效率，大力落实《增城市政府部门强化优质服务促进健康增长的工作措施》的要求。

6月29日，印发《增城市机关事业单位住房货币分配实施方案》，深化住房制度改革，加快建立与社会主义市场经济体制相适应的新的城镇住房制度。

7月25日，市府办印发《增城市开展新塘镇重污染行业整治行动实施方案》，加强本市水污染综合整治工作，加大工业污染治理力度，改善环境质量，保障人民群众身体健康，促进本市经济社会全面协调可持续发展。

9月30日，印发《关于加快推进污水治理与河涌综合整治工作的通知》，推进治水工作进度，确保2010年6月底前完成广州市下达的治水任务，实现全市水环境质量有根本性好转。

10月16日，印发《增城市清理增江河荔城至小楼段渔民住家船专项工作实施方案》，清理增江河住家船，保护增江河良好水体质量，营造良好的城乡环境。

10月26日，印发《增城市本级财政专项资金试行竞争性分配的实施意见》，将部分财政专项资金分配管理环节引入竞争机制，提高财政资金的使用效益，调动各镇街、各职能部门参与城乡建设的积极性。

11月11日，市府办印发《关于跟进落实张广宁市长在增城调研时所决定事项的工作方案》，贯彻落实9月17日张广宁市长在本市调研时的讲话精神。

12月20日，市政府印发《关于禁止在城区及主干道路抛撒冥钱沿路燃放爆竹等行为的通告》，树立文明新风，美化城乡环境。

12月30日，印发《关于开展全市重污染行业环境综合整治工作方

案》，开展区域环境综合整治，改善环境质量，保障群众身体健康。

【重大活动】 1月7日，在荔城中学举行2009年全国第三届“和谐小天使”评选活动增城赛区选拔赛。

3月1日，在新塘举行增城市2009年“家电下乡”活动启动仪式。

3月5日，在增城公园举行“迎亚运、讲文明、树新风、促和谐”——“我做东道主”主题行动启动仪式。

4月16日，在增城广场举行2009增城首届中韩书画交流展活动。

7月8日，在增城小楼何仙姑家庙广场举行2009广州增城何仙姑文化旅游节暨深圳大芬村百名画家走进增城小楼大公园活动。

8月28日，在增城广场举行2009第四届“阳光少年·唱响和谐中国”粤港澳青少年交流电视音乐会。

11月15日，在增城广场举行2009中国（增城）广场音乐文化节。

11月15日，在增城广场展厅举行2009中国观赏石精品展。

11月25日，在增城电视台演播厅进行“唱响广东，唱红中国”2009旅游金曲精英大赛广州（增城）赛区决赛。

12月11日，在增城广场展览厅举行“广佛同城化、翰墨相辉映——广州佛山书法联展”。

12月25日，在小楼人家生态旅游区举行2009增城菜心美食嘉年华活动。

12月26日，在白水寨景区举行2009增城登山旅游节活动。

12月29日，在派潭广场举行“白水仙瀑，番薯飘香”——2009白水寨番薯美食文化节。

12月31日，在增城广场永久舞台举行2010中国广州（增城）新年音乐会。

【办理人大议案建议及政协提案】2009年，共收到各级人大代表建议、意见74件，政协提案100件。按照“归口办理”的原则，分别交给承办单位办理，均已全部办理，办复率100%。

【信访与市长专线电话】 2009年，共受理信访案件1811件次，与去年同比（下同）下降8.9%，其中受理来信421件，同比上升19.9%；受理来访878批3148人次，同比分别下降38.9%和21%。全年统计，到省集访1批5人次，同比分别下降85.7%和94.8%；到广州市集访3批32人次，同比分别下降66.6%和78.8%；到本市集访54批1255人次，同比分别上升22.7%和13.4%。此外，市长专线受理群众来电来邮投诉512件，同比上升23.9%。妥善处理和解决一批群众反映强烈的热点、难点问题，信访秩序有效好转。

（熊龙敬）

增城市人民政府秘书长、办公室主任　　尹博望

【市审批服务中心】 2009年，审批中心全年共登记受理业务43922宗，按时办结43912宗，按时办结率达99%。

加强学习，提高服务质量　一是加强理论学习。组织全体工作人员学习“科学发展观”、“机关服务年活动”、“市委十一届八次全会”等文件精神。二是强化业务学习。采取集中学习、个人自学、相互交流及回单位学习等形式，提升业务水平。三是增强纪律教育。结合纪律教育月活动，2次组织工作人员观看《广东省机关作风建设暗访专题片》，以案例为反面教材，警醒自己，增强廉洁从政、依法行政的自觉性。同时，中心还向各个窗口发放“广州市公务员礼仪手册”，要求工作人员对照手册内容，从仪表、语言、态度等方面规范服务形象，提高服务质量。如质监局窗口工作人员着装整齐，服务规范，并一直坚持“五心”服务法，即接待群众热心、问事解答耐心、审查资料细心、接受批评虚心、对待用户诚心，体现以人为本的服务理念；《食品安全法》实施后，卫生局窗口做到不推诿，耐心向办事群众解释说明新法律，指导群众到相关部门办理食品生产、流通等各环节的证可证。

做好“四服务”工作　（一）重点做好涉企审批服务工作。今年，市政府印发《增城市加强涉企投资审批服务实施办法（暂行）》（增府〔2009〕18号），赋予审批服务中心统筹管理全市涉企投资审批服务工作，要求审批中心对进驻中心的14个职能部门窗口进行管理，并对没进驻中心的16个职能部门也进行统筹和管理。对未入驻中心设置窗口的16个涉企服务部门窗口设置及政务公开工作进行调研，根据各单位具体情况提出相应的指导性意见。如对已经比较标准规范的交通局、食品药监局、地税局、国税局等单位要求提高窗口服务水平；对粮食局、财政局、农业局、供电局、自来水公司、统计局等未设立窗口的，要求其把业务集中于一个科室统一受理，并在单位显眼地方设置办事指引及指南；另外，新塘镇、新塘工业园区、增江街按照叶市长对镇街涉企服务相关工作要求，做好镇街招商引资情况报送工作，使中心能够及时汇总报送给市政府相关工作进度。根据市政府的要求，中心对新塘工业园区西力机械、雄兵电器、卓建物流、华创化工4个重点项目进行跟踪协调服务。在项目土地招拍挂期间，市规划局修建性详细规划、市发改局立项、市环保局环境影响评价等审批提前介入预审的可操性，为科学设置审批流程提供实践基础。对企业投诉，中心做到有记录、有跟踪、有协调、有回复，急企业所急，解企业所困。如8月份，中新镇川南减震有限公司向中心投诉，称其在办理竣工验收备案过程中，建设局和公安防火监督大队两个部门之间出现推诿、扯皮的现象。中心及时与两个部门业务负责人进行有效的协调沟通，很快为企业解决问题。（二）优化窗口服务，惠及群众。如质监局窗口从方便群众出发，增加特种设备相关业务和窗口工作人员；国土房管局窗口设立便民利民咨询窗口，为广大群众解决有关办证问题，并实行“一次性告知”制度，以减少群众因提供资料不全需要重新等候受理和多次往返的麻烦；环保局窗口建立《窗口工作制度》和《窗口服务公约》，不断规范服务行为，年底还对窗口业务进行细化梳理，明确服务范围和标准。

创新形式，深化政务公开　（一）梳理项目，深化政务公开内容。一是中心抽调专人协助法制办开展清

理现有行政审批事项工作，为下一步理清审批事项，优化规范审批流程提供基础性保障。二是对进入中心办理的业务在服务项目等八个方面重新梳理，对上墙、上网等公示资料及时更新。如经贸局、发改局、防火监督大队等窗口建立窗口政务公开制度，及时报送业务更新资料。三是按照《印发增城市加强涉企投资审批服务实施办法（暂行）的通知》（增府〔2009〕18号）要求，对全市30个涉企服务部门及联系电话、148项受理事项名称、市投资落户项目投产或运营前基本报批程序、市涉企投资审批服务关键部门和事项等做成公示牌，在一楼办事大厅公示。（二）创新政务公开形式。中心在原有的“一网”、“二有”、“五上墙”的基础上，在一楼大堂放置了触摸屏、叫号机等，为群众提供公开、透明、方便的办事环境。同时，中心着手对现有的管理系统进行优化升级，在现有业务系统、触摸屏查询系统、OA管理系统的基础上，增加短信系统和网站系统，实现事项办结短信通知、窗口受理事项办事指南、办件查询、涉企审批服务部门及办理事项指南、市投资落户项目投产或运营前基本报批程序、市涉企投资审批服务关键部门和事项等相关政务信息及时在网站公开的功能。（汤伟艺）

增城市审批服务中心主任 李王基

【保密工作】 切实抓好党政机关、重要涉密单位的保密管理。（1）加强计算机信息系统保密管理。贯彻省保密局《关于开展对县（市、区）涉密计算机违规上网实时监管工作的通知》精神，通过培训、检查、技术支持等手段指导各单位完善《涉密计算机及及存储介质保密管理制度》、《办公自动化设备保密管理制度》、《信息发布保密审查制度》等保密制度，建立健全保密工作定期检查机制，提高保密防范能力。（2）开展定密核查统计工作。对2009年度本市产生国家秘密事项和收到外单位国家秘密情况进行自查和统计工作。各单位对存有的各类秘密事项进行梳理，对到期解密的全部解密；对今年产生的国家秘密事项严格按照本部门国家秘密范围项目对号入座重新审核。然后根据历年结存解密的情况和今年产生的情况进行统计，方便今后的管理。（3）开展保密承诺书签订工作。市保密局会同市委组织部、人事局、劳动和社会保障局于2009年6月在全市开展涉密人员签订保密承诺书工作。根据涉密的密级和涉密的数量，分为核心涉密人员、重要涉密人员和一般涉密人员三种。2009年，全市的核心涉密人员和重要涉密人员都已签订承诺书，一般涉密人员绝大部分也已签订。通过签订保密承诺书，使全市涉密人员增强保密意识和保密责任感。（4）加强对高考保密管理。为做好2009年普通高校招生考试试卷保密工作，5月份，制定了《增城市2009年普通高考招生考试保密工作方案》。6月派员协助市招考办做好领取高考试卷的保密工作，组织高考试卷各类保密工作人员进行保密教育，并与市招考办签订保密责任书。

开展党政机关保密检查 按照广州市委保密委《广州市关于开展党政机关保密检查的通知》确保检查不漏一人、一机、一盘、一网的要求，本市重点加强计算机及移动存储介质使用情况的检查。据统计，至7月底共检查涉密计算机23台，涉及工作秘密笔记本电脑1台，涉密移动介质11个，受检率100%；检查非密计算机803台，非密笔记本电脑68台，受检率达96%；检查非密移动存储介质253个，受检率达到98.5%；检查政务外网1个。对检查中发现没安装防病毒软件并升级到最新病毒库的、在没有防护措施的计算机上处理工作业务的、工作计算机上使用私人购买U盘等行为进行了当场整改，杜绝了安全隐患发生。（曾伯炉）

增城市保密局局长 郭伟光

【档案工作】 2009年增城市被确定为“全国社会主义新农村建设档案工作示范县（市）”，成为国家档案局李和平副局长的联系点，在国家、省、广州市档案局指导下，率先在广东省开展社会主义新农村建设档案示范工作。一是在新塘镇、荔城街、小楼镇挑选大敦、西南、夏街、西境4条行政村，建立示范点，以点带面推动整体创建。二是组织全市镇（街）、行政村及各涉农部门广泛收集社会主义新农村建设活动中形成的各类特色档案，建立健全社会主义新农村档案工作机制。特别是加强对新农村建设中特色档案的收集，形成特色农业档案体系，更好地服务“三农”。同时加强社保、医保、卫生等类档案的整理。三是配合市有关部门，利用市档案信息资源网和覆盖全市的农村现代远程教育网，通过电视网络、互联网，将档案公共服务、已公开信息输送到广大农村提供档案资源利用公共服务条件。

主要工作 （1）应广大市民要求，再版珍贵照片集《岁月如歌兰台吐馨》。（2）赴京收集从乾隆到光绪年间的有关增城市县府馆员的人用、慈善机构的组建、办学捐资的史录、非法私制军火、非法铸造铜钱等珍贵历史档案12件。组织中国第一历史档案馆关于清代皇宫增城御批仿真档案的赠接仪式，保护和抢救珍贵历史档案。（3）与市委组织部、宣传部、广州市国家档案馆等联合举办《增城印象》大型历史照片展，从人文、科教文化、城市景观等侧面，反映增城建国60周年及改革开放30周年的变化。（4）档案的编研开发。组织人力，搜集资料，出版《人文广州》系列之《人文增城》。全书共15万多字，历时6个月。（5）结合机关、镇（街）达标升级工作和创建全国社会主义新农村建设档案示范市工作，举办两期档案系统计算机软件短期培训班，共200人获岗位培训证书。

档案馆数字化建设 实现资源整合、共享，优化信息资源服务。一是提供“一站式”便民查阅档案服务，为利用者查阅原件、复印件、信息载体等方面提供方便。二是通过互联网实现现行文件的全文检索，通过计算机实现100%机检目录及重要全宗的全文检索。三是畅通接收渠道，查阅率不断提高，共接收档案1027卷，扫描重点全宗档案146万多页，完善档案馆数据目录库，新增14万余条电子目录数据，建立起音像档案数据库，本馆公共网站点击达896次，进馆查阅达330人，调阅与利用档案1350卷，同时接收市委、市政府移交进馆的实物档案62件。

档案新馆建设列入2009年市政府为民办十件实事之一，规划13800平方米，规划档案馆30年不落后，100年不搬迁的要求。2009年有11个机关、企事业单位的档案综合管理实现了达标升级。

（办公室）

增城市档案局局长 刘少敏

【地方志工作】 编纂市志 2009年，完成增城市志总纂任务，全志约100万字共34卷，并收集选辑近500张公共图片和内文插图。年内启动志书审查验收工作。根据《广东省地方志书审查验收办法》和《广州市地方志审查委员会工作规则》，关于“地方志书由本级人民政府组织初审”的规定。10月，市政府成立由分管市志工作的副市长牵头，市有关部门主要领导参加的《增城市志》初审工作领导小组。12月，召开《增城市志》初审小组成员会议。会议内容：贯彻落实上级关于志书实行“三级审查”的指示精神，学习志书审查验收有关法律依据和实施初审工作规划要求，明确初审的目的意义，实行分工负责制，把好初审质量关，启动志书初审程序。同时，志稿上网，征求社会各界的意见。年底已陆续收到审查小组成员和网民意见一批。初审期间，责任编辑对照中国地方志指导小组印发《地方志书质量规定》要求，对各自负责的志稿进行审查和交流审查，然后把发现的问题集中起来，统一修改。

编辑年鉴 编辑出版2010年度增城年鉴，这是继1997年创刊以来的第十四期年鉴。本期年鉴作为一个地方重要的年度地情书，系统记载2009年全市政治、经济、文化方面的建设和社会发展的历史，保持年鉴出版的连续性。年鉴封面是中共中央政治局常委李长春、政治局委员汪洋及增城市委书记朱泽君的照片，体现增城受到党中央领导同志的关怀和支持，让人耳目一新，感到亲切而自豪。除政治、经济、社会3大部类记述部门资料外，在卷首特辑和卷末附录，收录市领导重要讲话、市委市政府科学决策、深入贯彻落实科学发展观、创建全国科学发展示范市、实现全区域公园化战略，以及人民群众密切相关的政策内容和经济社会发展成果，具有时代特色和地方特色。全书图文并茂、框架结构合理、内容丰富。但离年鉴成为“领导决策的参考书、学者研究的资料书、能人创业的指导书、百姓办事的工具书”有一段距离，其时效性也有待提高。

其他工作 （1）开展历史文化探源和理论研究。2009年，市志办和客家文化研究会在增城日报挂绿副刊，开辟“增城文化探源”专栏，对增城历史与现当代文化名人进行研究。专栏刊出崔与之诗词注释4篇、湛若水诗词评析2篇、黄轶球诗词注释1篇、李旭初抗日山歌选注专辑整版。9月下旬，市志办、客家文化研究会联合市文化局开展纪念抗日战争胜利64周年暨李旭初抗日山歌研究会。应邀参加的有省客联、省文化艺术机构及暨南大学、深圳大学的专家学者50多人。（2）指导编写村志和部门志。2009年，小楼镇竹坑村、新塘镇塘美村和市供销社启动修志工作。市志编辑室同志深入指导，修志单位召开撰稿人员座谈会，编辑室同志提供修志业务手册，讲授修志基础知识，帮助他们提高写作水平。并与他们共同研究篇目设计。年底，2部村志和市供销志已收集好资料进入编写阶段。

人民政协增城市委员会

【市政协八届四次会议】 市政协八届四次会议于3月8日至11日在荔城召开。会议审议通过政协增城市第八届委员会常务委员会工作报告和关于八届三次会议以来提案工作情况报告；表彰2008年度优秀委员、提案、调研文章；增选江文权、张大林、张省、林卓艳（女）、陈国权、赵潮锡、郭碧新等8名常务委员。委员们还列席市第十三届第人民代表大会第三次会议，听取和讨论市人民政府工作报告及有关报告。

【市政协常委会议】 2009年，市政协共召开5次常委会议。

2月26日，市政协八届十二次常委会议。会议审议通过政协增城市第八届委员会第四次会议有关材料；审议同意张敏辞去政协委员及常委职务、陈创新辞去政协委员的申请；审议通过《关于进一步做好政协委员参加政协会议组织工作的意见》；审议通过《关于表彰增城市政协2008年度优秀委员、提案、调研文章的决定》。

3月11日，市政协八届十三次常委会议。会议审议通过增选政协第八届委员会常务委员部分组成人员候选人建议名单，同意候选人为江文权、张大林、张省、林卓艳（女）、陈国权、赵潮锡、郭碧新；审议通过政协第八届委员会第四次会议选举办法；审议通过政协第八届委员会第四次会议选举大会总监票人、监票人建议名单；审议政协增城市第八届第四次会议提案审查情况的报告；审议政协增城市第八届委员会第四次会议决议。

6月18日，市政协八届十四次常委会议。就“统筹城乡就业”进行专题议政，联络委主任顾桂培作专题调研报告，提出一些对策和建议：加强组织领导，强化工作支撑；加强统筹，搞好就业服务；整合资源，改进就业培训；鼓励和扶助自主创业，拓宽就业渠道；拓宽渠道，创造就业岗位；切实加强大中专毕业生的就业指导工作。会议还审议通过任命钟流镜同志为市政协第八届委员会文史学习法制委员会副主任等有关事项。

9月17日，市政协八届十五次常委会议。围绕“以中心镇医院建设为契机，推动山区镇卫生院建设”进行专题议政，教科文委主任罗冠良作专题调研报告。报告具体分析现阶段本市山区镇卫生院的发展状况、存在的主要问题及原因，并就如何加快山区镇卫生院建设提出五点建议：一是明确镇卫生院的功能定位；二是加大对山区镇卫生工作的政策扶持及财政投入；三是推进山区卫生院的标准化建设；四是深化山区医疗卫生体制改革，激活运行机制；五是完善城市医院对山区镇卫生院帮扶交流机制。

12月29日，市政协八届十六次常委会议。会议期间，与会人员视察增城客运站、广汕公路改造工程、中新中心镇医院和新塘汽车客运站等部分市政府为民办实事项目的建设情况，并听取市长叶牛平通报2009年政府工作情况。会议还审议通过谢运洪辞去政协增城市第八届委员会委员资格的请求，审议同意增补罗淑瑜、杨镜明、陈煜韶、陈志威、李贵勇、曾灼平、刘满潮、谢志斌等8位同志为政协增城市第八届委员会委员。会上，王运才还为捐画义卖、热心教育事业的政协委员张省颁发了证书。

【开展协商议政】 一是政治协商。贯彻落实《中共广州市委政治协商规程（试行）》（以下简称《规程》），组织领导班子开展专题学习讨论，提出贯彻落实《规程》的具体意见。召开市四套班子领导与各界委员代表协商座谈会，组织部分政协常委参加市委召开的专题协商会，为市委、市政府制定《关于创建全国科学发展示范市的决定》建言献策。组织常委视察市政府为民办十件实事部分项目，召开专题通报会，邀请市长叶牛平同志通报市2009年经济社会发展情况和提案办理情况。二是调查研究。一年来，围绕"加强统筹城乡就业"、"以中心镇医院建设为契机，推动山区镇医院建设"、"发挥供销社作用，推进'三农'工作"、"加快文化体制改革，推动文化事业发展"等8个课题开展调研，撰写专题调研报告。4月份，市政协与市林业局成立联合考察组，赴梅州市平远县调研、考察油茶产业发展情况，撰写专题考察报告，引起市委、市政府重视，市长叶牛平专门作批示，责成有关政府部门就油茶产业发展进行规划与落实工作措施，推进本市油茶产业的开发工作。三是召开专题会议。召开常委会议，分别就"统筹城乡就业"、"以中心镇医院建设为契机，推动山区镇卫生院建设"进行专题议政。就如何加强统筹城乡就业，提出"加强组织领导，强化工作支撑"、"加强统筹，搞好就业服务"、"整合资源，改进就业培训"、"鼓励和扶助自主创业，进一步拓宽就业渠道"、"拓宽渠道，进一步创造就业岗位"、"切实加强大中专毕业生的就业指导工作"等六点建议；就如何加快山区镇卫生院建设，提出"进一步明确镇卫生院的功能定位"、"加大对山区镇卫生工作的政策扶持及财政投入"、"大力推进山区卫生院的标准化建设"、"深化山区医疗卫生体制改革，激活运行机制"、"完善城市医院对山区镇卫生院帮扶交流机制"等五点建议。8月份，召开经济分析交流会，市委书记、市人大常委会主任朱泽君亲自到会并作重要讲话，市经济界和有关职能部门的政协委员参加会议。

【关注民生民意】 一是为改善民生建言。市政协八届四次会议以来共立案提案104件，其中确立提案《建议继续加强我市水污染的整治》为重点提案。8月份，市政协主要领导率队实地视察棠厦垃圾填埋场和荔城截污干管建设工地，对如何加强水污染整治提出建议。年底，八届四次会议以来立案的提案全部办复，提案者对办复意见的满意率和基本满意率达100%。二是为改善民生献计。以委员小组为单位，分别围绕"加强基层居委会建设"、"新农村规划建设推进情况"、"工业园科技项目引进与发展情况"、"公共卫生体系建设情况"、"民办高校发展情况"、"亚运场馆建设情况"、"公共文化设施建设情况"、"畲族村百年历史及今后发展"、"我市房地产发展与管理状况"、"山区镇经济发展情况"、"加强公安工作，搞好社会治安"等内容，开展专题视察。形成视察报告、会议发言材料18篇。12月，市政协委员与市人大常委会领导一起到市国税局视察，听取市国税征收工作情况汇报，共商税收征管对策，开拓政协视察新模式。三是为改善民生呼吁。通过视察、调研、座谈、走访、接待来信来访等途径，及时关注社会各界的意见呼声，广泛收集社情民意信息，并以《政协简报》、专题报告、发言材料、提案等形式向市委、市政府和有关部门报送。

【联谊活动及慈善事业】（1）团结合作。开展走访各民主党派、市工商联活动，及时将他们的建议向市委反映。邀请各民主党派、工商联负责人参加政协组织的重要视察、调研和会议。认真办理各民主党派、人民团体的提案。（2）友好交往。组织政协领导和专委会干部赴港参加广州地区政协香港委员联谊会以及旅港增邑社团举办的各种联谊活动，并邀请他们回增城参加一些重要节庆活动。组织机关干部前往南宁市、昆山市政协学习交流，接待二十多批外地县、市（区）政协的来访。（3）多办实事好事。政协委员赖宁昌在2009年共捐款430万元，4月，由港澳委员刘庆棋捐资50万元兴建的派潭镇七境小学教学楼投入使用。政协委员张智峰2008年为甘肃一少数民族学校捐赠价值15万元的电脑40台，还资助93名来自甘肃省、四川省受灾地区及本省部分贫困地区的学生在华立高级技工学校免费就读。9月，由政协委员捐资兴建的正果中学教学楼落成。市政协委员伍鸿先生所办企业广州鸿道信息技术有限公司联合上海（复旦）协达软件有限公司向本市中小企业赠送总价值200多万元的办公软件200多套。

【政协自身建设】 一是开展专题学习和实践活动。组织机关党员、干部职工学习了中共十七届四中全会精神和胡锦涛总书记在庆祝人民政协成立60周年大会上的重要讲话精神。以庆祝人民政协成立60周年为契机，加强政协工作宣传。《中国政协》刊发介绍本市推进主体功能区建设及政协履职情况的报道，《中国政协理论与实践汇编》刊登市政协机关干部、政协委员撰写的《浅谈发挥统一战线在社会主义和谐社会建设中的作用》等理论文章，《增城日报》刊发政协工作专版。开展机关服务年活动和"三联六帮"城乡共建行动，为挂钩村办几件实事好事。二是加强自身建设。政协党组自觉接受市委的领导，坚持重大问题及时向市委请示汇报；坚持按照市委的要求和政协特点确定工作思路和工作重点；主席会议坚持民主集中制原则，集体领导，分工合作。加强委员队伍建设，接受5名委员因年龄原因或工作变动辞去政协委员的请求，增补12位各界优秀人士为市政协八届委员。三是重视机关文化建设。举办庆祝新中国成立60周年和人民政协成立60周年书画摄影展，举办庆祝新中国成立60周年和人民政协成立60周年茶话会。加强政协网站维护管理，增设《增城文史》栏目。编辑出版《增城文史》(第五辑)。

(刘若娆)

人民政协增城市委员会办公室副主任 张泳红

中共增城市纪律检查委员会

【重点建设项目监管】 市纪委为推动 “保增长、保民生、保稳定”重大决策部署的贯彻落实，在反腐倡廉工作中树立“机中有危、保机去危”的意识，重点加强对全市100多个重大产业项目、基础设施建设项目和重点招商引资项目的监督检查，及时发现和纠正存在的问题，促进工程质量、资金使用、干部廉洁“三个安全”。会同有关部门加强对节约集约用地和违法用地整治、创建全国文明城市、污水治理和环境保护等方面工作情况的监督检查。纠正部分土地违法违规行为，积极推进6个城镇污水处理系统和75条村庄生活污水处理工程建设，督促清拆97家粘土砖瓦厂，督促有关部门对石滩田桥电镀城限期停产治理。会同有关部门制定《增城市政府投资重点建设项目报批绿色通道试行规定》、《增城市加强涉企投资审批服务实施办法(暂行)》等制度，将全市重点建设项目纳入绿色通道管理，解决和纠正项目申报审批、建设过程中存在的问题。

【领导干部党性修养和机关作风建设】 组织全市副局级以上领导干部集中观看机关作风建设专题片，对全市各级各部门的服务窗口工作作风情况进行明察暗访，督促整改存在的突出问题。弘扬艰苦奋斗的精神，落实厉行节约八项要求，遏制铺张浪费现象。严格控制财政出资的晚会、展览、庆典、论坛等活动。同比2008年，全市党政机关公用经费支出减少430多万元，精简会议和文件，改进会风和文风，建立逐月控制发文数量制度，以市委、市政府和市委办、市府办名义下发的文件减少25%，全市性大中型会议比2008年减少14%，会议文件通讯费用减少12%。建立健全问责制度，实施《增城市领导干部问责暂行办法》，对工作失职、监管不力等行为实施问责，促进机关作风的好转和服务质量的提高。

【查处违纪违法案件】 全市纪检监察机关共受理群众来信来访和来电举报165件（次)，立案查处违纪违法案件40件43人，给予党纪处分38人、政纪处分14人，同时给予党纪政纪处分9人，为国家和集体挽回经济损失3000多万元。通过调查核实，为16名党员干部澄清是非。查处市政府办公室原主任科员列文裕违反计划生育政策、贪污和挪用公款案，市农业局原党委书记兼局长谢锡禧受贿案，市公安局交警大队原中队长何海彪强奸妇女案等。加强查办案件监督管理，坚持在党委的统一领导下开展工作，依纪依法、安全文明办案。加强与审判、检察、公安、审计等部门的协作配合，形成惩治腐败的整体合力。加强对基层办案的指导，推动办案工作协调发展，2009年全市基层纪委共立案14件17人，各镇街完成办理1件以上案件的目标。开展治理商业贿赂专项工作，全市共查处商业贿赂案件18件。

【纠正部门和行业不正之风】 开展惠农政策落实检查，打击哄抬农资价格、制售假劣农资等行为。会同有关部门对教育收费情况进行专项检查，规范教育收费、治理教育乱收费行为。监督全市18家医院参加网上集中采购药品，查处医务人员拿回扣、收“红包”、开单提成等72人次。治理公路“三乱”。督促有关部门撤消荔三、郑田、小楼等3个公路收费站。对有关职能部门上路执法情况进行明察暗访，查处社会人员冒充交管工作人员上路查车2人，责成有关部门依法取缔非法成立的广新客运站新塘地区长途客运联谊会。加强对社保资金、住房公积金、扶贫资金、救灾资金和新型农村合作医疗基金监管情况的监督检查。创办《行风月月谈》电视节目，市政府和相关部门主要负责同志先后作客节目现场，为群众排忧解难，公开接受群众对政府部门政风行风的监督。在全市安全生产监督管理、交通、工商行政管理、国土资源房屋管理、建设等5个系统开展民主评议政风行风活动；创新评议方式，开展“千家企业万名市民评行风”活动，对全市81个党政机关、人民团体和企事业单位的行风状况进行民主评议。

【落实领导干部廉洁自律有关规定】 开展以“加强作风建设，保障科学发展”为主题的纪律教育学习月活动，组织有关领导干部参加广州市举办的党政领导干部党风廉政建设专题学习会。举办“扬正气·树新风”廉政文化书画展、优秀廉政公益广告展播、“迎国庆、讲廉政、树新风”讲座和“清廉薪火增城行”活动等。加强制度建设，着力加强对重大行政决策、财政性投资等领域的监督，规范行政执法自由裁量权。强化党内监督，对有轻微违纪问题的党员干部进行教育提醒，组织广州市管干部一年两次在线学习和填报廉洁自律情况，促进领导干部落实廉洁从政各项规定，全市领导干部主动上缴收受的礼金、有价证券等11多万元。深化党务、政务、村务和厂务公开，保障公众知情权、监督权。

【从源头防治腐败】 抓住重点领域和关键环节，会同有关部门深化从源头上防治腐败各项工作。推进惩治和预防腐败体系建设，协助市委制定《实施细则》，建立分工协调机制，督促各级各部门共同抓好工作任务的落实。加快行政审批电子监察系统建设，将全市13个单位104项行政审批事项纳入电子监察系统，提高行政审批效能。继续深化干部人事制度改革和财政管理体制改革，促进科学发展的干部考核评价机制和财政管理机制不断完善。深入开展“小金库”专项治理，严肃财经纪律，纠正部分单位财务管理不规范问题。开展工程建设领域突出问题专项治理，会同有关部门制定《增城市政府投资建设项目招标投标管理实施办法》等6项制度，查处招标投标违法行为7宗，促进招标投标市场健康发展。完善经营性土地和工业用地招标拍卖挂牌出让制度，规范协议出让行为；加强对国有产权交易活动的监督检查，督促有关部门完善信息披露等制度；督促有关部门依法规范政府采购行为，发挥市场机制配置资源的基础性作用。（李天宝）

中共增城市纪律检查委员会办公室副主任　庄志辉

地方军事

【政治工作】　一是突出抓十七大精神学习贯彻。坚持把学习贯彻党的十七大精神作为首要的政治任务和长期的战略任务。参加警备区组织的党委中心组四个专题理论学习。坚持把科学发展观作为理论学习的核心内容，树立科学发展观在单位建设中的指导地位。二是开展各类专题教育。一年来，组织开展“培育当代革命军人核心价值观”、“锤炼坚强党性、培育优良党风、模范遵守党纪”、“增强党性树形象、改进作风促发展”、“赞颂新中国成立六十周年伟大成就、大力弘扬以爱国主义为核心的民族精神”等专题教育。坚定理想信念，增强事业心责任感。三是加强党委班子建设。班子成员都能自觉做到实施决策坚持政治原则，处理问题考虑政治影响，能够按照人武部党委议事规则的要求，重大问题坚持由党委集体讨论决定，没有个人说了算，也没有议而不决的问题，党委一旦作出决定，能坚决有效地执行，四是重视干部队伍建设。对《干部、职工管理规定》进行修订完善，职责要求明确。加强拒腐防变经常性教育，开展在职培训和实践锻炼，五是重视国防教育。抓好应急防卫作战准备政治工作，开展“强素质、练打赢、当尖兵”的活动，抓好民兵心理战力量建设，开展心理战教育训练。抓紧政治动员工作，修订完善政治动员和预备役军官动员方案。同时，开展多种形式的爱国主义教育，与地方党委及有关部门协调，把国防教育作为地方各级党委中心组的必修课，纳入党校轮训、学生军训的内容。

【科学发展观教育活动】　在科学发展观第二批学习实践活动中，部党委在认真学习理论、深入调查研究、广泛听取意见、深刻对照检查的基础上，按照科学发展观要求认真分析，查找出影响和制约本部全面建设科学发展的四大方面12个节点的突出问题。8月至9月份，组织市民兵应急分队进行以棍术、盾棍术、擒敌拳和防爆队形变换为主要内容的专业训练，增强履行多样化军事任务的能力；在部队管理上，加强干部职工八小时以外的管理，防止人员失控；在设施建设上，改建民兵训练基础和民兵武器仓库安全监控系统，安装报警器，添置部分灭火器，改善民兵训练基地值勤人员宿舍环境；在涉法维权问题上，协助地方政府妥善处理越战转退军人因福利待遇上访的问题，帮助解决3处复转退军人、2名现役军人亲属涉法维权问题。

【抓国防动员和后备力量建设】一是继续修订完善各类作战方案。总结梳理地面防卫作战战法，理清思路，熟悉方案，对重要目标防卫准备情况进行全面梳理，完善兵要地志和目标情况资料，按预案逐单位、逐地域、逐地段、逐要点、逐目标组织现地勘察。研究制定处置各类突发事件预案及相关配套计划，形成横向完善配套、纵向紧密衔接的完整的作战方案计划体系。二是抓民兵组织整顿。按照“统一规划、分类建设、突出重点、归口管理”的原则，开展年度后备力量的组织整顿，通盘谋划，量化、细化应急动员方案计划，组建“尖子班”，形成“拳头”力量，实现应急动员任务与需求的对接，形成完善配套、实在管用的应急动员方案计划体系。完成广州市民兵应急维稳机动大队增城中队、民兵抢险救灾应急机动大队轻舟队5分队、民兵抢险救灾应急机动队4分队的组建任务。三是抓民兵预备役军事训练。围绕应急作战需要，重点抓防空作战、信息作战、应急维稳和军兵种勤务保障分队等军事训练。共训练民兵预备役人员885名，其中农村籍民兵575名。分两期组织民兵轻舟分队强化训练，受训人员85人，主要训练冲锋舟驾驶、水上搜救、情况处置等内容。按照《陆军训练与考核大纲》的要求，在广州军区工化装备训练基地，组织60名新任职的民兵营长和11名镇（街、企业）专武干部进行为期5天的集训，为有效做好建国60周年大庆维稳工作，组织260名应急分队人员进行警盾棍术、应急棍术、擒敌拳术训练。四认真抓应急任务保障。国庆、中秋节期间，根据地方政府的要求，结合各镇（街）的实际，共派出230名民兵协助地方维护交通秩序和治安巡逻等。五是抓好民兵营长、专武干部集训。组织60名新任职的民兵营长和11名镇（街、企业）专武干部为期5天的集训。六是征兵工作。完成退伍军人预备役和地方与军事专业对口技术人员预备役登记和统计工作。针对征兵主体对象的调整实际，加强征兵工作新情况、新问题研究，采取有效措施，推动依法征兵、廉洁征兵、精确征兵、质量征兵。2009年动员5318名青年报名应征，3318名青年参加各镇街组织的初检。其中，参加全市组织的体检青年1418名，体检合格474名，双合格人员447名，确定的兵员数为347名。

【贯彻落实从严治军方针】　一是加强经常性教育。以条令条例为依据，以作风纪律建设为核心，及时组织干部职工学习上级有关文件、规定，剖析兄弟单位发生问题的根源，分析安全工作存在的薄弱环节，同时适时组织干部职工进行安全知识和安全操作技能的学习，每季度请地方综治办或公安局的领导通报一次地方安全工作形势，做到警钟常鸣。二是开展“预防重大事故案件和政治性问题”教育整顿。开展“五个一”活动，即：组织一次法规知识学习，组织全体干部职工学习了《安全工作条例》、《预防犯罪工作条例》、《纪律条令》等制度规定和有关安全工作的文件、各级首长有关指示要求，观看警示教育片，召开一次安全分析会，组织干部职工全面、系统分析安全形势，对照有关要求查找存在问题和安全隐患；组织一次谈心活动，对所属干部职工进行一次沟通，了解干部职工的思想动态和现实需求；开展一次安全大检查，对训练基地、新老营院的武器弹药、每一间房屋、每一台电脑以及文件资料、办公秩序等进行一次全面的拉网式检查；组织一次家属意见调查，采取家访、电话征询意见的形式，了解干部职工思想情况、现实表现。三是重点抓了安全保密工作。坚持用保密作为硬杠杠进行检查衡量，切实在确保保密的基础上推动各项工作安全发展。在涉密计算机上设置多级密码和安全网络防火墙、杀毒软件、安全防护系统、操作系统补丁等防护软件和技术；严格落实文电资料的管理规定，对各类涉密文电资料、档案卷宗等实现专人管理，不定期进行检查；对办公室、个人管理的资料，每月进行一次大检查，达到经常提醒，有效防范的目的；四是加强重点部位监控。严格责任追究，突出人员、车辆和武器装备的安全管理，突出民兵装备仓库、保密室、财务室等重要部位的管理，加强军事训练、抢险救灾、民兵执勤等重大活动的安全防范，重点加强双休日、节假日期间的人员、车辆管理。五是抓设施完善配套。完善民兵武器仓库的硬件设施，对脉冲电网、110报警器等安全设备进行整修，对围墙、防盗锁、防盗门、消防器材、避雷设施、安全监控系统等安全设施设备进行检修，确保安全设施设备性能可靠。

【民兵营连“四个基本”建设】 一是重视抓组织协调。成立基层民兵营连“四个基本”建设领导小组，制定了达标活动实施方案计划，明确人员分工，落实管理责任，按照“统筹规划、坚持标准、示范引导、全面推进”的工作思路和“先软件、后硬件，先试点、后铺开”的方法分步组织实施。二是注意抓思想认识。及时组织专武干部学习上级有关指示精神，使大家明白，开展达标活动既是各级党委、政府对武装工作的关心、关注，又是基层武装部建设的实际需要，更是专武干部职责所在。三是着力抓学习培训。组织专武干部学习《广东省行政村民兵营“四个基本”建设实施细则》，10月，召开布署会。四是重视抓检查指导。根据各镇、街实际情况，组织干部职工到基层进行现场指导，解决存在问题，确保达标工作顺利进行。2009年重点抓94个民兵营、3个专业分队的达标工作。基层民兵营“四个基本”建设按年初的下达任务都能完成达标要求。

(周凌志)

增城市人民武装部部长 王晓军
增城市人民武装部政委 罗观全

组织工作

【概况】 2009年，市委组织部坚持以科学发展观为统领，抓住党的执政能力建设和先进性建设主线，以开展第二批深入学习实践科学发展观活动为重点，围绕全市工作大局选干部配班子，建队伍聚人才，抓基层打基础，扎实完成各项工作任务，为创建全国科学发展示范市提供组织保证。

【抓好学习实践科学发展观活动的“回头看”工作】 配合广州市做好“学习推广增城市科学发展典型经验”工作，针对广州市提出的8项工作措施制定实施意见，重点做好“广州市学习推广增城市建设贯彻落实科学发展观示范点经验现场会”的工作。先后三次下发通知，组织参学单位开展“回头看”和查漏补缺。定期跟踪，督促各单位落实承诺，以整改实际效果取信于民，确保学习实践活动取得成功。

【干部人事制度改革】 一是创新干部考核指标和考核办法。根据2008年年终考评反馈情况，修订完善镇街考评明细指标。新增落实科学发展观整改措施、应对金融危机保经济增长、推动“三旧”改造等内容，并就规范农村建房、节能降耗、农业集约化等相关指标及时充实和完善，体现考核的导向和指挥棒作用。二是开展中层干部职务任期制试点工作。率先在市检察院、市法院推行中层干部任期制试点，探索解决“一次竞岗定终身”、“只能上不能下”的问题。三是推动镇街和市直单位中层干部“双向交流”跟班学习，促进机关与镇街干部的合理流动，为优化班子结构储备人才。四是组织实施两个“双百人才计划”。着眼镇街干部队伍可持续发展，2009年公开招聘200名增城籍大学生担任村党支部书记助理或村委会主任助理，面向全国公开招聘（选调）200名全日制硕士研究生到镇街基层单位工作，并建立一套相应的服务、管理、培养、使用“四位一体”的工作机制，从入口环节抓好基层干部队伍人才储备工作。五是做好市二级领导班子届中考察工作。对全市81个正局级单位及其班子成员进行全面考察，并根据民主测评、民主推荐和个别谈话了解的情况，形成81份考核报告和考核情况汇总表。为本市系统、准确掌握市二级领导班子2006年换届以来的工作情况提供第一手资料。六是建立新提拔干部担任信访督查员制度。从7月开始，市直机关新提拔的市局级领导干部(含非领导职务)，到市信访局担任市信访督查员，时间为3个月。专职处理群众来信、来访、来电、来邮工作，包案处理信访大要案，督查督办重要信访事项。期间，需包案办结2宗以上重要信访案，并做好挂钩单位的信访和维稳工作，检查督促挂钩单位信访案件的处理落实情况。七是做好本市机构改革相关工作。在学习借鉴深圳、顺德等地改革经验基础上，本着积极探索、先行先试的原则，经过深入调研和反复酝酿，提出增城市机构改革方案。

【干部培训教育】 一是选派干部分批赴外地学习。选派15名镇街一把手和部门正职到昆山各镇挂任镇长助理，跟班学习2个月；分期分批组织村（居）负责人和全市中层业务骨干共1000多人赴苏南等地学习，同时，在《增城日报》开设“他山之石”专栏刊登学习体会文章，促进学习成果的交流转化。二是开展专题培训工作。结合本市加快推进城乡建设的需要，组织召开广汕公路中新段改造工程拆迁工作现场培训班，全市各镇街和市有关职能部门班子成员、部分中层干部和村（居）干部代表共300多人学习中新以人为本和谐拆迁的经验，提升基层干部抓落实的能力和水平。三是对5000名农村党员干部进行轮训。充分发挥农村党员干部现代远程教育媒体资源优势，全覆盖学习培训；选派239名村干部参加大专学历函授教育；整合师资力量和教学资源，开展“农村干部大巡讲”活动。四是建立学习实践科学发展观培训基地。立足广东，面向全国，以市委党校为载体，创办学习实践科学发展观的开放式大学，全市干部群众作为学员，领导干部既当学员又当教员，努力把增城建设成为全国学习研究科学发展观的重要阵地之一。

【干部监督】 一是贯彻《干部任用条例》，加强对干部选拔任用工作的监督。印发《干部任用知识培训试题》，宣传学习《条例》知识，按照《干部任用条例》和有关规定选拔任用干部，严格程序。同时扩大监督渠道，保证群众对干部工作的参与权、知情权和监督权。二是加强领导干部审计。重点对行政审批权较大、掌握较大资金量和经济活动较频繁的部门开展任中审计，将经济责任审计与构建惩治和预防腐败体系结合起来。2009年审计部门共完成经济责任审计项目14项。审计结果存入干部个人档案，作为干部使用的一项重要参考依据。三是以信访件的核查为重点，认真做好干部调查审理工作。在接访工作中树立“群众信访无小事”的观念，认真细致、热情耐心地做好组织部门的信访工作。全年共受理群众来信来访58件次，其中来访40多批次，来信14件，上级组织、信访部门批转4件。四是把好市二级班子中层干部任免审核关。全年共审核、批复中层干部竞岗、任免方案110份，提拔任职101人、轮岗67人、兼职2人、免职9人。

【基层组织建设】 ①开展“三联六帮”城乡共建大行动。发动全市党政机关干部、企事业单位及社会各界人士开展“三联六帮”城乡共建行动。“三联”即联村（居）、联社、联农户，“六帮”即帮树立科学发展理念、帮搞好规划建设、帮整治村容村貌、帮富余劳动力转移就业、帮扶孤助学解困、帮强化村（居）组织建设。经广泛发动，2009年，选派包括300名副局级以上领导干部在内的2065名机关干部、183家企业以及一批社会热心人士参与共建行动。各帮扶单位充分发挥部门职能优势，帮助联系村查摆和解决实际问题1248个，为群众办实事好事3656件。在为民办实事过程中，机关干部体验农村工作和生活，思想受到教育，积累农村工作经验，密切了党群干群关系。在广州市召开的统筹城乡基层党建工作大会上，本市受到表彰奖励并在大会作经验介绍。②试行跨村任党支部书记工作。先后在派潭、石滩等镇街探索跨村选任党支部书记工作，打破农村党组织选人用人的地域界限，拓宽选拔农村党支部书记的渠道，实现农村干部合理流动，激活村干部培养选拔使用的一池活水。③建立党内关爱扶助金制度。发动全市各级党组织、广大党员及社会各界人士捐款300多万元，建立党内关爱扶助金并制定相关管理办法，建立特困党员台账，对因病、因灾造成经济困难党员进行及时救助和关怀，凝聚党心民心。④高起点开展农村党员干部现代远程教育。利用9个镇街、282条村、37个社区和增城广场社区党员服务中心等332个农村党员现代远程教育平台，高标准建设远教终端站点，高水平办好远程教育。

（曾志伍　黄泽发）

中共增城市委常委、组织部部长　冼银崧

机关党建工作

2009年，市直属机关党委开展机关服务年活动，发挥机关党组织的战斗堡垒作用和党员先锋模范作用。年度考核被评为“优秀单位”，维稳及综治等工作评为先进。

【机关服务年活动】 开展以“勤政、务实、清廉、热情、高效”为主题，以服务企业、服务农村、服务基层、服务群众（以下简称“四服务”）为内容的机关服务年活动。（1）精心组织。市直各机关单位、深刻领会市委决定开展机关服务年活动的重要意义，迅速在本单位启动机关服务年活动，并将活动延伸到有行政职能、公共服务职能的基层单位，形成上下联动开展“四服务”、改进作风、狠抓落实的良好局面。（2）真抓实干。各单位立足于履行职能责任，把群众的愿望和需要作为重要依据，帮助基层和群众解决最迫切的困难，为大多数服务对象提供最需要的服务，立项实施“四服务”实事重点项目276项，公开承诺，接受群众的评议监督。“四服务”的成效得到人民群众的肯定。对“四服务”实事项目进行评比，参评项目在《增城日报》公布，向社会展示市机关“四服务”的成果。发动群众参与评选，评选出30件最受群众欢迎的“四服务”实事。同时评选出30名增城市优质服务标兵。（3）警示教育。组织全市机关工作人员2万多人次观看《广东省机关作风建设暗访专题片（之一）、（之二）》和《广州市机关作风效能暗访片（之一）、（之二）》。各单位结合实际，举一反三，查找机关作风和行政效能方面的存在问题，并制定切实可行的措施进行整改。全市机关公开办事项目299项。（4）检查指导，坚持每周至少编印一期简报，向广州市报送信息，有多篇刊登在《广州市机关服务年活动简报》。在《增城日报》开设“立足四服务，为民办实事”专栏，交流经验和做法，发挥典型作用。

【加强干部理论学习】 在机关基层党组织中学习贯彻党的十七届三中、四中全会精神，开展科学发展观学习实践活动。开展“讲党性、重品行、作表率”教育活动，营造“人人想干事、人人争干事、人人能干事、人人干成事”的氛围，形成广大党员干部心往一处想，劲往一处使，齐心协力推动科学发展的良好局面。组织党性修养为主题的学习辅导报告，邀请广州市委党校专家教授给机关党员干部上课。坚持党委理论中心组学习、领导上党课等学习制度；建立健全学习档案、学习交流、考察调研和考核制度；坚持党支部“三会一课”制度。努力做到学习制度化、规范化、理论联系实际的优良作风。在深入调研的基础上，党委班子撰写的机关党建论文《以科学发展为指导，拓展机关党建工作新局面》在增城日报登载。

【党的基层组织建设和捐款活动】 年底，对基层党组织执行“双目标管理”的落实情况检查评比，评选出18个先进基层党组织给予通报表彰。做好基层党组织调整选举工作，严把机关党组织领导班子人选选举和审批关，配齐配强党务干部。一年来，共批准16个党（总支）支部调整选举，增补19名同志任党（总支）支部书记、副书记。同时，举办机关基层党组织书记培训班，组织党务干部到先进发达地区学习考察。做好发展党员工作。按照“坚持标准、保证质量、改善结构、慎重发展”的方针，本着“成熟一个发展一个”的原则，严把“入口关”，对发展党员工作进行全程质量管理。严格发展党员程序，认真把好培养、政审、考察、审批、转正等环节，确保质量。举办2期入党积极分子培训班，对54名入党积极分子及申请人进行培训。“七一”期间，组织50名新党员入党宣誓活动。2009年共发展预备党员36名，按期转正17名。开展关爱扶助活动。发动机关党员向党内关爱扶助金捐款，基层党支部1286名党员累计捐款达38.5万元。同时，开展“广州慈善日”暨“慈善一日”捐款活动，发动机关干部职工筹得捐款16万元。

【机关作风建设和廉政建设】 ①转变机关作风。一是投身“三联六帮”城乡共建行动，促进机关作风转变。二是强化监督，推动工作落实，突出对重点行业、重点工作和群众投诉较多的单位进行明察暗访，确保直接面对基层、群众的窗口单位的服务质量。三是组织党代会代表、人大代表、政协委员、干部群众代表和服务对象代表共120人，对全市85个市直党政群机关事业单位进行“群众满意度测评”。②党风廉政建设。组织开展以“加强作风建设，保障科学发展为主题”纪律教育学习月活动，深化机关党性党风党纪教育。开展“树立正确政绩观”征文活动，收到征文50篇，选送3篇参加广州市评比，其中一篇获二等奖。③开展廉政文化活动。把党风廉政教育同职业道德、家庭美德、社会公德和个人品德教育结合起来，引导机关党员干部讲党性、重品行、作表率；开展家庭助廉活动，组织所属单位一把手配偶和女领导干部40多人参加市纪委组织的“廉政文化进家庭报告会”，把廉政文化融入党员干部工作和社会生活等各个方面。

【创文工作】 ①加强对创建文明城市的组织工作。党委积极参与各项组织协调工作。组织征订《广州市公务员礼仪手册》，举办以“学礼、知礼、守礼，树立机关文明形象”为主题的座谈会，以“公务礼仪大家谈”的形式，加强机关干部礼仪知识教育，为推广文明礼仪献计献策。②对文明办公的检查。推行《增城市党政群机关事业单位文明办公试行规定》、《增城市行政机关及其公务员有效投诉认定试行办法》和《增城市公务员应用礼仪》示范片。联合市纪委监察局，市委组织部，市人事局等单位，对全市机关单位的文明办公工作进行明察暗访，将检查结果作为年终“机关作风建设”的考核评分依据。③举办健康教育讲堂。开设“迎亚运——健康教育大讲堂”，邀请中山大学附属博济医院的专家授课。各单位干部职工和离退休干部近300多人参加活动。 （陈剑豪）

中共增城市委直属机关委员会书记 徐海鸥

市委党校

【党校事业】 2009年市委常委会提出“开放式办学，实现党校事业的跨越式发展”的目标要求，把党校“办成学习实践科学发展观的重要载体”，为党校发展指明发展方向。7月份完成市委党校整体搬迁，满足大规模培训干部的基本条件。创办学习实践科学发展观培训基地，广州市委书记朱小丹为培训基地揭牌。培训基地的功能定位和发展目标：发挥系统优势，办出地方特色，打造新型平台，承接内外培训，坚持时代性和开放性特色。

【干部培训】 一是努力争创全国科学发展示范党校。二是制定“增城实践科学发展观教育培训基地五大教学模块”、“2009年度市委党校春季授课专题”、“2009年增城市中层领导干部党校培训选课表”、“增城市委党校2010年菜单式选学工作方案”等教学模块和授课专题。三是外聘高水平的专家学者及有较高理论水平和丰富实践经验的市领导、镇（街）和部门领导担任培训基地的客座教授。四是参加接陪外地干部考察增城任务。

【拓展党校大课堂】 2009年，先后邀请中央党校原教育长李兴山、中央政策研究室经济局局长李连仲、“世界神探”李昌钰、省委党校副校长陈鸿宇等一批大师级专家学者来市委党校“学习实践科学发展观大讲堂”授课，围绕党的十七大精神、新党章和学习实践科学发展观等主题，校领导和教研室的同志到基层党组织宣讲共40多场次，协助基层党组织培训一万多名农村党员；配合市委和基层党组织开展学习活动。与市委组织部、市移动公司联合举办手机学堂，开办“科学发展手机学堂”和农村广播学堂。市委组织部和市委党校开通增城农村党员干部“空中课堂”，以手机短信方式对农村镇街党员干部开展“点对点”培训。

【干部培训】 按照干部教育培训计划的要求，根据不同职级干部的不同特点，确定不同的教学重点内容，使教学更有针对性和实效性，具体教学中，在搞清国家和党的大政方针的基础上，更多的关注增城市情，关注市委市政府的重大战略与决策。与市委组织部举办“全市大学生村官助理上岗培训班”和“增城市公开招聘硕士以上人才上岗培训班”，对市首批招聘的235名大学生和200名硕士以上人才进行岗前培训，2009年，共培训各类干部14455人（次）；到基层“送课上门”，为12416多人（次）开展宣讲；协同市委组织部举办“科学发展手机学堂”为9000多名科局级干部提供学习资料；配合上级党校、行政学院及兄弟党校教学考察共751人（次）。

【理论科研】 2009年，党校教师共撰写学术论文和调研文章10篇，其中在报纸杂志上发表的有5篇。另外，还参与广州市文化局和广州市委党校联合主编《韵味广州——荔乡仙境增城市》的撰稿工作，参与《中共增城地方史》（1949~1978）的部分章节编写工作。

【函授教育】 在市委市政府的支持下，争取省委党校同意，开办增城市镇村经济管理函授大专班。经2008年省成人教育统一考试，择优录取学员239人。2009年3月，函授大专班已经开班。课程设置专为农村干部适应农村工作需要而量身定制。（姚刘汉）

中共增城市委党校校长　钟金满

宣传思想工作

2009年，市宣传思想工作认真落实上级的决策部署，深入贯彻落实科学发展观，围绕市委、市政府的中心工作，突出重点，开展各项工作，在提高理论武装、增强舆论引导能力、创建全国文明城市、加快公共文化服务体系建设等方面取得新进展，为创建科学发展示范市、提升科学发展实力提供思想保证和舆论支持。

【创新理论武装工作】 2009年，贯彻落实李长春同志关于在深化理论武装上下功夫的指示精神，开展理论武装工作。以党委中心组学习为龙头，不断丰富内容和形式，组织13次市委中心组扩大学习会议，邀请国内知名专家学者作“积极应对国际金融危机，促进经济又好又快发展”、“珠江三角洲地区改革发展规划纲要”、“学习贯彻十七届四中全会精神”等重大专题学习辅导；各基层党（工）委也按照要求，深化理论学习。市成立专题宣讲团，先后开展20多场重大专题宣讲活动。开展“百名专家论增城”活动，推进理论研究和社科工作，承办“科学发展观与新中国60周年”理论研讨会，邀请全国著名专家学者讲学研讨；组织全市政治思想理论工作者，召开“新中国成立60周年”理论研讨会，编辑出版《荔乡论丛6》，举办2008~2009年增城市社会科学宣传普及广场论坛活动，重新启动并做好全市政工评审工作。

【舆论宣传工作】 围绕深入学习实践科学发展观活动，广泛宣传本市深化三大主体功能区建设、实施公园化战略、统筹城乡发展、高标准规划建设“两城两区”、创建全国科学发展示范市等发展战略和目标，配合“荔枝文化旅游节”、新穗东投资推介会、新塘牛仔服装节、广场音乐文化节等重大节庆和经贸活动，组织新华社、《人民日报》、《经济日报》、中央电视台、《南方日报》、《羊城晚报》、《广州日报》、广东电视台、广州电视台等上级主流媒体，做好对外宣传工作，宣传本市科学发展取得的成就和经验，提升增城的对外影响力和知名度，拉动旅游和消费，推动形成科学发展“增城模式”的社会效应。一年来，在中央级媒体宣传报道40多篇，省、广州市媒体报道530多篇。同时，精心策划各类专题宣传活动，2009年来共策划组织6个专项主题370多篇系列报道，10场以“创建全国文明城市和迎亚运”为主题的广场论坛活动。制订实施《增城市新闻发言人制度》和《增城舆情信息每天汇总汇报制度》，做好突发性负面新闻的组织协调工作，提高新闻应对和处置的能力，确保本市的新闻报道客观公正，较好地维护本地区的社会形象。

【精神文明建设工作】 一是创建全国文明城市工作。建立健全各级创建工作机构，以城市公共文明指数测评为抓手，开展公共交通秩序、城区环境卫生、“六乱”现象等专项整治行动，改善城区公共秩序和公共环境；加大创文宣传教育，营造创建氛围，开展一月一次的创建全国文明城市主题月、主题日实践活动，以及以“争做好市民，当好东道主”为主题的“亚运广州行”活动，发动各单位和广大市民参与创建工作。据统计，全年共组织开展各类主题实践活动258场次，参与市民9万多人次，印制发放各类宣传品18万多份。二是深入开展群众性精神文明创建活动。完善文明行业（单位）测评指标体系，继续深入开展“诚信增城”系列活动。创建文明示范村镇，小楼镇、西南村分别获得“广东省文明镇”、“广东省文明村”称号；荔城街、小楼镇荣获“广州市首批文明示范村竞赛活动工作先进镇（街）”荣誉；荔城街莲塘村、小楼镇东境村、新塘镇塘美村通过检查验收，荣获“广州市第四批文明示范村”称号。三是加强未成年人思想道德建设。结合“迎亚运、讲文明、树新风、促和谐”全民行动，深化“做个有道德的人”道德实践活动；完善学校、家庭、社会“三结合”教育网络，推进家长学校建设，规范家长学校运作；营造有利于未成年人成长的社会文化环境，打击“黑网吧”，推进绿色网吧建设，引导中小学生文明上网。

【注重特色，打造文化品牌】 贯彻落实中央把增城作为全国县一级文化体制改革试点单位的部署要求，成立增城市文化体制改革工作领导小组，按照分类指导、稳步推进的办法，认真组织实施文化体制改革实施方案，加快推进市经营性文化事业单位转企改制，改革公益性文化事业单位，深化市属新闻媒体的内部改革等改革措施，保证改革顺利开展。根据《广州市加快公共文化服务体系建设实施意见》要求，推进镇（街）文化站室、农村文化室、农家书屋等文化基础设施建设，已按时完成94个重点文化室建设、120个“农家书屋”建设和60个“绿色网园”建设，动工建设增城群众文化演艺中心，加快推进了增城科技文化博物馆建设项目和崔与之文化民俗村项目建设；不断满足广大城乡群众不断增长的精神文化需求，打造“新年音乐会”、“广场音乐文化节”等音乐文化品牌。据统计，全年举办群众文化活动400多场，其中特色文化活动120多场，民间自发组织的乐器演奏和曲艺演出280场；组织举办《叶绿野从艺七十五周年画展》、《中韩书画交流展》、《南樵彩墨香》等26期专题展览。同时，加强文化市场管理和执法，净化各类文化市场。去年5月份以来，组织文化、公安、工商等部门，出动近2000人次，整治书报音像市场和各类娱乐场所，规范网吧、酒吧、游戏机室及出版物市场的经营行为，收缴侵权盗版、低俗音像制品3526件，各类盗版书籍1.2万多册，查获非法储藏盗版音像制品窝点3个，取缔黑网吧37家，收缴电脑983台。

（吴 琨）

中共增城市委常委、宣传部部长 列荣辉

统战工作

【学习实践科学发展观活动】 通过民主和组织生活会，撰写领导班子分析检查报告，听取和吸纳群众的意见和建议20多条，制订理论学习、作风建设、党外干部、基层统战、非公经济统战工作、宗教工作以及政协委员培训工作等共七个方面18条整改措施。制定和出台《增城市统一战线关于创建全国科学发展示范市的实施意见》提出抓学习、规范、服务、基层、管理、联谊和制度等七大方面16条措施。

【多党合作和政治协商】 ①支持民主党派和无党派人士工作。召开增城市各民主党派、工商联、无党派人士庆祝国庆60周年暨多党合作制度座谈会。把4个民主党派工作调研经费纳入市财政预算搬迁办公地址，聘请党派专职干部。发动无党派知识分子联谊会会员扶助正果镇30名贫困生。②举办统一战线新春联谊活动。组织各民主党派、工商联、无党派代表人士共250多人参加“风雨同舟 共创辉煌”新春联谊活动。③组织党外领导干部外出参观学习考察。组织本市各民主党派领导班子成员和党外副局级领导干部20多人到云南等地参观考察，学习当地的服务社会、合作共事的经验。

【港澳统战工作】 一是市领导王建平、袁伟峰、李能坚等先后率队赴港，参加广州市海外联谊会春茗、香港新界工商业总会庆祝中华人民共和国成立60周年暨第十四届就职典礼、香港青衣各界庆祝国庆60周年联欢晚会。二是在国庆中秋期间，会同市侨办、侨联等在香港举办“旅港各界增城同胞‘贺国庆、迎中秋’茶话会”。三是配合广州海外联谊会，参与在澳门举办的“澳门公务人员庆祝中华人民共和国成立60周年暨澳门回归10周年文艺晚会”的演出。四是荔枝节期间，先后邀请旅港增城五会乡亲、澳门公务员文化协会和澳门行政暨公职福利处成员共300多人次到本市观光考察，宣传本市经济社会的建设成果，拓宽联谊交友的渠道，增进增港澳三地的友谊。

【民族宗教工作】 ①规划畲族旅游景区。通过组织民族干部前往江西畲族少数民族地区进行参观考察、组织专家教授到畲族村实地调查、分析等，制定畲族旅游文化开发项目规划，完成畲族村入口牌坊和畲族风情博物馆的设计和选址。②对兰州少数民族经营户进行宣传和教育引导。一是会同镇街工作人员走访辖区内多家兰州拉面馆经营户，引导他们守法经营，文明经商。二是发挥民族宗教工作的三级管理网络作用，协助增江街处理兰州清真拉面馆的拆迁和新塘镇回族小孩意外受伤的赔偿问题等。

【宗教事务管理】 ①会同本市公安、城管等部门在节假日期间对本市9个宗教活动场所的房屋、防火、食品卫生等安全情况进行检查。②协助各宗教场所抓好春节、除夕、圣诞节、正果寺佛爷诞、何仙姑庙仙姑诞等传统和宗教节日的安全工作。③与市总工会、房管局等部门协调，万寿寺于2009年7月开放。10月，启动东林寺的重建计划。④协助广州民宗局举办“广州市2005~2008年度‘文明宗教活动场所’授牌仪式”。本市基督教增城堂和佛教正果寺荣获“文明宗教活动场所”的称号。⑤协同公安、文化等部门对全市的重点宗教活动场所的宗教书籍、刊物、音像制品和传教、礼拜活动，讲经、授课活动情况进行检查，压制境外宗教的渗透活动，保证宗教领域和谐稳定。

【建言献策和为企业服务】 ①开展建言献策活动。活动共收到调研文章30篇，其中质量较好的16篇文章已报送市委市政府，并在《增城日报》连载8篇“献一策”文章。②会同市工商联组成调研小组，走访民营企业和台资企业72家，撰写《关于“新塘国际牛仔城”升级改造投资项目的可行性》调研报告。会同市工商联开展“银企”对接行动，与工行、农行、华鼎担保公司等金融机构合作举办“朱村街企业投融资座谈会”、“携手同行共谋发展——广发‘好融通’业务产品推荐会”、“服务新塘，携手共赢”融资洽谈会等7场融资推介会，为本市100多家中小企业融资近6亿元，解决民营企业融资难的问题。邀请市委书记、市人大常委会主任朱泽君作“增城市经济社会形式报告会”的专题报告，打造“信心工程”。与市质监局和汽车空调行业商会联合召开“汽车空调压缩机行业申证座谈会”和“增城市汽车零配件质量兴业”会议，帮助本市汽车空调行业提高自主创新能力。

【三联六帮城乡共建行动】 ①与荔城街挂片领导、驻村干部和金星村两委干部的联系沟通，定期召开帮扶工作会议，制定帮扶计划。发动非公有经济人士捐资2万元，用于改善村的基础设施建设。协助村两委开展农村劳动力资源普查，对富余劳动力造册登记，组织职业技能培训；引导工商联会员企业优先考虑招聘村的富余劳动力。②组织民进增城总支会员到正果麻冚小学开展送书送教活动。组织民革增城支部成员与民革广州市委等医疗专家到派潭利迳村开展义诊和助学活动，免费发放价值4000多元的各类药品和向6名特困学生每人发放500元助学金。发动市无党派知识分子联谊会成员开展扶贫助学活动，从2009年开始连续3年帮扶增城中学贫困学生20人，鼓励他们用优异的成绩回报和造福社会。

（陈嘉进）

增城市委统战部部长 袁伟峰

民主党派

【民建增城总支】 2009年，民建增城总支贯彻落实科学发展观，组织学习《中共增城市委、增城人民政府关于创建全国科学发展示范区的实施意见》。为纪念建国60周年、人民政协成立60周年以及中国共产党领导的多党合作和政治协商制度确立60周年，组织会员参加增城市委统战部举办的“我为应对国际金融危机影响献一策”、“统一战线庆祝新中国成立60周年”的征文活动。吴山水、赖芳、姚植钦被民建广州市委评为2007~2008年度优秀会员；谭小棠被民建广州市委会评为2007~2008年度积极分子；总支被广州市委会评为2007~2008年度先进基层组织。年内，吸收龚定勇、刘明琦2名新会员，其中一名具有高级职称，提任副局级领导职务。现有会员总数45人。

一年来，民建会员建言献策、参政议政、履行参政党职能。两会期间，共提交人大议案1份，政协提案12份。向政府提交调研文章2份。会员林卓艳的《建议对于中小型企业发展、政府应多一份关怀》被增城市政协评为2008年度优秀提案。总支在政协增城市八届四次会议上作题为《在创建旅游强市中将我市打造成为生态旅游强市》的发言材料。会员谭小棠撰写的《加强对发达地区农村财务的监管》受到广州市委统战部的高度关注，并以《广州统战信息》专刊的形式报送中央以及省委统战部、省委办公厅等高层部门做决策参考。并与会员林卓艳会同有关职能部门负责人深入各镇街调研，撰写《关于对我市农村建房混乱状况的调研报告》受到了增城市委领导的高度评价，为市委市政府整治农村建房的混乱局面提供决策依据。

一年来，会员们为本市贫困学生助学，为学生治病等捐款。捐资扶贫助学7万元，累计受助贫困学生40多人次。 （陈毛女）

民建增城总支主任 谭小棠

【中国民主促进会增城总支委员会】 2009年，民进增城总支有7个支部，当年吸收增城中学雷杰老师入会。一年来，组织会员参加各类型的理论学习、培训班及联谊活动，提高思想认识，从思想上同党中央保持一致。

开展专题调研活动。组织总支人大代表政协委员先后到中共增城市委宣传部、体育局和有关部门、镇街进行调研撰写《打好亚运牌，促进增城科学发展》的调研报告上送市政协和有关单位。两会期间，共撰写提案7件，其中总支名义4件。包括“关于构建中心城区自行车交通体系的建议”“改建增城大桥，构建和谐交通扩建”等4件提案，委员以个人名义撰写提案，参加市政协的发言和组织的调研、理论研究。市政协八届四次会议上钟伯松、游国辉、邓美兰分别作“改建东桥东路”、“关注青少年心理健康”、“构建自行车道，促进增城市中心城区的发展”等发言。开展“三个一”活动。共有20件“一人一信息”上交民进广州市委。在中共增城市委统战部举办的“我为应对国际金融危机献一策”活动中共交上10篇，会员隋乐城获一等奖，王中获二等奖，邓美兰、文华建获三等奖。总支响应和参与中共增城市委“三联六帮”城乡共建行动，9月份起根据正果麻冚小学教学比较薄弱的情况，总支到该校开展送书、送教活动进。总支会员在慈善日筹得3780多元并通过民政部门捐赠给有需要的人。响应民进广东省委号召向灾区儿童捐图书二百多册。2009年，增中支部被评为广东省民进先进基层支部。黄艳明获增城市创建广东省教育强市突出贡献奖，江沛缇、钟伯松获增城市创强积极分子。 （邓美兰）

中国民主促进会增城总支委员会主任 黄艳明

【中国民主同盟增城市总支部】 2009年，在两会期间，共提交16篇提案。在中共增城市委统战部举办的“我为应对金融危机影响献一策”活动中，主委江文权的《关于应对国际金融危机，实现“三促进一保持”的几点思考》获一等奖和《关于应对金融危机“保增长”的几点建议》获三等奖，副主委周建青的《“过冬”思维与化危为机》获二等奖，魏君松的《政策扶持与经济引导使我市民营制衣行业走出经济困境》获二等奖。2位盟员参加民盟市委、省委的参政党理论研讨和统战部、政协组织的政协成立六十周年征文活动，其中《人民政协六十年：致敬与憧憬》论文收入省盟的论文集。主委江文权参加了民盟广东省委在中央社会主义学院举办的“2009年中青年骨干培训班”的学习，还邀请到盟中央机关开展座谈。

一年来，配合民盟广州市委对畲族村扶贫，组织盟员到畲族村调研，与村干部一起规划畲族未来的建设蓝图，写出《让神奇的畲族村快速脱贫致富》的调研报告。并在《增城日报》上发表。同时，盟员们在各自的岗位上取得成绩。如汤礼志被评为广州市优秀教师；殴雪生被评为增城市优秀教师；杨家忠被评为新塘镇优秀教师。 （傅 艳）

中国民主同盟增城市总支部主支 江文权

【中国国民党革命委员会广州市委员会增城市支部委员会】 民革增城市支部委员会于2009年6月26日在增城市百花山庄成立。杨伯铭任主委，祝毅任副主委，霍健强任支部委员，成立时，支部有6个党员，2009年底，支部有党员12人，均具有中、高级以上职称。

①扶贫支农。2009年10月23日，民革广州市委员会联合民革增城支部组织所属成员中的外科、内科、皮肤科、儿科、眼科、中医科等医疗专家13人，来到支部“三联六帮”城乡共建行动扶持点，派谭镇利迳村开展义诊服务活动，吸引400多名村民踊跃参与，受到村民的好评。随后，到派潭第一小学利迳分教点开展扶贫助学活动，向6名贫困学生发放助学金。②调研考察。2009年，民革增城支部就市民普遍关注的增城学前教育的情况开展专题调研，组织人员到市教育局、社区街道办等单位进行调研，并专程前往新塘、石滩等地考察。通过调研、考察，形成《加快我市学前教育的建议》的报告。③组织活动。支部先后参加增城市委和市统战部组织的活动。组织党员与其他支部和民主党派联谊。和增城的民进、民建等支部的茶话会等。参加增城市委，市统战部的座谈会，听取各种形势的报告，提出建议。

（霍健强）

中国国民党革命委员会广州市委员会增城市支部委员会主委 杨伯铭

【增城市无党派知识分子联谊会】 2009年，发展郑汉光、阮然彪等新会员7人。组织会员30多人到江西红色革命根据地学习考察，接受爱国主义和革命传统教育。响应市委统战部组织“我为应对国际金融危机‘献一策’活动”，组织会员开展调查研究，撰写调研文章，其中2篇论文受到市委统战部的奖励和表彰；下半年，针对《关于创建全国科学发展示范市的实施意见（征求意见稿）》，会员参加市委统战部、市政协等组织的各类座谈会，对《实施意见》建言献策，提出意见和建议。联谊会开设增城市无党派知识分子联谊会的网站，会员通过网站可以互通情况，互通信息；广州市各界知识分子联谊会领导班子成员一行20多人到本市观光品荔，会长李荣渝及联谊会部分成员陪同他们参观考察，加强交流和沟通，增进相互了解。发动会员每年扶持增城中学20名贫困学生完成学业；联谊会理事，广州鸿道信息技术有限公司总经理伍鸿2次向本市212家民营企业赠送212套办公软件，价值超过200万元。

（魏伟兴）

增城市无党派知识分子联谊会会长 李荣渝

机构编制管理

【政府机构改革】 2009年，实行政府部门机构改革，机构改革后，市政府设工作部门24个。改革的指导思想：高举中国特色社会主义伟大旗帜，以邓小平理论和“三个代表”重要思想为指导，深入贯彻落实科学发展观，按照深化行政管理体制改革的要求，着力转变政府职能、理顺职责关系、优化组织结构、减少管理层次、提高行政效能，做到权责一致、分工合理、决策科学、执行顺畅、监督有力，为深化建设“三大”主体功能区、实施公园化战略、统筹城乡科学发展，建设人民满意政府提供体制机制保障。改革的基本原则：一是积极探索，先行先试；二是突出重点，循序渐进；三是实事求是，因地制宜。改革的主要任务：转变政府职能，理顺权责关系，明确和强化责任，完善行政运行机制，调整优化政府工作机构，清理和规范议事协调机构，推进机关后勤服务体制改革，严格控制机构编制。改革的特点，可以概括为“突出主线、抓住核心、党政联动、城乡统筹”：“突出主线”即突出把先行先试这条主线贯穿于整个政府机构改革之中；“抓住核心”即紧紧抓住转变政府职能这一机构改革的核心；“党政联动”即在本次机构改革中实行党委机构与政府机构联动归并；“城乡统筹”即统筹考虑城乡建设与管理，努力形成“大经济、大城乡建管、大三农、大文化、大交通、大水务、大旅游、大生态”的格局。

【事业单位分类改革】 按照省编办、广州市编办的统一部署，2009年市编办开展了事业单位模拟分类等事业单位分类改革的前期准备工作。在实行模拟分类前，派负责同志随同广州市编办领导前往广西、湖北、上海等地进行实地调研“取经”，随后组织人员对全市事业单位进行全面调研，并根据事业单位的分类标准，对全市493个事业单位进行模拟分类，为下一步事业单位的分类改革做好准备。

【各项体制改革】 一是配合市府办开展行政审批制度改革，梳理相关单位“三定”文件，提供行政审批事项清理依据，完成行政审批制度改革；二是配合做好文化、医疗卫生等公共领域的体制改革工作，在机构设置方面提出可行性建议；三是根据广州市编办文件精神，及时做好政法系统专项编制的分配下达工作；四是落实国土所管理体制改革，明确各镇（街）国土所为市国土资源和房屋管理局的派出机构；五是支持深化住房体制改革，加快建立与社会主义市场经济体制相适应的城镇住房制度，成立增城市住房保障办公室，负责实行住房货币分配工作，并配合市住房保障办公室做好住房货币分配人员单位性质的审核工作；六是大力支持教育体制改革，解决111名合格代课教师入编的历史遗留问题。

【“两城两区”机构设置】 为努力贯彻落实科学发展观示范市，探索“以人为本、政府主导、统筹城乡”的科学发展模式，深化三大主体功能区规划，市委市政府提出建设“两城两区”的战略部署。“两城”即新塘创建广州东部（新塘）国际商务城、增城新城区创建广州增城国际旅游度假城；“两区”即增城工业园区、北部创建1000平方公里生态旅游示范区。为推进“两城两区”建设，市编办做好了以下几项工作：①配合有关部门做好了增城工业园区申报国家级经济技术开发区的报批工作。②为推进北部都市农业与生态旅游圈的建设，成立增城市白水寨风景名胜区管理处，主要负责增城市白水寨风景名胜区的规划建设与管理工作。③为推进增城市新城区建设，将荔城建设成为山水文化宜居城市、广州东部现代服务业基地，成立广州增城国际旅游度假城管理委员会，主要负责广州增城国际旅游度假城的规划建设与管理工作。④为将新塘建设成广州东部现代服务业基地，成立了广州东部（新塘）国际商务城管理委员会，主要负责广州东部（新塘）国际商务城的筹建与管理工作。

【机构编制管理】 ①从严控制机构编制。严格执行机构编制管理规定和审批程序，严格按照机构改革规定的限额控制机构和编制数量。为做好本年度机关混用和超编人员的消化工作，根据省、广州市的文件精神，制定具体的工作方案，采取可行的措施，收到良好的效果，努力确保2011年前完成消化解决超编人员的任务。②切实做好监督检查工作。认真贯彻落实中央和省有关加强机构编制管理的法规和文件精神，完善监督检查体制机制，重点对乡镇机构改革工作落实情况、政府机构改革文件执行情况、事业单位分类改革文件执行情况以及消化机关混编超编人员情况进行监督检查工作。③全面推行机构编制管理实名制。按照省、广州市的统一部署，贯彻实施《在全省机关事业单位实行机构编制实名制管理的意见》，建立健全机构编制管理与财政预算、组织人事管理相互配合制约的机制。④加强机构编制管理的基础工作。加强机构编制统计工作，做好统计数据的更新工作，确保统计数据的及时、准确、有效；加强机构编制信息工作，推进机构编制信息公开；加强机构编制宣传工作，为机构编制工作营造良好的舆论氛围。

【事业单位登记管理】 开展事业单位日常登记、变更登记、注销登记及年检年审等登记管理工作，严格按照《事业单位登记管理暂行条例》和《实施细则》的规定，严格把好“六关”，即申请关、受理关、审核关、核准关、发证关、公告关。完善事业单位登记管理信息台帐，推行电子政务建设，细化服务方式，规范事业单位档案管理和查询工作，实行事业单位网上登记和查询，并在网上打印证书，规范工作程序，提高行政效率，提高登记管理的服务水平。2009年3月份完成对事业单位法人的年审工作，合格率达100%。2009年12月份，在《增城日报》上公告本市设立登记的事业单位20个、变更的事业单位141个，注销的事业单位172个，证书补领的事业单位9个，做到内容准确，及时完成公告事项。对垂直省、市的事业单位进行档案材料移交工作，对管辖变更事业单位的档案及相关文件、证明等进行严格审核，维护事业单位法人登记的严肃性。　　　（张细基　黄彩国）

增城市机构编制委员会办公室主任　王宇乾

人事工作

【人才工作】 （1）一年来，精鹰人才市场共接受人才求职1610人次，举办人才招聘会12次，推荐1356人就业。天众人才市场上半年共接受人才求职8470人次，举办人才招聘会25次，推荐5240人就业，其中应届大中专毕业生2620人。（2）人才服务管理。至2009年11月底，全市拥有各类专业技术人员32450人，人才资源开发初见成效。一是抓好专业技术人才的继续教育培训。做好专业技术人员公修课的培训，主办2期公修课面授培训班，培训400多人次。同时，与广州市远教中心合作，开通专技人员网络。组织专业技术人员参加网络公修课的培训，培训面达到60%以上。组织专业技术人员参加公修课学习3门，职评人员1240人参加学习培训。与教育局联合开展《教育系统公共危机管理》网络培训，对2300多名教师进行培训。同时做好专业技术人员晋职验证的工作。全部实施网络申报和网上审批。举办一期各单位业务管理员培训班，完成审批验证任务，其中按受高级验证190人，晋升中级验证680余人。二是专业技术人员的资格认定、评审和聘后管理制度。一年来，办理评审晋升专业技术人员职称资格，初级453人（含初次认定中级16人，初级434人），中级715人，高级151人，共1300人；报送评审晋升专业技术资格1191人，其中初级619人，中级457人，高级115人；组织专业技术人员普查换证工作共11人，其中初级9人，中级1人；组织会计、经济、卫生、计算机应用能力、职称外语等专业技术资格报名考试共5736人；共发初级资格证书611人，中级资格证书158人及计算机应用能力考试合格证书912人，职称外语等级考试成绩通知单772人。统计上报2007年度初级专业技术资格证发放数据及情况724人。三是提高人事代理服务质量。一年来，共办理人事代理380人，其中新办160人，续办220人。为挂靠人员提供政策咨询，出国政审、户口迁移、计划生育有关证明，调升工资，办理职称评定等。（3）大中专毕业生就业指导工作。市人事局分别在2月、12月举办两场大中专毕业生大型招聘会，其中，12月“为你添彩”大中专毕业生专场招聘会，共组织128家来自本市及广州开发区、东莞等地的企事业单位进场招聘，为求职者提供3434个工作岗位，吸引了4000多名应、往届毕业生到场求职，351名求职者初步达成就业意向。此外市人才服务管理办公室全年共有36个招聘单位前来招聘，接受各类求职人员求职登记210人次，推荐就业110人，其中应届大中专毕业生90人。

【人事工作】 （1）公务员培训工作。一是贯彻《公务员法》和《条例》精神，组织实施《广州市公务员培训暂行办法》和《广州市公务员培训积分制管理实施细则（试行）》，推行“公务员网络大学堂”在线培训，举办一期单位管理员业务培训班。共有2200名公务员参加网络培训，完成Ⅰ类学分人员达78.3%，完成Ⅱ类学分人员达82.4%，共有1200多人完成了一类学分培训积分，二是组织公安系统公务员参加《依法行政》、《公共行政》2门核心课程面授培训。组织20多批公务员到江苏昆山学习挂职，共培训公务员1600多人。举办20期《宽带网络与电子政务》培训班，共有1200余名公务员参加上机培训与考试。三是对专门业务培训的指导。组织4个镇长参加乡镇长培训班，组织部分公务员参加《香港廉政建设与公务员培训管理》专题讲座，《珠江三角洲地区改革发展规范纲要》专题学习；配合国土、教育、科技、规划开展公务员专门业务知识培训，专门业务培训达600多人次。举办“人事干部业务能力提升班”一期，60多名人事业务干部参加培训；组织5名军转干部赴花都参加军转干部专项培训；组织教育、卫生、公安等单位高校毕业生岗前培训3期共462人；举办文员、驾驶员工勤技能等级培训班2期，培训人次382人。（2）公务员管理。把好公务员的“进口”关，严格执行“凡进必考”。全年完成2008年下半年广州市考试录用公务员工作，共招录15名公务员；面向全国公开选调8名文秘类公务员；面向全国公开招聘（选调）200名全日制硕士研究生以上人员到镇、街工作，共招聘155人，其中具有公务员身份12人。根据省、广州市实施公务员法的要求，完成广州市人事局布置的2008年本市公务员年度统计工作，以及科长以下公务员《公务员登记表》集中复查与单位核实工作。全年办理在本市内调动33人，由市外调入26人，调出市外6人；调任公务员2人；行政辞职1人；事业单位人员解除人事聘用合同29人；市政府任命领导干部33人，免职23人；办理因公出国人员政审61人次；办理被判有期徒刑缓刑考验期满后收回安置工作8人。

再次，做好本市军转干部的安置、管理工作。宣传中央关于企业军转干部有关政策，做好本市企业军转干部维稳解困工作，完成上级2008年计划分配本市安置的军转干部4名，随军家属2名，自主择业军转干部6名。（3）加强事业单位人事综合管理。一是完善事业单位解聘辞聘手续。针对聘用制实施后，事业单位出现的解聘辞聘问题，市人事局不断完善和规范解聘辞聘管理。至11月共办理解聘辞聘7人，其中辞聘4人，解聘3人。事业单位人员解除人事聘用合同29人；二是严格实施新进人员考录制度。全年通过公开考试，新录用事业单位工作人员9人；在本市范围内公开招聘200名大学生担任村党支部书记、村委主任助理；在本市范围内公开招聘58名出租屋管理人员；公开招募20名高校毕业生参加支教、支农、支医和扶贫服务人员。（4）探索人事争议仲裁工作。2009年，人事案件调解结案率占仲裁案件总量80.5%，取得良好的社会效果。截止12月底，共接待人事纠纷咨询10次，调解结案10案。案件审结率达100%。

【其它人事工作】 一是做好工资福利和退休人员管理工作。一年来，共办理工资变动5009人（其中升职43人，调整180人、正常晋升包括滚动升级共4067人，职称晋升719人），办理补贴变动18653人，办理转正定级250人，退休248人（其中行政退休干部50人，事业退休干部149人，企业退休干部22人，工勤人员27人），更正工龄3人；办理遗属供养43人，审核2008年度考核优秀奖发放1745人；审核完成市直机关及事业单位工作人员规范后津贴补贴4785名。好统发工资的审核和数据交换工作，累计接收统发工资报盘525个，并核定报财政局。二是做好机关事业单位工作人员的年度考核工作。2009年，全市参加年度考核的机关、事业单位工作人员共17661人，其中被评定为优秀等次的2669人，称职（合格）14990人，不合格2人，公务员嘉奖570人、记三等功70人。三是干部人事档案和学生档案管理。市局的干部人事档案室主要负责本市科级以下机关、事业单位工作人员的档案保管、收集、鉴别、整理等工作；同时，办理干部档案的查阅、借阅、转递、登记干部职务、工资的变动情况，并为有关部门提供干部的情况等。现已接收在职干部人事档案3350卷，学生档案10991卷，并按照《干部档案管理条例》进行整理、规范、装订等工作。

（郭翠菊）

增城市人事局局长　吴冠科

老干部工作

【概况】 至2009年底，全市有离休干部230人，其中享受处（县）级待遇57人，享受副局级待遇173人；纳入市委老干部局管理的原任市五套班子领导职务退休干部27人，享受副处待遇退休干部3人。市离退休干部党支部荣获2009年中共广东省委组织部、中共广东省委老干部局以及中共广州市委组织部、中共广州市委老干部局先进离退休干部党支部称号。

【关心爱护老干部】 市委、市政府和各级领导高度重视老干部工作，把老干部工作摆上议事日程。市委书记、市人大常委会主任朱泽君同志经常亲自过问老干部工作，亲自在老干部局工作报告上作批示，要求老干部工作部门要热情关心老干部，做好老干部工作；市委常委、组织部长冼锶崧同志多次上门慰问离退休干部及其遗属，送上党的关怀和温暖。市重大活动和大型会议都邀请老干部参加，并安排在主席台就座。市委、市政府在年初召开老干部代表座谈会，征求老干部对市委、市政府工作的意见和建议；在实践科学发展观活动中，邀请老干部代表参加市党政领导班子民主生活会。各镇街、单位也根据本单位情况，向老干部通报工作情况，召开老干部座谈会和上门走访慰问等活动。对易地安置在外地的老干部，局主要领导亲自前往探望慰问，送上家乡特产等慰问品，带去增城人民对老干部的祝福。老干部局组织工作人员和市老领导2次慰问生活不能自理的老干部70人次，慰问当年病逝的老干部的遗孀、遗属37人次，慰问当年已故的企业离休干部的遗孀38人次。到医院探望住院治疗的老干部200多人次；妥善办理病故离休干部后事18人次。同时，定期将《增城日报》和《夕阳情》等报刊邮寄给在外地居住的增城籍老干部，使他们了解家乡的社会和经济发展以及增城老干部的活动情况。

【落实老干部生活待遇】 根据粤老发［2009］11号文规定，当年市财政用于发放市属企业离休干部生活补贴和专项经费共401万元。另外，市财政拨给专项经费30万元，用于解决市供销社、市商业集团公司、市外贸集团公司等困难企业拖欠的离休干部生活补贴，使困难企业离休干部增加的生活补贴得到妥善解决。按照省、广州市关于对部分已故市属企业离休干部配偶给予定期生活困难补助的精神，2009年，市财政拨专项经费21万元，为40位已故市属企业离休干部配偶发放定期生活困难补贴。根据省委组织部、省委老干部局、省财政厅《关于对符合离休条件未办理离休手续先故的企业老干部给予定期生活困难补助的通知》（粤组通〔2007〕55号）精神，经调查核实，为2位符合离休条件未办理离休手续先故的老干部配偶办理每月468元的定期生活困难补助，以解决老干部遗孀的特殊困难。根据离休干部已进入高龄期、高发病期的特点，市老干部局协同市公医办、市人民医院等医疗单位做好离休干部医疗保健工作，协助解决离休干部住院抢救治疗公费用药超标报销和本市在外地定居离休干部医药费报销问题。4月，组织全市离休干部和享受副处级以上的退休干部体检。并邀请市人民医院的保健专家为老干部举办老年人保健知识讲座。

【创新老有所为工作】 支持和配合市关工委做好关心下一代工作，坚持组织老干部开展“十个一”活动。4月，市委老干部局、市民政局、团市委联合开展“缅怀革命先烈、推动科学发展”清明节扫墓活动。6月，组织老干部到市戒毒所开展“6·26”戒毒日帮教活动，老同志与戒毒学员面对面座谈，勉励他们要克服困难，彻底戒毒，早日走向社会走向新生活，为社会多作贡献。同时，组织11名老干部担任增城市网吧义务监督员，为禁止网吧接纳未成年人中起到作用。一年来，市关工委还组织老干部到荔城三小、朱村中心小学等学校进行革命传统教育和爱国主义教育报告会；并现场表演文艺节目与小学生们联欢。市关工委开展扶困助学活动，“六一”儿童节前夕向荔城三小赠送一批书籍，并向困难学生送上4000多元助学金。在中秋、国庆节期间，向结对帮扶村——石滩镇葵湖村的困难学生送上慰问金，为困难学生解决经济困难，受到师生、家长的好评。

【丰富老同志精神文化生活】 2009年老年干部大学学员有300多人，设有诗词班、书法班、形体舞蹈班、老年保健班、声乐班等。2009年新开设英语基础班，近60多名老年英语爱好者参加学习。诗词班学员莫南宜同志获得第二届黄昏恋情诗大赛一等奖。形体舞蹈班分别获得广东省“炫舞风华”中老年艺术风采大赛优秀艺术风采奖、庆祝建国60周年暨广州解放60周年文艺汇演优秀表演奖及增城市首届广场舞蹈大赛一等奖等多个奖项。6月，与四会市老年干部大学学员在四会、增城两地轮流举办诗书画摄影联展，共展出作品120件。11月，在增城广场展厅举办了番禺、花都、从化、增城四区（市）第一届老干部书画联展，共展出作品80件。举行了老干部乒乓球、桌球、象棋、麻将比赛。老干部乒乓球队分别参加并获得“中国联通”杯2009年CTTA中国乒乓球会员联赛（江西站）男子60岁以上组团体冠军和第四届中银——耀骏杯番禺区镇处级乒乓球邀请赛团体赛第五名。老干部门球队分别获得第十三届广州市区（市）际“天河杯”老干部“迎亚运”门球赛第三名及第十七届“罗湖杯”老干部门球邀请赛优胜奖。市老干部艺术团获得“唱响广州”第十三届广州老干部合唱节暨广州老干部庆祝建国60周年合唱展演优秀组织奖和最佳表演奖、“迎国庆·颂祖国·创和谐”诗歌散文朗诵大赛表演奖。2009年，老干部艺术团参加省、广州市和到镇街、社区、学校、工厂等地演出共30场次，受到全社会各界人士的好评。（温俊翔）

增城市委老干部局局长　黄越聪

侨务、外事

【落实《权益保护法》】 春节前，市侨办慰问贫困孤寡老归侨73户，为他们送去党和政府的关怀。同时，通过慰问活动了解贫困归侨的生活、生产有关情况，为部分贫困归侨解决生活上的不便和困难。如：得知中新镇双塘陈屋老归侨陈北海其残疾救助金被取消的消息，即时向中新镇残联反映情况，并做解释协调工作，此事得到妥善解决。

【拓展对外联络工作】 2009年，协调香港增城同乡会、深圳增城同乡联谊会和珠海增城同乡联谊会一行100多人到本市为期3天的参观考察。在荔枝节期间，接待香港五会183人的品荔与商贸团，市领导班子与侨团进行座谈，介绍家乡的最新发展情况，参观市政建设，通过活动，加深桑梓之情，壮大祖国的统一战线。

【接待海外华商考察团】 11月，“2009海外华商广东行”考察团到本市考察。本次海外华商考察团由阿联酋温州商会、马来西亚中国经济贸易总商会、新加坡中国总商会、南非全非洲和平促进会、加拿大华商业发展会、澳州国际联合会的50多名华商组成。期间考察团参观考察广东增城工业园区、增城广场、鹤之洲湿地公园，了解本市基本概况和投资环境。

【寻根、侨务信访工作】 5月，新西兰华联会奥克兰分会会长吕显华一行六人回到新塘白石村寻根问祖。市侨办联合新塘镇政府协助吕先生寻根问祖，找到亲人后，吕显华先生对侨办表示感谢。12月，新西兰华联总会寻根团一行60人（其中增城籍华裔7人）到新塘镇寻根，带寻根团参观史迹了解中华文化，既增进海外华裔青年对家乡的了解和认识，同时也向海外宣传增城。2009年，共受理来信来访12宗，对来信来访，侨办领导都予以高度重视，或批示办理，或亲自接待，或亲自下乡调查。例如，旅港乡亲列创要求落实其位于本市石滩镇碧江村的侨房，侨办领导多次下乡协调，由于村委及生产队不配合，该侨房还没落实，但侨房业主对侨工作办表示感谢。

【外事工作】 市侨办贯彻落实《关于进一步加强因公出国（境）管理的若干规定》的精神，从严控制领导干部出国，对确有任务的，严格控制出访人数及出访经费，使因公出国工作有序开展。2009年，全市因公出国团组共有5个，共25人次。通过出访，使增城的知名度得以提升，向国外的众多客商推介增城市投资环境及项目；学习国外发达地区在城市建设、规划、管理等方面的成功经验，推动本市的城建工作。另外，为企业办理了因公出国团组3批，共6人次，为他们的出国提供帮助，支持他们出国开展经贸活动。2009年，本市共为289人次办理因公赴港澳签注，为本市赴港澳开展经贸活动、联谊交流提供支援。在275人次的出访中，没有一例超期出境，保证办证单位的出境人员能按时在港澳开展工作。

（刘雁彬）

增城市侨务外事办主任　邹松新

增城市归国华侨联合会

【做好外联工作】 2009年先后接待和参与接待海外侨胞和港澳同胞共12批，300多人次，其中有香港同胞罗叔清先生、冯友维先生、郑黄月芳女士、郑从展先生、湛家雄先生、刘庆棋先生、吴佛祥先生、简兆平先生、赖炳球先生、冯友强先生、郭水房先生、袁哲之先生，澳门同胞王艺声先生、许侨兴先生，新加坡华侨何国才先生、列焕华先生，马来西亚华侨陈旭龙先生，澳大利亚华侨黄棣楼先生，法国华侨彭溢威先生，美国华侨钟世荣先生等等，这些来宾分别有回乡观光的，有参加荔枝节活动的，有捐资办学参加庆典的，有拟投资考察的，对他们的到来，市侨联都力求做到热情接待，积极推介增城，汇报家乡的建设情况，引导和激发他们的爱国爱乡热情。

【维护归侨、侨眷权益】 2009年初，正果镇归侨退休干部王先生来访反映其在正果墟的祖居屋因城建被拆迁，得不到合理补偿，要求帮助解决。市侨联通过查资料，对政策，发现王先生所反映的问题属实，市侨联主要领导多次与正果镇的主要领导沟通并协商，最终使问题按有关侨务政策规定得到解决。又如新西兰华侨黄女士在新塘黄沙头村的房产被别人占用，要求享有应得的权益，双方发生纠纷，该村两委干部在10多年的时间里进行无数次的调解，而且黄女士在近几年也到过市政府有关部门上访反映，均未得到解决。为此黄女士抱着试试看的心理，于6月初到市侨联反映。接访黄女士后，市侨联主要领导便与黄沙头村的书记、村长沟通联系，了解事情的真相，又先后5次亲自带队到该村召集双方当事人、村干部及与此事有关的人员进行摆事实、讲道理、讲政策。经过努力，使10多年都未能解决的问题终于得到解决，黄女士得到应得的经济补偿。

【办好侨刊《荔乡情》】 市侨联主办的侨刊《荔乡情》自1984年创刊以来，一直都得到历届侨联领导的重视，到目前为止，该刊是本市主要向海外发行的宣传刊物和对外宣传联络的窗口。海外乡亲都把《荔乡情》看作是“集体家书”，通过阅读“家书”，思乡之情得到慰藉。《荔乡情》的办刊质量越来越好，发行到海外20多个国家和地区。

【侨联基层组织建设】 根据广州市侨联的要求，市侨联按“有组织、有队伍、有经费、有阵地、有活动”的五有要求，迅速在机构改革后的9个镇（街）恢复侨联组织。镇（街）侨联与社会事务办合置办公，并指定由社会事务办领导兼任侨联主席，同时指定一位工作人员负责处理侨联的日常工作。要求有条件的村、居委会（有3户以上归侨侨眷及港、澳眷属的）都要建立侨联小组，2009年，已有160多个村、居委会建立了侨联组织。

【出席归侨侨眷代表大会】 市侨联主席蒋剑云同志（广州地区6个代表中的其中1个）代表增城市的广大归侨侨眷参加7月中旬在北京人民大会堂召开的第八次全国归侨侨眷代表大会，与胡锦涛、吴邦国、温家宝、贾庆林等党和国家最高领导人一起，共同参加和经历大会的盛况。12月初，市侨联主席蒋剑云同志再次被推荐参加了广东省第九次归侨侨眷代表大会，并被选为省侨联第九届委员会委员。同时增城市侨联被授于“广东省侨联系统先进集体”。 （王冠贤）

增城市归国华侨联合会主席 蒋剑云

涉台事务

【宣传贯彻党的对台方针政策】 为使台湾各界全面了解增城，看好增城，市台办通过涉外刊物《荔乡情》刊登文章和图片，邮寄台北增城同乡会。并协助台湾中天电视台和《增城日报》社到有代表性的台资企业采访，播放和刊登台商在增城投资的特辑，宣传台商的投资创业事迹。同时，为台协各会员企业订阅《两岸关系》杂志，促进台商对共产党发展两岸关系最新政策的了解。

【台商、台资企业的管理和服务】 2009年，面对全球金融危机对台资企业的影响，把台资企业的稳定和发展作为一项重要工作来抓。①根据广州市台办的统一部署，做好调研工作，就全市台资企业在全球金融危机所受到的影响进行调研和走访，通过召开座谈会和台协理事会等形式，了解企业面临的问题，及时将情况向广州市台办和市委市政府汇报。②组织台商、台资企业参加“广州市委、市政府慰问在穗台商迎春宴会”、“广州市领导与外向型企业座谈会”、“2009增城市各界人士迎春酒会”、增城市政协、人大会议和在穗台资企业应对全球金融危机专题工作座谈会，搭建政府与台商、台资企业的联络平台，加强互相联络沟通，会同职能部门，宣传落实企业应对金融危机的有关政策措施，增强台商的信心促进企业的平稳发展。③联合劳动、环保、国土、科技、安监、海关、质监等部门举办企业生产发展的法律法规和政务公开等的宣教讲座活动，及时将新的政策法规精神传达到台商、台资企业，为他们解决生活、生产、经营、发展中遇到的问题，引导其守法经营、规范管理、稳定发展。④协调有关部门解决台商、台资企业和台胞、台属要求协助解决的困难和问题。2009年处理涉台的劳资纠纷、生产经营、经济纠纷、牌照年审、汽车上牌、子女入学、用地办证、遗产上访、身故处理等事情等80宗；如台商欧建志先生因为湛若水墓有关土地补偿的问题，富盈五金厂招用童工和升威鞋厂林茂强先生因经济纠纷被派出所居留等问题。⑤发动干部职工和台商捐款近30万元慰问“8·8”风灾的受灾台商。⑥通过台协法律顾问驻会办公，为企业解答法律疑难咨询。通过会计师驻会办公，帮助企业完善规范的财务管理制度。协商残联派出专人驻会办公，为企业年审提供一切便利，解决残疾人就业和较合理收取保障金等方式，帮助企业做好年审工作。 （罗启明）

增城市人民政府台湾事务办公室主任 杨伯辉

民政工作

【社会救助】 一是提高农村低保标准。执行《增城市城乡居（村）民最低生活保障实施细则》规定，规范管理，严格按程序审批，做到应保尽保，2009年新批准纳入低保866户2233人，脱保794户1637人。从2009年10月起，市农村低保标准由每人每月210元提高到260元，增幅达到23.8%。至12月，全市纳入低保救济的对象共8659户22311人，其中城镇1492户3490人，农村7167户18821人，全年发放低保救济金4258万元（其中城镇809.4万元、农村3448.6万元）。二是政府供养对象生活明显改善。五保供养标准随农村低保标准同步提高，从2009年1月起，五保供养标准从每人每月221元提高到273元；从10月起，又再提高到338元，增幅达53%。孤儿供养标准提高到每人每月650元，增幅达94%。完善对全市1247名五保户的供养和管理，为农村五保对象全部办理农村合作医疗，2009年共支出供养费近410万元、医疗费95万元。市福利院完善设施设备建设，改善孤残儿童的生活环境。全年安排“明天计划”手术7人，送院治疗32人，接收弃婴弃童15人，在院抚养的婴幼儿45人，家庭试养6人，办理送养12人。三是启动城乡医疗救助。2009年5月1日起，实施《广州市困难群众医疗救助试行办法》，学习广州市医疗救助实施细则，降低救助门槛，扩大救助范围，划拨121.56万元资助2130名城镇低保对象参加医疗保险，全年实施医疗救助3168人次，发放医疗救助金288万元，缓解困难群体看病难问题。四是加大临时救助制度。2009年共发放春荒救济款60.14万元、冬令救济款24.74万元，实施临时救助556人次，发放临时救济金50多万元。春节期间市五套班子领导组成9个慰问团慰问孤老、特困户、百岁老人等共4400多人，共发放慰问金73万元、棉被1300床、绒衣600多套、军大衣300多件等。春节前，向全市21978名城乡低保对象发放春节慰问金和一次性生活补贴共742万元。中秋节前，慰问孤老、困难群众等2300多人，发放慰问金、慰问品折合42万元。五是做好减灾防灾工作。建立健全减灾防灾救灾制度，设置专门的救灾物资仓库，加强救灾应急物资储备。开展5·12防灾减灾日大型系列宣传咨询活动，印发5.5万册《自然灾害应急救助手册》。学习珠海、广州等先进地区经验，建设西园和小楼两个防灾减灾示范社区。

【社会福利和慈善事业】 (1)市颐养院和20个五保村建设。在广州市民政局的大力支持下，投资1400万元的市颐养院颐养楼工程建设已全面完成，并于2009年12月10日竣工投入使用。20个五保村全部落实选址、用地、图纸设计，进入全面动工建设阶段。 (2)发展慈善福利事业。配合广州市开展12·12“广州慈善日”活动和广泛开展各种慈善募捐活动，筹得善款220万元。2009年实施救助212人次，发放救助金106.9万元。资助给市教育局850万元、市卫生局342万元及本市颐养院200万元用于慈善福利项目。争取到香港铁人暖心慈善基金会捐赠35万元给正果和平小学建师生饭堂。争取广州市慈善会在“第六届慈善杯高尔夫球赛”所筹善款中划拨给本市30万元，共资助本市300名困难家庭学生每人1000元。 (3)销售福利彩票。全市电脑网点发展到70个，全年销售彩票3000多万元。设点销售即开型福利彩票676万元，筹集本级福利金135.2万元。 (4)提高老年人优待水平。在元旦、春节、中秋节期间，开展的敬老、慰老活动，为老人办理优待证3333人次，发放老年人社保卡36622人次。

【双拥优抚安置】 (1)开展双拥共建活动。元旦、春节、八一建军节，市委、市政府组织慰问团开展走访慰问活动，慰问驻军和重点优抚对象等3000多人次，并先后召开优抚对象座谈会暨退役士兵欢迎会等，共发放慰问金170万元。清明，组织对越作战牺牲的烈属赴广西烈士陵园扫墓。联合老干局和团市委，组织离退休老干部、机关企事业单位干部、学生代表到市革命烈士纪念碑举行拜祭先烈活动，开展爱国主义教育。 (2)落实优抚安置政策。2009年，按上级文件要求，提高了部分优抚对象的抚恤补助和优待金标准，人均提高了15%，优待抚恤面达到100%。继续按规定审核参战退役人员身份，2009年新审批413人。至2009年12月，全市共有各类优抚对象3633人，全年发放定恤定补金1651万元。 (3)做好退役军人接收安置工作。2009年共接收2008年度退役士兵356人，其中城镇兵83人、农村兵281人。按时发放自谋职业一次性安置补助金533万元。全市有285名退役士兵参加免费职业技能培训。 (4)做好涉军维稳工作。按照上级有关文件精神，对全市的参战退役人员的具体情况进行一次全面调查，有针对性地安排98万元为523名优抚对象解决“三难”问题，各镇(街)安排部分参战退役人员就业等。对参战退役人员的来信来访，做到热情接待，耐心解释，把矛盾化解在萌芽状态，促进和维护社会稳定。 (5)加强革命老区建设。2009年下拨51万元给16个老区村庄建设基础设施。按省加强革命老区建设的意见，对全市老区村庄做了一次全面的调研，市委、市政府合印发《关于进一步加强我市革命老区建设工作的意见》。

【基层民主政治建设】 年初，召开了全市村务公开工作会议和村务公开工作领导小组成员会议，部署村务公开工作，制定村务公开工作计划，并建立健全领导小组成员单位联系点制度。举办村务公开工作培训班，全市320多人参加培训。对全市282个村的村务公开和民主管理进行检查，并建立每月抽查通报制度，促进村务公开和民主管理工作的落实。对村务公开民主管理难点村开展整治，2009年完成新塘镇甘冲村、石滩镇郑田村、中新镇坑背村等3个难点村的整治任务。

【社区建设和服务】 (1)社区居家养老服务和“平安通”呼援服务系统建设。设立荔城、增江、朱村3个居家养老服务部，招聘15名工作人员，为154名孤寡老人、优抚对象、困难家庭老人提供政府购买居家养老服务。完成“平安通”呼援服务系统安装计划，广州统一安装并开通521户。 (2)义工服务。培训义工队员700人次，组织义工5000人次到社区开展服务活动，共出动义工60000多人次开展各种社会公益活动。 (3)开展“六好”平安和谐社区创建活动。2009年，在巩固前二批创建“六好”平安和谐社区成果的基础上，申报创建第三批共7个社区和1个全国和谐示范社区，顺利通过省的检查验收，使全市的省级“六好”平安和谐社区达到18个。沿江社区被授予了“全国和谐示范社区”称号。 (4)农村社区建设。按广州市的要求，市确定在西南村、大墩村、西境村开展农村社区建设实验试点，推进“一站式”政务事务服务、助农增收服务、生活便利服务、精神文明服务等四个服务平台建设。 (5)社区综合服务中心建设。确定在荔城街开展社区综合服务中心试点建设，制定工作方案，组织有关人员到香港参观考察，学习先进的社会工作理念为居民提供多层次、全方位的综合服务。

【社会事务管理】 (1)区划调整和地名管理工作。2009年，依法审批43宗共190个名字的地名命名申请，完成318条镇界协议书文稿及图纸标绘。(2)民间组织管理。全年新登记社团单位19个，民办非企业单位9个，2009年全市社团组织发展到101个，民非企业单位发展到141个，(3)婚姻登记工作。全年共办理婚姻登记10378对，其中结婚登记8544对、离婚登记1834对，合格率为100%，新塘镇政府婚姻登记处被民政部授予全国婚姻登记规范化建设达标单位。(4)收养登记。贯彻落实民政部等五部委下发的《关于解决国内公民私自收养子女有关问题的通知》要求，通过增城日报等媒体宣传有关通知和法规，全年办理收养登记81宗，有160宗正在申报。(5)殡葬管理和服务。省在本市召开现场会推广万安园清理整顿工作经验，万安园成为全国清理整顿公墓工作两个示范单位之一。加大对“三道两区”及边远地区的巡查力度，完善信息联络员制度和遗体火化制度，确保火化率保持100%，通过省、广州市殡葬管理目标考核验收。改善市殡仪馆治丧环境，优化殡仪服务，2009年共投入116万元用于设备设施的更新改造，全年共火化遗体5360具(其中本市4181具、外地1179具)，(6)流浪乞讨人员救助服务。争取上级的支持和加强与有关部门的协调，组建流动救助服务队，上街巡查，开展流动救助服务，及时对流浪乞讨人员实施救助，全年上街巡查49次，救助418人次，发放衣物、食品一批。共接待求助咨询人员1570人，实施救助1285人。 (缪志强)

增城市民政局局长　范轶聪

增城市总工会

市总工会获2009年度广州市工会工作目标考核模范单位、增城市维稳及综治工作先进单位称号。

【劳动竞赛】 (1)劳动竞赛。各级工会围绕“保增长、促发展”目标，开展技术创新、技术改造、节能减排、合理化建议等实践活动。中国电信增城分公司开展以发展移动业务为主的“天翼展翅”、以优化移动网络为主的“天翼导航”和以促进电信全业务发展的“天翼之星”业务营销劳动竞赛；直属机关、教育、发改局等系统工会结合单位实际，开展“教学比武”、“行政执法检查和综合技能比武”、“劳动保障政策法规竞赛”等争先创优活动。据统计，全年开展竞赛活动的机关、企事业单位有970多个，参赛职工达3.6万人。各级行政为工会开展劳动竞赛活动提供经费65万元，其中用于竞赛奖励资金8万元；参加“我为节约作贡献”竞赛项目6个，节约和实现直接经济价值187万元；职工提合理化建议共585条，产生的企业效益达452万元。市公路局荔城养护中心获得省“工人先锋号”荣誉称号；市中医医院中风病专科获广州市“工人先锋号”荣誉称号。(2)先模评选表彰。市总工会根据先模评选和劳模管理工作需要，组织起草《增城市劳动模范管理办法》，加强和规范先模人物的培养、推荐、评选、表彰等工作。组织劳模赴昆山、山东、上海等地考察学习，组织疗养体检、慰问帮扶活动3次。完成市劳模协会换届工作。

【维权工作】 一是帮助企业应对金融危机。制定《增城市工会系统应急处置预案》，加强排查力度，采取免费为企业办理法人资格证、简化建会手续、增加临时困难补助名额等多项措施切实为企业减轻负担。二是继续深化“劳动关系和谐企业”创建活动。联合市劳动保障部门共同制定指导性文件，规范企业参评“和谐企业”标准，严格审核程序，推荐广东增城工业园区、广州植之元有限公司、五羊本田摩托等8家单位为广州市劳动关系和谐单位。三是维权机制建设。巩固和发展劳动关系三方协商、平等协商签订集体合同、厂务公开民主管理制度和工资集体协商等工会维权工作机制，加大工会源头参与、源头维护力度。建立福耀玻璃、五羊本田摩托、运豪五金塑料有限公司等3家工资集体协商试点单位；154家非公企业建立平等协商集体合同制度，覆盖企业980家；续签集体合同85份，订区域性、行业性集体合同6份，覆盖企业250家，覆盖职工12760人；女职工特殊权益专项集体合同签订率达85%。四是厂务公开民主管理工作。市公路局、供电局、荔城街等一批单位成为工会会务公开工作试点单位。2009年全市有981家企事业单位实行了厂务公开，建制率达81%。教育、卫生等事业单位厂务公开建制率达100%，职代会各项职权得到了较好落实。五是法律监督和劳动保护。开展以“科学发展抓预防，预防为主重教育”为主题的“安康杯”竞赛活动，推进“安全生产月”和“十个一”活动要求的贯彻落实。全市共有160多家企业4.3万职工参与了“安康杯”竞赛活动，发现安全隐患45项，提出安全生产建议38条；参与劳动仲裁4宗，参与劳资纠纷调解15宗，为职工挽回经济损失250多万元。联合市建设局对锦绣御景园、保利壹号公馆、汇翠湾等建筑工地进行“农民工安全卫生和住宿环境”专项检查；开展工会法律法规宣传6次，派发工会劳动保护宣传资料3780多份；配合劳动、公安、建设等部门联合执法，整治非法用工打击违法犯罪专项行动，开展农民工工资支付情况专项检查等工作，预防劳资纠纷的发生。

【帮扶工作】 以“困难职工帮扶中心”为平台，建立节日走访慰问、临时困难救助、子女入学援助、工伤探视、医疗互助、就业培训等对困难职工多方位的帮扶机制，形成“党委领导、行政支持、工会运作、上下联动”的工会帮扶工作格局。2009年春节前夕，举办救助金发放仪式，慰问救助特困职工300多人，拨出慰问金18.2万元；10月，部署开展了“金秋送温暖”大型慰问活动，对本市200多户特困职工家庭和12位符合助学条件的特困职工子女慰问资助，帮扶金额5.5万元。同时，每季度定期对临时困难职工慰问帮扶。新塘、石滩、朱村、派潭和供销社、公资办、交通局、文广新局等许多工会干部经常深入困难职工群众家中慰问。一年来，各镇街、市直局工会开展慰问帮扶活动264次，慰问各类困难职工群众896人次，发放慰问金42.6万元。市总工会还帮助131名符合条件的职工办理《特困职工证》。市公资办工会协助党委接待群众来访30批次，处理各类信访件70多件，想方设法为群众办好事实事，先后解决化肥厂、三荔公司、化工集团等原国有企业职工的住房、社保、医保、拖欠工资等一批突出问题，维护职工的合法权益。

【工会组织建设】 一是“党建带工建”。年内新增独立基层工会169家，涵盖基层单位、工会小组1100个，发展会员9000多人。二是工会宣传。在《增城日报》开辟《工友家园》宣传专栏，全年共出版9期，发行约15万份。三是工会阵地建设。市总工会在镇街和部分企业创办了6家“工友和谐家园”，中华全国总工会副主席王炯率领国务院农民工工作督察组视察本市增城广场的“荔城和谐家园”，推进“职工书屋”建设，荔城街、公路局等单位成为广东省、广州市首批“职工书屋”试点单位，配合建设部门建立建筑工地农民工学校40多家。推进“职工之家”建设，全市“职工之家”合格率达60%以上，市公路管理总站的“职工之家”获得“全国模范职工之家”称号。

(蔡铨宇)

增城市总工会主席 王方勇

共青团增城市委员会

【概况】 2009年，举办增城各界青年纪念“五四”运动90周年系列活动、开展2009年增城市青年文化艺术系列活动、推进增城市“青年带头创业致富工程”、开展“青春助学行”活动、启动亚运志愿服务行动、开展文明交通志愿活动。

【青少年思想道德建设】 (1)深化青少年爱国主义教育和思想道德建设。团市委联合市委组织部召开增城各界青年纪念“五四”运动90周年座谈会，市领导出席座谈会并作重要讲话。座谈会上，广大优秀青年干部结合自身工作谈心得体会，畅所欲言。(2)推动全市青少年廉洁教育工作的深入开展。团市委、市教育局、市少工委联合市纪委在荔城街富鹏小学举行“清廉薪火增城行”系列活动，各级领导及师生代表共600多人参加。活动通过廉洁文化为主题的画廉洁漫画、写廉洁格言、制作手抄报、讲廉洁小故事以及现场书法，增强廉洁教育对青少年的亲和力和吸引力，使廉洁意识在广大青少年心中扎根。(3)举行增城市“青春助学行”贫困大学新生助学金发放仪式，把近50万元的助学金发放到115名贫困大学生手中，帮助贫困学子实现大学梦想。开展成人宣誓系列活动培养青少年公民意识和爱国情操，提高青年公民素质，开展增城市红旗团委、市青少年文明号、市志愿服务先进集体、市共青团贡献奖等评选活动，表彰一大批先进集体和个人。

【青年就业创业工作】 一是开展增城市“青年带头创业致富工程”。团市委联合广州农村商业银行增城支行等相关单位成立调查组，深入公司厂房、田间地头，对青年创业意向、创业需求及创业形势全面了解，制定《增城市“青年带头创业致富工程”实施方案》和《增城市“青年带头创业致富工程”实施办法》，解决青年创业资金问题。对有创业贷款需求的优秀创业青年，由广州农村商业银行增城支行以优惠的利率给予贷款作为创业启动资金，贷款利息由政府补贴解决。自工程正式启动以来，第一期共推荐创业贷款项目37个，经审核，12名优秀创业青年凭借优质创业项目获得总金额为166万元的创业贷款资助，项目涵盖迟菜心经营、香蕉种植、农家乐经营、家具销售、农产品种植以及农家乐等项目，起到很好的示范带动作用。第二期“青年带头创业致富工程”，共收集各基层团委推荐创业项目60个，平均申请贷款约18万元，经调研评估和上报审批，获第二期“青年带头创业致富工程”贷款扶持的优秀创业项目18个，申请人平均年龄33岁，贷款金额近300万元，项目涉及土特产品种植、农资配送、食品加工、农家旅馆、网络营销等。二是青春富民惠民行动。团市委通过举办座谈会、创业大讲堂、青年创业论坛等多种形式，邀请专家教授、职业导师、青年企业家与就业创业青年的交流，促进广大青年转变就业创业观念；加大对青年创业典型的选树、扶持和宣传工作力度，全市共建立青年创业示范点10个，营造全社会支持创业、鼓励创业、崇尚创业的氛围；针对青年创业缺乏技能经验的实际，团市委联合市社保局等部门，以市成人教育培训中心为依托，建立增城青年创业培训基地，并举办SYB（创办你的企业）青年创业培训班，为40多名符合条件的优秀创业青年提供为期半个月的免费学习培训；邀请有关专家、优秀企业家代表等组成“增城青年创业导师团”，为本市创业青年提供跟踪服务和智力支持，形成有利于青年创业的良好社会氛围，切实服务青年创业成才。三是建立服务青年就业创业工作机制。以镇街团委为平台，建立青年就业创业服务站，由村、社区团支部书记担任青年就业创业信息员，形成市、镇（街）、村（社区）三级共青团系统服务青年就业创业工作网络。依托各类企事业单位，提供不同岗位，把下岗失业青年、城镇和农村富余青年劳动力作为对象，建立一批“青年就业创业见习基地”。实施“青年人才计划”，对表现突出、条件成熟的创业青年进行跟踪帮扶，提供政策扶持，降低准入门槛，为青年创业提供“一条龙”服务。同时，建立“公司+学校+青年”订单式技能培训模式，联合市劳动就业部门开展“增城市大中专毕业生自主创业政策咨询暨现场招聘会”、“送岗位下乡”等活动，共提供就业岗位3000余个。一年来，全市各级团组织共选树青年创业典型30余人，其中国家级2人，省级1人，结对扶持创业项目30个，提供就业岗位3000余个，安排青年就业1000余人，联系青年见习实习

300余人。

【开展青年文化繁荣行动】一是举办纪念“五四”运动主题晚会。团市委在增城广场永久舞台举办大型“纪念五四运动90周年　推动增城科学发展”文化活动主题晚会。二是开展团队主题教育活动。团市委、市教育局和市少工委联合组织开展2009年“我为增城添新绿，我与小树同成长”植树环保系列活动，清明时节，团市委联合市委老干部局、市民政局、市关工委等单位开展“缅怀革命先烈，推动科学发展”扫墓活动，团市委组织青年朋友在白水寨风景区，开展“新生活·健康”之青年旅游活动启动仪式，倡导广大青年健康生活，快乐工作。三是联合市民政局、工商联等相关单位举办百人书画现场表演暨慈善义卖活动，义卖所筹得的2.6万元善款全部捐赠到慈善总会。

【开展创文及志愿服务活动】参与创建全国文明城市行动，启动“亚运志愿服务行动”，明确2009年是增城志愿服务事业的建设年，组织动员广大团员青年走上街头、深入社区（农村）开展志愿服务活动。一是不断加强志愿服务队伍建设。联合市创建办制定《关于构建社会志愿服务机制、推动创建全国文明城市工作的实施方案》抓好亚运城市志愿者的招募及管理工作，设立多个报名网点，通过个人报名、团体报名、网上报名等多元化报名方式面向社会招募亚运志愿者，通过报名网点进行申请的志愿者近800人，网上登记的约1200多人。以一级师资、骨干、志愿者为对象建立三级培训机制，争取广州团市委支持，组织志愿者一级师资队伍约20人，参加广州亚运会志愿者师资培训班，全面系统地学习志愿服务知识及基本工作技能，通过召开亚运会志愿者二级骨干培训班和迎接广州督导检查，推动市志愿服务活动的深入开展。二是开展富有特色的志愿服务主题活动。团市委一方面广泛组织开展“迎亚运、讲文明、树新风——做好东道主”主题实践活动、“志愿服务”广场论坛暨“亚运广州行”英语日主题活动、“友爱在车厢”志愿服务活动、纪念“12·5”国际志愿者日全民体验活动等主题系列活动，组织全市各类志愿者深入市主要城区、社区以及农村开展内容丰富、形式多样的志愿服务，提升广大市民的文明素质和文化修养，树立增城人现代文明新形象，提高创建全国文明城市活动的影响力和覆盖面2009年各级团组织共出动志愿者3万多人次，提供志愿服务5万多个小时。另一方面，团市委联合市创建办、市邮政局等单位开展了“2009年书信节暨青少年创建全国文明城市系列活动”，全市有近10万多名中小学生及家长参加了该活动，同时，团市委还联合新塘镇政府等单位举办首届“新塘牛仔杯”服饰设计师大赛，协助实现新塘牛仔形象推广。　　（黄劲勇）

共青团增城市委员会书记　邓海军

增城市妇女联合会

2009年，市妇联荣获省“三八”红旗集体荣誉称号、广东省妇联系统2009年度妇女宣传推广工作一等奖。

【双学双比】2009年，市妇联联合各级妇女组织以及有关职能部门开展农业技术培训班115期，培训妇女1.8万人，发放宣传资料1万份，解答种养疑难问题1000多题，提高农村妇女科学种养的能力。培养“双学双比”种养大户45户，以妇女为主的100亩以上种养基地有49个；培养种养女能手635名；培养“妇”字号龙头企业3家；培养从事水产品、蔬菜、家禽饲养、服装等行业妇女3000多人；创建“巾帼示范村”25个；创建“美德在农家”示范村18个；组织农技员与农村女能手结对子50对。联合劳动部门组织各类城乡劳动力培训班106期，培训女工2786名；组织劳务招聘市场10次，提供就业岗位2万多个；推荐1366名女性就业。争取市政府和有关部门的支持，为10名有创业意向和创业基础的妇女提供每人20万元的贴息贷款，解决妇女勤劳创业但苦于没有资金的难题。并建立妇女创业就业示范基地5个，评选出增城市十大巾帼致富带头人，促进农村妇女转移就业，实现妇女在家门口创业就业、增收致富的梦想。

【“巾帼建功”掀高潮】2009年，市妇联引导广大妇女发扬“四自”精神，在各自的工作岗位上，争先创优，成就了一批年轻的行业带头人和业务骨干。蒋文凯、张秋霞、汤爱容等10名妇女被评为巾帼创业带头人；林端瑜等4名巾帼精英被评为“增城市劳动模范”；蒋万芳等6名女职工被评为“增城市先进劳动者”。在公安系统，1名妇女荣获个人三等功，1名妇女被评为省优秀人民警察；在文化系统，11名女编辑、女记者的16件新闻作品获得省、广州市的文化系统的嘉奖。增城中学杨爱华校长荣获全国“三八红旗手”的称号，成为全市妇女学习的楷模。

【主要工作】（1）“爱心爸妈”，让孤儿享受家庭的温暖。自2007年建立“爱心爸妈”帮扶机制以来，帮助全市208名孤儿解决学习和生活中的困难，使越来越多的人加入到“爱心爸妈”行列中，2009年，市妇联组织“爱心爸妈”们开展“爱暖困境母亲，情牵孤困儿童——2009年新春慰问活动”、“共享阳光　快乐成长——庆六一爱心慰问活动”、“迎国庆、贺中秋”等大型集体慰问活动，慰问本市孤困儿童、单亲特困母亲268人次，送上慰问金11.9万元，慰问品价值3.34万元。“六一”节，副市长、市妇儿工委主任李荣渝登门慰问朱村街孤儿黄婉玲、曾志成，为他们送上慰问金和慰问品，（2）扶贫助学金，帮贫困女学生圆大学梦。市妇联紧紧围绕市政府提出的“不让一个孩子因贫困而失学”的目标，帮助222名2009年大学女新生申请市政府助学资金，共36.8万元；联合计生、教育等部门为本市31名农村“纯二女户”考上大专以上院校的女学生获得共15.2万元的助学金；帮扶本市19名高一女生申请到广州市“春雨助学行动”助学金共17.1万元。（3）援建“安居房”，解决贫困母亲后顾之忧。2009年，于“两会”期间提交了

"援建母亲安居房"的提案，得到市委市政府重视，优先把本市47户单亲特困母亲家庭"安居房"纳入第一批农村危房改造范围中。年内，已建好8间，7间正在建设中。同时，市妇联争取广州市儿童医院的支持，联合市妇幼保健院对全市的38名特困家庭重症儿童进行免费筛查，为筛查出的7名符合救治条件的患童开展免费手术治疗，为483名贫困母亲进行免费体检。探访军转干部、困难老党员等64人次，送上慰问金2500元，慰问品价值4800元。一年来，市各级妇女组织慰问孤困儿童、单亲特困母亲等弱势群体353人次，慰问金、慰问品总价值5万多元。并主动配合有关部门做好农村妇女"两癌"筛查、农村和流动人口妇女住院分娩补助等五项重大公共卫生服务项目的宣传、组织和发动工作，为广大妇女儿童的健康成长创造良好的条件。（4）组建婚育中心，提高出生人口素质。2009年"两会"期间，市妇联向大会提交关于组建"增城市一站式婚育服务中心"的提案，市政府拨款140万元在市民政局办公大楼1~2楼建立"增城市一站式婚育服务中心"（正在施工建设中）。服务中心主要由民政、计生、卫生三家联合办公。服务中心的建成使用，将为广大欲婚新人提供免费婚前检查、婚姻登记、人口计生宣传三位一体的一站式婚育服务，从而达到预防出生缺陷发生，提高出生人口素质的目的。同时，本市6所家长学校被评为"广州市优秀家长学校"。（5）创新维权载体，维护妇女儿童合法权益。2009年，市妇联建立律师接访制度。每月16日、26日上午为接访日，律师免费为妇女群众提供法律服务；建立"增城市法律援助处妇联工作站"，解决困难妇女群众"无钱"打官司的问题；建立维权工作网站，律师在线接受法律问题咨询，更加快捷方便妇女群众。自2009年6月份接访以来，市妇联共接待41名妇女群众的来访，律师从法律的角度解答群众的疑难问题。对涉及到的问题需要诉讼、调解的个案，市妇联派专人跟踪处理，把矛盾解决在萌芽状态之中。

【为创建全国文明城市作贡献】（1）开展"清洁美"活动。组织妇女和家庭开展以"爱我家园，巾帼在行动"为主题的"清洁美"行动。以小楼镇西境村、新塘镇西南村为示范点，宣扬和推广文明新风及健康的生活方式，号召广大妇女和家庭成员从我做起，从现在做起，从身边的小事做起，养成讲卫生、爱清洁的良好习惯，让健康向上的生活方式走进新农村。市妇联联合团市委等单位，组织巾帼文明督导队在荔城大道路段北侧开展卫生清理活动60次，出动巾帼志愿者300多人次。（2）开展巾帼文明志愿服务行动。组织巾帼文明督导员开展文明督导和文明礼仪宣传教育活动40多次，出动巾帼文明督导员572人次。市教育局出动巾帼文明志愿者1.58万人次。市妇联还联合市公安局等有关妇委，组织巾帼文明督导队队员踊跃参与"文明出行"活动。活动期间，巾帼文明督导队志愿服务近150个小时，派发宣传资料1000多份，纠正教育行人交通违法行为600多起，协助执勤交警处罚交通违法行为30多宗。（3）开展文明礼仪论坛活动。2009年，市妇联开展了"友爱互助"广场论坛暨"亚运广州行"问候日主题活动、"志愿服务"广场论坛暨"亚运广州行"英语日主题活动、"公共文明大家谈"社区论坛活动、"邻里和谐一家亲"活动等9场，3000多人参加了活动。

【基层妇女组织建设】（1）妇联基层组织网络建设形成"市妇联—镇妇联—村妇代会"纵覆盖和"妇委会—女职委—联谊团体—志愿者组织"横向联谊的妇女组织网络。全市9个街镇建立了妇联组织，282条行政村建立了妇代会，37个社区、22个机关事业单位建立了妇委会，高等院校妇委会4个，工会女职委1094个，个体私营妇委1个。（2）妇女干部队伍建设。2009年市领导班子共配备6名女干部。选拔任用副局级以上女领导干部16名；选派3名女干部参加全市机关和镇街开展的年轻干部"双向交流"学习，占"双向交流"总人数的15.8%；选送5名女干部参加广州市"千人计划"到广州市直机关挂职锻炼，占50%。全市9个镇街党政领导班子都配备女干部。（常　亮）

增城市妇市女联合会主席　徐少珍

增城市工商业联合会

【概况】 2009年，市工商联继续实施《五年工作计划》，围绕市委、市政府工作大局，开展"三促进一保持"和"三联六帮"活动，参与创建全国科学发展示范市工作，发挥工商联作为政府与非公经济人士沟通的桥梁和纽带作用，促进本市民营经济持续稳定健康发展。年内发展新会员250多人，届中增补12名执委以上班子成员。到年底共有会员2700多人，镇街分会9个，驻外（北京、上海、江苏、昆明）商会4个，行业商会4个；另外成立隶属本会管理的增城市潮商文化促进会。工商联（总商会）迁至增城市荔城街西城路31号（原政协大楼），同时接管市民营企业投诉中心。

【为中小企业服务】 贯彻落实"三促进一保持"系列工作。组建调研组分别走访会员企业20多家，撰写调研报告2篇，为市委、市政府制定应对国际金融危机政策措施提供依据；联同直属商会增城汽车空调行业商会组织本市20多家汽车空调生产企业，参与2009年广州（国际）汽车空调展览会，帮助做好产品宣传推广，拓展销售市场；3月，本会与石滩镇分会、工商银行广州工业大道支行、广州华鼎担保有限公司联合举办"银担企融资推介会"，并签订《中小企业融资服务合作协议》，参会企业代表90多人，促成多宗合作；6月，组织100多名会员参加增城市政银企对接会，帮助其了解新出台的相关政策法规，促成各方对接合作；7月，本会与广东发展银行增城支行联合举办银企融资推介会，现场为企业代表解答各类融资业务问题；8月，协助组织举办TOP协达软件赠送会，共向会员企业免费赠送200多套企业办公软件，通过企业管理信息化助其走出金融危机；8月，组织协助朱村街分会举办“朱村街企业投融资座谈会”，为该地区企业成功搭建投融资交流平台；10月，增城质监局联同本会和市汽车空调行业商会，联合召开汽车空调压缩机行业申证座谈会，本市25家汽车空调压缩机生产企业30多名负责人和技术人员出席座谈会。

至2009年底，本会分别与中国工商银行增城支行、工行广州工业大道支行、中国农业银行增城支行、华鼎担保有限公司等金融担保机构合作，共举办了融资推介会7场次，累计为本市100多家中小企业融资近7亿元，缓解了我市中小企业周转资金不足的困境，切实帮助他们解决了融资难等问题。

【维护企业权益】 2009年市民营企业投诉中心和维权服务部共收到会员和其他企业维权请求118宗，主要涉及土地、合同、税务、年审、劳动纠纷、商标侵权、房产、证照办理等方面，其中涉及外出增城商会2宗，接待来信、来电、来访200多人次，举办基层商会维权调研座谈会10场次，参会人数达300多人次。另外，组织会员参加市委、市政府、各级部门有关会议活动30多场次。帮助会员企业解决用地、劳动纠纷、土地纠纷、税务等问题，维护企业的合法权益。

【外出参观学习】 4月，市政协工商一组一行34人赴海南岛开展为期3天的考察学习活动，本会领导及部分担任政协委员的会员参加了该次活动。7月，中新镇分会组织会员到台湾进行参观学习，学习当地企业企业家的经营和管理文化，将好的经验带回企业，促进企业健康发展。10月，市委统战部组织各民主党派、工商联、市副局级以上党外领导干部赴云南考察调研，期间与昆明增城商会举行座谈会，加强与本市驻外地商会的沟通联系。11月，本会组织43名会员赴俄罗斯开展为期7天的考察学习，先后参观考察莫斯科、圣彼得堡等城市。通过实地考察，了解当地商品市场，考察当地招商引资工作等，对企业自身在金融海啸后如何调整经营策略起到作用。12月，应四川省广安市广安区政府和广安市工商联邀请，市领导率43位民营企业家赴该区开展为期4天的考察学习活动。拓展增城客商在广安市、广安区民营经济市场，建立双赢合作平台，了解当地政府在招商引资方面的政策和措施，开辟两地招商引资新途径，双方签订缔结友好商会协议书。

【参政议政】 2009年，引导民营企业家积极参政议政，发挥非公经济代表人士的骨干作用，为本市经济与社会发展建言献策。市“两会”期间，本会组织发动会员中的人大代表、政协委员就民营企业参与新农村建设、如何做好本市民营经济“两个健康”发展以及如何应对国际金融危机等问题，提交《妥善利用遗留土地有效抵抗金融风暴冲击》等27件提案、议案，全部提案、议案均被采纳、反馈。

【参与社会公益事业】 在“六·一”儿童节期间，小楼镇分会组织20多家会员企业赞助4所小学3万多元。6月，增城市总商会、市水产行业协会以及市私营企业协会在荔城中坚码头举行增城市第一届“渔业放生节”活动，本会组织75名会员参加捐款105300元。中秋前夕，增江街分会组织会员到增江街光耀村，为该村100多名60岁以上老人派发慰问品，价值1万多元。12月，在增城挂绿广场举行的“广州慈善日”书画义卖捐款活动，本会发动工商联系统工作人员、基层商会以及广大会员捐款捐物，为“广州慈善日”活动筹得73.4万元。同时，以本会会员为主的增城市新塘济困扶助协会，开展各项扶助活动30多次，累计扶助金额近56万元，扶助困难群众和学生2000多人次。

（廖燕峰）

增城市工商业联合会主席　廖榕就

增城市工商业联合会党组书记　刘优伯

增城市残疾人联合会

【概况】 2009年，全市有各类残疾人约4.8万人，占全市总人口的5.7%，已办理残疾人证的有10888人，因各种原因未办证的约有3.7万人。按残疾级别分，一级残疾人3618人、二级残疾人4005人、三级残疾人2117人、四级残疾人1148人。

【残疾人综合服务设施建设】 （1）市残疾人康复中心动工建设。市残疾人康复中心改造工程项目被列为市政府2009年为民办十件实事之一。一年来，经过各方努力，该项目已完成立项、环评、地质勘查、房屋安全鉴定、财政评审、招投标等工作，该项目工程占地4.99亩，建筑总面积5110平方米，分别设置脑瘫和智障残疾人的康复、托养、活动、工疗和生活训练、培训教室等区域，还设置饭堂、室外篮球场、羽毛球场、绿化用地、停车场等配套设施，2008年12月动工，计划于2010年6月份竣工。（2）市残疾人综合服务大厅、用品用具供应中心即将交付使用。在市委、市政府重视下，把市原计生局位于荔城街健生路段的2层共800平方米的物业划拨给市残联，用于改造为市残疾人综合服务大厅和用品用具供应中心。年内，该项目进入收尾阶段，计划于2010年上半年前竣工，并交付使用。届时，综合服务大厅将为本市用人单位就业年审、办理残疾证、领取生活补助等提供一站式服务窗口。用品用具供应中心将成为本市规模较大、产品较多、较新的残疾人用品用具的展示窗口，为本市有需求的残疾人提供用品用具购置、置换和装配等服务，也为参与社会活动提供方便。（3）市康园工疗站服务中心和聋儿语训部投入运作。市康园工疗站服务中心和聋儿语训部于2008年5月举行挂牌仪式。省、广州市残联领导出席挂牌仪式。市康园工疗站服务中心和荔城、增江、朱村街康园工疗站已安排近80名残疾人接受就业、康复、工疗和娱疗等服务。聋儿语训部已接收15名聋哑儿童接受学龄前教育和进行康复训练。通过半年来的运作，取得良好社会效果。（4）市兴建残疾人集中就业示范基地。为解决本市残疾人就业难的问题，本市残联与广州市残联合作在本市建立2个残疾人集中就业示范基地。

一个位于小楼镇的晶蓝灯饰有限公司，目前共安置了152名残疾人就业，已建成专用生产、宿舍、餐厅、培训、文体活动等无障碍设施完善的残疾人培训、就业生活区；另一个位于中新镇的广州星邦制罐厂，共安置42名残疾人就业，并以无障碍设施建设的标准，完成厂房、宿舍和休闲区的改造工程。在金融危机的艰难时期，上述两个残疾人就业示范基地，在很大程度上提高我市残疾人就业率。

【农村助残安居工程】 2002年，广州市下达增城市农村助残安居工程建房任务共1079户，分三期完成，其中：第一期307户、第二期297户、第三期475户。建房资金由广州市、区（县级市）、镇（街）按比例分级负担，其中，增城市按2:0.5:0.5的比例进行资金筹集。2009年完成，并交付残疾人使用。

【主要工作】 （1）2009年，联系广东（光明）狮子会资助，组织"给你光明，看亚运"送光明活动。并于5月21日，在市博济医院内举行启动仪式。这次活动共对全市800多名贫困白内障患者进行摸底筛查，并为其中249名符合手术条件的患者分批施行免费复明手术，资助手术费用共计62.25万元。2009年，增城市被评定为全国白内障无障碍区、市(县)。（2）2009年为800多名肢体、脑瘫及智力残疾人进行康复训练服务。以朱村街康复指导站为点，逐步向全市推广普及残疾人社区康复工作。10月份，与市卫生局联合召开农村社区残疾人康复工作会议，并同全市9个镇街卫生院签订《开展农村社区残疾人康复工作协议书》，分别向各卫生院出资3万元，用于创建康复科和购置医疗康复设备。本市各镇、街卫生院创建康复科后，将承担辖区内的残疾人康复工作，根据康复需求为残疾人（包括疑似残疾人）提供优质康复服务。2009年，全市农村社区残疾人康复工作已覆盖全市。2009年8~9月份，对荔城、增江、朱村三条街3143名的残疾人开展康复需求调查，为市委、市政府做好全市残疾人工作的决策和今后残疾人康复工作规划的制定等提供信息和依据。（3）2009年，全市有4431名残疾人参加新型农村合作医疗，资助重度残疾人参加新农合资金共19.94万元；有129名残疾人参加城镇居民合作医疗保险续保，资助金额共4.95万元；为11名肢体残疾人安装假肢或矫形器，获得新型农村合作医疗残疾人康复资助1.35万元；与市慢病站联手合作，为4510多人次的精神病患者提供免费送药服务，资助金额共22.29万元；为82名有慢性病医疗救助需求的残疾人向上级残联提交申请，审批救助其中53人；为23名残疾儿童建立首报制度和跟踪服务档案、信息平台；举办2期残疾人机动车驾驶员培训班，为全市近200名残疾人驾驶员授课，并发放交通安全知识读本，提高他们的安全意识。（4）2009年，市残疾人专项补助范围已扩大到4812人，发放资金共3238560元；共为本市527名贫困残疾人学生和残疾人子女学生，以小学400元、中学600元、大专以上800元的标准发放助学金；会同市招生办为13名残疾考生完成高考申报工作。（5）2009年全市办理按比例安排残疾人就业年审的用人单位共650个，安排残疾人就业265人，完成收缴就业保障金的任务。其次抓好就业工作。组织市残疾人前往广州市南方人才市场、残疾人劳动力分市场等地应聘100人次；先后三次选送31名残疾人参加长江高科技培训班；在小楼、中新镇举办了农村残疾人职业技能培训班，邀请专家为130名农村残疾人讲授农作物病虫害防治基本知识；为残疾人就业示范基地中的133名残疾员工举办文化补习班和技能培训班，提高他们文化、业务水平和自身素质；与广州市残疾人劳动就业服务中心、本市劳动和社会保障局联合举办大型残疾人就业招聘会，拓宽残疾人就业渠道。

（关 晶）

增城市残疾人联合会理事长 赖容焕

政法委员会

2009年，市政法工作以党的十七大精神为指导，贯彻落实科学发展观，按照中央、省、广州市政法工作会议的部署，以保障全国两会和建国60周年庆典期间的安全稳定为重点，发挥政法机关职能，开展严打专项斗争，推进社会治安综合治理，保民生、保稳定、促和谐，维护社会稳定。为增城市创建全国科学发展示范市提供良好社会环境。

【维护社会大局稳定】 一是落实维稳领导责任制，明确党政一把手是维稳的第一责任人。各级各部门把维稳工作作为头等政治任务来抓，落实维稳工作责任制。各镇街、部门按照"属地管理"和"谁主管，谁负责"的原则，负保一方平安的责任。各职能部门做好各项维稳工作，调处、疏导、化解矛盾纠纷，形成齐抓共管的局面。二是加强反恐怖和对敌斗争，打击境内外敌对势力的破坏活动。公安机关牢固树立国家安全意识，认真研究对敌斗争形势，以反恐怖破坏活动、消除社会治安隐患为重点，制定完善处置恐怖袭击事件预案，加强情报信息工作，严密控制境内外敌对分子的活动，打击各种敌对破坏活动。三是继续打击"法轮功"等非法活动。加强对重点人物的控制和电视非法插播干扰的防控，主动布控，并收缴"法轮功"资料一批，依法查处"法轮功"骨干分子，防止"法轮功"人员进京上访和串联活动，确保"三零"、"三无"目标的实现。四是预防和处置群体性事件，化解社会不安定因素。加强对社会矛盾纠纷工作的领导，组织开展排查督导工作。做好处置突发事件准备工作，制定应急处置预案，按照"谁主管、谁负责"的原则，做好疏导工作，对各类不稳定事件稳妥处置。坚持镇街"每10天一排查"、市"每月一排查"制度，落实"两会"、"五一"、"八一"和国庆等重大节日、敏感期安保措施。对排查出来的矛盾纠纷和不稳定苗头、隐患，实行登记，建立台帐，落实"五个一"(一起矛盾纠纷和不稳定因素、一个包案领导、一个调处部门、一个调处方案、一个调处时限)。2009年处理派潭镇大埔村三丫合作社冲击派出所事件，新塘镇海伦堡业主因环境污染问题堵塞公路等事件。全年共调解民间纠纷1642件，调解成功率为95%，防止民间纠纷转化为刑事案件53宗。集体到省、广州市上访批次同比分别下降85.79%和66.6%，人次同比下降94.8%和78.8%；没发生影响恶劣的群体事件，确保社会大局稳定。五是领导坚持群众接待日制度。接待群众来访，解决群众反映的热点问题，密切干群关系，防止事态的扩大化。

【整治突出治安问题】 2009年，相继开展“09红棉”、“09剑锋”、“人屋车场”、“清巢”、“大收戒”等一系列行动，加强对流动人口、出租屋、机动车和重点场所特别是对易藏污纳垢场所、销窝赃行业、无证照经营场所的综合整治，开展打黑除恶专项行动，打击“两抢一盗”等多发性犯罪活动，同时，对娱乐场所开展考核评级，对旅馆业进行年审。共出动25219人次，清查场所11855间次，限期整改63间，停业整顿31间，取缔无证照258间；抓获处理各类违法人员297人，其中刑事拘留29人，行政拘留84人，罚款69人。召开两次打击刑事违法犯罪公开处理大会，对违法犯罪嫌疑人公开处理，打击犯罪分子的嚣张气焰。以“人屋车场”为重点，强化社会治安综合治理，治理“人屋车场”突出问题，建立健全“人屋车场”长效管理机制。全市摸查登记并纳入信息化管理的出租屋共有19435栋、78521套，登记流动人口30万人。查处交通违法和整治机动车辆乱停乱放行为，立盗窃机动车案件422宗，同比下降44.5%。开展重点场所管理，对娱乐场所、黑网吧、旅馆业、废品收购站等重点部位清查整治，出动25219人次，清查娱乐服务场所1405间次、旧货业488间次、再生资源回收店档2337间次、旅馆业3313间次、金银首饰店档493间次、桑拿沐足场所1477间次、游戏游艺场所1102间次。

【基层平安建设】 按照广州市部署，7月份召开全市镇街综治信访维稳中心建设动员大会，并制定《增城市镇街综治信访维稳中心建设工作方案》。各镇街按要求健全机构，发挥中心调处化解基层信访问题及矛盾纠纷的作用。8月份召开全市加快推进城区物业管理小区建设现场会，促进城区平安社区建设工作。2009年，共建物业管理小区12个，落实“人防、物防、技防”措施，小区内的治安秩序良好，“两盗”案件大幅下降，卫生环境和人居环境有很大的改善。加快推进治安视频监控系统的规划建设，以荔城街、新塘镇为安装使用视频监控系统的重点地区，在案件多发路段、公共娱乐服务场所、金融网点等重要部位进行科学选点。我市已安装治安摄像头11000多个，逐渐建立一套统一协调、完善了社会治安视频监控系统。

【创新工作机制】 我市率先在广州地区推行镇街检察室和挂村检察员工作制，推动“法律监督到镇街，检察服务进村社”工作。全市9个镇街建立检察室和挂村检察员，深入基层680多人次，获取职务犯罪线索6条，解决重大综治信访维稳事件9件，接受群众上访36人次，接受群众法律咨询160多人次，推动检察工作重心下沉，初步形成强化监督与增强服务并重、服务基层与促进业务共进的发展格局。

【加强政法队伍正规化建设】 2009年，各部门将深入学习实践科学发展观活动与政法工作实际结合起来，组织干警进行教育培训，开展法纪和政纪教育，定期组织党员学习相关理论知识，观看反腐电教片。深入开展纪律教育月活动，组织党员干部对照“三笔账”（政治账、经济账、家庭幸福账），认清腐败带来沉重的危害和代价。结合《法官法》、《检察官法》、《人民警察法》及典型案例，进行警示教育，提高广大干警秉公执法、公正文明办案、廉洁自律的自觉性，预防和减少司法人员违法办案、执法不严、办案不公等现象。加强业务培训，开设“战训合一”培训班11期，培训民警681人，举办亚运会安保培训班8期，培训民警620人。组织领导干部开展“讲党性、重品行、作表率”教育。加强对基层科、所、队、庭负责人的政治、业务培训，提高其执法能力。坚持“德才兼备、以德为先”的用人标准，不断优化结构，加强培养，严格管理，打造一支具有坚定政治立场、作风过硬、战斗力强的干部队伍。 （黄作臻）

中共增城市委政法委员会书记 丘岳峰

公安工作

【打击刑事犯罪】 2009年，市公安机关保持严打态势，将打击锋芒对准严重暴力犯罪、黑恶势力犯罪和多发性、团伙性、系列性等犯罪，先后开展“红棉”、“剑锋”和“飞剑”等一系列严打专项行动，重拳打击街面“两抢一盗”等多发性犯罪，全年立刑事案件3570多宗，同比下降14%；破获刑事案件3540多宗，同比提高2.0%，其中破获“两抢一盗”案件2490多宗，打掉各类犯罪团伙190多个、抓获团伙成员840余名；缴获各类枪支6支、子弹12发、汽车70多辆、摩托车200多辆、手机250多台等作案工具和赃款赃物折合人民币价值760多万元。侦破新塘“09.02.26”万禾商场放置炸弹敲诈勒索案，排除爆炸装置，抓获犯罪嫌疑人2名；侦破“09·05·26”正果故意杀人案，抓获犯罪嫌疑人1名；侦破新塘“09.07.02”故意伤害致死案，抓获犯罪嫌疑人3名；打掉活跃在本市的一个特大持刀抢劫团伙，抓获团伙成员8名，缴获被抢摩托车4辆，破获持刀抢劫案件40宗、入屋抢劫案件9宗、抢夺案件5宗；侦破新塘“09.07.02”陆某磊被绑架案，解救人质，抓获犯罪嫌疑人2名。

【打击经济与毒品犯罪】 2009年，破获经济犯罪案件80多宗，同比上升29%，抓获经济犯罪嫌疑人60多人，刑事拘留60多人，挽回经济损失470多万元；破获毒品犯罪案件130多宗，打掉毒品犯罪团伙5个，抓获涉毒违法犯罪人员160多人，缴获毒品海洛因3370多克、冰毒（液体）10000多克、冰毒片剂（麻古）550多克、冰毒晶体80多克、氯胺酮840多克、麻黄碱4.5克、大麻10多克、普鲁卡因500多克、其它毒品30多克。

【治安行政管理】 2009年，市

公安机关先后开展"09红棉"、"09剑锋"、"人屋车场"、"清巢"、"大收戒"等行动，联合政府各职能部门，加强对流动人口、出租屋、机动车和重点场所特别是对易藏污纳垢、销窝赃行业、无证照经营场所的综合整治，严厉打击"黄赌毒"和销窝赃违法犯罪。对娱乐场所开展考核评级工作，严格对旅馆业的年审，巩固整治成效。全年出动警力25210余人次，清查场所11850多间次，查处"黄赌毒"案件5400多宗，查处5460余人，打掉"黄赌毒"犯罪团伙80多个（成员530余人），捣毁卖淫窝点10多个、各类赌博窝点110多个；加强对治保会、治安联防队的检查和指导，落实对群防群治队伍的监督，从源头上规范群防群治队伍的管理，分批对全市315名村（居）委治保主任进行业务培训，提高业务技能，加强社区和农村治安管理工作；组织1426名治安及交通协管员参加培训，学习各项业务知识和法律法规，配合公安机关和民警执勤执法。一年来，全市治保会、治安联防队员共为公安机关提供线索450多条，抓获犯罪分子80余人，协助破获刑事、治安案件30多宗。

【安全保卫、警卫】 2009年，市公安机关完成中央、省市领导到增城考察以及本市举办的大型会议活动安全警卫、保卫工作。全年共完成各种级别警卫任务62次，其中一级加强（含一级）警卫4次，出动警力459人次；二级加强（含二级）警卫48次，出动警力1048人次；三级（含协助）警卫14次，出动警力130余人次；各项保卫任务62次，出动警力7080余人次，确保警卫保卫对象安全。

【人口管理】 2009年，公安机关坚持以人为本，制定一系列便民、利民措施。通过简化户籍业务办事程序，取消群众办理户口业务需要居（村）委加具意见的栏目，缩短群众办事时间；通过快速为高考考生制发临时身份证，制定为群众代送呈批资料等措施，方便人民群众。出入境管理部门提高办证效率，共受理出国（境）申请110600余人次，与上年同期增加8300余人次，上升8.11%；推进网上警务室建设，建成网上警务室111个，密切联系群众和畅通信息渠道，得到人民群众的好评；落实外国人临时住宿登记制度，掌握在本市常住、临住外籍人员的基本情况，打击"三非"外国人；全年清查外国人2550余人次，其中"三非"外国人4人。

【消防管理】 以"三合一"、"多合一"、"三小"场所、出租屋、高层建筑和公共娱乐场所等为重点，开展消防安全隐患排查治理，对全市公众聚集场所装修使用易燃可燃材料的情况逐一排查，发现存在火灾事故隐患的单位采取整改措施。加强《消防法》和消防知识的宣传，提高居民群众安全意识和各企事业单位自身消防安全管理水平，预防和遏制重特大火灾特别是群死群伤火灾事故的发生。全年发生火灾事故4宗，受伤1人，死亡0人，直接经济损失54万多元。与去年同期相比，事故宗数比去年下降42.8%，死亡人数减少2人，受伤人数增加1人，直接经济损失上升127%。

【交通安全】 2009年，公安机关交通管理部门围绕"压事故、保畅通"的目标，加大交通环境整治力度，提升道路交通执法、管理、服务水平。同时，结合"迎亚运"、"创建全国文明城市"等活动，加大交通安全宣传力度，组织参与"微笑服务月"、"有爱互助月"、"文明出行月"、"文明出行"广场论坛等主题教育实践活动和"亚运广州行——全民习礼仪"、"文明交通从我做起"等一系列宣传活动，引导广大市民遵守道德规范，维护公共秩序，提高文明素质，营造良好交通环境氛围。全市查处交通违法行为97790多宗，查扣违法摩托车25500多辆次，违法汽车3270多辆次，行政拘留无证驾驶违法人员430余人。全年发生一般程序处理交通事故560多宗，死亡150余人，受伤750余人，直接经济损失980840多元；与去年同期对比，宗数上升0.5%，死亡人数下降9.8%，受伤人数上升6.8%，直接经济损失下降5.5%。（刘 琴）

增城市公安局局长 傅 敏

检察工作

【刑事检察】 2009年，批准逮捕刑事犯罪嫌疑人1683人，提起公诉1672人，同比分别上升14.33%和30.63%。批捕涉黑恶犯罪嫌疑人42人，起诉42人；批捕故意杀人、故意伤害、绑架等暴力性犯罪案件178件243人，起诉110件139人；批捕寻衅滋事案件16件42人，起诉13件34人；批捕涉"黄、赌、毒"等妨害社会管理秩序犯罪案件128件196人，起诉102件144人。采取检调对接等措施，维护和保障企业正常生产经营。其中，运用检调对接机制，针对广州市鑫海制衣厂负责人部某斌故意伤害案件，依法对犯罪嫌疑人作出相对不起诉决定，从而使其所负责的民营企业能够及时组织恢复生产和经营，保证了600多名员工的生计。依法打击严重破坏市场经济秩序的犯罪活动，批捕伪造货币罪2件5人，缴获假币1595万元。批捕、起诉合同诈骗、票据诈骗、信用卡诈骗、贷款诈骗案件42件62人，涉案数额达2400多万元。批捕、起诉生产销售不符合安全产品致人死亡案件2件2人，批捕、起诉"瘦肉精"案件4件5人，法院均作出有罪判决。

【查办职务犯罪案件】 全年共立案侦查国家工作人员职务犯罪案件25件27人，通过办案追缴赃款赃物价值145.1万元，为国家挽回经济损失380多万元。其中立案侦查贪污、贿赂等职务犯罪案件17件19人；立案侦查国家机关工作人员滥用职权、玩忽职守等渎职侵权犯罪案件8件8人。在开展查办危害能源资源和生态环境渎职犯罪专项活动中，率先在广州市检察机关反渎系统中查办首例违法发放林木采伐许可证案件。配合市政府查处违法用地整治行动，批捕、起诉非法占用农用地案件20件23人。立案侦查农村干部涉嫌贪污水利工程工作费案等涉农职务犯罪案件5件6人，涉案金额达210多万元。查办危害能源资源和破坏生态环境背后的渎职犯罪案件6件6人。

【预防职务犯罪】 以开展"职

务犯罪预防年”为契机，贯彻增城市委提出的“三多两少”方针，加强职务犯罪预防工作。与相关行政职能部门共同开展污水治理和河涌综合整治工程预防职务犯罪工作；开展亚运项目场地建设工程专项预防；刊登《致全市农村干部一封公开信》；与增城市委党校共建预防职务犯罪教育基地；借助“增城科学发展手机学堂”平台编发廉政短信26次，受众达3万多人次；成立预防职务犯罪教育宣讲团，开展预防职务犯罪宣讲教育。

【控告申诉检察】 依法受理各类来信来访191件，基本实现案结事了、息诉罢访。落实首办责任制，建立健全化解信访积案长效工作机制，并与各镇街党委政府加强沟通和协调，确保涉检越级上访和涉检信访积案率为零的记录。设立12309举报电话，畅通信访举报渠道。建立涉检信访督查专员制度，强化涉检信访办理环节督查督办工作。贯彻宽严相济刑事政策，采用“检调对接”和“调解+说理”两种模式达成轻微刑事案件和解6件10人。

【监所检察】 依法对增城市看守所在押刑事拘留犯罪嫌疑人3551人次、已决犯2021人次、劳教96人次进行认真检察，对2名不符合减刑条件的罪犯向监管部门提出纠正意见。及时化解增城劳教所49名汕尾籍强制隔离戒毒人员因伙食问题激发的群体诉求事件，保障监管场所的安全稳定。

【办理“2·13”特大绑架案】 依法办理中新、派潭、石滩籍的3名监外执行罪犯参与的“2·13”特大绑架案，并对其中一名被告人何某根存在原审法院错判漏刑情形进行监督，促使原审法院改判。

【刑事立案、侦查、审判监督】 依法监督侦查机关立案17件17人，追诉漏罪4件11人，追诉漏犯8人；依法不批准逮捕300人，依法不起诉14人；向侦查机关发出《检察建议书》22份。开展刑事审判法律监督专项检查，重点监督纠正重罪轻判、轻罪重判、有罪判无罪等问题，对认为确有错误的刑事判决、裁定，依法提出抗诉4件9人，广州市中级人民法院已改判2件2人。

【民事行政检察工作】 受理不服人民法院判决、裁定的民事行政申诉案件26件，其中对违法行为进行调查2件，立案审查24件。经审查办结17件，决定向广州市检察院提请抗诉2件，提请再审检察建议1件，息诉14件，立案数与去年同期相比上升了73.3%；2006年提请抗诉的1件民事申诉案件，于2009年获广东省高级人民法院改判。

【强化外部监督】 继续办好2009年“检察开放日”活动，邀请人大代表、政协委员、社会各界人士和人民群众走进检察机关，全面推进“阳光检务”工作。全年向人大、政协报告工作5次，邀请人大代表、政协委员视察50多人次，召开座谈会8次，邀请人大代表、政协委员列席检委会会议，完成市人大交办信访件5件，及时答复率达100%。针对人大代表、政协委员反映较多的关于加强法制宣传的建议，组织干警在挂绿广场、增城广场开展法制宣传活动，现场派发宣传资料、接受群众咨询，并在增城广场设置宣传栏，宣传检察职能。邀请增城市人大常委会组成人员参与旁听庭审活动。利用各镇街检察室定期与所在辖区的各级人大代表、政协委员联络，广泛听取人大代表、政协委员的意见和建议。继续深入开展人民监督员制度试点工作，接受人民监督员对10件职务犯罪案件的监督，并邀请广州市两级检察院人民监督员、特约检察员到新塘镇、正果镇检察室实地视察镇街检察工作。

【加强内部监督制约】 在广州市基层检察院中率先成立检务督察室，制定有关检务督察工作的“1+2”制度，着重对取保候审、不捕、不诉工作以及办案质量进行监督，将督察制度与问责制度及年终考核评比进行挂钩；建立岗位风险防范机制，组织全体检察人员自觉地查找分析本岗位存在的风险，制定防范措施；认真落实职务犯罪案件审查逮捕上提一级的改革措施，自觉接受上级检察机关的监督制约；启动案件管理中心建设工作，以信息化手段对办案情况进行全程同步监督。

【加强人才队伍建设】 通过竞争上岗任命16名中层正职干部，14名中层副职干部，提请人大任命7名检察委员会委员及5名检察员。创新人才引进方式，在广州市基层检察院中率先面向全国选调了8名检察官。制定了科学合理的培训计划，连续三年提前超额完成广州市人事局规定的年度公务员培训任务。

【推行镇街检察室和挂村检察员工作】 市检察院分两批在全市9个镇街建立检察室，纳入各镇街综治信访维稳中心成员单位，先后主导或参与解决中新镇“刮油书记”毁林案、新塘镇新何村和西洲村民集体上访、派潭镇、小楼镇恶意抢种青苗事件等一系列重大综治信访维稳事件，受到上级检察机关、增城市委领导的肯定和广大群众的赞扬。制定《增城市人民检察院镇街检察室开展社区矫正工作方案及规程》，任命28名社区矫正检察官，将全市138名监外执行人员按户籍地分配给所在镇街检察室监督，并协助司法所开展社区矫正工作。2009年8月，派潭镇检察室与监所检察科一起对派潭镇3名判处缓刑的监外执行人员进行回访，及时掌握监外执行人员的思想动态及改造情况。

【获得荣誉】 2009年，在广州市基层院建设考核的排名中，跃居第二名。侦查监督科、公诉科、监所检察科、司法警察大队4个业务部门成绩位居广州市检察机关第一名，反渎职侵权局、控告申诉检察科等2个部门成绩位居广州市检察机关第二名，检察理论研究工作位居广州市检察机关第三名，连续三年被评为广州市先进基层检察院，并在增城市各镇街、市直局以上党政群机关事业单位2009年度工作考评中被评为优秀等级。全年共获得增城市级以上集体表彰奖励5次，增城市级以上个人表彰奖励16人次，5名同志荣获三等功。由本院查办的增城市广长路桥公司负责人罗某宋贪污、受贿、私分国有资产、巨额财产来源不明案被评为广州市检察机关反贪部门2009年度“十大精品案件”第二名，并被推荐参评广东省检察机关反贪部门“十大精品案件”。 （李颖颖）

增城市人民检察院党组书记、检察长 韩世彪

审判工作

【概况】 2009年，共受理各类案件11805件，结案10998件，结案率93.2%，办案法官人均结案169件，是全省法院平均水平的两倍。

【刑事审判】 全年共审结各类刑事案件1071件，同比上升5.1%，判处犯罪分子1537人。其中，审结绑架、抢劫、故意伤害等严重侵犯公民人身权和财产权的严重刑事犯罪案件726件，占刑事案件总量的67.79%，判处犯罪分子1062人；审结黑恶势力犯罪案件14件69人，毒品犯罪案件117件126人；审结集资诈骗、贷款诈骗、制假售假等扰乱社会主义市场经济秩序的犯罪案件32件，判处犯罪分子47人。依法、及时审结张春河利用邪教组织破坏法律实施案，王世春等人绑架、强奸案等一些社会影响较大的案件。坚持宽严相济、罚当其罪的刑事政策，做到当宽则宽、该严则严、宽严有度，最大限度地增加社会积极因素。强化对被害人受损权益的保护，加强刑事附带民事案件的调解工作，全年刑附民案件的调撤率达33.3%。

【民商事审判】 全年共审结民商事案件4577件，解决诉讼标的6.99亿元。其中，审结合同纠纷案件2583件、劳动争议案件533件、金融机构的借款纠纷等案件535件、房地产案件134件；审结婚姻家庭纠纷案件575件；妥善审理土地流转、农业承包等涉及农村经济秩序的案件104件。构建“立案调、庭前调、庭中调、庭后调、执行调”的全程调解工作机制，全年调解成功的民商事案件有1708件，调撤率达41.6%，同比上升了9.6个百分点。重点加强立案调解工作，全年共有176件案件在立案阶段就调解成功，其中八成案件实现当日立案、当日开庭、当日调解成功、当日结案，及时化解当事人之间的纠纷。加强对涉民生案件的调解力度，全年审结的劳动争议案件中有61%以调解、撤诉的方式结案，妥善处理张辉勇等180人诉广州市力劲纺织有限公司劳动争议纠纷系列案等案件，妥善解决劳资纠纷。

【行政审判】 加大行政协调力度，将协调工作机制前移至立案阶段，在立案阶段即解决部分行政争议。强化季度交流、文书整合及指导、判前协调沟通机制，加强与各方的沟通联系，妥善化解一些敏感和长年上访的案件。全年共审结行政诉讼案件35件，依法审查非诉行政执行案件55件。行政诉讼案件中实现和解的占17.6%，促进行政管理关系和谐。

【执行工作】 开展“执行治理年”活动，创新执行方式，优化执行程序。全年共执结各类案件5256件，执行标的金额1.33亿元。以执行联动机制为核心的大执行格局已经形成，在查找、控制、处置被执行人财产，以及惩治故意逃避执行的被执行人等方面，各部门之间已形成联动，为破解执行难题奠定基础。创新执行方法，提升执行效率。全年以“快速执行”模式结案930件。开展集中清理执行积案活动。把涉民生执行案件列为活动的清理重点，通过整合执行力量、明确“五定一包”清案工作责任制、细化执行工作要求、实现科学管理等措施，加大执行力度。475件有财产积案全部执结；30件无财产可供执行积案转化为有财产可供执行案件，执结标的450万元，维护债权人的合法权益。

【司法为民】 把关注民生、人民群众司法需求、解决实际问题落实到审判工作实践中，开展“人民法官为人民”主题实践活动，强化主动服务意识，完善各项为民服务的措施，满足人民群众的司法需求。规范立案程序，提高立案效率。通过在立案庭设立诉讼材料收转中心，增设诉讼导诉员，对事实清楚的案件实行15分钟内快速立案等措施，使立案工作规范、高效，当事人参与诉讼更加便捷。把信访工作作为把握民情、了解民意、发现自身问题的重要渠道，将信访职能部门的职责扩展到法律咨询、引导诉讼、诉前调解、诉中释明、判后答疑等方面，落实领导接访制度，全年共处理各类来信320件，接待来访群众和为群众提供法律咨询826次1788人，其中领导接访286次601人。对涉民生案件根据实际情况依法实行缓、减、免交诉讼费。全年共办理缓收诉讼费案件914件。

【维稳及综治工作】 健全多元化矛盾纠纷处理机制，方便群众解决纷争。利用人民法庭地缘优势，创新调解方式。构建“村—司法所—法庭”三位一体的“疏导—调解”工作模式，化解诉至法庭的农村基层纠纷。中新法庭开展“法官下乡”活动，及时化解和减少基层矛盾纠纷，取得较好的社会效果。全年各人民法庭受理的案件多呈下降趋势，其中小楼人民法庭受理的案件同比下降30.9%。各人民法庭协助当地党委、政府做好维稳工作。新塘法庭协助有关部门，及时调处新塘华丽丝等多家服装企业倒闭引起的债主到镇政府上访等事件，小楼法庭、中新法庭分别协助辖区党委、政府妥善化解“广河高速”修建、广汕公路扩建引发的矛盾纠纷，维护辖区的和谐稳定。注重惩防并举，通过召开宣判大会，学校上法制课、组织学生旁听庭审等方式，加强法制宣传教育，减少和预防犯罪，全年共有20余批次学生旁听了案件的审理。　（乔　莉）

增城市人民法院院长　曾醒萍

司法行政

【法制宣传教育】 市司法局联合市依法治市办、市委宣传部在增城广场举办“2009年法治增城宣传教育周启动仪式暨创建法治示范市动员大会”活动，1600多人参加。联合市创文办等单位在挂绿广场开展增城市创建全国文明城市“法制宣传”广场论坛暨创建“法治示范市”你我谈主题活动。增城广场、新塘公园法制宣传长廊建成并投入使用。创建一个全国民主法治村、两个全省民主法治示范村和社区。全年共印发法制宣传资料138万多份，出动宣传车巡回宣传1220车次，举办各类普法培训班695期，制作各类法制宣传专栏936期，培训人员10万人次。

【人民调解】 2009年全市各级

调解组织共排查各类纠纷1642件，调处1642件，调处成功1560件，调处率为100%，调处成功率为95%。总结典型调解工作经验，编印《增城市人民调解典型案例选编》。探索调解工作新机制，推进人民调解、司法调解、行政调解工作格局。完成42个村居人民调解室规范化建设，年底全市已建成规范化村居人民调解室75个。

【刑释解教人员的安置帮教】 2009年全市累计共有刑释解教人员1065人，回归的刑释解教人员102人，全市累计安置937人，安置率为88%，帮教率100%。市安帮办建立健全回归衔接、数据双向核查、集中排查、异地托管等工作制度。加强和完善刑释解教人员档案的收集和整理工作。

【社区矫正】 2009年11月成立市社区矫正工作领导机构，及时召开社区矫正工作动员大会，标志增城市社区矫正工作全面启动。同时，将广州市司法局下发本市的警用摩托车配备给镇街司法所用于开展社区矫正工作。市社区矫正办分两批组织社区矫正成员单位和业务骨干到江苏南京等地实地学习。

【法律服务】 2009年全市律师共承办各类诉讼案件577件，非诉讼代理2452件，代写法律文书3731件，解答法律咨询6173人次，市法律援助处受理办理法律援助案件170件，公证处办理公证7777件。7月，增城市国家司法考试报名现场确认点在市司法局设立，完成网上报名的361名司考考生的现场确认工作。在镇街司法所建站布点的基础上，在市劳动局、法院立案庭、交通事故处理中心、民政局等8个职能部门设立法援指引点，把触角向工、妇、残、军、警等行业组织延伸。继续巩固“所所结对”工作成果，优化律师所与司法所组合结对，强化合作互助关系，发挥司法所和律师所的优势互补作用，推动法律服务进社区，满足基层政府和群众的法律服务需求。

【广东达成律师事务所】 广东达盛律师事务所（以下简称达盛所）创建于2004年6月，主要由徐武、梁斌等资深律师出资合伙成立。2009年共有人员27名，其中执业律师14名、实习律师3名、律师助理8名及行政人员2名。硕士学历1人，本科学历22人，本科以上学历人员比例达85%。办公地址设在新塘镇中心地段汇创国贸大厦，办公面积600多平方米。达盛所一直秉持“专业的团队、专业的知识、专业的精神”服务宗旨，以“信誉第一，顾客至上”为准则，竭尽所能为客户提供法律服务。达盛所业务在经济、民事、金融等诉讼和房地产、法律顾问等非诉讼等方面，同时承担新塘镇人民政府、广东增城工业园区管理委员会、增城市私营企业协会等12家单位的常年法律顾问。2006年起达盛所连续四年被广州市司法局、广州市律师协会授予“广州市规范律师事务所”称号；2009年被增城市司法局评为“增城市司法行政工作先进集体”。

（单恒志）

增城市司法局局长 黄沃波

经　济

公有资产监督管理

【加强公有资产监督管理】 ①完善公有企业资产运营的监管制度，督促经营公司加大企业资产运营管理力度，有效地监控资产的变动和资金的使用情况，严格把好企业资产抵押关。②加强企业财务监督检查。对企业进行审计和财务检查，做好企业负责人任期审计和企业专项审计工作。③严格做好公有资产处置把关工作。健全申报、审批制度。认真审核清产核资、资产评估、财务审计报告。资产处置，资产转让全部进行公开拍卖，防止公有资产流失。④加强产权管理等基础工作。做好国有企业产权登记和年检工作，了解企业国有产权的变动、占有情况。

【推进公有企业改革，规范企业改制工作】 ①调整推进公有企业改革思路。根据本市经济社会发展的实际情况，从有利于增城市经济社会可持续发展大局方面考虑，从有利于企业发展的角度出发，通过招商引资等方式，吸引国内外资金投资市公有企业，促进企业的投资多元化。②严格把好公有企业产权转让关。企业产权转让全过程按规范操作，产权转让通过产权市场公开挂牌交易，体现公平、公正、公开的原则。③根据市政府的要求，做好市自来水公司、市燃气总公司、市运输公司的改制工作。市自来水公司通过招商引资方式，45%国有产权已通过公开拍卖转让，国有资产转让净收入4000万元，投资方将筹集资金13500万元进行建设新水厂增资扩股的工作。市运输公司的改制方案市政府已通过，进入广州产权交易所公开交易程序。

【积极解决遗留问题，妥善做好职工安置工作】 ①积极盘活资产解决企业的遗留问题。经初步统计，公资办系统有19个企业仍拖欠职工工资（生活费）1598多万元；欠缴社保金企业4个，共674万多元；拖欠职工集资款企业10个，共3120多万元；欠农民征地款企业4个，共18720多万元；拖欠工程款企业18个，共15663多万元，以及欠缴退休人员医保等问题。本办积极想办法，协助经营公司和企业盘活资产，筹集资金，解决职工安置遗留问题和拖欠社保、医保金、工程款、农民征地款等问题，共筹集资金5723多万元；解决处理企业有关债权债务多宗，涉及金额达17243多万元。②积极稳妥做好职工安置工作。根据筹集资金的预算，对职工安置进行统筹安排，区别企业的实际情况，作出计划，分期分批进行。一方面通过想办法处置企业资产和转让部分企业国有产权的收益来筹集资金进行安置；另一方面，用好市政府安排的企业改革专项资金，做到合理安排，科学使用，加快职工安置的进展。市政建设工程公司等企业，解除职工劳动关系的共95人，发放经济补偿金220多万元；缴交社保金150多万元；企业离退休人员移交社会化管理有346人，移交费用125多万元，已筹集资金支付各项安置费用1548多万元。积极做好医保工作，特别是退休职工参加医保，解决职工的后顾之忧。同时想方设法筹措资金，解决困难企业退休职工参加医保的问题。是年为757名退休人员继续筹集资金988多万元缴交医疗保险金。解决市农场安置职工遗留问题的职工住房危房维修费用130多万元。③做好改善和提高本市部分企业干部待遇工作。根据市委组织部等部门《关于改善和提高我市有关企业干部待遇的试行办法》，协助有关部门做好各项工作。根据市财政的安排，及时请款拨付到市退休职工管理委员会办公室。使退休的企业干部享受到市委市政府的关怀。④做好信访和维稳综合治理工作。本办对信访突出问题的案件，由领导班子成员包案负责，限期结案。进一步健全领导信访接待日制度，有效地解决一批群众反映的热点难点问题。做到深入基层调查，了解群众的心声，对存在矛盾和不稳定因素进行排查调处，及时化解矛盾，把不稳定因素解决于萌芽状态之中，解决在基层。变上访为下访，使上访信访数量比以前有所下降，基本杜绝越级上访的现象，保持社会稳定。 （庄培铭）

增城市公有资产管理委员会办公室主任　温则雄

物资流通业

【经营情况】 2009年，物资销售总额3508万元，比上年同期3527万元减少0.54%；利润总额亏40万元，比上年同期减亏94万元，减幅70.15%；流转费用总额1655万元，比上年同期下降33.75%；税金总额298万元，比上年同期减少117万元，减幅28.19%。属下公司经营情况：化轻公司销售收入3508万元，利润总额13万元，实际利润504万元，税金总额277万元；金属回收公司其他业务收入36万元，税金总额2万元；物资总公司其他业务收入229万元。

【主要物资销售情况】 2009年，化轻公司全年共销售炸药3299吨，雷管17万发，导爆管21万米，导爆索3万米，销售收入3508万元。金属回收公司全年报废汽车101辆，报废摩托车34辆，回收废旧金属650吨。

【强化安全检查工作】 2009年1至3月，化轻公司制定了仓库整体安全自查自检的工作方案，并接受省、广州市经贸委、公安等有关部门对化轻公司仓库的安全生产进行综合检查，包括员工素质和操作水平、库区周边安全、储存安全、消防安全、防雷设施、人防物防等安全检查，强化了对仓库员工规范用火、用电、装载、仓储的标准化建设。在二季度、三季度重点进行6次专项大检查，查出安全隐患24条，全部按时完成整改，通过强有力的督促检查，使仓库的安全隐患明显减少，保障了库区的正常运作。

【积极开展安全知识培训和应急演练】 2009年化轻公司开展形式多样和有针对性的各项安全生产活动，邀请公安消防教官为全体员工现场训练，派出2名安全管理负责人参加省经贸委举行的安全知识培训班，全体员工参加了市消防局主办的消防基础知识培训，组织员工参加广州市经贸委举行的大型应急演练和体能知识比赛。通过开展各类应急演练和培训，有效提高全体员工的应变处理能力，使员工更加掌握基本的安全知识和逃生疏散知识，收到非常好的效果。

【做好退休人员移交社会化管理工作】 企业退休人员实行社会化管理，是政府为保障退休人员利益的重大举措，对深化企业改革和解除退休人员后顾之忧具有重要意义。按照上级部门的工作部署，结合物资总公司实际情况，以深化企业改革、维护社会稳定和不断提高企业退休人员的生活质量为宗旨，努力实现企业退休人员老有所养、老有所医、老有所学、老有所为、老有所乐。到2009年11月底止，物资总公司共移交社会化管理的退休人员53人。（廖伟就）

增城市物资总公司总经理 刁灶荣

经济贸易系统

【概况】 2009年增城市经贸工作深化节能减排，推进落后产能企业转产转型，推动产业结构优化升级；建立农村三级商品流通网络，继续巩固提升“万村千乡市场工程”建设，落实家电、汽车下乡政策，构建本市现代服务业产业体系；积极探索发展民营经济和加快中小企业发展的新举措；技术进步和名牌战略工作有效推进；食盐和酒类市场秩序良好，进一步规范酒类专卖管理；整规打假工作成效显著，工商业经济平稳发展。开展了深入学习实践科学发展观整改落实“回头看”活动、机关服务年活动、“三联六帮”城乡共建行动、迎亚运行动计划、创建全国文明城市活动、创建科学发展示范市活动，机关管理进一步规范和完善。

【工业经济平稳增长】 2009年面对国际金融危机的严峻挑战，经贸局以“促科学发展，保健康增长，保民生福利，促和谐稳定”为主题，找准破解难题的切入点，以“保、挖、促、扶”为重点，进一步落实加快科学发展的举措，加大服务协调力度，进一步健全工业经济运行监测和协调机制，加强对重点项目的跟踪和服务力度，加快推进工业集聚信息管理与服务系统建设工作，全市工业经济保持平稳增长态势。全市完成工业总产值1268.17亿元，同比增长16.26%，完成年度预期目标的101.61%。其中规模以上企业完成工业产值1031.15亿元，同比增长17.32%，完成年度预期目标的101.39%；三大支柱产业规模以上企业完成工业产值679.33亿元，同比增长22.43%。

【实施百家重点企业节能行动】 2009年，为实现广州市提出百家重点耗能企业节能降耗工作目标，经贸局把节约能源工作作为循环经济发展的一项重要工作来抓。增城市被广东省和广州市列入重点耗能的企业有17家，并与广州市经贸委签定广州市重点耗能企业节能目标责任书。

【全面推进已关闭水泥企业转产转型工作】 2009年，共有20家企业提出转产转型申请（申请粉磨站项目除外），经市政府研究，市淘汰办对其中14个项目申请作出了同意转产转型的批复，其余6个因属地初审不通过或有关职能部门提出意见等原因，市淘汰办已告知和建议企业选择其它更适合的项目实施转产转型。根据上级有关文件的精神，申请广州市淘汰落后水泥产能补助资金2776万元，

【对粘土砖瓦陶生产厂和违法用地生产场所实施停止供电措施】 为了保护土地资源和生态环境，淘汰落后生产产能，节约能源，2009年本市全面清拆粘土砖厂。经贸局根据职能，依法对全市110家粘土瓦陶生产厂和环保不达标的电镀厂、漂染厂实施停止供电措施，并对第二批到第九批违法用地场所依法实施停止供电措施。

【商贸业运行态势良好】 2009年我市商贸业基本未受国际金融危机的影响，继续呈现良好的运行态势，消费市场保持畅旺的势头，并以消费增长拉动经济发展。全市实现社会消费品零售额135.6亿元，同比增长18.41%，完成年度计划任务102.08%；其中批发零售业、住宿和餐饮业实现零售额99.59亿元和36.07亿元，同比分别增长17.88%和20.07%。商品销售总额实现179.32亿元，同比增长19.83%，其中批发额79.79亿元，同比增长22.42%。汽车、高档消费品、餐饮等消费热点突出，带动消费市场持续畅旺。商品交易市场和专业批发市场进一步发展壮大，商品交易额较快增长。①做好重点行业和重点企业引导管理工作，构建现代服务业产业体系。2009年着力抓好华润万家新塘广场店、大润发新塘店、新塘新客隆大旺城购物广场、石滩人人乐华南物流商业配送中心等示范工程和标志性亮点工程项目的落户和建设工作，提升本市服务业产业整体发展层次和城市区域竞争能力。推进实施“退二进三”战略，鼓励引导新塘、荔城城区利用现有不符合规划、土地利用效率低的低矮建筑、简易厂房进行成片改造，发展专业市场。积极发展中介服务业，鼓励引导中介服务业在增城开办区域机构，形成竞争，规范发展。继续发展金融服务业，提高金融服务水平，建立和完善政府、银行、企业协调沟通机制，创建金融服务强市。②积极开拓农村消费市场，建立农村三级商品流通网络。落实广州市关于建设农村商品流通网络（4411工程）的要求，华润万家新塘广场店（市级商业中心）、新客隆公司建设的1个镇级购物商场和16个村级农家店建成开业，人人乐华南商业配送中心（批发市场项目）年底完成主体工程建设。2009年继续巩固提升“万村千乡市场工程”建设。全年完成改造或新建的“万村千乡”工程项目268个，“万村千乡”承办企业销售收入达5.65亿元，与上年比增长17.8%。联合农业部门，发动相关协会和镇、村共同组织开展“农超”、“场农”对接，支持经营农产品的大型连锁超市、批发市场与农村经济组织，建立订单生产、网络销售的战略合作关系，促进农产品进城，保障市场供给。2009年成功举办增城荔枝与广州各大超市对接会，为增城的农副产品打开了新的销售渠道。③认真落实家电、汽车下乡工作。加

强本地区家电、汽车下乡政策宣传，做好中标企业销售网点的审核备案和管理工作，对销售网点相关业务人员进行培训。2009年全市家电下乡产品完成销售额2628.5万元，销售量13116多台（件），财政补贴资金到12月份止达222.34万元，产品以冰箱、洗衣机、彩电、空调为主。汽车销售量1119多台、摩托车销售量1811多台，销售额近6000多万元。

【市场经济秩序进一步好转】 ①规范专卖管理，食盐和酒类监管力度加大。2009年对全市的食盐市场和酒类市场进行严格的监管，有效地打击不法分子制售假冒食盐和酒类产品的违法行为，规范了本市食盐和酒类市场经营秩序，保障了广大市民食盐和饮酒的安全。全年共出动执法人员1215人次，检查企业（商户）689家，查处经营食盐和酒类违规行为为41起，盐酒类立案9宗，收缴假酒4595瓶，其中假洋酒117瓶，假国产白酒35瓶，假啤酒4443瓶。没收不合格食盐和假盐13.78吨。2009年全市排查无酒类许可证经营场所20户，经整治取缔5户，其余15户已引导办证，完成率达100%。全年办理酒类零售许可证申领、年审、换证共706宗，有效规范了全市酒类市场的流通管理。②加大打击力度，整规打假工作成效显著。2009年本市整规、打假工作重点做到抓基层、打基础，建立整规打假工作长效机制，主要开展以规范市场经济秩序和人民群众利益息息相关为重点的11个专项行动。整规打假专项行动共出动63253人次，检查市场、果林场、养殖场及零售店档有42345户，查办案件635宗，捣毁制售假窝点87个，收缴盗版音像制品11.9万多张，收缴各类盗版书籍1.3万多册，查获非法储藏盗版音像制品窝点3个。查扣2.5公斤装“金龙鱼”和“红灯牌”食用调和油812瓶，1.8公斤装150瓶。假洋酒80瓶，假啤酒3867瓶，不合格食盐和假盐5.4吨。查扣假劣农药1518公斤，假劣化肥5吨，没收冒牌牛仔裤38288条。制假涉案货值1624万元，罚没金额534.2万元，逮捕犯罪嫌疑人5人（瘦肉精案件），判刑14人（结转去年新塘西洲村卷烟打假案件判9人，瘦肉精案件判5人）。整治无证照方面，全年整治任务数3470户，其中引导办证1451户，取缔2019户，100%完成整治目标任务。任务外新增户1466户，其中引导办证照498户，取缔968户，100%完成新增数。册内与册外合计整治4936户。

【民营经济向规模化、集群化态势发展】 不断完善政策，加强对民营经济和中小企业的扶持引导，优化服务，营造良好的发展环境，全面调动投资创业积极性，使全市民营经济正逐步向规模化、集群化态势发展，中小企业进入一个全新的产业化发展阶段。到12月，全市已注册登记的私营企业和个体户共57716户，占全市企业的97.1%，并形成以汽车及其零部件、摩托车制造、牛仔纺织服装、化工等支柱产业为主的十多个工业园区和产业集聚区。①发展势头持续迅猛。1-12月份，全市共发展个体私营企业60925户，其中发展私营企业9967户，个体工商户50958户；全市完成工业总产值1268.17亿元，同比增长16.26%。全市规模以上民营企业完成工业总产值433.73亿元，占全市工业总产值的42.06%，同比增长39.15%。②支柱产业初步形成。汽车及其零部件、摩托车制造、牛仔纺织服装、化工等行业具有了一定规模，支撑带动作用明显。部分具有一定市场竞争力的龙头企业正在迅速崛起。如广州市中新塑料有限公司是广州本田、东风本田、东风日产、五羊本田摩托等知名厂商的零配件主要制造厂，并入选了2004~2005年度的广东省百强民营企业公示范围；增城市海利摩托车有限公司作为本市民企中的摩托车龙头企业，其“豪进、HAOJIN、凌肯”品牌摩托车响誉国内外。1~12月份，全市三大支柱产业规模以上企业完成工业产值589.5亿元，占全市工业总产值的57.16%，同比增长4.65%。③企业规模不断壮大。到12月份，全市民营企业注册资本100-500万元的有1126户，500~1000万元的有160户，1000万元~1亿元的有133户，1亿元以上的有6户。民营企业发展数量不断增多，骨干企业不断壮大，竞争实力不断增强，一批民营骨干企业已经成为当地财政收入的支柱企业。④集群经济初步显现。全市中小企业布局结构正在由分散走向集中，形成了多个各具特色的工业园区和工贸小区。全市初具规模的主要工业园区有18个，入园企业共500多家，如全部投产并达产至生产规模，预测其创造工业产值能力将有560亿元左右，可以为本市新增工业产值约410亿元左右。⑤品牌意识逐渐增强。全市中小企业拥有中国名牌产品，省、广州市名牌产品和著名商标不断增多。⑥规模总量提升较快。“十五”以来，在本市投资的民营企业项目逐年攀升，固定资产投资平均以每年37.5%的速度增长。1~12月份，全市固定资产投资总额131.26亿元，同比增长21.87%，其中新进固定资产总投资1000万元以上项目20个，总投资1亿元以上的项目11个。项目建设的加快，扩大了全市民营经济的规模总量，提升了整体实力。⑦科技企业不断增加。增城中小企业切实加大科技开发投入，利用产学研、自主开发、引进吸收技术等手段，开发一批高科技项目，转化一批高科技成果，企业自主开发创新能力和市场竞争力不断增强。全市共有民营科技企业100多家，其中经广州市认定的民营高新技术企业11家。1-12月份，全市高新技术产品工业产值达400.77亿元，占全市工业总产值的31.6%,同比增长15.58%。

【营造发展氛围，优化投资环境】 2009年本市把发展民营经济作为经济发展的重大战略，作为学习实践科学发展的主要内容，采取有力措施全力推进。一是优化舆论环境。通过各种新闻手段，多层次、多角度宣传民营经济。二是优化政策环境。草拟定了《关于扶持和促进中小企业发展的实施意见》《增城市扶持中小企业发展专项资金暂行管理办法》。三是优化政务环境。实行局领导干部挂点规模民营企业帮扶制度，定期不定期到企业进行调研、帮扶和服务，深受民营企业的欢迎和好评。

【搭建融资平台，强化政策扶

持】 为解决民营企业投融资不足，特别是流动资金不足的问题，积极把银企合作引向深入。一是积极协调各金融部门，逐步把扶持民营企业发展列入信贷扶持的重点，并引导民营企业提高企业管理水平和诚信度，争取银信部门的关心和支持。二是加强政银企合作。为了帮助中小企业渡过金融危机，市召开政银企对接会，参加对接的77家企业、18家银行、5家担保机构进行了互动和对接，通过洽谈沟通，有56家企业与银行达成了贷款意向，贷款额度达6.1亿元，其中23家企业与银行签订了贷款合同，贷款金额18975万元，较好地缓解了中小企业融资难问题。三是争取上级资金支持。根据粤中小企［2009］19号《关于抓紧推荐2009年政银企合作专项资金扶持企业的通知》和粤中小企［2009］32号《关于申报2009年省中小企业贷款贴息专项资金计划的通知》要求，经贸局从4月初开始组织开展2009年广东省政银企合作专项资金扶持企业的推荐申报工作和申报2009年省中小企业贷款贴息专项资金计划工作。推荐工作在公开、公平、公正原则基础上，经层层筛选，联合审查，有18家公示企业完成贷款手续，贷款金额共计3.2亿元，申请省财政贴息资金988.38万元。获省中小企业发展专项资金支持955万元。有21家企业申报省中小企业贷款贴息专项资金，贷款金额共计2.954亿元，申请省财政贴息资金714.56万元，获省中小企业发展专项资金支持692万元。据统计,2009年全市争取省中小企业发展专项资金1680.38万元。争取广州市财政扶持中小企业企业担保体系建设专项资金（担保费补助）93.8万元。

【创新服务方式，完善服务体系】 为了鼓励中小企业服务机构加大服务力度，拓宽服务渠道，2009年本市坚持以政策为导向，以创新服务方式为抓手，认真指导中小企业服务机构开展政策咨询、人员培训、创业辅导、贷款担保、展览展销等服务，积极为中小企业服务机构争取上级财政资金支持。一是根据穗中小企函［2009］2号《关于组织申报2009年省政银企合作专项资金项目和市扶持中小企业发展专项资金项目的通知》精神，积极为增城市中小企业综合服务机构申报广州市扶持中小企业发展专项资金中小企业综合服务机构补助项目，申请扶持资金30万元，获广州市扶持中小企业发展专项资金20万元。二是根据粤中小企［2009］31号《关于申报2009年省财政中小企业专项资金服务体系建设项目的通知》精神，择优选择4家单位申报一个综合服务机构建设项目和三个公共服务平台建设项目，申请省财政扶持资金共190万元，获省中小企业发展专项资金20万元。三是加强了网络服务平台建设。增城市经贸网在原有基础上不断完善充实更新的同时，开发中小企业管理应用软件，旨在帮助全市中小企业加快推进信息化进程。四是完善中小企业综合性机构和社会化服务平台建设，重点在信息、技术、人才、培训和融资等方面为民营企业提供优质、高效服务

【培育名企工程,壮大民营经济】 一是建立后备上市企业数据库。组织22家有意上市的中小企业填报《增城市后备上市中小企业基本情况表》，为筹备建立后备上市企业数据库做好了基础工作。二是推动企业上市直接融资。为推动后备上市企业及有意愿上市企业老板了解企业上市的相关政策和操作程序，经贸局组织召开了清华大学教授与企业家座谈会，56家企业负责人参加，廖理教授向与会者详细介绍了上市的相关政策及规定。三是邀请国家信息中心范剑平主任为全市骨干企业总裁上应对国际金融危机辅导课,收到很好的效果。四是实施“培养名企业家工程”。为助推企业总裁和高级管理人员更新知识、变革思维、提升能力，广聚人脉，造就一支精经营、善管理、有作为、从优秀走向卓越的企业家队伍。市委、市政府拨专款60万元组织我市重点骨干企业、产值大户和利税大户40多位民营企业家赴福建晋江、河北廊坊市参观考察，并到清华、北大两所高校培训学习。

【技术进步工作有效推进】 ①加强政策宣传工作。为加快构建现代化产业体系，应对金融危机冲击，落实国家、省、广州市财政资金等扶持技术进步的有关政策，经贸局组织全市各镇街、工业园区的有关企业、各经发办负责人聆听广州市经贸委技术进步处领导解读省、广州市财政扶持资金项目申报的有关注意事项，以及对技术进步相关政策的宣讲，为企业提供了政策信息服务。引导企业加大技术改造和技术创新力度。为对本市2009~2012年的技术改造和技术创新项目有较系统和全面的了解，年初，经贸局对全市企业2009~2012年的技术改造、创新项目进行摸底调查，并编制了增城市建设现代产业体系技术改造、技术创新滚动计划（2009~2012年）。计划中，技术改造项目21项，总投资90282万元，全部投产后年产值178900万元；技术创新项目35项，总投资42309万元。项目全部投产后预计年新增产值200460万元，有力促进我市新经济增长点形成。②继续做好企业技改项目的备案服务工作。2009年，经审批、核准、备案的技术改造项目15宗，其中：广东省经贸委备案的1宗；广东省经贸委批复的1宗；经贸局备案的12宗、核准1宗。15宗技术改造项目计划总投资合计19181万元，预计项目投产后新增产值99368万元，新增利润10892.1万元，新增税收5087.4万元，创汇1459万元。③加强政策指引，提供协调服务。帮助企业办理进口设备申报减免关税和进口环节增值税有关手续，积极跟踪审批手续过程的后续事项，协调企业与审批机关的联系沟通，为企业提供协调服务。2009年精心组织优势企业申报省、市财政扶持资金项目。④精心组织优势企业申报省、市财政扶持资金项目。按省经贸委《关于编制广东省建设现代产业体系技术改造技术创新滚动计划（2009年~2012年）的通知》精神和广州经贸委的工作部署，本市采取镇街推荐，择优平衡的办法和坚持公开透明和广泛性的原则，向省、广州市推荐了24个优势项目，其中：技术改造项目9个；技术创新项目15个。项目涉及装备制造、医药、生物药品、化工、污水处理、环保、电子等行业。

【名牌战略成效显著】 促品牌认证工作的开展。为进一步推动名优战略的实施，提高本市产品和品牌在国内外市场上的知名度和竞争力，激励企业争创名牌，促进全市经济持续快速健康发展，协助质监局、工商局推荐相关企业申报“国家免检产品”、“省名牌产品”、“省著名商标”、“广州市著名商标”系列资格认证的相关工作。为名优企业扩大知名度牵线搭桥。为支持企业参与重大市政公益项目及配套设施建设，配合广州市经贸委在公告广州市第一批名优企业产品目录的基础上，积极推荐本市的名优企业，使这些未列入第一批名优企业产品目录的企业力争进入第二批名优企业产品目录，为企业争取市场份额起牵线搭桥的作用。同时，在各类的展销会上，注意组织名优企业、品牌产品参展，重点推介本市的品牌，为名优企业扩大知名度提供平台。积极培育自主品牌。据统计，2009年全市新增的广州市著名商标6个，省著名商标5个；省名牌产品2个。有2家企业3个产品获中国名牌产品称号；3家企业获中国驰名商标称号；9家企业获省名牌产品称号；35家企业39个产品（商标）获广州市著名商标称号（其中19家企业同时获省著名商标称号）。

【经济协作工作扎实推进】 ①积极组团参加各类展销活动。为促进本市企业在国内地区的产品销售，扩大内需消费市场，拉动内需，经贸局先后组织了省内外展销会、博览会、购物节等多种形式的经贸活动，为企业开拓市场，扩大销售渠道搭建一个很好的平台，收到一定的效果，得到参展企业的好评。2009年的经贸活动具有展会多、展期密，参展企业积极，展销效果理想的特点。全年共组织9个展会（省内：春季广佛购物节、秋季广佛购物节、中小企业博览会、广州博览会；省外：郑州商品展销会、成都广州时尚品牌展销会、西安广州品牌产品交易会、长春广州品牌产品展销会、南京广州品牌展销会），有摩托车、汽车配件、牛仔服装、食品、皮革制品、建材等产品参展。实现零售额80多万元；签订协议（包括口头）共28单，计销售额3300万元；建立展销网点9个，另有多个城市客商要求代理，具体工作正在洽谈中；接待有关客商18000多人次；派发宣传资料3万多份。③加强经济协作服务工作。协作新塘粮食管理所生产设备申报技术改造项目扶持资金工作，并做好相关管理和跟踪工作。与广州市有关专家联合为本市6家重点耗能企业编写企业能源审计报告及节能规划。为广州市赛邦印铁制罐有限公司做好生产设备技术改造项目申报扶持资金及跟踪工作。③展开扶贫开发“双到”工作。认真贯彻落实省、广州市推进产业和劳动力“双转移”工作会议精神，以省扶贫开发“规划到户、责任到人”的精神为重点，积极开展对口支援和对口帮扶的各项工作。一是抓项目扶助资金落实。2009年由经贸局提出财政预算，市政府已拨出帮扶资金100万元用于增城市（梅县）产业转移工业园规划建设，待《广州市开展扶贫开发“规划到户、责任到人”工作的实施意见》确定后组织实施。二是加强对口帮扶工作交流。增城梅县两地的经贸、劳动、教育等各成员单位在2009年度已多次互访和洽谈，加强了信息沟通与交流，促进落实各项对口帮扶工作。通过对口帮扶工作，进一步密切两地的交流和合作，实现优势互补、共同发展的双赢局面。

（赖桂嫦）

增城市经济贸易局局长　陈志成

电力工业

【概况】 2009年，增城供电局认真学习贯彻科学发展观，深入践行南网方略，紧密围绕创先目标，细致周密作出工作部署。全体员工众志成城、攻坚克难，完成各项任务和经营考核目标。全年供电量41.72亿千瓦时，售电量39.79亿千瓦时。城镇居民客户端电压合格率99.26%，上升0.15个百分点。电网基建项目形象进度投资3.87亿元，大修技改形象进度投资0.38亿元，完成年度计划。投产110千伏及以上项目5项，新增主变容量8万千伏安，新增110千伏线路47.1千米，新增10千伏线路165千米。

【安全风险得到有效控制】 ①电网安全风险管理水平稳步提高。全面开展安全风险体系建设，完成关键任务作业指导书编写等9大单元、704项工作。开展安全风险管理体系建设各专业班组对标和检查。编写14个专项应急处置预案，宣贯、演练和滚动修编预案，提高风险控制水平和应急能力。加强电网调控和设备运行维护，完成大修技改工程项目17项，资金完成率100%。10千伏馈线故障跳闸率降低52%，设备事故及一类障碍下降54%。电力设施被盗窃的发案数和直接经济损失同比下降73.88%和62.34%，实现连续3年降幅超过25%。②安全生产大整顿取得实效。认真吸取事故教训，按照“从严、从速、从紧”的原则查找安全漏洞和问题，开展安全生产隐患排查和整改工作。对发现的68项问题落实责任人、限期整改。大整顿工作最大的收获是安全生产意识在员工队伍中牢固扎根，全体员工思想警钟长鸣、体会深刻，整改工作真正取得实效。两票合格率继续保持100%。现场违章率0.02%，下降2.28个百分点。确保全年不发生考核事故，安全运行天数2649天，4次实现连续安全生产100天。

【创先工作】 ①创先与中心工作深化融合。逐层签订创先重点工作目标考核责任书，建立领导挂点督导机制，推动创先工作向基层供电所延伸。围绕18项创先重点工作，修编《战略实施安排》和《创先推进方案》，以量化指标完善绩效考核。把创先工作与中心工作有机融合，通过创先推动中心工作，做到相互统一、相互融合，在原有基础和优势上，扬长补短，瞄准高标准对日常工作进行优化和提升，努力开创企业发展新局面。②指标和经营水平显著提高。一是狠抓供电可靠性管理，全局用户平均停电时间8.34小时/户，下降72.3%；二是加强信息系统建设，营配一体化系统投入实用；三是常态化线损四分管理，通过网、省级达标验收；四是强化督办考核机制，督办工作按时办结率100%；五是提高一体化服务水平，“一站妥”率92.16%，上升19.44个百分点；六是优化与政府的协调沟通机制，电网建设取得重要突破和新的成果；七是创先工作深入基层。第一批创先试点供电所取得成效，创先经验推广至全局；八是积极推进信息化建设，充分体现信息化技术支持。通过营配一体化实用化验收，初步实现配网及客户基础资料的精细化、动态化管理。

【电网建设工作】 规划方面，全面完成51个前期节点，《增城高压电网专项规划》获市政府常务会议审议通过，是广州市首个完成该项工作的地区。市政府常务会议纪要指出：《专项规划》是深入学习实践科学发展观的重要成果，是城市电力建设和城市规划建设的重要依据，对保障经济社会发展具有重大意义。建设方面，电网建设协调机制进一步完善，顺利完成省市重点工程前期工作，完成总投资3.66亿元。以提高可转供率为最终目标，统筹开展主配网建设。全体员工不懈努力，建成110千伏输变电工程5项，完成285个项目农配网工程，可转供率55%，上升24个百分点，电网建设取得丰硕成果。提前完成500千伏增横线、220千伏恒运上网线路两项省市重点工程前期工作，获得上级单位一致肯定。

【全力开拓供销市场】 ①增供扩销取得成效。积极应对国内外经济环境变化，以及高耗能企业关闭等不利影响，制定一系列增供扩销、保电量增长的应对措施，与市政府紧密合作，为社会发展营造良好发展环境。全市售电量在7月份起实现正增长，电网最高负荷79.9万千瓦，日平均负荷率82.15%。售电总量39.79亿千瓦时，剔除政策性关停企业电量后计算，上升2.79%。②客户停电时间大幅下降。建立健全供电可靠性责任传递机制，强化综合停电管理，减少重复停电。对满足条件的线路做到“逢停必转”。积极推动配网自动化建设，常态化带电作业和合环转电。充分发挥发电机作用，为用户提供临时供电。管理和技术措施双管齐下，超额完成提高供电可靠率任务。综合供电可靠率99.9048%，上升0.25个百分点，用户平均停电时间8.3428小时/户，下降72.3%。③全方位提升业扩工作能力和效率。主攻重点，着重解决增城工业园区等重点区域的用电问题。密切跟踪客户用电需求，主动协调大客户用电需求和问题，为重点项目开辟报装“绿色通道”。优化业扩流程，减少工作环节和时间，以最快速度满足客户用电需求。加强对施工单位监督，开展客户工程优质服务，专变用户报装容量增长24%。在巩固和发展专变用户外，深入开拓农电市场，提高城乡居民用电质量，支持生态旅游业发展，培育新增长点。解决农村台区电压低问题，配合好“家电下乡”，提升电器产品农村普及率。

【提升优质服务水平，保障亚运项目顺利开展】 ①建设“以客户为中心”的服务体系。建成24小时自助服务营业厅。发展多种缴费手段。开展“局长、所长接待日”，积极帮助客户解决问题，客户来访工作及时办结率100%。完善快速复电反应机制，停电超时现象大幅减少，圆满完成澳门回归十周年等大型保供电任务。提供差异化服务，整合服务渠道和资源，跟踪督办客户反映问题。搭建新的服务模式，“一站妥”服务比例92.16%，高于指标值17.16个百分点。②积极推进亚运保供电准备工作。以高度责任感，做好广州亚运会场馆建设和用电保障。建立高效组织协调机制，制定合理的保障措施和方案，主动服务相关项目建设。提高应急反应能力，建立健全应急预案和子方案，备好应急物资。推进涉亚输变电项目核准立项，提前建设供电配套变电站和10千伏馈线，保证场馆及时投入使用，赢得亚组委和增城市政府好评。

【提升经营管理水平】 ①强化经营风险管理。完善考核指标体系，提高预算管理对经营活动调控能力。推广配电和售电作业成本精细化管理。依法经营纳税，清查固定资产和物资，构筑资产全生命周期管理工作基础。开展资金安全大检查，有效防范资金风险。常态化营销稽查工作，抓好内审和效能监察，全过程监控资金运用情况。②努力降低企业经营成本。落实资产经营考核责任制，强化预算的执行刚性。坚持勤俭办企，深化大物流管理，集中采购率100%。开展供应商考核评价，为物流供应提供决策依据，电网建设物资采购合同按期签订。完善废旧物资回收管理，合理运用回收物资。③逐步建立完善内控体系。依法办企，营造法治氛围，促进法治企业创建工作深入开展。注重深化运用审计工作成果，强化内部监督机制，规范配网投资管理。依托“法律诊所”平台，有效防范法律风险。大力发挥阳光招标系统作用，确保廉洁投资。

【队伍建设】 ①加强“四好”班子建设。开展“五个一天”活动。建立领导班子学习实践活动基层联系点，巩固一级带一级创建成果。党委中心组广泛征求支部和群众意见，坚持调研和理论学习，中心组成员参学率95%以上。严格贯彻落实“三重一大”集体决策制度，正确处理民主与集中的关系，保证权力正确行使。②人才队伍建设不断推进。把提高岗位技能和现代管理能力作为培训重点，突出安全生产风险管理，更加注重一线员工教育培训。组织高中及以下学历人员参加提高教育。全年组织培训班65期，3000多人次参加培训，学员对重点培训项目总体满意度高于85%。生产一线员工培训率100%，管理人员培训率90%以上。完善绩效管理体系，健全绩效管理方案，优化劳务人员考核办法，形成以定量为主、科学合理的考核评价体系。

【企业文化建设】 加强企业文化宣传和引导，坚持打造企业文化软实力。完成班组文化试点单位建设，健全班组文化建设软硬件。配合创建全国文明城市工作和“三联六帮”城乡共建行动，助推精神文明建设。以企业形象建设为核心，开展新闻宣传，为中心工作服务。以形式多样的活动为载体，丰富员工生活。发动“劳模先进”学习活动，关注员工职业健康，做好计生和退休职工服务工作。团青活动富有特色和成效，连续5年被评为市“红旗团委”。得到当地政府和用户

广泛认可和上级充分肯定，涌现出一批先进典型，获得市级集体荣誉1个，县级集体荣誉6个；省级个人荣誉2个。 （潘 炜）

广东电网公司广州增城供电局局长 林 伟

广东增城工业园区

【概况】 2009年，在国际金融危机持续影响下，工业园区积极消除各种不利因素，全区经济保持较好发展势头。全年完成工业总产值277.63亿元，比上年增长22.61%，产值占全市工业总产值的比重上升21.89%，增速列全市第一。全年实现税收收入28.27亿元，增长7.57%，其中国税收入27.18亿元，增长6.92%，超额完成全年任务，地税收入1.09亿元，增长26.65%。全年完成固定资产投资8.38亿元，增长32.56%，超额完成市下达的年度计划。新引进优质项目12个，超额完成市下达的10个招商项目任务。

【招商引资】 工业园区坚持先进制造业和现代服务业“双轮驱动”，高标准选商引资，严把项目入园关，加快推进项目建设，实现选商引资与项目建设的双重成效。一是选商引资取得新突破。全面实施“走出去、请进来”，大力开展规划招商、产业链招商、中介招商、服务引商，通过实地考察、预审分析和深入洽谈，全面评估项目的投资规模、科技含量、市场成长性、税收贡献以及环保节能等指标，严格筛选和引进了中金数据系统华南数据中心、南方电网特高压技术（广州）国家工程实验室、雄兵汽车电器、卓建物流、西力机械、华创新材料、骏盈物流、能兴特高压复合绝缘子、华冠精冲、新奥能源服务总部、宝裕商务酒店、艾玛医院等12个规模大、产出高、效益好的优质项目，项目用地仅1110亩，总投资超过60亿元，投资强度达458万元/亩，项目达产后预计每年新增产值50亿元、税收3.8亿元，单位面积工业产值382万元/亩、税收30万元/亩，项目质量和效益均创历年来新高。二是项目建设有效推进。园区制定《广东增城工业园区社会投资项目筹建工作制度》，建立健全从项目洽谈、落户、建设直至投产运营的全程跟踪服务机制，全力促进已投产项目正常生产，新入园项目顺利建设。07年之前入园的广汽本田增城工厂稳步发展，福耀玻璃、中新塑料等项目不断扩大产能，豪进摩托已基本完成整体搬迁；项目建设计划推进顺利，07年落户的项目已全部投产，08年引进的项目除广汽发动机和SP件外，其余项目已全部动工建设，其中佳大员工生活配套区等项目近期可投入运营；09年新引进的12个项目大部分实现当年落户当年动工建设，可持续发展能力明显增强。

【土地征用与整合】 工业园区按照产业分区布局的需求，整体推进汽车产业基地北区16平方公里土地的征用，推进土地集约节约利用，增强投资吸引力和承载力。一是土地征用取得新成绩。园区按照产业发展和功能布局的需求，实施整体的土地征收计划，投入大量的人力、财力，整体推进了汽车产业基地北区16平方公里约18000亩的土地征用工作，投入征地补偿款约10亿元，征地面积和投入资金均远远超过历年来的总和。二是土规调整有新成效。积极争取上级支持，大力推进土规调整工作，在本市开展新一轮土地利用规划修编工作中，市为园区调入实际可用建设用地规模9027亩。同时，园区为解决新入园项目的用地需求，按照功能分区布局，采取内部优化调整的办法，报批了建设用地调整方案，目前该方案已获省政府批准。三是土地报批有新进展。在开展征地工作的同时，园区将土地报批与土规调整、重点项目建设、保障扩大内需项目等相结合，有序开展园区约10000亩土地的报批工作。首批已征3728亩国有土地报批材料已上报到市国土局；其余已征土地的报批资料正在加紧完善，争取尽快将符合“两规”的土地全部报批。四是土地实现集约节约利用。园区严把招商引资关，按照功能分区科学安排用地，把有限的用地指标优先安排给重大产业项目和高新技术项目，形成“使用一批、报批一批、待用一批”的良好土地利用局面，全年新引进项目通过协议和挂牌公开出让土地1091.69亩，土地集约节约利用成效明显。

【基础设施建设】 工业园区把规划和建设作为一流投资环境的重要内容，整体推进道路交通设施建设，积极打造优质的产业发展载体。一是高起点编制园区规划。启动修编园区22平方公里和编制62平方公里总体规划、控制性详细规划的工作，将通过方案竞赛择优选择国外高水平的规划设计单位，按照产业发展布局进行功能分区，有计划、有重点地推进项目按功能分区集中落户，形成产业集聚发展。二是全面开展道路交通建设。按照市政府的工作要求，投入建设资金约15亿元，规划新建“六纵六横”12条道路。为确保建设工作有序推进，园区建立一系列保障机制。①建立工作机制。专门成立道路建设指挥部，分别设立征地、拆迁、管线迁移、建设等4个工作组，各负其责、分工合作、协同推进。②科学制定工程建设计划。按照道路结构的连续性，园区将12条道路分成七个批次有序推进，分别制定周密的建设计划，每条道路按从征地到竣工全过程倒排工作时间，采取边征地、边拆迁、边勘探、边设计、边招标、边建设的工作方式，交叉搭结、平行推进。同时，各工作组按道路建设批次及时清理工作面，为道路建设提供良好的条件。③选择服务单位全程服务。园区将道路建设工程统一委托给勘探、设计单位进行勘探和设计，聘请信誉好的造价咨询单位对道路工程造价全程提供服务，避免工程预算漏项、错项等，保持道路规划的系统性和整体性，有效地节约资金，提高工程预决算的科学性和合理性。④加强工程管理。制定《广东增城工业园区建设工程管理办法》，规范工程建设管理行为，提高工作效率，确保工程建设优质安全高效推进；加强道路施工、监理单位的管理，严格按照施工计划，提高施工质量，加快施工进度。至年底，园区12条道路已全部完成招投标进入施工阶段，预计2010年8月全部建成通车，形成融入珠三角经济一体化发展的道路交通体系，进一步优化投资环境。三是扎实推进环境建设。供水、供电等配套设施建设与道路工程同步推进，满足项目用水、用电、通信等各方面的不同需求，为吸引高端项目的落户创造良好条件。园区协调省、市供电部门开展北区六组高压线行迁改工程，预计可整合建设用地2100亩。塔岗、九如变电站建设步伐加快，塔岗变电站已完成立项并开展工程设计工作，九如变电站已确定选址；中金数据项目专用110KV变电站建设工程正开展规划设计工作，南区供水设施进一步完善，同步开展北区供水管网规划。配合永和污水处理厂建设，完成园区内部17公里污水收集干管设计和地质勘探等工作。汽车产业基地22平方公里区域环评已获批。大力开展环境综合整治和“清洁美”工程，绿化、美化园区景观和重要节点，园区环境卫生通过聘请专业公司维护保持常年保洁。

【财政管理】 工业园区坚持质押融资，加强科学算账，平衡经济效益，加强资金安全监管，确保资金链的衔接。一是科学拓展融资。根据2009年征地和基础配套设施建设计划，统筹核算投入成本与收益的平衡关系，科学制定贷款计划和还本付息计划，解决还本付息压力与巨额建设资金需求之间的矛盾；进一步拓展融资渠道，与多家银行建立起良好互信的业务关系，授信贷款额度大幅增加，为园区开发建设发展提供有力的资金支撑。二是加大资金回笼。与市财政局积极沟通协调，进一步理顺资金回笼渠道，资金划转更为快捷、高效、安全，为园区开发建设提供资金保障。同时，积极争取上级资金支持，狠抓资金到位，广州市“退二”产业园区补助资金两期共1030万元已全部划拨到户；协助江河幕墙项目争取到广州市3000万元额度的贷款贴息。三是规范财务管理。积极抓好日常经费和建设资金的调拨平衡工作，按照“五个零增长”的原则，严格执行财务管理各项规章制度，建立部门资金使用计划月报制度，提高财政资金使用的计划性和安全性，有效控制资金支出。

【和谐园区建设】 2009年工业园区围绕创建“和谐园区”，以创新工作机制为动力，不断强化安全生产、维稳综治等工作。一是安全生产工作卓有成效。企业安全生产主体责任制建设全面开展，覆盖率和安全培训教育率均达100%；企业、建筑工地和物业的安全生产监管工作有效开展，全年开展各类安全检查350余次，安全隐患整改率99%，全年实现安全生产零责任事故。二是维稳综治工作扎实推进。积极配合公安机关加大社会治安综合整治力度，坚决打击“两抢一盗”、强揽工程等不法行为；建立健全应急管理机制，妥善调处企业与职工间的劳资纠纷和劳动争议，全年无一例群体性事件和上访事件，营造稳定和谐的发展环境。三是劳动管理进一步加强。对企业用工及各村劳动力情况登记造册，搭建人才推荐和就业平台，将企业用工需求与失地农民就业结合起来，有效促进农村富余劳动力的转移。

（邱伟荣）

广东增城工业园区管理委员会主任　蒋志恒

交　通

【概况】 2009年，增城市交通局坚持以科学发展观统揽全局，认真贯彻落实市委、市政府的重大战略部署和学习实践科学发展观的整改措施，全面推进三个文明建设。全市道路运输经营业10882户，其中货物运输业10393户，旅客运输业6户，运输服务业58户，汽车摩托车维修业425户；营运汽车1177辆，其中，客车738辆，城区公交车162辆，出租小汽车209辆，危运货车68辆；客运摩托车2732辆。全市旅客运送量完成2980万人次，比上年同期上升12%；客运周转量完成107661.54万人/公里，比上年同期上升10%；货运量完成3355.91万吨，比上年同期上升2%；货运周转量完成187424.80万吨/公里，比上年同期下降1%；港口吞吐量完成287.28万吨。

【收费公路建设】 2009年，如期完成公路收费站的整合，分别在6月、10月撤消了郑田、小楼、荔三3个公路收费站，整合投资2.388亿元。收费站整治工作得到省政府和省交通厅的肯定，改善了交通投资环境。增派、荔三公路大修工程于9月进场动工，其中：增派公路全长38.393公里，总投资3.75亿元；荔三公路全长13.02公里，总投资1.74亿元。

【高速公路建设】 2009年，广河高速公路增城路段44.136公里，投资33.04亿元。增从高速公路增城路段40公里，投资16.22亿元。通过积极努力协调镇街、业主单位解决征地拆迁和施工中的问题，确保两路工程的正常施工。广河高速完成征地95%，拆迁95%，投资13.04亿元。增从高速完成征地94%，完成拆迁30%，投资10.09亿元。

【推进站场建设】 2009年，站场建设有新进展，引进以省汽车运输集团有限公司为主的联合体投资建设增城、新塘两个国家一级客运站。增城汽车客运站占地108.9亩，计划投资8560万元，预计2010年底投入使用。新塘客运站占地100亩（租地形式建设），计划投资5000万元，12月8日举行了奠基，预计2010年10月投入使用。

【机关效能建设】 结合文明创建活动，以开展机关服务年和政风行风评议活动为契机，广泛动员，深入调查，查找和解决群众反映的交通难点热点问题，成功举办文明出行广场论坛，由主要领导作客行风月月谈与市民沟通，听取意见，召开助评会议征询解决问题的方法意见，通过座谈会、征询意见表等多种形式，梳理出8条整改意见，制定切实可行的措施加以整改。如作为机关服务年活动四立项的开通畲族村客运服务和15号农村客运公交线分别在7月份提前完成；行风月月谈群众反映的樟洞坑车站、出租车不打表收费、公交车拒载老人、冒黑烟、顾屋村道建设、光明车站服务质量、驾培行业乱收费等问题都得到整改。实行政务公开，在交通局户外设置政务公开专栏，在交通网站发布7项服务承诺，通过一系列措施使两项活动开展得有声有色，取得实效，机关作风明显好转，办事效率不断提高。

【运政管理】 一是严把道路运输准入关。坚持许可审批的运政例会制度，确保依法、公正、公平。二是加强道路运输业年度审验，健全道路运输经营者档案管理。三是抓好道路运输安全监督管理，重点协调有关部门加强道路危险货物运输安全监管；联合各镇（街）政府(办事处)、公安及相关部门，全面开展打击非法营运行为，取缔一批非法经营、无证照经营者。销毁了1650套摩托车客运假衣假证。查获非法载客“蓝牌车”26辆，非法营运货车353台；查扣非法营运摩托车842辆，配合公安交警查处客运摩托车超载、不戴头盔、冲红灯等违法为269多宗。查获违章客车138台次，出租车不打表营运25宗。查处无牌无证维修企业563家，拆除招牌23块，引导办证58家，取缔366家，自行停业139家，洗车场27个。运输市场秩序逐步好转，服务质量不断提高。

【治理超载超限】 2009年，共出动执法人员7010人次，查处超限超载车辆395台，卸载货物5156.44吨，对超限车辆罚款68.52万元。

【公路养护和路政管理】 2009年，省、县道、重点常养线养护里程219.523公里，其中：省道116.993公里、县道92.908公里、重点常养线9.622公里，平均好路率92.12%，年末好路率95.1%。设有9个花园式道班，养护人员104人。增补更换设置各类标志牌123块，示警柱561条，各类型标线5600平方米。购备交通锥250个，防撞桶15个。修复水毁公路塌方1250立方米，填补路基土方52.5立方米，路面2850平方米。加强路政管理，清理违章建筑453平方米，占道堆放物344立方米。种植绿化路树58000棵，确保公路安全畅通。

【驾培、检测】 2009年，共有机动车驾驶员培训学校13家，招生点58个，教练车506辆，从业人员612人。建立了全市驾培理论教学集中办学，完成标准化汽车驾驶员培训综合性教练场22个，2009年全市培训机动车驾驶员21118人，营运驾驶员8812人。营运机动车辆二级维护综合性能检测18001台次。

【交通规费】 2009年1月1日起交通规费实行费改税，取消车辆运输管理费、养路费的征收。

（周杨威）

增城市交通局局长　李永发

公路事业

【概况】 2009年，市公路管理局公路管养总里程249.931公里，其中，按行政等级划分：国道43.749公里（G324线广汕公路、G107线广深公路），省道119.474公里（S118线新塘至福和公路、S119线增龙公路、S256线增派公路、S379线宁西至永和公路、S380线正果至庙潭公路），县道69.957公里，乡道13.751公里；按技术等级划分：一级公路25.306公里，二级公路118.147公里，三级公路82.573公里，四级公路20.905公里。管辖桥梁84座2814.6米，涵洞506座14340米。

2009年，市公路管理局全力推进广汕公路荔城至中新段改造工程建设，同时，完成了新新公路扩建工程、增派公路小楼镇段路面大修工程、S118线福和至从化交界段路面大修工程、省道S119线正果大桥至龙门界段路面大修工程、完成国省道公路路面修复工程及其他大中修工程。市公路管理局还抓好公路养护，创新管理，公路路况明显提高，全年各项指标均达到或超过上级下达的任务，年平均优良路率为88.88%，比上级下达指标超1.63个百分点，创优等路里程102公里，比上级下达指标超2公里。

【公路建设】 ①广汕公路荔城至中新段改造工程。工程是增城市为民办实事、重点基础设施项目之一，工程全长约20公里，起点在荔城三联，终点在中新团结村（萝岗界），工程按双向八车道沥青砼路面、一级公路结合城市快速路标准设计，将原四车道扩宽至八车道，基本是沿旧路两侧加宽，局部离开旧路改走新线。改造后路面宽32米，路基宽40米，设4米宽中间绿化带、2米宽路肩绿化带；墟镇段每侧增加5米非机动车道和2.5米宽人行道，建设红线宽55米，项目新增用地约730亩，房屋拆迁约7万平方米（主要集中在中新镇），需完成沿线大量的管线迁移。工程在省发改委立项，投资概算约8.7亿元，由广州市补贴资金和增城市融资解决。工程于2009年3月在省改委完成项目建议书批复；4月14日完成初步设计评审；6月3日在增城市评审财政中心完成初步评审；8月26日省发改委批复工程可行性研究报告；9月10日工程正式全面动工，截止2009年底，路基工程完成85%；路面工程完成32%；桥梁、涵洞工程完成51%。②新新公路余家庄水库至集丰村段改造工程。工程全长约6公里，工程按二级公路标准设计，将原两车道9米路面扩建至六车道23米路面，路基宽32米，设4米中间分隔绿化带，工程投资总概算约1.3亿元。工程从2008年1月正式动工，受征地、房屋拆迁及管线迁移问题严重影响，工程在2009年10月完工。工程共完成挖方42万立方，填方22万立方，完成桥梁3座，涵洞15座等。③增派公路小楼镇段路面大修工程。工程起于增派公路小楼法庭，终于江坳村，全长2.3公里，工程建设费约1200万元，工程于2009年3月动工，8月完工。④S118线福和至从化交界段路面大修工程，工程全长7.6公里，工程建设费约1000万元，工程于2009年3月动工，9月完工。⑤省道S119线正果大桥至龙门界段路面大修工程。工程全长11公里，工程建设费1500万元，工程于2009年7月动工，12月完工。⑥其它大中修工程。对广汕公路和新新公路损坏路面进行修复，总费用约700万元，工程于2009年6月动工，9月底完工。完成其它大中修项目共有13项，合计建设资金量1190万元，修复砼路面44000平方米。

【公路养护】 ①抓好公路绿化美化建设。市公路管理局把公路绿化作为“公园化战略工程”实施，大力开展公路绿化工作，全年完成新植、补植公路绿化90多公里，新植树20835株，补植绿化带路肩草49.72万平方米，新增公共绿地面积2万平方米，新增绿化组团8个共35940平方米。②抓好水毁预防工作。提早落实防洪抢险工作，确保管养公路安全渡汛，保障人民生命财产安全。组织汛前公路设施保护情况进行专项检查，做好人员、工程机械准备和抢险物料的储备，完成S118线排水工程、S256线腊圃小学山坡滑坡加固工程、X292线高坡头山体滑坡加固工程、X291线三棵竹路段涵洞损坏修复工程等的水毁修复工作，全年未发生较大水毁公路险情。③抓好桥梁涵洞安全工作。认真落实桥梁安全检查制度，确保不断路、不塌桥，全年累计保养桥梁80座共3168次，疏通涵洞1092道次，完成庙潭桥、澄溪桥、派潭中桥、高桥桥加固维修，完成增派公路K31+740及X291线K17+130涵洞的改造，确保了桥涵的安全畅道。

【路政管理】①开展路政巡查，切实维护路产路权。路政巡查率达127.3%；日均巡查里程106.9公里，公路两侧建筑控制区内没发生新的违章建筑，违章建筑控制率达98%；共清理路障133立方米；清理占路乱摆卖444处；拆除违章建筑60平方米；拆除各种非公路标志458个776平方米。办理各类路政案件233宗，收取损坏公路赔偿费及罚款86.2万元。②做好路政许可的规范和实施工作。按照省公路局印

【公路线网】

2009年增城市公路管理局养护线路一览表

编号	线路名称	养护起止点		里程（公里）	大桥（座/米）	中桥（座/米）	小桥（座/米）	涵洞（座/米）
		起点	止点					
国道								
G107	北京—深圳	仓头	久裕	9.202			3/62.2	91/4550
G324	福州—昆明	老围	中新亚婆坳	34.547	1/389	3/194.5	5/50.7	
省道								
S118	广州—四会	新塘	福和	37.683		5/254.7	10/147.3	240/7200
S119	广州—平陵	东山	铁扇关	28.786	1/218.8	2/123.84	7/232.46	
S256	从化—虎门	大迳坳	四丰	34.973		2/87.8	14/145.1	
S379	石滩—萝岗	宁西	永和	10			2/47.2	
S380	正果—福和	正果	庙潭	8.032		1/112.4	1/5.7	
县道								
X196	福田—三联	荔枝坳	三联	11.562	1/262.9		3/41.6	168/2520
X261	小楼—永汉	小楼	庙潭	4.566	1/71.2		2/44.4	
X268	长平—朱村	宁西	宁西	0.44				
X289	白鸽冚—仙村	白鸽冚	宁西	6.47				
X291	棠村—新塘	棠村	新塘	21.338			5/68.6	
X292	高滩—岳村	高滩	岳村	23.193		2/120.1	6/81.1	
X305	中新—永和	中新	永和	2.388			1/10	
乡道								
Y276	永和—贤江	永和	贤江	2.989				7/70
Y278	刘家—大迳坳	刘家	大迳坳	6.571			2/24	
Y280	派潭—大埔	派潭	大埔	1.099				
YE010	中西—光耀	中西	光耀	3.092			1/19	

（资料来源：增城市公路管理局2009年《交通部公路养护统计年报》）

发的《广东省路政许可实施办法(试行)》通知要求，按“统一管理、分级负责”原则，做好行政审批工程，规范路政许可行为，加强路政许可受理、审查、决定等环节的管理，尽量减少办事环节、简化程序、提高效率，确保许可符合法律法规要求，符合社会公共利益。全年路政许可项目中受理批准有9项，按规定收取损坏占用公路路产赔补偿费41.1万元。受理其他审批共86项。③配合做好车辆超限超载治理工作。与交通、交警部门紧密合作，采取固定检查和流动巡查相结合的方式，加大力度打击超限超载违法运输行为，查处超限车辆163台，卸货总质量4541.485吨，依法罚款772400元，进一步遏制车辆超限超载违法行为。（杨奋斌）

增城市公路管理局局长 蓝锦强

邮 政

【概况】 2009年，增城市邮政局以“强化营销、科学发展”为工作思路，突出抓好重点业务的发展和业务增长点的培育，全局经营发展、运行管理保持稳健发展的态势，各项工作取得明显成效，全局实现业务收入5800.1万元，完成年计划的100%，同比增长12.15%；完成收支差1638.3万元，完成年计划的100.5%，同比增长62.63%，实现“为客户创造更高的价值、为企业创造更高的效益，为员工创造理想的生活”的企业文化理念。

【金融业务迎难而上稳步发展】 2009年由于受金融危机的影响，市局着力发展储蓄余额，以“早部署、早发展、抓重点”为策略，通过分析市场，抓住营销重点，开拓重点项目，开发重点市场，坚持以服务三农、服务中小企业为核心，以优化客户结构为重点，继续大力发展储蓄余额，做大做强储蓄规模。一是全年储蓄余额达12.26亿元，同比增幅16%，年度净增余额1.7亿元；二是着力优化客户结构，5万元以上的储蓄VIP客户增加23%，达到4100户，居民个人存款市场占有率从08年的3.8%提高到09年的4.2%；三是以服务三农为宗旨，进一步畅通邮储在农村的金融服务通道，大力发展代发征地款等支农款项，成功代发广河高速征地款、广汕公路拆迁款等项目9000万元；四是代理保险业务迅猛发展，通过开展增城邮政代理保险“绝地反击”营销活动，形成“人人有单出，个个有业绩”的良好势头，保险出单率得到全面提高，代理保险实绩达到1770万，同比增长1260%，实现创收48万元。五是发挥银信通业务具有“高收益、低成本、持续长效”的优势，通过有效的激励措施，充分调动柜员的积极性，坚持柜台内和柜台外开发批量客户相结合的发展战略，本年实现新增银信通43000户，实现新增业务收益达98万元。

【挖掘市场潜力、着力发展速递业务】 以开展“开门红”和“双过半”及“强攻行动”营销活动为契机，积极开展速递和包件的达标业务，开展“交警罚单”劳动竞赛活动，有效调动全局人员的积极性，促进速递业务发展。一是全年完成速递533万元收入，累计进度为118%，同比增长30%，取得显著的成绩。二是以寄递带动销售，全面完成春节礼仪营销活动和中秋营销活动，中秋速递实现收入达到59万元，进度为106%，在广州七区二市局中率先完成任务。三是稳步发展同城快邮等产品，促进速递业务发展。四是以开展高校录取通知书寄递为契机，深度开发高校录取通知书寄递项目，成功与区域内7所高校签定协议，实现收入31万元，成为速递业务的重要收入增长点。

【紧抓市场商机，着力提高邮务类业务收入】 函件专业实现业务收入364万元，新增收入94万元，完成自定计划的101%，同比增长35%。包裹专业同比下降，但降幅逐步收窄：实现业务收入215万元，完成计划的95%，同比下降2%。电子商务专业发展增长迅猛：实现业务收入169.6万元，完成计划的135.7%，同比增长91.5%。集邮专业成绩优良，逆市飘红：实现业务收入233万元，完成计划的155%，同比增长55%。报刊专业稳步发展：实现业务收入416万元，完成计划的112%，同比增长28%。

【加强财务管理，降本增效取得成效】 面对2009年增收不如预期，收支差额压力大的困难局面，加强管理，从小事做起，从点滴做起，节约企业成本开支。全年总成本开支4235万元，同比下降5.4%，市局重点监控的几项非生产性管理费用得到较好的控制，其中，差旅费累计同比下降50%，办公费下降41%，维修费用下降47.8%，招待费与上年比基本持平，降本增效工作达到预期目的。

【完善营销体系建设，提升整体营销能力】 根据广州市局“强化营销年”的工作思路，积极推进营销型支局建设，完善营销体系考核，提升整体营销能力。一是通过完善七个中心支局和专业局配置营销总监，加快支局向营销型支局转变的建设，充实了全局专兼职营销力量。在支局内形成了支局长—营销总监—专职营销员—班组所长—柜员”五级营销联动模式；二是强化营销管理，提升客户开发能力。建立营销业绩通报制度和每周一的全体营销员例会制度，不断完善营销体系建设，大客户开拓能力得到提升，2009年在CRM系统上注册的客户达到60个，大客户数量共计234个，大客户收入累计达到400万元，同比增长35%。

【抓好能力设施建设，提升企业发展后劲】 为促进集邮类业务的发展，投资近4.5万元，在市场发展潜力较好的石仔岭支局设立高尚邮品展示厅，提高邮政品牌形象，为邮政业务起到积极的推动作用。抓好通信线路扩容工程项目，完成石滩、沙埔等17个网点通信线路扩容2M工程，提升网络运行速度，为邮政各项系统提供强力的支撑。

【企业效益和员工收入协调发展】 2009年，企业效益和员工收入稳步提升，全局人均薪酬5.03万元，同比增长13%，人均公积金0.54万元，同比增长35%，人均养老保险7095元，同比增长32%，人均医疗保险2833元，同比增长74%，人均失业保险79元，同比增长76%，实现企业效益与员工收入协调发展。（张明军）

增城市邮政局局长 王叔军

中国电信增城分公司

【概况】 2009年，中国电信增城分公司（下称增城分公司）深入实践科学发展观，解放思想，转变观念，坚持“宽带规模·移动上量”发展，量收匹配，统筹兼顾，促进各项业务齐头并进，确保各项预算目标全面完成。经营收入42880万元，同比增量2353万元。移动用户净增放号3.43万户，净增1.7万户，达10.86万户；宽带入网3.2万户，净增1.7万户，达10.86万户；固话入网2.60万户，净增0.69万户，达30.53万户。广州分公司年度绩效预评估排名第二位，被评为全省县级分公司综合增长较好的县级分公司之一。在“万众翼心，奋战120天”劳动竞赛中，动员全体员工奋勇拼搏，摘取了劳动竞赛年度“翼翼生辉”银奖，被省公司授予2009年度先进绩效优秀奖。

【充分发挥全业务运营优势，力促宽带规模扩张】 以融合套餐营销为主导，充分发挥电信宽带的产品组合优势；以网格为基础，积极推行楼盘渗透率提升，实施宽带五重奏、宽带拆机预警以及特色市场营销等，有效促进宽带规模发展。把握有利时机，开展专题宽带促销，全年组织开展“春风满堂”等专项营销活动150多场，有效拉动宽带业务发展，提升品牌感知。

【聚焦客户，量质并重，推动移动业务上量发展】 一是聚焦客户需求，融合经营，差异化发展，促进移动业务上量发展。开展移动融合套餐协同营销，推进“校园翼起来”行动，深入推行信息化应用合作营销模式，有效撬动校园移动市场；加强人脉营销、重点客户“一户一案”及零预存目标客户攻坚，大力发展Vpn集群网，拉动移动业务发展；组织开展大规模的“入厂进村”现场促销，有效发展移动农村版业务。二是务实经营，移动业务发展量质并重。后付费融合套餐发展占比超过88%，列各区县分公司前列。

【创新营销策略，加强e套餐渗透发展】 一是积极推行新装业务移动叠加营销，突出优质宽带+互联网手机融合优势。二是开展营业厅销售“七步曲”营销，实施绩效激励，强化移动业务捆绑营销，提升e家新装渗透率。三是细分e家包年到期用户，开展多维度的续约责任营销及套餐价值提升工作。

【优化网络建设，完善客户服务支撑体系】 一是全面推行维护承包，优化宽带网络建设。通过维护承包促进部门目标、个人目标与公司经营战略目标的高度统一；开展宽带和互联网视听专项整治工作，全面优化宽带网络，均衡流量分布。二是面向客户，贴心服务，完善客户服务支撑体系。引入预受理流程、高值业务快速建设流程，使高值业务开通从年初的23天平均历时，压缩到现在的9.5天，65%的高值工单在7天内完成开通。三是面向服务，狠抓服务质量，装维服务水平上台阶。通过优化绩效考核，推动装维工程师工作的积极性。合理调度装维工程师、施工队支撑等办法及时解决装机单积压问题。四是大力开展资源整治，提升网络资源准确率和可用率。开展端到端交接箱资源整治工作，完成567个交接箱的整治，提高端到端资源准确性；开展T级机房资源清查核对工作，完成93个机房的T级资源整改，资源准确率从整改前的75%提高到95%。

【凝聚合力建设和谐企业】 开展“双培养，双带动”和“高平面计划”等活动，党员队伍平均绩效超过员工1.035%；启动员工“心智模式”项目，开展“员工心境关爱计划”；组织“天翼展翅”、“万众翼心，奋战120天”等劳动竞赛活动，全员参与，取得优异成绩；关怀离退休老同志，做好服务管理工作；完善惩防体系建设，组织廉洁谈话和廉洁教育工作，全年员工综合无违纪率达到100%；强化合同管理和法律风险防范，被授予分公司合同管理先进单位；推广“综治承包责任制”和“安全生产创优”，线路发案总数和损失金额同比下降84.66%和87.87%。开办“总经理信箱”，全年处理员工意见和建议近25条，处理及时率100%。 （朱运师）

中国电信增城分公司总经理
林晓东

移动通信

【概况】 2009年，中国移动通信集团广东有限公司增城分公司（以下简称“增城移动”）紧紧围绕增城市委、增城市人民政府“创建全国科学发展示范城市”的工作部署，深入贯彻落实科学发展观，加快构建移动通讯行业的现代产业体系，大力提升产业竞争力，积极探索具有县域经济特色的移动发展新路子。树立“落实战略、市场开拓、网络品质、管理创新、文化建设、多做贡献”等六大“领头羊”目标，努力做好客户服务、信息化发展、网络建设等各项工作，勇创无限通信世界，争做信息社会栋梁。面对日益激烈的市场竞争，增城分公司迎难而上，敢为人先，在新形势下寻求突破、于危机中勇于变革，取得了优异的成绩。2009年，增城移动实现业务收入10.20亿元，客户规模达130万人，缴纳地方税收3300多万元，投资增城管线、光纤建设近3亿元，资助地方公益活动近百万元，公司业绩呈稳健发展景象。

【履行社会承诺，争当优秀企业公民】 秉承“正德厚生，臻于至善”的信仰，增城移动积极投身社会公益事业，支持增城市建设。2009年，增城移动共为地方税收贡献3300多万元，是增城地方诚信纳税的大户，是荔城地税推荐的3家诚信纳税企业之一。同时，该司积极参与增城市委市政府开展的各项活动：在增城新春联欢晚会中共提供了近20万元的奖品，回馈增城市民；在“移动活力迎亚运，高尔夫球邀请赛”中投入近10万元，邀请增城各重要机关、企业同志参与活动，在社会引起了广泛好评；在“移动爱心扶贫，信息化助学”活动中，为增城贫困家庭的孩子送出100份手机礼包，在“我爱广东”大学生勤工助学项目中共招收增城大中专及本科学生共308人次，投入勤工助学项目近60万元，为增城当地教育事业发展作出了重要的贡献。

【实践服务价值化，打造金牌服务品质】 一是强化员工服务意识。开展“我最满意营销代表”评比活动，在服务厅内掀起一场“比、学、赶、超”服务质量提升大行动，让一线服务人员将服务意识真正转化为实际行动，在争夺荣誉中提升服务。二是精化后台管理手段。优化调整服务厅管理流程，采取集中管理、系统支持等手段替代大量的服务厅后台工作，释放更多服务厅人力去开展服务、营销，加强客户需求响应力，提升客户满意度。开展服务厅贴心工程，以“定规范、管执行、破难点、看结果”帮助服务厅进行服务提升；建设服务督导团队、阳光大后台，以高效化、专业化、服务化为服务厅提供支撑。三是优化前台服务质量。通过对等待客户100%关怀、对厅内客户100%推介业务、建立一图、一表、一联动机制分流低值业务以缩减客户等候时间，扎实开展“我爱客户”满意度活动。通过“三个更优”——制度更优、服务礼仪更优、工作实效更优，促进每个营销代表以良好的精神状态和优质的工作态度投入每天的工作，营造温馨和谐的服务氛围，注重换位思考，全程照顾客户的情绪，提高客户感知。四是提升投诉处理效能。以追求“零客户投诉”为最终目标，优化投诉处理流程，通过首问负责制、业务解释多一点、投诉快速处理、滚动跟进，并以客户满意为最终大闭环等措施，有效提升投诉客户满意度，投诉处理及时率达100%。

【全面信息化推进，助力智慧型城市】 一是以政府牵头启动“信息增城”拓展蓝海。全面落实无线城市、民生服务提升、平安增城、旅游信息化服务、信息助农等五大工程建设，实现气象服务平台、三防服务平台、社保服务平台、工商服务平台、公安110协同平台等重要政府机关和镇街单位移动办公应用深耕，整合移动应急管理、出租屋移动管理系统、移动OA、电子审批流程、移动车辆管理等解决方案，切入政务线条电子政务关键流程，为增城科学发展提供全面的信息化解决方案。二是信息化智慧医疗加速医疗系统效益提升。该司移动平台助力“预防甲型流感”、“病历跟踪”、“儿童防疫提醒”等民生短信的发送，以信息化业务搭建医疗综合服务平台，MAS、企信通成功覆盖多家公私大中型医院。信息化产品在医疗行业运用，有效助力医疗事业更好的服务群众，而且“移、固话组网”有利于统一医疗系统形象、节省成本支出，“卫生网、短信平台”为医疗系统内部管理效能提升起到重要作用。三是教育信息化，引领大未来。该司积极响应市教育局“推进中小学教育信息系统应用”的通知，以信息化服务打破家长与学校的沟通壁垒，解决教育部门、学校与家长“家校互动”的迫切需求，以优质的服务和强大的资源辅助，整合社会各方资源，协同各界助力教育信息化提升，有效推进增城教育信息化发展。四是信息化引入安保工作，助力保家护航。增城公安系统引入该司移动平台信息系统，为增城安全保卫工作增设信息化运用，成功运用于每日警情警讯通报、路面巡逻的实时汇报、路面违章查询、路面违法出租车实时报送、盗车警情通报等领域，为增城市民建设安全家园作出重要贡献。

【打造精品网络，提升全业务支撑能力】 2009年，增城移动网络工作立足于“话务创收、打造精品网络、提升服务价值”三大重点，着力解决历史网络黑点问题、提升重要集团客户的网络感知、加强高话务区域覆盖和话务吸收能力等，为市场做出有效支撑。一是持续优化，打造精品网络。通过开展2G网络质量大提升工程。增城地区GSM12B及13A工程截止2009年12月份已完成新增物理基站72个，完成全年目标值126%；扩容旧站60个，新增1800系统31个，累计增加载波达1650套，增加网络总容量约22%，建设光纤线路161242米，新增网络容量45万户，无线设备利用率（拥塞率）由90%下降到85%以下，用户网络感知进一步明显提升。同期开展TD三期网络大优化工程。增城TD三期网络大优化工程包括185个替换站、81个新建站，通过采取“加大室内覆盖力度、数据业务热点室外成片连续覆盖、加大数据业务承载能力、引入A频段”四项举措，充分调动各方资源和力量，启动周密安排。二是分级维护，提升用户感知。根据网络位置重要性，细分VIP站点、重点站点、普通站点，进行分级维护，缩短VIP站点和重点站点的故障处理历时至2小时和3小时，将投诉处理时间由原来的48小时缩短至24小时。通过周边规划，开通大站来提升信号覆盖，加强重点区域的整体规划，同比降低用户投诉量26.2%。全年网络平稳运行，紧急故障和严重故障处理平均历时为2小时，未发生重大通信事故，各项维护指标均高于同类行业处理要求。三是紧贴热点，支撑市场推广。通过加强IP专线支撑，全面提升全业务保障能力，为提升IP专线故障响应及处理效率，为市场业务拓展和集团维系提供网络支撑，组织无线、传输骨干成立了虚拟维护队伍，对常见故障现象、类型和处理流程进行梳理，在内部进行专项培训，使得IP专线故障定位更快、更准确。四是加强调试监控，优质通话更顺畅。增城移动完成春节、五一、龙舟节、国庆60周年、中秋节等节假日以及广场音乐节等大型活动的通信保障，对增城知名旅游景点、重要酒店以及主要道路进行临时载波调整和优化测试监控，涉及43个小区共128个载波。高校迎新期间用户感知拥塞率为0，网络感知接通率为100%，确保现场通话质量优质、顺畅。

（杨斯雅）

中国移动通信集团广东有限公司增城分公司总经理　郑志雄

农业和农村工作

【概况】 2009年，农业工作以支农、惠农、服务三农为落脚点，加快社会主义新农村建设，大力促进农业集约化经营，力促都市农业与旅游业的有机融合，积极探索统筹城乡发展新路子，农业生产和农村经济稳步增长，农民收入持续增加，农村和谐稳定。全年实现农业总产值67.18亿元，同比增长7.1%；农民人均纯收入9281元，同比增长17.18%，连续三年增长超过15%，并连续三年超过城镇居民人均收入增长水平。由于粮食生产工作出色，本市被农业部授予“2009年全国粮食生产先进县”称号。

【农业生产】 2009年气候条件对农业生产有利，台风、干旱、冻害等自然灾害对农业生产影响不大，加上近年来大力实施农业基础设施建设，农业抗灾保产能力大大增强。粮食、蔬菜、水果、花卉等主要农业产业保持较快增长，实现农业生产增产增收。种植业成功应对了夏季台风和秋冬干旱的影响，产量产值全面增长。种植业实现产值35亿元，同比增长6.8%。全年农作物种植面积110.6万亩，粮食种植面积49.45万亩，亩产306公斤，总产量15.2万吨，同比面积增1406亩、亩产增16公斤、总产增8560吨，完成了广州市下达本市的粮食考评任务。其中水稻40.2万亩、亩产320公斤、总产12.86万吨，同比面积增1915亩、亩产增20公斤、总产增8520吨；蔬菜常年保持面积15.6万亩、播种面积54.1万亩、总产量95.8万吨、总产值22亿元，同比总产增3.6%、播种面积和总产基本持平；水果面积29.9万亩，总产量8.1万吨，同比面积增1.4%、总产增15.4%。其中荔枝面积17.3万亩、总产1.3万吨，同比面积增2%、产量增67%；花卉面积1.27万亩、销售额2.1亿元，同比面积增4.1%、销售额增5.4%。

【农业基础设施建设】 继续加大基本农田标准化建设力度。2009年广州市下达农田标准化建设项目16个，投入农建资金3744.8万元，整治面积14979.2亩。至2009年底，全市累计投入农田标准化建设资金5.75亿元，建设标准化农田28.9万亩（其中已建成22.4万亩、在建6.5万亩）。通过完善农田标准化建设，有效提高农业抗灾减灾能力和农业综合生产能力。

【农村土地流转】 根据市委、市政府《关于促进农业集约化发展的实施方案》（增委办发［2008］9号），认真做好农村土地流转服务工作，在2009年3月联合市农经办与市财政局制定出台了《增城市农村集体土地承包经营权流转补贴奖励实施细则》（增农经办［2009］3号），明确农村土地承包经营权流转财政补贴和奖励的具体操作办法，鼓励农户依法、自愿、有偿流转土地，对连片面积300亩以上的土地流出农户，给予每年每亩200元的财政补贴。2009年共拨出土地流转财政补贴资金6155790.1元。其中补贴农户土地流转面积为21830.08亩，补贴农户资金4366015元，惠及农户7778户；奖励村干部153004.8元，奖励社干部612019.3元，惠及36个行政村；对以土地入股的新塘竹园涌三月红荔枝专业合作社补贴3万元；对种植水稻且连片面积在200亩以上的补贴面积2360亩，补贴金额236020元，对小楼、正果两镇2008年集约化示范补贴资金758650元。通过实施农村土地流转补贴政策，充分调动农民土地承包经营权流转的积极性，加快了农村土地流转。目前全市农村土地承包经营权流转面积12.65万亩，占家庭承包总面积的32.8%，全年新增土地流转面积19200亩，增长17%。通过加快农业用地流转，使农业用地向农业企业、农民专业合作社和种养大户集中，扩大土地集约化经营面积，从而大大提高了土地生产率和效益，减少了农村土地对农民的束缚，促进农村劳动力的转移就业。

【农业龙头企业与农民专业合作组织】 继续加大对农业龙头企业的扶持力度，在贷款贴息、技术改造、购置设备、扩大规模等方面进行支持，不断提高企业规模和效益，带动农业生产发展。在继续支持原有的7家广州市级农业龙头企业做大做强的基础上，对具备发展条件的农业企业加大培育力度，推进“公司+基地+农户”的经营模式。2009年农业龙头企业带动农户2.1万户，收购加工农产品48400吨，带动农户发展种植、养殖面积73730亩，增加农民收入1.88亿元，较好地发挥了龙头企业的辐射带动作用；鼓励和引导有能力的农业经济组织和农民，紧紧围绕“增城十宝”农产品、特色农业、农产品流通和农机服务等组建农民专业合作社，促进本市农民专业合作社有序、健康、快速发展。2009年新增农民专业合作社94家，全市已有137家，占广州市总数的五成多。培育了1家国家级、3家省级和2家广州市级示范性农民专业合作社，发展速度走在广州市乃至全省的前列。积极引导农民专业合作社实行统一生产质量安全标准，统一农业投入品的采购，统一品牌销售，努力提高农业组织化经营程度，共有12家农民专业合作社注册了农产品商标，培育了“阿朵”番木瓜、“盛丰渔业”、“黄塘头菜”、“凤凰仙草”等品牌。

【农产品质量安全】 一是加大无公害农产品的认证力度。推广农业标准化生产技术，至2009年底，全市无公害农产品产地认定203个，认定面积23万亩，促进了农产品无公害化生产，提升了农产质量和竞争力；二是加大农产品监督检测力度。充分发挥市农业质量安全监测体系的作用，加强对农业生产过程的监管和检测。全年共抽取蔬菜检测样本30846个，合格率为99.5%，并对不合格样本进行跟踪处理；三是强化农业投入品管理。加大农业执法检查力度，全年共出动执法检查1966人次，检查各类农资店铺672间次，检查生产基地、外耕户窝棚等770间次，查办违法违规案件8宗，罚款金额2.17万元，没收假冒伪劣农药1518公斤，查封假劣肥料5吨。

【社会主义新农村建设】 一是着力提升城镇基础设施建设水平。以城镇道路等基础设施建设为重点，统筹安排好中心镇、山区镇建设资金，抓好新塘、石滩、中新3个中心镇和派潭、小楼、正果3个山区镇的项目建设管理。全年广州市安排中心镇建设资金3300万元，建设了新塘镇东洲大道双向八车道沥青路和新塘大道西延工程、石滩镇南北主干道护坡砌石和高压线路休闲带及沿江路改造工程、中新镇广场和新新路集丰至叶岭路段扩建拆迁工程及中新医院扩建工程。全年争取广州市安排山区镇建设资金750万元，建设了派潭镇城镇房屋外立面整饰和内街内巷建设工程、小楼镇墟市道路建设工程、正果镇防洪堤围安全加固工程；二是加快村庄建设整治力度，着力建设农民美好新家园，全年争取广州市安排本市新农村建设35条，补助建设资金420万元，通过大力实施新农村建设，优化美化了农村环境；三是努力推进统筹城乡工作各项措施的落实。深入贯彻落实广州市《关于加快形成城乡经济社会发展一体化的实施意见》和市委市政府《关于创建统筹城乡科学发展示范区的实施意见》，按照职能要求，积极配合有关部门推进村庄规划编制工作，实现村庄规划全覆盖。协调推进农村劳动力转移就业，配合推进农村社保工作，加强协调农村社会文化、教育、卫生等各项社会事业，进一步推进城市基础设施向农村延伸、公共服务向农村覆盖、城市文明向农村传播。

【农产品品牌建设】 按照高产、优质、高效、生态、安全的要求，加快转变农业发展方式，在大力提高优质水果、蔬菜、名贵花卉等产业规模化生产水平的基础上，加大农产品创品牌力度，做大做强农业品牌，不断提高农产品知名度。在2009年3月举行“增城十宝”农特产新闻发展布会，发布由市民评选出的“增城十宝”农特产，协助挂绿公司的挂绿牌丝苗米、祥惠公司的祥惠牌香蕉申报省名牌产品，组织了挂绿米业、如丰食品公司、民联番木瓜专业合作社等企业和组织参加省、广州市农产品博览会，提高了传统名优农产品的知名度。同时通过举办荔枝文化旅游节、增城菜心美食节、白水寨番薯美食节等节庆活动，吸引游客到增城来旅游，促进农产品变旅游商品、农业经济变旅游经济，提高了农产品的附加值和经济效益。

【农业科技推广】 充分发挥农业技术推广中心和农科所、菜科所（果科所）的作用，在加强农产品繁育的基础上，加快农业新技术、新品种的推广应用。一是加大农业科技培训力度。全年举办各类农村实用技术知识培训班和科技下乡咨询活动63期，培训9600人次，发放各种农业技术资料2.6万份。重点培养能从事农业专业化生产和产业化经营的新型农民，全年培训新型农民1300人，成为本市建设社会主义新农村的中坚力量；二是抓好良种良法的推广应用。加大良种的引进、试验、示范和推广工作，全年共引进、推广农作物新品种58个，推广新技术6项。在水稻耕作技术方面重点推进插秧机的应用，全年示范推广机械化插秧面积3500亩。同时认真抓好测土配方施肥和土壤有机质提升等沃土工程建设；三是抓好病虫害防治和秋季抗旱保丰收工作。重点抓好水稻、蔬菜和水果病虫害的测报防治工作，全年共发布病虫情报12期，测报准确率在95%以上，防治面积669.6万亩次，确保病虫害防治的及时性和准确性。虽然秋季出现轻度干旱，但通过科学调度用水，推行节水技术等措施，有效缓解了旱情，提高了农业生产的效益。

【农业生态旅游】 在继续建设完善白水寨农业生态园区、小楼人家农业园区、正果湖心岛农业园区、新荔生态公园、白湖乡村生态公园等20多个农业园区的同时，按照市委、市政府提出的建设国际旅游度假城的要求，重点开展荔城街莲塘生态旅游示范村建设，完成了农田机耕路硬底化建设、电瓶车游览路线建设、村容村貌整治等工作，为下一步招商引资，建成一个集乡村休闲、旅游度假和节庆功能兼具的国际生态旅游示范村打好了基础。

【支农惠农政策】 认真抓好种粮直补政策的宣传，严格种粮面积的申报审核，做好种粮补贴工作。全年共发放农资综合直补、种粮直补、良种补贴等财政补贴资金合计5351.9万元，其中水稻农资综合直补2411.18万元，水稻良种补贴521.66万元，种粮直补2400.79万元，玉米良种补贴18.27万元，直接增加农民收入，提高农民种粮积极性，维护粮食生产的安全稳定。

【农村集体财务监管工作】 一是推行村级财务管理预算制。认真贯彻落实《广东省村务管理办法》、《增城市开展“三联六帮”城乡共建行动方案》，印发了《关于推行村级集体年度财务收支预算制的工作意见》，指导村制定财务预算监督管理制度。据统计，2008年村集体费用支出总额为2.68亿元，比2005年全市村集体费用支出总额的3.98亿元，减少了1.30亿元，下降比率为32.73%；村集体增收节支效果显著。二是加强培训工作。分别对村书记、村主任、村官助理、和镇街财务管理人员进行了培训，提高了各级干部的财务知识。三是开展村级财务收支审计工作。三年来，本市开展农村审计的累计资金为5.39亿元，累计查处违规资金1069.4万元。其中白条抵库存24.3万元，不符合票据34.4万元，未入账收入192.8万元，未入账支出168.4万元，公款私存15.9万元，占用征地补偿费609.0万元等。通过有效审计和整改，及时追回农村集体经济发展的资金，加强农村集体资金监管，保障了农村集体经济组织及其成员的合法权益。在强化农村审计监督后，涉及农村集体财务问题的上访案件大幅减少。据统计，2005年本市发生越级集体上访涉及农村问题的有64宗，其中发生到省上访涉及农村问题13宗，到广州市上访涉及农村问题22宗；从2007年1月至2009年12月，全市累计发生涉及农村集体财务上访案件28起，年平均9起，2009年仅有5起，有关农村集体财务问题的上访得到有效遏制。 （谢耀均）

增城市农业局局长 谢锡禧

畜牧生产

【概况】 2009年，市畜牧兽医局深入学习实践科学发展观，求真务实，开拓创新，以加强畜牧生产管理和动物防疫监督为重点，加大对高致病性禽流感、口蹄疫、狂犬病等重大动物疫病防控力度，积极开展兽药（饲料）及畜产品药物残留专项整治行动，保障全市畜牧业健康、稳定发展，确保人民的食品质量安全。经统计，全年全市畜牧业生产总值18.35亿元，占农业总产值27.88%，同比上年（下同）增长6.6%。生猪出栏89万头，增长8.5%；三鸟出栏1050万只，下降2.1%；乳鸽出栏1300万只，增长0.78%；奶牛产奶8800吨，下降

1.1%；产蛋总量7100吨，下降1.4%。

【动物防疫】 为做好新形势下的动物防疫工作，市畜牧兽医局坚持“预防为主”的工作方针，按照“集中免疫，常年免疫”的工作制度，在防疫机制、管理体制和队伍建设等方面大胆尝试，敢于创新，不断探索动物防疫长效机制。①做好重大动物疫病防控工作，保证免疫率达到100%；及时开展免疫效果监测，掌握免疫动态，夯实免疫基础，确保畜禽得到有效保护。全年进行禽流感免疫1720.79万羽，新城疫免疫1302.35万羽，生猪口蹄疫免疫158.67万头，猪瘟免疫160.26万头，耕牛（羊）口蹄疫免疫2.51万头，免疫率均达到100%；应免犬只狂犬病免疫5.10万只，免疫率99%。检测禽流感血清1307份，新城疫血清1107份，猪口蹄疫血清666份，猪瘟血清617份，牛口蹄疫血清5份，合格率分别为74.67%、91.24%、79.43%、85.74%、100%；检测奶牛“两病”2099头，结果全部为阴性。②有效遏制狂犬病的扩散蔓延。对存栏应免犬只实施春秋季两次免疫，取得较好的防控效果，人感染狂犬病死亡由2006年最高的10例到2009年2例，呈现逐年下降，疫情得到了有效遏制。③疫病防控机制不断完善。全面实行动物防疫网格化管理，细化工作任务，责任到人，措施落实，工作到位，形成上下贯通、横向协调、有效运转、保障有力的动物防疫体系，5月份，广州市动物卫生监督所组织广州地区动物卫生监督机构负责人到增城召开学习交流现场会，介绍推广增城的经验和做法，增城的动物防疫工作得到高度评价。④落实责任追究制度，加强对基层畜牧兽医站防疫检疫工作的监督。对个别检疫员的违规行为事实进行深入的调查核实，解除5名违规检疫人员的合同，对负有直接和间接领导责任的3名正、副站长作出通报批评处理，严肃了队伍纪律，确保全市畜牧兽医队伍的纯洁和稳定。

【动物检疫】 全年共屠宰检疫生猪54.99万头，检疫率100%；屠宰检疫肉牛（羊）6465头，检疫率100%；产地检疫牲畜118.72万头，检疫率95%；产地检疫家禽1534.64万羽，检疫率达83%以上。

【畜产品质量安全监督】 自年初发生永和“瘦肉精”中毒事件后，市畜牧部门高度重视，快速处置，制定科学的应对措施，完善制度，严防“瘦肉精”中毒事故的再次发生。一是加大检测力度，提高检测比例，严格落实“车车检，批批检”，本地出栏肉猪由原来的3%提高到5%，外来生猪由3%提高到10%。全年共抽检“瘦肉精”猪尿样7.05万份，其中在屠宰环节查出含“瘦肉精”生猪7批次，合共56头；二是建立生猪“瘦肉精”自检制度，生猪出栏和生猪进入屠宰场前，畜主（货主）必须对生猪进行“瘦肉精”自检，自检合格后向当地畜牧兽医站提供《生猪违禁药物自检报告书》方能进入屠宰场；三是实行生猪屠宰准宰制，所有进场生猪经当地畜牧兽医站检疫和检测合格并出具《准宰通知书》后方能实施屠宰；四是提高执法力度，严厉打击违法使用违禁药物的行为。全年依法查处违法经营（使用）假劣兽药案件26宗，含违禁药物饲料2宗，没收假兽药货值2.3万元，处罚9.1万元。查处违法使用违禁药物猪场13个，封存生猪1919头，销毁生猪87头，罚款23万元。

【无马疫区建设】 根据《广州亚运无规定马属动物疫病建设方案》的要求，按照无规定动物疫病区现场评审标准，市畜牧部门积极开展马属动物疫病普查和免疫工作，对位于本市缓冲区和运输动物生物安全通道辖区内21匹马植入芯片21个，进行日本脑炎、马流行性感冒各免疫2次，对3445头生猪进行猪乙型脑炎免疫。每月及时向广州市动监所上报“广州亚运无马疫区工作计划”。10月17日，顺利通过国家农业部广州亚运无规定马属动物疫病区建设评估专家组的验收。 （黄晓辉）

增城市畜牧兽医局局长　姚子伦

林业和园林工作

【概况】 2009年，市林业工作以科学发展观为指导，以创建全国林业生态示范市为目标，紧紧围绕建设“生态林业、民生林业、文化林业、创新林业、和谐林业”，深入推进“全区域公园化”战略，大力实施青山绿地工程，打造山水城市，建设宜居城乡，为增城市生态建设和林业发展作出积极贡献。2009年度上级支持本市林业建设资金共到位5165万元；累计完成景观林带50多公里，中央投资防护林面积3700亩，增江河西岸边坡绿化15000平方；连续4年未发生森林火灾，被省推荐为“全国森林防火先进单位”；太寺坑和南香山申报省级森林公园已通过专家评审，正在有序进行。

【全民绿化植树活动】 市局根据《广东省全民义务植树条例》的有关精神，努力推动全市全民植树绿化工作。以“营造绿色家园，建设生态文明”为活动主题，动员各级政府和部门，积极投身绿化、美化增城活动。分别于2月3日和13日、3月13日和15日、4月5日、增城中学80周年校庆等时期组织市领导班子、林业局全体干部职工、人大代表和政协委员、林业系统青年团员等参加义务植树活动。经统计，全市义务植树共种植6.9万株，绿化面积1340亩，参加义务植树人数4.8万多人次。

【迎亚运重点绿化项目建设】 一是加快构筑城乡绿道网络。按照“点成景、线成带、片成林”的绿化要求，投资3500多万元，全面完成增派公路景观林带补植套种、荔新公路西福河至广汕公路段绿上添花、北三环延长线绿化美化、广深铁路（增城段）北侧林带工程建设、石三公路林带种植、市行政中心新城大道连接线绿化美化等。广汕公路景观林带和生态廊道工程已完成规划设计和三联示范段建设。二是加快增江河两岸绿化美化。以增江河亚运龙舟赛段为重点，投入1000多万元，先后完成增江东岸人民桥至雁塔大桥段绿化、增江西岸义务植树点绿化、沿江西路边坡绿化美化、鹤之洲湿地公园绿化等绿化项目。增江河景观林带工程已完成工程设计和招标，并进入施工阶段。

【中央投资防护林建设】 本市

2008年新增中央预算内防护林造林工程在上级有关部门和市政府的关心和支持下，该局克服项目实施时间紧、任务重、资金少等困难，按照中央“出手要快，出拳要重，措施要准，工作要实”的总体要求，经上级批准，以增江边的太寺坑林场、市林科所和增江街联益村为中心，落实完成沿海防护林10000亩的建设任务，其中：人工造林2200亩，补植套种1500亩，封山育林6300亩。现已转入抚育管护阶段，较好完成上级下达任务。

【统筹城乡绿化一体化】 全年共投入近1000万元，完成增城广场种大树、市民花园一期（市行政中心绿化）工程、荔湖湿地公园周边绿化等绿化工程，并结合“建设林业生态文明万村绿”和“三联六帮”城乡共建行动，重点帮扶联益等12条行政村完成绿化规划和绿化美化，改善村容村貌，为人民群众生活工作营造优美和谐的新农村绿化环境，得到农村群众的肯定和赞赏。

【森林资源保护与管理】 ①森林防火。在继续保持森林火灾零发生率的基础上，加大森林防火资金投入，添置防火装备，建设防火设施，培训防火队员。全年新建成森林消防蓄水池7个，完成生物防火林带种植21.85公里共512.85亩，建成林区硬底化防火通道5.6公里；添置森林消防灌装水车9辆、森林消防运兵车19辆、工作专用小车13辆、高压消防水泵20台、对讲机120台；全市组建起森林消防专业队伍208人，其中市级50人，镇级和林场158人，在预防和扑救森林火灾中发挥主力军作用。11月27日，派出15名森林消防队员参加广州市森林消防实兵实地演练，出色完成设定项目，受到演练组委会的好评。这一年，被省推荐为“全国森林防火先进单位”。②生态公益林管理。全面加强对全市65万亩生态公益林的保护和管理。投入200多万元赎买商品林地和博罗县飞地，扩大生态公益林面积；提高生态公益林补偿标准，达到每亩30元，并实现直拨到户，共拨付资金2000多万元。同时通过加强林木采伐限额管理，规范林木采伐审批程序，严格依法发放《林木采伐许可证》，规范林地征占用行为、加强木材加工经营管理、加强法制宣传等方式，保障生态建设成效。③林业有害生物防治。市局在做好林业有害生物测报工作的基础上，大力宣传林业有害生物危害与防治知识，重点做好松材线虫病防治及薇甘菊的防治工作。在松材线虫病防治方面，全市共清理病死树5517株，设置诱木252株，对病死树进行100%清除、100%除害处理，累计完成防治作业面积3.03万亩。在薇甘菊的防治方面，研究制定《增城市薇甘菊防治实施方案》，共投入150多万元，完成薇甘菊除治面积25000亩。该局森防站强化检疫管理，严格把关，抓好苗木产地检疫、调运检疫和复检，防止疫情的传播。④林政资源管理。进一步规范林木采伐审批工作，林木采伐未突破广州市采伐限额指标。严把征占用林地审核关，在法定时间内逐一审核材料，及时上报审批，审核率100%。做好信访、调处工作，其中林政科共调查、落实省、市林业局、增城市信访部门转来的信访件共12宗，接待群众上访26起，办理行政复议案件1宗，到广州市中级人民法院应诉案件2宗；调处办共接待群众来访13批，42人次。两科室共完成调处山林纠纷案件18宗，其中上报市政府裁决5宗，协议调解13宗，面积3345亩。⑤林业案件查处。打击林业犯罪行为。公安森林分局积极开展了“绿盾三号行动”等一系列打击各类破坏森林和野生动植物资源违法犯罪的专项行动，办理各类林业案件共立案62宗，破案49宗，共处理各类违法犯罪人员53人/次，以实际行动维护林区安全。

【林业科学研究】 2009除鼓励林科所协同广州市林业科研合作单位继续做好“珍贵树种示范林基地”、“纯松林下套种阔叶树种生长比较试验”、“纯桉树林分改造试验”、“红豆杉引种试验”及“诃子树繁育栽培试验”等科研项目的相关调查和抚育管理工作外，还积极支持林科所分别从武汉和浙江引进竹柳和红叶石楠，协同广东省林科院相关专家开展“紫红短须螨抑制薇甘菊生长试验”及开展“送苗进万家活动”，较好地开展科研工作，推广科研成果。

【指导、监督、扶助下属林场】 ①鼓励林场转换生产方式，进行产业升级。2009年主要鼓励林场发展生态旅游产业，支持林场变砍树为看树，转换生产方式，进行产业升级。如继续保持大封门林场的生态旅游开发，完善配套设施，增加旅游景点等，对太寺坑、南香山林场等具备旅游开发条件的，支持其升级为省级森林公园，对兰溪林场等暂未具备条件升级为省级森林公园的，也多方创造条件，指导、监督其进行生产方式转换。②关心林场职工生活，提高职工福利。一年来在局领导班子关心支持下，解决林场在编人员的社保和退休人员的医保缴纳问题，解决部分待岗人员没有住房公积金问题，并提高林场干部职工的工资福利。确保林场各项工作正常运行和职工队伍的稳定。③监督林场日常工作，保障林场依法运行。市局严格遵照上级指示精神，加强下属林场政治思想建设，监督下属林场做好具体工作，落实各项工程，保障林场日常工作依法有序进行。

【努力营造条件，保障林业工作扎实推进】 ①制度、组织和人员保障。市局按照市委组织部的要求，切实抓好党的基层组织建设，加强党委成员的执政能力和提高其理论水平，制定学习方案及整理党委中心组的学习资料。同时搞好林业局宣传教育、巩固“廉政教育活动”成果、抓好作风建设、加强民主监督，通过调配管理、培训考核干部职工，组织举办各种活动提高林业局工作效率，增强职工凝聚力。根据上级要求，开展慈善捐款（其中党内捐款32430元），节假日期间慰问生活困难职工等活动，宣扬为人民服务思想，稳定职工情绪，构建和谐机关。②财政保障。市局严格执行规章制度，规范日常财务工作，除按时发放人员工资、补贴、节日加菜费、年终奖等日常工作外，强化预算申报，认真做好广州和增城两级部门预算的编制申报工作，特别是抓好各科室和下属场所项目编制的指导、审核，确保各项林业工作的顺利开展。截止

2009年12月18日止，上级到位的项目资金约5165万元，本级到位的项目资金约2009万元（含上级植被恢复费返还1223.10万元），还有04~07年生态公益林（经济林部分）调整资金1016万元，两级合计约8190万元，涉及项目95个。（周江全）

增城市林业和园林局局长　罗伟光

海洋与渔业管理

【概况】 2009年全市水产养殖总面积4540公顷，渔业总产量43470吨，比上年39143吨增4327吨，增长11%，渔业总产值55864万元，比上年54272万元增1592万元，增长8.8%。

【继续推进鱼塘标准化建设】 至2009年底，全市共实施鱼塘标准化建设10670亩，共投入资金2749.5万元，其中本级配套财政资金59.25万元。其中2009年鱼塘标准化建设安排资金845万元，本级财政配套资金15万元，实施改造面积3100亩，项目点分布在中新、正果、小楼、新塘、石滩、朱村、增江等镇（街）。目前在建项目有2720亩，准备动工的2450亩。

【规范渔业安全生产管理】 为贯彻落实市委、市政府食品安全工程建设与管理的有关精神，加强水产品生产安全管理，积极推行渔业标准化生产，努力提高水产品质量与安全。一年来，根据省、广州市对安全整治的要求和市委市政府的统一部署，市局领导高度重视渔业安全生产整治工作，制定一系列工作措施和方案，积极投入安全整治工作中。组织工作人员深入各镇街水产养殖基地、种苗场执法检查6次，派出执法工作人员50人次，检查无公害水产养殖基地12个、规模水产养殖场9个、水产种苗场16个。检查内容包括：①持证生产情况，水产养殖场必须办理养殖证，种苗场必须办理水产种苗生产许可证；②养殖、用药记录情况，所有水产养殖场必须建立规范的养殖生产、用药记录；③违法用药情况，水产养殖户必须按照《无公害食品　渔用药物使用准则》使用合格的渔药，杜绝使用氯霉素、孔雀石绿、硝基呋喃等违禁药物。同时督促养殖户建立《水产养殖生产记录》、《水产养殖用药记录》、《种苗购买及成鱼销售记录》等养殖管理制度。根据检查的情况来看，大部分养殖基地都按照水产品质量安全的要求规范生产，台账记录健全，药物和饲料分开储存，不使用违禁药物等，质量安全生产意识有了很大提高，保证了水产品食用安全。

【水产品质量安全检测】 紧紧围绕《2009年增城市水产品质量安全例行监测计划》的工作目标开展检测工作，一是把节假日的食品安全监测与四季度例行监测工作相结合，共抽取鲜鱼样品300份，按要求检测全部合格。制定分析报告600份，印发安全质量通报92份。为有关部门提供了水产品质量安全预测数据，对及时掌握全市水产品质量安全动态起到积极作用。同时积极配合市食安办开展监管食品安全的各项工作，参加食安办组织的各有关部门联合下乡“食品质量安全宣传活动”6次，“联合食品质量安全抽查”2次。联合迎接广州市有关部门检查2次。配合本单位各部门开展专项执法、整规打假工作，为他们做好技术支柱。

【清理增江河渔民住家船工作】 为配合搞好增江河一河两岸工程，美化市容环境，打造碧水蓝天新都市。同时，为明年亚运会水上项目扫清屏障，营造良好环境。按市领导的指示，积极开展清拆渔民住家船工作，经过4个多月的深入调查研究，在充分准备的前提下，市局于2009年11月2日，正式起动渔民住家船的清理工作。此次清理范围涉及37户渔民，为做好此次清理工作，分组派人对每家每户进行仔细的思想动员，务求在和谐的环境下完成此次清理工作。经过实地测量、调查核实、居委会公示等工作环节，确定清理的住家船数量及面积，并和渔民签订《渔民住家船拆解协议书》。整个清理过程得到渔民的理解和支持，37户渔民及时签订《自愿拆解住家船协议书》。在渔民的通力配合、海洋与渔业工作人员的努力及相关部门的支持下，在2009年11月23日全部完成此次渔民住家船的清理工作，比原计划提前3个多月。

【积极推进海洋工作】 为落实海洋各项工作，在广州市海洋主管部门的悉心指导下，完成本市海洋辖区的海域堪界定位工作。同时积极联系上级海洋部门和其他区、市海洋部门的沟通，虚心学习，取长补短，争取做好海洋各项工作。

【加强科技培训和技术咨询】 为努力提升本市农民的养鱼技术水平，在市科协及上级业务部门的极力支持下，积极投入到科学普及和技术推广工作中，一年来举办科技培训班三期，培训农民450多人次；举办科技下乡和技术咨询活动二次，接受养鱼农民咨询360人次，发放有关科学技术资料1520多份。

【积极承办“渔业放生节”活动】 6月16日，由市政府主办，市局承办的渔业放生节在本市增江河举办，投放6个品种的原种鱼苗共250万尾。由于安排周密，紧密配合，使这次活动能平稳有序顺利进行，是历年来场面最热闹，群众参与最多，效果最好最成功的一次盛会，受到领导和社会人士的高度赞扬。通过这次活动，使广大民众认识到爱护大自然，保护生物物种，保持生态平衡的重要性，人和自然和谐意识得到很大的提高。

【做好鱼类疫病监控与测报】 本市设置鱼类疫病监测点4个，每月进行两次病害疫情检查，及时向上级汇报和向广大养鱼户通报，同时得到上级下发的其它地方的疫情信息也即时在全市通报，使广大的养鱼农户及时做好预防措施，控制疫病的发生。此外，积极向发生鱼病的养鱼农民提供技术指导、渔药使用指导、病害鉴定等服务，减低农民养鱼的损失。

【渔政执法管理工作】 ①改善渔政执法装备。通过与省、广州市上级业务部门领导及市有关领导的沟通，购置一艘装备齐全的渔政执法船。渔政执法能力增强，将有效地保护江河渔业资源。②转变渔政执法思路。一方面，最大限度发挥渔业执法队伍的作用，坚决打击违法捕捞，特别是电、毒、炸鱼等掠夺性、毁灭性的违法捕捞行为，维护渔民的合法利益；另一方面，组织渔民进行专业技能培训，引导渔民向养殖、水产品销售等方向转产，改变渔民的生活方式，提高其生活质量。③强化渔船渔港管理，认真做好各项基础性和常规性工作。一是做好船检工作。大队共检验渔船84艘，完成到期渔船的检验工作。二是做好规费征收工作。为确保规费征收工作顺利开展，大队主动走出去，下渔村、上渔船，既方便渔民群众，又向渔民群众宣传涉渔收费各项新规定和新政策，2009年分别征收渔业资源费3900元，港务费3300元，检验费2996元。④关心渔民群众生活，完成09年渔业柴油价格补贴工作，及时将补贴资金发放到渔民手中。根据穗财工［2009］35号《转发关于成品油价格和税费改革后进一步完善种粮农民　部分困难群体和公益性行业补贴机制的通知》及穗财工《关于做好2009年上半年石油价格改革财政补贴资金发放工作的通知》精神，大队及时按要求对发放对象进行船检，经过核查统计，本市渔船的总功率为888.08千瓦，共发放了2009年柴油价补贴资金221440.220元。

【积极推进保护区建设】①成立增城市兰溪河珍稀水生野生动物及其生态自然保护区。已完成对兰溪河调研、勘测、建区的申报工作并得到市政府同意批建。并着手聘请专家撰写保护区总体规划，明年将按照总体规划要求实施建区工作。②成立增江光倒刺鲃大刺鳅国家级水产种质资源保护区。该区在上年底已批建并在全国通告。专职管理机构暂未成立，暂由市海洋与渔业管理服务中心负责管理。

（钟伟锋）

增城市海洋与渔业局局长　张伯林

农业机械

【农机管理】①配合政府开展农机化服务。全年共完成机耕面积39.2万亩，机耕率达98%；完成机收面积32万亩，机收率达80%；完成机插面积4000亩，机插率达1%。②积极做好购机补贴的宣传发放工作，大力推广新型农业机械。全年共推广中型拖拉机12台、手扶拖拉机13台、增氧机1094台、投料机110台、水泵175台、潜水泵84台、榨油机3台、喷灌设施643亩，提供农业机械补贴1159554元，收益农户632人。③积极配合做好插秧示范县工作。按照省农业厅要求，增城市被列为全省20个水稻示范插秧县之一。为做好此项工作，与市农业技术推广中心联合举办了水稻插秧现场演示会2次，培训班3期，培训农民200人，派发学习资料3000份。④积极扶持农机服务组织建设，引导农机专业合作社发展。在农机服务中心引导下，全市共成立农机专业合作社4家，注册资金总额达70.4万元。合作社社员50人，拥有大中型拖拉机7台、小型拖拉机6台、联合收割机9台，配套农具27台（套），业务范围主要是组织农业机械化生产、收割，提供信息、技术、咨询服务。合作社的成立，进一步提高农机户的组织化程度和农机作业的市场竞争力，减轻农民劳动强度，降低生产成本，增

增城市2009年农业机械化情况

项目		单位	数量
农业机械总动力		千瓦	417656
耕作机械	大中型拖拉机	台/千瓦	145/4014
	小型拖拉机	台/千瓦	12534/95280
	拖拉机配套农具	部	8035
	水稻插秧机	台	7
	微耕机	台	320
农田排灌机械	柴油机	台/千瓦	1446/10199
	汽油机	台/千瓦	2177/10063
	农用水泵	台	3552
收获机械	联合收割机	台	270
	其中：金浪	台	68
	久保田	台	42
	洋马	台	2
	金联	台	105
	广联	台	45
	金田	台	1
	科利亚	台	5
	中农机	台	2
	割晒机	台	33
	烘干机	台	11
	机（电）动脱粒机	台	8123
农副产品加工机械	油料加工机械	台	179
	粮食加工机械	台	1033
	其他	台	488
运输机械	农用运输车	台/千瓦	1978/160765
	手扶变型运输机	台/千瓦	1966/25558
	农用挂车	台	1038
畜牧机械	饲草料加工机械	台/千瓦	763/7593
	畜牧饲养机械	台/千瓦	415/5676
	畜产品采集加工机械	台/千瓦	12/960
渔业机械	增氧机	台/千瓦	5062/7881
	投饵机	台/千瓦	1035/1612
农田基本建设机械		台/千瓦	108/4483
田间管理机械	机动喷雾（粉）机	台/千瓦	675/1080
设施农业设备	水稻工厂化育秧设备	套	1

加农民收入，促进农机化科学发展。⑤组织开展水稻跨区收割作业。全年组织全市20台联合收割机，通过在湖北省和本省的雷州、博罗地区开展水稻跨区收割作业，共完成跨区作业面积2万亩，联合收割机作业时间达到8个月，提高了收割机的利用率和经济效益，增加了农民收入。同时在全市收割季节，引进湖北、江苏等外地联合收割机100多台，参加全市水稻收割作业，提高了收割效率。⑥做好农机安全监理工作。一是做好拖拉机、联合收割机及其驾驶员登记、年检工作。全年共办理联合收割机入户7台，年检13台，手扶拖拉机入户46台，年检17台，中拖入户3台，办理农用车驾驶证换证122人，发放联合收割机跨区作业证20个。二是抓好拖拉机、联合收割机机主和驾驶员培训工作。全年共开展联合收割机和拖拉机驾驶员培训班5期，培训驾驶员600多人次。同时联系生产厂家派技术员常驻增城，对购机者提供免费培训，确保农机安全生产。三是做好“创建平安农机，促进新农村建设”专项活动。重点抓好中新镇坑贝村“农机安全示范村”建设，办理拖拉机上牌17台，培训驾驶员50人，签订安全责任书17份，制作宣传牌20个，印发学习资料200份。从而以点带面，引导全市拖拉机机主和农用车驾驶员自觉上牌、年审，达到提高农民安全意识，减少农机事故的发生。四是加大农机安全监理窗口建设力度，争取省农业厅资金5万元，改建农机监理窗口，购置电脑、打印机等设施。五是争取省、广州市和增城市财政支持，筹集资金18万元，购买了农机安全监理执法用车1台。六是配合广州市农机监理所，在正果镇举办了农机安全生产暨农机购置补贴政策宣传咨询活动。向群众派发农机法律法规宣传资料1100余份，宣传品500余份，进行安全生产图片展览，样机展示，并解答群众关于农机安全、牌证办理、购机补贴申领等问题咨询，受到广大农民的热烈欢迎。

【继续抓好管道燃气工程】 全年全市共报装管道燃气2196户，累计报装16843户；安装2196户，累计安装16049户；用户通气1822户，累计通气14860户；供应液化石油气2908吨，累计供气13471吨。

（吴炳民）

增城市农机服务中心主任 李作坤

水 利

【概况】 2009年全市落实水利建设投资33687.97万元，其中广州市补助19412.99万元、市本级安排14274.98万元。重点做好防洪抗旱减灾、水利工程建设、工程管理、水资源可持续利用、水生态环境建设等工作。市水利局被国家人力资源和社会保障部、水利部评为2009年度全国水利系统先进集体。

【水利工程建设】 2009年增城市紧紧围绕提高水利防灾减灾能力，改善人民群众生产生活水平的理念，大力开展水利工程建设工作。①城乡水利防灾减灾工程。全面完成增博大围除险达标加固、附城围达标加固、联安水库安全加固、百花林水库达标加固、增塘水库达标加固、荔城东区联围达标加固6宗城乡水利防灾减灾项目的建设任务并加紧推进竣工验收和销号工作。在广州市城乡水利防灾减灾工程建设考核和检查中，增城市荣获一等奖。②重点基建项目建设。2009年，重点推进东区联围路堤整治、西福河沙河坊拦河坝重建、附城河整治四期、荔湖调蓄区、鹤之洲景区、增江画廊、光辉电排站重建、仙村水闸重建、十字海水闸重建、石马龙水库达标加固、石滩三江灌区引水、石滩碧江围加固达标等工程的建设工作。③农田标准化建设。2009年度实施农田标准化工程建设共5宗，改造农田12500亩，投资概算2888万元；2008年度的8宗20500亩农田标准化工程跨年度建设纳入2009年建设任务。经过去冬今春的紧张施工，完成农田标准化建设18460亩、机耕路建设81.83公里，灌排渠道建设193.42公里。④“五小”工程建设。2009年本市纳入建设任务的“五小”工程有25宗，其中小泵站改造10宗，小堤围改造5宗，小水库改造2宗，小水闸改造1宗，小村落主要排灌溉渠整治、改造7宗，概算投资14811.37万元，为全市农村水利的协调发展打下良好的基础。⑤全国小型农田水利重点县建设。2009年增城市被国家水利部纳入全国小型农田水利重点县之一，由国家、省、广州市、市本级四级财政分3年每年投入3200万元支持本市农田水利建设。2009年建设任务为位于朱村街的11宗项目：弯角牛、横塱新屋站、深坑河及朱村运河4宗灌溉站改造，吊钟水库东灌渠改造、横塱西灌渠改造、白洞水库高干渠整治Ⅰ期、北方排洪渠整治、山角水库排灌渠改造、山田村渠道改造、龙岗向西排涌整治。⑥小流域综合整治。2009年派潭河上游小流域综合整治的主要任务是配合2010年亚运会飞碟场馆建设，包括开展高滩河支流增迳河河道清淤、河岸美化绿化、修筑堤围，石马龙水库下游河道整治和高滩片农田标准化建设等，为2010年亚运会的顺利举办营造良好的水环境。⑦河涌综合整治。按照广州市治水工作的统一部署，2009年本市河涌综合整治的重点为水南涌、西福河、二龙河，为了做好3条河涌的整治工作，市水务局草拟《增城市水南涌、西福河整治工作方案》、《增城市西福河（广深铁路至里汾桥段）清淤及河岸美化绿化工作方案》，并委派专门技术人员全程跟进，对工程建设进度实行每周一报制度，促进河涌综合整治工作的顺利开展。

【汛前隐患处理】 为确保度汛安全，汛前增城市认真组织开展三防安全大检查，在要求镇街自查的基础上，对镇街上报的隐患、水毁工程进行认真复查，详细了解每宗隐患工程的运行情况，评估风险，按照先急后缓的原则，下达汛前隐患工程处理计划。全年共投入资金662.57万元，对171宗隐患、水毁工程实施除险修复。

【雨情、汛情】 2009年全年总降雨量1872.5毫米（市气象局），比上年同期2702.5毫米少830毫米，比多年同期1967.8毫米少95.3毫米。对本市有影响的台风主要有4号台风“浪卡”，6号台风“莫拉菲”，7

号台风“天鹅”，15号台风“巨爵”，暴雨主要有“6·11”暴雨。面对天气的变化，三防部门在市委、市政府的正确领导和有力指挥下迅速开展防抗工作，成功将自然灾害带来的损失降低到最小程度。

【灾情】 2009年对本市形成较大损失的灾情天气主要有“6·11”暴雨，全市受浸农田面积2.08万亩，过水鱼塘180亩，受浸房屋101间，转移群众300人，山体滑坡13处，浆砌石挡土墙倒塌1宗，小型水利工程受损35宗，无人员伤亡。全市直接经济损失718万元。

【旱情】 受降雨量较少和地区分布不均影响，2009年增城市局部地区出现不同程度的旱情。据统计，5月中旬全市农田、菜地受旱面积共5万多亩。面对旱情的出现，本市三防办迅速组织开展抗旱工作，一方面科学做好水资源的调度工作，牵头疏通灌渠，引水灌溉农田。另一方面及时抽调水泵25台和柴油机一批分赴各镇街抽水灌溉缓和旱情，确保本市旱情得到较好的控制。

【水利工程管理】 ①规范工程招投标工作。严格按照《招标法》等法律法规的规定，公平、公正、公开地开展工程招投标工作，2009年共完成25宗50万以上的水利工程的公开施工招标工作。②加强工程质量安全监督。完善《增城市水利水电工程质量监督导则》等规范，严格做好工程各方主体的资质、工程竣工验收等监督工作，进一步提高本市水利工程的建设质量。③开展农村水管员管理工作。在2008年朱村试点的基础上，2009年在全市全面铺开农村水管员管理工作，以购买服务的形式在全市282条行政村每村聘用一名水管员专职负责对各村水利设施进行管理。将农村水利设施的管理工作推向市场，取得较好的成效，得到上级领导的充分肯定，并在全省乃至全国作经验推广。④深化水管单位体制改革。成立水电管理办公室，通过民主测评、面试答辩、组织考察三个环节，从原水电管理服务中心选出30名素质较好的同志入编水电管理办公室，进一步加强本市水电行业的管理工作。

【水行政执法】 ①开展河砂专项整治执法。加强对河道的巡查，按照发现一宗处理一宗的原则，在广州市水政支队、公安部门和各镇街的积极配合下，严厉打击违法采砂、占用滩地等违法行为，全年共处理水事违法案件15宗，较好地维护本市堤防安全。②加强对水资源管理，依据《广东省取水许可制度与水资源征收管理办法》及《增城市水资源管理办法》加大取水许可制度的实施力度，强化取水登记管理工作，依法征收水资源管理费242.88万元。③强化水土保持工作，全年审批水土保持方案3宗，征收水土保持费20.31万元。

【水电生产】 2009年，全市小水电站发电量6029万度，比上年同期6702万度减少673万度，发电总收入2787万元，比上年同期3098万元少311万元，为国家上缴税金186.7万元。 （潘志斌）

增城市水务局局长 黄海明

气候

【概况】 “开汛早，高温多、年总降雨量正常，但时间分布不均匀”是2009年增城市主要气候特点。1月霜冻灾害明显；2月气温异常偏高；入汛前降水严重偏少，秋冬旱情明显；汛期开汛早、“龙舟水”较强；有多个热带气旋影响，但均没有对本市造成严重影响。高温日数多，创历史纪录；总体气候属一般年景。

【基本气候】 ①气温偏高。2009年，年平均气温22.2℃，与常年同期相比偏高0.4℃。逐月平均气温变化：1月份出现明显低温霜冻天气，平均气温显著偏低1.7℃；2月份气温异常偏高，平均气温达20.5℃，较常年同期显著偏高5.8℃，创当地历史2月平均气温最高记录，气候异常偏暖导致农作物物候提前或出现发育期紊乱；7~9月高温天气突出，10月冷空气活动偏弱，气温持续显著偏高；11月冷空气活跃，气温明显偏低；其余月份气温正常。这一年年极端最高气温37.4℃，出现在8月2日。年极端最低气温2.4℃，出现在1月11日。②降水量正常。2009年降水量为1941.9毫米，与常年同期相比，平均年降水量正常。逐月降水量变化：除3月、6月、11月和12月的降水偏多外，其余月份的降水均偏少；1月、2月合计降水量不足10毫米，较常年同期严重偏少9成，出现明显旱情；3月份降水量较常年同期偏多1倍，提前进入汛期，旱情解除；汛期（4~9月）降水除6月偏多9成外，其余各月均大都偏少2~4成，10月降水更是历史罕见偏少，持续少雨致使局部地区出现秋旱；11月和12月冷空气活跃带来明显降水，旱情解除。③日照正常。2009年日照时数1707.2小时，与常年同期相比，日照时数略偏少。

【主要天气气候事件】 ①热带气旋多、但均没对本市造成严重影响。2009年共5个热带气旋登陆广东省，较常年显著偏多。其中有4个对本市有影响，分别是“浪卡”、“莫拉菲”、“天鹅”、“巨爵”，但均没有对本市造成严重影响。0904号热带风暴“浪卡”于6月26日晚上10时50分在惠州市惠东县平海镇登陆，向偏西北方向移动，穿过大亚湾，27日凌晨1时在大亚湾开发区澳头镇再次登陆，登陆时中心附近最大风力8级。凌晨2时减弱为热带低压。本市普降大到暴雨，局部大暴雨；据自动气象站监测数据显示，26日20时至27日20时全市共有7个自动站录得暴雨，4个自动站录得大暴雨。最大降雨量出现在正果，其中位于小楼、兰溪、龙潭布、水围的自动气象站录得超100毫米的降雨量。0906号台风“莫拉菲”于7月19日零时50分在深圳市大鹏半岛沿海地区登陆，登陆时中心附近最大风力13级，风速38米/秒。登陆后，“莫拉菲”向偏西北方向移动，穿过东莞、广州，7时减弱为热带风暴并逐渐远离我市。“莫拉菲”强度强、发展快、移速快、风雨影响范围广，是1951年以来7月登陆珠江三角洲最强的台风。受其影响，18日夜间至19日早晨本市平均风力达6到7级，阵风9到10级；基准站录得18.7米/秒的8级大风，另共有15个自动站达到8级以上大风，达9级的有6个自动站。其中最大风力出现在新塘，达到10级(26.2米/秒)。0907号热带风暴“天鹅”于8月5日6时20分在台山海宴镇沿海地区登陆，其后维持少动并在江门境内停留超过24小时，7日10时进入北部湾，至此，“天鹅”在广东境内停留超过48小时，这是广东省有热带气旋记录以来最长陆地滞留时间。“天鹅”移动速度慢、路径变化多、影响时间长、累积降水多。受其影响，6日全市普降大到暴雨，5日08时到6日08时兰溪录得最大雨量为78.6毫米。0915号台风“巨爵”于9月15日早晨7时在台山市北陡镇登陆，中心附近最大风力12级。“巨爵”具有登陆时间短、移速快、时间长、影响广、降水强特点。受“巨爵”环流影响，14夜间到15上午本市普降大雨，有21个自动站录得大雨，其中有3个自动站出现了50毫米以上的暴雨，最大出现在兰溪，为79.5毫米。“巨爵”没有给本市带来大风。②开汛早、“龙舟水”强。3月5日全市普降大雨，局部暴雨，标志着本市进入汛期，较常年提早1个月入汛。前汛期（4~6月）降水量为1048毫米，较常年平均偏多1成。5月21日至6月20日“龙舟水”期间，降水量564毫米，较常年偏多57%。3~9月，除热带气旋带来的降水外，还有11次主要降水过程：3月5日本市喜降大雨，局部暴雨降水，其中沙庄录得最大降水量62.6毫米，全市28个自动站有13个达到暴雨量级降水，标志着本市进入汛期。3月5日还响起了09年的第一次雷声。这场春雨及时解除了全市前期旱情，为春耕生产提供了充足的水源。3月27~29日，受暖湿气流影响，27日本市录得09年第一场暴雨，日降雨量62.0毫米。28到29日，受弱冷空气和切变线的影响，本市又再出现明显降水，普降大到暴雨。降水的增多，使全市的旱情得到解决，对降低林火等级、补充春耕生产用水非常有利。受西南暖湿气流以及高空槽、切变线和弱冷空气的影响，25日，本市普降暴雨，其中基准站录得日降雨量74.6毫米。中旬后期至下旬前期，受高空槽和地面弱冷空气影响，出现较强的降水过程。18~24日出现了2次明显降水过程，其中18~19日出现连续的大到暴雨；23日再次出现大到暴雨的降水；24日出现暴雨，降雨量69.9毫米，为月内最大日降水。6月3~4日，受高空槽和切变线影响，出现连续暴雨降水过程。3~4日录得的降水量分别是50.4和67.2毫米，伴有强雷暴天气发生。6月9~13日，在高空槽、切变线及季风云团的共同影响下，出现持续性强降水过程。9日出现暴雨，11日出现大暴雨，据自动气象站监测数据显示，10日20时至11日15时，共有12个自动站录得暴雨，10个自动站录得大暴雨。最大降雨落区位于本市中部，其中小楼录得最大降雨量181.7毫米。增城国家基准站10日20时至11日20时录得180.8毫米的大暴雨，月内最大日降水量。12日晚至13日本市再出现了大到暴雨，局部大暴雨，降水分布不均，主降水区位于本市的中部和北部，其中派潭大丰门、白水寨、约场小学自动气象站均录得降雨量超过100毫米。在暴雨袭击下，增城市小楼镇的高元村、新楼村等多个村庄低洼处的农田、鱼塘和道路被淹，水稻、花生等农作物损失严重，鱼塘的鱼被洪水冲走。6月22~30日，受副高边缘不稳定天气影响，出现持续不断的中至大雨、局部暴雨。23~27日雨势较强，24日降59.1毫米的暴雨，27日雨势再次加强，降68.5毫米的暴雨。受西南季风和副热带高压边缘不稳定气流的影响，7月4~5日基准站录得大到暴雨，雨量分为44.0及35.2毫米。7月23~31日持续出现阵性降水，期间过程雨量累计达134毫米。此次过程局地性很强，25日增城出现85.6毫米的全市当月最大日雨量，降水有效缓解了前期的高温天气。受季风槽影响，11~12日，受热带辐合带北抬影响，本市出现强降水，11日基准站录得雨量32.1毫米，大部镇街降水超过25毫米，其中三江站录得最大雨量61.8毫米，12日局部出现强降水，降水分布不均，新塘录得最大雨量45.1毫米。③秋冬连旱。2008年11月11日至2009年2月28日，降水量仅有25.9毫米，比常年同期显著偏少8成多，无透雨（连续降水总量不足20毫米）日数达100天以上。加上2月份气温异常偏高，蒸发量大，土壤失墒迅速，导致本市出现明显秋冬连旱，达中等气象干旱。受旱的主要是经济作物，灌溉条件较差的高岗旱地、望天田旱情相对比较严重。④年初霜冻灾害严重，年尾遭遇强霜降风。2009年寒冷灾害属较重年份，1月出现持续性低温霜冻过程，11月遭遇强霜降风天气，给农业生产造成较严重影响。1月上旬后期至中旬中期的持续性低温霜冻过程。1月7日强冷空气影响本市并不断有冷空气补充，气温节节走低，在晴空辐射降温作用下，11日出现最低气温降2.4℃。14~15日中等强度冷空气补充南下，霜冻天气维持，过程共出现6天低温。18日后气温逐步回升。此次低温霜冻过程持续时间长且最低温度低，果树和蔬菜等不同程度受害。11月中旬的重霜降风过程。11月12日起受强冷空气影响，1日内气温骤降5~6℃，并普降大到暴雨，基准站录得降雨量47.6毫米。13日阴雨天气持续，15日强冷空气补充影响并带来小雨，17日后天气由湿冷转为干冷。期间气温不断降低，平均气温由11日的25.6℃降至17日仅9.8℃，过程降温幅度达16~17℃，过程最低气温降至6.5℃。19日后气温缓慢回升，截至20日整个霜降风过程持续达8天，属重霜降风。此次霜降风过程前湿后干、降温幅度大、持续时间长、并伴有中到大雨、局部暴雨。由于前期气温持续偏高，作物的抗寒能力较差，霜降风给作物的生长发育和部分还没有成熟收割的晚稻带来不利影响，同时气温急降对人体健康有不利影响，感冒发烧的患者急增。另一方面，这次冷空气带来明显降水，有效缓解了前期的旱情，对冬种生产和水库蓄水有利。⑤高温日数创历史新高。2009年，年高温日数达36天，较过去30年的平均天数（13.6天）多了22天，高温日数创历史之最。年内主要的高温时段有：6月中旬末至下旬初、7月上旬后期、7月中旬前中期、8月上旬前期、8月中旬后期至下旬后期、9月上旬前中期、9月中旬后期和9月下旬中期。8月的高温日数多达17天，是近年来高温日数最多的8月。8月中旬后期至下旬末高温持续时间最长，过程高温日数为11天，此次过程中最高气温虽不及月初高，但持续时间却是罕见。9月本市平均气温28.3℃，比常年同期偏高1.7℃，创下历史同期月平均气温最高记录。高温天气持续时间长，高温日数达10天，创历史同期最高记录。长时间的高温天气给人们生产生活带来了严重影响：用电负荷居高。⑥雾、霾日数正常。2009年，大雾日数为8天，与常年相比正常。灰霾日数共71天，与2008年相比，只增加了3天。年内灰霾主要集中在2月、3月、4月、6月、8月，其中2月灰霾日数达19天，为全年最多。⑦雷电灾害减少。2009年本市雷暴日数为65天，与2008年相比略有减少，雷电灾害集中发生在3~9月。据统计，全市发生较大的雷电灾害事故23起，造成经济损失约700万元。与2008年相比，雷电灾害事故宗数下降23%，经济损失下降30%。雷击造成人员伤亡的有1起，发生在9月8日，新塘镇1工人户外施工遭雷击，住院后经救治无效死亡。

（杨丽英）

增城市气象局局长　王和权

供销系统商业

【概况】 2009年，增城市供销合作社紧密围绕全市经济社会发展的总体目标，坚持以服务“三农”为根本宗旨，积极参与农业产业化生产、农村社会化服务、农民市场化经营，构建农村现代新型服务网络体系，提升全方位服务“三农”的能力和水平。据统计，全年经营总额80382万元，同比增长14.65%；社会贡献总额658.8万元，同比增长15%；实现利润29.8万元，同比增长18.25%。2009年被中国管理科学研究院授予“全国服务三农科学管理示范基地”，同时被确定为“中国管理科学研究院企业管理创新研究所合作伙伴”；综合业绩被广州市供销合作总社评为一等奖；被增城市委市政府授予2006~2008年增城市先进集体的光荣称号。

【总体发展规划】 2009年，增城市供销合作社制定“12345”工作目标（即办好一个农村合作经济组织联合会；探索农民生产资金和农业风险两个机制；坚持与农民、与能人和与高科技3个开放办社；形成产业、资金、网络和人才等4链齐驱；发展凉粉草、马铃薯、冰糖桔、香蕉、黄葛等5大产业），逐步探索出一条适应增城市供销合作社可持续发展的合作经济模式和新框架。

【农村合作经济组织发展】 增城市供销合作社坚持数量与质量并重，发展农民专业合作社出现新亮点。2009年，新办各类农民专业合作社共53家，累计创办总数达到85家，入社社员2432户，带动农民开展种养28286户。其中：农业部示范专业合作社1家，省级示范专业合作社4家，广州市级示范专业合作社4家。已申报无公害产品、产地认证有6家；有2个农产品成功注册了商标，实行品牌化经营。申报广州市社专业合作社扶持资金的有23家，申报“千村千品”工程有2家，申报省级示范专业合作社2家。民合派潭凉粉草专业合作社在4月份，通过资源整合，突破地域限制，与小楼、福和、正果等专业合作社、涉农企业重新成立新派潭凉粉草专业合作社，注册资金达到100万元，入社农户达到300户，通过申报被国家农业部认定为国家级农业农民专业合作社示范单位，并在7月份广州市基层供销合作社改革发展工作会议上推介增城市供销合作社的工作经验。

【行业协会规范管理】 围绕供销社的传统骨干业务，增城市供销合作社着重从拓展行业协会与联合会职能、加强行业内部管理、配合政府提高服务等环节入手，突出抓好行业管理和行业自律，健全和完善内部管理机制，逐步建立起与增城经济发展相适应、市场化运作、规范化管理的行业协会，充分发挥行业协会在经济社会发展中的重要作用。市农村经济组织联合会自2008年底建立以来，开展农村调研十多次，发展一批产业；举办培训班15期，培训农民1860人，有效提高农民的综合素质；与供销合作社的工作紧密结合，破解在发展中的不少难题。农资行业协会与日用消费品行业协会紧密结合，搞活供销，形成供与销的大网。冰糖桔行业协会为果农提供种植技术和销售信息，实现了面积多、产量高、果形大、味道好、价格升和农民增收、农民增信心的目的。经纪人行业协会为增城培训了由国家劳动人事部和全国供销合作总社联合发证的农产品经纪人70多人，为农产品销售起到重要作用。在市场不景气的形势下，保持农产品流通畅销，价格普遍提高，收到很好的成效。

【农村现代流通网络建设】 按照商务部“万村千乡”市场工程和全国总社“新网工程”的总体要求，结合增城市的实际情况，增城市供销合作社以规范网点建设为手段，以提升服务能力为目标，把五大网络体系建设成供销合作社发展崛起的重要战略支点，构筑服务城乡、助农增收的现代新型流通服务网络体系。一是以市农资公司为龙头，以推进“规范渠道、规范管理、规范品牌、规范标准”为重点，由原来单纯的购销型向现代流通连锁配送型转变，拓宽经营领域，实现创新经营，大力发展农资流通网络，打造农资流通体系新格局，通过加强农资管理，开展连锁经营；做好农资储备，保障农资供应，维护农民利益，强化市场监管，全程为农服务，塑造农资企业的新形象。2009年实现农业生产资料经营额25138万元，销售化学肥料108046吨，比上年同期增长24.71%；销售化学农药2110吨，比上年同期增长75.39%。全年开展“3·15”农资诚信进万家等服务活动2次，配合市执法部门开展各种专项治理行动4次，检查农资店75家；与广州市供销合作总社联合开展农资农家店诚信建设检查活动2期，共检查293店次。2009年农资公司继续被省供销合作联社认定省级龙头企业，在第二届全国科学管理大会上被中国管理科学院授予“2009中国最具社会责任十佳企业”称号。二是以民合天马商品配送有限公司为依托，实行“四个统一”，构建新型日用消费品连锁经营网络。按照“小超市、大连锁”的原则，整合农村商品供应链环节，以天马商品配送有限公司为依托，以建立经营机制规范管理，以提高综合服务促进经营，以连锁配送经营网络为手段，建立“统一采购、统一配送、统一管理、统一结算”的运营模式，重点采取“直营店+加盟店+配送点”多种经营业态并存的形式，抓住外树品牌形象、内强品牌素质、打造品牌网络、发挥品牌价值，全面整合、改造、提升、优化城乡日用消费品经营网络，按现代企业制度构建完善运营管理体制，不断扩大企业网络规模，提升网络整体营运能力，提高配送规模、经济效益和社会效益，建立安全可靠、高效有序的连锁配送体系。2009年销售总额达到6505万元，同比增长14.08%。三是积极建立“涉农企业与专业合作社对接、农副产品与市场对接、农民群众与市场信息对接、农副产品网络与服务网点终端对接”等4个对接，进一步推进农产品规模化、规范化、品牌化和网络化经营，建立凉粉草、冰糖桔、黄葛、马铃薯、荔枝、蔬菜等生产种植基地，培育出派潭凉粉草、小楼冬瓜、迟菜心、增城荔枝等有影响的农产品品牌，6月在广州市天河正佳广场举办的农产品推介会上，增城市农产品成功实现了与广州市十大超市的农超对接。全年为农民提供农产品供求信息28条，其中在中华农业网上发布4条。全系统农副产品销售额达4595万元，同比增长40.48%。四是逐步将原网点统一整合为“民合再生资源”品牌，大力构建网络体系。重点加强11个示范店改造任务，使“一镇一街一示范点”的数量达到21个。全年开展再生资源行业执法检查和“人屋车场”综合整治行动共6次，检查回收点86家，在检查中发现问题共发问题出整改通知23份，参与回收行业集中整治行动共19次，检查门店190多间，取缔无牌无证回收点34个，责令停业整顿10个，累计出动大货车23车次，搬运工人200多人次，共清理废旧物资共26.8吨，全年再生资源回收行业实现了21085万元的销售，同比增长26.23%。2009年市回收公司继续被认定成为广东省、广州市供销社系统再生资源回收利用的龙头企业。五是严把“进货渠道关、安全储存关、市场销售关、属地管理关”4个关口，全面推行中心配送、连锁经营，加大对无证经营、伪造专营检封标识等行为的查处力度，净化烟花爆竹经营市场，提升连锁配送服务功能，及时了解和掌握各网点经营动态，进行合理的调配，保持烟花爆竹经营业务的稳步发展，着力构建“雄鸣经营部”为核心的烟花爆竹连锁经营网络，烟花爆竹配送率达100%。全年参与市安全监管局检查5次，出动63人次。实现销售额2335万元，同比增长37.27%。

【农业标准化工作】 为适应增城市农村各类农民专业合作社快速发展趋势，提高全市农产品质量和品牌市场竞争力，增城市供销合作社根据农业产业化发展的客观要求，坚持合作发展理念，创新合作机制，整合优势资源，由增城市供销合作总社、市质监局、市农村合作经济组织联合会联合开展农业标准化工作，联合下发《关于在全市建立农业标准化工作站的实施方案》（穗质监增〔2009〕80号文）；制定2009年~2012年农业标准化3年规划，成立增城市农业标准化工作建设领导小组，设置办公室，初步规划建立4个管理层次的标准化工作机构框架，重点规划建设以“增城十宝”为特色的农业产业村、农业园区、示范基地、专业合作社，力求在3年内在全市建立和完善农业标准化工作体系。2009年12月8日，与市质监局联合举办首期农村标准化工作培训班，同时举行增城市农业标准化工作站的挂牌仪式，全市13个基层供销社也成立基层农业标准化工作站，形成联合推动机制，共同推进标准化工作的运行格局。（游玲玲）

增城市供销合作总社理事会主任　马国新

粮油购销

【概况】 2009年，本市国有粮食企业贸易粮总购进量为147615吨，比上年同期增加8576吨，增幅为6.17%。粮食总销售量为151252吨，比上年同期增加20908吨，增幅为16.04%；粮食加工总量为44837吨，比上年同期增加180吨，增幅为0.4%。实现工业总产值为16235万元，比上年同期增加153万元，增幅为0.98%。全系统商贸统算盈利为123万元，比上年同期增加盈利62万元。其中：粮食购销业务盈利为228万元，比上年同期增加盈利51万元，增幅为28.8%。在全球金融危机中实现化危为机，逆势飘红的良好局面。

【粮食购销】 一是继续抓好粮食收购工作。依照上级规定的最低收购保护价，按照购得进、销得出、不亏本的原则敞开收购，维护种粮农民的利益。积极搞活粮食流通，促进市场繁荣，保障地方粮食供应，确保粮食总量平衡。拓宽粮食购销渠道，购入优质粮食，增加适销对路品种，形成成熟的购销网络。二是进一步建立和健全粮油价格监测体系。落实《增城市粮食应急预案》，对粮油收购、批发、零售等价格进行全面的调查统计，按规定上报粮油价格动态监控报告。通过对粮油价格监控，较好地掌握粮食行情和分析预测，提高粮食应急工作能力。三是继续认真做好军粮管理工作。军粮供应做到按计划、按时、按质、按量供应，及时做好结算、上缴票证和差价款返还工作。开展免费送粮到部队驻地活动，提高服务质量，受到部队的好评。健全军粮财务制度和票据管理制度，军粮差价补贴款实行开设军供专户，做到专人管理，专款专用，没有出现挤占、挪用、截留等现象。四是认真落实社会粮食流通统计工作，落实《粮食流通管理条例》和《广东省粮食流通统计制度》精神，统计报表做到按时、按质、按量报送上级主管部门。严格把好粮食收购资格证书的发放和检查关，严格按照国家粮食收购准入制度的标准发放粮食收购资格证书，进一步规范全市的粮食收购市场。

【政府储备粮管理】 认真落实《增城市储备粮管理办法》，不断完善库点管理、质量管理、风险管理工作。实现各级储备粮帐实相符、质量良好、储存安全，实现政府急需时调得动、用得上的总体目标，确保储备粮的安全，增强政府的宏观调控能力。一是明确责任，加强管理。严格执行《增城市储备粮管理岗位责任制》，仓储岗位责任分工清晰，责任明确，形成规范化、制度化、条理化。抓好“一符、三专、四落实”，实现储备粮数量真实、质量完好、轮换适时、流转通畅。粮食出入库制度做到出有凭、入有据，手续齐全，帐目清楚。二是严格按照“公开、公平、公正”的原则，搞好本市地方储备粮轮换公开竞价交易工作。选择最佳时期，协调好各粮食联系会议成员单位，圆满地完成2009年度地方储备粮的轮换工作。三是积极开展科学保粮，加大科技投入，采用先进科学技术。四是抓好粮油安全检查工作。坚持开展“春秋”两季粮油安全大普查工作，全面掌握粮情，共检查粮仓152座次，仓容213250吨，粮食库存145849吨，全年实现“一符四无”粮所（库）9个。做到粮食色泽和气味正常，未发生粮食发热和霉变的安全事故。五是认真抓好“2009年全国粮食清仓查库”工作。按照“有仓必到、有粮必查、有帐必查、查必彻底”的原则，开展历时近2个月的清仓查库工作，经历了本地自查、省级普查、省级复查、国家检查4个阶段。清仓查库结果表明：本市的储粮均达到数量真实、质量可靠、帐帐相符、帐实相符。本市“2009年全国粮食清仓查库”工作顺利过关、圆满完成。并被广州市发改委推荐为“2009年广东省粮食清仓查库先进单位”。六是加大粮食基础设施建设的投资力度，千方百计多渠道筹措资金，新塘粮所投资160万元，新建粮仓一座，增加仓容2500吨。石滩粮所投资160万元，新建粮仓一座，增加仓容2500吨。三江粮所投资180万元，新建粮仓一座，增加仓容3000吨。

【发展名优产品】 坚持把产品的开发放在重要位置，使增城丝苗米的销售在市场上保持领先地位。以储备搞活加工、以加工扩大销量、以扩大销量促进效益，已成功探索出一条以“储备+加工+经营”一体化发展企业的成功模式，走品牌兴企发展之路取得可喜的成绩。一是品牌越打越响。“泰稷”品牌再次获得“广东省名牌产品”称号，品牌价值得到进一步提升，泰稷公司获2009年广州市“连续十二年重合同守信誉”企业称号。为弥补产品在高端市场上的空缺，开发出“泰稷”牌“御品增城丝苗米”，抢占行业高档产品一席之地。新塘粮所的“挂荔”牌、“新穗”牌大米系列均获“广东省著名品牌”称号。二是以质量、信誉赢得市场。三江粮所以优质的产品、优质的服务去赢得市场、赢得信誉、赢得效益，大力发展以销代购合作业务，发展签约以销代购业务合作伙伴6家，年代加工量达8000多吨。石滩粮所确立以“巴太香”系列大米为主打品牌，以品牌带动发展，引进中粮公司合作大伙伴，在产品加工、销售、分装、配送等进行全面合作，仅此一项粮食加工量大幅增加3000吨。沙庄粮库充分发挥自身优势，以“质量第一、信誉第一”为经营方针，保持东莞、深圳、珠海的长期合作。（邬米嘉）

增城市粮食局局长　赖国优

旅游业

【概况】 2009年，增城市紧紧围绕大力发展生态旅游促进农民增收致富的目标，坚持解放思想，因地制宜，大胆创新，在建设三大主体功能区、启动全区域公园化战略、统筹城乡科学发展中，实施全区域旅游化战略，全面推进生态旅游业发展，高起点、高标准做好旅游景区（点）的规划和建设，以旅游发展促三农问题解决，推动城乡统筹，加快特色产业发展，综合竞争力和发展后劲不断增强，人民群众在生态旅游业发展中真正得到实惠。全年全市接待游客1189.95万人次，同比增长128.60%；实现旅游收入25.17亿元，同比增长151.48%。这一年，增城再添“中华民族文化生态旅游名城”、“国际最佳旅游度假胜地”、“中国最佳休闲旅游城市”、“2009年中国最具幸福感城市”等多项旅游业界的重大荣誉称号。市委、市政府将旅游局从市政府直属事业单位调整为市政府工作部门，计入政府机构个数。增城市旅游局在获得2008年全市年评奖一等奖的基础上，2009年再次获得一等奖。

·**【强化宣传推广促销力度】** 为进一步打响生态旅游品牌，提升生态旅游形象，市旅游局把宣传推广工作作为工作重点，调整宣传战略，想方设法吸引游客眼球。一是制定增城旅游宣传促销计划和迅速提升增城旅游整体形象的最佳实现方式和行动方案，切实提高宣传促销的总体效果。二是深入挖掘资源，编印制作乡村旅游手册、优惠地图王（中英版）、增城旅游指南折页、“品荔”旅游线路折页、增城旅游宣传短片DVD、歌曲集、荔枝笔、增城自行车休闲旅游导游图、增城荔枝美食地图王、增城菜心美食地图王、增城纯美乡村游导游图等一系列宣传资料、宣传品共16万份（件），以加强整体宣传推广。三是瞄准珠三角，开展“大蓬车”式的宣传，以珠三角“ABSE”地区为重点，大力在主要客源地进行宣传推广，包括2月珠三角广州、中山、佛山3市推介会，4月份“全国百城旅游宣传周”，5月份“深圳文博会”，6月份“荔枝旅游文化节新闻推介会”，7月份“2009广州成都时尚品牌展销会”，8月份“中华民族文化生态旅游名城”颁奖会，9月份“广州名优商品（西安）展销会”等等，在各种活动上大量派发宣传资料，大力推介旅游，积极开拓客源市场。四是积极参加各类国内外旅游展览（博览）会，包括3月底的“2009广州国际旅游展销会”、4月初的“2009澳门国际绿色盛会”、4月中旬的“大连旅游交易会”、6月中旬的“2009香港国际旅游节”、11月初的“2009全球旅游度假论坛”、“2009年广州博览会”、“2009广东国际旅游文化节暨泛珠三角旅游推介会展览会”等等，把增城生态旅游形象推向国内外。五是和各种媒体相结合，实施“政府主导、媒体介入、旅行社参与”战略，增强主流媒体、主要客源地和黄金栏目的重点宣传，利用各种宣传媒体进行包装宣传，包括在《中国旅游报》、《珠江时报》、《南方都市报》、《信息时报》、《深圳特区报》、《增城日报》等6家报社投放合共近100个版面作旅游宣传推广，在《影响力》和《中山旅游》杂志投放两期旅游专题宣传，在新华网旅游频道《魅力中国》专栏设立“如诗如画·活力增城”网页，并邀南方电视台《潮流假期》和广东电视台公共频道《游广州出发》制作2个旅游特辑，使本市旅游宣传推广范围更广，更有层次。六是开辟电子营销制度。建立和完善本市旅游网站，以提高旅游宣传效益，使广大游客更便捷地获得本市旅游资讯。特别是6月份新建立荔枝旅游节、登山旅游节、菜心美食节等节庆版块，让网友清楚了解增城节庆活动的时间及内容，可以根据节庆活动的时间到增城来游览、参观。7月份再增建自驾车游版块，自行车健身游版块，组团游专题版块，增城市美食游版块等等。10月下旬进行一次较为全面的改版，这更有利于进一步整合企业资源，完善和优化“网上互动”、“网上访谈”等栏目，充实互动内容，提升互动功能；围绕市委、市政府中心工作和重大工作事项的安排，广泛征集市民群众对旅游业发展的意见和建议，及时反馈采纳市民意见和建议情况。七是加强行业内外的整合营销。出台《增城市农户开办农家乐竞争性扶持资金评审办法》等一系列优惠办法，旅游企业招徕优惠政策。八是加强与珠三角等周边地区联合营销，与从化、新丰、昆山、西安、武汉等地区签定合作性框架协议。

【大力策划包装旅游线路】 随着本市旅游市场的火热，各大小景点的不断开发和完善，常规和精品线路的策划包装成为旅游发展的一个飞跃。经过召开多次旅游行业会议，征集市旅游业界的意见，精心策划和包装数十条线路。一是策划41条一日游、两日游、三日游旅行社地接线路；二是在荔枝成熟期间把“品荔”元素加入其中，策划出3条精品的“品荔”线路，在荔枝节期间，“品荔”线路火爆，深受广大游客的欢迎；三是发动各酒店延伸服务范围开辟一日游、两日游、三日游线路。增城宾馆、百花山庄、金叶子酒店、华侨酒店等一批酒店增加了此项服务，效果很好；四是策划并启动南部工业游线路，取得较好效果；五是启动增城人游增城线路，仅6月27、28和7月3日，组织创兴制衣一家企业，游客就达3000多人；六是结合创文活动，大力挖掘本市红色旅游资源，整合抗日战争及解放战争的遗址的抗日战争及解放战争的遗址、英雄故事，打造独具人文气息的红色之旅。形成“红色旅游”精品线路，在《增城日报·大旅游专版》刊登，广为宣传，为广大青年学生进行爱国主义教育提供有利条件。

【精心策划组织实施大型旅游节庆活动】 2009年，市旅游局精心策划和参与一系列大型旅游节庆活动。一是元旦“广场音乐文化节”，启动09生态旅游年和自驾车游年；二是“三·八”节策划了妇女旅游优惠“一本通”；二是“五·一”参加新塘“房交会”，进行旅游宣传推介会；四是6月4日，参与新塘美食购物娱乐龙舟节，丰富旅游内容；五是6月27日，举办“2009广州增城荔枝旅游文化节新闻推介会暨农超对接签约仪式”，本次荔枝节最主要特色是本市荔枝农户和广州11家大型超市的对接，实现“农超对接”的农产品销售模式，使旅游与农产品销售更有机地结合起来。荔枝旅游文化节现场还设有荔枝、农产品实物展示，加上增城挂绿的抽奖活动更是引起媒体和公众的轰动。荔枝节的完满成功，体现了增城的城市魅力，提升了增城的活力形象；六是在11~12月，成功组织实施由广东省旅游局与南方广播影视传媒集团联合主办“唱响广东唱红中国”2009旅游金曲精英大赛增城分赛区的赛事，获得“唱响广东2009旅游金曲精英大赛”的突出贡献奖，“白水仙瀑”被评为广东十大旅游金曲。通过举办这次活动，营造增城和谐旅游氛围，彰显增城独特的岭南文化和人文魅力，宣传展示增城深入学习实践科学发展观活动成果，唱响增城及岭南旅游金曲，擦亮增城“荔乡仙境生态健康休闲游”亮丽名片。

【加强旅游行业管理】 ①大力开发旅游旅游资源，打造和完善景区景点，全力创建国家4A景区。市旅游局大力开发旅游资源，致力协助有关方面打造和完善景区景点。一是促进完善白水寨、湖心岛、小楼人家等核心景区的配套设施和服务改造；二是完善80公里自行车休闲健身道的建设，并作大力宣传；三是协助增江画廊、鹤之洲、莲塘春色等景区的规划建设工作；四是大力发展乡村游农家乐，协助小楼人家景区建设工作，把其打造成广州地区首个“农家乐旅游示范点”，并成功挂牌；五是结合白水仙瀑景区实际，制定《增城市白水仙瀑景区创建国家4A级旅游景区工作方案》，并成立由市领导任组长的创建4A级旅游景区工作领导小组、建立“创4A”联席会议制度等等，正式启动白水仙瀑景区创建国家4A级旅游景区工作。②积极协助酒店进行星级评定工作。为迎合旅游发展需要，提高全市旅游接待能力，迎接亚运会的到来，市旅游局积极地协助本市主要酒店进行星级评定工作。2009年创建三星级饭店4家，分别是石滩中濠大酒店、新塘悦来登大宾馆、新塘乐涛居酒店、华侨酒店。全市星级饭店已达到9家，其中五星级级店1家，四星级钣店3家，三星级饭店5家。③力推旅行社壮大发展。市旅行社及其服务网点的数量从2007年的14家迅速增加到27家，其中本地注册旅行社5家，省中旅、中青旅、广之旅等省内知名品牌旅行社驻增城门市部22家。是年新增旅行社（含门市部）7家，其中：新增门市部有广东国旅荔城门市部、天马国际旅社福和门市部、天马国际旅社中新门市部、岭南国际旅行社荔城门市部、港之旅增城门市部5家，新增本地旅行社门市部蓝景旅行社仙村门市部、蓝景旅行社石滩门市部2家。

【科学编制旅游规划】 一是加快推进本市休闲旅游发展总体规划的修编工作。二是加快北部1000平方公里创建全国生态旅游示范区规划的编修工作。三是推进白水寨核心景区、湖心岛景区、何仙姑景区、小楼人家景区、鹤之洲景区和莲塘春色等核心景区规划的修编工作。四是推进国际旅游度假城规划的编制工作。五是推进凤凰城至白水寨、鹤之洲至湖心岛旅游景观大道的产业规划的编制工作。六是完善和规范旅游规划编制和评审程序，强化旅游规划的科学性和严谨性，推进规划顺利实施。全市各镇(街)、各部门和企事业单位的旅游规划和重大旅游项目开发建设，要符合全市休闲旅游发展规划要求。

【支持企业壮大发展】 一是3月份由市政府分管领导牵头，派潭镇党政主要领导及旅游局主要领导参与，邀金叶子负责人就金叶子发展问题，在深圳专题座谈、调研，就有关问题的解决，形成共识，提出解决有关事宜的时间表。除金叶子一揽子要求解决的问题外，市旅游局还积极帮助企业纳入整体推广范围，拓展营销推广工作，协调支持二期工程尽快启动等事宜，协调客户投诉问题，理顺关系，以及完善企业管理等工作，全力支持企业发展壮大。二是7月份特别召开市旅行社工作会议，收集旅行社同行对市政府和旅游局的意见和建议，以更好地发现和找准问题，研究解决问的办法，促进旅行社的做强做大。三是与市公安局协商解决旅游大巴临时停放及进行中轻微违规问题。四是8月份召集北部三镇分管旅游副镇长调查研究梳理旅游发展遇到的问题，特别是景区（点）的规划、投资进展、管理现状等问题。五是协助聚龙庄乡村休闲度假村等企业筹备开业。六是11月份广泛征求市公路局、市规划局、市工商分局、市供电局等部门意见，会同派潭镇领导、金叶子酒店领导协商解决金叶子酒店广告牌遇到的问题。

【大力推进招商引资工作】 面对国际金融危机，全市旅游行业共同努力，迎难而上，以科学发展观为指导，克服困难，按照市委、市政府投资新政策，为来增城投资客商排忧解难，保驾护航，提供优质服务，使他们增添在增城投资兴业的信心。市旅游局多次邀请投资客商到增城实地考察，促使多家投资商形成投资意向。一是与岭南国际旅行社股份有限公司合作开通广州至小楼人家、湖心岛景区旅游直通车，开通1个多月已经接待游客2000人次，为增城旅游招商引资起了带动的作用。与香港永东旅行社有限公司合作，11月1日开通香港至广州凤凰城酒店、增城增城宾馆、白水寨景区的广州金叶子温泉度假酒店的旅游直通车，每天一班，开通头2个月已经接待游客近3500人次，收到较大的效益。二是邀请香港和东莞多位投资商到增江河进行实地考察，拟开发增江游等项目。三是结合“三联六帮”活动，邀请粤侨国际旅行社总经理等多位投资商对西滩村实地考察。四是经过招商引资，邀请中国科学院广州分院、广东省科学院、广州地理研究所风景与旅游规划中心开展《广东“荔枝沟”度假区旅游规划》的编制工作。五是引进广州仙域贸易有限公司和从化市新鲜蔬果保鲜及脱水加工的综合性农业龙头企业从化清香农产有限公司这两家旅游产品生产经营公司在本市设立增城特产专卖店。 （张慧灵）

增城市旅游局局长 史寿山

对外经济贸易

【概况】 2009年，增城市外经贸工作紧紧围绕“创建广州东部现代化生态新城区”和“全力保增长”的战略目标，认真贯彻落实科学发展观，克服贸易壁垒、人民币升值、劳动力成本上升和国际金融危机等多重不利因素的影响，千方百计抓招商引资，着力拓展对外贸易，全市全年实际利用外资1.78亿美元，同比增长4.43%，顺利完成年度实际利用外资任务；新批办“三资”项目12宗，同比下降33.33%；合同利用外资1.30亿美元，同比增长48.87%；全市进出口总额25.81亿美元，同比下降3.47%，降幅小于广东省和广州市水平。

【招大引强工作取得进展】 一是大项目中坚作用突出。2009年，召开6次评审联席工作会议，对中国南方电网有限责任公司超高压输电公司等41个项目进行了评审，通过项目32个，用地面积2436.897亩，投资总额63.28亿元，年产值178.23亿元，年创税12.12亿元。32个项目平均投资总额为1.98亿元/宗，平均年产值为5.57亿元/宗，平均年创税为3788万元/宗，落户项目质量进一步得到提高。二是外资项目增资扩股潜力大。一批外资企业相继增资扩股，增资项目达11个，总投资增加0.77亿美元。其中增加投资超千万美元有3家，广州紫云山庄房地产有限公司增资2825万美元，增城市碧桂园物业发展有限公司增资2257万美元，广州贵冠科技有限公司增资1300万美元。

【在谈项目结构明显改善】 全市在谈项目有54个，用地约10355.5亩，投资总额为96.32亿元，年产值474.97亿元。从行业分布来看，先进制造业40家，现代服务业9家，旅游及房地产业5家，项目分布更加符合本市现代产业体系发展要求，大多数项目用地少、产值高、效益好，项目质量进一步提高。

【对外贸易工作】 全年外贸进出口总值25.81亿美元，同比下降3.47%。其中，出口17.65亿美元，同比下降4.16%，外贸出口跌幅低于全国（16%）、广东省（11.5%）、广州市（12.94%）水平，在广州市12个出口负增长的区县级市中，增城市跌幅仅排在黄埔区（增长1.31%）、海珠区（下降2.04%）之后；进口总值8.16亿美元，同比下降1.94%；实现贸易顺差9.50亿美元，比上年同期的贸易顺差10.10亿美元减少0.6亿美元，同比降低5.94%。

【国际市场开拓工作】 2009年增城市积极引导企业参加广交会、首届广东外博会等大型展会，较好地帮助企业保传统市场的同时，还大力开拓新兴市场。全年对美国出口5.26亿美元，同比增长15.89%；对亚洲其他国家（地区）出口1.87亿美元，同比增长66.60%；欧盟1.98亿美元，同比下降5.98%；非洲1.82亿美元，同比下降5.63%；香港1.65亿美元，同比下降34.20%。

【出口结构不断优化】 全市全年服装出口6.36亿美元，增长17.76%，占全市外贸出口比重的36.06%。机电产品出口降幅收窄，机电产品出口6.77亿美元，同比下降10.60%，比年初的25%降幅收窄近15个百分点，占全市出口比重的38.35%，其中，摩托车及其零部件出口3.78亿美元，增长9.88%，占全市出口比重的21.39%；汽车零部件出口0.52亿美元，下降32.34%，占全市出口比重的2.96%；高新技术产品出口0.27亿美元，下降44.45%。

【重点企业出口保持增长】 40家出口重点企业出口12.78亿美元，同比增长4.65%；其中3家年出口上亿美元的大企业为增城市海利摩托车股份有限公司、五羊—本田摩托（广州）有限公司和广东海丰鞋业有限公司，共出口超4亿美元，同比增长16.08%。出口上千万美元以上的45家企业，出口12.06亿美元，同比增长0.38%。民营企业中，进入全市出口40强的民营企业由上年的20家增加到是年23家，增强了本市外贸出口的发展后劲。

【一般贸易转降为增】 一般贸易出口13.21亿美元，同比增长2.16%，占全市出口比重的74.81%；加工贸易出口4.44亿美元，下降19.05%，占出口总值的25.17%。

【内资企业超额完成年度出口任务】 内资企业出口8.68亿美元，同比增长9.68%，完成广州市下达全年出口任务的120.61%；外资企业出口8.97亿美元，同比下降14.58%，主要是本市规模较大的外贸流通企业以出口代理为主，为减少风险，普遍采取稳健措施而影响出口规模，而内资企业尤其是内资生产企业较三资企业经营灵活，抗风险能力相对较强。

【贸易促进（贸促会）工作】 2009年，增城市贸促会机构和人员编制获得广州市编委的批准依公执行，并获得广州市贸促会赋予本市贸促会为涉外企业产品出具原产地证明的出证职能，不仅解决了贸促会人员的后顾之忧，贸促会职能也得到更好发挥。全年办理一般原产地证明书1532份，同比增长127%。同时，抓紧贸促系统可以签发部分国家优惠制产地证的有利时机，积极发动多家企业申请优惠制产地证。 （徐桂锋）

增城市外经贸局局长　葛天志

口岸工作

【概况】 2009年，增城口岸以科学发展观为指导，紧紧围绕增城经济和社会发展大局，着眼当前发展态势，认真履行“规划建设、综合管理、协调服务”的职能，口岸工作稳步发展。全市口岸进出口货运量为726617吨，货值168478.12万美元（其中进口货运量495615吨，同比增长27.92%，货值38346.12万美元，同比减少13.74%；出口货运总量231002吨，同比减少6.93%，货值130131.99万美元，同比减少6.83%）；进出境交通运输工具14905艘车次（其中船舶1387艘次，同比增长16.65%；货运车辆13518车次，同比减少20.92%）；进出口集装箱78894箱次，与上年同比增长15%。进出口关税总额4.58亿元，同比减少1.54%。

【增城新塘口岸二十周年庆祝活动】 2009年12月27—28日，增城新塘口岸开通二十周年庆祝活动在新塘口岸举行，出席庆祝活动领导和嘉宾有：原广西壮族自治区副主席雷雨，增城市委副书记王建平，广东省、广州市口岸部门的领导，新塘口岸查验单位现任、历任正副职领导以及现任副科以上干部，广州港务局新塘分局领导，增城市相关部门和新塘镇领导以及增城市共建文明口岸领导小组成员等200多人。二十年来，新塘口岸取得辉煌的成就，为增城市经济社会发展作出积极贡献。据统计，新塘口岸货物运总量1354.60万吨，货物总值197.15亿美元，集装箱（标箱）103.02万个，进出境运输工具57.086万辆（艘）次，征收税款43.178亿元。而近3年来，经新塘口岸进出口的集装箱228625个标箱，货运量221万吨，货值49.8亿美元，征收关税15.288亿元，进出境船舶4435艘（次），进出境车辆69931辆（次）；增城企业在新塘口岸报验出口的工业产品：摩托车（含零部件）6743批次、货值9.37亿美元；服装21839批次、货值41.64亿美元；农产品：生猪34万头、货值710万美元，活鸡95万只、货值376万美元，蔬菜79717吨、货值1373万美元，船舶签证21万艘（次）（含内河船舶）。增城新塘口岸以开通二十周年为契机，紧紧围绕市委、市政府的中心工作，积极配合增城关于深化三大主体功能区建设、实施公园化战略、高起点规划建设“两城两区”、创建全国科学发展示范市的战略部署，努力将口岸各项工作做好、做实，为本市经济社会发展再立新功，再创辉煌。同时，创办了《增城口岸》简报，通过简报及时将口岸情况向上级领导和各部门汇报。

【力促新塘食出码头恢复运营】 根据《海关总署、中央机构编制委员会办公室、公安部、交通部、国家质量监督检验检疫总局关于印发<关于落实对清理整顿后保留的原二类口岸进行处理的意见>的通知》（署岸发［2005］109号）的精神和省、广州市口岸办的有关要求，切实抓好口岸资源整合。增城市食出码头在2007年、2008年的进出口货量分别只有3164吨和1514吨，远远达不到二类口岸货运码头所规定的年进出口货量不低2万吨的要求，是拟清理的码头之一。为此，口岸办迅速开展工作，成立工作协调小组。一方面向广州市口岸办汇报食出码头的基本情况，并邀请广州市口岸办有关领导到食出码头进行现场指导，争取广州市口岸办给予码头经营方缓冲时间，想方设法确保食出码头的二类口岸货运码头资格不被取消；另一方面向食出码头经营方通报上级有关精神，要求经营方抓紧时间改造，加快工程进度。2009年9月29日专门召开查验单位主要负责人和办公室主任会议，协商食出码头恢复运营的工作方案，全体与会人员同意食出码头在10月恢复运营。由口岸办牵头成立恢复运营协调小组，督促经营单位按查验单位对码头的监管要求、设备的配套，逐项按时抓好落实。在口岸查验单位共同配合下，食出码头顺利通过有关部门的验收，并于10月29日顺利恢复运营。经改造扩建后的食出码头陆域面积达10000平方米，岸线长124米，并拥有2个500吨的泊位，设计年吞吐量为2万标准箱，散杂货40万吨的综合性多用途二类口岸码头，预计2010年第三季度货运量可达2万吨，将为本市外经贸发展提供良好的服务平台。

【积极应对金融危机 帮扶企业渡过难关】 2009年4月20日，口岸办当机立断，联合驻本市口岸5家查验单位领导组成调研小组，在“三镇两街一区”开展为期5天（4月24日结束）的一系列的调研活动。先后对3个镇（新塘镇、中新镇、石滩镇）、2街（荔城街、增江街）、1区（增城工业园区）31家企业进行走访调研，广泛征求各企业代表意见和建议。活动中，5家查验单位现场为企业解决了部分问题，并出台服务企业的27条措施，为积极应对金融危机奠定坚实基础。

【扎实推进增城保税物流园区前期调研工作】 为配合增城工业园区申报为国家级经济技术开发区，完善园区配套服务，认真开展市委办交付的《关于建设增城保税物流园区可行性》课题调研。一是到增城工业园区、外经贸局、市委政研室、国土规划等部门收集材料，了解整体规划；二是组成新塘口岸查验单位联合调研小组到昆山保税物流园区调研，实地了解昆山保税物流园区的模式和申报经验；三是召开座谈会，与黄埔海关加贸处、新塘海关相关业务人员共同探讨增城保税物流园区的规划模式。完成可行性调研报告《加快建设保税物流园区，推动口岸经济跨越发展》，并呈送市委、市政府，为本市规划建设保税物流园区提供参考。 （吴钧源）

增城市人民政府口岸办主任 陈润群

【新塘海关】 2009年，新塘海关认真贯彻落实“审时度势，积极服务大局；统筹兼顾，坚持科学发展”的黄埔海关关区工作主题，牢牢把握“增强信心，挖掘潜力，化危为机，促进发展”的工作方向，深入学习实践科学发展观，积极发挥职能作用，不断优化监管服务，进一步加强自身建设，促进地方发展，在监管、监督、保障、与地方联系等方面取得新的进步。

以促进增长为主旨，服务地方经济更加到位 一是多渠道为企业提供优质服务。送服务上门，以“青年服务队”等形式走访企业、商会30余次，在企管窗口设立企业“问计、问政、问需”；到增城市“三镇两街一区”对31家企业进行调研了解其困难及需求，对收集到的情况指定专人跟踪解决；按镇区分别动员、提醒企业及时办理A类、AA类企业申请手续；编写特殊通关指南、汇编进出口政策文件、推介保税料件内销及保税物流园区相关操作指引，帮助企业及早享受政策优惠。帮助企业节约成本，为辖区内码头运营情况“把脉问诊”，促使码头公司大幅降低货物装卸、出入仓等费用；主动联系南沙港有关部门，引导企业办理具体中转业务，大大降低企业营运成本。落实便利措施，配合总关开展预归类、预审价前期准备和审核试点，缩短企业通关时间；实现内销审核“即时申报、即时出单”，推进保税货物“网上拍卖”改革，为企业内销提供便捷服务。二是加大服务地方政府决策力度。做好口岸进出口监测预警工作，开展口岸进出口情况监控工作，每月向地方政府报送地方外贸运行状况，为地方政府及时掌握口岸进出口动态、把握外贸走势提供参考依据。加强与地方政府部门联系，走访增城市委、市政府、普法办、检察院和对外贸易经济合作局等，积极配合地方发展物流业，参与地方的大型招商活动，支持地方经济发展的针对性、有效性得到增强。良好的服务受到社会各界的好评，年内共收到企业赠送的锦旗11面、感谢信2封，服务态度评议被评议为“好”的占95.8%。

以提升监管效能为目标，综合治税工作有效推进 一是税收任务全面完成。面对异常严峻的税收形势，各科室紧密配合，通过固税基、挖税源、堵流失，在全年进出口总值近十年来首次下降的不利情况下，保持税收平稳发展。二是实际监管得到加强。有效改进现场监管，码头巡查工作进一步规范，完成辖区内3个码头物流动态信息联网，监管场所管理评估居隶属关第一位。加大企业监管力度，建立946家企业的详细花名册，及时掌握企业总数和进出口情况；与增城市外经贸局签订“企业管理工作合作备忘录”，确保企业管理信息及时传递。加强特殊货物监管，注重对余料、边角废料、残次品的监管和消耗性物料的认定和固体废物进口监管。

以规范执法为抓手，业务管理水平稳步提升 一是执法行为进一步规范。制定《新塘海关外勤核查企业选取工作办法》，推行海关外勤作业标准，进一步规范外勤作业程序；制发《新塘海关业务批注范本》，使业务批注做到要素齐全、内容简明、语言规范；加大对国内企业自主知识产权的海关保护和政策宣传力度，为企业维权提供服务。二是反腐倡廉取得新成效。廉政教育和廉政文化建设得到加强，邀请增城市检察院进行预防职务犯罪讲座，与增城市检察院签订《预防职务犯罪联系配合办法》。内控工作不断优化，认真落实《基层科室内控指引》，建立和完善保税监管、财务、物流监控等系列岗位内控平台，完成280个项目的自查工作；开展执法监察，及时发现问题解决问题。

以能力建设为重点，队伍建设进一步加强 一是政研工作成果丰硕，学会小组共报送论文33篇，在隶属关中位居第二，被评为全国海关优秀学会小组，是黄埔海关唯一获此称号的隶属海关。二是教育培训扎实开展，组织法律、心理、计算机、新闻及各类业务培训93期，全员分级考试成绩居全关第二名。三是业务建设能力有新突破，承办黄埔海关保税物流园区管理系统卡口管理子系统开发，参与总署稽查作业管理系统JC2006的开发、卡口联网控制系统的科研攻关；提议并撰写码头巡查作业功能业务需求被总关采纳。四是政务建设进步明显。新闻稿件被媒体采用同比增长45%，采用的媒体进一步扩大至《人民日报》、《国际商报》、《经济参考报》等中央级媒体。创新普法工作形式，主动走访增城市普法办并与其合作在增城开展较大规模的海关法制宣传，建立海关普法宣

传的固定阵地，《增城日报》和增城电视台均作相关报道。（林晓薇）

新塘海关关长 何继军

【新塘海关缉私分局】 新塘分局坚持以党的十七届四中全会精神为指导，认真贯彻全国海关关长会议、黄埔海关关区工作会议和缉私局年度工作会议精神，围绕“审时度势，积极服务大局；统筹兼顾，坚持科学发展”的关区工作主题，紧扣“准确定位，深化融合，防控风险，进一步提升打私工作整体效能”的工作着力点，围绕“保税收，促增长”的海关中心工作，坚持以打促税，努力建立防控“两个风险”长效机制，“两个确保”，完成缉私局确定的各项打私工作考核指标。2009年，该局刑事案件立案6起，案值274.84万元，偷逃税款51.66万元。以案件质量为主线，达到起诉率、批捕率和判决率3个100%。行政案件立案50宗，立案案值人民币552.8379万元，涉及税款人民币32.68万元。执行罚没入库人民币757.49万元，同比上年上升429.27%。

坚决贯彻落实“打团伙、破大案”的打私方略，加强联系配合，全方位打击关区各类走私违法犯罪活动 一是有重点有针对性开展侦查工作。大力加强与海缉、情报、海关现场等部门的联系配合，进一步调动主观能动性，开拓办案思路，关注走私新动向、挖掘办案新方法、集中力量完成刑事案件突破。二是强化预审机制，提高执法质量，案件质量上层次。采取案件审查与预审办案分离措施，在科内设立专门案件审查岗位，实行专人审案，使审查专业化、独立化、制度化，并形成具有分局特色的审查方法。通过实践形成一套具有本局刑事案件特点的证据审查标准，正确把握案件定性，提高案件审查准确性。实行案件审查工作前置，对侦查案件实施提前介入，对证据材料提前把关，而对遇到的复杂、疑难问题，积极与侦查部门探讨，及时提出法制部门意见，充分发挥法制职能作用。

行政执法量质并举，不断提高整体缉私效能 完善警务公开、扩大政策宣传。健全完善警务公开制度，加强对当事人的政策、法规宣传力度。不断开拓创新警务公开的方式和内容。注重保障企业知情权，进一步压缩“蛇仔”利用企业不熟悉办案程序以谋利的空间。确保监督透明，通过遵守严格的执法程序，做到公正文明执法，创造健康、阳光的执法空间。加强法制宣传。及时更新分局公告栏内容，张贴新法律法规、规章，加大对外宣传力度，促进企业自觉守法。

贯彻落实科学发展观实践，抓好基层队伍建设五个着重点，走内涵式质量建警道路 一是重点抓好思想政治工作。以党的十七四中全会精神为指导，认真学习全国海关关长会议、全国海关缉私工作会议、关区工作会议和缉私局年度工作会议精神，以科学的发展观统领大局，在整体全局工作重点的基础上，制定详细的工作计划，严抓落实，认真完成各项工作任务。通过上专题教育课使民警从理论上加深对科学发展观实践活动的认识；通过开展专题教育活动、爱国主义、警示教育影片，教育、帮助、引导民警树立正确的世界观、人生观、价值观，增强自觉抵制腐朽思想的能力，提高工作的积极性、主动性和贡献精神。同时，基层党支部注重抓好党员模范作用的发挥，结合庆祝分局成立十周年活动，开展“我们的力量——感动新塘分局的人和事”教育评选活动，评选出8名个人和1个集体。让广大民警学有榜样，做有动力。二是重点抓好党风廉政建设。以落实责任制为核心，切实加强党风廉政建设。按照局党组的要求，建立“局领导统一领导、党政齐抓共管、部门各负其责、民警支持参与”的工作机制。逐级签订廉政责任书，落实“一把手”每半年向局党组报告分局党风廉政建设责任制落实情况。完善特邀督察员制度，队伍建设真抓、早抓、主动抓。09年局领导轮流带队，先后多次走访增城地区特邀督察员，于9月召开特邀督察员座谈会，向特邀督察员介绍缉私部门队伍、业务和廉政建设等情况，特邀监督员深入探讨如何建立并完善社会监督评议机制，对分局党风廉政建设、业务工作提出意见和建议。三是以建局十周年为契机，重点抓好队伍凝聚力工作。09年是新塘分局建局十周年，分局以“利剑出东江，十年铸辉煌”为主题，开展系列局庆活动。举办“新塘海关反走私工作暨新塘海关缉私分局建局十周年”座谈会。邀请缉私局上级部门领导、增城市人民政府、地方部门和新塘口岸单位、广州市各执法部门、新塘海关和黄埔缉私局各业务处室领导等参加，座谈会总结十年经验，密切加强与地方政府部门、公检法的联系配合，加强反走私综合治理，提高打私效能。拍摄分局建局十周年纪录片，采访历任局领导和民警，纪录工作经历和感想。撰写建局十周年通讯稿，总结十年的发展历程，在《增城日报》上发表，加大对分局的宣传力度。

（周春晖）

新塘海关缉私分局政委 钟齐生

【出入境检验检疫局】 2009年，增城出入境检验检疫工作按照国家质检总局、广东省委省政府的工作要求和广东出入境检验检疫局一系列工作部署，积极推进帮扶企业服务地方经济发展、加强甲型H1N1流感防控、开展“质量和安全年”活动等中心工作。全年共受理出入境货物报检45939批，货值24亿美元，同比分别降低17.9%和4.26%；验放出入境车辆22268辆次，集装箱70575标箱，同比分别降低14.55%、11.55%；检疫查验进口集装箱废纸原料15656×40′个，同比增长59.27%；截获进境植物疫情550批次，同比增长14.11%。

采取措施帮扶企业服务地方经济发展 及时出台《增城检验检疫局促进增城市外贸经济发展十项工作措施》，局领导班子成员相继参加增城口岸查验单位联合调研组，走访增城“三镇二街一区”，进行实地调研，并就扶持增城市进出口企业扩大出口，保持增城市经济正常发展召开商会、协会、企业代表参加的座谈会，详细交流出口企业资金、人才、劳动力存在着的问题以及增城经济发展环境中存在的问题，认真了解企业发展状况，破解企业存在的难题，解答企业存在的问题。送政策、送措施到乡镇的做法，有效地解决了企业遇到的实际困难。据统计，全年共走访辖区内300余家企业。走访的企业既有重点企业、敏感商品企业、新增法检商品企业，也有私营民营小型企业及大宗商品进出口企业，参加走访多达800人次。减免食品、农产品以及工业产品各类费用超过460万元；签发各类产地证书共5778份，为企业减免关税446万美元。增城摩托车、纺织品服装等特色产品对非洲出口共有1756批，货值1.8926亿美元。中国—东盟自贸区签证量比去年同期增加239%，签证金额增加315%。

便捷通关 实行24小时预约工作制 对电子监管评定合格的出口批实行“一站式”的快速核放，对出口商品实行直通放行，全市有5家企业获得绿色通道资格。设立24小时预约值班电话，各部门均有一名24小时预约工作联系人，并将各部门预约工作联系人信息张贴在科室门口，方便企业联系。采取了预约报检、提前报检、急事急办、特事特办、“一站式”服务等一系列便民便企措施，做好晚上和节假日业务值班，为企业进出境货物顺利通关提供保障。

积极扶持农产品企业扩大出口 全面推行“公司+基地+标准化”模式，与企业建立信息互通机制，强化质量体系建设，推动企业开展质量认证，贯彻国家有关减免出口农产品检验检疫费的规定，对出口农产品检验检疫费实施减免，减轻企业负担。通过对企业的积极帮扶和严格监管，以前质量体系不完善的企业再逐步完善，实现了近两年来摸底调查、农兽残监测、日常监管抽样检测和香港方面反馈有毒有害物质零超标。

强化实验室建设，提高检测效率 2009年，增城检验检疫局参加CNAS组织（即：中国合格评定国家认可委员会）的化妆品中铅的能力验证及各个检测项目的内部比对实验，并在6月份组织各个专业实验室进行全方位的内部审核，巩固认可工作取得的成果，不断提高实验室全员的质量意识，保证管理体系的有效运行和持续改进。在发展新项目检测上，相继开展汞项目的检测、纺织品成分定性定量检测以及化妆品重金属检测项目，其中纺织品成分定性定量年检测量达1300批，自检率已由50%提高至87.5%；化妆品重金属年检测量达300批，自检率已从0跃升至100%。提高样品的自检率，检测周期缩短到3~5天，优化工作程序，加快企业通关速度，赢得企业、地方政府的一致好评。

甲型H1N1流感防控工作 4月下旬流感疫情公布后，增城检验检疫局迅速反应，提前对口岸疫情防控工作进行部署，率先在口岸一线对入境船员开展体温检测，收取检疫健康申明卡，对陆运入境司机开展医学巡查。并通过电话、电子邮件等形式及时主动与口岸联检单位、地方卫生行政部门（市卫生局、市疾控中心）、医疗单位联系，成立口岸防控甲型H1N1流感工作领导小组，启动口岸突发公共卫生事件应急预案，召开联席会议，举办防治知识培训及组织联合防控指导，做到严把“五关”，即健康申报关、体温监测关、医学巡查关、排查处置关、物资储备关；借鉴抗SARS（非典）经验，对防疫的各个环节层层把关，步步落实，查缺补漏，真正地把防控工作落到实处。

开展“质量和安全年”活动 2009年是党中央、国务院确定的“质量和安全年”。增城检验检疫局响应国家质检总局、广东检验检疫局号召，把此作为重要任务抓紧抓好，组织机构、工作分工、实施方案一应齐全。一是重点开展打击违法添加非食用物质、滥用食品添加剂等专项整治（涉及出口工业食品生产企业11家，进口食品加工企业1家），3家出口食品生产企业（使用含乳原料和含蛋白质较高原料）的乳制品专项检查，进口肉制品存放冷库的集中清查，3家供港活鸡养殖场、3家供港活猪养殖场、2家出口粮谷类企业和9家出口蔬菜种植场的全面清查。二是以建设食品、农产品安全长效机制为目标，组成工作组深入增城市12家进出口食品生产加工企业、17家出口农产品生产企业，对企业原辅料仓库、台帐、票据、备案以及供港活鸡养殖场、供港活猪养殖场、粮谷类、蔬菜种植场疫情防控体系等进行核查，指导企业整改，确保食品、农产品质量稳定。三是通过专题培训，强化宣传，为“质量和安全年”活动顺利开展营造良好的社会氛围。

根据国家质检总局、广东检验检疫局对开展“质量和安全年”活动的工作部署以及《增城出入境检验检疫局进出口重点商品安全整顿工作实施方案》的要求对辖区内的童装、玩具、小家电、“仿真饰品”、“与食品接触包装材料”五类重点商品进行专项安全整顿，切实解决当前出口重点商品有毒有害物质超标和存在质量安全隐患的突出问题，本着打击与整治、扶优和治劣、治标和治本相结合的原则，对重点产品、重点单位、重点区域和重点问题进行集中整治，强化监管力度，完善监管机制，落实质量安全责任制，建立“政府、协会、企业”联动的出口重点产品质量安全综合管理机制，全面提升辖区内出口重点产品总体质量安全水平。

严防疫病疫情和有害有毒物质传入传出，提高检出率 随着口岸业务的快速增长，从2009年初开始，增城检验检疫局加强口岸执法监督和检验检疫力度，进一步将检验检疫工作重点向涉及安全、卫生、环保、健康和反欺诈等方面转移，加强对口岸进境货物医学媒介、有害生物的查验、鉴定、调查工作。使禁止进境物的截获率、动植物的检出率、检验不合格率、覆盖率保持良性态势。检出率方面，全年共检出不合格货物181批，涉及金额1460万美元；其中输非工业产品实施装运前检验，检出5批次不合格，金额49万美元。截获疫情及其他有毒有害物质或违规情况货物共计277批次，有害生物550种次；5月31日，在东洲湾码头监管区对来自国外的进口集装箱废纸原料实施检疫查验时，截获红火蚁，这是自2005年3月9日在全国口岸首次截获入侵红火蚁后，第4次从国外进境货物中截获红火蚁。据统计，全年共截获入侵红火蚁6次，检疫性杂草2次。

加强检验检疫监管机制创新工作 组织实施进出口企业信用管理工作，企业信用管理系统于6月1日起顺利实施。实施分类管理的出口工业生产企业达到95家，其中一类企业12家，二类企业83家，产品类别覆盖了玩具、鞋类、纺织品、服装、摩托车等。截止年底，已初步完成12家一类企业、83家二类企业的分类管理评审工作。另外，三、四类企业分类管理评审的准备工作正在进行。对增城出口龙头企业实施电子监管直通式报检，受理报检、审核验放实行“一站式”服务，通关放行由过去2个工作日缩短到30分钟内完成，大大加快通关速度，为企业出口赢取时间。

内部管理信息化 2009年增城检验检疫局作为广东检验检疫系统第一批使用OA办公自动化系统的分支局，从发文、收文、内部请示、一般通知等，在原有系统产品的基地上根据本局的要求，制定了《增城出入境检验检疫局OA办公自动化系统操作规范》，对办文、办会、办事行为进一步规范，执行无纸化办公，提高工作效率，降低办公成本，推动各部门的规范、有序、高效运转，为检验检疫工作的发展奠定了坚实的基础。

(林新华)

增城出入境检验检疫局局长 程 海

【新塘出入境边防检查站】 2009年，新塘出入境边防检查站认真贯彻落实党的十七届三中全会、全国公安厅局长会议、全国边防检查工作会议精神，以提高边检服务水平工作为中心，以“三项建设”为载体，全力提升边检服务水平和队伍正规化建设水平，努力实现口岸通关高效便捷。全年该站共检查出入境船舶733艘次（其中入境670艘次、出境63艘次），员工5780人次（其中入境5047人次、出境733人次），实现“零案件、零事故、零差错、零投诉、零复议、零诉讼”。因工作出色，一年来有2个单位被评为先进单位，1个单位受到集体嘉奖，9名民警受到个人嘉奖，1人荣立个人三等功，1人被公安部六局授予优秀共产党员称号，1人被广州市口岸办评为先进个人，

加强两级班子建设，充分发挥班子作用 在党委班子建设方面，一是坚持党委中心组理论学习制度，提高班子创造力。党委中心组每月集中学习至少1次，中心组成员个人自学的时间每月不少于8小时。二是严格贯彻民主集中制原则，提高班子凝聚力。有关队伍教育管理、业务执勤、后勤保障等各方面的重大事项，都通过召开党委会或党委扩大会，按照党委议事规则和民主集中制原则予以决定，充分发挥集体领导的作用。三是加强班子作风建设，提高班子战斗力。班子成员深入一线调查研究，为民警办实事，做好事，凝聚警心，鼓舞士气。在支部班子建设方面，一是根据科队领导的竞岗和调整，及时调整、补充、配齐各基层班子成员，在组织制度上保证基层党支部堡垒作用的发挥。二是认真做好科（队）领导考核工作，通过考核，加大对科（队）领导的教育、引导与培养的力度。三是严格基层党组织生活的落实，促进党组织生活常态化发展，重点抓好每周党组织生活、抓每月党支部会议和党员思想汇报等制度落实。四是搞好党员队伍的教育学习。坚持每月组织1次党章、党史学习，每两月召开1次学习经验体会交流会。

全力以赴抓管控，打赢国庆安保硬仗 60周年国庆是2009年国家的一件大事，为做好国庆安保工作，该站主要做了以下几项工作：一是合理调配警力，科学安排勤务。为确保有足够警力做好国庆安保出入境管控工作，从9月1日起至10月10日民警暂停休假，从9月20日起至10月10日民警暂停休息，确保全站人员在位。每天召开队以上领导碰头会，部署当天工作，站值班领导每天深入一线执勤队，坐镇指挥一线勤务工作，检查督促各项措施落实情况。二是严格贯彻落实国庆期间边检管控量化工作。该站从9月1日开始，对往来港澳小型船舶的检查管理做到六个100%：严格执行“三见”（见人、见船、见证）制度做到100%；对往来港澳小型船舶出入境实行100%船体检查；对出入境船舶实行100%登轮检查；对停靠码头的船舶做到100%巡查到位；对入出境船舶做到100%接送；对船舶资料基础信息采集录入准确率做到100%，切实维护口岸正常出入境秩序。三是加强码头卡口管理。为有效提高口岸管控能力，该站充分发挥港口安保人员的作用。通过与港口公司协商，建立了协作机制，由港口安保人员加强对出入码头人员的管理，通过与港口经营公司建立协作机制，口岸的管控能力得到进一步增强。

开拓创新抓服务，服务质量上新台阶 提高边检服务水平是该站全年的重心工作。一是深入贯彻落实《边检标准化服务手册》。成立贯彻落实《边检标准化服务手册》工作领导小组，全面负责组织、检查、督导业务队学习贯彻手册。各业务队认真组织民警对手册有关章节进行逐条学习和讨论，对各项标准，队领导进行示范，民警逐个演示，做到边练边干、边干边练。此外，各业务队注重培养先进典型，做到以点带面，掀起学定式、练定式、比定式的高潮。二是抓好精细服务。通过不断的实践和总结，提炼归纳了“五要四上三服务”的精细服务措施，从执勤人员的言行举止以及动作规范上对检查员提出要求：问候要主动、说话要和气、查验要迅速、精神要饱满、工作要认真；文明用语在嘴上、态度亲切在脸上、规范执勤在岗上、热情服务在心上；实行登轮服务、短信服务、亲民服务。这些精细服务措施的推出，使执勤民警的精神面貌焕然一新，大大提高和改善工作效率和服务态度，得到服务对象的赞誉，有的单位还送来锦旗和感谢信。省、市各新闻媒体和刊物也先后对该站开展提高边检服务水平工作以及“五要四上三服务”精细措施等情况进行报道和刊载。三是开展警务评议，促进服务水平提高。为进一步了解外界人士对边检工作的评价，该站先后以走访、发函的方式，向政府相关部门、口岸联检单位、船舶代理公司、往来港澳小型船舶员工等，发放问卷调查表66份，收回66份。问卷调查结果表明，服务对象普遍认为边检提高边检服务水平工作中，辅助服务措施

完备、服务举措人性化，民警精神干练、态度亲和、专业高效、执法规范、亲切随和、举止端庄。

完善制度规范 加强队伍建设 一是抓好绩效考评。年初，该站制定出台了《新塘站民警工作绩效考评实施细则》，对民警学习工作等情况进行考评，对于符合奖励条件，给予相应的奖励；对于违反规章制度的现象及行为，按照绩效考评进行相应的处理。通过绩效考评，进一步促进民警学习工作的积极性和遵章守纪的自觉性。二是严格管理制度，加强督察力度。该站纪委督察部门重点围绕职务性违法违纪、违反“五条禁令”、安全责任事故以及执勤执法的各项规章制度等方面，加强监督检查。一方面，严格内部监督检查，坚持做到“四个一”：每周至少开展一次监督检查；每月召开一次监督检查小组会议；每月通报一次监督检查情况；每季度走访一次当地政府、口岸联检单位和经营公司。另一方面，建立特邀监督员制度，加强外部监督。及时掌握民警规范执勤执法、提高服务水平和廉洁自律等情况。三是抓好教育培训，全面提高民警综合素质。为提高民警的综合素质，根据全警大轮训的要求，组织全站民警进行15天以上的脱产培训。此外，还举办8个专项培训班，有针对性地提高民警的专业水平。

（杨成友）

新塘出入境边防检查站站长 沓世德

【广州新塘海事处】 2009年，广州新塘海事处紧紧围绕广州海事局的工作总思路，以科学发展观为统领，以水上交通安全管理和口岸海事管理为中心，以落实“三个服务”为主线，全处上下同心协力，扎实工作，大力弘扬“庆文精神”，全力推进年度工作任务，积极服务地方经济建设，促进新塘海事又好又快发展。全年纳入增城辖区统计范围的水上交通事故零宗，死亡零人；办理船舶进出港签证及口岸查验65661艘次，货物吞吐量27586362吨；巡航4342小时、17096海里，发布航行通告8份，水上救助成功率达到99%；检查码头（渡口）2611座次；船舶检验发证及时率99%以上；规费上缴856.09万元，比去年同期增加1.09万元。

依法行政 规范管理 2009年7月，新塘海事处顺利完成新老班子的交接工作，面对新形势新要求，领导班子切实解放思想，立足海事，融入地方，主动作为，努力实现海事科学发展。进一步加强班子建设，并以班子建设带动干部职工队伍建设，干群加强沟通交流，加强学习合作，注重工作落实，注重工作实效，各项工作任务有条不紊深入推进。

新塘海事处紧紧围绕广州海事局“依法行政，规范管理”的工作总思路，不断加强依法行政，规范行政执法行为。首先，对内抓紧对有关制度进行清理，实行废、改、立，共修订完善36项内部管理制度。同时，坚持每季度开展一次处内行政执法自查工作制度，及时发现执法工作中存在的问题，落实责任追究，制定并落实相关的整改措施，并就执法过程中发现的问题适时开展案例点评，统一思想，统一做法，规范内部执法行为。全年实施海事行政处罚78宗，实施海事行政强制15宗，有效投诉率为零。

通航管理 一是切实做好季节性及重大节假日期间水上交通安全工作。重新修订完善了《广州新塘海事处防洪防汛工作预案》，明确各部门的工作分工及各应急工作程序，并按要求切实做好雾季、防洪防汛及台风等季节性水上交通安全工作。继续落实节假日值班应急反应机制，节前工作做实、做细、节日期间值班到位、安全监管到位。确保辖区“春运”、“两会”、“清明”、“五一”、端午龙舟节期间水上交通安全形势稳定，为地方构建和谐社会作出贡献。在为期18天的新塘辖区龙舟节的现场监管工作中，克服监管时间长、景点多、任务繁重等困难，全处做到提前介入，提前摸查、主动服务，采取多项措施，把工作做细、做实，切实保障辖区47个龙舟景点577艘龙舟的活动安全，圆满完成2009年新塘镇龙舟锦标赛的水上交通秩序维护，龙舟节期间辖区水上交通安全持续稳定，得到上级和地方政府的肯定和赞许。二是加大现场监管力度，整治通航环境秩序，保障辖区水上交通安全形势持续稳定。新塘海事处集中现场监管力量，结合专项行动的开展，加大对辖区“三无”和超载船舶的查处力度，查处超载船舶35艘；认真落实对沿江高速公路东江北特大桥建设工程、广深高速东洲大桥维修工程等辖区水上重点工程建设项目的监管，不断深化对东江主干流通航环境和通航秩序的整治；特别是在东江大桥施工作业期间，新塘海事处加强与业主、施工单位的沟通联系，主动提供优质服务，得到业主、施工作业单位的赞誉。另外，加强对辖区油码头、油船的安全、防污染监管，提高辖区从业人员的防污染意识；在日常工作中，还加大对因受金融危机影响长期锚泊船舶的管理力度，加强巡航检查，维护通航秩序，及时提醒锚泊船舶按规定留足船员值班，保留船舶锚泊间距，防止意外事故发生。

船舶管理 一是积极巩固乡镇渡口渡船安全监管工作成效。认真落实乡镇渡口渡船转入常态化管理，积极巩固乡镇渡口渡船安全监管工作成效，把已形成的各项有效工作措施及工作方法形成长效管理机制不断加以巩固。在日常工作中，海巡船航经渡口渡船，实施动态监管，叮嘱渡口经营者落实安全生产责任制；教育船员严格遵守船舶航行安全规定，严禁超员载客；主动联合增城市交通局、新塘港务分局等相关部门每季度开展联合执法行动，全年共开展联合行动13次，加强了对渡口渡船、自用农船的现场安全检查，通过保持有效的信息联络和通报制度，提高预控能力；突出做好深涌学生渡的动态安全监管，根据学生上学时间加强日常动态巡航监管外，每周五下午安排现场海事执法人员对深涌学生渡进行盯防，督促地方政府落实安全管理责任，在学生上学、放学期间加派渡口管理员，严禁超载，联合走访仙村中学加强学生安全教育，并及时查处“粤广州渡0062”超员载客违法行为，提高海事执法威慑力；坚持向地方政府通报制度，探索采取与交通局联合发文的形式对检查中发现问题及时通报相关镇街和部门并得到增城市领导的重要批示，有效地消除渡口渡船存在的安全隐患，促进渡运安全。期间，新塘海事处荣获广州市渡口渡船安全管理专项整治活动先进集体荣誉称号，林伦响等3位同志被授予广州市渡口渡船安全管理专项整治活动先进个人。二是加强有船艇活动封闭水域检查，百花林水库体育用艇纳入规范管理。在国庆节前检查中，新塘海事处发现百花山庄渡假村有限公司百花林水库有5艘用于体育培训摩托快艇未制定相关应急预案和管理制度，未取得相关职能部门同意从事体育培训项目的批文，存在一定的安全隐患。为此，新塘海事处多次走访百花山庄渡假村有限公司，通报快艇存在的主要安全隐患，责令经营人尽快完善相关报批手续。经多次督促承包人和经营人，使百花林水库的摩托快艇体育项目得到相关主管部门的批复，百花林水库体育用艇正式纳入规范管理。三是安全生产月、船舶使用低闪点燃油等各专项行动有序推进。新塘海事处认真落实上级部署，积极开展各专项整治行动。针对人手相对紧张，各专项整治行动相对集中的实际情况，将安全生产年、安全生产月、“三项行动”、船舶使用低闪点燃油、船舶驾驶台资源管理安全监管和治理船舶超载、水上交通安全集中整治等各专项行动有机结合，扎实推进。通过开展各专项行动，有力打击辖区船舶违法行为，促进船员素质、公司安全管理水平的提高和船舶技术状况的进一步改善。特别是在开展船舶使用低闪点燃油专项整治活动中，认真制订切实可行的工作方案，通过派发宣传单张、在签证大厅播放相关宣传视频等加强教育宣传提醒，对辖区水上加油站、流动供油船进行彻底摸查，登记造册，并加强对到港运输船舶以及水上加油站、流动加油船等船舶的货油和燃油抽样检查。活动中共发放海事宣传单张1800多份，燃油抽样送检船舶114艘，不合格8艘，其中低闪点重点跟踪船舶29艘，不合格船舶2艘。检查中，新塘海事处对重点跟踪使用低闪点燃油的“南盐油3”、“粤丰顺0828”轮实施责令停航强制措施，有效维护辖区水上交通安全形势的持续稳定。四是船舶安全检查及常规业务工作正常开展。全年对463艘次中国籍船舶实施船舶安全检查，其中，沿海船舶65艘次，平均单船缺陷数7.30项，滞留海船4艘次；内河船398艘次，平均单船缺陷数5.22项，滞留内河船7艘次，无不当滞留发生；重点跟踪船舶到港检查率100%。同时，深入贯彻实施新的《中华人民共和国船舶签证管理规则》，继续做好新版船舶签证簿的换发工作。

危险货物及防污染管理　在危险品管理与防污染方面，加强对辖区油类作业码头、油类作业船舶安全、防污染的监管，提高辖区从业人员防污意识；全面推行船舶载运危险品外网申报、内网审批，大大方便行政相对人，提高了办事效率。全年共受理危险货物申报审批14972宗，确保8555艘次的危险货物运输船、27065个载运危险货物的集装箱安全进出辖区。

船舶检验　进一步完善船舶检验工作台帐，规范船舶检验档案管理，积极深化船舶检验质量体系运转，从源头上把好船舶检验发证关。全年检验船舶90艘次、12365总吨，没有发生因检验责任而造成重大水上交通安全事故，检验发证差错率为零。

采取十项措施，帮扶港航企业应对金融危机　2009年，受国际金融危机的影响，我国航运业和港口经济面临严峻形势，在此背景下，新塘海事处通过提高海事服务水平，采取十项措施，积极帮助港航企业渡过难关。一是加强与航运企业的沟通协调，主动为航运企业破解难题。新塘海事处与辖区十多家大型骨干企业建立企业联动机制，通过定期召开各成员单位的联席会议，适时了解港航企业在应对金融危机中遇到的困难等相关措施，及时发布危险天气预警信息，编织安全网，打造安全链，尽最大努力帮助港航企业排忧解难。二是加强与港口的沟通协调，主动为港口生产单位提供船舶交通信息，提高出港航道的利用率和通航效率，减少船舶在港停留时间。三是主动做好受金融危机影响而停航抛锚船舶的通航秩序管理和维护。四是加强口岸管理和服务工作。东江口办事处继续推行船舶进出港手续24小时办理，全年不休的制度。五是建立健全战略物资和交通战备水上运输船舶进出港签证“绿色通道”。优先安排护航，优先办理进出港手续，保障电、煤、油等国家重点物资运输的通道畅通无阻，对辖区旺隆电厂以及大型船舶主动提供清道护航服务。六是利用网络信息平台，方便行政相对人办理船载危险货物申报手续。全面推广使用船载客货系统，实行船舶载运危险货物进出港外网申报，内网审批措施，大大节省行政相对人的申报成本和时间。同时，对船舶载运危险货物进出港申报单位实施诚信备案制度，简化手续，方便行政相对人。七是加大船舶建造检验和外机构转入船舶检验的力度，防止新低质量船舶进入航运市场；同时，严格执行重点跟踪船舶管理制度，防止辖区因经营困难而出现低标准船舶，着力维护航运市场的公平秩序。八是鼓励通过电话、传真等便捷方式预约申请船舶营运检验，缩短船东申请船舶营运检验的时间。九是全面推行海事政务办理“一站式服务”、“一个窗口对外”和“首问责任制”制度；继续扎实落实交通运输部海事局的“八项便民措施”。十是积极探索并配合广州海事局制订和实施辖区口岸海事管理和服务标准。积极参与建设和推广电子口岸，配合完善海事信息综合平台与地方电子口岸系统的资源整合和数据交换。

提出海事建议，力促增城市政府开展窝棚船专项整治　针对辖区上游增江河多次出现船舶走锚、失控、搁浅、火灾等险情，对桥梁、水闸等水上设施构成极大安全威胁等情况，为保护增江河水生物多样性、饮用水源干净卫生和人民群众生命财产安全，新塘海事处力促增城市政府开展窝棚船专项整治工作，先后于3月和7月函告增城市政府尽快开展窝棚船专项整治工作，以保障亚运会项目在增江河顺利进行，促进增城市水上旅游项目的健康发展。海事建议得到增城市政府的采纳，在9月，增城市政府正式启动窝棚船专项整治工作，新塘海事处作为专项整治成员单位之一积极参与和支持政府的专项行动。第一阶段的清理工作已基本完成，共清理74艘窝棚船，第二阶段清理工作即将拉开帷幕。为此，增城市这个有着近30年历史的水域顽症初步得到有效治理。

落实科学发展　服务地方经济　结合深入学习实践科学发展观活动，利用自身的专业优势，新塘海事处主动服务地方，促进地方经济发展。一是处领导多次带队，主动上门走访增城市发改局，了解增城市发展战略规划，调整服务工作重点；二是加强与增城市安监局、交通局等相关部门的沟通联系，及时反馈海事现场监管发现的安全隐患，保障辖区安全稳定；三是在整治增江河窝棚船建议得到政府重视采纳基础上，积极主动配合政府完成对增江河窝棚船的整治工作；四是主动服务，努力为正果镇政府开发湖心岛观光旅游业出谋献策。这一年，分别组织正果镇湖心岛观光船艇驾驶员培训班及增城市公安局水上派出所公务执法人员快艇驾驶员培训班，有力地支持新农村建设，提高快艇驾驶员、公安人员的水上安全意识和快艇驾驶技能。

（罗钦发）

广州新塘海事处处长　刘清亮

城乡建设

【概况】 2009年，增城市城乡建设坚持以科学发展观为指导，以开展机关服务年和民主评议政风行风工作为动力，以创建全国科学发展示范市和全国文明城市为契机，认真贯彻落实市委、市政府“三促进一保持”的战略决策，积极应对国际金融危机的影响，全力推进城乡规划、建设和管理工作，取得较好成效，有力促进城乡建设又好又快发展。

在城乡规划方面：开展《增城市城乡总体规划（2008~2020）》的编制，完善派潭、小楼、正果镇总体规划的修编，结合本市主体功能区规划优化了新塘镇、石滩镇、中新镇三大中心镇总体规划的编制，全市区域主体功能区规划、城乡规划、土地利用规划“三规合一”局面基本形成。突出重点地编制控制性详细规划和专项规划，市规划部门，制订了《增城市控制性详细规划审批管理规定》，与各镇（街）一起，有重点、有步骤地推进控制性详细规划的编制工作，至年末，开展控制性详细规划编制的共13项，其中完成7项，全市控制性详细规划编制范围达185平方公里，编制覆盖率达71.6%。全年完成《增城市高压电线网规划》、《增城市中心城区市政专项规划》、《增城市文化创意产业发展规划》、《增城市“三旧”改造近期实施规划》等项目，开展《新塘镇中心城区市政专项规划》编制，完成《荔城、新塘地区户外广告总体规划》的编制工作。加强村庄规划工作。全年完成148条村的规划编制，实现全市282条村庄规划全覆盖目标。大力加强城乡规划管理。依法核发《建设用地规划许可证》159宗、用地面积1379万平方米，同比增长36.8%；核发《建设工程规划许可证》598宗、建筑面积408万平方米，同比增长31.7%；核发《建设工程规划验收合格证》553宗、总建筑面积335万平方米。

在城乡建设方面：坚持以科学发展观统领城乡建设，进一步完善以道路交通为重点的基础设施。完成增莞深高速公路建设工程；广河、增从高速全面动工建设；全面完成广汕公路增城段20公里升级改造工程，统筹推进沿线道路、管网及绿化建设；完成增派、荔三等道路升级改造工程，以及小楼、郑田、荔三、江龙桥收费站整合工程；深入实施公园化战略和城乡环境“清洁美”工程，完成建设了鹤之洲、增江画廊、莲塘春色、白湖水乡等一批生态景点和绿道网，城区新增绿地面积29.74万平方米，人均公共绿地面积19.73平方米，森林覆盖率55.38%；以创建全国文明城市为契机，实施富鹏地区综合整治工程，道路、路灯等市政配套设施升级改造工程，新塘、石滩、派潭等镇加大了城区道路建设改造。治水治污工程加紧推进，全面启动荔城、新塘、永和、派潭高滩、石滩、中新等6个污水处理系统工程和75条村庄生活污水处理工程建设；积极开展新塘镇东、西洲及环保工业园一带环境污染重点区域的水环境治理，重点推进水南涌流域、二龙河、百花涌、西福河等河涌整治；启动实施棠厦垃圾填埋场整治工程；亚运城市行动计划全面启动，增城体育馆体育舞蹈比赛场、康威体育场、增江河亚运龙舟赛场和广州飞碟训练中心等亚运场馆及周边基础设施工程加紧建设。市科技文化博物馆、增城歌剧院动工建设。高标准开展中心城区道路综合改造工程，完成北三环连接线路灯工程；完成富安路、富翔路、富鸿路改造工程和中山路、前进路、纺织路、菜园路、通园路、富鹏路等道路的人行道改造；中心城区修建和新建下水道20415米，砼路面16370平方米，铺设人行道彩砖32000平方米，安装路灯552盏，划设道路交通标志标线8000平方等。

在城乡管理方面：以创建全国文明城市为契机，继续整治城乡脏、乱、差，大力加强城乡管理工作。一是依照增府（2008）14号文关于《印发增城市查处违法用地和违法建设实施办法的通知》，全力抓好违法建设的查处工作。市城监大队和各镇街中队，认真履行职责，加强巡查，依法治理；对清查出来的违法建设，依照职能分工的要求及时处理，该拆除的坚决拆除，该补办手续的限期补办，决不心慈手软，全年全市共查处违法建设432宗、建筑面积42.1万平方米，其中依法拆除302宗、建筑面积33.6万平方米，较好地改善人居环境。二是大力整治城市“六乱”。重点整治中心城区农贸市场和学校周边、主干道两旁、广场、公园等地的乱摆乱卖、占道经营等“六乱”行为，全年共查处中心城区“六乱”9645宗，其中查处占道经营、乱摆乱卖5836宗，乱拉挂1923宗，乱堆挖996宗，乱搭建693宗，乱洒漏余泥渣土197宗，拆除违章户外广告招牌招牌5217宗。三是抓好建筑工地文明施工管理，对全市88个在建工地建设了围墙或设置围挡，实行封闭式施工，同时对围墙、围挡实行美化工程，加强对工地大门和出入口达标治理，全市建筑工地文明施工达标率85%以上。四是整治荔城大道两边环境，共翻新围墙100米、面积200平方米，绘画了五彩缤纷的“创文”宣传广告100平方米。五是大力抓好“房中房”整治工作，全年全市共清查“房中房”46套，其中依法拆除整改46套，占100%。六是遵照《增城市城乡环境卫生综合管理办法》的规定，全市城乡基本建立“户集、村收、镇运、市处理”的生活垃圾收集处理体系和城乡环境卫生门前责任制度。七是加强城市道路清洁和保洁工作，对一、二级道路和部分三级道路、各大广场、公园以及车站等公共场所实行16小时保洁，内街内巷实行12小时保洁。

【整顿和规范建筑市场】 2009年，增城市建设局进一步整顿和规范建筑市场秩序。一是加大力度，狠抓安全生产管理工作。认真抓好与市政府签订的《安全生产责任书》各项工作的落实；加强安全生产体制机制建设，健全建筑工地重大危险源的监管和安全生产隐患排查治理制度建设；完善安全生产管理措施，落实安全生产责任制，强化安全生产各方主体责任；开展安全生产法律法规的宣传教育；大力抓好建筑工人特别是农民工安全生产知识和职业技能培训，增强建筑从业人员安全生产意识和提高劳动技能；坚持不懈组织开展每季一次工程质量、安全生产、文明施工大检查和安全生产专项整治行动，发现问题，立即整改；认真开展以“关爱生命，安全发展”为主题的“安全生产月”活动，全面开展安全隐患的排查整改。全年全市共出动安全生产大检查和专项整治行动169人次，共开展安全生产大检查和专项整治12次，检查在建工地335个次，查处并整改安全隐患1737多处，责令停工工地48个，局部停工工地55个，限期整改工地222个；按照省建设厅安全生产动态管理办法，有6家建筑施工企业、9家监理企业、23名企业项目经理、16名施工专职安全员、19名项目总监被实施动态扣分，有2名企业项目经理和2名项目总监被清退本市建筑市场。全市建筑工地未发生死亡事故，成为近年来安全生产最好水平。二是加强建设工程招标投标管理。全年全市共组织招标投标工程190项、建筑面积275.7万平方米、工程造价67.4亿元，同比分别增长28%、76%和179%，招标率100%，其中公开招标138项、建筑面积15.7万平方米、工程造价31.2亿元，同比分别增长31.4%、-12.7%和304.7%；邀请招标52项、建筑面积260万平方米、工程造价36.2亿元，同比分别增长20.9%、87.4%和120%。同时，抓好《建筑工程施工许可管理办法》等法律法规的实施，强化建设工程施工许可管理。全年全市共办理了施工许可手续工程162项、建筑面积387万平方米、工程造价43亿元，同比报建项目数减少25.7%，面积和造价分别增长53%和57%。年内办理工程竣工验收备案247项、建筑面积401万平方米、工程造价34.4亿元，同比分别增长0.4%、31.6%和54548%。建筑市场秩序进一步规范。

【清理拆除粘土砖瓦陶生产厂成绩显著】 2009年，市建设部门，认真遵照增府办（2009）12号文《印发增城市清理拆除粘土砖瓦陶生产厂实施方案的通知》，会同各镇街和有关部门，组织力量，开展宣传工作，在全市范围内张贴《清理拆除砖瓦陶生产厂通告》500多份；指导各镇街制定清理拆除砖瓦陶生产厂工作方案，大力协调解决有关问题；天天深入各砖瓦陶生产厂检查督促，大力推进清理拆除工作，取得显著成效。至7月30日止，全市应拆除97间砖瓦陶生产厂全部予以拆除，彻底铲除了严重污染生态环境、与实施公园化战略背道而驰的污染源，使增城市城乡环境明显改观。 （温金谋）

增城市建设局局长 麦文光

市政管理

【概况】 2009年，市市政管理局全面落实科学发展观，按照增城市“三大主体功能区”的战略部署和实施公园化战略的要求，立足中心城市定位，全力推进市政、园林绿化、环卫设施建设，加强城市日常管理力度，努力营造舒适、优美、和谐的城市环境，促进广州东部现代化生态新城区建设。

【城市基础设施建设】 一是全面开展污水治理和河涌综合整治工作。对照《广州市污水治理和河涌综合整治（2009~2010年）任务书》下达给增城市的污水治理与河涌综合整治工作任务，在2010年6月前，需完成扩建荔城及新建新塘、永和、派潭高滩、石滩、中新等6个污水处理系统，增加处理能力27.3万吨/日，开展75条村庄生活污水处理工程建设，惠及人口18.6万人，完成“二龙河”河涌综合整治。至12月31日止，已完成投资4.8256多亿元，占总投资16.547亿元的29.3%。其中：①6座城镇生活污水处理系统的厂区和管网已全部进场建设，管网建设已完成15.983公里（荔城管网5.283公里、石滩管网3.5公里，中新管网4.0公里，派潭管网2公里，永和管网1.2公里），完成率约20.13%；②农村生活污水治理：2008年任务9条村全部动工；2009年任务的41条村已全面动工，工程量完成50%；2010年任务的25条村已进场8个村；③二龙河综合整治：完成小楼人家段亲水护岸整治。二是完成北三环连接线路灯工程建设，共安装路灯113套，投入资金350万元。三是开展增城市百座音乐雕塑设计方案征集活动，第一批入围的28座作品已于国庆节期间完成安装，共投入约585万元。同时，开展评选增城人民最喜爱的当代二十名音乐家活动。四是开展新城区增城广场周边灯饰亮化概念性方案征集工作，先实施荔景大道、府佑路、荔乡路、增城大道等增城广场周边道路的灯饰建设。编制设计方案，开展招标前期工作。五是逐步完善辖区广场、公园的岗亭、照明绿化、等配套设施建设，实施荔枝文化公园山顶园林建筑红荔阁建设工程。完善荔枝文化公园、东湖公园的配套设施建设，修复增城广场16条杜浮雕，对中心城区的主要道路荔景大道、府佑路、荔城大道等进行绿化升级改造方案设计，并对荔景大道和部分交叉口进行绿化改造。

至2009年底止，城区道路长度85.5公里，道路面积266万平方米，其中人行道面积56万平方米，路灯15299盏。

【完善环境卫生管理长效机制】 一是严格落实《增城市城乡环境卫生综合管理办法》。协调建立“二级政府、三级网络”的管理机制，以及“户集、村收、镇运、市处理”的生活垃圾收运体系和城乡环境卫生门前责任制度，严格网格化管理，健全和落实城乡环境卫生保洁长效机制。市局与市爱卫办、市新农办组成联合巡查组，对全市各镇街环境卫生情况进行两次检查，向有关部门通报巡查检查情况。全市基本建立“户集、村收、镇运、市处理”的收运处理体系，普遍建立与本地经济发展相适应的环卫投入机制，初步建立了高效的城乡环境卫生综合管理机制，镇（街）、村（居）社区管理网络基本形成，城乡环境卫生状况明显改善。二是以创建全国文明城市为目标，强化环境卫生日常管理工作。加强道路的清扫，延长保洁时间，对一、二级马路和部分三级马路、各大广场、公园以及车站等公共场所实行16小时保洁，内街巷实行12小时保洁，全面提高保洁质量与水平；合理安排垃圾收运，及时上门收集袋装垃圾，做到不滴漏、不洒落，同时及时清扫楼梯；抓垃圾中转站和临时收集点管理，保持站容和环卫作业机具的整洁；强化公厕管理，严格按要求设专人清扫保洁、合理冲水、定期施药；加强垃圾填埋场的管理，严格控制垃圾填埋的作业面、定期喷药杀菌灭虫、整治脏乱、美化环境。三是推进棠厦垃圾填埋场整治工程。已完成施工图设计和评审，完成项目施工监理招标，正在进行施工承包招标和设备采购招标，计划近期进场施工。四是启动垃圾无害化处理建设项目。全面铺开生活垃圾处理厂建设的各项工作，已确定选址方案，完成垃圾成分分析、垃圾量调查，并开始制定征地方案、编制项目建议书以及BOT招标文件。五是环卫工作移交属地镇街管理。为提升城市建设管理水平，充分发挥属地管理优势，建立环境卫生属地管理长效机制，2009年8月7日，将原市市政局属下荔城环卫一所、二所所管理的城区环卫工作整体移交给荔城街和增江街管理，原环卫二所交由荔城街管理，原环卫一所按辖区范围分别交由增江街和荔城街管理。

【市政设施管护】 一是对城区破损路面进行修复，共修复4700多平方米；二是修复清理下水道主管、支管共19500米，进水井2030座，检查井200座，进一步改善城区的排水功能；三是继续加强对市区市政沙井盖的巡查力度和加快修缮、改造速度，严格质量监督，及时修复被盗和缺损的沙井盖；四是加强市政道路破挖查处力度，严格把握好审批制度；五是及时对被损坏的市政园林绿化进行修缮。根据创建全国文明城市的工作部署，投入470多万元，完成富安路、富翔路、富鸿路道路改造工程和中山路、前进路、纺织路、莱园路、通园路、富鹏路等道路的人行道改造。铺设排水管915米，铺设砼路面11670平方米，铺设人行道彩砖32000多平方米，安装路灯26支。完善城区道路交通标志标线的划设共8000平方米，道路停车位800个，二、三轮车停车位4800平方米。

【城市园林绿化管理】 做到建设一片，绿化一片，管好一片。至12月底，建成区绿化覆盖面积1193.96公顷，园林绿地面积1072.74公顷，公共绿地面积394.74公顷，人均公共绿地面积19.73平方米，建成区绿地率达44.5%，建成区绿化覆盖率达49.75%。

【加强供水、燃气行业管理】 推进优质饮用净水工程，加强对全市各水厂的水质监测、监管，保证供水正常。对全市燃气行业深入调研，结合经济社会发展需要构建本市主体能源战略，结合职能开展大量天然气引进具体工作。同时，加强供水、燃气行业的安全监管，并制定安全防范措施，确保供水、燃气领域平安和谐。 （王熠琛）

增城市政管理局副局长 曹民坚

国土资源和房屋管理

【概况】 2009年，在市委、市政府和广州市国土房管局的正确领导下，市局坚持以党的十七届四中全会精神为指导，以深入学习实践科学发展观活动为契机，紧紧围绕本市深化建设“三大主体功能区”、实施公园化战略、统筹城乡科学发展等中心工作，不断解放思想，创业干事，扎实推进各项工作，较好地完成了全年各项工作任务。

【加快重点项目用地的征收报批，有效增加土地储备】 围绕增城市重点项目用地需求，市局加强与镇（街）的协调和沟通，加快土地征收报批。2009年新开展征地项目有30多个，其中，征地工作方案已报市政府批准的项目有25个，面积约31580.61亩。在新开展征地项目中，基础设施类项目9个，面积约10975.15亩，包括广河高速、增从高速、穗东换流站、相关镇（街）污水处理厂等；工业类项目6个，面积约17049.04亩，包括广本研发中心、石滩镇“退二进三”项目、石滩镇沙头村储备用地、汽车产业基地等；经营性用地项目10个，面积约3556.42亩，包括中金数据、蒙花布酒店、相关镇（街）储备用地等；其他如度假城、商务城、健康城、莲塘春色、地铁13号线、穗莞深城际轻轨、生活垃圾无公害处理厂、省公安厅直升机场等省市重点项目的征地工作正有序推进。全年完成报批土地14宗，面积约14220亩，包括增城市汽车客运站首期用地、蒙花布酒店用地、中新镇中新村居住用地、广河高速、增从高速、广本研发中心、石滩沙头村工业地、石滩田心村工业地、107国道新塘段外移等项目（广河高速、增从高速、广本研发中心等为单独选址项目）。获上级批复建设用地2个批次，合计1001.91亩（164.22亩为第16届亚运会广州飞碟训练中心用地，837.690亩为经济发展留用地和村民居住安置用地）。

【落实土地公开出让，确保重点项目落户】 为确保本市经济增长指标有效落实，市局将土地出让和招商引资作为2009年的工作核心，重点做好经营性用地和工业用地的供应，全年上缴市财政登记费、土地出让金、契税等税费收入共30多亿元。全年新出让土地32宗（公开出让31宗，协议出让1宗），面积共5898.85亩，合同涉及土地出让金约55.42亿元，通过各种形式已征收出让金约27亿元。其中，16宗为工业用地，面积928.007亩；16宗为经营性项目用地，面积4970.843亩。通过加快对荔城金竹岗商住地块、荔城光明村地块、荔城三联村地块、增江东区商住地块、石滩郑田村居住片区、新塘新甘湾等地块的整合出让，有效推进经营性用地供应，壮大了荔城、增江、石滩等中部和南部地区的城市功能，为服务、文化、居住、商业、酒店业的发展提供空间，增加市财政收入；通过加大工业用地供应，进一步优化了汽车产业基地、东区高科技产业基地的产业结构，确保广州金南磁性材料有限公司、广州市信联包装容器实业有限公司、中国南方电网有限责任公司超高压输电公司、领耀国际有限公司、广州市雄兵汽车电器有限公司、广州华创化工材料科技开发有限公司等16个保增长、扩内需重点项目落户，壮大市先进制造业规模，为增城工业园区创建国家级工业园区提供了空间和资源保障。同时，充分激活二级土地市场，改变出让单一供地方式，有效扩大市的土地供应，通过项目评审来调控二级市场土地资源配置，缓解用地紧张局面，全年完成土地使用权转让交易63宗，面积91.46万平方米（合1374.6亩），成交金额约2.99亿元，通过土地转让成功引进广州白水寨文化产业发展有限公司、广州有色金属研究院增城分院等一批项目。

【推进闲置土地处置试点，大力盘活存量土地】 增城市作为全省开展闲置土地处置专题试点单位，根据《珠江三角洲地区改革发展规划纲要（2008~2020年）》精神，按照《增城市闲置土地处置试点工作方案》要求，市局重点清查近几年的出让土地，加强管理信息化建设，严把闲置费收缴关，积极推进闲置土地处置工作，充分盘活存量土地资源，增强政府对土地的调控能力，为引进优质项目创造条件。全市全年共盘活、收回闲置土地79宗，面积4703.3485亩，其中，收回27宗，面积2330.705亩；延期开发1宗，面积48.56亩；项目转让37宗，面积1853.176亩；撤销闲置土地18宗，面积470.9075亩；收缴闲置费约187.86万元。

【坚决打击违法用地】 一是加强土地执法动态巡查。建立动态巡查岗位责任制和报告制度，科学合理划分巡查责任区，实施网格化巡查，责任到人，对巡查发现的违法用地行为及时制止、及时报告，形成“早发现、早制止、早查处、早报告”的工作机制。同时，开通“12336”违法用地举报电话，充分发挥社会力量进行监督。2009年，巡查发现违法用地265宗，面积约1928.3亩，巡查发现违法用地案件实现全部立案和通报相关部门共同查处。二是认真完成省第四次卫片执法检查整改工作。在省第四次卫片执法检查中，全市违法用地图斑共124宗，面积为360多亩，其中占用耕地120多亩，与国家第八次卫片执法检查发现的违法用地面积相比，违法用地总量下降84%，违法用地占用耕地面积占新增建设用地占用耕地面积的比例为9%。检查发现的124宗违法用地案件，全部立案查处，依法处罚，共拆除违法建筑约11066平方米，复耕复绿约22467平方米，收缴罚款金额约38万元，移送司法机关追究刑事责任案件2宗，立案率、查处率和结案率均达到100%。三是精心落实国家卫片执法检查工作。增城市作为广州市唯一列入第一批开展2009年度国家卫片执法检查的区（县级市），认真组织人员精心开展执法检查工作。经初步核查，确认全市违法用地图斑58宗，涉及土地面积237.42亩，其中耕地面积49.31亩。目前，对卫片执法检查发现的58宗违法用地案件，市局已立案并会同镇（街）、城监大队开展调查取证工作，加强对实地未变化图斑的监控和整改，防止新增违法用地；对需完善临时用地手续和农业结构调整手续的用地，正会同有关部门抓紧办理。四是重视新增建设用地清查。积极组织对2009年全市新增建设用地进行清查，及时掌握用地情况，切实把本市2009年度的违法用地总量降下来。

【建设服务型机关】 市局实施一系列完善窗口服务的软、硬件建设措施：设立便民咨询窗口，方便群众办事、咨询和监督；改善填表区和等候区，解决群众办理业务时因提交资料不全需重新等候受理的麻烦；安装叫号机，改善登记秩序；在办证服务大厅安装接驳广州服务站的语音查询电话系统，让群众只需通过拨打4008006580服务热线即可详尽了解广州各区、县级市的房地产交易办理信息；安装短信系统，以短信形式通知办事的群众前来缴费、领证、通知退件或补充资料等；增设银联刷卡缴费系统，减少群众到银行排队等候交费的麻烦等。通过一系列利民、便民措施，创建一流的服务窗口，营造舒适、高效、以人为本的办证环境。据统计，市局办证窗口全年完成收件量共68903宗，接待群众约14万人次。在业务量比2008年增加1倍、人员不变的情况下，通过全体工作人员的努力，办证窗口被评为本市唯一省级“巾帼文明岗”，并连续8个月获得市行政审批监察系统好评，其中2个月排名居首位。为响应群众对办证提速的要求，市局持续深化审批流程改革，对部分业务办理程序进一步简化，如将预购商品房抵押权预告登记、预售合同涂销抵押登记、在建工程抵押涂销登记、退房登记、商品房转移登记等业务由原二审办结转为一审办结；在二手房交易方面对自建房的测绘工作程序实行前置，并取消规划功能为商铺的房屋单元实勘程序，以缩短办理时限；二手房转移登记结案时限由22个工作日缩短为12个工作日等。通过精简审批流程，极大地提高了业务办理效率，既跟上房地产市场快速发展的步伐，也获得办事群众的广泛好评。

【房地产市场健康发展】 2009年初，受国际金融危机影响，增城市房地产市场波动较大。面对严峻的市场态势，市局紧跟市委、市政府保增长的目标，化压力为动力，创新服务，提高效率，在市场监管中培育市场，积极采取测绘业务下放、市场预售和前期物业管理容缺受理、与新塘镇政府联合策划房地产市场推介会、严格预售款监控与开发进度监管等宽严相济的一系列促进房地产业健康发展的举措，使本市房地产市场率先从低迷的环境中复苏，带动本市经济成功走出金融危机的阴影。这一年共核发新建商品房预售许可证93宗，预售面积为167.5464万平方米（其中住宅部分159.5524万平方米、非住宅部分7.994万平方米），总预售套数15653套，同比分别增长：17.72%、-11.76%、-15.99%；完成新建商品房交易登记20345宗（含预告登记18389宗，现售1956宗），面积201.46万平方米，金额100.74亿元，同比分别增长58.27%、38.73%、34.64%，超额完成2009年新建房地产销售任务，全年销售额首次突破100亿元。在其他登记业务方面，完成二手房转移、变更登记6482宗，其中二手房交易登记5689宗，面积77.37万平方米，金额22.35亿元，同比分别增长121.53%、75.79%、92.52%；办理自建房初始登记1919宗，登记面积233.2589万平方米；办理国有土地使用证271宗，登记面积954.6659万平方米；办理集体土地使用证114宗，登记面积32.6237万平方米；完成抵押登记共18332宗（含预购商品房抵押权预告登记15406宗，在建工程抵押登记2926宗），面积183.27万平方米；完成商品房初始登记17566宗，登记面积219.67万平方米；完成商品房转移登记15131宗，面积171.13万平方米；其余继承、析产、分户、拍卖等变更登记793宗。通过全局的努力，在全市效能监察16个局中，市局业务量排行首位。

【扎实推进住房保障工作】　一是全面开展低收入家庭住房租赁补贴。全市领取租赁住房补贴的低收入家庭有469户，累计发放租赁住房补贴60.46万元，让群众得到住房保障制度带来的实惠。二是大力推进政府保障性住房建设。出台了《增城市经济适用住房制度实施办法（试行）》、《增城市城镇廉租住房保障制度实施办法（试行）》等文件，加紧推进政府保障性住房建设，有7栋6层经济适用住房和12栋6层廉租住房建成封顶，其中经济适用住房203套，廉租住房170套。这批保障性住房的推出，将有效解决本市城镇低收入家庭住房难的现状。三是全面实施住房货币补贴。根据国务院和省住房制度改革精神，为进一步深化住房制度改革，加快建立与社会主义市场经济体制相适应的城镇住房制度，根据《增城市机关事业单位住房货币分配实施方案》，本市将全面实行住房货币补贴，有效增加职工工资收入中住房消费资金含量，提高职工的购房支付能力。四是推进市住房保障信息化建设。结合以往住房调查建立实名制档案的经验，该局委托软件公司开发市保障性住房综合业务管理系统，实现住房保障工作信息化、动态化管理。

【落实安全措施，确保群众生命财产安全】　一是全面整顿规范矿产资源开发秩序，认真做好地质灾害防治工作。该局编制《增城市矿山企业重特大安全事故和地质灾害应急处理预案》、《增城市地质灾害防灾预案》、《增城市突发性地质灾害应急预案》等文件，对安全事故和地质灾害的各种防治措施、险情发生时受威胁群众的撤离措施等进行规范指引并加强宣传培训，做好安全生产和地质灾害防治工作。全市150个地质灾害隐患点均建立地质灾害隐患点群测群防网络体系，累计共投入1000余万元完成了46个隐患点的治理。二是加强非煤矿山管理，有效落实安全生产责任制。与各矿山企业签订《安全生产责任书》，重点做好本市6个非煤矿山的安全生产。三是加强房屋安全管理。定期对辖内直管公房的房屋结构和消防安全进行巡查，全年检查直管公房458幢，面积超过12万平方米，共发出整改通知书116份；农村危房改造工作是房屋安全和住房保障工作的重点，市局指导各镇（街）分期分批进行改造，第一批改造资金1468万元已拨付至镇（街）。四是规范物业管理，创建和谐居住环境。指导、监督“石滩第一城”、碧桂园荔园、绿野山庄等十几个小区完成前期物业服务的招投标。同时，围绕“人屋车场”、“房中房”和租赁登记备案等专项治理对房屋租赁市场、群众投诉意见大和存在问题严重的物业小区进行全面整治。

【精心组织实施全国第二次土地调查】　第二次全国土地调查是国务院统一部署，要求地方政府组织开展并限期完成的重大国土资源调查工作。本市第二次全国土地调查于2008年8月启动，主要任务包括农村土地调查、城镇（村庄）土地调查、基本农田调查、建立土地调查数据库及管理系统。市局通过公开招标确定13家作业队伍，投入近千名技术人员参与调查。至年底，农村土地调查及基本农田调查已基本完成，正在进行成果汇总工作；城镇（村庄）土地调查第一阶段1:500地形测量及地类汇总工作已完成，已取得全市所有建成区（包括中心城区、建制镇、村庄、工矿用地等）202平方公里1:500数字化地形图等成果。第二阶段的地籍调查工作正在顺利推进，为充分应用城镇（村庄）土地调查成果，第二阶段工作与市政府正在推进的规范农村建房摸底调查工作同步联合开展，已基本完成外业工作，正进行成果统计汇总，力争通过一次调查，完成两项工作成果，节约政府财政投入。测量新基准工程改造与建设项目已基本完成，正准备检查验收；同时，土地调查数据库建设及应用技术服务子项目已完成前期调研和数据整理入库，正进入系统研发阶段，预计2010年底可全面完成。通过这次土地调查，全面查清本市土地利用状况，掌握真实的土地基础数据和土地权利情况，全面整合改造现有国土基础数据库、业务数据库和业务信息系统，建立一套规范、高效、系统的国土基础数据库管理系统及国土综合业务信息系统，从而提高国土管理工作的信息化、科学化、规范化水平。在此基础上，全力打造本市“数字国土”和“数字增城”，构建基础地理空间公共服务平台，实现土地资源信息的社会化服务。

【坚决贯彻基本国策，切实保护耕地】 一是坚决按照“保障科学发展，保护耕地红线”原则，重视保护耕地。根据省国土资源厅、广州市国土房管局的要求，积极开展全市耕地后备资源监测调查评价工作：摸清本市耕地后备资源待开发、待整理、待复垦集中连片20亩以上土地的类型、数量、质量分布情况，建立增城市开发整理补充耕地数据库，并结合利用园地、山坡地补充耕地的工作方案，查清情况，建立资源档案；同时，建立全市耕地后备资源和利用园地、山坡地补充耕地数据管理系统，分项报市政府审批，并报上级农业、林业和国土资源部门备案。二是大力推进土地整理，努力实现占补平衡。在加强耕地保护的同时，坚持按照“解决用地指标、实现占补平衡”原则，大力推进土地整理，为增城市创造更多的耕地保有量。全年上报第一批利用园地山坡地补充耕地项目3个，共开发面积671.92亩，可新增耕地面积413.4亩，可新增耕地占开发耕地的比例为61.5%；继续完善、推进2008年整理耕地项目，中新镇乌石村耕地复垦整理项目被列为广州市2008年度农用土地开发整理项目，已基本完成。同时，按照广州市国土房管局的统一部署，做好本市被征用耕地耕作层剥离再利用试点工作，提高对农用土地开发复垦整理耕地的质量，确定本市小楼镇腊布村相连的两块撂荒土地作为试点，该地块面积约41亩，总投资37万元，工程完工后，经广州市国土房管局在8月11日通过验收。 (龙俊民)

增城市国土资源和房屋管理局局长 潘共恩

市城乡规划

【概况】 2009年，市城乡规划局认真学习实践科学发展观，全面落实党的十七届四中全会精神和市委十一届七次、八次全会的工作部署，紧密联系增城市创建全国科学发展示范市的实施意见，紧紧围绕“创建广州东部现代化生态新城区”的战略目标，以高度的责任感和紧迫感切实开展各项工作，为把增城市规划建设成为最适宜旅游度假的生态公园城市、最适宜人居的山水文化休闲城市、最适宜创业的现代化工业城市做出应有贡献。

【继续完善城镇总体规划和报批工作】 针对《增城市中心城区总体规划（1994~2010）》时限将近的问题，市城乡规划局开展《增城市城乡总体规划（2008~2020）》的编制工作，规划编制工作和申请修编工作同步进行，已取得省建设厅对上一版总体规划的实施评估情况批复，规划成果基本编制完成，相关报批工作正在按程序进行当中。同时，派潭、小楼、正果镇的总体规划正在结合土地利用规划进行编制，已经完成中间成果，新塘镇、石滩镇、中新镇三大中心镇的总体规划也将结合本市的主体功能区规划进行优化和修编。全市域主体功能区规划、城乡规划、土地利用总体规划“三规合一”的局面基本形成。

【突出重点编制控制性详细规划和专项规划】 市城乡规划局制订了《增城市控制性详细规划审批管理规定》，与各镇（街）一起，有重点、有步骤地推进控制性详细规划的编制工作，目前在编的控制性详细规划共13项，完成最终成果的有7项，本市控规编制范围已达185平方公里，编制覆盖率为71.6%，有效指导镇街对重点开发地区的建设。市城乡规划局组织完成了《增城市高压电线网规划》、《增城市中心城区市政专项规划》、《增城市文化创意产业发展规划》、《增城市“三旧”改造近期实施规划（参考方案）》等项目，配合新塘镇开展《新塘镇中心城区市政专项规划》编制工作，配合工商局完成了荔城、新塘地区户外广告总体规划编制工作，共同把城乡规划编制工作推向广度、深度发展。

【高标准组织核心地区规划竞赛】 为落实市委、市政府高标准规划建设三大主体功能区核心区（“两城两区”）的任务要求，市城乡规划局组织了广州增城国际旅游度假城的规划竞赛工作；与国际商务城管委会一起，组织了广州新塘国际商务城的商务策划和规划竞赛工作；配合增城工业园区管委会，组织了广东增城工业园区的规划竞赛工作。结合市的重点项目建设安排，市城乡规划局组织了增城市科技文化博物馆、亚运会龙舟赛场的建筑设计方案竞赛工作，配合新塘镇开展新塘客运站的建筑设计方案竞赛工作，以专业技术的优势为我市打造高品位的城市做出努力。

【创新手法，高效完成村庄规划全面覆盖】 按照广州市“惠民66条”要求和本市的统一部署，市城乡规划局新农办按分类指导、因地制宜的原则，创新简单、明了、实用的编制办法，建立市、镇、村互动的组织机制，组织完成了全市的村庄布点规划，完成148条村的规划编制工作，加上上年完成的105条村庄规划和控规覆盖的29条城中村，实现了282条村庄的规划全面覆盖目标，规划重点解决农村的建房和经济发展问题。

【全力支持，打造新农村规划建设示范点】 为充分发挥镇、村的积极性，体现绩效、竞争择优的原则，市城乡规划局新农办研究制订了《增城市新农村建设项目资金竞争性安排操作办法（送审稿）》，初步按此精神，将市600万的新农村规划建设资金，分别安排到荔城街的莲塘村和增江街的白湖村，并组织完成“莲塘春色”、“白湖水乡”生态旅游度假村的策划和规划工作，指导镇街打造新农村规划建设示范点。

【认真落实，有序组织农村生活污水治理工程建设】 为充分利用好广州市1.49亿元的农村生活污水治理的支持资金，市城乡规划局新农办认真制订了2008~2010年的农村生活污水治理计划，并组织设计与实施。2008年计划的9条村已经投入运行，2009年计划的41条村和2010年计划的25条村将于2010年3月以前全面完成，该项工作惠及18.6万农村人口。

【积极探索，寻求规范农村建房新路】 在为落实《增城市新农村规划建设与农民建房管理暂行办法》，市城乡规划局新农办研究制定了规范农村建房的工作方案和一系列配套政策方案，积极探索“谁能建、在哪建、怎么建”的问题，探索规划引导、管理重心下移的新路子。同时，与国土局联手，开展第二次土地调查和农村住宅摸底调查工作，实行资源共享，为固化历史、数据分析、规范审批打下基础。

【强化服务，积极探索创新审批机制】 这一年，市城乡规划局继续完善规划管理的各项机制，优化立案标准和办案程序，履行“优化服务、促进发展”的承诺，制定《促进增城市房地产市场健康稳定发展的暂行办法》，探索“要件把关、容缺受理、关口后移、刚性审批、弹性流程、补齐发证”的行政许可机制，明确内部各个审批环节的办结时间要求，实施网上预约咨询制度，采取电子报批手段，同时加强对镇（街）、建设单位有关人员的业务培训，将市城乡规划局限时办结的时间由20个工作日减少到15个工作日，缩短了25%，为优化本市经济发展环境做出应有的努力。

【高效审批，保障增长促进发展】 通过机制完善、技术手段提高和全局员工的努力，市城乡规划局2009完成政务案件890宗，比上年增长32.4%；受理办结业务案2460宗，比上年增长7.7%。其中，批出修建性详细规划159宗，用地面积1471.5公顷，可建建筑面积1378.9万平方米，比上年增长36.8%；批出《建设工程规划许可证》598宗，批建总建筑面积407.7万平方米，比上年增长31.7%；核发《建设工程规划验收合格证》553宗，总建筑面积达到335.79万平方米。同时，测量队实施了放线、验线1291宗，建筑面积702.8万万平方米。

【加强监督，加大违法建设查处力度】 市城乡规划局落实市的协同查处机制，大力查处各类违法建设。2009年，共查处违法建设248宗，涉及违法建设面积45.17万平方米，发出《违法建设行政处罚决定书》214份，代表市政府向各镇（街）发出《责成拆除违法建设通知》共160份。按照市政府的工作部署，全年市城乡规划局完成了对97家粘土砖瓦陶厂和广惠高速沿线违法建设的查处工作，并配合新塘、荔城、增江、小楼等镇（街）对突出违法建设进行了查处，积极协助各镇（街）开展出租屋管理工作，取得较好的成效。

【公开透明，多形式推进“阳光规划”】 市城乡规划局充分发挥“增城规划在线”网站优势，实施了规划展示、受理公示、批前公示、批后公示、审批结果和在办案件查询的信息公开工作，公开办案程序、立案标准和技术标准，接受公众的监督；加强与市民互动沟通，通过网站的“公众参与”栏目，接受市民咨询、建议和投诉，全年共回复市民咨询900多条，通过真心、耐心、专业的解释，把各种不和谐因素消除在萌芽之中；实施规划信息依程序公开制度，全年共提供规划档案信息查询180宗；认真贯彻落实市委、市政府的信访接待制度，加强民意了解、沟通民情，全年共接信访案件77宗，办理行政复议8宗，办理行政诉讼7宗，办理人大建议、政协提案7件，办结率均达100%；在紫云山庄的行政诉讼案件当中，市城乡规划局取得了终审判决的胜诉，维护了依法行政的良好形象。

【创新技术，建设市城乡规划管理信息化平台体系】 在市委、市政府的高度重视和大力支持下，市城乡规划局以城乡规划信息化为主线，以切合实际应用为目标，逐步建设形成了增城市城乡规划管理信息化平台体系，并广泛推广应用。统一了全市基础地理数据的坐标系统，通过数字航拍生产了覆盖全市范围的1:2000地形图；利用连续卫星定位服务系统（简称CORS系统）进行快速放、验线服务；建立多个规划专题数据库，进行应用系统开发，建立了图文一体化的规划管理信息系统；建设城乡规划管理信息化网络，使各镇（街）可共享查询和调用规划局的基础地图和规划信息，应用到镇村管理、招商引资和农村住房调查中；以汽车产业基地为例，尝试建设规划管理三维辅助审批系统，实现三维环境下辅助的规划审批及决策；通过电子报批为市城乡规划局“一书三证”的审批工作提供准确和量化的数据。该城乡规划管理信息化体系创新与建设应用项目，被以四位院士为首的鉴定委员会评为“在县域城乡规划信息化研究和应用方面，达到了国内领先水平”，为推进“数字增城”建设，为规划管理、项目选址提供了强大的的技术支撑。

【重视质量，城乡规划设计成果硕果累累】 市城乡规划局坚持“重视编制、简化管理”的工作思路，重视提高规划成果的质量，《增城市新塘镇总体规划（2005－2020）》获得全国优秀城乡规划设计二等奖；市城乡规划局测量队获得1项全国优秀城市勘测工程表扬奖；在广州市优秀城乡规划设计项目评选当中，市城乡规划局获得二等奖1项、三等奖3项、表扬奖2项共6个奖项；在刚刚结束的广东省优秀城乡规划设计项目评选当中，市城乡规划局获得二等奖1项、三等奖2项共3个奖项。良好的规划成果的质量，保证了良好的规划管理。

【团结拼搏，较好完成市的重点工作任务】 在申报国家级开发区的工作中，市城乡规划局在短短时间内完善规划建设方面的材料，用最快的时间取得广州市规划局、省建设厅和国家建设部的同意批文；积极、及时地协调轨道交通规划建设工作，地铁13号线向东延长了5公里并加设了2个站点，地铁16号线也被列入2015年前动工的实施规划，地铁6号线将有机会从科学城向东延伸到新塘镇的永和地区；加强跟进陈家林危险品仓库区的选址规划调整工作，使控制了15年的陈家林危险品仓库区获得释放和进行规划功能调整，使陈家林5000亩以上建设用地的规划功能得到合理优化和完善；积极跟进广东增城工业园区北区的土地报批工作，使近2000亩的建设用地功能调整得到广州市规划局和省建设厅的支持；利用规划局的技术和手段优势，快速、科学进行重点项目选址，促使投资30亿以上的南方健康城项目、广东省公安厅直升机基地落户增城；9月份，市城乡规划局集中力量，一个月内完成了115万平方米建筑的《建设工程规划许可证》审批，为保障本市全年的经济增长提供了巨大的支持。

【勇挑重担，探索城乡规划工作新领域】 市政府把中心村镇规划建设领导小组办公室调整到市城乡规划局新农办，充分发挥市城乡规划局的人才和技术优势，加强对中心镇规划建设的指导和协调。新农办在充分调研的基础上，制定了《增城市新塘镇行政执法体制改革试点实施方案》，并逐步落实。市城乡规划局首次承担建设项目的工程实施任务，由新农办负责增江西岸环境整治工程建设（污水管段改造和天然泳场建设），在施工场地难以提交的种种困难下，顺利按预期目标完成任务；同时，市城乡规划局还承担了“增城市科学发展成就展”的场馆实施工作，各项工作有条不紊地开展，将在2010年第一季度完成。（司元贵）

增城市规划局局长 邓毛颖

新农村规划建设

【概况】 2009年，增城市新农村规划建设办公室（暨增城市城乡规划编制研究中心）坚持以党的十七大和十七届三中、四中全会精神为指针，以科学发展观为指导，以建设社会主义新农村为目标，以扎实推进本市提出的“深化建设主体功能区、实施公园化战略、统筹城乡科学发展”为工作主线，坚持规划与建设并重，管理与服务并举，务实进取、开拓创新，努力抓好城乡规划的编制和新农村建设的指导管理工作，积极落实各项重点项目的开展实施，加强部门间的协作和内部管理，为全面提升本市城乡规划建设水平作出积极努力。

【高效完成村庄规划编制工作】 根据《城乡规划法》的规定，本市村庄规划工作由各镇街为主体负责组织编制，新农办负责监督指导、提供技术支持。2009年，全市263条行政村已完成规划设计，另有19条村位于城市规划范围内，不需单独编制村庄规划，村庄规划覆盖率达到100%，为今后规范农村建房管理和村庄整治建设提供技术支持和指引。

【有序开展农村生活污水治理工程】 按照《广州市污水治理和河涌整治工作方案》（穗府函［2008］101号）的精神及广州市污水治理与河涌综合整治任务书（2009~2010年）的工作部署，全市农村生活污水治理工作分3年完成，覆盖六镇三街共75条村庄，涉及农村常住户籍人口186250人，总投资1.49亿元。该项工作是市政府2009年为民办十件实事之一，由市新农办牵头组织实施。市新农办制定《增城市农村生活污水治理工程建设工作方案》，并牵头负责前期设计、协调统筹、督促实施等工作，至2009年底，2008年计划项目的9条村庄已基本完工，正投入试运行；2009年计划项目的41条村庄现已全部进场施工。

【打造新农村建设（整治）示范亮点】 2009年，市新农办按照市委、市政府《政府扶持资金试行竞争性安排的意见》的要求，制定《增城市新农村建设项目资金竞争性安排操作办法》，采取绩效优先、竞争择优的原则，调动镇街建设新农村的积极性，切实推进本市新农村建设工作。全年市政府安排财政预算600万元，用于创建新农村建设示范点，结合市委、市政府主要领导现场会议要求，市新农办确定将荔城街莲塘村和增江街白湖村作为示范点，对其进行旅游策划和环境整治建设，创建莲塘国际生态旅游示范村和白湖水乡生态旅游风景区。

【全面规范农村建房管理】 为切实加强农村建房管理，规范农村建房行为，集约节约利用用地，2009年，市新农办根据市委、市政府工作布署，牵头组织开展规范农村建房工作。制定《增城市规范农村建房管理工作方案》和农村村民申请建房办证操作办法及规范农村建房相关激励政策上报市政府。市新农办多次深入农村调研，实地了解情况，掌握农民思想动态；配套完善了《增城市“新农居”建筑施工图集》，免费提供给各镇（街）；指导各镇（街）开展对现有的农村宅基地及房屋信息进行全面摸底调查、登记造册工作，采取规范农民建房和第二次土地调查联合工作方式，制定联合工作方案，并对镇（街）有关人员进行技术培训。

【稳步推进中心镇的建设发展】 按照广州市政府《关于我市中心镇行政执法体制改革试点的意见》（穗府〔2008〕64号）文件精神及有关规定，结合本市实际，市新农办与法制办、新塘镇共同制定《增城市新塘镇行政执法体制改革试点实施方案》，已经广州市批准实施。并开展落实了法律、法规及增城市有关文件明确赋予新塘镇的行政执法权，协助市规划局、市安全监督局、市农业局、市文化广电新闻出版局等职能部门委托下放部分执法权限，充实新塘派出所等派驻机构的职能，加强各职能部门与新塘中心镇的沟通联系，以及落实改革的相关配套保障措施。同时，市新农办根据各中心镇的实际情况，明确扶持发展重点和梯次发展的次序，发挥区位优势和辐射功能，坚持城乡统筹，指导各中心镇大力推进新型工业化和城镇化进程，大力推进道路交通建设和市政公共服务配套设施建设，大力推进环境综合整治，有序推进本市农村中心镇村各项规划建设工作。

【积极开展“三联六帮”，努力构建城乡一体化发展新格局】 2009年，市新农办积极响应市委、市政府开展“三联六帮”城乡共建行动的号召，对小楼镇东境村开展结对帮扶活动。为确保“三联六帮”城乡共建行动顺利推进，市新农办成立“三联六帮”城乡共建行动领导小组，统筹协调工作，并结合工作实际，制定开展“三联六帮”城乡共建行动结对帮扶工作方案；先后多次组织全体职工入村、入户开展一对一的交流、帮扶活动；送规划下乡，引导村庄建设；推进村污水处理建设，改善生活环境。为争取更大的资金支持，市新农办积极联系企业，得到企业支持，捐赠了一批石桌、石凳，为东境村民增添了一个休闲好去处。同时为村的发展规划前景、出路，引导产业发展，鼓励支持继续做强做大“黑皮冬瓜”等知名品牌，实现农民致富；帮助制定乡规民约，强化村领导班子建设，加强村务管理，全力推进建设社会主义新农村，实现城乡共建，共享发展成果。

【构建城镇体系规划、总体规划、控制性详细规划和专项规划的科学规划体系】 总体规划：继续推进2008年开展的《增城市城乡总体规划（2008~2020）》修编工作，已完成最终成果并已经市人大审议通过。继续推进2007年开展的《小楼镇总体规划》、《正果镇总体规划》修编工作。同时指导新塘、石滩、中新、派潭4镇开展总体规划修编工作。控制性详细规划和专项规划：《增城市文化创意产业发展规划》、《中心城区市政专项规划》、《陈家林周边地区控制性详细规划》3个项目已经过技术审查、专家评审的程序，已进入结题和报批阶段。组织专家审议通过《中新镇农垦片区控规》、《新塘镇群星片区控规》、《新塘镇东洲片区控规》、《新塘镇大林片区控规》、《新塘镇民营工业园控规》、《石滩镇工业基地（西区）控规》、《石滩镇岗尾工业组团控规》，有效指导了镇街对重点开发地区的建设。

【组织实施增城市增江河西岸环境整治工程项目】 增城市增江河西岸（雁塔桥至初溪水利枢纽）环境整治工程项目是市政府2009年为民办十件实事之一，包括天然沙滩泳场工程和生态湿地公园工程以及西岸架空污水干管迁移埋地和湿地景观工程。市新农办具体负责该项目建设实施工作。2009年顺利完成立项、勘察设计及工程招标阶段工作，并积极推进建设工作。

（王 岚 刘毓玲）

增城市新农村规划建设办主任 蒋万芳

环境保护

【概况】 2009年增城市环境保护工作，按照市委、市政府创建全国科学发展观示范市和文明城市的总体部署，全面贯彻国家、省等各级环保工作精神。以深化建设主体功能区、实施公园化战略和统筹城乡科学发展为目标，积极开展环境综合整治，大力推进污染减排，不断加强生态文明建设，全市环境质量持续改善，环境保护和建设工作取得新进展。环境保护队伍能力、行风政风和廉政建设进一步加强，环保宣传教育进一步强化，环保服务与推动经济又好又快发展持续提升。全市环保目标责任考核在上年度获得全省第三名的基础上又获得全省第二名的成绩，年度考核首次被广州市政府评为优秀，污染源普查工作被省评为先进。

【环境质量】 2009年，市环保部门积极做好饮用水源水质保护、空气环境质量等工作，全市环境质量持续改善，空气质量全年均为优良，二氧化硫、二氧化氮等主要空气污染物平均浓度持续下降，同比分别下降6.5%、4.3%，可吸入颗粒物基本持平；境内主要河流东江北干流、增江河、西福河水质均达到国家地表水质Ⅲ类标准，水质状况总体保持良好，柯灯山水厂饮用水源地28个监测项目全年监测均符合Ⅲ类标准，水质达标率为100%，城市水域功能区水质达标率为100%。

【污染减排】 增城市2009年主要污染物削减任务化学需氧量为1309吨、二氧化硫为2862吨。通过持续高标准推进建设新塘环保工业园（东、西区），实现入园企业集中治污、统一排放；通过加快荔城污水处理厂第二期5万吨/日处理设施和配套管网；通过加快新塘、永和、中新、石滩和派潭高滩污水处理厂建设速度；通过严格实施排污申报、排污许可、在线监测、环境监察相结合等措施，顺利完成年度削减工作，实现双指标持续下降目标。同时，市环保部门正确把握污染物总量与建设项目的关系，通过以主要污染物排放总量减排作为调整产业结构的有力手段，杜绝“两高一资”、产能过剩和重复建设项目，推动本市高新技术产业结构的形成；通过工程减排、结构减排、监督减排等有效举措，确保污染物减排取得新突破，为本市经济发展腾出更多的环境容量发展空间；提高对辖区内漂染、造纸、电镀等传统污染行业全面开展环境综合整治，逐步实现全市污染物排放量明显减少、行业结构和布局明显优化、循环经济和清洁生产水平明显提升、环境质量明显改善整治工作目标，使全市各主体功能区发展格局更加凸显。

【服务经济】 2009年市环保部门积极推动区域发展、产业发展规划等环境影响评价工作，促进城市发展和产业布局优化，全年共审批建设项目162个，项目总投资约178.04亿元，其中环保投资约21.78亿元，约占总投资12%，否定口头或书面咨询建设项目30多个；建设项目竣工环保验收合格115项，有6项由于污染治理设施不符合要求等原因没有获得通过。完成《增城市环境保护规划》修编初稿，推进饮用水源保护区区划调整工作，同时按照增城市总体规划和产业布局要求，完成广州增城汽车产业基地、广东增城工业园区及石滩镇“退二进三”产业基地区域环评工作。向社会作出十项工作承诺，重点包括三点：对民生工程、基础设施、生态环境建设等投资项目加快审批，为扩大内需政策支持的项目开辟环评审批的绿色通道；依法简化审批程序，压缩审批时限，提高审批效率；实行约谈协调制度，主动约请建设单位和环评单位进行沟通，协助解决环评中遇到的问题。开展洗漂印染、造纸、化工、电镀4个重点传统行业技术水平、治理水平的调查，加强对重点耗能行业和企业的监管。

【环境监管】 一是做好环境信访办理工作，着力解决近年来环境信访工作中的热点、难点和焦点问题，全年共受理各种环境污染投诉664宗，办结651宗，办结率98%，努力做到信访投诉“件件有着落、事事有回音”，基本实现年初提出的通过加大工作力度减少群众环境信访投诉的工作目标；二是加强排污费征收，坚持依法、足额、全面、按时征收排污费，全年共征收排污费约561万元；三是加大环境执法力度，全年共出动执法人员5000多人次，检查企业3000多家次，立案查处环保违法案件140宗，下达行政处罚326.5多万元，环境执法工作取得明显效果。积极做好开展禁止向江河湖泊直接排放污水综合执法、全市重污染行业环境综合整治、石滩田桥工业园环境综合整治等三项专项整治前期准备工作，联同新塘镇二级水源保护区关停漂染企业入园单体环评审批方案经市政府十三届44次常务会议讨论通过，将成为2010年重点工作；四是全面落实后督察和挂牌督办工作，完成国家环保部后督察的广东海丰鞋业有限公司环评审批工作，大力整治国家环保部实施后督察的新塘陈家林地区环境污染问题，做好省环保局挂牌督办的广州万利达纸制品有限公司停产治理、补办环评手续工作。对是年被广州市环保局列入水源保护整治重点的新塘镇夏埔村漂染群（9家）单位进行全面整治，依法作出行政处罚，多次监督性监测显示污染物达标排放；五是加强环境监测，全年共完成520多厂次的污染源监测，取得有效监测数据约5100个。完成东江北干流、增江河、西福河216点次采样监测，获得有效监测数据5184多个。对城区3个自动监测点和全市8个测点的降尘监测，获得有效数据2000多个；六是认真办理人大议案和政协提案，按时按质进行答复，工作得到充分肯定。

【空气污染综合整治】 一是加强工业企业废气污染防治工作，加大对重点工业企业的监管，落实减排任务，一批企业开展了自愿性清洁生产工作；二是综合防治机动车污染，全面推广使用符合机动车国Ⅲ标准车用燃油，积极做好机动车环保标志核发工作，全年共核发汽车环保标志51799个（证），积极开展机动车尾气抽检工作；三是加强饮食服务业污染防治，制定《增城市饮食服务业污染防治实施方案》及其专项执法行动方案，积极处理饮食服务业污染投诉；四是加强挥发性有机物（VOC）污染监管工作，完成241家化工、建筑、喷漆等企业调查；五是加强淘汰小锅炉工作，对广州市下达的第一批淘汰小锅炉项目责令企业制订淘汰或停产方案；六是加强大型锅炉脱硝工作，制定对7家锅炉进行脱硝治理工作实施方案。 （赖潜浪 黄伯清）

增城市环保局局长 蓝周伟

发展和改革

【概况】 2009年市局紧紧抓住争创科学发展示范市的重大机遇，围绕保健康增长促科学发展的目标，以“三促进一保持”为工作主线，狠抓扩投资、促内需、稳生产、保民生。按照年初市委、市政府部署的工作任务和计划安排，狠抓岗位责任制的落实，创新工作机制，提高工作效率，迎难而上，较好地完成各项工作任务。

【推进统筹城乡综合配套改革工作】 一是聘请省、市发展改革委和广州市社科院有关专家高标准编制本市综合配套改革总体方案；二是积极争取上级发改部门的支持和协调指导。经过努力，省政府批准同意增城市开展省统筹城乡综合配套改革，要求先行先试，破解发展难题，使本市成为全省首个统筹城乡综合配套改革试点县级市。三是积极配合市政府组织实施《总体方案》，牵头制定完善具体实施方案，细化改革任务，明确工作目标，力促全面铺开统筹城乡综合配套改革工作。

【广东增城工业园区升级工作】 根据广州市委、市政府提出把增城打造成广州新的经济增长极，开辟新的重要发展区域的重要部署，市局按照市委、市政府的任务分工，主动配合做好广东增城工业园区申报升级为国家级经济技术开发区工作，加强与上级发改部门的沟通、协调，积极做好申报工作中涉及发改系统的各类手续、相关程序等前期准备工作，多次进京争取国家发展改革委的工作支持，出色地完成市委市政府交办的重大任务。

【经济运行监测预测预警工作】 一是全面检查2008年全市国民经济和社会发展计划执行情况，认真编制本市2009年国民经济和社会发展计划，形成《增城市2008年国民经济和社会发展计划执行情况以及2009年国民经济和社会发展计划》报告，经市委、市政府审核后在全市人大会议上获得通过。二是加强年度计划实施管理，认真开展季度经济运行分析。切实加强综合计划职能，深入各镇街各部门了解计划执行的动态、热点和难点问题，在深入调研和收集数据的基础上，认真分析每季度国民经济和社会发展计划执行情况，认真撰写季度性综合分析材料报送市主要领导参阅，尤其是认真做好三季度经济社会运行情况总结，形成《全市1~9月份国民经济和社会发展计划执行情况》，做好向市人大作汇报的工作。

【加强政府投融资重点项目管理】 ①采取有效措施，科学开展重点建设项目管理工作，项目建设顺利推进。一是明确具体责任分工。指定一名副科长专职负责重点建设项目管理工作，同时，安排两名科员负责重点项目信息的收集、汇总和分析，并具体负责重点建设项目的常规管理工作。二是建立项目管理制度。实行责任管理制度；实行信息报送制度；实行每月通报和每季度检查制度。三是加强工作考核问责。市局协助市委组织部草拟2009年增城市镇街经济社会发展考评明细指标。对政府投资重点项目年度投资计划完成情况进行考核，未按要求完成年度投资计划的，对项目建设单位相关责任人进行工作问责，进一步完善政府投资重点建设项目绩效考核机制。②积极创新固定资产投资项目立项工作机制，推动重点项目加快建设。市局严格按照“要件把关、容缺受理、补齐发证、刚性审批、弹性流程、平行推进”的原则，办理政府投资重点建设项目立项批复，积极协调推进项目前期工作，对未及时报批的项目发送业务联系函或催办函，督促、协助项目加快办理立项手续，加强对社会投资项目立项工作的指导和服务，所有审批、核准、备案的固定资产投资项目都实行层级审批制度，确保依法行政。这一年市局积极主动协调沟通，多次邀请省、市发改委到项目现场办公，顺利完成广汕公路荔城至中新段改建工程、107国道改线一期工程、增派和荔三公路大修工程等重大项目立项审批工作，确保项目如期开工建设。

【组织协调好宏观经济调控工作】 一是积极应对金融危机的冲击，研究应对措施，落实市政府任务，制定《增城市政府部门强服务促增长的工作措施》、《关于确保实现我市2009年国民经济和社会发展预期目标的工作方案》。二是积极贯彻落实上级部门工作要求，推动本市融进珠三角一体化发展，制定《增城市贯彻落实〈珠江三角洲地区改革发展规划纲要〉实施意见》。三是深入研究深化主体功能区建设，优化全市产业布局的战略，推动区域协调发展，制定《增城市优化产业布局促进区域协调发展的整改实施方案》。四是积极落实广州市全民节能工作要求，落实全民节能工作，制定《增城市全民节能工作实施细则》。

【政策导向分析和重大课题研究】 一是认真撰写专项工作汇报材料。按时高质地撰写《节能减排自查报告》、《增城市经济发展形势和重点项目建设情况汇报》、《增城市贯彻落实〈珠三角规划纲要〉》季度汇报等一系列报告，为领导深入掌握本市经济社会发展情况提供全面的材料。二是积极配合市委市政府推进重大事项工作。配合市政府撤市改区工作，积极向上级部门提交《增城市经济社会发展情况汇报》等材料争取上级部门支持；参考先行地区的做法，研究并建立本市幸福指数体系等。三是积极配合市委市政府开展民营企业专题调研。收集并整理国家、省、广州市及周边先进地区扶持民营企业的政策措施，分析民营企业发展现状，提出做大做强做优民营企业的建议。四是加强部门工作交流，推动各项工作顺利开展。首先协助广州市发展改革委开展主体功能区调研工作，做好三大主体功能区建设情况汇报及衔接工作；向广州市发展改革委提交《关于请求帮助增城加快发展的建议》，促请广州市加大对市的扶持力度等。其次加强与外地兄弟单位的学习交流。积极向外地兄弟单位介绍增城科学发展模式、主体功能区建设等成就和经验，着力提升增城知名度和影响力，全年共接待省内外各部门14批117人次。

【扶持企业上市，推动企业做大做强】 为贯彻落实市委市政府领导班子深入学习科学发展观活动整改落实方案，进一步营造良好的发展环境，鼓励、支持增城企业通过规范运作、上市融资谋求更大的发展，加快构建增城现代产业体系，促进经济平稳较快发展，市局拟出《增城市企业上市培育工作实施方案》（送审稿）和《关于鼓励扶持企业上市的若干意见（试行）》（送审稿），报送市主要领导审阅后，呈市政府审定。

【积极申报成立小额贷款公司试点工作】 经提前谋划，积极引导，靠前服务，在对广州豪进集团有限公司为发起人拟成立的广州增城新粤小额贷款有限公司的申报材料进行认真审核并报市政府批准后，向上级金融办递交了成立广州增城新粤小额贷款有限公司的申请材料。经多方协调，该小额贷款公司已获省金融办批准成立，已于12月中旬营业。

【积极推进承接广州市“退二”产业基地建设】 2009年，根据广州市发展改革委《关于组织申报2009年第二批退二产业基地建设项目的通知》精神，组织广东增城工业园区管委会、石滩镇政府分别向广州市发展改革委申报5个项目，争取补助资金共2500万元，其中：广州东部（增城）汽车产业基地新和北路项目、新建南路项目获补助资金830万元。石滩产业基地西环路项目、东西大道项目、创业路项目获补助资金1690万元。这2个承接广州市“退二”产业基地按计划推进基地基础设施建设。

【开展现代服务业跟踪服务】 根据广州市发展改革委《关于组织申报2009年度广州市服务业发展引导资金的通知》精神，组织全市各镇街及有关单位申报项目，经严格筛选，上报广州市服务业发展引导资金共3个项目，其中新塘粮食管理所的《发展农业现代服务粮食加工工艺科技创新扩建项目》获广州市发展改革委补助资金200万元。同时，按照广州市发展改革委《关于做好广州市服务业发展引导资金项目中期评价和竣工验收工作的通知》要求，配合广州市国际工程咨询公司，组织新塘国际牛仔服装纺织城有限公司，对去年已获250万元补助的牛仔面料展贸区及公共信息平台建设项目，进行中期评价和竣工验收工作。

【大力拓展信息化建设】 围绕市委、市政府的中心工作，在政府网站新开设“热点专题”频道，包括“创建全国科学发展示范市”、“两城两区”、“应对国际金融危机”、“创建文明城市”、“行风月月谈”等栏目，集中宣传报道市委、市政府的中心工作，积极发挥政府网站政府网上宣传平台的作用。

【完善无线电安全保障工作】 全力以赴做好重要通信的安全保障工作，主动协调“三防”、公安等部门，及时查明和解决市公安局联网通信被南沙某发射台干扰的事件。做好防汛期间“三防”通信频率的保护性监测和应急响应期间的24小时值班工作。加强同610办、应急办的协调工作，重点做好敏感时期和重大节日期间的无线电安全防范工作。 （姚齐福）

增城市发展和改革局局长 陈真权

统计工作

【概况】 2009年，市统计局全面落实科学发展观，认真贯彻党的十七大会议精神和省、广州市有关工作会议精神，紧紧抓住本市争创科学发展示范市的重大机遇，以保健康增长促科学发展为首要任务，以“三促进一保持”为工作主线，因地制宜找准科学发展的思路与对策，提高统计数据质量，推进统计制度方法改革，提高统计服务科学发展的能力和水平。

【积极开展机关服务年活动】 市统计按照市纪委、市委办、市委组织部、市直属机关党委、市府办和市财政局等六部门《关于印发〈关于开展机关服务年活动的实施意见〉的通知》（增直工字〔2009〕2号）的要求，开展以服务企业、服务农村、服务基层、服务群众为主的机关服务年活动，提高机关服务效能，切实破解制约统计争先创优难题，努力在统计上争当实践科学发展观的排头兵。①转变作风。开展端正机关作风行动，把转变作风、提高“四服务”水平作为学习实践活动整改的重要内容。②优化服务。服务企业中突出抓好“三促进一保持”，加快建立与科学发展观相配套的统计监测和评价指标体系；服务农村中突出抓好完善农村统计调查工作；服务基层中加强对基层统计人员的业务指导与培训，减轻基层负担；服务群众中把解决民生统计问题放在各项工作的首要位置，坚持“富民优先、民生为重”的政策导向。③政务公开。按照决策科学化、民主化的要求，完善行政决策的规则和程序，全面推行政务公开、办事公开，积极推进党务公开，对办事公开情况进行全面自查和整改，增强党政机关政务服务工作的公开性、透明度和公信力。④提高效能。深入实施《增城市国家行政机关及其公务员公共服务行为规范试行规定》，抓好“首问首办”、“一次性告知”、“限时办结”等服务承诺制度的实行，转变职能，减少统计调查项目审批环节、时间，提高审批效率。此外，全面推行网上办公、网上申报、网上审批、网上办事，提升局机关工作效率和服务质量。

【加强第二次全国经济普查数据处理工作】 ⑴加强普查报表审核，提高数据质量。市经普办建立各级质量把关制度，明确工作责任制，规范普查表审核流程，实行全过程的质量监督和控制，确保数据质量。市、镇街经普办上下联动、密切协作，加强对普查数据的监控，及时查处虚报、瞒报等统计违法现象，从源头上确保数据真实可靠，全面提高普查表数据质量。②落实责任，科学管理，提高数据录入质量。实行数据处理领导负责制，数据处理组与业务组密切配合，组长对录入工作实行全程监督和现场技术指导；规范数据处理流程，合理安排数据录入工作；加强对数据处理人员的业务培训，严格控制普查数据录入质量。

【强化常规统计年报、定期报表工作】 按照广州市统计报表制度要求，做好2008年各专业快报和2009年定期报表的布置工作。按时高效完成农业、工业、建筑业、投资、商业、人口、社会、科技等常规统计调查、收集、审核、数据录入、汇总等工作。同时，严格执行数据审核制度和数据评估办法，加强对数据质量的审核和评估，确保各主要指标数据质量。

【完善社会民生统计调查】 围绕市委、市政府努力创建全国科学发展示范市，构建和谐社会的目标，把加强和改进民生统计作为提升统计工作水平与服务质量的重要突破口。扩大劳动工资统计范围，将城镇私营单位和乡镇企业从业人员劳动报酬纳入调查；加强就业岗位调查；完善农村居民收入统计调查，对调查样本进行增点扩户；实施城镇居民住户和农村住户调查，生产和消费物价调查、畜禽监测调查、商业调查及限额以下批发零售、住宿、餐饮业抽样调查、都市农业调查及农村房屋基本情况、民主法制、信息化、组织工作满意度、社情民意调查等专项调查。

【做好统计优质服务】 ①强化统计调查咨询功能。一是突出抓好服务业统计。以市委市政府加快发展现代服务业为契机，认真抓好文化产业、物流业、会议休闲产业等现代新兴服务业的统计调查，做好年度服务业增加值核算，创新服务业统计调查方法，全面、客观反映本市服务业发展状况。二是加强能源统计工作。扩大能源统计调查范围，增加调查频率；增加资质以上建筑业企业能耗调查，组织对批发、零售、住宿、餐饮企业的能源消费情况进行抽样调查，填补GDP单位能耗所需数据的缺口；规范统计报表的收集、审核和查询，做好年度GDP能耗核算和季度规模以上万元增加值能源消耗统计。建立主要能源消耗指标公布制度，做好地区能源平衡表的编制工作，为实现本市节能降耗目标提供信息支持。②加强对经济运行情况的监测。把加强经济监测预警作为提升统计服务的工作重点，密切关注宏观政策走向和金融危机影响，加强对经济运行情况的监测，加强对市委、市政府扩大内需效果及政策措施落实情况的监测。2月份始，每月发布经济运行情况分析，通报各镇、街主要经济指标完成情况，及时研究对策措施，协调推进保增长任务的落实，坚决实现保健康增长的目标。③做好统计信息服务。围绕人民群众关心的热点，难点和重点问题，加强国民经济运行和社会发展情况，以及关系人民群众切身利益的问题的调查研究，提供各项统计数据和各项统计分析报告，为市委市政府研究决策重大事项提供可靠依据。2009年共印发《统计信息》27期，撰写统计分析报告32篇，有22篇统计分析文章被上级统计专刊和增城日报社采用刊登，得到市领导及社会的好评。

【加强和规范统计行政执法工作】 市统计局成立统计执法领导小组，明确统计执法负责人，统计法制工作专职人员。根据统计基础规范化和数据质量检查方案，明确执法检查作为年度法制工作的重点，对检查对象、时间安排、检查内容等作了部署。配合第二次全国经济普查和《统计法》及其实施细则的修订工作，加大统计法律法规的宣传力度，组织开展统计执法大检查，对40家企业的统计基础工作、统计人员持证上岗情况、统计管理制度等进行检查监督，共立案查处统计违法案件3宗。

【推进统计信息化建设和网上直报工作】 一是完善和充实统计信息局域网和广域网的内容，特别是对需要政务公开，公布统计数据资料，接受投诉举报等几项内容进行完善。二是扩大网上报送范围和能力。全面推行“宏观经济数据采集平台”网上直报，规模以上工业、房地产、建筑业、劳动工资等专业全面实行宏观经济数据采集平台网上直报。

【努力提高统计队伍素质】 一是鼓励统计局的干部自觉学习经济和统计方面的新理论、新知识。二是提供学习渠道，参加上级统计局组织的统计理论、统计分析、机关公文等学习培训。三是认真抓好统计人员继续教育和统计从业资格认定工作，坚持持证上岗制度，扩大统计从业资格考前培训规模。全年共组织800人参加统计专业继续教育培训，332人参加统计从业资格考试，四是做好的继续教育，在办理统计上岗证年审过程中，组织学习统计法规和统计实务，加强新方法新制度及计算机技术的培训，提升本市统计队伍的业务水平，切实提高统计队伍。 (曾升溪)

增城市统计局局长 陈志华

物价管理

【概况】 2009年，市物价工作全面贯彻党的十七大、十七届三中全会和增城市委市政府经济工作会议精神，按照上级物价部门的工作安排和增城市委十一届七次全会的统一部署，全面贯彻落实科学发展观，紧紧围绕深化建设主体功能区，实施公园化战略，统筹城乡科学发展为战略部署，充分发挥价格杠杆促进本市经济发展的调节作用，加强和改善价格调控监管，积极稳妥地推进价格改革，着力解决民生价格问题，整顿规范市场价格秩序，促进增城市经济平稳较快增长和社会和谐。

【加强市场价格监管】 ①加强价格监测和信息发布。一是健全价格监测体系，密切跟踪市场粮食、食用油等重要商品价格动态；二是加强猪肉等副食品价格监测，进一步提高价格调控的前瞻性和科学性；三是健全价格信息发布制度，完善价格信息发布平台，进一步提高价格信息发布的权威性和公信力。②加强价格政策宣传和舆论引导。一是进一步做好信息报送工作，为市委市政府和上级物价部门决策服务；二是继续做好新闻宣传工作，更好地发挥媒体的积极作用，及时发布价格信息和价格政策，稳定生产供应和市民心理预期；三是建立全市物价系统信息报送制度，及时反映价格工作动态，为稳定市场价格营造良好的舆论环境。③努力稳定生猪等农产品价格。一是针对生猪等价格可能出现价格异常波动的现象，进一步加强监测分析，认真落实稳定生猪价格的政策措施；二是通过价格信息合理引导生猪生产，防止生猪价格大起大落；三是落实粮食最低收购价格政策，增加农民种粮收益，调动农民种粮积极性，稳定粮食生产。

【着力解决民生价格问题】 ①进一步理顺和规范教育收费。按照上级物价部门的工作要求，2009年上半年重点对借读费、择校费、中小学补课费以及毕业班补课费、公办学校住宿费进行整理和规范。根据广州市物价部门的文件精神，取消借读费，对中小学补课费以及毕业班的补课费进行明确规定，对择校费、公办学校住宿费进行调整，及时换发教育收费许可证，进一步规范和完善市教育收费。②加强价格成本监审和审核。加大对重要商品和收费的监审以及成本调查的工作力度，分别开展对市个别水厂生产成本审核工作，并形成调查报告，准确掌握这些企业的生产成本和经营状况，为科学制定其供水价格提供科学依据。根据上级物价部门有关工作安排，做好本年度农产品成本调查工作，按时按质向其报送数据资料。全市共有20户农产品成本调查户，经过一年努力，完成了20个调查点的成本调查工作，其中有花生种植成本、农民种植意向、农户存粮和农资购买等调查品种的调查，并向省和广州市物价部门报送了准确数据和调查分析报告，为上级政府制定农业政策提供科学依据。由于工作出色，农产品成本调查工作被广州市物价局评为先进集体和先进个人。③理顺自来水价格。原自来水价格已执行多年，由于受物价上涨等因素的影响，供水生产成本不断增加，大部份供水企业面临亏损。为理顺本市自来水供水价格，提高市民节约水资源的意识，物价局对增城市自来水公司、新塘镇新和水厂的生产成本作了详细的调查，并召开听证会。会后，物价局制定了合理的调价方案报市政府审批。经市政府第十三届37次市府常务会议研究讨论，同意上述两个企业的自来水供水价格的调整并于2009年9月1日正式组织实施。④配合市委市政府做好机动车专项治理工作。积极运用价格杠杆，配合增城市委市政府进一步整理乱停乱放专项治理工作。市局根据广州市物价局《关于我市路内停车场收费标准的通知》（穗价〔2008〕195号）精神，制定具体收费方案报市政府审批，经市政府同意该方案后，迅速发文通知中标企业以及相关单位组织实施。该方案试行收费3个月后，市局对中标企业再次进行审核，根据该企业的亏损情况和群众的反映，市局调低了收费标准，进一步规范了本市路内停车场收费。⑤进一步完善物业收费管理。根据广州市物价局、国土资源和房屋管理局《关于2008年度广州市住宅物业服务收费政府指导价基准价和浮动幅度的通知》（穗价［2008］85号）精神，对本市现行物业服务超过一级物业服务等级且其收费标准超过政府指导价的小区，市局重新核定其收费标准。这一年重新核定物业服务收费标准的小区有金地荔湖城。

【收费管理工作】 ①较好地完成市政府交办的工作。2009年上半年，顺利完成城市污水处理收费改革方案的申报工作。根据省政府《印发广东省“十一五”主要污染物减排工作方案的通知》（粤府〔2007〕99号）和广东省物价局、环保局、财政厅、建设厅《关于加大我省污水处理收费政策实施力度的通知》（粤价［2008］257号）精神，结合增城市实际情况，2008年10月由市局牵头会同环保、市政、财政等部门，对本市污水处理设施建设和污水处理费征管情况进行专项调研，在此基础上草拟《增城市城市污水处理收费改革方案》，并按照国家和省有关规定，组织召开价格听证会。该方案业经增城市政府第十三届37次市府常务会议原则同意。②顺利完成一年一度的收费综合年审工作。根据《广东省行政事业性收费管理条例》及广州市物价局、监察局、财政局、审计局《关于开展全市2008年度收费综合年审工作的通知》（穗价〔2009〕42号）精神，市局会同市监察局、财政局、审计局组成收费综合年审组，对2008年度本市行政事业性收费及国家机关下属事业单位收取行政事业性收费以外的收费进行综合年审，重点抽查行政机关及其下属事业单位、路桥收费单位共32个，精心组织，突出重点，狠抓工作落实，集中力量，重点抽查，限期整改，顺利完成整个收费综合年审工作。通过年审表明，2008年度收费管理工作情况良好，行政事业性收费方面，全市各收费单位基本能严格按规定的收费项目、标准及收费范围执行，未发现有自立项目、超（降）标准或擅自减免收费等情况。

全面实行收费许可证制度、收费年审制度、收费公示制度。但个别单位还存在重复收费，擅自提高标准收费和不及时换领收费许可证等情况。针对存在问题，提出整改意见，对存在问题逐一列出，落实整改，并将年审情况汇总报市政府。③加强路桥收费管理工作。路桥收费站的收费情况呈良好势态，所有收费员都能持证上岗，收费公示做得较好。2009年上半年按照市政府工作要求，积极配合市交通主管部门整合交通资源，撤拼郑田、小楼、荔三路桥收费站，并入江龙大桥收费站统一收费还贷，参与荔三收费站经营权回购方案的研定及方案的实施。加强收费站合并后的收费管理，及时换发收费许可证，督促其做好收费公示。④积极做好清费减负工作。一是认真落实国家、省定项目取消和停止100项行政事业性收费工作和国家实行税费改革取消公路养路费、公路运输管理费、公路客运附加费、航道养护费、水路运输费等，及时换发收费许可证40多个，巩固本市清费减负，降低城市运行成本的工作成果。并将该项清费工作作为2008年度收费综合年审的重要内容来抓。二是按照广州市物价局有关要求，完成经营服务性收费、中介收费清理工作。收费项目、标准经核准后，分类造册公布实施。⑤认真做好收费员业务知识培训工作。2009年2月中旬，对本市规划系统的收费员进行业务知识培训，共培训收费员30名。学习有关收费政策，收费管理制度，收费员岗位应具备的条件、要求等，培训达到预期目的，效果明显。⑥加强出租屋收费管理。根据市出租屋管理工作领导小组《关于印发2008年出租屋管理工作任务分工的通知》（增出租屋办〔2008〕9号）文件要求，积极配合市出租屋管理工作领导小组办公室开展工作，重点抓好出租屋收费管理制度落实，及时调整收费标准，换发收费许可证，参与市出租屋管理办公室组织的各项检查，年终评比等工作。做到领导重视，分工明确，责任落实，齐抓共管。⑦积极开展收费管理工作调研。按照广东省物价局、财政厅、省政府纠风办《关于开展治理乱收费减轻企业负担工作的通知》（粤价明传〔2009〕4号）的要求，组织开展全市治理乱收费减轻企业负担的工作调查，深入了解企业负担情况，进一步帮助企业解决实际问题。

【加强价格监督检查，规范市场价格秩序】 ①加大对市场价格监督检查力度。2009年，为了切实维护市场价格秩序，加大对市场价格的监督检查力度。分别开展元旦、春节市场价格检查和春运客运票价检查；“五一”节假期旅游价格检查；第106届广交会期间旅业价格检查；涉农价格和收费检查；价格干预措施的执行情况检查。有力维护了市场价格秩序。②认真开展价格（收费）专项检查，严肃价格纪律。按照省、广州市物价部门的工作布置，市局重点开展房地产交易价格、药品价格和医疗收费、教育收费、涉农收费、交通客运站场收费等专项检查，一年来共查处价格违法违纪案件7宗（其中2宗仍在调查处理中），查处违纪金额200~300多万元，退还群众52.37多万元，没收上缴国库85.8725万元。在教育收费方面，市局受广东省物价局委托，对本市个别民办高校上一年度的价格违法行为进行处理，处罚金额295750元；在医疗收费方面，根据广州市物价局有关文件精神，与市卫生局联合组成检查小组，开展对全市药品和医疗服务的检查工作，初步发现部分医院存在违规收费行为。通过专项检查和对价格违法行为的严肃处理，有效地落实各项物价政策的执行，严肃价格纪律，保障人民群众的切身利益。③认真做好群众来电来信（访）工作。2009年，共收到投诉136宗，其中上级主管部门交办的22宗，有关部门转办的5宗，受理群众来电109宗，做到件件有着落、事事有回音，办结率100%。

【认真搞好价格服务工作】 ①努力做好涉案物价格鉴定工作。涉案物的价格鉴定工作事关罪与非罪的判定和罪刑相适应原则的实施，出具客观、公正的价格鉴定结论是维护法律尊严的根本。2009年共完成各类涉案物价格鉴定（主要是赃物、治安损坏物）1658宗，鉴定总值1633万元。没有因鉴定程序和技能等原因导致结论失效的事故发生，价格鉴定结论全部被委托机关采纳为办理案件的重要价格依据，为公、检、法等司法和行政执法部门的司法公正和准确处罚提供了重要保证。②努力做好交通事故车物损以及扣押物、追缴物、罚没物等财物的价格鉴定工作。2009年共作出以上财物鉴定结论730宗，鉴定总值118053万元。以上财物鉴定结论为交警、法院、工商、质监等行政执法部门快速高效处理民事、经济、行政以及仲裁、纠纷等方面案件提供公正、准确有力的价格依据。③做好规范化中心建设工作。根据广东省物价局《关于认真做好2008~2009年度规范化价格认证中心考核评比工作的通知》（粤价〔2009〕142号）精神，从思想作风建设、机构人员建设、业务建设、系统基础建设等方面对照考核标准和考核项目，逐项严格把关，按照省级标准完成下属单位的规范化建设工作。④认真做好数据统计、直报，价格纠纷、争议的调解工作以及和其它的价格认证事务工作。

（廖灶成）

增城市物价局局长 吴金城

工商行政管理

【概况】 2009年，增城分局在市局和增城市委、市政府的正确领导和关心支持下，以科学发展观统领全局，认真贯彻落实本市“三大主体功能区”和“两城两区”总体规划，坚持围绕中心、服务大局，以规范市场经济秩序为抓手，以完善企业服务体系为推手，为促进增城市经济科学发展和产业转型升级作出积极贡献。

【大力培育市场主体】 以开展行风评议活动为契机，进一步加强服务窗口建设，主动缩短受理事项办理时限。各类市场主体保持良好发展势头，共发展各类市场主体10419户，同比增长33.35%。其中国有集体企业101户，注册资金2.0亿元；私营企业1046户，注册资金9.3亿元；个体工商户9180户，注册资金2.6亿元；农民专业合作社73户，注册资金4095万元；外资企业19户。至2009年底，全市共有各类市场主体59900户，同比增长17.30%。其中国有集体企业1451户，注册资金38亿元；私营企业6758户，注册资金101亿元；个体工商户50958户，注册资金11.2亿元；农民专业合作社134户，注册资金4246万元；外资企业599户。

【积极落实帮扶措施】一是从落实政策帮扶、降低市场准入门槛、优化管理服务、简化审批程序、减轻企业负担等方面下功夫，制定36项帮扶措施，纳入市政府规范性文件，大力扶助企业应对国际金融危机。二是分局领导带队深入镇街调研，了解经济发展规划及产业布局，指导新塘工业园区6家企业解决办理证照问题。积极开展工商服务进万家活动，共走访企业、个体工商户900户，及时向政府反映企业诉求、建议，大力改善企业营商环境。三是高效办理抵押登记业务，共办理动产抵押合同登记66宗，协助企业办理银行抵押贷款11.55亿元，多渠道解决企业融资难问题。四是认真贯彻落实停收个体工商户管理费和集贸市场管理费规定，依法退还预收管理费132.68万元。

【积极推进商标战略】一是抓培育。在全市选择30家企业，作为重点帮扶对象，建立挂点培育机制，深入企业主动就商标设计、查询、受理、注册等提供指导服务，提高企业商标意识。二是抓规范。组织对全市企业注册商标使用情况进行调研，指导企业严格按照注册商标图形、文字和核定商品规范使用注册商标。同时，加大注册商标专用权的保护力度，全年查处商标侵权案件89宗，案值234万元。三是抓创建。“Royal”商标被认定为中国驰名商标，“挂绿”、“金色年华”、“华尚”、“J&E”、“pd”、“王富来”6个商标被评为广州市著名商标。同时，积极协助新塘镇政府注册“新塘牛仔”地理商标。目前，全市共有注册商标6223件，其中国家驰名商标3件、省著名商标14件、广州市著名商标38件。

【服务农村经济发展】一是开展农民专业合作社专题调研，结合本市实际，开通绿色涉农通道，专人指导办理农民专业合作社和涉农企业，全市农民专业合作社培育工作走在广州市地区前列。二是配合市局在小楼镇举办培训班，积极推广农村土地流转合同示范文本，全年共免费派发涉农合同示范文本3000多份，引导农户签订土地流转合同20宗，涉及土地流转面积3371.75亩，金额1441.06万元，受到涉农企业和农户好评。

【整治无照经营】一是落实常态化监管。进一步完善联席会议机制和网络告知系统，坚决完成部门职责任务，主动协调镇街、职能部门，集中力量整治无证照经营的难点、热点问题，形成执法合力。落实督查督办和检查考核制度，促使镇街与职能部门思想认识和工作力度进一步提升，有效防止无证照经营反弹现象。全市共整治无证照经营4936户，其中分局负责整治目标任务2100户，完成率100%。二是加强重点行业整治。协助政府全面清拆97间粘土砖瓦陶企业，查处42户无证照经营的漂染企业，牵头卫生、环保部门完成对756户无证照经营餐饮业户的专项整治。制定整治存在重大安全隐患、破坏生态环境的八大类行业工作方案，由市主要领导亲自挂帅，分局牵头协调各镇街和相关职能部门，分三阶段对摸查确定的1153家八大类重点行业，开展集中清理整治行动。

【食品安全监管】一是认真贯彻落实《食品安全法》，免费派发1000多本食品安全小册子。制定分局食品流通许可证核发管理操作规范，明确流通领域食品许可登记业务流程，全市受理食品流通许可申请1324件，核发食品流通许可证1086份。二是积极推广食品台账简易程序办案文书，按照“以电子台账和证票装订或粘贴式台账为主，手工填写式台账为辅”的原则，督促全市6853户经营食品的市场业户、超市、批发部、食杂店落实台账制度。三是将食品抽检和快速检测相结合，全年共抽检食品样品9751批次，合格率98%，责令下架不合格食品1500多公斤。四是开展工商所食品安全监管工作评价，采取听取汇报、抽查资料以及现场检查的形式，对15个工商所的食品安全工作进行检查，确保食品安全监管工作稳步推进。分局食品安全监管工作得到国家食安委、广州市食安办检查组高度评价。

【牲畜屠宰管理】一是妥善处理“瘦肉精”事件。2月18日永和发生“瘦肉精”中毒事件后，分局迅速启动应急处理机制，分局领导赶赴现场靠前指挥，查源头、追流向，积极配合公安部门调查取证，立案9宗调查涉案人员，确保广大群众食肉安全。二是建立重点市场、屠宰场视频监控系统。督促市场、屠场开办者认真落实视频监控措施，39个市场、10个屠宰场安装视频监控系统，完成市局下达任务100%。三是严厉打击私屠滥宰违法行为。将牛羊纳入定点屠宰范围，积极协调各镇街及相关职能部门开展打击私屠滥宰行动，突出重点加强对新塘地区南安、夏埔、西洲和沙村、水南等销售私宰肉严重的市场和私宰窝点的整治。四是开展对镇街属地管理年度考核，有效促进牲畜屠宰属地管理责任制的落实。全年共捣毁私宰窝点24个，查获私宰肉10688公斤、待宰生猪44头、山羊41头，立案69宗，移交司法机关追刑2宗。全市“放心肉”日上市量1550头以上，比上年同期增长150多头。

【户外广告监管】一是继续抓好市区、新塘城区户外广告设置总体规划，拟定全市户外广告管理办法，广泛征求镇街及有关部门意见，已申报市政府审批。结合迎亚运工作，牵头制定增江河沿岸户外广告设置规划。二是对破损残旧和未经登记擅自设置的户外招牌广告进行拍照登记，及时函告城监部门组织拆除。全年共协调城监部门拆除违章广告479个，面积3000多平方米。三是采取政府、工商、业户“三个一点”的资金筹集方式，遵循“统一规划、统一设计、统一制作、统一形式”的要求，积极创建朱村街泰稷路户外广告示范路。

【行政执法办案】一是下放案件审批权。从3月起授权工商所审批3万元以下无照经营案件，进一步提高案件审批效率，案件处理时间从平均40天缩短到25天。二是严厉查处黑网吧。结合创文和行评工作要求，积极发挥执法主力作用，严厉查处黑网吧，共查处黑网吧案件74宗，查扣电脑983套，净化社会文化环境。三是严厉打击传销。牵头组织开展统一行动112次，清查出租屋等场所4100间，取缔传销窝点8个，查处案件3宗，教育遣散传销人员22人。由于打击传销工作力度大、成效显著，省打传办将本市由重点观察地区降为一般地区。四是积极拓宽案件类型。经检大队充分发挥执法办案主力军作用，依法立案查处7宗商业贿赂案件，案件数量、质量都比2008年有较大提高。涉农案件取得新突破，共查办涉农案件11宗，没收不合格化肥4吨。全年共立案查处各类经济违法案件825宗，结案789宗，案值2300多万元，罚没入库602万元。

【消费维权】 一是举办“3·15”国际消费者权益日大型宣传咨询活动和文艺专题晚会，表彰320家“守合同重信用”企业、“诚信企业”，营造诚信社会环境。二是整合12315与消委会消费维权资源，通过12315工作平台分流消费投诉线索，加大消费维权力度。2009年共受理申诉举报、消费投诉1933宗，为消费者挽回经济损失75.59万元。

【创建文明城市】 分局共出动执法力量4012人次，派发、张贴（挂）各类创文宣传资料4万多份，落实“四个到位”（认识到位、领导到位、人员到位、宣传到位），抓好“六个重点”（规范窗口服务、整治无照经营、规范集贸市场管理、规范户外广告管理、推进扫黄打非工作、加强流通领域食品安全监管），取得四个显而易见良好效果（市场卫生秩序变化显而易见、食品安全意识提高显而易见、户外广告管理规范显而易见、亮照经营自觉行为显而易见），得到市创文办好评。

【政风行风评议活动】 分局高度重视行评活动，紧靠主题，突出重点，认真抓好各阶段工作，确保工作机制、沟通协调、查摆问题、落实整改“四个到位”。一是及时成立领导小组，主要领导亲自抓，分管领导具体抓，抽调专人成立行评办，负责组织协调工作，形成一级抓一级，层层抓落实的工作机制。二是积极加强与市行评办沟通协调，切实做好阶段汇报和情况反馈工作，将分局每期行评工作信息简报送至行评团所有成员，让行评团成员了解工商、支持工商。三是开展工商服务进企业活动，虚心聆听企业和群众对工商意见，紧紧围绕政风行风评议6个方面和工商所评议机关、群众评议工商所13个方面内容进行自查自纠，认真剖析履行职责和工作作风方面存在的问题，收集意见和建议17条。四是对行评团反映和自查发现的存在问题，特别是上线“行风月月谈”节目反映的市场业户无证照经营、违章户外广告等突出问题，富鹏、新塘工商所分别迅速督促莲园商住小区、坭紫市场内182户业户补办证照，新东工商所整治违章户外广告25个，做到100%整改见成效。分局还创新开展“从我做起，树立良好作风”主题特色活动，要求干部职工“读一本好书、写一篇学习心得体会、开一次学习交流会”，得到市行评团高度评价，以95.80%满意率通过行风评议。据统计，分局共召开行评专题会14次，撰写学习心得294篇，编印简报17期，在《增城日报》刊登专版2期。通过行评活动，达到转变作风、促进工作、树立形象的良好效果。 （黎隽洁）

广州市工商行政管理局增城分局局长 黄小杰

个体、私营企业协会

【概况】 2009年，增城市共有个体工商户50958户，注册资金11.2亿元，其中是年新发展9180户，占总数18%；私营企业共有6758户，注册资金101亿元，其中新增1046户，占总数的15.4%。全市完成工业总产值1268.17亿元，同比增16.26%，全市规模以上民营企业完成工业总产值433.73亿元，占全市工业总产值的42.06%，同比增长39.15%。

【加强组织建设，提升服务水平】 一是健全组织机构，确保有序运行。根据广州市个私协《关于进一步加强基层协会建设的意见》、《基层协会建设年活动方案》和《基层协会规范化建设考核标准》3个配套文件，本协会从加强组织机构，基础设施、会员管理等方面入手抓好基层协会规范化建设。在协会设立“会员之家”，15个基层分会均设服务窗口，工作人员都配有电脑、传真机、复印机，保障协会各项工作有序运行。二是加强队伍建设，增强服务意识。根据本市开展“机关服务年”的有关要求，协会制定强素质、增活力、求发展、树形象、作贡献的工作思路，要求工作人员认真履行“自我教育，自我管理，自我服务”职能，充分发挥好桥梁纽带作用。把服务会员作为各项工作重点，不断增强服务意识，大力弘扬求真务实精神，切实做好基础性工作，保证会员有求必应，有事必办，主动为会员排忧解难，在生产经营等方面为会员提供更多指导和支持，多次解决影响企业发展的突出问题。三是健全规章制度，促进管理规范化。按照广州市个体劳动者协会、私营企业协会系统规范化建设实施方案的总体要求，建立健全协会会长、秘书长、干事岗位目标责任制等制度，使协会工作有章可循、有据可依；建立会员电子档案和书式档案，专门印制《会员证》、《会员登记表》、《增城市个私协会为会员服务清单》，进一步规范会员管理；严格规范会费收支管理，做到“取之于会员，用之于会员”，做好各分会月底报帐审核、结帐工作及会员收费管理工作等，定期向理事会报告会费的收支情况，保证协会工作正常运作。

【拓宽服务渠道，引导会员做大做强】 一是开展评比活动，树立企业形象。为弘扬诚实守信的社会主义商业道德风尚，全面推动本市信用体系建设，营造诚实守信、公平竞争的市场环境和“诚实守信光荣，不守信用可耻”的良好社会风尚，促进增城市经济又好又快发展，在“3·15”期间，本会联合工商分局在全市个体工商户、私营企业中开展“守合同 重信用企业”和“诚信企业”评比，共评选出“广州市2008年度‘守合同 重信用’企业”169家，“2008年度增城市诚信企业”81家。二是深入一线调研，帮助企业化“危”为“机”。针对国际金融危机影响下出现的社会新问题、新情况，协会通过深入基层，走访个体户、私营企业主，主动倾听会员的意见，撰写出《增城市民营企业生存发展情况调查》等调研报告，为政府制定有关政策提供决策依据，鼓励会员认清形势，增强发展信心，积极化“危”为“机”。三是强化教育引导，增强发展信心。协会通过专题讲座、座谈会、报告会等多种形式，组织广大个体私营企业学习各级政府的有关会议精神和各种应对金融危机政策，引导个体私营企业主了解党关于发展个体私营经济的各项方针政策精神，以及市委、市政府的经济发展战略、发展思路，积极宣传“政治平等、政策公平、法律保障、放手发展”的个体私营经济发展方针，鼓励他们认清形势，抢抓机遇，深入学习实践科学发展观，强化大局意识，增强发展信心，充分抓住个体私营企业在社会上有地位、政治上有荣誉、经济上有实惠的良好氛围加快发展。四是打造信息平台，服务企业发展壮大。增强会员企业的品牌意识。全市中小企业注册自主商标5000多件，拥有中国名牌产品3个，省名牌产品9个，中国驰名商标2个，广东省著名商标14个，广州市著名商标38个，共349家中小企业取得了进出口经营权，实现了产品出口由“借船出海”到“造船出海”的转变。利用媒体宣传力量，为会员企业提供信息平台。协会利用《增城日报》、《老板周刊》和“广州个私网”的宣传作用，为民营企业提供政策解读、市场动态、产业发展、企业管理、企业维权、发布招聘、产品销售等信息，为会员企业打造品牌、展示形象以及企业之间的交流合作、开拓市场搭建平台，提高企业的知名度和美誉度，想方设法为企业的发展壮大提供服务。

【加强维权服务，倾力为会员排忧解难】 一是抓好普法培训。为个私会员派发广州市协会“五五”普法教育学习资料，使广大会员进一步增强法律意识和法制观念，知法、守法、用法，增强依法行使权利、履行义务的意识。二是与商会联合开展维权服务。如希美克（广州）有限公司由于解聘工人因加班费问题，引起100多名员工向劳动部门提出劳动仲裁而产生劳动纠纷，协会维权服务部及时介入，参与处理，妥善解决了纠纷。据统计，2009年，协会共收到会员及非会员诉求维权各类案件38宗，主要涉及土地、合同、劳动纠纷、商标侵权、房产、年审、变更、税务等方面问题。三是与增城工商分局联合开展“3·15”、“消费维权”活动。通过现场咨询，发放维权资料等方式，引导广大消费者、经营者关爱互助，共建和谐消费环境，强化会员诚信意识，做到不制假、不售假，不欺诈和坑害消费者，维护消费者合法权益。四是在《增城日报·民营经济周刊》开辟《企业维权》专栏，由协会维权部律师根据各时期维权工作的重点发表案例分析，共发表企业维权案例文章52篇，有效指导企业维权，为企业排忧解难。

【积极参政议政，履行社会责任】 一是春节期间，协会按照“回馈社会、服务社会”的宗旨，到各分会特困会员家里慰问，共慰问特困会员80户，发放慰问金2万多元。二是“两会”期间积极组织会员参政议政，主动与人大代表、政协委员沟通，帮助写好发展本市民营经济的各种议案和提案，使今年提案、议案质量和数量都有新的提高。三是在增城市首届“渔业放生节”中，本会积极组织会员参与放生捐款，为保护市水生态环境，打造良好的生活居住环境贡献力量。四是积极响应市委、市政府创建全国文明城市号召，组织宣传小分队，把1万份“创建文明城市 争做诚信文明经营者”倡议书派发给市区的个体工商户，向他们宣传创建全国文明城市的重要意义、作用，引导广大会员主动参与创建活动。五是积极参与“广州慈善日”活动，向广大会员宣传“慈善日”募捐的意义，鼓励会员发扬扶贫济困的优良传统，积极投身慈善事业，为社会困难群众贡献力量和爱心，共筹集善款12760元。

（郑素妨）

增城市个体私营企业协会会长 黄小杰

劳动和社会保障事业

【概况】 2009年，市劳动和社会保障工作坚持富民优先、民生为重，紧紧围绕市委、市政府“保增长、保民生、保稳定”总体部署，各项工作取得了较好成绩。技能培训和安置就业工作首次引入竞争机制，实现高级技工培训零的突破，登记城镇失业人员就业率达72%，同比上升1%；登记失业率为2.11%，低于省和广州市的水平，完善和出台促进创业带动就业措施，全市就业局势继续保持稳定；全市参加职工养老、医疗、失业、生育、工伤保险参保人数比上年分别增长19%、22%、22%、68%和18%，社会保险覆盖面进一步扩大；实施了农村社会养老保险、被征地农民养老保险和城镇老年居民养老保险制度，市养老保险制度实现覆盖城乡，全市参加农村社会养老保险人数90035人，参加城镇老年居民养老保险人数6719人，超额完成广州市下达本市的参保任务。解决全市33个征地项目涉及81条村9899名农村居民的养老保障问题；连续3次提高企业退休人员养老保险待遇，比上年人均增加425元，同期增长35%，人均养老金达1770元，增幅之大，前所未有；积极应对金融危机，及时调整工作思路和工作方法，全市劳资纠纷和劳动争议案件数首次实现大幅度下降，同比分别下降27.6%、51.3%，全市劳动关系趋于稳定和谐。其中农村劳动力转移就业工作和创业工作得到广州市、增城市委、市政府有关领导的充分肯定，并形成工作经验材料刊登在《中国劳动保障报》全国推广。

【城乡就业】　坚持把“保增长、促就业”作为应对国际金融危机、改善服务民生、保持社会和谐稳定的重要任务来抓，采取多种途径积极推进城乡居民培训和就业工作，取得了良好的社会效益。①加强城乡劳动力技能培训工作和全市就业服务平台建设；②出台《增城市城乡劳动力技能培训和安置就业补助资金实施竞争性扶持办法》，技能培训和安置就业工作引入竞争机制；③启动高级技工培训，培训人数达707人，实现城乡劳动力高级工培训零的突破；④拓宽就业渠道，加强就业服务工作。全年举办现场招聘会33场，提供招聘岗位3.5万多个，达成就业意向2万多人；全市公共就业服务机构和社会劳动力中介机构搜集空岗信息43889条，成功推荐就业6384人；转移农村劳动力就业16315人；登记城镇失业人员就业率达72%，同比上升1%；登记失业率为2.11%，低于省和广州市的水平，全市就业形势继续保持总体稳定；⑤全市19个行政村创建为充分就业示范村，全市充分就业社区创建率达73%；⑥出台《关于进一步做好城乡统筹就业工作的通知》（增府［2009］8号文）以及就业专项资金使用和管理办法，促进就业创业机制不断完善；⑦全面开展城乡劳动力资源普查、就业失业形势调研，失业预警机制不断健全。

【社会保障】　按照市委、市政府“加快建设覆盖城乡居民的共享型社会保险体系”的总体要求，想方设法推进社会保险各项工作，取得了明显成效。①社会保险扩面得以推进。全市参加职工养老保险人数17.6万人；参加职工医疗保险人数11.9万人；参加失业保险人数13.2万人；参加生育保险人数3.9万人；参加工伤保险人数19.7万人，社会保险覆盖面进一步扩大；②实施农村社会养老保险、被征地农民养老保险和城镇老年居民养老保险，标志着本市养老保险政策覆盖全体城乡居民。全市参加农村社会养老保险人数90035人，参加城镇老年居民养老保险人数6719人，超额完成广州市下达本市的参保任务。解决全市33个征地项目涉及81条村9899名农村居民的养老保障问题；③调整城镇居民基本医疗保险试行办法，提高未成年人及在校学生的政府资助标准，增加医保门诊慢性病定点医院等办法，提高城镇居民医保覆盖面。截止12月底，全市城镇居民参加基本医疗保险人数88645人，参加职工医疗保险人数达106467人；全市参加农村合作医疗保险574785人，参保率达99.9%，基本构建“全民医保”框架；④认真落实“两个确保”，连续3次提高企业退休人员养老保险待遇，比去年人均增加425元，同期增长35%，调整频率之高、幅度之大，前所未有，社会化发放率达100%，全市领取基本养老金人数11811人，人均养老金达1770元。企业离退休人员和失业人员的基本生活水平得到较大提高；⑤社会保险基金安全运行。1月至12月，全市社会保险基金收入7.94亿元，同比增长16%，支出3.97亿元，同比增长36%。社会保险基金累计结余17.74亿元，同比增长28%；⑥采取措施积极应对金融危机，及时下调医疗、工伤、失业保险的缴费比例，从1月1日起，本年度失业保险缴费费率由3%降为0.3%（期限最长不超过12个月）；从5月1日至年底，城镇职工医保缴费比例由8%下调至7%，各类用人单位的工伤保险缴费比例从原按照职工工资总额的0.5%、1.0%、1.5%，统一调整为0.4%。社会保险费率的降低，发挥好社会保险“减震器”和“安全网”的作用，帮助企业增强经济形势下可持续发展竞争力；⑦积极协助广州市劳动保障局稳妥推进全市养老、失业、工伤、医疗保险实施广州市级统筹，社会保险统筹层次进一步提高，社会保险基金管理支付风险防范和保障能力得到增强；⑧妥善解决好社会保险的部分历史遗留问题，群众诉求得到有效解决；⑨将慢性病门诊治疗费用纳入公费医疗，进一步提高公费医疗保障水平。另外，退休审批、退管服务、工伤事故处理、劳动能力鉴定等工作得到加强，发挥了很好的社会效益。

【劳动保障维权维稳】　积极应对金融危机，及时调整工作思路和工作方法，有效预防、疏导、化解和妥善处理劳资纠纷工作，切实保障和维护全市劳动关系和谐。①加大劳动保障监察和劳动关系协调力度。依法关停粘土砖瓦陶生产厂110家，做好企业下岗、转岗人员的安置工作，认真开展农民工工资支付情况等专项检查，取缔无证照非法职介23家，涉及人数9500多人，帮助农民工解决拖欠工资1630多万元。进一步加强企业工资指导线执行工作，加大劳动关系协调力度，全市劳动合同签订率达95.92%；②深入创建劳动关系和谐企业与工业园区活动，市福耀玻璃有限公司等6家企业被广州市授予和谐企业称号；广东增城工业园区被评为“广州市劳动关系和谐工业园区”。和谐劳动关系辐射效应进一步增强；③加大劳资纠纷排查调处力度，全年调处劳资纠纷1719宗（比上年同期下降27.6%），涉及人数11789人，涉及金额4582万元。处理老板欠薪逃匿案件38宗（比上年同期下降59.6%），涉及人数2102人，涉及金额720多万元。劳资纠纷呈全面下降态势。全年处理劳动争议案件1505宗1505人，比上年同期下降51.3%，结案率达91.5%，有效维护各方权益；④认真实施建筑施工企业工人工资支付保证金管理办法，涉及金额6.9亿元，保障金贮存1270多万元，建筑施工领域工人工资支付得到有力保证；⑤深入开展经济形势下“百家企业”、“百村”调研活动，及时制定在经济形势下帮助企业实现可持续发展的帮扶措施，切实为企业减压减负；⑥做好信访维稳工作，重点做好建国60周年前后期间维稳排查调处工作，集中力量妥善解决“老上访户”问题，及时把不稳定因素化解在基层、消灭在萌芽状态。全年接听群众来电咨询2700多个，受理群众来访313次、来信140封，涉及人数1096人，信访案件办结率达98%以上。　（杨汉明）

增城市劳动和社会保障局局长　许志忠

安全生产监督管理

【概况】 2009年，广州市下达给本市各类安全事故死亡控制考核指标为174人。截至12月底，全市共发生各类安全生产事故573宗，死亡160人，受伤762人，直接经济损失320.38万元。与上年同期相比，事故宗数、死亡人数、受伤人数、直接经济损失分别下降5.5%、11.1%、1.6%、15.5%。其中，发生工矿企业（含建筑）职工伤亡事故2宗，死亡4人，受伤9人，直接经济损失167.59万元。与上年同期相比，事故宗数、死亡人数、受伤人数、直接经济损失分别下降50%、20%、23%、7.7%。未发生重特大安全事故。

【落实安全生产责任制】 市政府在年初与各镇街和各相关职能部门签订安全生产责任书后，市局即将安全生产责任落实到辖内企业单位。一是坚持与各危险化学品生产、经营单位、构成重大危险源单位以及非煤矿山企业签订安全生产责任书，进一步落实安全生产责任，健全层级安全生产责任制，形成一级督一级，一级保一级，一级对一级负责的安全生产责任网络。二是针对各镇街和行业落实企业安全生产主体责任情况不平衡的特点，制订印发《关于进一步推动企业落实安全生产主体责任工作的指导意见》和《关于对各镇（街）、增城工业园区开展落实企业安全生产主体责任工作进行检查验收的通知》（增安监〔2009〕58号、103号），对未落实企业安全生产主体责任的企业，采取分类监管、树立正反两个方面的典型、强化监察执法和随机抽查考核的办法，督促和引导企业主动落实安全生产主体责任，在企业建立健全以企业主要负责人为核心的安全生产责任网络体系，促使企业按照安全生产法律、法规规定，保障安全生产投入，不断完善安全生产条件，逐步推进企业建立“自我约束、自我完善、持续改进”的安全生产工作长效机制。

【开展“三项行动”工作】 年初，根据《国务院办公厅关于进一步推进安全生产“三项行动”的通知》（国办发〔2009〕32号），省安委《关于认真落实国办发〔2009〕32号文件扎实开展安全生产“三项行动”的通知》（粤安办〔2009〕38号），以及广州市安委印发《关于广州市安全生产“三项行动”工作实施方案的通知》（穗安〔2009〕13号）提出的要求和统一部署，市局结合实际，及时制订《增城市安全生产“三项行动”工作实施方案》（增安办〔2009〕24号），并成立专门工作领导小组，市委常委、常务副市长、市安委会主任曾赤鸣同志担任组长，市府办副主任阮水祥同志、市安监局局长孙军荣同志任副组长，成员由各有关单位安全生产第一责任人组成，领导小组下设非煤矿山整治、危险化学品及烟花爆竹整治、消防安全整治、民爆、船舶修造整治、建筑施工企业整治、道路交通和水上交通整治、特种设备整治等办公室和综合督查办公室，落实责任领导和责任部门，明确工作职责和工作任务，扎实有序地开展安全生产“三项行动”等工作。

【安全生产行政执法】 这一年，市局切实加强安全生产行政执法监察力度，将安全生产行政执法全面委托到所有镇街和工业园区，进一步建立健全政府统一领导，镇街和相关部门互相配合，共同参与的联合执法工作机制，开展上下联动，各司其职，各尽其责的良好执法氛围。大大提高执法效率，起到较好的震慑和教育作用。一是加强业务培训，强化镇街依法行政能力。市局专门研究制订《安全生产执法监察工作要求》（增安监〔2009〕71号），健全完善行政执法规章制度，并组织镇街安全监管人员进行执法监察业务培训和普法学习教育，采取以点带面，言传身教的方式，安排镇街安全监察执法人员到局执法大队跟班学习，提高执法队伍的业务素质。二是认真组织开展安全生产“打非治违”执法专项行动。根据国家、省和广州市“打非治违”工作部署和要求，结合实际，制订《增城市2009年安全生产“打非治违”专项行动工作方案》（增安监〔2009〕32号），组织开展严厉打击“三非”（非法生产、非法经营、非法建设）、“三超”（生产企业超能力、超强度、超范围、运输行业超载、超限、超速）行为，整治“三违”（违章指挥、违规操作、违反劳动纪律）现象。在专项行动中，全市各级各部门累计共监督监察企业单位6459家，其中危化企业161家，非煤矿山7个，烟花爆竹经营单位67个，构成重大危险源单位122个，对重点企业的监察（监控）覆盖率100%，查出一般事故隐患16024条，已整改15726条，按期整改率98.1%，发出强制措施决定书158份，责令停产停业整改企业6个，关闭和取缔不符合安全生产条件企业472个；开展执法行动7768起（处），其中金属非金属矿山类6起（处），建筑施工类334起（处），化工类217起（处），烟花爆竹类111起（处），人员密集场所2528起（处），道路交通3524起（处），水上交通127起(处)。三是开展联合执法行动。针对建筑施工、冶金机械、公共聚集场所、非煤矿山、人屋车场、印刷企业、体育运动场馆、密闭空间作业等行业和领域存在的安全生产突出问题和薄弱环节，市局根据市安委的决策部署牵头组织市公安、建设、交通、国土、公路、水务、文化、体育等相关职能部门开展隐患排查治理联合执法行动10余次，及时清理整治各类跨部门、跨行业的安全隐患。四是严格追究事故责任。“4·30”事故后，市局经市政府授权，严格按照《生产安全事故报告和调查处理条例》（国务院令第493号）有关规定，积极开展事故调查，按“四不放过”原则，落实各项事故防范和整改措施，依法对有关责任单位实施行政处罚25万元，追究2名事故责任人员的刑事责任，行政处分2人，对有关违法经营行为单位进行立案查处。

【安全生产隐患排查治理】 2009年，市局把安全生产隐患治理行动作为“安全生产年”的核心工作，进一步强化对安全隐患的排查治理，特别是突出重点，进一步深化危险化学品和烟花爆竹、非煤矿山等企业的隐患排查治理和专项整治，及时消除一大批各类安全隐患。据不完全统计，截止12月底，全市共检查企业、场所5798个，排查出一般安全隐患16327条，已落实整改14916条，按期整改率98%。①危险化学品和烟花爆竹专项整治：针对本市危险化学品生产企业总量较多（约为广州市总量的三分之一），生产工艺、设备比较简陋，且分布较散以及液氯使用量大（约为广州市总量的70%）的状况，督促相关职能部门切实加大隐患排查治理，强化企业落实安全生产主体责任，推行安全标准化建设。一是规范管理。切实履行监管监察职责，严把危险化学品企业行政许可关，从源头上规范危险化学品生产企业管理，对不具备安全生产条件的企业一律不予以通过审核，通过对条件较差，规模较小，整治不达标的企业采取“关、停、并、转”手段，淘汰18家危险化学品生产企业，将本市原来的81家危险化学品生产企业减至63家。对保留的生产企业，进一步强化落实安全生产主体责任和实行动态监管，要求全市危险化学品生产企业统一制作：“一表”（绘制企业危险物质特性安全周知表）、“二图”（企业生产工艺流程图、厂区平面布置及周边环境分布图）、“三统一”（在厂门内统一设置厂区平面布置及危险物质分布图、仓库门外统一设置仓库内危险物质周知表、储存物品上统一放置危险物质周知卡），清楚告知企业员工、监管人员、应急救援人员企业内部化学物料的分布、性质、危害、泄漏处置、灭火方式等关键内容。完善危险化学品生产企业安全生产工作情况月报告和安全主任月例会制度，促进政府决策、工作任务及时布置落实，企业信息、合理化建议及时收集。同时，每季度选择安全管理有特色、有实效的企业，组织召开现场观摩及经验交流工作会议，通过抓好试点，以点带面，着力推进危险化学品生产、储存企业的规范化管理。二是落实整治。按上级的部署和要求，紧紧围绕有效防范和遏制重特大安全事故为工作目标，先后制订印发《增城市安全监管局第二季度危险化学品和烟花爆竹企业专项整治方案》、《关于开展氯酸钾专项治理及打击非法生产经营烟花爆竹专项检查行动的通知》和《关于印发增城市2009年危险化学品和烟花爆竹生产经营领域安全专项整治工作方案的通知》等一系列规范性文件，以企业自查、镇街检查、部门督查的形式，对本市危险化学品和烟花爆竹企业，尤其是对涉及危险工艺、构成重大危险源等重点企业进行一次全面的隐患排查治理行动，深入排查治理企业存在的安全问题和薄弱环节，做到企业自查自纠率、镇街检查率和隐患整改率实现3个100%，大大提升全市危险化学品和烟花爆竹企业的总体安全水平。三是强化执法监察。全年共出动4974人（次），检查企业1857家（次），排查安全隐患1950条，整改落实安全隐患1950条，按期整改率100%，共发出限期整改指令书117份，复查意见书117份，强制措施决定书21份。四是加大“打非”力度。共整治无证照生产经营危险化学品企业131家，查处违法生产、经营危险化学品、烟花爆竹案件8宗，收缴和销毁爆竹500多箱、烟花120件，各种危险化学品及生产设备设施一大批，经济处罚30万元。②非煤矿山专项整治：上半年，本市非煤矿山处于停产状态。市局立足于“打基础、抓管理、保安全”的工作目标，针对非煤矿山企业可能存在的因停产而放松安全管理，甚至不进行安全管理，以及企业本身基础条件差，不具备安全生产条件等薄弱环节，制定下发《关于印发2009年增城市非煤矿山安全生产专项整治工作方案的通知》（增安监〔2009〕26号），督促企业停产不停工，充分利用停产时间，查找和改进企业安全管理过程中存在的不足和薄弱环节。同时，加大安全投入，不断完善安全条件，特别是切实抓好日常安全管理，做好设施设备的维护和保养，加强从业人员的安全教育和培训，为复产打好基础，做好准备。为确保工作任务落到实处，先后4次牵头组织市公安、国土、林业以及相关镇街对全市非煤矿山企业进行联合执法检查，共监督检查非煤矿山企业28间次，排查和落实整改安全隐患152条，实现监察覆盖率和隐患整改率2个100%，有力地维护了非煤矿山企业的安全稳定。

【推进企业标准化建设】 2009年来，为进一步加快推进全市企业安全生产标准化建设，实现企业本质安全，市局制订印发《关于加快推动安全生产标准化工作的通知》（增安监〔2009〕61号）。同时，为增强企业开展安全生产标准化积极性，加快推进步伐，7月份，召集非煤矿山、机械制造、陶瓷、洗漂等150多个企业负责人和镇街安全监委（办）负责人召开推进企业安全生产标准化动员大会，安排专家专题讲解推进企业标准化的原因、作用以及方法步骤，促成4家一般类工矿企业取得标准化达标认证，2家正在办理认证程序，15家已经开展标准化建设并与有资质的复评机构签定服务协议；危险化学品生产企业已有10家取得标准化达标认证，有3家通过评审待发证，有13家已经被省受理，等待评审。

（陈天成）

增城市安全生产监督管理局局长　孙军荣

质量技术监督

【概况】 2009年，广州市增城质量技术监督局坚持以科学发展观为统领，立足辖区实际，狠抓重点，突破难点，争创亮点，以开展“质监服务年”、“质量和安全年”活动为主线，以实施标准化战略为先导，深入开展质量兴业强市工作，积极创建五好部门，各项工作取得新的成绩和进步，为促进增城经济社会又好又快发展做出了积极贡献。

【质量监督】 2009年，广州市增城质量技术监督局强化质量兴业强市工作，全面提升辖区产品质量总体水平。一是开展质量和安全年活动，辖内40家重点产品生产企业，180多名企业负责人参加培训，19家汽车空调压缩机生产企业着手申请生产许可证工作，5家企业已获申请受理。二是开展企业信用评价，为230家企业建立一企一档，累计完成98家企业的评价工作，实行了A、B、C、D分类监管制度，全年完成巡查330家次。尤其对家电下乡中标企业加强巡查力度，确保产品质量。三是大力推进质量兴业强市战略，牵头草拟《增城市实施以质取胜战略推进产业优化升级工作方案》、《增城市政府质量奖评审管理办法》，编制2期《增城市产品质量状况分析报告》。四是开展名牌培育工作，从93家名牌培育企业确定20家纳入全局计划，落实"一企一策"扶持措施，专人帮扶指导，3家已经申报省名牌产品，2家已完成网上公示，进入专家评审阶段。五是开展专项整治和监督抽查后处理工作，深化巩固涉及人身财产安全的22类重点产品专项整治成果，继续抓好人造板、絮用纤维制品、装饰材料三类重点产品专项整治，全面保证完成6个100%。全年完成监督抽查后处理139批次，确保企业整改率、复查到位率、复查合格率和查处到位率均达100%。

【标准化战略】　以推行标准化战略为先导，企业产品质量标准体系建设进一步完善。一是农业标准化推进农业集约化发展，农业综合效益明显提高。派潭凉粉草已经获得国家地理保护标志产品立项，挂绿荔枝和增城迟菜心2个国家地理保护标志正在组织申报；建立2个广州市级农业标准化示范区，申报增城迟菜心等7个标准化示范区；发布了特色农产品增城迟菜心、增城丝苗米等9个地方农业技术规范；为实现农业标准化种植、标准化加工、标准化包装、标准化储存、标准化运输，在全市建立1个标准化工作总站、13个基层标准化工作站和64个工作分站。二是完成采标认证32项，超额完成全年工作任务。摩托车及服装两大行业共采标30个；3家企业申报"标准化良好行为企业"，其中1家通过国家"AAAA"级确认。5月，首个企业联盟标准《蛋糕裱花专用酱》成功发布，《木器漆》、《汽车空调蒸发器冷凝器》等联盟标准正在研制中；与检验检疫局联合开展出口企业WTO/TBT调研，向181家TBT重点帮扶企业派送了TBT咨询服务网络资料，推荐WTO/TBT相关咨询网站、内部期刊和体系动态简报；为95家企业派送网络"标准查询系统"；举办汽车零配件、牛仔服装等重点产品的2期标准实施监督员培训班，培训人员118人；累计为52家企业办理企业备案90份，137家企业办理标准登记614个。三是与增城旅游局、文明办等部门协调沟通，完成《广州市生态旅游区（点）服务规范》，为白水寨风景区、小楼人家、湖心岛景区等配套完善了旅游服务标准体系；协助人人乐华南物流配送中心申报广州市首个《超市物流配送服务规范》。

【食品生产监管】　以强化食品源头为要务，全力打造食品放心工程，确保食品安全。一是全年巡查食品生产加工企业1065家次，发出整改通知书36份，整改率及回访完成100%，一企一档率达100%。二是完成798批次抽检工作，合格率为84.96%。三是开展打击违法添加非食用物质和滥用食品添加剂的专项行动，巩固了河粉、饮用水专项整治成果，经过系列整治，河粉产品合格率由年初的35%上升至85%。加强对大米、食用植物油、糕点等重点行业的监管，抽检合格率保持100%。四是腐竹小作坊整治难题得到有效解决，49家腐竹生产作坊自行关闭转产26家，剩余23家现已全部停产。经帮扶，2家腐竹生产企业已获得食品生产许可证，4家腐竹生产企业正准备申证。五是制定了亚运期间食品安全与产品质量保障工作方案。

【计量监督管理】　以计量惠民为己任，民生计量服务到位。一是完成507家法制计量监管企业16043台（件）计量器具的监管、17家企业1549台（件）计量器具的监管、17家重点耗能企业1026台（件）计量器具的监管。二是完成对机动车检测站、"医用三源"、出租车计价器和加油站油枪等348家单位计量器具的监管。三是认真开展"关注民生、计量惠民"系列活动，开展"服务计量进社区"、"公平计量进市场"等大型宣传活动受到市民的欢迎。四是完成4家企业的三级计量保证体系确认工作，确定1家"C"标志申请企业。五是先后开展液化气站、民用水表、商场超市、宾馆酒楼专项检查13次。六是加强机动车检测站的规范化管理，完成3家机动车安检机构计量认证标准变更现场评审监督工作。七是对17家重点耗能企业开展普查建档工作，帮助企业落实节能降耗的具体措施。

【特种设备安全监察】　以特种设备安全运行为底线，安全监察工作有了新机制。一是辖区注册登记的特种设备使用单位2606家，在用特种设备17414台，并以年10%的数量增长。完成使用单位现场监察306家，施工巡查185家，业务受理1051宗，处理各类举报投诉124宗，拆除土制设备6台，处理超期设备1298台，责令整改检验不合格设备190台，设备定检率98.5%。二是帮扶辖内在建的38家市政府重点建设项目的特种设备安装，对辖内3个亚运比赛场所及"周边区"使用的特种设备进行摸查。三是召集安全检查人员和协管员分5批共600人次参加特种设备现场检查业务知识培训。对增城工业园区23家企业、辖内22家重点监控企业和4家大规模企业分批召开安全管理样板企业建设会议，签订责任承诺书。四是开展"特种设备事故应急救援"演练，召集全市镇（街）重点企业现场观摩。强化主体责任，依法查处违法行为，组织开展锅炉爆炸事故调查工作，以镇（街）为单位开展为期3个月的锅炉、电梯专项整治行动。五是进一步推进了锅炉、电梯节能降耗推广工作。

【稽查打假】　以依法执法为手段，进一步规范市场经济秩序。一是全年共处理案源线索392宗，受理案件322宗，立案查处210宗，涉案货值80.64万元，到位罚没款107万元（罚款超过5万元的大案要案4宗）。二是积极开展系列法制宣传活动，组织召开包括协管员会议在内的各类研讨会9次，编写3份培训材料及典型案例汇编。三是制定《增城质监局行政执法案件限时办结责任制》，建立网上明示机制，完善案件处理监督机制和考核自查机制。四是集中力量开展以家电下乡产品为重点的执法打假，各类专项整治行动48次，检查企业812家，立案查处11宗。清查无证照生产加工点58个，查获无生产许可证、3C认证案件15宗。五是开展石滩腐竹、新塘水泥、汽车零配件行业的区域性专项整治，在新塘镇普查企业892家，查处无证锅炉322台，37宗涉及锅炉违法案件已被立案查处。 （刘小燕）

广州市增城质量技术监督局局长 林伏柱

财 政

【概况】 2009年，增城市财政局全面贯彻落实中央经济工作会议精神和中共增城市委十一届七次全会确定的中心工作，坚持以科学发展观为统领，以“三促进一保持”为首要任务，以实施各项扩内需促增长调结构政策为抓手，着力支持三大主体功能区建设、全国科学发展示范市创建，有效保障民生领域各项支出，圆满完成各项财政工作任务，为促进本市经济平稳较快发展作出了应有贡献。

【财政综合预算基本执行情况】 一是财政综合预算收入情况。2009年，全市财政总收入117.37亿元，同比增收14.88亿元，增长14.52%，其中：上缴中央、省、市预算收入53.53亿元，占财政总收入的45.61%；地方财政综合预算收入63.84亿元，同比增收13.9亿元，占财政总收入的54.39%，其中地方财政一般预算收入31.66亿元、基金预算收入30.48亿元、预算外资金收入1.7亿元，同比依次增长18.36%、47.67%、4.93%。二是财政综合预算支出情况。2009年，全市财政综合预算实际支出59.11亿元，财政支出结构进一步优化，有效保障各项社会事业的稳定发展：①基本支出平稳增长，行政事业单位人员待遇进一步规范。2009年完成基本支出17.28亿元，同比增支2.16亿元，增长14.29%，其中人员经费14.18亿元，同比增支2.1亿元，有效保证机关政权运作，保障了人员工资待遇水平。②教育、社保、医疗卫生、文化体育与传媒等与人民群众生活直接相关的民生和社会公共事业改革发展得到重点保障。2009年共完成支出8.05亿元，同比增支1.2亿元，增长17.52%，其中：社会保障和就业方面支出2.01亿元，医疗卫生方面支出2.03亿元，教育方面支出3.03亿元，文化体育与传媒方面支出0.97亿元。③农林水方面支出保持稳定增长。2009年完成农林水事务支出4.94亿元，同比增支0.43亿元，增长9.53%。其中农业及扶贫支出1.04亿元，林业支出0.75亿元，水利建设支出3.14亿元。④其他方面支出。一般公共服务支出3.18亿元，公共安全1.04亿元，城乡社区事务支出19.62亿元，兑付2008年镇街体制分成支出0.59亿元，粮食风险金支出0.2亿元。

【2009年财政工作的主要措施】 一是狠抓组织协调工作，确保财政增收。①科学合理落实收入任务。年初根据市人大批准的财政预算，按照税种划分情况，税源分布情况和对2009年经济形势的预测，科学合理地把收入任务分解到各征收部门，并作为对国、地税和财政部门的考核任务。②加强收入协调，努力增加财政收入。工作中配合有关科室，积极主动地与国税、地税、经贸、国土部门搞好协调，及时发现收入征管中出现的问题，及时提出解决意见和建议，及时督促国、地税组织收入。二是完善财政体制机制，加强资金管理。①制订《关于完善基础设施配套费和城市维护建设税拨付使用的管理意见》。把各镇街产生的基础设施配套费和中心镇的城市维护建设税，由市财政按体制结算方式分别全额拨付给各镇街和中心镇统筹自主用于基本建设项目，提高镇街科学理财和推动项目建设进度的积极性和主动性，完善《增城市镇级公共财政管理及资金核算使用实施办法》。②实施“两城两区”资金管理暂行办法。一是确保各城区的日常运作，将城区在编人员的基本支出纳入市财政预算安排，并根据工作量核算一定的业务经费；二是在财政资金分配政策上着重倾斜“两城两区”，把各城区规划范围产生的土地出让金收入、基础设施配套费和税收等重点向各自城区分配；三是给每个城区提供最高10亿元融资额度的贷款贴息，鼓励城区利用融资搞好土地规划和基础设施建设。③积极推进“单位开票、银行代收、财政统管”的征管制度。全面推行行政事业性收费、政府性基金、罚没收入委托银行代收工作，利用已开发的执收网络系统平台，对非税收入按项目编码在全市工商银行（邮政所）任何网点直接缴交，从源头上规范收缴行为。2009年度纳入市财政专户核算的资金达79024万元，其中解缴地方国库40866万元，划转预算外资金财政专户38158万元。④制定《市本级财政专项资金试行竞争性分配的实施意见》，建立专项资金分配环节竞争性机制，促进财政资金的高效使用；抓好投融资项目资金管理。出台了《增城市政府投（融）资建设项目资金分类拨付、财政评审和工程结算管理实施办法》，进一步规范建设项目资金的拨付程序，提高资金的使用率；完善国库集中支付制度。实施国库支付系统升级，将财政综合预算以外的专户资金和投融资资金纳入支付系统管理，丰富了国库支付系统的使用功能，大大提高支付系统安全和效率。三是加强财政监督管理，做好基础工作。①积极推进财政支出绩效评价工作。通过现场勘查、资料审核等环节对其进行评审打分，有效完成市政局、水利局等单位10个重点项目的绩效评价工作；建立职能部门推荐评审专家库，使绩效评价工作日臻完善。②加强政府采购和加强投资评审管理。在政府采购方面，2009年完成政府采购项目预算总金额14155.44万元，实施政府集中采购项目489个，项目合同总金额13317.89万元，节约资金837.55万元，节约率达5.92%；在投资评审管理方面，制定《增城市政府投（融）资建设项目概算编制审核管理办法》和《增城市政府投（融）资建设项目招标工程量清单及控制价编制审查备案管理办法》，有效推进财政投资评审科学化、规范化。2009年完成评审项目485项，送审总金额549965万元，评审核定总金额473518万元，核减总金额：

76447万元，平均核减率13.90%。③加强政府债务管理。2009年，财政共清偿各类债务5172万元，有效地防范和规避财政风险，维护经济社会和谐稳定发展。四是加强机关队伍建设，打造新型财政。①加强财政业务知识培训。以机关服务年、纪律教育月活动为契机，大力组织全体职工干部学习财政理论和政策，积极开展财政业务知识培训，提高干部职工的业务能力和办事效率，打造业务精、效率高的智慧型财政。②开展党风廉政教育。着力提高干部职工拒腐防变的自觉性和坚定性，增强党性的锤炼和修养，全力推进惩治和预防腐败体系建设工作，打造作风硬、思想正的廉政型财政。（梁炽桐）

增城市财政局局长　张国新

国家税务

【概况】 2009年，受国际金融危机的影响，增城税收收入在2008年度高基数、高增长的基础上，以及新企业所得税法实施、增值税改革、出口退税率下调等政策性因素和经济因素的双重压力下，市国税局积极加强征管，实现年度税收收入稳步增长。全年共组织国内计划考核口径税收收入509099万元，同比增收14198万元，增长2.87%，完成广州市国税局下达506000万元任务的100.61%；共组织增城市本级收入61010万元，同比减收9026万元，下降12.89%，完成增城市府下达70330万元任务的86.75%。2009年计划考核口径税收收入规模首次突破50亿元，创历史新高。

【推行全方位、多层次服务机制，践行服务新理念】 通过对现有服务措施、资源进行整合和优化，实现服务地方经济发展、服务纳税人、服务基层的联动，从局机关、税务分局两个层面开展服务工作，积极实践服务工作新措施，在管理中体现服务，在服务中渗透管理。一是服务地方经济发展。进一步完善和丰富《国税月报》刊物的版式和内容，打造服务政府决策刊物。同时从5月份起指导各分局创办《国税简报》月刊，搭建起与镇、街及增城工业园区沟通交流的平台，及时向政府部门反馈税收收入情况和重点税源动态，跟踪新投产和重点项目的税收入库情况，收集地方政府对国税部门的需求，定期将税法宣传送进政府。同时以联席会议制度为桥梁，加强与政府部门的沟通，拓宽沟通对象，丰富内容。已与增城工业园区、财政局等单位建立联席会议制度，加强信息共享，进一步完善了与政府部门间的信息共享网络。二是服务纳税人。采取多种宣传形式，打造税企面对面、增城国税讲堂、《国税之窗》等宣传品牌，主动提供政策服务；以“一窗式”服务、限时办结服务、延时服务、预约分流服务等多项措施提高办税效率，规范办税服务厅建设，全面推进应用统一视觉标识。三是服务基层。通过提高机关服务效能，加大工作统筹力度，以内部门户网站为平台，向基层提供实时、全面的资讯服务，加强对基层工作辅导，设立“在线解答”栏目，为税务分局解决实际困难。

【深化税源分类管理机制，专业化管理水平不断提高】 进一步深化和完善良性互动体制。以行业纳税评估为切入点，通过建立专业化税源管理机制，以分类管理为主线，深入采集、分析征管数据，建立动态的纳税评估模型库，加强对基层评估人员的指导和督促，发挥基层主动性，配合广州市局编写汽车4S店及大型百货和超市行业管理指引，根据大企业的特点、行业特性，探索大企业管理指引，强化对重点税源企业的控管。针对本辖区大企业的特点、行业特性、税收管理难点和问题，初步建立大企业管理指引模型，并下发分局逐步应用。进一步加强征管与稽查互助与互动，实施案源管理过程的联动、税收检查过程的联动、税收收入情况反馈的联动，发挥检查分局工作优势，明确职责，配合征管部门，选定建筑安装、商业零售、餐饮服务、交通运输四大行业开展重点评估，剖析行业特性，配合制定混凝土生产行业纳税评估模板。进一步深化征退一体化工作。实行外贸企业集中管理，加强征退税部门信息互通，以预警分析为着力点，采取专业评估和综合评估相结合，对敏感行业和异常增长企业加强检查，制定防范出口骗税工作措施。根据评估分析结果以及征管、稽查等部门提供的信息和有关情况，及时调整出口企业的分类管理等级。

【加强各税种管理】 增值税方面。以增值税政策转型为重点，加强宣传辅导，确保各项政策执行准确、落实到位。完成全局税负结构分析，为加强征管提供参考数据。完善增值税链条管理，加强达标增值税一般纳税人认定工作，对2008年45户达标小规模纳税人办理认定手续。规范低、零税负企业管理，开展2008年有内销收入但低、零税负的增值税一般纳税人的核查，特别是加强对商贸企业存货情况实地巡查。加强资源综合利用企业产品的日常监控管理力度，以2009年废旧物资政策调整为契机，加强对3户废旧物资回收企业及用废企业的管理。认真分析比对异常专用发票的原因，做好增值税专用发票稽核系统核查工作，共完成22份核查任务。精心组织，做好增值税防伪税控系统网上抄报税运行工作，做好增值税网上抄报税和海关进口增值税专用缴款书“先比对，后抵扣”推广工作。做好后续跟踪和反馈，及时解决推广中的困难，确保推广工作顺利进行。大力开展固定资产抵扣专项核查，通过对票、账、款、物进行比对，并归纳容易发生违规抵扣的若干情况及对策，通过对542户企业的核查，发现有问题户数34户，进项税额转出305.23万元，有效堵塞管理漏洞。所得税方面。在时间紧、政策变化大、汇缴软件更新快等情况下，按时按质完成2008年度企业所得税汇算清缴工作，剔除失踪走逃等非正常情况，按时汇算清缴面达100%。盈利面79.12%，同比下降3%。把握好核定征收与查账征收方式关系，灵活运用，减轻管理压力，促进所得税收入稳定增长。认真开展企业所得税汇算清缴后续管理工作，积极落实各项税收优惠政策，确保政策落实到位。国际税收方面。以启用新的非居民企业所得税申报表为切入点，加强非居民企业税收管理，对辖区内的非居民企业进行一次全面普查，将承包工程作业和提供劳务的非居民企业纳入正常税源户籍管理，做好第一年的非居民企业汇算清缴工作。严格审核，落实扣缴登记和合同备案制度，把好售付汇证明关口，截至12月底，共出具售付汇证明81份，涉及汇出境外金额6.28亿元，预提所得税税收4990万元。落实反避税基础工作，配合好广州市局做好反避税选户工作，进一步加强关联企业申报管理，夯实反避税基础工作。全年共有1000多户纳税人申报关联企业，涉及关联交易金额144.59亿元。

【落实税收优惠政策】 充分运用高新技术、资源综合利用、涉农、再就业等各项税收优惠政策，积极配合各级政府加大对企业的帮扶力度。一是完成小型微利企业资格认定审核备案352户，按时完成年度补申报工作。二是认真落实执行国家需要重点扶持的高新技术企业，减免企业所得税460万元。三是认真落实从事农、林、牧、渔业的企业税收优惠政策，对6户享受政策的企业免征企业所得税8961元。

【加强出口退税管理，促进地方外向型经济发展】 针对增城市纺织服装业、摩托车行业出口比重大的状况，及时将最新出口退税政策通知有关企业，为企业调整经营策略提供政策支持。同时，制定拓宽出口退税预申报渠道、加快出口退税审核进度、增加退库办理批次、提高函调工作效率等措施，保证“当月申报、当月审核、当月退税”，及时缓解企业的资金困难。征退部门紧密联系，形成出口供企业管理分局、外贸企业管理分局、进出口税收管理科工作联动；以数据分析为着力点，把防骗工作的重点前移到出口供货企业所在的征收管理分局，建立出口产品数据分析预警制度，提高对敏感产品出口退（免）税的监管力度，加强对新办退（免）税企业和业务性质发生改变企业的实地调查力度，切实提高风险防范意识。全年共办理退（免）税11.85亿元，同比下降19%，其中退税额8.85亿元，同比增长20%，有力地支持了全市外向型经济健康持续发展。

【规范执法，夯实依法治税基础】 ①加强内部监督。深入推进税收执法责任制。不断完善税收执法监督内控管理机制，规范税收执法行为，同时，将执法监察与执法考核沟通联系软件功能延伸至各科室，加大信息技术支撑力度，实现信息交换和资源共享。健全规章制度，将税收业务文件清理纳入日常化管理，使税收业务文件更加规范化、系统化。全年共清理文件767份，其中予以全文废止或部分废止文件76份。②整治外部税收管理秩序。由政府牵头，联同地税局、工商局、供水公司、供电局、城管、协税办等单位在全市范围内积极开展清理漏征漏管户工作，全年共派发《责令限改通知书》1375份，已办理税务登记合计1009户，进一步提高税务登记办证率，规范经营环境。做好欠税清理工作。加强对纳税申报的审核和税款监控，建立企业欠税档案，搭建协税护税机制，联合多部门开展追缴欠税工作。严格执行《欠税管理办法》，落实税收保全措施，确保追缴税款及时入库，全年共清理欠税1935.56万元，欠税增减率累计下降3.37%，累计欠税余额比年初减少119万元。加强非正常户管理。通过欠税公告、税款追缴、税收保全和强制等征管措施，注重实地巡查，从源头上避免出现虚假非正常户。截至12月底，已有50多户纳税人解除非正常户认定，纳入正常管理。③建立综合治税体系。以“五五”普法为抓手，以全国第18个税收宣传月为重点，开展“我为增城税收发展献一策”及“漫说税收”漫画大赛活动，结合税宣活动进企业、进政府、进校园、进农村“四进”活动，召开纳税大户座谈会、校园税宣讲座、新政策宣讲会，坚持不懈地宣传各项税收法律法规和政策，扩大税收宣传的辐射面和影响力。借助社会力量，引入综合治理，构建协税网络，发挥行业协会、地方商会等社会机构的协税护税作用。加强纳税信用体系建设，营造诚信纳税的良好氛围。 （郭 嘉）

增城市国家税务局局长 梁妙玲

地方税务

【概况】 2009年，组织税费收入398057万元，同比增长12.93%，增收45587万元。其中税收收入295708万元，同比增长13.33%，增收34779万元，完成广州市年初下达任务的102.68%；省库收入83096万元，同比增长31.51%，增收19909万元；地方库收入170581万元，同比增长19.30%，增收27597万元，完成增城市政府年初下达地方库任务的101.48%；社保费收入82494万元，同比增长12.60%，增收9229万元，征缴率达98%，为推进本市经济发展和社会进步提供稳定充裕的财力保障，充分体现了为国聚财、服务经济社会建设的双重职能。

【税收征管】 ①制定《2009年组织收入工作方案》和《2009年分税种分地区促收工作办法》，成立由局长统筹全面、各分管局领导牵头、相关科室组成的促收专项小组。局领导亲临征管一线督促指导组织收入工作，带头深入重点纳税户摸清税源。党组把收入任务完成情况作为各单位领导班子考核的“硬指标”，稽查局也被首次分配税收任务。②完善重点税源管理模式，成立税源管理和纳税评估办公室，优化配置重点税源管理机构和人员，重点税源税收贡献达到82.78%，同比增长17.02%；加强土地增值税清算，出台《土地增值税核定征收工作指引》，全年土地增值税入库54767万元，增收28835万元，同比增长111.19%，成为增幅最大的税种；加大重点地区、重点行业专项稽查，稽查系列查补入库3316万元，完成全年任务的115.14%，同比增长5倍多，创历史新高；积极开展欠税核查工作，成立欠税核查领导小组，制定欠税核查方案，全年共清理欠税户55户，清理税款入库2273万元；开展股权转让、餐饮业、专业市场等专项检查也取得良好效果，补缴税款500多万元；纳税评估工作取得新进展，全年评估业户820户，评估税款、滞纳金累计5509万元。③市社保费征收管理工作步入规范化、制度化轨道，整体征收管理工作顺利通畅。努力做好增城市城镇老年居民养老保险、医疗保险和农村社会养老保险的征收工作。全年共征收社会保险费8.25亿元，同比增长12.60%，涉及参保16万人，征缴率达98%。

【依法治税】 深入开展综合检查工作，通过制定方案、落实培训、全面排查、分析原因、督促整改，对全局的税收执法、行政管理和党风廉政建设方面等情况进行全面检查。强化税收执法监督，开展日常税收执法检查，成立日常税收执法检查小组，制定日常税收执法检查工作方案，并针对检查的情况及存在的执法风险点，制定《增城地税领购发票工作指引》、《土地增值税清算指引》、《未达起征点双定户操作指引》等管理措施，最大限度发掘税源增收潜力，对打好2009年组织收入攻坚战起到较大的促进作用。

【纳税服务】 创新纳税服务手段，加强咨询服务建设，新设QQ在线咨询，全年共为1902人次提供在线咨询服务，受到纳税人的欢迎和好评。2009年全局共受理纳税人的咨询15568人次，同比增长27.95%。创新纳税宣传形式，举办"漫说税收"漫画大赛、"我为增城税收发展献一策"征集活动、"税收·发展·民生"主题户外现场咨询、税法宣传进校园和"购物进超市，税法带回家"等税法宣传活动，增强广大市民的纳税意识，营造良好纳税氛围；在增城日报开设《地税之窗》和增城电视台开设《地税知多D》两个税宣栏目，务求让广大市民和纳税人对税收政策和市局工作有更多的了解。全年共在各级新闻媒体刊发新闻409条次。②积极及时处理群众上访，依法保障纳税人权益。2009年7月，澳美公司因市局稽查局对其法人代表实施阻止出境发生群体上访事件，上访次数和参与人员是本局机构分设后从未遇到的众多人数上访，共计160多人次，影响面较大。市局从维护社会稳定、扶持企业发展大局出发，在澳美公司日常税收管理已划归其他区局的情况下，积极主动不推诿，通过上下协调、内外沟通，切实做好上访人员的分流、解释安抚和答复工作，上访事件得以平息。

【队伍建设】 ①优化人力资源配置，通过竞争上岗和民主推荐选拔任用了科级领导职务5人和非领导职务8人；做好部分干部交流轮岗的工作，共对科级干部及以下干部19人进行了交流轮岗。对各分局内设机构重新设置，在各分局至少设1个重点税源管理股，并重新统筹调配税收管理员和重点税源管理员。加强素质教育，开展以提升岗位适应性为重点的分级分类培训，干部队伍整体素质不断提升；继续推进能级管理改革，196名税务干部获得能级评定资格，126名税收管理员参加能级评定考试；加强和谐地税文化建设，组织干部87人外出培训；组织青年干部、职工参加由广州市局工会组织举办的羽毛球分站赛并取得混双第一名的好成绩；开展纪念"五四"运动90周年暨吉它演奏欣赏会的组织活动；按照增城市委开展"创建文明城市"主题活动的要求，组织青年、团员参加"文明出行月"交通志愿服务、巡查街道为主题的实践活动。②全面贯彻落实"三五"规划。制定《贯彻珠三角发展规划和"三五"规划实施意见》，引导广大干部全面系统学习规划内容，广泛开展"学规划、讲规划、用规划"活动，强化理念导入，凝聚发展共识。

【廉政建设】 在抓好党风廉政建设方面，全面落实党风廉政建设责任制，注重发挥专职纪检监察部门执法监督作用，开展研讨活动和专项案件警示教育讲座，利用近年来增城发生的案件教育警醒干部职工，以案说纪，以案说法；认真开展党课教育、"三纪"教育培训和中层干部集体诫勉谈话，依托惩防体系信息管理系统积极推进科技防腐。在强化"两个风险"防范方面，积极开展廉政监察、巡视督察和风险排查，编印《2009年廉政风险防范备忘录》；组织开展税企廉政联防活动，积极构建廉洁和谐的征纳关系；举办廉政文化创建和家庭助廉教育活动，干部与家属共同接受教育，共同维护税务队伍的和谐稳定。（蓝春凤）

增城市地方税务局局长 潘伯长

金融、保险

【中国人民银行增城市支行】 2009年，人行增城市支行（以下简称支行）认真实践科学发展观，以落实央行货币政策、提高金融服务水平为目标，以加强内部管理、推进基层央行和谐建设为重点，认真履行各项职责，有效推动地方经济健康、持续发展，为构建和谐金融作出贡献。

货币调控政策得到较好贯彻执行，金融运行情况良好，有效促进地方经济和谐发展 一是以金融联席会议、政银企会议为载体，加强与地方政府及相关部门、金融机构的沟通协调，形成政策执行合力。为积极应对国际金融危机，及时与增城市经贸局承办增城市政银企对接会，传导货币政策意图，引导金融机构加大对中小企业的信贷支持。二是加强经济金融运行中热点问题的调查研究，为上级部门和地方政府决策提供依据。开展《中小银行进入对县域银行业市场竞争度影响的研究：广东增城案例》重点课题调研；就金融危机对经济金融的影响、农村金融体制改革、农村土地流转及金融服务创新等有关情况进行专项调查，完成多篇有区域特色的调研报告。在与地方及其职能部门的信息交流中，就支持金融机构设立中小企业信贷专营服务部门、进一步拓宽中小企业融资渠道、鼓励引入担保公司、全面推进进出口收付汇核销制度改革等金融服务方面的建议被增城市政府纳入"增城市政府部门强化优质服务促进健康增长的工作措施"，有力发挥基层央行的政府导向作用。三是紧密结合《珠江三角洲地区改革发展规划纲要》，合力推进广佛肇、深莞惠金融服务同城化工作。四是做好金融统计和贷款卡管理工作，提高金融服务水平。2009年共为企业办理贷款卡367户，贷款卡年审1519户。

做好现金管理和反假币工作，提高辖区反假币水平　一是认真做好反假币的宣传、培训及鉴定等工作，提高辖区反假币水平。协助辖区金融机构开展2009年“反假货币宣传月”和“爱护人民币宣传月”活动；组织3场辖区金融机构反假货币知识考试，有51人通过考试并领取上岗资格证书；继续推进反假货币宣传网络站（点）建设，2009年辖区金融机构各增加建设了1到2个宣传站（点）；配合公安部门大力开展打击制贩假币的“09行动”以及做好“10·11贩卖假人民币”案件的侦破工作，及时对破案缴获实物进行真伪鉴定和清点入库；对辖区18家金融机构34个营业网点进行反假货币业务执行情况及人民币收付业务现场检查。二是加强现金管理，进一步规范辖区金融机构现金收支行为。督导辖区金融机构大力开展“打击银行卡犯罪，构建和谐支付环境”宣传活动，切实预防和打击银行卡犯罪。

加大反洗钱法规宣传培训力度，健全反洗钱内控制度，积极推动辖区银行、证券、保险业反洗钱工作的全面开展　对辖区38家银行、证券、保险业金融机构的反洗钱工作进行绩效评估；部署金融机构对2008年9月发生的大额现金收支情况进行统计；组织辖区金融机构反洗钱工作暨培训会议；上门为辖区保险公司和证券公司进行反洗钱知识培训；部署辖区金融机构开展“反洗钱宣传月”活动。

进一步规范支付结算、国库业务管理，消除风险隐患，确保资金安全　一是进一步夯实支付结算、国库会计基础工作，加强内控制度建设，全面修改各项支付结算、国库内控制度，查找风险隐患，进一步防范资金风险。实行国库业务岗位人员强制休假制度、行领导、科室负责人定期到增城市财局对账制度以及定期检查国库及支付结算网点业务重要空白凭证、岗位责任制执行情况等制度；创新县级国库事后监督模式，实行国库业务与监督职能分离，从2009年8月起，将原会计国库科负责的国库事后监督业务移交到办公室负责。二是加强国库监督管理，对辖区农信联社国库经收业务进行现场检查，对现场检查存在的问题提出整改意见。

创新外汇管理方式，加强外汇管理，提高外汇服务水平　一是大力推进贸易便利化，加大服务经济发展力度。认真做好外管局广东省分局关于支持地方外经贸发展若干措施的政策宣传，提高银行、企业对出口收结汇联网核查政策和核查系统功能的认识，对信誉良好的企业实行出口收汇总量联网核查，简化企业申请比例结汇和临时额度的审批程序，适当提高出口企业可收汇额比例，进一步便利企业对外贸易活动。针对企业因为出口收汇逾期核销时间过长难以办理出口退税的问题，联合国税、外经贸等部门召开出口退税业务协调会并达成共识，在确保企业货物真实出口的前提下实行特殊政策，便利企业出口退税。二是积极主动做好跨境贸易人民币结算宣传和推广工作，协调相关部门加强政策宣传和引导，鼓励企业开展跨境贸易结算业务。三是加强外汇监管，增强风险防范能力。完成对辖区3家外汇指定银行国际收支间接申报的现场核查。四是认真做好外汇政策的宣传，加强外汇调研和信息反馈。开展“诚信兴商”宣传活动，在辖区外汇指定银行以及外管部门对外营业场所张贴宣传画80张。

坚持以人为本，加强支行党的建设、干部队伍建设和内部管理工作，切实推进党风廉政建设　一是加强和改进支行履职能力建设，积极推进支行职能改革。内设机构调整后支行共设办公室、综合业务科、会计国库科、外汇管理科、国际收支科（反洗钱科与国际收支科合署办公）、从化办公室、从化综合业务科等7个科室。二是立足长远，大胆推动医疗保险体制改革，顺利完成支行加入地方医保工作，并制定本单位干部职工、退休干部的医疗补助制度，初步形成职工医疗保险可持续发展的管理体制。三是做好依法行政、政务公开、新闻宣传、保密、应急管理、安全保卫、后勤保障等各项工作。开展对辖区广发行增城支行的综合执法检查工作，做好庆祝新中国成立60周年对外宣传活动，在《增城日报》刊登宣传资料，向社会公开宣传支行机构、职能演变历程以及增城辖区不同时期金融业务发展情况、金融业在改革开放以来取得的成果等情况。四是积极发挥党、团、工会等组织的协调作用，不断扩展基层央行文化建设内涵，树立优良的行风行貌。工会积极开展“献爱心、送温暖”活动，全年对支行生活困难职工29人次送上生活困难慰问金共9700元；倡议全体干部职工为因病住院做手术的困难职工家属捐款14110元、为汶川地区中小学生捐款3820元。为丰富干部职工的文化生活，改造支行阅览室，充实阅览室书籍，优化读书环境，以此营造良好的求学、求知氛围。为庆祝新祖国成立60周年及迎接2010年广州亚运会，工会牵头组织举办增城市金融系统“庆国庆、迎亚运”男子篮球比赛，辖区商业银行、证券公司等13家金融机构参加这次活动。通过开展上述各项文体活动，进一步增强支行干部队伍的凝聚力，促进支行和谐发展。（凌春华）

中国人民银行增城市支行行长　黄昌隆

【中国建设银行增城支行】　2009年，增城支行坚决贯彻执行省分行各项经营管理决策，对内强化基础管理，对外强化市场拓展，较好地完成年度各项工作任务：一般性存款余额77.66亿元，比年初新增14.83亿元，增幅23.61%，新增四大行市场占比列第2位，这也是支行继07、08年两次列第1后第3次列前2位。其中，企业存款余额28.64亿元，比年初新增7.59亿元，增幅36.04%；个人存款余额49.02亿元，比年初新增7.25亿元，增幅17.35%，新增额四大行占比保持第1位。资产质量保持良好。不良率和不良额稳居系统和当地前列。

突出重点，狠抓发展，优化配置，明确导向，推动业务快速发展　一是与相关职能部门建立良好合作关系，突出从源头上抓存款。二是突出抓好大项目优质客户、个人住房贷款资产业务的营销，做大资产规模。三是始终抓好高收益战略性业务，中间业务实现新突破，四行市场占比前移1位到第2位。四是完善绩效考核办法，加大激励约束力度，推动业务快速发展。重新完善和细化支行管理问责办法，实行季度工作目标包括单位季度工作目标和个人季度工作目标的考核管理，有效调动全行员工工作积极性。

完善内控管理，强化风险防范，为业务发展保驾护航 一是加强内控管理，确保平安。深入开展“安全年”活动，认真落实纪检监察特派员制度，组织好防抢、防盗、防诈骗等专项预案演练，全年共成功防范和堵截各类诈骗25宗，避免经济损失43万多元；二是加强会计基础管理，提高会计管理水平。09年共有2个网点通过二级单位验收，实现所有网点均达到二级单位以上目标；三是加强信贷基础管理，提高信贷风险管理水平。通过加强信贷基础管理，支行信贷风险管理水平得到明显增强，在省分行对辖内二级分支行的风险管理评级考核中，风险管理等级为A级，列全省第3。

以客户为中心，全面提升服务水平 一是深化网点二代转型工作，着力打造了省分行样板点，为基层网点发展树立标杆；二是加大渠道建设力度，提升支行网点的销售能力和服务水平；三是开展柜面业务技能竞赛活动，提高一线柜员点钞、打字、电脑数据录入等业务技能，柜员服务水平得到提升。

加强队伍建设，队伍素质得到加强 一是加强支行管理人员、客户经理和柜员业务培训。员工队伍整体素质得到提升；二是鼓励通过自学提高学历和考取称职，对取得学历和称职的员工实行奖励，有力调动员工的学习积极性。

加强企业文化建设，以人为本，关爱员工，增强凝聚力 一是关爱员工，关心员工生活，为员工解决实际问题；二是定期举办文体活动，每周定期开展足球、篮球、羽毛球兴趣小组活动，先后开展员工迎春晚会、登山、“三八”妇女节、中层干部户外拓展、优秀员工外出旅游等形式多样的活动，增强员工的团队意识，提高队伍凝聚力。 （刘赞平）

中国建设银行股份有限公司增城支行行长 石中心

【中国农业银行增城支行】 2009年1月16日，中国农业银行股份制改革顺利挂牌。增城农行以农行股改为契机，积极开拓市场、坚持严抓内部管理、努力提升企业形象，全年实现持续稳健发展。

业务发展势头良好，经营业绩创历史新高 各项存款余额达到924677万元，比年初增加110570万元；各项贷款余额268986万元，比年初增加59097万元；中间业务收入在当地市场份额进一步提升，业务经营转型成果不断深化；经营效益不断提升，连续5年实现利润超亿元。

管理水平不断提升，实现全年安全运营 一是通过加强员工思想行为排查、坚决执行员工违规积分管理办法、加强网点操作风险防范、组织培训和开展业务技能通关测试等方法，进一步强化道德风险和操作风险管理；二是通过积极推进信贷经营管理体制改革、积极做好权限范围内审查工作、完善分层次的贷后监督检查体系等途径促进信贷管理水平提升，各项信贷风险指标均完成了全年任务；三是开展案件风险排查活动、案件防控“八查”工作、安全保卫精细化管理活动及岁末年初案件防控活动，保障全年安全运营。

金融产品愈加丰富，专业团队理财有道 基金、保险、“本利丰”、“双利丰”、“安心得利”、“存贷双赢”、转帐电话、手机银行、网上银行等产品不断丰富，深受客户欢迎，配以增城农行优秀、专业的理财团队，有效提高客户资金收益率。

大力推进网点装修，营业环境焕然一新 投入巨额经费，全年共完成永新、碧桂园、大敦、仙村、石滩、三江、荔城、福和等8个网点的装修，硬件设施大幅改善，营业环境焕然一新。此外，自助设备投入进一步加大，全年新投放20台自助设备，进一步方便了群众的日常需求。

标准服务导入完成，服务水平不断提高 上年在全行所有网点开展规范化导入活动，对全行服务工作进行系统性的培训、引导和监督，使服务质量有了进一步的提高，客户满意度不断提升。

积极履行社会责任，广泛开展“三农”业务 在总行服务“三农”的号召下，认真履行服务“三农”职责，全年开立惠农卡31265张、小额农贷授信3542户、惠农信用卡938张。对农户日常结算需求、融资需求以及普及农村金融知识等方面贡献了一份力量。

营造和谐进取的企业文化 一是充分关爱员工，为员工购买防流感药品，寒冬来临时深入大学生宿舍嘘寒问暖，送上棉被、热水器和洗衣机，在节日慰问困难党员和困难员工，看望生病住院的员工等等；二是努力培养青年员工奋发向上的情操，开展青年员工户外拓展、青年志愿者金融知识下乡服务、青年员工“使命与责任”演讲比赛、组织新员工进行增城一日游、代表省行营业部参加省行庆祝建国六十周年大型文艺活动等等；三是积极参加上级各项活动，赛出佳绩、赛出风貌，如参加省行营业部电子银行知识竞赛获得第一名，参加市金融杯篮球赛获得第一名，参加营业部系统篮球赛获得第三名。 （黄　强）

中国农业银行股份有限公司增城市支行行长 李　锋

【中国农业发展银行增城市支行】 2009年，支行人均存款额为461万元，各项存款日平均余额为8764万元，同比增加6736万元，增幅332.15%；不良贷款余额为零；资产利润率为2.42%，实现账面利润为2007万元，期末资产月平均余额83063万元，资产利润率为2.42%，比同期的2.30%上升0.12个百分点；人均利润为105.63万元，实现帐面利润2007万元，同比增加1639万元，增幅445.38%；人均贷款为4352万元，各项贷款月均余额82681万元，同比增加81813万元，增幅523.94%。

巩固传统业务、积极开拓新业务 ①巩固传统业务。1~12月份，累计发放政策性贷款9307万元，其中：储备贷款6927万元，准政策性贷款2380万元。②积极开拓新项目贷款，创历史先河。2009年3月30日，支行在总行、省行和省行营业部的大力支持下，以50天的速度成功营销投放一笔农村基础建设中长期项目贷款8亿元。项目贷款用于支持增城市政府为回购已竣工投入使用的荔新公路企业经营性项目转为非经营性项目。该笔贷款的成功营销发放，创农发行系统支持地方政府回购公路融资项目先河。③贷款总额。2009年底各项贷款余额95752万元。1.地方储备粮贷款11749万元。其中：（1）省级储备粮贷款1427万元；（2）广州市级储备粮贷款6082万元；（3）县级储备贷款4240万元。2.准政策性粮食收购贷款1980万元。3.商业性贷款80000万元。4.保护价粮价差亏损挂账贷款94万元。5.附营业务停息挂账贷款1929万元。

强化内控内管，进一步夯实经营管理基础 ①强化信贷基础管理。为进一步加强管理，防范和化解各类风险，提升案件防控水平，开展案件排查工作，对照《案件排查重要环节和重要风险点》所列的14个重点排查环节和64个重要风险点，进行全面排查。加强对企业资金运动全过程的监控管理，克服重贷轻管思想，严防挤占挪用。严格执行“核库供贷、购贷销还、库贷挂钩、封闭运行”办法。利用CM2006系统关注每笔贷款变化情况，提高对贷款质量的监测水平，实现风险管理关口前移。②强化财会基础管理。要求财会人员严格按规操作，力求财会工作规范化、精细化，确保各项结算业务安全。完善营业服务设施，规范服务标准和行为，提高服务质量和服务效率，为客户提供“高效、快捷、优质”的金融服务。开展财会自查工作，保证依法合规经营。③深入开展“信贷管理年”活动。支行成立“信贷管理年”活动领导小组，做到一级抓一级，层层抓落实。制定活动计划，明确“信贷管理年”活动的总体要求、工作目标、活动内容、实施步骤，使“信贷管理年”活动能够有计划进行，确保不走过场。④加强综合档案的规范化管理。制定综合档案收集归档、保管、销毁等一系列管理制度，明确各部专兼职档案员的职责。这一年，经上级行档案检查验收后评为优秀。⑤积极稳妥推行行务公开。通过局域网、传阅文件、张贴公告等形式进行行务公开，有效推进支行的政治文明建设。

积极推行员工双向选择竞争上岗 有效配置人力资源，充分挖掘内部潜力，完善激励约束机制，合理拉开收入分配差距，进一步调动员工的积极性，立足解决业务发展与现有人员的结构性矛盾，克服收入分配上的平均主义，促进支行业务发展和员工全面发展。根据省行营业部的要求，结合支行实际，在11月24日前完成支行中层干部竞聘上岗及员工双向选择竞争上岗工作。（赖浩梧）

中国农业发展银行增城市支行行长 何锡概

【广东发展银行增城支行】 2009年，广东发展银行增城支行在上级的正确领导下，迎难而上，积极拓展市场，提高经营效果，强化内控管理，促进各项业务稳健发展。年末，人民币存款余额为325768万元，比上年同期（下称同比）增加75300万元，增长30.06%；各项贷款余额81950万元，同比增加29370万元，增长55.86%。中间业务稳步上升，实现利润3200万元，同比增加200万元，增长6.66%。

银政联动，扩大负债规模 负债业务再创新高。支行把存款作为业务发展的基本点，加大拓展对公客户的力度，配合当地有关部门做好二项工作：一是年初广州市实行社保基金管理模式的改革。支行积极协调行内外各方面的关系，顺利解决电子化清算系统的对接问题，确保这项关乎民生的政务改革顺利实施。二是6月份根据增城市财政局改革资金清算模式的需要，在上级行的支持下完成开发代理财政预算外资金清算应用系统上线。维持财政支付等业务的持续发展，并赢得一批新的客户。带动存款的增加，并一度将存款规模推上35亿元新台阶。

抓住机遇，提高资产份额 根据上级行信贷政策指引，支行抓住地方经济发展的机遇，力促资产业务增长。一是以个贷业务为重点。把握本市楼宇基建活跃的机遇，拓展住房按揭贷款业务。二是着力发展公司业务。借助上级行推广“好融通”品种的契机，想方设法拓展中小企业融资业务，促进对公贷款较快增长，积极支持地方经济建设。

迎难而上，拓展中间收入 09年，国际金融风暴的影响尚未消除，使中间业务发展困难重重。支行采取一系列措施拓展中间业务。一是加大宣传力度。积极利用各种媒体宣传推介业务。二是开展营销活动。采取邀请客户参加真情理财大学堂，组织走进社区开展理财营销等系列活动。三是加强银企合作。在大型超市增设ATM、POS机等设施，为企业提供一揽子金融服务。并积极拓展信用卡消费特约商户，营造信用卡消费环境。四是拓宽国际结算业务渠道。通过创新贸易融资品种，增加汇兑收益。支行被评为广州分行系统2009年度国际结算规模先进单位。

整合资源，促进科学发展 一是理顺管理架构。实行公司业务和个人业务分离，进一步明确部门的工作职能，厘清了条线管理模式。二是整合人力资源。①调整充实市场拓展力量。通过内部转岗减少行政人员，增加客户经理。②实施网点负责人重新竞聘，有效地激活了骨干队伍，为业务提速发展注入生机。三是完善考核机制。在分行的考核框架下，支行结合实际进行细化，调整业务指标的考核权重，加强费用和效益工资发放的调控，体现以贡献度衡量优劣，按业绩计发薪酬的特点。

加强内控，保障稳健经营 一是加强员工教育。支行结合专题学习活动，召开有关会议等，不断加强员工道德教育，使大家树立正确的人生观和价值取向，走好职业生涯的每一步。二是梳理相关制度。支行结合管理架构的调整，重新修订有关制度，出台《增城支行制度规范手册》。进一步明确机构职能、岗位责任、工作制度、操作规程、服务规范、职业操守等内容，使员工的行为规范有章可循。三是强化约束力度。①加强对员工的督导。内控管理“细、实、严、衡”的方针，坚持把常规检辅和专项检查有机地结合起来，加强重要岗位、风险环节的监管。②加大考核惩处力度。对监测发现的问题及时进行通报，严格落实惩诫措施，强化员工对规章制度的执行力。全年，支行未发现员工有违规违纪行为，业务运营无出现重大差错事故，确保了资产质量良好。（陈晓勤）

广东发展银行增城支行行长　梁志辉

【招商银行广州增城支行】 2009年，支行围绕分行年初工作部署，认真贯彻“抓住机遇上规模　严格管理防风险　奋力拼搏增效益”的指导思想，积极应对外部严峻的经营环境的挑战，克服地处偏远，客户基础薄弱等困难，扎实推进“双百工程”，树立因势而变的经营理念，通过抓客户基础、抓客户服务、抓资产业务、抓内部管理，管理与发展并重，不断赢得客户的信赖和支持，支行公司银行部办公室荣获2009年招商银行广州分行“先进班组”荣誉称号；各项主要业务保持稳健持续的发展态势。截止2009年12月末，全行折人民币各项存款102502万元，比年初增加39444万元，创增城支行开业以来的新高。其中储蓄存款余额31203万元，比年初增加6674万元，增幅27.2%；对公存款余额71299万元，比年初增加32770万元，增幅85.05%。折合人民币自营贷款67009万元，其中对公贷款38512万元，比年初增加23841万元，个人贷款28498万元，比年初增长12323万元；全年累计贴现50373万元。全年经营利润1375万元，提前完成分行下达利润计划137.5%。

积极推进“双百工程”　支行积极响应分行开展“双百工程”的活动，早行动和早策划，成立支行“双百工程”领导小组和推进方案，确定负债、资产、客户基础为全行主要工作的重点。一是是积极利用政府信息平台、行业信息平台、总分行CRM系统数据信息量和现有企业上下游客户推介等有效办法，多管齐下，多方寻找和挖掘客户资源。二是对目标客户进行较深入的前期调查，尽量掌握客户的经营特点和业务需求，通过为客户制定专门的金融服务方案，加强精准营销，同时通过各种途径加强与客户的联谊沟通等拉近与客户的距离，增强营销效果。三是加强与广州证券的合作，派人驻点积极开拓第三方存管户，并与广证联合举办大客户活动联谊会、贴心理财等方式，发掘大客户，扩大我行的“金葵花”队伍，上半年支行的第三方存管已提前完成分行下达的任务，第三方存管客户成为支行金卡及金葵花客户的重要来源。四是加强服务，加强营业厅客户服务与宣传，做好礼貌服务，同时健全客户经理负责制度，主动为客户提供各种金融信息的咨询、宣传活动，赢得客户的信赖与支持，从而促进业务发展。五是加大考核力度，制订比较公平公正的支行考核方案和“双百工程”竞赛方案，发挥员工的客户资源，将任务落实到个人，奖励业绩优异的员工和客户经理，加大对后进员工的处罚力度，营造人人为“双百工程”作贡献的良好氛围。

有效拓宽利润增长渠道　在对公资产方面，一是深刻领会总分行的资产业务政策，尽量做总分行支持、鼓励资产业务。二是广泛发动全行员工，特别是加大对客户经理的资产业务考核力度，要求每个对公客户经理每月至少营销一户资产业务，对每成功上报的进行奖励，对未完成上报的进行处罚；三是加强与分行相关部门的充分沟通，尽量减少分行与支行在对客户认识了解上的信息不对称的局面，使分行相关审批部门不存在审批上的盲点，在符合相关政策，条件的基础上加快审批的速度；四是加强对客户的沟通，尽量用人性化的服务弥补我行的竞争劣势，同时，用心做好已审批项目的用款、放款工作，争取早投放早收益；五是充分利用发挥分行资产业务新品种，如：国内保理、NDF、信保融资、担保公司担保贷款等，根据客户的业务特点和需求制定出切合客户实际资产服务方案。在个人资产方面，一是加大支行个贷业务的宣力度，在增城各大楼盘、电台、电视台、报刊同时投放理财贷、随借随还、信用贷款等特色产品，扩大口碑影响力；二是在内部优化流程建设，缩短审批流程，提高效率；三是全行动员，全行冲刺，对全行每一个员工均下达个贷任务，要求每个员工充分动员亲朋前来作个贷业务或转介绍业务；四是强化优质服务，通过优质服务带来存量客户的转介绍业务。

突出负债业务，支行存款创新高　一是通过资产带动，支行资产客户以中小企业为主，据统计，资产业务对存款的派生超过100%；另外，通过个贷业务，对私存款带来一定增长；二是通过产品带动，通过DF、NDF等特色业务带来一批新客户，增存约18000万元；三是通过内部激励考核带动，促进各客户经理想尽办法提升其负债业绩；四是通过新户拓展与老户挖潜带动，全年新户增存超1亿元，深度挖潜一批老客户，增存近4000万元。

加大员工的业务培训和安全意识教育　积极发动员工学习新业务，利用休息时间跟班学习各种不同岗位所必需的知识，除支行部门之间开展的三级培训外，行领导还对员工进行业务知识辅导，并对全体员工进行多次业务考试，使员工增长了见识，掌握更多的服务技巧和可操作性，更好地为客户提供优质服务，支行会计部荣获分行2009年度业务技术团体比赛“业务技术优秀支行奖”荣誉称号。同时，抓好案件专项排查、柜台员工操作风险排查和员工异常行为排查，结合支行实际情况，分条线进行内控安全管理、会计业务、零售业务、信贷业务等方面的自查与排查，全年共开展安全、消防知识、内控、反洗钱学习30次，参加人员508人，开展全行性合规知识和反洗钱知识考试8次，促使员工对支行合规理念、安全防范意识教育和纪律教育的认同。支行领导、业务部门主管和办公室严格执行内控管理制度，落实好节前安全教育和节前、月度安全检查，并有针对性地通过抽查录象、月度查库查尾箱和日常检查，通过调阅监控录象抽查101次。支行领导还组织突击检查，及时发现业务操作过程中的隐患和存在问题，并一一督促员工整改落实。另外，将班后安全检查的隐患情况和处理结果知会全体员工，全年共发班后安全检查23期，有效地监督部门和员工落实整改，使存在问题得到解决，既做到不走过场又起到举一反三的作用，提醒员工防止类似的问题发生。（曹丽芬）

招商银行股份有限公司广州增城支行行长　高燕青

【中信银行增城支行】2009年，支行积极开拓各项业务，连续两年实现超常规、跳跃式科学发展。截止2009年底，各项存款余额13.83亿元，比年初新增3.46亿元，增长为33.37%；人民币各项贷款余额6.02亿元，比年初新增4.09亿元，增长211.92%。实现考核利润1717万元，其中对公负债、资产业务及国际结算业务的拓展成效显著，是增城支行2009年业务的新亮点。

树立中信银行品牌，狠抓存款工作　存款是开展资产业务和中间业务的基础，是保证支行持续、稳定、快速发展的重要因素，因此，增城支行高度重视，发挥不畏困难、连续作战的拼搏精神，千方百计强抓存款工作，通过优质的服务，优良的银行产品，加强政府与银行、企业与银行的良性互动，促进对公存款的快速增长，并越做越大、越强。使中信银行在当地拥有一定份额的存款规模，在同业中引起强烈反响，树立了中信银行良好的品牌。以服务当地经济为主流，以增城特色企业为营销重点，发挥中信银行产品优势，开拓工商企业市场。2009年，支行继续锁定增城市支柱产业、知名企业、优质特色企业为目标客户，针对不同客户群体，分别举办“中信银行增城支行周年志庆高尔夫球邀请赛”、“人民币跨境结算政策解读及业务推介会”、“个人经营性贷款业务推介会”等营销活动，与增城市名牌企业、优质特色企业、高端客户建立良好业务关系，树立中信银行品牌。

积极开拓财政授权支付业务，强化基础工作，深入挖掘潜力　2009年，依托获得增城市财政授权支付中标资格，积极拓展财政授权支付业务，通过财政授权业务带动，进一步加深支行与政府、财政部门的合作关系，为拓宽增城市财政预算单位及政府基础设施项目奠定了坚实的基础。

快速、稳健开拓资产业务　在风险可控的前提下根据国家宏观经济政策，将市政类、基础设施类项目及大型企业作为拓展重点，敢于切入，成功对市内一批骨干企业授信。努力推动个人经营性贷款业务，成效显著。由于支行在基础管理、授信审查、贷后管理等方面工作到位，风险掌控能力强，从2007年开始至2009年底累计发放贷款138620万元，收回85723万元，开立银行承兑汇票4640万元，实现了零不良的良好佳绩，在当地银行同业处于领先地位，保证资产业务的又好又快发展。

树立全面优质服务形象，强化柜台服务管理　在日常的工作中，增城支行柜台业务涉及授权支付等业务品种，柜员综合业务水平会直接影响服务的形象，因此，增城支行整合资源，加强前后台之间的联动和信息畅通，提高服务效率，对授权支付等业务和重点客户实行专窗服务，通过定期和不定期举办柜员业务知识和业务技能的培训、测试，切实提高柜员综合素质、服务水平和服务效率，为客户提供全面优质服务，令到每位客户都开心而来满意而去。

加强网点建设　自新塘支行开业以来，增城支行进行人员配置、硬件补给和资源整合，通过定期、不定期的向各行业协会举办各种类型的沟通会、产品推介会等营销活动，支行进一步加大在新塘的广告宣传力度，多次通过电视台、报刊等新闻媒体进行形象宣传和业务宣传，为新塘支行基础建设铺下坚实的基础。

抓好基础管理，防范经营风险　2009年，增城支行在加快业务发展的同时，也没有放松对基础工作的管理。完善了安全保卫、业务操作流程的管理，把督导工作贯彻于日常工作中，防范经营风险，确保全年工作无事故、无案件，实现全年各项业务的安全运行和健康发展。（王志雄）

中信银行增城支行行长　叶为民

【广州农村商业银行股份有限公司增城支行】2009年，广州农商行增城支行“以促进转制为契机、以保证增长为核心、以优化管理为基础、以控制风险为主线、以提升文化为抓手”的指导思想，及时调整发展战略，改革组织架构，强化经营管理，完善激励机制，群策群力，稳步推进各项业务发展，取得了可喜的成绩，2009年综合考核排名位列总行全辖第一。年末，各项存款余额119.1亿元，占增城金融机构存款总额的19.03%，在增城各金融机构中继续居于首位，比年初增加17.8亿元。其中对公存款余额32.8亿元，比年初增加9.9亿元；储蓄存款余额86.5亿元，比年初增加7.9亿元。存款总量尤其是对公存款的大幅增长，主要得益于与政府合作的深入，导致机构存款和涉政贷款派生存款的增加。各项贷款余额52.7亿元，比年初增加12.8亿元。其中公司贷款余额42亿元，比年初增加12.2亿元；正常个人贷款余额9.9亿元，比年初增加4.4亿元，是增城支行近五年来个贷投放量最大的一年。年初，支行不良贷款全部移交羊城信用社。年末，新产生不良贷款仅2万元，资产质量良好。个人中间业务收入2519万元；累计保险代理额10235万元；银行卡开卡121819张；拓展POS机66台；完成国际结算5826万美元。全年实现考核利润1.7亿元。

高度重视，切实配合做好改制工作　为配合改制的前期准备和期间的各项工作，增城支行领导班子高度重视，成立相应的领导小组和工作小组，领导和全支行员工严格按总行工作组工作任务要求，按时按质完成了清产核资、增资扩股、股金确认等相关重要工作，积极配合全行的统一行动。同时，配合广州农商行总行实行“统一管理、集中运营”资金管理模式的相关工作；配合落实原“市联社第二届社员代表大会代表选举”活动；配合做好新一代系统上线的各项工作。

改革管理模式，优化资源配置　①精简管理部门，构建分工明确的营销架构。将原来8个管理部门精简为6个，提高办事效率。并在直管营销部门和分社的基础上，将各市场营销部和部分有代表性的分社改造成4个公司业务部和9个综合分社，强化市场控制力，更好地适应恶劣的市场环境。同时对“两库”合并，业务统一集中管理。②减少管理岗位，合理配置资源。年初，将全支行所有中层岗位面向员工推出，并通过公开、公平、公正竞聘，中层岗位由原来43个减少到30个，并将原中层人员分流到一线；通过终止劳动合同、人员置换、内退等方式，促使业务能力较差的员工退出岗位，并面向社会招聘一定数量的大学毕业生，为支行经营管理工作增添了活力，提高全员的工作积极性。

加强沟通，制定措施，加大业务拓展力度 ①增城支行积极与政府、村社、商会沟通，构建良好的政银企合作平台。通过举办“合力共商增城新发展—2009年广州农信与增城市政企高层交流会”，参加增城市政府组织的“增城银政企对接会”、村社座谈会，走访政府、企业和村社等方式，与增城市政府、村社、知名企业深入交流，了解客户需求，政银企合作不断加强，有力支持了增城市地方经济及农业产业化的发展。②借助增城地区经济发展需求，强化重点营销。利用增城市大力开展城市化建设的机遇，积极涉足当地和周边城市的优质开发项目，稳步增加教育贷款投入，加大力度支持中小企业发展。③完善激励机制，提高营销意识。制定相关营销考核办法与措施，开展产品营销竞赛活动，提升柜台服务质量，完善客户经理管理机制，并加大对客户经理的考核力度，实行网点业绩挂钩制，全面调动员工营销的积极性，促进了业务发展。

狠抓内部管理，强化风控能力 认真落实风控制度，有效防范和化解信贷风险。积极做好“贷款三查”工作，消除风险隐患；加强案件防范，提供安全可靠的服务。贯彻落实各项安全保卫制度，加强安防、消防设施维护管理，落实日常的安保措施，加强案件防范和打击力度。2009年度增城支行在巡查伏击行动中共抓获不法分子2人，成功堵截ATM诈骗案件2宗，挽回客户资金损失5956元。

服务员工，培育良好的企业文化 积极关心职工生活，春节期间对特困和患重病的在职、离退休职工及烈属开展“送温暖”慰问活动；为困难员工办好事实事，组织全支行员工进行身体检查；组队参加各项文体活动，如广州农商行总行第五届业务技能比赛、“我与农信同发展，共成长”征文演讲比赛、增城市篮协杯男子篮球赛及增城市金融杯男子篮球赛，取得了一定的成绩。主动开展各项职工喜闻乐见的文娱活动，如卡拉OK比赛、女职工外出活动、党员座谈会、团员户外活动等，丰富了员工业余文化生活，全面提高员工的向心力和凝聚力。

（吴梨艳）

广州农村商业银行股份有限公司增城支行行长 彭志军

【中国平安财产保险股份有限公司增城支公司】 2009年，中国平安财产保险股份有限公司增城支公司全年实现保费收入7300多万元，比上年增加2300多万元，同比增长47.2%。其中机动车辆保险保费收入7100万元，财产险170多万元。意外健康险110多万元。全年处理案件13354笔，赔付金额2500多万元。

继续深化渠道改革和经营创新 2009年增城支公司继续围绕“聪明经营，健康超越”的经营理念，夯实各项业务基础，公司保费规模和效益得到较大提高。为客户提供更优质、高效的服务一直是平安人努力践行的承诺！①公司在09年3月底正式启动“你的平安 我的承诺”等系列客户服务行动，在全国范围内公示向所有车险客户提供“万元以下，资料齐全，3天赔付”的便捷服务，对赔款金额在1万元以内（包含1万元）的车险保险责任事故案件，在客户提交索赔资料齐全有效的情况下，承诺即日起3个工作日内完成案件审批并通知付款。据了解，对于快速定损理赔一项，国内车险企业多以不超过5000元案件为理赔条件，面向全国，统一的万元以内快速赔付在全国尚属首例。为能够保证每起案件都达标，增城支公司不断改进理赔服务工作管理，简化各项理赔流程及手续，加大投入相关的资源，提高理赔工作效率，为车险理赔不断提速。②坚持以业务发展为中心，以经营效益为奋斗目标，实行分渠道细化管理，持续深化内部改革，合理分配及优化资源，加强团队建设，提高团队凝聚力。招聘一批高学历人才，为公司的发展奠定坚实的人力基础，使公司在竞争激烈的保险市场中不断前进。③全面贯彻落实广东保监局的见费出单制度，使用先进的刷卡设备，强化内部管理，实行一站式服务。④继续秉承“客户至上，服务领先”的原则，在加快业务发展的同时，改进服务方式，增强服务功能，不断提升客户服务品质。

（赖普兴）

中国平安财产保险股份有限公司增城支公司总经理 邱世添

【中国人民财产保险股份有限公司增城支公司】 2009年，该公司全年实收保费6587万元。公司围绕上级公司“两拼两靠”的总体思路和深入进行销售管理改革的工作要求，公司员工上下目标一致、共谋发展，积极应对各种困难，树信心、促销售、保盈利、拼服务、抓管理，各项工作决策有威，推动有序，执行有力，实施有效，取得了令人欣慰的经营成果，步入稳健经营的发展新阶段。一是加强团队建设，不断拓展团队精神，加大业务攻关力度，认真开拓业务新园地，促进了和谐公司建设。二是加强金牌服务工程建设，规范公司服务达标，树立服务标杆，抓点带面，带动公司系统客户工作的有效推进，在系统内形成重点参与共同打造金牌服务的氛围，不断提升公司总体服务质量。三是注重提高理赔质量，不断改进理赔服务工作管理，有效提高理赔工作效率和服务质量，简化理赔手续费，缩短理赔周期，增强人保的品牌形象和市场竞争力。四是规范财务管理，强化财务职能，深化内控风险，开源节流，实现利润最大化。五是加强队伍建设，增强凝聚力。定期对员工业务培训，提高中层干部经营管理能力，关心员工生活，丰富员工文娱活动，营造和谐的工作环境。

（范小园）

中国人民财产保险股份有限公司增城支公司总经理 叶健岗

审 计

【概况】 2009年市审计局共完成审计和审计调查45项，比上年增加4项，完成年度计划40项的112%；审计查出主要问题金额10.21亿元，其中：违规金额0.11亿元、管理不规范金额10.1亿元，全面完成上级审计机关下达的指令性项目任务。同时，加强审计整改落实工作，积极采取措施督促被审计单位执行审计决定，审计决定执行率完成83%，确保审计执法效果。全年已上缴财政1138万元，已归还原渠道资金116万元，已调账处理金额11 590万元；移送纪检监察机关处理案件1件，涉及人员1人；建议有关部门处理事项1件；提交专题或综合性报告及信息简报32篇；提出审计建议96条，大部分被采纳。市审计局充分发挥审计"免疫系统"功能，在维护国家经济安全、保障社会公平正义、促进增城和谐发展等方面发挥积极作用。

【突出重点，先行先试，赋予预算执行审计新内涵】 根据《审计法》和《广东省地方预算执行情况审计监督实施办法》的规定，市审计局对2008年度市本级预算执行和其他财政收支情况进行了审计。审计结果表明，本市预算执行和其他财政收支情况总体较好，基本完成市十三届人大3次会议批准的财政预算任务。审计发现的问题有：①存款利息212.19万元未作预算收入反映；②未按规定编制和拨付部门预算经费5077.57万元；③预算超支902万元长期挂账；④预算支出偏慢，财政结余数额较大。与此同时，审计还对2008年末财政拨款结余资金135422.95万元产生的原因进行剖析：一是"重分配、轻管理"的思想观念和行为是导致预算执行缓慢的主要原因。部分预算单位只重视预算分配和争取项目资金安排，对项目的推进和资金的使用干劲不足。部分项目2008年初预算已安排资金，有些项目甚至是2007年以前已安排的资金，2008年未使用或极少使用。据统计，这部分项目2008年末结余资金有12801.07万元，占项目专项结余资金119236.11万元的10.74%。二是财政支出偏慢与结余历年累积有关。从项目资金所属的时间看，部分项目资金结转的时间较长，其中2007年以前项目结余资金25771.3万元，占年末结余资金总额的19.03%，最早的项目可追溯到2004年。这方面的情况在水利、农业、林业3大部门反映的结余情况更加突出。这3大部门2008年末结余资金52545.73万元，占财政年末结余总额的38.8%，仅2007年以前项目资金就有21232万元。三是财政支出慢与预算编制不够科学合理有关。部分预算单位在编制预算时盲目立项要资金，预算安排一些不具备可行性或者没有经过认真论证的项目，预算批复后，却发现项目难以推进或根本无法执行。有些预算资金安排没有考虑项目的实施时间，项目没有实施就安排资金，滚动结转加大了财政资金结余。四是预算执行缓慢与预算编制批复的时间和上级项目资金的到位时间也有关系。由于调整预算指标都是在年末批复，加上部分上级项目资金在11月或12月才下拨到本级财政，致使这些项目很难在当年内实施，只能作结转下年项目。从审计调查数据看，由于预算批复指标和上级项目资金到位时间迟而作结转项目的资金就有16009.85万元，占年末结余资金的11.82%。五是财政资金结余大与财政结算体制也有关系。目前的财政管理体制，财政与镇街和部分预算单位存在跨年度结算款项，如镇街超收分成和规费返拨、部分预算单位列收列支的款项等，这部分资金达15957.81万元，占年末结余资金的11.78%。

在对市地方税务系统2008年度税收征管和财务收支情况审计的同时，还延伸审计调查10户企业纳缴税情况，发现有5户企业存在漏缴税费问题，漏缴税费合计150.03万元。

在实施对市公安局、民政局、卫生局、水利局、建设局、环保局等6个市直部门预算执行审计时，延伸审计31个下属单位。这6个部门2008年初资金结余38655.97万元，当年收入预算83142.94万元，实际收入84752.61万元，收入执行率为101.94%；当年支出预算82259.08万元，实际支出85486.55万元，支出执行率为103.92%；年末结余37922.03万元。审计结果表明，各部门普遍重视预算和财务管理，预算执行管理水平不断提高，重大违纪违规问题明显减少。但各部门及下属单位仍存在一些违规和管理不规范的问题，主要是：①未及时收缴罚；②另设账套核算收支；③借出的专款未及时收回；④用公款支付个人款项；⑤部分收入未实行收支两条线管理；⑥财务管理和会计核算不够规范。

这次开展的2008年本级预算执行审计，深入探讨困扰政府多年的财政资金未能及时拨付的问题，为市政府决策提供重要依据。2009年9月17日，康志彝局长受市政府委托，向市十三届人大常委会第23次会议报告了2008年本级预算执行和其他财政收支审计情况。市人大常委会高度评价这份审计工作报告，认为是本市审计工作近年来较为专业、也是水平较高的一份审计报告。并提出5条加强和改进审计工作的建议。对于审计查出的问题，市政府在第十三届43次常务会议上通报整改情况，认为"市审计部门紧紧围绕全市中心工作，认真履行审计职能，不断加大审计力度，有效促进了政府依法行政，为推动本市逐步走上科学发展轨道作出了积极贡献。"同时强调，对全市领导干部来说，这次通报既是学习、也是教育，对强化各级领导干部的审计意识具有积极意义，并向财政、审计和各级各部门提出加强预算管理和审计监督、健全制度等方面的3点要求。

【边审计边促改，做好"跟踪审计"工作】 2009年先后开展对口支援汶川县威洲镇灾后恢复重建资金和物资、新增中央和省投资防护林工程项目、污水治理和河涌综合整治项目、亚运会比赛训练场馆建设项目、荔湖调蓄区工程、广汕公路改扩建工程、荔三和增派公路大修工程、中小学校舍安全工程等项目资金的全程跟踪审计或审计调查，跟踪审计资金总额35亿元。跟踪审计过程始终贯穿绩效审计这条主线，紧紧围绕政府投资项目的经济性、效果性、效益性、环保性，对审计发现问题及时进行整改，注重发挥审计的“免疫系统”功能。从这些跟踪审计项目出具的阶段性审计报告表明，审计目标均达到提前介入、关口前移、多点提醒、强化监督的要求。成效较为明显的项目有：一是污水治理和河涌综合整治项目审计。该项目计划审计资金总额9.95亿元，占各类工程估算总投资的59%。跟踪审计过程中，针对建设项目前一阶段未能按计划推进的问题，提出加强沟通和协调、充分发挥市有关职能部门及各镇街的作用等建议，受到市治污办的高度重视，多次召开专门会议研究对策，制定工程进度倒排期表，明确各有关单位责任。二是投资防护林项目审计。通过审计，一方面促成市财政落实地方配套资金65万元；另一方面，帮助完善内控制度，促进项目投资质量和效益的提高。三是荔湖调蓄区第一、二期工程审计。该项目审计查出建设程序不合规、滞留拆迁及青苗补偿款、存在损失花木风险、征地协议部分条文约定事项自相矛盾等问题，均在审计报告中予以揭露，并提出相应的处理意见和建议，促进项目建设单位加强管理，堵塞漏洞，提高效益。

【围绕民生，突出开展专项资金审计】 围绕保障民生的财政性专项资金开展绩效审计，促进建设和谐型社会。一是以残疾人就业保障金征收和管理体系为目标，实施对本市2008年残疾人就业保障金收支绩效审计。通过审查保障金征收和投入的效益、效果、效率，揭示违规问题，研究分析在征收、拨付、管理及使用中存在的漏洞和薄弱环节及其产生原因，提出改进意见，促进提高资金使用效益。这次审计得到市政府的充分肯定，市残联也采纳了审计意见，并从如下4方面进行整改：①开展残疾人基本信息更新工作，实现动态管理；②积极向广州市残联汇报请示，力争将保障金纳入地税代征；③在增城日报开设“残联动态”专栏，加大宣传力度；④制定《内部控制制度》，促进财务工作的规范管理。二是对新塘镇2008年度环卫保洁专项财政资金使用的绩效审计，披露部分保洁项目出包经费预算偏大、投资成本不够经济，应招标的服务项目未实行招投标、有失公平竞争与保证服务质量，出包项目监督管理机制不落实、仍留有卫生死角等影响资金绩效的问题，并深入分析问题产生的原因，从加强项目和资金管理角度提出3条建议。这项绩效审计以国家标准和本地区城市保洁、公路保洁同行业水平为主要依据，采用定性指标作为评价指标，对项目支出、资源管理、控制事项的经济性、效率性和效果性进行审计评价，得到新塘镇政府的认同，促使其对存在问题采取切实措施进行整改，达到审计预期目的。

关注政府债务情况，开展对政府投融资项目专项审计调查。在对广州景业投资公司承担的政府融入资金29.31亿元及其投向管理审计的基础上，延伸抽查7个单位、17个融资项目。在审计调查中主要关注政府风险，重点从以下5个方面展开调查：一是投资决策的科学性、民主性；二是投融资平台的资本是否充实，运转效率是否高，管理制度是否健全；三是资金的安全性，有无对外担保和投资高风险领域；四是资金是否用于规定项目，是否推动了区域经济科学发展；五是偿还机制是否建立。

维护社会公平，加强关系群众切身利益的专项资金审计，提高公共服务水平。2009年市审计局开展对社会保障基金和城镇职工医疗保险基金、解决中小学代课教师和中小学教师待遇“两相当”问题专项经费、2008年广州市财政转移支付教育资金及其配套资金、2008年社区卫生服务专项资金、住房货币补贴资金、基础设施配套费、地方储备粮轮换盈亏等专项资金的审计或审计调查；同时，结合部门预算执行审计，重点审计抽查农村卫生站建设资金、五保安居点建设资金、水利资金、排污费等专项资金。在审计或延伸抽查中，各项目均以绩效审计理念贯穿始终，强化问题产生的原因分析，注重从宏观管理角度和体制机制层面提出审计建设性建议，达到揭露问题、促进整改、规范管理、提高效益的目标。如：对于审计查出农村卫生站建设中存在的问题，主管副市长李荣渝在6月上旬召开的全市农村工作会议上，责成有关部门和镇街采取措施，落实整改。又如：市民政局针对审计查出五保安居点存在的问题，召开专门会议通报审计情况，提出整改措施，促成有关镇街落实整改工作。

【创新工作方式方法，加强经济责任审计】 2009年经济责任审计遵循“突出重点、量力而行、确保质量、规避风险”的原则，积极在深化中寻求新突破，在推进中开创新局面，在发展中形成新思路，在工作中体现新举措。全年共完成经济责任审计13项、13人（其中：离任审计10人，任中审计3人），查出领导干部应负责任的违规资金196万元、管理不规范资金51583万元。其亮点表现在：一是突出审计重点，抓住审计主线，揭露和查处领导干部应负责任的严重违法违规问题。鉴于领导干部经济责任审计范围广、内容多、责任大等特点，为确保有足够的审计资源完成重点审计项目，市审计局将经济责任审计重点放在掌管资金分配权和资金量大、领导干部任职时间较长、群众反映问题较多的单位，并把问题查深查透后，作出严肃处理，达到既揭露离任者的违法违规行为，又对继任者进行警示教育的目的。如对某院长的离任审计，重点对药品和医疗器械购进、综合楼基建工程等环节实施审计后，发现该院存在基建工程项目签订合同金额3789万元和合同外增加工程预算5043万元均未经财政评审机构评审，以及应招标而未招标的工程预算5001万元等问题。对此，一方面及时指出问题的严重性，并严格界定了原院长应负的经济责任；另一方面，对查出的问题依法依规进行了处理。又如：某局局长的离任审计，结合该局掌管专项资金较多、且有二次资金分配权的特点，重点对公路、站场建设及维护资金的分配、使用、管理情况进行审计，结果发现占用专项资金用于行政经费开支、超范围使用资金、滞留应当下拨的资金、多列专项支出、结余资金未缴财政等方面的违规问题，涉及金额855万元。对这些问题，审计都进行了严肃处理，从而使到该局继任局长知晓今后如何规范使用和管理专项资金。二是树立现代审计理念，关注资金使用绩效，切实发挥审计“免疫系统”功能。为适应现代审计从真实性、合法性审计为主的审计监督向真实性、合法性、效益性、公平性审计并重的审计监督转变，市审计局突破传统的思维定势，实现以重处理处罚向完善体制、机制方面提出建议和意见转变，着重关注制度和政策的合理性、科学性，及其执行的有效性，并找出薄弱环节，提出合理化建议，促进完善管理。如：在对某所所长离任审计中，发现该所在90年代中后期与广州农药厂、广州市新技术推广站合资经营复合肥厂期间，将14亩土地使用权办至该厂名下，后在2006年至2008年间因该厂转制，致使该土地使用权变更而造成资产潜在损失的问题。为避免国有资产流失，市审计局随即致函市农业局和市国土房管局，商请协助为该所办理土地确权手续，并得到积极响应，及时组织人员进行了查核。在对某园区主任经济责任审计中，发现在2004年至2006年间支付工程款、购买电缆、修理车辆等经济业务中超范围大额支付现金的情况时有发生，不但违反《现金管理条例》及相关规定，还潜在巨大的资金管理风险。为堵塞漏洞，规范资金运作和现金的日常管理，审计提出具体的纠正建议，且得到被审计单位的全面接纳。

【围绕国有资产保值增值，开展企事业单位审计】 鉴于大部分国有企业已经“关、停、并、转”的实际，前几年审计机关极少涉足企业审计，致使这些企业失去了外部监督，从而逐步产生家底不清、资产流失、职工上访等问题。为此，市审计局2009年根据市政府的指示，对市农场资产负债损益和市木材公司财务收支，以及荔城环卫一所、二所财务收支情况进行了审计。重点审查国有资产是否安全、完整、保值、增值，有无重大损失浪费，资产、负债、盈亏和财务收支是否真实，以及企业法人有无履行职责、维护国家利益。通过审计，揭露和处理一些企业资产盈亏不实、侵犯所有者权益，以及国有资产损失浪费等损害国家利益、严重违反财经法规的行为，为政府今后加强对国有企业监管提供了依据。如对市木材公司的审计，发现该公司经理任职期间存在隐匿下属企业会计账目、挪用公款8.1万元借给他人使用、虚报重领费用7.32万元、违规开办私营公司，以及涉嫌非法占有公款12.7万元等违法违纪问题，已移送市纪委监察局作进一步查处。 （赖英菲）

增城市审计局局长 康志彝

社会事业

教育事业

【概况】 2009年，全市有幼儿园83所，农村小学附设学前班118个，在园（班）幼儿24342人；公办普通中小学174所，在校学生142115人；民办普通中小学15所，在校学生15671人；中等职业技术学校6所，在校学生16742人；开设高等教育院校9所，在校学生55772人，其中民办高等学院7所，在校学生34825人。全市财政供养教职工9284人，高级职称教师占5.41%，中级职称教师占62.04%；中小学专任教师学历达标率小学100%、初中99.2%、高中99.8%。全市学前教育毛入园率95.17%，小学、初中入学率均为100%，高中阶段毛入学率85.57%，高等教育毛入学率34.01%。全市有义务教育规范化学校85所，国家级示范性普通高中2所，省级普通高中3所，广州市级普通高中3所，优质学位16848个，占全市普通高中学位89.6%；国家级重点中等职业学校1所，广州市级重点中等职业学校1所。

【教育经费】 2009年，全市教育经费投入115789.22万元，比上年增长1.12%，其中基本支出66048.59万元，专项支出36252.57万元，基本建设支出13488.06万元，教育投入达到“两个提高”和“三个增长”。实施城乡免费义务教育，全年补助免费义务教育学生222499人次，补助金额7148万元，其中市财政负担3264万元。积极开展扶困助学，全年扶助义务教育阶段学生、高中阶段家庭困难学生、纯女户学生、残疾学生、孤儿学生、参战军人困难子女4400人次，发放补助517万元；资助高考上线困难学生350人，每人扶助2000~6000元，总金额113万元。市财政安排8172万元落实教师工资福利待遇，人均月增591元。其中，岗位津补贴占70%，纳入财政工资统发；绩效工资占30%，每学期发放一次。

【基础设施建设】 进一步调整优化办学格局，撤并农村小学8所，累计撤并学校186所。投入小楼、正果镇“创强”资金1.56亿元，均通过省教育强镇督导验收；重点推进增城一中、增城二中、新塘示范初中、清燕小学、市职教园区建设，继续完善“创强”后续工程建设，完成校舍建筑面积38128平方米，投入建设资金10639.86万元；按照省、广州市要求，认真抓好中小学校舍安全工作，重点对50所学校的围墙、电线、饭堂设备、运动场等进行维修改造，以及对全市中小学校教学楼、学生宿舍、食堂、综合楼、厕所等公共建筑设施进行安全隐患排查和整改，进一步改善学校基础设施。

【素质教育】 坚持德育为先、育人为本，以创建全国文明城市和迎亚运为抓手，不断创新德育载体，加强社会主义核心价值体系教育，推进未成年人思想道德建设。通过开展“向国旗敬礼、做一个有道德的人”、“红领巾畅想新生活”、“青春门”、“手拉手·平安走”等主题活动，对青少年学生进行思想、公民、法制、理想、安全等方面教育。在开展青年志愿者服务活动中，全市3万多名学生参加志愿者组织；在“爱心包裹项目暨5·12灾区学生六一关爱行动”中，全市中小学生为灾区捐款41多万元；在防灾减灾知识竞赛及避险、自救、互救技能演练中，全市12万中小学生参加防震减灾网上知识竞赛。2009年，组织开展“争当小实验家”科学体验竞赛、“航天航空”模型竞赛、中小学生建筑模型竞赛、广州市第五届学校艺术节舞蹈比赛初赛、增城市中小学师生“庆祝建国60周年”书法绘画摄影比赛、中小学美术创作评选活动现场比赛、全市中小学生篮球比赛、高级中学新生军训等活动，促进学生全面发展。同时，积极开展创建“书香校园”、评选“书香校园”活动，提升校园文化魅力。

【教育成果】 坚持学校内涵发展，重视教育科研，落实课题经费17.4万元，并以科研促教研教学。汇编出版《探索的足迹——农村学校多元化课程资源的开发与利用的实验研究文集》，填补增城市教育科研成果正式出版的空白。积极总结提炼一线科研课题成果，农村专项课题《农村地域学校小学数学课型与教学模式的研究和实践》获广州市第七届教学成果二等奖。2009年高考再创佳绩，全市参考学生5606人，达到录取最低控制分数线4990人，上线率89.01%，其中1人获全省理科综合单科第一名，1人被清华大学录取；中等职业教育坚持以研究课程改革带动课程建设和教学改革，着力培养学生的综合职业能力，培养技能型人才，毕业生就业率98%以上。

【教师队伍建设】 市教育部门面向全国公开招聘教师，通过外赴重点大学招聘、网上报名公选等方式，公开招聘优秀教师200人，其中硕士研究生学历14人。针对代课教师问题，年内组织两次“代转公”考试，111名代课教师转为公办教师，另对148名未转为公办教师的代课教师作出辞退处理，并为其建立社保基金账户和作出补偿，现公办中小学无一代课教师。创新教师培训培养模式，采用“请进来、走出去”的办法，对在职校长、教师实行全员培训，全市近200名中小学校长到南京、扬州、杭州等地跟班学习，派出25名骨干教师和校长分赴美国、英国等地学习。通过开展各种类型培训，教师队伍综合素质得到提高，涌现出一批先进学校和优秀教师。其中，增城中学获“广东省先进单位”荣誉称号；新塘三中教师夏朗杨获“全国优秀教师”荣誉称号；仙村中学教师周焕油获“广州市劳动模范”荣誉称号；增城中学郑慧琴等6名教师获广东省“南粤优秀教师”荣誉称号。 (李惜爱)

增城市教育局局长 姚广耀

科技事业

【概况】 2009年，市科技部门起草完成《增城市大力推进自主创新促进地区科技发展工作细则》和《关于大力推进自主创新加快高新技术产业发展工作意见》，制定《增城市科技创新竞争性扶持资金评审办法》和《增城市科技创新竞争性扶持资金安排办法》，进一步强化和完善自主创新环境。同时，认真贯彻落实广东省企业研发经费税前扣除规定，落实9家企业41个科研项目税前研发经费扣除政策，为7000多万元研发经费减税，调动企业科技创新投入的积极性。年内顺利通过国家2007~2008年度科技进步考核，增城市被国家和广东省评为“科技进步先进市”。市科技文化博物馆动工建设。

【高新技术】 采取一系列举措推动高新技术产业发展。出台《增城市科技创新扶持资金竞争性安排办法》，关停97家粘土砖瓦陶企业，启动“三旧”改造和村集体留用土地统一规划招商试点，为高新技术产业发展腾出发展空间。引进南方电网特高压国家实验检测中心、中金数据系统华南数据中心、博隆国际达益软件园等40多个优质生产力骨干项目和高新技术企业，推进豪进摩托、中新塑料、柏迪创展等一批生产型民营企业研发中心的建立，全市7家企业通过省高新技术企业认定，规模工业、高新技术产业得到迅速发展。全市完成工业总产值1268.17亿元，其中高新技术产品产值400.77亿元，占全市工业总产值31.61%。

【科技项目】 全市22家企业39个科技项目参加广州市级以上科技项目申报，其中7项列入广东省科技计划，5项列入广州市科技计划，得到上级科技项目经费支持2618万元。豪进集团海利摩托车有限公司的“节能环保摩托车发电机产业化”项目获2009年广州市首批自主创新一区一项目立项，并得到500万元资金扶持。开展增城市级科技项目的申报与立项工作，通过公开征集和专家评审，有45个科技项目列入增城市级科技项目立项实施，支持经费860万元，推动全市企事业单位的创新活动和科技进步。2009年，全市6个科技项目通过广州市科技项目验收，2个科技成果获广州市科技进步奖，其中豪进集团的“157FMI系列节能环保型发动机的研制”项目获广州市科技进步一等奖。

【知识产权】 建立知识产权工作联系协调制度，组织开展“4·26”世界知识产权日宣传，向25家企业赠送全年《中国知识产权报》。举办专题知识产权知识讲座，组织科技企业高管到珠海格力空调集团学习交流。启动专利申请“灭零行动”，全市49家企业实现专利“零”的突破、4家专利企业列入第二批广州市进出口优势企业知识产权工作推进计划试点企业，“增城柏迪创展有限公司、广州豪进摩托车股份有限公司、广州高权电器有限公司”等5家企业被授予“增城市知识产权示范企业”称号。全市专利申报416件，专利授权576件，受理专利初审256项。

【科普工作】 成功组织“携手共建创新增城”的科技周活动，举办“科技创新与科学发展”报告会，邀请中国工程院机械与运载工程学部、中国工程院工程管理学部——刘人怀院士授课。同时，以关注民生为重点，先后在荔城街沿江社区、增江桥东社区、新塘汇美社区、石滩镇元洲村分别举办性心血管病预防知识讲座和医疗议诊与咨询等科普进社区活动；以科技惠农为主线，分别举办派潭镇凉粉草种植技术、正果镇水稻高产栽培和荔枝保花保果及病虫害防治、小楼镇金钱龟养殖推广、中新镇水产养殖技术、香蕉行业协会香蕉栽培技术等培训，以及畜牧兽医学会的畜产品安全技术讲座和2009广州（增城）农村信息直通车骨干信息员培训等；以提升素质和能力为目标，组织镇街经济办负责人和高新技术企业管理人员到珠海参观学习先进企业实施知识产权保护和开展自主创新经验，组织镇街分管领导和中小学校领导观摩大鹏中学地震应急避震演练，组织派潭镇汉湖村村民和中小学生参观省地震局科普馆，组织派潭中学50名优秀学生走进广东省科学中心，组织镇街有关领导参观省科学技术中心和增城市果树（蔬菜）科学研究所等；以丰富活动形式为方向，先后开展“4·26”知识产权日、“5·12”全国防震减灾日和“5·17”世界电信日宣传活动，并深入企业开展科普知识宣讲。

【防震减灾】 设立了镇街防震减灾助理员，防震减灾体系建设进一步完善。根据穗府办［2009］6号文《广州市地震应急预案的通知》要求，对《增城市地震预案》再次进行意见征集和修改；按照国家Ⅱ类应急避难场所建设标准完成增城广场地震应急避难场所建设规划、设计与施工建设。新塘镇仙村中学的“广州市防震减灾科普示范学校”和上邵村的“广州市地震安全农居示范村”建设项目，分别通过由省地震局和广州市地震办组成的专家组验收和结题测评。 （史利琴）

增城市科技局局长　谢育才

增城市科学技术协会

【科普宣传】 充分利用各类宣传平台深入开展科普宣传。把科普知识宣传列入《增城日报》、《增城之窗》网站等专栏，组织市有线电视台、广播电台制作《科普大篷车》等科普知识专题节目；发放《全民科学素质行动计划纲要》、《农作物科学施肥》等挂图到各镇街、社区科普宣传栏张贴；组织开展百场科普电影进村进校园活动；先后将《科学养鸡》、《罗非鱼养殖技术和鱼病防治》、《农村实用技术》等140种21817册科普书籍，分发到城乡各级科协组织和广大群体，把科普知识传播到千家万户，并在农村和学校大力宣传科学知识，宣传科技致富，推动农村经济发展；开展科普进社区活动，先后在荔城街沿江社区、增江街桥东社区、新塘镇汇美社区、石滩镇岗尾村和元洲村举办“健康知识科普讲座”，邀请中山大学附属博济医院主任医师、副院长邹蓉讲授“心脑血管预防和治疗”知识，并进行现场咨询和义诊活动；利用全国科普日开展咨询活动，组织水稻、水果、蔬菜、水产、畜牧、气象、医疗保健等专家和科普志愿者50人，到小楼镇为当地群众义诊，讲解种养技术和传播科普知识，派发科技书籍，并举办科技电影晚会，惠及群众3万多人次。

【科学素质教育】 举办中小学生“争当小实验家”科学体验竞

赛、“四驱车模型”和“建筑模型”竞赛，并在荔江小学为小学生探讨合编科普教材；开展“广州市农村青少年科普教育活动项目”、“增城市科技教育普及性特色学校”创建活动；组织8300名中小学生开展科技夏令营活动；组织192所中小学约12000名学生参加“第二十五届广州市青少年科技创新大赛”；组织开展对10所农村学校科普大篷车进校园宣传演示活动；开展环境演讲和环境征文竞赛，全市2500名学生参加活动；配合市委组织部、市委宣传部、市人事局对全市领导干部和公务员开展综合知识技能及公务员的政治鉴别能力、依法行政能力、公共服务能力、调查研究能力、处理复杂问题能力等一系列的培训活动，全面提升干部队伍科学素质；围绕培养有文化、懂技术、会经营的新型农民，举办各类培训班256期，培训农民33593人次，发放科技资料107088份；继续推进农村党员基层干部实用技术培训，受训党员干部9000人次；大力推进科普进社区，支持和指导荔城、增江街科普进社区示范街道成果的巩固工作，积极组织科普志愿者到社区开展科普活动；制定“订单式”、“定向式”培训和推荐就业方案，根据全市重点企业需求，开展实用性培训，实现培训与转移就业和解决城镇失业人员就业“无缝对接”；免费培训城镇失业人数1041人；联合举办“科技创新与科学发展专题会”，邀请了中国工程院机械与运载工程学部、中国工程院工程管理学部原暨南大学校长刘人怀院士作专题报告。

【科普基地建设】 在全市开展推荐科普示范基地、科普示范户和科普带头人活动，命名表彰30个科普示范基地、100个科普示范户和100个科普带头人；新增“四个一”工程村建设60个，全市累计完成179条行政村“四个一”工程建设，全面完成广州市科协下达的目标任务，为推动农村科普工作，建设社会主义新农村提供良好的科普宣传和科技服务平台。实施“科普惠农兴村计划”，派潭镇邓路吓村林镜清被中科协评为全国“科普惠农兴村计划”科普带头人，获国家专项资金支持。

【科技推广】 围绕全市经济社会发展大局，组织各学会以科技立项、科技培训等为重点，积极开展科技活动。市科协与广州市科协、市医学会举办“弱激光照射治疗技术在社区常见疾病中应用与推广”学习班。是年，市医学会23个项目通过了立项，部分项目已产生社会和经济效益；市畜牧兽医学会以学术研讨会、专题论坛等形式搭建交流平台，举办培训班3期，技术讲座4次，参加人数近800人次，开展学术交流6次，参加人数100多人次，派发各种科普资料1000多份；市农学会推广黄华占等优质水稻、蔬菜和水果良种40多个，同时开展农作物新品种引进示范和良种推广，促进全市种植业结构优化调整和“五好”现代都市农业发展；市林学会以“建设广州东部现代化生态休闲旅游区”为目标，以林业科技为支撑实施青山绿地工程；市公路局科协提高养护技术水平，保证公路事业可持续发展服务。全市科技人员交流论文34篇，其中有8篇被政府和有部门采纳；举办专家报告会22场，科普讲座、论坛105次。 （郑雄民）

增城市科学技术协会主席 陈伟元

文化广电新闻出版事业

【概况】 2009年，市文化广电新闻出版局通过努力探索文化机制体制新路径，不断创新文化活动形式，加快构建城乡公共文化服务体系，取得一定成效。全年举办公益性群众文化活动400多场，其中“新年音乐会”等特色群众文化活动120多场、“首届中韩书画交流展”等展览26场；完成全市9个镇街文物普查任务；完成档案综合管理达标升级，局档案室被评为省一级档案室；建筑总面积32891平方米的增城新图书馆建成启用；出版《诗人陈恭尹》、《荔乡拾贝》等一批历史文化著作，收缴盗版音像制品11.6万多张，有力推动全市文化事业和文化产业大发展、大繁荣。

【文化活动多样化】 打造音乐文化品牌，开展形式多样、地方特色浓郁的群众性文化活动。①举办首届新年音乐会。内容包括综艺节目演出、中外电影音乐表演、大型烟花汇演等，展现“荔乡仙境”独特魅力，展示广场音乐品牌，营造喜庆、祥和的新年气氛。②专业和业余文艺演出“共舞”。以市场化运作推出专业文艺演出团体，全年举办50场；由民间自发组织的乐器演奏和曲艺表演，共演出280场。③展览活动促进文化交流。举办《迎春艺术品展》、《玥然国画作品展》，《叶绿野从艺七十五周年画展》、《庞荣年山水画展》、《中韩书画交流展》、《南樵彩墨香》等26期专题展览。其中“中韩书画交流展”，来自韩国、北京等地30多位书画家参展。④举办“亚运广州行”活动，先后在增城广场开展“亚运广州行”活动6场。⑤开展“创文”和四进社区文艺活动。选送3支合唱队和3名歌手参加广州市第九届“百歌颂中华”暨创建全国文明城市“四进社区”歌咏比赛，并组织文艺队伍到农村、工厂、部队和社区演出26场。⑥举办特色文化活动。2009年，分别举办挂绿荔枝赠百姓、粤港澳青少年交流演出大型音乐会、增城市首届广场舞蹈大赛、“社区文化”广场论坛和“社区文化月”等活动。⑦群众性文化活动丰富多彩。利用节庆举办“迎春文艺晚会”、“第十届中国象棋擂台赛”、“欢天喜地闹元宵”、“迎国庆·贺中秋”等大型文艺活动40多场次；各镇（街）举办曲艺表演、客家山歌大联唱、新春粤曲晚会、书画展等群众性文化活动100多场次。

【全民阅读求知活动】 充分利用数字图书馆，优化服务网点，促进全民阅读求知活动蓬勃开展。一是拓宽服务途径。增城数字图书馆电子图书从上年26万册增至30万册，累计点击数100多万人次；市图书馆坚持天天向读者开放，不设闭馆日，全年接待读者21多万人次，外借图书18多万册，电话续借近7000册。二是优化服务网点。在增城广场开设市民阅览室，增加开放时间，平均每天就读100多人次；与市总工会联合开设“工友和谐家园”，安装电脑40台，电影300多部供市民观赏。三是开展“书香羊城”系列活动，与市委宣传部联合开展“4·23世界读书日”活动和“古韵悠扬焕新姿”少儿诗歌朗诵比赛。四是开展全国公共图书馆服务宣传周活动，举办群众喜闻乐见的读书活动，吸引数千群众参与。五是开展送书下乡行动，全年送书下乡6000多册，协助各村委做好基层图书室建设。

【规范文化市场】 全面推进和谐文化建设，一手抓繁荣，一手抓管理，疏导与防治结合，促进文化服务规范运作。一是繁荣新闻出版事业。年内出版《诗人陈恭尹》、《湛甘泉南岳诗文集》、《新塘民间故事选》、《荔乡拾贝》等一批优秀书刊；出版《丹荔》4期8000册，选用优秀稿件近300篇；主办“世界读书日”征文比赛，收到作品500多篇，并分别评出一、二、三等奖。二是加强文化市场规范管理。先后8次召开文化市场业主会议，学习《音像制品管理条例》、《出版物管理条例》，并组织50多个音像、书报刊经营业主参加广州集中销毁盗版图书和音像制品现场会，对业主进行警示教育；举办全市娱乐场所、网吧应急预案制定培训班，140多人参加培训；组织各镇街文化站负责人专业培训，提高鉴别正版与非法出版物技能。三是加强对文艺演出的审查和管理，重点审查证件是否齐全、节目内容是否健康，全年审批演出70宗130场，无违规违法演出行为；开展对音像、书报刊、娱乐场所、网吧等经营业户年审工作，年审证件299个；做好新增网吧审批工作，制定《增城市2009年新增网吧设立审批实施方案》，加大对12个新增网吧的审批透明度，深受群众好评。四是加大文化市场管理和执法力度，全年出动1785人次，检查音像店、书报刊店、电子出版物、网吧、游艺机室等文化经营单位2063家（次），收缴盗版音像制品11.6万多张、各类盗版书籍1.2万多册、六合彩报1660份、电子游戏机水果机41台、电脑269套、电脑主机99台、显示器47台，查获非法储藏盗版音像制品窝点3个，取缔黑网吧37家。

【文化设施建设】 一是完善增城新图书馆规划管理。11月2日，增城新图书馆建成启用，用地总面积52多亩，建筑总面积32891平方米，总投资1亿元，设计藏书总量80万册，座位1280个，配置点845个，接待读者量1800~3600次/日，前期邀请有关专家进行论证和规划，按照国家一级馆标准确定功能布局和管理模式。二是动工建设文化演艺中心。增城群众文化演艺中心定位增城广场正门对面，占地169亩，计划总投资8亿元，建筑功能主要有1300座的大剧场、300座和150座多功能表演厅各一个，另有展示厅、排练厅、乐器室、化妆间、休息室、办公区以及各种数字电影院等相关配套设施。该项目于9月动工兴建。三是加快推进科技文化博物馆建设。科技文化博物馆是2009年市政府为民办好十件实事之一，项目选址府佑路与金竹大道交界处，占地47.31亩，总建筑面积43000多平方米，计划总投资约2亿元。该项目于11月动工，计划2011年建成并投入使用。四是顺利推进崔与之文化民俗村项目。该项目位于南宋丞相崔与之故居中新镇坑贝村，规划占地237亩（包括坑贝古建筑群），总投资1500万元，年内动工兴建。五是完善农村文化设施。加大扶持力度，年内完成94个农村重点文化室、120个“农家书屋”和60个“绿色网园”建设任务，每个书屋配送书籍1500册，每个“绿色网园”配送电脑4台。同时做好农村广播电视网络升级改造，在完成20户以上自然村“村村通”有线电视的基础上，全面完成20户以下自然村“村村通”有线电视建设工程。

【文化服务经常化】 市文化馆派出专业辅导干部深入100多个基层服务点，开展文化培训活动服务1200多次，培训群众文艺骨干10万余人；市新华书店完成教材征订和发放、更换新品种等各项任务，销售金额1700万元，库存商品略有下降；市电影公司积极推进农村数字电影放映“2131工程”，全年放映电影575场，观众70多万人次；艺都影剧院为市委、市政府及机关团体的会议和大型晚会提供场地，全年接待观众2万多人次，其中分别组织中小学生和党员干部观看《海洋朋友》、《铁人》等影片，接待观众1万多人次；社会文化科认真做好文物管理工作，协助文物工作人员开展全市文物普查，挖掘“龙舟文化”、“红木傢具雕刻技艺”等新线索20多条。 （罗德远）

增城市文化广电新闻出版局局长 李思平

增城市文学艺术界联合会

【概况】 2009年，市文联办公室从富国路24号迁至和平路22号原市委市政府大院绿江楼。文联管理、服务体系向镇街延伸，新塘书画协会和新塘摄影协会纳入市文联管理。至此，市文联所属11个文艺团体，分别为：市作家协会、市书法家协会、市美术家协会、市摄影家协会、市音乐舞蹈家协会、市民间文艺家协会、市电视艺术家协会、市楹联学会、荔乡诗社、新塘书画家协会、新塘摄影家协会。

【文艺品牌】 一是开展第五届“增城市文艺奖”初评工作。“增城市文艺奖”每两年一届。本届文艺奖组织、宣传工作顺利，参评作品数量多、质量高。二是编印《荔都》杂志。《荔都》以文学性、艺术性见长，丰富的内容和活泼的版式在充分展示文艺创作成果的同时，着力推介增城风貌及旅游资源，深受文艺家欢迎，并得到省内专家好评。三是举办文艺培训。11月，举办增城市文艺骨干培训班，对全市文艺骨干进行培训，分别邀请省青年摄影家协会主席任丰主讲授“风光摄影”、著名诗人东荡子主讲“诗歌创作”；4月和11月，中国作协会员巫国明先后应邀到广东华商学院和市广播电视大学作题为《诗歌与人》文学讲座；10月，省作协会员聂小雨在中新镇福和中学举办“聂小雨写作经验介绍会”；增城市书法家姚佐日、黄伯尧、姚广荣、李智勇、李健等分别应邀到市老干部书法班授课；9月和12月，市文联分别在青少宫和增江一小成立“增城市书法家协会青少年培训基地”和“增城市书法家协会教育基地”。

【文艺活动】 年内先后举办的展赛活动有：“广州·佛山书法联展增城展”、“增城市首届摄影艺术展”、“增城市首届临书展”、“增城·萝岗书画联展”、“叶绿野师生作品联展”、“玥然国画展”、“曾道中书法展”、“庞荣年画展”、“增城市实验小学学生书画展”等书画摄影艺术展览；举办第11届“荔林磋艺”摄影创作活动、“广州增城湖心岛杯”摄影比赛和“力源·愉苑”全国楹联征集比赛；邀请湖南省益阳市文联“发现增城美”采风团文艺家一行8人，到增城开展文艺交流联谊活动；与广州市文联、小楼镇政府联合举办“一家亲”送戏下乡大型文艺活动；开展“三联六帮”实践活动，为新塘镇岗尾村阅览室送去图书200多册，并组织30多名艺术家送戏下乡，为该村举办专场文艺晚会；组织市书法家到新塘镇岗尾村，中新镇新围、桥头村，朱村街丫布村等地送春联下乡活动。

【文艺创作】 组织市作家积极创作，先后在《作品》、《广州文艺》等省市刊物上刊登陆笙、李思平、巫国明、东荡子、梦亦非、罗德远、周扬波、郑德宏、郭敏健、罗昌泰等10位作家的小说、散文、诗歌共35篇（首）。2009年，增城市6名作协会员加入广州市作家协会；3名民协会员加入广州市民间文艺家协会；巫国明参加广州市委宣传部、广州市文联组织的反映广州援建汶川县威州的大型报告文学采写创作；巫国明当选广州市文学艺术界联合会第八届代表大会主席团成员，并担任第八届广东省鲁迅文学奖终评评委；邱榕枢、湛汝松加入中国民间文艺家协会；组织开展开展庆祝建国60周年系列活动，编辑出版《新塘影艺（第三集）》、《沙堤彩贝（第二集）》、《当代诗人笔下的增城》、《人文增城》、《中国民间故事增城卷》、《增城楹联选集》；周扬波出版诗集《花落无声》；旻旻出版诗集《风吹过叶尖》；陈裕荣出版传记《诗人陈恭尹》；湛汝松出版散文集《荔乡拾贝》；东荡子诗歌《诗篇（组诗）》在《诗刊》上发表；聂小雨短篇小说《八卦岭》在《朔方》上发表；石志军书法作品分别入选“全国第二届青年书法篆刻作品展”和“全国第六届楹联书法展”；吴明南篆刻作品入选“第三届南雅奖书法篆刻展”；单进兴摄影作品《鱼市》入选“广东省第22届摄影展览”；郭建华摄影作品《夏日》获“世纪绿洲杯”摄影人看厚街图片征集活动铜质收藏作品奖；黄学文被文化部命名为“国家级非物质文化遗产项目核雕（广东榄雕）代表性传人”；钟伟华被省文联、省民间文艺家协会评为“广东省民间歌王”；蓝俏燕、罗少玲、梁启彦、王曦、陆俭祥合作的《女孩也是宝》获第五届广州市广播电视人口和计划生育公益节目评选电视专题和广播电视文艺类一等奖；市文联组织的老干部歌咏队在广州市文联主办的“羊城放歌”合唱歌咏比赛中获银奖；林清华编舞《和谐之声》在第四届广东大学生校园文化艺术节舞蹈大赛中获业余组二等奖；温翠娴获“唱响广东”2009旅游金曲精英大赛“优秀旅游歌手”荣誉称号。

（李智勇）

增城市文学艺术界联合会主席 巫国明

体育事业

【概况】 2009年，市体育局认真实施“一法两纲要”，坚持“群众体育是根本，竞技体育是标志，体育产业是保障”的定位，勇于破解难题，全面开展全民健身活动，顺利推进亚运场馆改扩建工程建设，逐步实施亚运城市行动计划，竞技体育再创佳绩。是年，市运南业余体校向国家、省、市专业队输送运动员26名，市籍运动员在比赛中获世界冠军10项次、亚军8项次、季军4项次，破超世界记录5项次。其中，运动员刘诗雯在第13届女乒世界杯赛中夺得金牌，成为全省35年来首位女乒世界冠军，也是增城市乒乓球项目第一位世界冠军。在全国第十一届运动会上，增城市35名运动员代表省队参加16个项目角逐，获金牌2项次、银牌5项次、铜牌2项次，为广东代表团取得佳绩作出贡献。竞技体育水平不断提高，增城市连续17年荣获广东省体育突出贡献奖。

【全民健身】 多次组织举办大型群体活动，积极引导和支持机关、企事业单位、学校、农村、体育协会自办体育活动，认真组织参加上级体育赛事。同时，加强体育经营场所监督管理，开展全市范围内体育经营场所安全生产督查活动；完善社会体育指导员队伍建设，举办救生员安全培训和健身气功培训班。2009年，市级群体项目活动主要有：新春体育系列活动；“市长杯”羽毛球和乒乓球赛；全民健身活动月活动；首届市“篮协杯”篮球比赛；亚运广州行活动（包括群众健身汇演、健身咨询、门球表演赛等）；全民健身日大型自行车巡游活动及越野赛；与教育部门联合举办市小学生乒乓球、篮球赛和初中、高中、大中专学生田径运动会；组队参加广州国际龙舟邀请赛和广州市横渡珠江活动；协助市总工会组队参加广州市第七届职工运动会等。

【亚运场馆建设】 为了满足2010年广州亚运会的体育舞蹈、龙舟、飞碟项目比赛的需要，市体育局扎实推进亚运场馆建设。增城体育馆改扩建工程4月完成立项，6月下旬动工，总投资2568万元，年内完成投资432.7万元，占年度投资额20.1%；荔城龙舟比赛场4月完成立项，10月下旬动工，总投资6711万元，年内完成投资100.36万元，占年度投资额2.5%；启动广州市（增城）水上运动训练基地前期工作，协助广州市体育局与增城市土地储备中心签订征地合同，该项目计划2010年初动工建设。

【公共体育设施】 结合市委市政府城乡统筹发展战略，继续加大基层体育设施建设力度，新建篮球场79个、健身路径13条，完成全市282条行政村均有篮球场的任务目标。加大体育投入，全面加强体育广场、体育馆、运南体校等所属地区的保洁工作，大力清理卫生死角，更新、增设垃圾桶，确保符合公共场所卫生标准。加强对广场体育设施维护和管理，安排专职人员每天对公共体育设施进行安全检测并及时维修，重点对广场室外篮球场面层材料的翻新和乒乓球台的更换，以及游泳场周边场地的改造，不断改善体育广场环境卫生，使其成为“创文”工作示范点。

【体育彩票】 市体育彩票中心采取有效措施，提高体育彩票销售额。以增机扩点工作为突破口，扩大体育彩票销售网络，体育彩票机由上年80台增至130多台；开设体育彩票特卖场，提高即开型体育彩票销量；举办体育彩票销售人员培训班，提高彩票销售人员业务素质。2009年，全市体育彩票销售额6800万元。 （李嘉炜）

增城市体育局局长 潘伟均

卫生事业

【概况】 2009年，全市有卫生机构105个（未含村卫生站），其中医院8个，镇级卫生院11个，社区卫生服务中心（站）7个，其他医疗卫生机构79个；设有床位2179张，每千人拥有床位1.98张。卫生机构从业人员4911人，其中卫技人员4028人，占从业人员总数82.02%，医护比为1：1.02。卫生人员中拥有硕士及硕士以上学历占0.97%，本科学历占22.83%，大、中专学历占66.43%。面向社会公开招聘卫生专业人员，参加考试349人，经笔试、面试、体检择优录取172人，其中毕业生92名，执业（助理）医师30名，执业护士50名。全年卫生机构总诊疗368.35万人次，出院8.8万人次，病床使用率77.24%，门诊人均医疗费用104.24元，比上年上升6.08%，住院病人平均费用3671.32元，上升10.92%。全市农民参加合作医疗574304人，参合率99.6%。孕产妇死亡率22.3/10万，婴儿死亡率4.68‰。。

【疾病防控】 全市报告传染病5760例，发病率666.62/10万，无SARS、禽流感、鼠疫、霍乱等重点传染病病例报告；接种甲型H1N1流感疫苗26785人次，报告甲型H1N1流感病例12例，治愈率100%；实施扩大国家免疫规划，全市“六苗”接种率95.5%以上；加强慢性非传染病监测和干预，加强卫生监测与健康体检工作，完成各类卫生监测12404宗；全面落实艾滋病防治“四免一关怀”政策，继续做好麻风病、精神病和性病防治工作；深入开展健康亚运、健康广州全民健康活动，荔城、新塘、小楼荣获广州市“亿万农民健康促进行动”示范镇（街）称号。

【卫生监督】 2009年对食品生产经营单位经常性卫生监督1.45万户次，合格率86.9%；粮食、肉、蛋等食品抽样监测1780件，合格率81.35%；生活饮用水经常性卫生监督84户次，合格率99.30%；出厂水抽样监测228件，合格率86.3%；公共场所经常性卫生监督3762次，合格率为99.60%。严厉打击非法行医，维护正常医疗服务秩序，出动执法人员325人次，车辆112车次，查处非法医疗机构171间次，没收器械55件、药品72箱。

【社区卫生】 开展社区卫生诊断工作，完成1600户入户问卷调查，掌握社区人群基本健康状况、主要卫生问题和疾病高危人群及其影响因素，为政府卫生决策提供科学依据。加强重点人群健康档案建档率，为83945名城镇居民建立健康档案，并重点提高65岁以上老人，高血压、糖尿病、肿瘤、精神病患者建档率。实施社区基本医疗补助和优惠政策，全市补助14958人次，补助金额近7万元，建立家庭病床53张，开展出诊、巡诊2000多人次。完善区、镇、村三级妇幼保健网络建设，加强基层妇幼卫生人员培训和孕产妇管理。全市孕产妇系统保健管理率94%,孕产前检查率98.16%，产后访视率97.94%，住院分娩率99.94%，高危妊娠住院分娩率99.96%，3岁以下儿童系统管理率96.30%，7岁以下儿童保健管理率99.19%，婴儿死亡率控制在较低水平。继续抓好妇女病查治工作，育龄妇女检查率39.16%，检出患病人数13068人，患病率19.46%，治疗12348人，治疗率82.77%。

【医疗管理】 市政府投入1.3亿元建设的市人民医院综合大楼竣工投入使用，配套先进医疗设备近400万元，孙逸仙纪念医院20多名专家教授坐诊，为市民提供“二甲收费、三甲服务”。石滩、中新镇中心医院主体建设工程顺利封顶。各级财政投入专项建设资金355万元用于镇级卫生院业务用房建设，完善医疗设备设施；安排342万元慈善基金用于购置医疗设备。推进农村卫生站标准化建设，对全市133间卫生站按标准分期分建，每站建设经费8万元，年内落实建设用地127间，竣工118间，在建1间。全市医疗机构入院与出院诊断符合率99.23%，住院手术前后诊断符合率为99.56%，医院感染率为0.33%，无菌手术甲级愈合率98.84%，急危重症抢救成功率86.46%。加大无偿献血宣传力度，全市10301人次参加无偿献血，比上年增长15%；采血量308万毫升，增长18%，全市临床用血100%来自无偿献血。

【合作医疗】 全市参加农村合作医疗574304人，参合率99.6%，人均筹资204元，总筹资1.17亿元。合理调整合作医疗章程，补偿封顶线从上年2.2万元提高到5万元，对本市外定点医院住院费用报销比例从30%提高到35%，对符合计划生育政策的住院分娩补助从500元提高到600元。增设糖尿病、高血压病（Ⅱ期或以上）两种慢性病门诊费用定额补偿，年最高补偿金各120元。全市参合农民住院补偿35576人次，总额7449万元，次均补偿费用2094元；住院分娩补助305.68万元；救助困难群众180人，金额88.58万元，人均救助4921元。实行社会化管理，全面推行“一站式”报销补偿服务，方便农民报销补偿医药费，缓解农民看病难、看病贵问题。

【中医中药】 贯彻“中西医并重”工作方针，制定《增城市中医医院建设方案（2009~2015）》，实施名院、名科、名医战略，强化医院基础设施建设。市中医医院开放床位168张，扩建专科住院病床30张；市中医医院中西医结合肿瘤专科、新塘医院中医推拿科被确定为广州市中医名科建设项目；市中医医院中风病专科荣获“广州市先进集体”称号。设立农村中医药知识与技能培训基地，举办3期中医药适宜技术培训班，帮助基层卫生院和村卫生站医务人员掌握针灸、拔火罐等“简、便、廉、验”适宜技术。

【卫生系统大事记】 3月13日，广州市妇女儿童医疗中心、广州市乳腺病防治中心增城分中心挂牌成立。

3月，建设石滩、中新中心镇医院被增城市列入为民办十件实事之一。

3月26日，在增城市劳动模范、先进集体和先进劳动者表彰会上，市中医医院中风病专科荣获先进集体；市人民医院邹蓉被评为劳动模范；市卫生局郭铁军被评为先进劳动者。

4月27日，中国农工民主党广东省委会调研组就“广东省城乡公共卫生服务均等化”课题到增城调研。

6月11日，局长郭铁军率医疗卫生单位主要领导一行18人赴江苏省张家港和昆山市考察卫生改革与发展情况。

6月26日，国家中医药管理局副局长李大宁到增城视察指导中医药工作。

8月8日，市卫生局从市中医医院迁至原市人大办公楼办公。

8月19日，市卫生局顺利通过“档案综合管理省特级单位”复评。

11月20日，广州市人大代表团一行20人到市人民医院视察新大楼建设情况。

11月26日，市长叶牛平、副市长李荣渝视察增城市中新医院新门诊综合楼建设情况。

12月16日，中国医疗卫生事业发展基金会秘书长张青阳、公益事业部部长李小峰到增城检查指导“双健”工作。 （姚 毅）

增城市卫生局局长 郭铁军

食品药品监管

【整治市场秩序】 2009年，市食品药品监管部门出动执法人员1187人次，检查“三品一械”生产、经营和使用单位2137间次。先后开展含可待因成份药品、中药饮片、防控甲型H1N1流感药械、仿药类边缘产品、盐酸曲马多等10次专项整治行动，立案53宗，结案案件38宗，取缔无证经营药品场所17间，没收假劣药品和违法经营药品80箱，罚没款22.57万元；开展药品、医疗器械、保健食品、化妆品等抽样370批次，对211家药品经营企业进行GSP认证，对66家药品经营企业进行GSP跟踪检查；实施医疗机构药品使用质量安全监管，检查医疗机构341家，覆盖率95%；开展乡村医生药品管理知识培训，与镇医院联合举办培训学习5次；组织参与广州市食品药品监管局突发事件应急演练，处置各类突发药械事件14起；调整网格化监管人员组合，完善网格化监管督查和责任追究制度，药械生产企业、经营企业监管、保健食品和化妆品生产企业监管覆盖率100%。

【农村药网建设】 市食品药品监管局重新调整农村药品“两网”建设监督员、协管员和信息员队伍，分别从市属机关部门和各镇街、村委及医疗机构中聘请85人；进一步完善激励机制，给监督人员发放通信和交通补贴，对优秀监督人员予以表彰；先后8次与镇级医疗机构联合开展卫生站药品管理和用药安全检查，检查农村卫生站146家。

【食品安全监督】 全年召开各类食品安全工作会议14次，严厉打击添加非食用物质、滥用食品添加剂、无证照卖水等违法行为，组织开展学校食品安全大检查、节假日食品安全检查等专项行动；修订《增城市重大食品安全事故应急预案》，及时、有效地处理新塘瘦肉精、派潭毒蘑菇两起食品安全突发事故；以《食品安全法》为依据，结合食品药品安全“五进”工程建设，多形式多途径开展饮食用药安全知识宣传。全年投入宣传经费5万元，印发宣传材料7万多份；编撰镇街食品药品安全知识宣传栏2期，印发增城市食品安全信息简报4期，发布食品安全消费预警4次、食品药品安全信息219条，组织参与宣传咨询活动6次，协助增城电视台拍摄食品知识宣传短片1部。

【保健食品、化妆品监管】 2009年，检查保健食品、化妆品生产经营企业755间次，先后开展粉类化妆品、染发剂等专项检查8次，发出责令整改通知书8份，检查意见书27份。简化保健食品经营企业卫生许可证办理程序，全年作出行政许可48宗，并与增城出入境检验检疫局签订保健食品化妆品安全合作备忘录。

【药品网上监管】 选择一批条件成熟的药店先行试点，以点带面。把网上监管与日常检查频率、企业信用评级、许可证申办换证等工作挂钩，指定专人监控企业上报数据情况，并及时反馈给各网络小组，由网络小组根据实际情况对企业进行现场检查和监督。年内举办网上监管培训班8期，培训企业300多家，有286家药械经营企业通过网络上报了有关数据。

【大事记】 5月，市食品药品监管局实施“稽查无假日”制度，24小时处理群众投诉。

5月13日，市食品药品监管局以“加快行政审批，简化办事手续”和“加强技术指导，提供优质服务”为重点，出台14项举措以促进辖区医药经济发展。

7月17日，市食品药品监管局与增城出入境检验检疫局签订《进出口保健食品、化妆品质量安全合作备忘录》。

11月22日，广州市药品检验所第七分所实验室通过广东省实验室资质认定评审。

12月26日，市食品药品监管局、市食安办、新塘镇政府共同举办“关注食品药品安全，营造广州和谐亚运”大型宣传咨询活动。

（周婧杰）

增城市食品药品监管局局长 陈国成

人口与计划生育

【概况】 2009年度，全市出生9901人，出生率11.97‰，其中一孩出生7471人，一孩率75.46%；二孩出生2214人，二孩率22.36%；多孩出生216人，多孩率2.18%；计划生育率93.3%，出生性别比为119。年内全市死亡3645人，死亡率4.34‰，自然增长人数6256人，人口自然增长率7.45‰，女性初婚人数7673人。

2009年度，经省和广州市抽查考核，全市完成上级下达的人口与计划生育各项指标任务，被评为全省年度人口计生先进单位，继续保持省计生一类地区水平。经本级考核，朱村、增江街和小楼、中新、派潭镇被评为一类达标单位；荔城街和新塘、石滩、正果镇被评为二类达标单位。全市51个村（居）连续三年无政策外出生，54个村（居）连续三年计生率95%以上，48个村（居）本年度无政策外出生，59个村（居）本年度计生率95%以上；市属131个局级以上单位年度人口与计划生育工作达标。

【节育措施】 全市落实计生“四术”（上环、男扎、女扎、补救措施）7553例，其中上环4698例（一孩上环4320例），结扎1488例（纯二女户结扎260例），补救措施1367例。“四术”总量比上年减少557例。全市已婚育龄妇女人数172799人，落实节育措施163226人，总节育率86.09%，其中一孩夫妇73855对，落实节育措施64604对，节育率87.47%；二孩夫妇45321对，落实节育措施44277对，节育率97.69%；多孩夫妇31668对，落实节育措施31449对，节育率99.31%；年度避孕节育措施落实率95.36%，及时率92.35%。

【计生服务管理】 结合全省统一开展的流动人口计划生育服务管理专项活动，做好流动人口全员信息登记工作，全面清查登记流动人口成年女性，落实节育措施和开展查环查孕等服务；组织医技人员为已婚育龄妇女开展妇女常见病免费普查服务，继续在全市范围推行免费婚前医学检查；开展免费出生缺陷干预工程，锁定目标对象夫妇1235对，参与免费干预检测1018对，参与率82.43%，并确诊9例重症缺陷胎儿在孕产妇及其家属同意下实行人工终止妊娠干预。继续实行计划生育村（居）民自治，实施合同制管理；加强计生宣传，发挥村（居）计生“三栏”（公开栏、宣传栏、读报栏）作用，开展小型温馨计生宣传牌进社区进厂企行动；继续推进计生信息化建设，实现市、镇（街）、村（居）管理信息网络化；与市卫生局在增城电视台开设“人口与卫生”电视专题栏目，宣传计生动态、政策法规、科普知识等，不断增强计生对象的政策水平和执行计生政策的自觉性；配强市、镇街计生服务站、服务所技术装备和人员，开展科技大练兵活动，提高技术水平和服务能力。

【落实计生政策】 继续实施省农村部分计生家庭奖励办法，高于省和广州市标准为1851名对象发放农村计生家庭奖励金；落实城镇居民独生子女父母计划生育奖励金，安排168万多元为465人兑现奖励金；落实城镇无业居民独生子女保健费发放规定，并为农村居民和流动人口提供免费计生技术服务；开展“关爱女孩行动”、综合治理出生人口性别比和扶助贫困母亲活动，元旦、春节期间慰问贫困母亲1120户，发放慰问金35万多元；落实农村纯女户在教育、医疗、低保等方面的优惠政策，补助寄宿生活费小学14人各1000元，初中508人共60多万元，高中（含职中）扶助学费291人共37万多元，资助考上大专以上15人共7.2万元，获中考分数加5分205人，安排50万元帮助农村纯女户12563人参加新型农村合作医疗。 （汤松汉）

增城市人口和计划生育局局长　赖国辉

广播电视事业

【广播电视宣传】 围绕中心，突出重点，为创建全国科学发展示范市和全国文明城市掀起强大的宣传攻势。一是配合市中心工作，浓墨重彩宣传新农村建设、生态旅游发展战略及招商引资有关信息。通过《乐满农家》、《细说增城》等栏目，及时报道新农村建设最新动态，推介增城市优势资源。二是深入报道创建全国文明城市，推进城乡“清、洁、美”工程情况。结合创建全国文明城市主题月实践活动，围绕“文明出行”、“友爱互助”等广场论坛主题活动，策划推出“文明大广州，有礼新增城”、“文明之风大家谈”等系列专题，引导全体市民积极参与到文明城市创建行动。三是深入报道市重点工程项目建设情况。通过《重点工程项目巡礼》等专题报道，向市民开启了解科学发展成果新窗口。四是以《行风月月谈》节目为平台，为民排忧解难，督改政风行风。先后制作播出六期《行风月月谈》节目，受到社会各界好评。五是扎实做好重大节日的宣传工作。为庆祝建国60周年，策划推出《60年看增城》、《光辉六十载》、《百歌颂中华》、《红色之旅》等专题节目，摄制播出《纪念建国60周年——走向辉煌》专题片，展现增城市改革开放以来经济社会发展取得的巨大成就。

【基础设施建设】 积极完善广播电视新闻中心大楼系列设施建设。11月，新广电大楼各楼层与演播厅的装修工程全面竣工并投入使用，进一步拓展业务功能，开创了广播电视事业发展新局面，为促进增城文化大发展、大繁荣增添新平台；演播厅的投入使用为全市重要会议和大型文艺演出活动提供了场所。年内，成功举办《唐宫香梦证前盟》（新编古装粤剧）等三场大型文艺演出活动，并承办市委、市政府及市直有关单位多场重要会议和报告会；有线电视宽带网络作为城市基础设施的重要组成部分，2009年，市广播电视部门进一步加强网络维护管理，完善有线电视网干线建设，基本完成有线电视网络升级改造。

【文化惠民工程】 坚持为民办实事的原则，积极参与公共文化服务体系建设，认真落实文化惠民工程，保障群众的基本文化权益。全面推进农村有线电视网络升级改造，上半年基本完成“村村通”工程，实现20户以上1997条自然村通有线电视，覆盖用户82161户；不断完善农村公共广播系统建设，完成63条行政村公共广播系统建设工作；积极组织为贫困家庭免费开通电视信号工作，初步核定的3312户贫困家庭收看电视问题得到基本解决。

(吴倩倩)

增城市广播电视台台长　李戈

增城日报

【概况】 2009年，增城日报坚持正确的舆论导向，按照“新闻立报，让党和政府满意，百姓喜爱，市场需要”为办报宗旨，以报纸为龙头，融合发展“数字报”、“手机报”和“新闻网”，开创“三报一网”互动宣传新格局。按照“以科学的理论武装人，以正确的舆论引导人，以优秀的作品鼓舞人，以高尚的精神塑造人”的要求，先后策划组织“深入学习实践科学发展观”、“同心同德商国事、参政议政献良策”、“人大代表、政协委员专访”、“昆山学习体会”、“贯彻十七届四中全会和李长春同志批示精神，创建全国科学发展示范市”、“创建全国文明城市”、“机关服务年”、“三联六帮在行动”以及大工业、大农业、大商贸、大旅游、大文化等专题报道。同时，开辟“让人民共享改革发展成果”、“社会主义新农村”、“新中国成立60周年·今日增城”、“科学发展增城之路”等专栏专刊，通过不断丰富新闻内容，创新宣传报道方式，发挥党和政府喉舌作用，践行了“让党和政府满意”的办报宗旨。

【发挥主流媒体作用】 坚持“三贴近”原则，强化社会意识和责任意识，进一步凸现增城日报作为主流媒体的导向作用。2009年，以“三贴近”为抓手，着力打响“地域牌”和“亲情牌”，强调采编人员注重对社会新闻分门别类进行研究，认真策划，不但要把“趣闻”、“奇闻”做成有社会价值和教育功能的好新闻，更要把“民生民事”做成对社会有典型影响力的大新闻，使增城日报的社会新闻版成为反映社情民意的平台，成为政府与百姓沟通的连心桥。例如：《看病时，你被“旁听”了吗？》、《好日子难订，“黄牛”傍上婚宴》、《宅男宅女向“宅”生活说“拜拜”》、《终于可以睡个安稳觉了》、《母婴室缘何成为稀罕物》、《刘诗雯的路很长》等一批社会新闻，引起社会强烈反响；《社会新闻版》开辟的“我推荐我评议身边的人”、“增城工作外乡人看增城”、“读者来信”、“读者热线”等栏目和系列报道，既弘扬社会正气，批评丑陋，赞美增城，又较好地解读政府关注、百姓关注、社会关注的热点问题，收到良好舆论效果。

【开创“三报一网”新格局】 积极探索全媒体新闻传播方式，以增城日报主报为龙头，融合发展数字报、手机报和新闻网，形成“三报一网”互动宣传格局，走出一条多种播放形式并举、报网互动、多翼齐飞的报业发展新路。“增城之窗”是《增城日报》综合性门户网站，经转型升级后，除及时发布地方新闻外，还增设“网上留言”，开设数字报、增城新闻、国际新闻、国内新闻、增城概况、增城方志、政务信息、文化教育、图片、车市、楼市、旅游、财经、健康、娱乐、论坛等27个频道，平均日访问量1100多人，最高近12000人，注册会员5500人，成为增城市主流网络媒体。《增城日报数字报》和《增城日报手机报》，借助互联网技术优势，信息传递更快捷，更具互动性。网站的“论坛”和“留言版”日发贴量不断攀升，成为报纸与读者、网民与政府相互沟通交流的重要窗口，也是提供新闻线索、参与报网联动、进行投稿的重要渠道。通过融合发展新媒体，搭建新平台，弥补了传统媒体的不足，使《增城日报》采编和发布新闻的形式多样化、强势化地服务大局，服务经济社会发展。

【拓展报业发展空间】 围绕经营创收目标，创新经营理念，发挥专刊特色优势，不断拓展报业经营发展空间。坚持以当地受众为主体，开辟具有地方特色和行业特色专刊，成为增城日报经营创收一大卖点；打造品牌栏目，发挥品牌效应，开发广告资源。通过整合版面资源，与行业部门合作，采用“合办”、“协办”等方式，开辟有行业和地方特色专栏，取得较好社会效益和经济效益；优化服务质量，提高创收效益。增城日报广告经营与时俱进，在提高专业知识，增强策划能力的同时，更新思想观念，优化服务质量，以服务要效益，让客户有信赖感、亲和感，巩固和拓展广告市场，提高广告收益。

(潘静瑜)

增城日报社社长　潘伟哲

增城市旅游局

汪洋与本市领导在莲塘春色景区体验自行车休闲健身游绿道（单进兴 摄）

绿道，是一种线形绿色开敞空间，通常沿着河滨、溪谷、山脊、风景道路、铁路、沟渠等自然和人工廊道建设，内设可供游人和骑车者进入的景观线路，连接主要的公路、自然保护区、风景名胜区、历史古迹和城乡居民居住区。绿道主要由人行步道、自行车道、非机动车途径和停车场、租车店、旅游商店、特色小吃店等设施及绿化缓冲区组成。

近年来，本市大力发展绿道旅游，实施全区域旅游化战略，使增城的城市旅游形象和生态旅游环境得到全面提升。尤其是增城市2008年开始修建的由市区到派潭白水寨的自行车休闲健身游绿道，成为全省首条自行车休闲健身绿道。增城力争2年内充分利用山水田园和优美的生态资源和旅游资源，规划建设和完善500公里的绿道网。

一批外国游客在本市自行车休闲健身游绿道上骑车游览

增江画廊水上游绿道

自驾车游绿道

目前，本市以“幸福市民、快乐游客、致富农民”为宗旨，将绿道规划建设与沿线农村的扶贫济困结合起来，坚持以人为本、共建共享，充分利用山水田园和优美的生态资源，因形就势，已初步建成的增城绿道旅游网包括250公里自驾车游绿道、200公里自行车休闲健身游绿道、50公里增江画廊水上游绿道三条绿道网，进一步丰富城市内涵，提升城市品位，优化增城生活环境和投资环境。2010年1月5日至7日，中共广东省委十届六次全会充分肯定了增城近年来建设自行车休闲绿道的做法，增城绿道网建设走在全省前列。作为本省绿道网的精品工程，增城已成为珠三角市民旅游的新热点，独具增城特色，具有积极的示范作用，尤其是自行车休闲健身游绿道，成为“低碳游”人士出行游玩的首选。每逢节假日，绿道上总能见到络绎不绝的单车“拜客”，他们大都是来自广州及周边地区的都市白领。从2年前开始建设绿道以来，本市围绕“小绿道、大产业”做文章，形成了以增城全区域绿道为“藤”，以沿线配套设施节点、景区景点、农家乐、农特产购物点等为“瓜”而形成的“南国乡村生态大公园”这一品牌，结合“吃、住、行、游、购、娱”旅游六要素，对增城旅游整体形象进行全方位营销，使增城走出了一条围绕绿道发展旅游产业的创新之路。

通过绿道建设，本市城乡环境大大改善，营造了环境，发展了产业，带动了农民增收致富。以绿道为藤，以藤结瓜，沿线建设了三忠古庙驿站、莲塘村色服务区、江坳绿道综合服务区、高陂头旅游驿站等30多个绿道驿站，将沿线村庄逐步改造为各具特色的生态旅游村，引导绿道沿线农民参与生态旅游开发，建设了汇康阁、聚龙庄等111家农家乐和农家旅馆，带动了一大批农民创业就业，仅荔城街莲塘村就有30多户正在申办农家乐或农家旅馆。今年1—6月，全市共接待游客764.26万人次，同比增长19.31%，旅游收入17.38亿元，增长52.40%。其中，自行车游绿道共接待游客16.53万人次，进一步拉动了沿线农村的农产品销售等各种消费。增城市绿道旅游推进了增城市全区域旅游化进程，前景十分看好。中央、省市领导给予充分肯定，省内外参观考察团络驿不绝。“增城绿道，增城创造”，成为美谈。

增城绿道旅游推广

本市还将进一步丰富绿道内涵，不断创新方式方法，想方设法挖掘资源，多渠道、多层次、多方位建设好、维护好绿道，积极探索绿道人性化、生态化、产业化、市场化、效益化新路，推动生态旅游业大发展，使绿道建设成为一项让广大人民群众共享改革发展成果的民心工程，成为一项有效改善投资环境、改善人民生活质量的德政工程，变自行车休闲健身游、自驾车游、增江画廊水上游这三大有形绿道为市民休闲健身之道、游客观光消费之道、农民增收致富之道这三大“无形绿道”。

增城市林业和园林局

近年来，增城市林业和园林局在市委、市政府的正领导下，围绕建设现代产业新区和生态宜居新城的要求，广泛开展全民植树绿化活动，大力推进青山绿地工程和“林业生态文明万村绿”行动，着力提高南部地区绿地总量，优化中部地区人居环境，加强北部地区森林资源管理，努力培育、保护和合理开发利用森林资源，推动生态建设产业化，产业发展生态化，发展现代林业，建设生态文明，促进科学发展，努力创建林业生态文明示范市。截至目前，本市林业用地面积7.45万公顷，生态公益林3.73万公顷，林木总蓄积量为210.39万立方米，森林覆盖率已达到55.38%。城市建成区绿地率达到44.5%，绿化覆盖率达到49.8%，人均公共绿地面积达到19.7平方米，拥有大封门、太寺坑、蕉石岭、南香山等9个森林公园，是广州东翼的“绿肺”，也是珠江三角洲经济圈中的绿洲。中共中央政治局委员、广东省委书记汪洋来增城调研指导并参加绿道义务植树活动，鼓励增城要充分利用生态优势加快绿道网建设，实现生态旅游产业和都市农业的有机结合，探索解决“三农”问题的科学发展之路。国家林业局局长贾治邦对本市生态文明建设工作给予了充分肯定，认为增城近几年走出了一条生产发展、生活富裕、生态良好的科学发展之路，值得向全国推广。本市先后荣获首批“全国绿色小康县”、“全国绿化模范县(市)”、首批“全国科技兴林示范县”、“全国林业宣传先进县市”、“全国森林资源管理先进单位”、“高新技术国家林业标准化示范区”和“2007-2009年度全国森林防火工作先进单位”。

汪洋植树

2010年2月26日，中共中央政治局委员、广东省委书记汪洋到本市进行绿道网建设专题调研。汪洋在参加桥头绿道综合服务区植树活动时指出，植树绿化不仅是一项义务，更是一份责任。各级各部门要抓住春季的大好时节，广泛开展全民植树绿化活动，不断优化人居环境和投资环境。汪洋向增城市林业和园林局罗伟光局长详细询问了增城绿道建设的情况。

汪洋：为什么要建绿道？

罗伟光：增城市委、市政府把绿道建设作为建设宜居城乡的抓手，着眼于“生态建设、文明建设和经济建设”三者融合，把城市文明带进景区、带进农村，把城市的消费带进景区、带进农村；通过绿道建设，把农村的农副产品带出山村、带出景区，把农村变成景区、把农副产品变成旅游产品。因此，绿道既是生态之道，也

汪洋、朱小丹、林木声与本市领导在桥头绿道综合服务区植树

罗伟光局长（前排右）向中共中央政治局委员、广东省委书记汪洋（前排左）汇报工作

是生财之道；既是文明之道，更是农民的增收致富之道。

汪洋：绿道，增城创造。增城林业工作者要继续努力，推动林业生态文明建设走在全国的前面。

在调研考察过程中，汪洋对本市通过建设绿道发展经济、带动农民增收致富的思路和做法给予充分肯定和高度赞赏，认为增城率先在全省推动绿道的建设，眼光超前，规划科学，建设力度大，配套设施完善，充分体现了以人为本的理念。增城将绿道建设与促进市民幸福安康、发展生态旅游、带动农民增收致富结合起来，丰富了绿道建设的内涵。鼓励增城要敢想敢干，勇于创新，按照生态化、人性化、产业化、市场化和效益化的要求大力推进绿道建设。

汪洋与本市领导在莲塘春色景区体验单车绿道

全国林业厅局长会议

2010年1月22日，作为全国统筹城乡绿化一体化建设的先进典型，国家林业局贾治邦局长率全国林业厅局长会议200多名代表到本市参观，对本市生态文明建设所取得的成绩给予了充分肯定，认为增城通过规划建设三大主体功能区，南部建设新型工业区，中部建设文化生活区，北部1000平方公里创建生态产业示范区，以不平衡的发展破解发展的不平衡，实现了以工促农、以城带乡，走上了一条生产发展、生活富裕、生态良好的科学发展之路。增城大力建设环境友好型、资源节约型社会，为全国各地进行生态文明建设进行了很好的实验，是全国的样板和楷模，值得向全国推广。增城市对北部山区进行生态补偿的做法十分值得借鉴，对于全国林业改革提供了很好的路子。

全省林业工作会议

2010年2月25日，全省林业工作会议在本市召开

省林业局局长张育文在小楼东西境后龙山公园向参加全省林业工作会议的代表介绍增城市风水林保护开发经验

2010年1月24～25日，全省林业工作会议在本市召开。副省长李容根出席会议并作重要讲话。他指出，增城依托良好的森林生态和自然景观资源推进绿道网建设，很有特色，成效显著。增城绿道网建设已经成为全省的样板。

在参观考察过程中，与会人员对本市的城乡绿化建设和绿道建设大为赞赏。他们认为，增城绿道建设经验、生态文明万村绿建设经验、城市绿化建设经验、生态旅游区的建设经验、农村绿化美化经验、国有林场的脱困经验等都值得学习和借鉴。张育文说，增城近年来积极实施生态文明万村绿行动，到目前已有100多条行政村开展生态文明万村绿建设，取得了显著成效，尤其是小楼镇东西境村的万村绿建设工程就是一个很好样板，房前屋后见缝插绿，上百年的风水林得到了很好的保护，村内生产生活环境相当优美，老百姓的幸福指数很高。增城市大力发展森林旅游业，打造了白水寨风景名胜区，原来发不起工资的大封门林场现在已经取得了很好的经济效益和社会效益。增城的城市绿化得到高标准实施，多品种、多层次、多色彩、多功能的城市绿化建设展现在大家面前。更值得一提的是，全省绿道建设是从增城开始的，增城绿道从2007年开始投入建设，目前已经成为全省的样板。

广州市绿道网建设工作现场会

2010年2月23日，广州市在增城召开绿道网建设工作现场会，广州市委常委、常务副市长苏泽群强调，各区（县级市）及各有关实施单位要高度重视绿道网建设工作，深刻理解和学习借鉴增城绿道建设经验，以增城绿道建设经验为指导，因地制宜组织实施辖区绿道建设工作，全面推进广州绿道网建设。

苏泽群指出，各区（县级市）要高度重视绿道建设工作，深刻理解和学习借鉴增城绿道建设经验。增城绿道建设集中体现了四方面特点：第一、意识强、行动快，领导重视。贯彻科学发展观关键要做到生态文明和以人为本。增城发展意识强，率先提出绿道建设，在绿道建设过程中，把生态文明和以人为本有机地结合在一起，以科学发展观为指导，创造性地开展工作，走出了增城绿道建设经验。第二、统一规划，统一组织，依托基层。增城在建设绿道过程中既没有成立行政性事业性机构，也没有成立政府投资的绿道建设公司，仅仅通过统一规划，统一组织，把组织优势调动起来，让绿道所属地政府来建设管理绿道。第三、进一步加强生态绿化环境建设。增城在绿道建设中注重对原生态的保护，充分利用原有的生态资源，完善配套好相关设施，让绿道通到哪里，环境好到哪里，进一步巩固保护好生态环境。第四、把绿道建设与富民、发展生态旅游有机地结合起来。增城通过整合政府资源和旅游资源，以藤结瓜的方式，把沿线的村庄串在一起，将增城的江河山水、田园风光、果园红荔、竹林幽径、农家风情融为一体，把绿道打造成又一旅游载体。

增派公路沿线单车绿道

一、义务植树活动

2009年2月3日上午，市委书记、市人大常委会主任朱泽君，市长叶牛平等市五套班子领导集体到增城广场参加义务植树活动，拉开了今年植树绿化活动的序幕。市五套班子领导在新年第一次集会中，开展“走新路，多种树”主题实践活动，认真学习实践科学发展观。

朱泽君在活动中充分肯定了近年来本市全民植树绿化，狠抓生态环境建设取得的成绩。他说，近年来，全市干部群众齐心协力，大抓环境建设，搞好生态环境，使生态优势成为增城最大的后发优势。目前，大力推进青山绿地和城乡环境整治工程，建设生态宜居城乡已成为全市干部群众的共同心声。

荔新公路景观林带

二、青山绿地工程

2009年底，增派公路景观林带全面完工，建成了从凤凰城至白水仙瀑景区总长约80公里的绿色生态廊道，有力地推动了本市绿道网建设，促进了北部生态旅游发展。近年来，本市大力实施青山绿地工程和“迎亚运森林城市建设行动计划”，先后完成了增江河两岸绿化和增派公路、荔新公路、广惠高速公路、广深铁路等主干道景观林带建设，全市2600公里各类道路全面实现了林网化。

增江画廊景观林带

三、领导视察

国家林业局副局长李育才（右二）在常务副市长曾赤鸣（右一）陪同下到本市调研森林经营和生态建设情况

2009年11月，国家林业局副局长李育才率调研组到本市就森林经营和生态建设情况进行调研。省林业局局长张育文、广州林业局主要领导以及本市领导朱泽君、曾赤鸣陪同调研。

李育才一行先后到鹤之洲湿地生态公园、增城广场、荔枝文化公园、增城中学、小楼人家、高陂头驿站、石岭坳林场、白水仙瀑景区等地调研，了解本市林业生态建设、城市森林建设、绿色小康村建设、生态旅游发展、商品林经营等情况。

本市市委书记、市人大常委会主任朱泽君向调研组介绍了本市经济社会发展情况以及森林经营、生态建设的情况。

四、重大活动

全省绿化委员会办公室主任暨部门绿化工作会议在本市百花山庄隆重召开，省林业局局长张育文出席（右二），市委书记朱泽君（左二）在会上作了报告

太寺坑森林公园、南香山森林公园申报广东省级森林公园，申报方案顺利通过了专家组的评审和可行性论证。2010年6月，经省林业局批准，广东太寺坑森林公园成为本市首家省级森林公园

增城市交通运输局

广汕公路竣工剪彩

增城市公路建设上新台阶

近年来，本市下苦功抓交通建设，坚持全面的投入、系统的投入，吹响了本市新一轮交通建设号角，先后完成S119线、增派公路、派高公路、荔三公路、广汕公路改造，铺设沥青路面，因地制宜在公路两旁建设了100多公里自行车绿道，全面改善增城交通环境。随着2011年广河、增从高速通车后，各个镇（街）均能在5分钟内上高速路。

广汕公路

增派公路

增城市公安局

本局举行建局60周年暨慰问民警及家属文艺晚会

本局开展“以卫山派出所为标杆、探索治安防控新途径”活动中组织学习新塘金福星广场社区治安管理模式

2009年，本市公安机关在增城市委、市政府和广州市公安局的正确领导下，坚持以科学发展观为指导，认真贯彻落实党的十七届四中全会精神，围绕稳定发展中心工作积极发挥职能作用，以三项建设和“执法一网考”为抓手，不断加强公安工作和队伍建设，创新工作模式和管理手段，保持对违法犯罪的高压打击态势，较好地完成了各项公安保卫任务，维护了社会治安大局的和谐与稳定，为全市经济社会发展，以及庆祝建国60周年、本市创建全国文明城市和科学发展示范市打造了良好的社会治安环境，提供了优质的服务

2009年，市公安局顺利完成了春运安保、国庆安保等一系列保卫工作；开展了“公安民警大走访”、“人屋车场”、“创平安迎国庆”、“打盗抢抓逃犯”、“风雷”、扫除“黄赌毒”和“打击假币犯罪”等一系列专项行动；全年共破获刑事案件3500多宗，抓获处理违法犯罪嫌疑人8300多人，打掉各类犯罪团伙190多个，缴获枪支6支、子弹10多发、汽车70多辆、摩托车200多辆、海洛因3300多克、冰毒（液体）10000多克、冰毒片剂（麻古）500多克、冰毒晶体80多克、手机250多台，成功侦破了新塘“02·26”商场放置炸弹勒索案、正果“05·26”故意杀人案、新塘“09·23”绑架杀人案等影响恶劣的大要案；查处交通违法行为97700宗，查扣违法摩托车25500多辆次，违法汽车3200多辆次，行政拘留无证驾驶违法人员400多人，死亡人数下降9.8%，直接经济损失下降5.5%，有力地维护和促进了本市社会和谐稳定。

本局开展“大走访”活动中傅敏局长到三江慰问孤寡老人

本局交警大队开展集中整治酒后驾驶专项行动

本局开展“人屋车场”专项行动中清查旅业

"粤安09"专项行动缴获赃物发还大会上，群众向本局赠送锦旗

本局开展"增城市119消防安全宣传日活动"

本局开展"铸牢忠诚警魂、献礼祖国华诞"摄影书画展

本局开展广州市应急演练大比武

本局积极参与创建"全国文明城市"活动，图为对违反交通法规的市民进行纠正

本局开展警用车辆整治行动

本局刑侦大队成功侦破一拐卖儿童案

增城市科技经贸和信息化局

2010年，增城市政府组建增城市科技经贸和信息化局，将原市经济贸易局（挂市食盐专卖管理局、市酒类专卖管理局牌子）、原市对外贸易经济合作局、原市科学技术局（挂市知识产权局牌子）、原市信息化办公室、原广东省无线电管理委员会办公室增城市管理站职责整合划入增城市科技经贸和信息化局。新组建的科技经贸和信息化局承担科技信息、工商经济、经贸投资、能源管理等微观经济领域15项职责，是本市经济发展的重要战场。

2008年以来，本市努力转变发展方式，严把项目准入关，实施《增城市工业投资项目评审及管理办法》，两年来共评审项目70宗，其中通过评审56宗，投资总额99.68亿元，年产值329.46亿元，年创税19.34亿元。56个项目平均投资总额为1.78亿元/宗，平均年产值为5.88亿元/宗，平均年创税为3453万元/宗，落户项目质量进一步得到提高。一批生产力骨干项目产值高、效益好、带动能力强，如中国南方电网有限责任公司超高压输电公司项目，投资总额4.99亿元，年产值10亿元，年税收5000万元；广州市达益高科技有限公司项目，投资总额5亿元，年产值8亿元，年税收2亿元；广东科利亚农业装备有限公司项目，投资总额5.88亿元，年产值20亿元，年税收1.2亿元。

曾赤鸣常务副市长和葛天志局长为增城市科技经贸和信息化局揭牌

中金数据系统有限公司主要业务是提供高等数据中心基础设施、灾难备份和业务持续性管理服务。目前，该公司是行业的先导，已建和在建的有北京数据中心、华东数据中心、烟台后台数据中心，已发展成为国内建设规模最大、基础设施能力最强、管理水平一流的专业化数据系统外包服务企业，为金融、电信、电力、交通运输、税务、海关等行业提供安全可靠的高等数据中心和灾难备份体系，提供信息系统的应急保障机制，保证信息系统安全和业务持续管理的重要措施。项目计划总投资20亿元人民币，首期投产后预计年产值可达50亿元人民币，预计年可产生税收约5亿元人民币。

五本

牛仔服

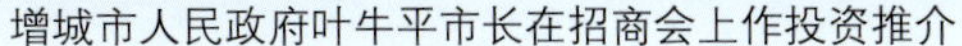
增城市人民政府叶牛平市长在招商会上作投资推介

签约客商合影留念

2007年，本市首次推出以“新穗东新增城”为主题投资推介会，在珠三角地区引起轰动效应，南方日报刊登头条新闻《上海有个新浦东，广州将有新穗东》，大篇幅报道增城近年来的发展成果，以及“新穗东”城市发展战略。2008和2009年，本市延续“新穗东效应”的良好势头，举办多场投资推介会，均取得了良好的效果，每场投资推介会签约大批项目，吸收投资资金数百亿。

本市有18个项目获得广州市级以上科技项目立项，获得科技经费支持3634万元；全市有11家企业通过了由广东省组织的国家高新技术企业认定；有6项成果获得广州市科技进步奖励。专利申请量达1392件；获得全国发明展览会金奖3项、银奖1项、铜奖4项；获广州市科技进步奖一等奖1项、三等奖3项；列入广州市知识产权示范企业3家。

2008年，本市工业总产值突破1000元大关，提前两年完成“十一五”规划预期目标，经济增长位居广州12区（市）和全国10强县（市）前列。2009年，本市克服国际金融危机影响，工业经济依然保持逆势增长，全市完成工业总产值1268.17亿元，同比增长16.26%，其中规模以上企业完成工业产值1031.15亿元，同比增长17.32%，增速在广州市十二区市位居前列，县域经济基本竞争力，位居全国第9位，县域经济连续第8年领跑广东。

2008年增城市“4·26”世界知识产权日系列活动启动仪式

广州本田增城新工厂

中信银行增城支行

市领导关心增城中信银行业务发展，亲临中信银行指导工作

员工风采

中信银行成立于1987年，是我国改革开放后成立的第一家全国性新兴商业银行。2007年4月27日，中信银行在上海和香港成功同步上市。经过二十余年的发展，中信银行已经成为国内资本实力雄厚、增长快速、具有强大综合竞争力的商业银行之一。

中信银行广州分行坚持“以市场为导向，客户为中心”，倾情支持华南经济腾飞，追求“客户、银行和员工一起成长”，以传统的存贷款批发业务为优势基础，以零售业务和私人理财业务为重点发展方向，凭借不断开拓创新和优质服务，稳健发展成为广州地区股份制商业银行的排头兵。

增城支行2007年9月开业。开业以来，在增城市委、市政府和社会各界的鼎力支持下，以服务增城经济为己任，员工队伍不断壮大，客户基础日渐雄厚，各项业务蒸蒸日上，到2009年底，各项存款达到13.83亿元、各项贷款达到6.02亿元，实现利润1717万元，成为增城地区中小商业银行的佼佼者。

朱泽君书记、张文远副市长、李松玉行长、叶为民行长为新塘支行开业喜庆揭匾

中国银行 BANK OF CHINA 增城地区中行

2009年，中国银行股份有限公司在增城地区共有包括增城支行、新塘支行在内的11个直属支行，216名员工。

在刚刚过去的2009年，在上级行中国银行广州开发区分行的正确领导下，中国银行增城地区各支行树立和贯彻落实科学发展观，抓机遇，促发展，积极支持地方政府、企事业单位应对国际金融危机的不利影响，在合作共赢中实现了业务新的发展。截至12月31日，增城地区中行本外币存款余额为683880万元，比上年新增118806万元，增长21%。公司贷款和个人消费贷款合计268940万元，较年初净增89985万元，增幅33%。

增城中行从1982年3月1日成立以来，在促进地方经济发展、营造地方和谐金融中做出了重要贡献，树立了良好的社会形象。2009年中国银行在增城地区实现了多项业务的重大突破，积极支持广东增城工业园区建设，并与增城市政府建立起互惠、互利的银政战略合作伙伴关系，共同促进增城地方经济发展。2009年4月24日，增城市政府与中国银行广东省分行签订了《全面金融服务协议》，协议所涉及的金融合作总额高达52亿元人民币。根据协议，中国银行将为增城市政府提供全方位的金融服务，积极配合增城市实施“七大工程”、主体功能区、城市公园化、统筹城乡发展等重点战略，为市内企业提供便捷、多样、优质的国际结算和贸易融资服务，全力助推增城市广东东部现代化生态新城区建设。3月30日，中行增城支行成功投放增城市基础设施建设项目7亿元人民币贷款。由于卓越的社会贡献，自2002年以来，中行增城支行连续被广州市国家税务局、地方税务局评为“A级纳税人”；被增城市总工会评为“先进单位”；增城支行营业部连续被增城市委、市政府评为“百佳文明示范窗口”称号。

在保持业务快速、健康发展的同时，增城地区中行高度重视精神文明建设和企业文化建设，积极弘扬中国银行“追求卓越，诚信、绩效、责任、创新、和谐”的核心价值观，开创了精神文明建设和物质文明建设同步、协调发展的良好局面。2009年，增城地区中行把贯彻落实党的基本任务跟银行的实际工作紧密结合，充分发挥党支部的战斗堡垒作用和广大党员的先锋模范作用，逐步建立和完善了党员活动室、员工活动室、行史室，通过扎实的党建工作促发展、促内控、促文化，中行增城支行党支部被中行总行、省行党务工作部确定为党建工作联系点。中行新塘支行积极响应广州市精神文明建设委员会关于开展“结对共建”活动的号召，与增城市西南村开展了精神文明“结对共建”活动，被评为中行总行、省行级精神文明建设工作先进单位。

新塘镇

工商重镇 宜居新城

工业组团发展

工业集群、组团发展，汽车、摩托车、牛仔服装三大支柱产业发展迅速，先后规划建设了民营制衣、环保、东凌、宁西等工业园。牛仔服装发展30多年，已形成纺纱、染色、织布、制衣、水洗、防缩等生产系统，是目前我国产业链最完善、年产量最大、产品系列档次最齐全、贴牌生产及出口最大的牛仔服装集群镇之一。服装企业有3800家，已注册商标1000多个，创出VIGOSS、增致、康威等国内外较为知名的品牌，康威荣获“全国驰名商标”称号。先后被评为“中国牛仔服装名镇”、“广东省牛仔纺织服装技术创新专业镇”。

豪进集团

汽车及其零部件企业12家，形成了以广州本田增城工厂为龙头，以提爱思、广州电装、驭风旭铝铸件等企业为支撑，以专业市场销售和维修服务为配套的汽车产业链。现有7家摩托车整车生产企业，年生产能力超过400万辆，是全国乡镇一级最大摩托车生产集群基地。五羊本田、豪进摩托等企业不断做大做强，豪进摩托荣获“全国驰名商标”称号，新塘摩托车产业迈上了从量到质飞跃的新里程。

康威集团

新塘民营制衣工业园

广英服装有限公司

盛唐世纪广场开工典礼

新塘历来就为商贸重地。近年来，新塘镇提出了“重振商贸雄风”的口号，大力发展服务业，以服务创造价值，以大商贸促大发展。大力推进东凌国际机械装备交易中心、盛唐世纪广场等重点项目的建设。着力推进碧桂园凤凰城、翡翠绿洲、金地荔湖城等一批大型优质房地产项目的开工建设，确保了房地产持续健康发展。全力推动景东国际·喜来登酒店、皇朝酒店等项目的建设，培育壮大会议休闲产业。以牛仔城为阵地，通过建设牛仔文化展示厅、牛仔名店一条街、与阿里巴巴建立牛仔产业发展战略联盟等一系列措施，盘活牛仔专业市场，着力使新塘由牛仔服装生产性服务基地向生产性服务总部基地转型升级。利用新塘处于广州与东莞之间的独特的区位优势，把新塘城区逐步打造成“饮食娱乐购物天堂”。金海岸城市广场、新塘广场建成，大润发、华润万家等大型购物休闲商场进驻开业，服务业的快速发展不但聚集了人气，还推动着一个具有新气象、上档次的广州东部商贸中心迅速崛起。

新塘牛仔名店一条街

大润发超市

中国进出口商品交易会新塘牛仔展示

新塘城区

环境宜居宜业

新塘镇坚持“环境就是财富，环境就是竞争力”的理念，几年来先后关闭了138家水泥厂、76家洗漂企业、22家粘土砖厂。实施公园化战略，延伸凤凰城理念，发展绿色经济，每年投入1亿多元用于城镇绿化及环保治理，2009年获“中国绿色名镇”称号。今年全面整治生活环境和水环境，进一步提升发展竞争力。15条村完成生活污水处理工程，投入6亿多元的新塘、永和两个大型污水处理厂，日处理污水 15万立方米。大力推动“三旧”改造及河涌整治，打响以“向‘脏乱差’宣战，建设美好家园”为主题的城乡环境综合整治攻坚战，推动家园变公园。全力配合做好穗莞深城际轨道、广州地铁13号线和广州东部交通枢纽中心的规划建设和征地拆迁工作，环城路、新塘汽车客运站等一批大工程正加紧建设，力争以发达的交通融入大广州。

解放南路

水南涌新貌

永和污水处理厂

南樵彩墨香

中国理学大儒湛若水

文化熠熠生辉

新塘镇注重以文化论输赢，群众文化体育事业耀眼夺目。不但书画、摄影、曲艺、舞蹈、篮球、乒乓球、茶艺等文体社团百花齐放。而且，每年都开展龙舟锦标赛、万人长跑、全民健身活动、春节游园会等全民文化体育活动。还经常开展农民篮球赛、乒乓球友谊赛等灵活多样的文化体育活动。2009年，新塘镇积极创建全国群众文化示范镇，努力实施文化惠民工程，把开展文化下乡活动作为为民办十件实事之一，通过建设文化广场活跃广场文化、送戏送书送电影送舞下基层、在村社广泛建立“农家书屋”、“绿色网园”等系列活动，进一步把城市文明覆盖农村。高雅健康的群众文化体育活动的开展，不但使群众强身健体，也增强了团结意识，营造了欢乐、祥和的社会氛围。

少儿花卉文艺汇演

“舞动新塘”群众集体舞蹈大赛

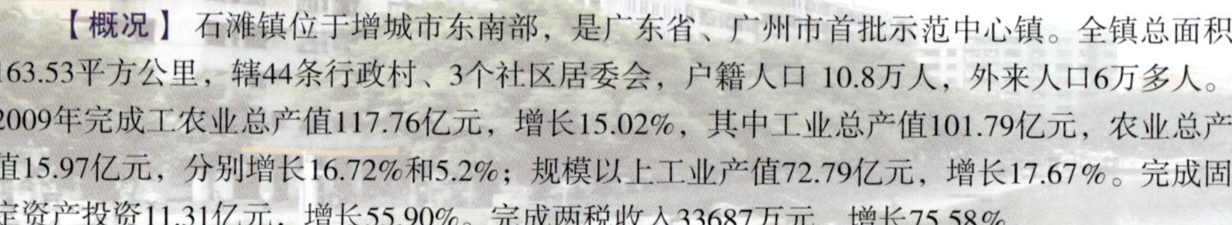

石滩

【概况】石滩镇位于增城市东南部，是广东省、广州市首批示范中心镇。全镇总面积163.53平方公里，辖44条行政村、3个社区居委会，户籍人口10.8万人，外来人口6万多人。2009年完成工农业总产值117.76亿元，增长15.02%，其中工业总产值101.79亿元，农业总产值15.97亿元，分别增长16.72%和5.2%；规模以上工业产值72.79亿元，增长17.67%。完成固定资产投资11.31亿元，增长55.90%。完成两税收入33687万元，增长75.58%。

【产业发展】2009年新引进广本研发中心、碧桂园·豪园等7个大项目，计划总投资32.8亿元；新建成投产项目9个，新建项目10个。皇朝家私被评为全国驰名商标。碧桂园豪园、人人乐物流、好日子摩托车等一批重点项目建设投产促进了产业结构调整优化，经济发展的质量明显提高。启动了郑田商住区、广本研发中心园区、石滩工业基地西区、新城区顾屋商住区4个产业集聚点的开发建设工作，岗尾工业基地、江龙工业基地、沙庄工业基地逐步形成，经济发展承载力显著增强，为构建区域特色现代产业体系奠定了坚实基础。

【城乡建设】政府投入资金3亿多元，完成荔三公路改造工程，撤并了郑田、三江两个收费站；全面完成石三公路配套设施建设工程、石新公路改造工程、北三环出入口连接线扩建工程和初溪大道建设工程；沿江路改造工程、广本研发中心连接道路、朱石公路和新城区、产业园区内道路全面铺开建设，石滩干部群众多年来反映最强烈的道路破烂、收费站多的问题得到了很好的解决。投资2000多万元的牛潭变电站建成投入使用，计划投资近2亿元的石滩污水处理厂和污水管网工程全面动工建设。投入环境整治资金3500多万元，对全镇范围内的卫生、路灯、绿化、排水等各种市政设施进行建设、整修，实施城乡节点绿化整饰工程，启动了石滩新城区石滩广场的建设，组织开展城乡“六乱”整治大行动，城乡环境面貌明显改观。

启动仪式

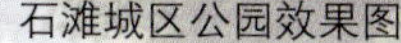

石滩城区公园效果图

日新月异的石滩新城区

【社会事业】 全面落实各项保障救济政策措施，发放最低生活保障金294.8万元，发放各项救济金60多万元；落实了田桥、郑田、塘口、金兰寺、沙头、水龙和溪头7条村的村级五保老人安居点建设工程，新建43套残疾人安居房交付使用。新型农村合作医疗参合率达到99.8%。农村社会养老保险全面铺开，实施了农村干部退休生活补贴。深入开展“二联六帮”城乡共建活动，组织本镇农村劳动力参加各级各类职业技能培训386人次，组织3场大型招聘会，转移农村劳动力就业2986人。文化教育等社会事业取得新发展。完成了石滩新医院一期工程，整修了三江卫生院，建成了32间标准化农村卫生站。推进了“农家书屋”、“绿色网园”建设工程，2009年共有30间“农家书屋”建成投入使用，群众精神文化生活进一步丰富。

碧桂园豪园

荔新路石滩路口

中新镇

广州东进战略的重要节点 现代产业新区和生态宜居新城镇

广汕公路拆迁改造工程安置小区

风门坳工业园

概况：中新镇位于增城市的中西部，是广州市示范中心镇。全镇总面积236平方公里，辖35条行政村和2个居委会，常住人口85643人。2009年完成工农业总产值80.55亿元，比上年（下同）增长17.4%；税收入库2.79亿元，增长33.41%。2007年、2008年、2009年连续三年在年度考评中被评为一等奖。

工业：全年完成工业产值72.22亿元，增长22.61%。中新镇紧紧围绕壮大先进制造业和房地产业，努力培育商贸和酒店服务业的目标，一手抓跟踪落实和优质服务，一手抓“退二进三”、“三旧”改造，有针对性地招商选资，大力推进产业结构调整优化，脚踏实地促进科学发展。中新塑料等生产力骨干项目越做越强；丽豹汽配、南炬汽车用品、顺丽化工等一批优质项目建成投（试）产；慧谷新材料、标榜汽车用品等新引进生产力骨干项目抓紧建设；世达橡胶密封件、三泰船舶配件、广州船舶双孖钢结构等一批富有成长性的项目签约落户。恒大山水城、侨建绿野山庄销售金额达13.5亿元，创税8000多万元。东港城市花园、景新四季花园、恒福花园已基本完善手续并将全面开工建设。成功整合回收并出让了省农垦工业小区，立足长远建设集会议、商贸、金融、休闲度假和房地产于一体的侨建国际商务城。

三农工作：全年实现农业产值8.33亿元，增长8.75%。中新镇加大农村专业合作社建设力度，积极筹划建立“农超对接”平台，以流通促生产，冰糖桔、水晶沙葛、紫心番薯等特色农产品倍受都市人欢迎。广泛开展“三联六帮”城乡共建行动，农村固本强基、村务公开、民主理财等工程建设得到加强。大力开展农田标准化建设，推进了多宗小型水利工程的除险加固和自然村“六通”工程，联安水库东西灌渠首期改造工程顺利完成。举办农村实用技术培训班13期，培训农民6000多人次。切实抓好农村劳动力转移就业工作，新增转移就业1500多人。

城乡建设：以“构建大路网，融进大广州；打通南大门，融入大新塘”为目标，超常规推进新新公路、广河高速、广汕公路三大交通动脉的建设。新新公路中新至新塘段扩建改造工程顺利完成并通车；广河高速中新段建设工程顺利推进。尤其是按照市委、市政府关于“变拆迁户为拆迁富”的指示精神，紧紧围绕“有一个以人为本的拆迁理念、有一个切实可行的拆迁方案、有一个包干负责的工作机制、有一个边拆边总结的议事平台、有一个全民参与的社会氛围”等“五个一”开展工作，创造性地赋予

广东农工商职业技术学院

中新广场夜舞

君利大酒店

联安湖

福田涂料厂

坑贝村

拆迁户“较高的利益补偿权、公开透明的知情权、测量复核的申请权、补偿安置方式选择的后悔权、利益调整的追加权”等“五种权”，全镇上下齐努力，仅用了3个多月时间，和谐完成了广汕公路中新段6.3万m^2、共203户的拆迁工程，历史性地改变了中新30多年来的“马路城镇”面貌，为改造旧城，建设新城，开创组团城市新格局夯实了基础。同时，加大了市政配套设施建设力度，福和广场、中新广场建成并向市民开放；中心城区防洪排涝整治工程、福和水厂升级改造工程、中新污水处理系统工程和农村生活污水治理工程全面动工建设；云广（云南至广东）800千伏直流线路输电工程建成并投入使用；福和中学、中新中学、福和小学、福和一小等中小学校建设取得新进展；农工商学院越办越好；中新医院主体工程基本完成。

社会事业：深入实施城乡“清洁美”工程，切实加大环卫保洁投入力度，初步实现了环卫保洁城乡全覆盖，城乡环境卫生状况有了明显改观。努力规范农村建房，启动了农村建房报建制，在全省首先推出《增城市中新镇规范农村建房操作指南》。切实做好社会救济工作，帮扶困难弱势群体，提高了农村低保标准；积极争取社会救济机构支持，对全镇孤儿实行了每月200元的社会扶助。企业职工参加工伤、养老保险积极性增强；基本完成了单亲特困母亲家庭“母亲安居房”工程和农村残疾人安居工程；启动了农村社会养老保险工作，城镇居民基本医疗保险工作稳步开展；提高了新型农村合作医疗筹资和报销水平,参合率达99.98%。组织开展中小学师生大演讲活动，努力营造素质教育的良好氛围。广场健身、阅读求知、民间曲艺、歌舞晚会等群众性文体活动深入开展。公共卫生体系不断完善，农村卫生站建设得到加强。启动出生缺陷干预工程，人口计生工作整体水平不断提高。严厉打击各类违法犯罪，狠刹抢种青苗和索要工程歪风，社会治安明显好转。严格落实安全生产责任制，安全生产形势保持稳定。开展对食品和药品的专项整治，整治和取缔无证照经营，净化了市场环境。加大违法用地和违法建设查处力度，违法用地和违法建设现象得到遏制。建立健全信访维稳工作机制，促进了社会和谐稳定。武装、“双拥”、优抚安置工作扎实开展。侨务外事、民族宗教、妇女儿童、统计、保密、档案等各项工作也取得了新成绩。

中新塑料生产车间

枫源范冰冰签约

枫源化工

恒大山水城

侨建御溪谷

广汕公路中新段

福和中学

仙姑故里 小楼人家

小楼全力创建现代化生态旅游特色镇

小楼镇位于广州增城市的北部，距市区10公里，总面积136平方公里，辖20个行政村和1个居委会，总人口4.8万。增城南北交通大动脉——增派旅游快线以及建设中的广河高速公路、增从高速公路穿境而过，便利的交通将小楼融入广、深、莞、惠“一小时”经济圈，50分钟可达广州白云机场，20分钟到达东莞，1小时内可到达深圳。境内山青水秀，生态环境优美，因与何仙姑结缘，有了“仙姑故里”的美誉。全镇森林覆盖率达62%，是广州北部绿化带的重要组成部分，被称为广州市的“后花园”。

近年来，在各级党委、政府的正确领导下，小楼镇认真贯彻落实科学发展观，围绕打造珠三角乡村度假休闲旅游目的地的目标，大力实施公园化战略，规划建设小楼大公园，充分发挥农业资源丰富和生态良好的优势，以规划建设小楼人家生态旅游示范区为抓手，以项目推动开发，以节庆带旺人气，以文化铸造精品，促进了都市型现代农业和乡村度假休闲旅游融合发展，打响了“仙姑故里，小楼人家”区域文化品牌，全镇经济结构调整进一步优化，城乡环境面貌焕然一新，民生福利不断改善，社会各项事业全面进步。2009年，全镇经济在金融危机的不利影响下逆势飘红，完成工农业总值12.74亿元，比上年增长5.3%。国地两税总收入2596万元，增长56%，其中地税1676万元，大幅增长210.62%。先后成功创建了广东省文明镇、广东省教育强镇、广东省农业旅游示范基地、广州市“全国亿万农民健康促进行动”示范镇，年终综合考核被市评为优秀。

今后一段时间，小楼镇将紧紧围绕创建广州东部生态旅游特色镇的目标，以科学发展观统领全局，解放思想，努力把小楼建设成为环境优美、生活富裕、生态良好、文化繁荣、社会和谐，富有岭南风韵的现代化生态旅游特色镇。

何仙姑文化旅游节

2008年10月20日，中共中央政治局常委李长春在广东省增城市调研和指导深入学习实践科学发展观活动期间，视察小楼镇西境村现代都市农业发展情况

2009年1月18日，广东省省长黄华华了解景区建设及增城菜心销售情况。（右二起：增城市市长叶牛平、广州市市长张广宁、省长黄华华、增城市委书记朱泽君、小楼镇镇长汤海帆）

2009年11月13日，国家档案局李和平副局长到西境村视察全国社会主义新农村档案示范点创建工作

增城菜心节活动现场

2009年9月18日，广州市市长张广宁视察小楼人家景区建设情况（前排右起：增城市委书记朱泽君、广州市市长张广宁、小楼镇党委书记广新力）

2009年2月18日，广州市委副书记张桂芳到东西境老街了解农家乐发展情况。增城市市长叶牛平（左一）、广州市委副书记张桂芳（左四）、增城市委书记朱泽君（左五）

2009增城菜心美食嘉年华启动仪式

增城菜心节香港推介会签约仪式

荔城街道办事处

建设广州东部城市副中心 打造山水文化宜居城市

荔城街紧邻穗莞深，地处珠三角东部中心地带，是增城市政治、文化、行政和教育中心。全街总面积约136平方公里，城区建成区面积20多平方公里，下辖10个居委会和24个村委会，户籍人口16.6万人，外来人口约5万人。

2004年以来，荔城以广州“东进”战略和增城市城市中心南移为契机，在科学发展观的指导下，确定了“建设广州东部城市副中心、打造山水文化宜居城市”的发展目标，全街上下同心同德，共谋发展，以房地产为支柱的第三产业快速增长，城乡面貌日新月异，社会各项事业蓬勃发展，综合竞争力和发展后劲稳步增强，2009年实现工农业总产值57.16亿元，同比增长8.27%；国地两税入库8.16亿元，同比增长6.86%。2010年1至5月份，实现工业总产值22.58亿元，增长17.42%；规模以上工业产值15.38亿元，增长20.83%；固定资产投资6.39亿元，增长32.52%；国税7571万元，增长64.27%；地税3.74亿元，增长52.48%。

荔城将打造成为实施广州城市发展东进战略的核心节点，建设成为山水文化宜居城市、广州东部现代服务业基地、增城创新中心和文化教育中心、城乡一体化发展示范区，服务整个增城市域的政治、文化中心和广州市城市副中心，打造活力之城、生态之城、文化之城、休闲之城。

2010年1月5日至7日，省委十届六次全会充分肯定了我市近年来建设自行车休闲绿道的做法，号召全省向增城学习绿道建设的经验。2月26日，中央政治局委员、省委书记汪洋视察荔城绿道，并在桥头服务区种下一棵樟树。在全球掀起低碳生活的时尚中，本市旅游以绿道为基点，成为了珠三角地区推崇低碳生活最可行的出游方式

▼ 增江画廊，顾名思义，就是增江河上一幅绵延的天然山水画。画廊风光旖旎，白天碧波荡漾，晚上霓虹倒映，置身其中，可真真切切地感受到“船在水中行，人在画中游”的人间仙景，其乐无穷

增江天然游泳场位于增江西岸景观大道侧，项目总占地500亩，总长度约1.6公里，首期工程项目占地约200多亩，利用增江天然的二类水质及天然河床涌泉，建设相当于30个标准泳池的游泳区，可容纳近万人同时游泳。2010年5月15日，中央政治局常委李长春视察增江西岸天然泳场，并参加了植树活动

明星中心村是本市首批推进的农村集中居住示范村。首期工程已完成35幢共70户新型村民联体住宅及社区服务中心

增江街

——增江东岸经济板块

增城市体育广场

增城市职教园区

增江街位于增城市区东面，南接东莞、东连惠州，具有“多城”辐射效应，是增城最活跃的经济板块之一。全街面积86.18平方公里，管辖2个居委11个行政村，总人口46551人，其中农业人口24031人，非农业人口22510人，流动人口6809人。2009年全街完成工业总产值29.9亿元，同比增长17%；固定资产投资5.998亿元，同比增17.39%；两税总收入10900万元，同比增39.87%。

东区高科技工业基地

增江街以深入开展学习实践科学发展观活动为契机，按照市“两城两区”建设规划，围绕“两园”（增城市东区高科技工业园区和增城市职教园区）、“两岸”（增江一河两岸鹤之洲湿地公园和增江画廊）、“两线”（广汕公路和增正公路）做文章、造环境、推项目、抓招商，成功引进了碧桂园、时代倾城、富港优山美地和“学府雅苑”等大型房地产项目以及北汽集团、广州丽盈化工等重点工业项目。2009年，增江街着力建设产、学、商相结合，最具活力的现代产业新区；建设增江东岸休闲景观带，打造全国最美的城市河岸；建设最具特色的城乡一体化示范区；建设高效务实、民生为本的基层管理示范区。

时代倾城

增江晨曦

鹤之洲旅游大道

鹤之洲湿地公园

增江画廊夜色

单车绿道

东湖公园

增城西部健康休闲新城区

朱泽君书记、叶牛平市长视察联增电力厂

朱村街

概况 朱村街位于增城市中部，东距增城市区14公里，西距广州市45公里，全街所辖范围东靠荔城，西邻中新，南接新塘、石滩，总面积94.07平方公里，下辖12个村民委员会和1个居民委员会，户籍总人口33445人。

2009年全街累计完成工业产值391833万元（现行价），同比增长14.84%。其中规模以上工业产值331090万元，同比增长16.00%；固定资产投资23786万元，同比增长44.51%；两税入库7413万元，同比增长1.08%。

2009年朱村街按照建设“富裕、安康、文明、和谐新朱村”的发展理念，紧紧围绕全市三大主体功能区的总体部署，以创建宜工、宜农、宜商、宜居的现代化生态新城为目标，围绕街中心区加快新城区建设，完善各项基础设施，美化环境，优化产业结构和城乡布局，利用南方健康产业城规划建设之机积极转变经济发展方式，因地制宜将南部定位为新型工业和先进制造业区，并主动向国家级经济技术开发区靠拢，北部定位为都市农业与生态旅游区，全力打造都市人的乡村俱乐部，逐步形成人口、经济、资源环境相协调的发展格局，真正把贯彻落实科学发展观转化为现实生产力，促进了经济社会又好又快发展。

水利部党组副书记、副部长鄂竟平一行到本街调研农村水利工作

叶牛平市长、李荣渝副市长在本街与南方健康产业城投资方洽谈落户项目

湖心岛

正果镇

广州东部生态文化新城镇

正果镇位于增城市东北部，距市中心14公里，面积234.6平方公里，辖1个社区居委会和31个行政村（其中包括1个少数民族畲族行政村）。全镇人口5.4万人，农村人口占90%。正果镇自然、人文旅游资源丰富，生态环境良好，是天然的休闲度假圣地。增江河蜿蜒贯穿正果，沿江有蒙花布村、黄屋村、何屋村、西湖滩村等多个美丽村落，且村村有至少上百年的古祠堂，古朴的建筑及生活方式流传至今。

近年来，正果镇认真贯彻落实科学发展观，紧紧围绕建设广东生态旅游示范镇的目标，加大招商力度，拓展招商渠道，促进都市农业与度假式休闲旅游融合发展。2009年，作为限制开发的生态旅游和都市农业区，正果镇以保护自然生态环境为前提，合理开发，科学开发。以湖心岛旅游风景区、正果寺文化旅游景区、广东荔枝沟—畲族民俗风情旅游区建设为核心，着力打造有竞争力的景区景点，提升镇区旅游价值。按照“在乡村里建公园，在公园里建乡村”的建设理念，将沿江打造蒙花布乡村公园、黄何屋乡村公园、西湖人家等乡村旅游度假区。同时，通过加大基础设施建设力度，推动城乡一体化建设的步伐。2009年投入1200多万元完成了庙尾、水围、岳村及和平村的农田标准化建设工程；投资约1.12亿元建设21宗水利工程，确保防洪排涝工程正常运行；投入615万元完成了黄屋、何屋、番丰等5条行政村的新农村整治建设。广河、增从高速公路建设逐步推进，高速公路通车后将提升镇区的投资环境，直接推动北部山区镇生态产业的跨越式发展。

游船码头

聚龙庄

榄园竹海

旅游产业的发展带动了农业产业化、规模化经营，正果镇通过机制创新、管理创新，培植发展了3000亩黄塘头菜、3000亩兰溪荔枝、1500亩麦村迟菜心、800亩正果洋茨菇、800亩到蔚优质米等特色农业基地。其中何屋康泉有机农业种植示范基地、汀塘油菜花种植示范基地、黄塘头菜种植示范基地和畲族优质枇杷种植示范基地被市科协评为“增城市科普示范基地”称号，农业产业化调整初见成效。加大对正果腊味、黄塘头菜、兰溪荔枝等名优农产品的推介，带动农产品销售，通过强化深加工和精包装，把农产品转变为旅游商品，实现生态旅游与都市农业的协调发展。

油菜花

一望无垠的油菜花

派潭镇

建广州最美景区 创广东最美乡村

飞碟整体鸟瞰图

派潭镇是增城市北部最大的山区镇，距增城市中心28公里，距东莞市60公里，距广州市70公里，北面与从化市接壤，东北面与惠州市龙门县毗邻。全镇面积289.5平方公里，辖34个行政村、1个居委会，人口7.71万人。2009年，全镇完成工农业总产值100143万元，其中农业产值69127万元，同比增长10.8%；新增固定资产投资4.15亿元，同比增长38.4%；完成两税收入3155万元，增长26.5%，其中地税收入2773万元，同比增长39.7%；农民人均纯收入6124元，同比增长16.6%。

派潭镇发展生态旅游业条件得天独厚。一是旅游资源丰富。派潭镇自然景观多，景点集中，是广东省境内少有的原始自然生态景观保持较好的地区。境内有中国大陆落差最大（428.5米）的高山瀑布——白水仙瀑；有舒适宜人的温泉；有增城最高峰——牛牯嶂岭，海拔为1088米,奇特险峻；七仙墩、大封门等南国天池景色旖旎。人文资源有太平天国将领石达开故居、腊田圃熊氏宗祠、车洞老水车、派潭老街、灵山明万历古钟等。二是交通便捷。境内有增派公路、派高公路、温南公路、派从公路等省道贯穿全镇，距广州、东莞、惠州等城市仅一个半小时车程。三是配套设施日趋完善，高滩11万伏变电站、白水寨自来水厂、高滩地区温泉水集中供水一期工程、高滩污水处理系统等项目的建成，大大改善了派潭的投资、旅游、生活环境。

金叶子温泉度假酒店

锦绣香江温泉度假酒店

近年来，派潭镇以白水寨省级风景名胜区为龙头，规划建设了白水仙瀑景区、大丰门漂流景区等景区，并引进了金叶子温泉度假酒店（五星级标准）、锦绣温泉城酒店（五星级标准）、广州三英温泉酒店项目（按五星级标准建设）、高滩温泉酒店等一批酒店和都市农业项目，广州飞碟训练比赛场馆也落户派潭镇榕树吓村，将成为2010年第十六届亚运会飞碟赛事场馆。其中白水仙瀑景区2009年接待游客330万人次，白水寨风景名胜区于2008年成为省内生态休闲旅游目的地之一，派潭镇于2009年荣膺“中国十大文化休闲旅游镇”称号。

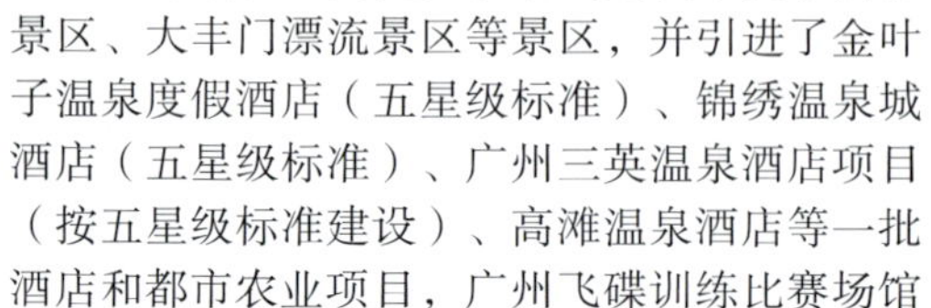

白水仙瀑

与此同时，派潭镇大力推动镇区配套设施及文化卫生建设。增派、派高公路以及圩镇内主要交通道路实现沥青化。建成占地面积约1万平方米的派潭广场，为群众提供健身、娱乐、休闲场地。镇村环卫保洁工作实现市场化全覆盖管理，进一步健全农村环境卫生的长效管理机制；大力整治镇区沿线“六乱”，确保了镇村环境长治久洁。成功举办2009年白水寨番薯美食文化节暨增城市派潭镇30个项目竣（动）工、签约庆典活动。生态环境得到有效保护，镇村面貌得到进一步改观，人居环境更加和谐。

目前，派潭镇正积极贯彻落实科学发展观，紧紧围绕打造国际生态旅游特色镇和北部中心镇两大目标，大力发展生态旅游业和都市农业两大产业，重点发展风景名胜区和镇区两大区域，不断完善基础设施，优化生态环境，推动全镇经济社会科学发展，把派潭建设成为“广州最美景区、广东最美乡村”。

派潭广场

白水仙瀑湿地公园

城市花园中的村庄

群星村

群星村位于新塘镇之中心，全村面积约7平方公里，南临东江，与东莞市隔江相望，北有广深高速公路，中有107国道由西向东穿过，西距广州市区25公里，东距深圳120公里，北往增城市荔城镇30公里，水路到香港仅70海里。

群星村交通极为方便，水电充足，村社企业发展迅速，个体联营、村办以及其他企业上百家，全村经济收入逐年上升，2009年全村全民总产值为3.3649亿元，2009年人平收入为 10598元，据2009年底的经济统计，村社二级集体经济收入为5170万元，。群星村总人口为3878人共1310户，下辖9个经济联合社，外来人口约4万多人。

近年来，在村党支部的正确带领下，群星村取得可喜的变化，村容村貌大为改善，居住环境逐年转好，环境卫生设施齐全。在抓好经济建设的同时，更狠抓稳定社会治安，村 “两委”本着“为官一任，保一方平安”的宗旨建立一支51人的保安队伍，大力投入70多万元资金，建立电子防盗监控中心。有力地打击和防范各种违法犯罪行为，保证了全村的治安稳定，营造出一个良好的居住与投资环境。规划兴建16栋群星公寓新村，村民在2009年全部可住上新邨，旧村改造是我村新邨完成后的重点工作，如何改造和利用旧村的土地资源是群星村向前发展的重要战略思想。

我们热诚欢迎各界朋友来群星考察、投资。

镇(街)概况

荔城街

【概况】 荔城街是增城市委、市政府所在地，是增城市政治、文化和教育中心。全街总面积150平方公里，城区面积20多平方公里，下辖10个居委员会和24个行政村，总人口166131人，其中农业人口55849人。2009年，全街实现工农业总产值57.16亿元，比上年增长8.27%，其中工业总产值52.48亿元，增长9.47%；规模以上工业产值实现34.75亿元，增长13.65%；全社会固定资产投资完成23.82亿元，增长18.4%；国地两税入库8.16亿元，增长7.37%，综合经济实力进一步提升。

【经济发展】 整合土地资源，拓宽发展空间。全力推进土地整合和“三旧”改造工作，成功盘活金竹岗916亩、光明村414亩、三联村112亩等三块土地，解决地块历史遗留问题，实现土地出让金17.5亿元。通过大力整合土地，加快锦绣御景国际、锦绣半山花园、荔城碧桂园六期等重点项目建设，以支柱产业快速发展带动经济平稳较快增长。加大招商引资力度，经济发展后劲不断提升。围绕中部居住文化产业区的功能定位，大力发展居住、文化、休闲等第三产业，进一步完善城市基础设施和功能配套建设。改善营商环境，开展“强服务，促发展”恳谈会等主题实践活动，召开经济发展重点项目现场会，拉动经济平稳较快增长，重点项目开工率100%。保利壹号公馆项目顺利推进；百晟·汇翠湾项目顺利完工；一汽丰田4S店建成营业。年内引进的15个项目中，富港东汇城、金竹家园、海川达增资项目、凯闻食品增资项目、阳光国际商务大厦、欧亚山庄等动工建设；锦绣御景苑三期商品房、力源豪苑、景新雅苑、江畔豪庭竣工发售；时代广场、泰富广场建成开业；“莲塘春色”加快推进。全年累计完成固定资产投资18.64亿元，增长38.22%。

【城乡建设】 以打造山水文化宜居城市为目标，国际旅游度假城建设初具雏形。根据市委、市政府有关“两城两区”工作部署，结合新城区开发建设实际，确立“基础设施建设先行、环境整治同步推进、统筹城乡优先实施、项目引进突出重点”的工作思路，高起点高标准打造国际旅游度假城。年内，完成湖景路、景观大道、外环路、罗岗防汛公路、罗岗桥等工程建设；二环路动工兴建；新城区路网骨架搭建基本完成；天然沙滩泳场、罗岗污水管填埋工程等增江西岸环境整治工程加紧推进；明星中心村主体建设基本完成；罗岗统筹城乡发展示范区已有5个合作社签订框架协议，示范区建设进入全面实施阶段；以“一湖三园”为核心，依托山、水、林、田等自然生态资源优势，荔湖生态园、圣皇洲湿地公园、荔韵公园、吹筒坳公园及广场等正加快建设，城市生态环境进一步优化。

【新农村建设】 按照加快形成城乡经济社会发展一体化新格局的总要求，创新新农村建设模式，统筹推进城市化进程。在城市发展核心区域，以罗岗统筹城乡发展示范区的新型农民社区和明星中心村建设为龙头，从土地征用、拆迁补偿、社保、就业和安置等全面统筹考虑农村发展和农民利益，真正破解统筹城乡发展难题，为全市作出示范、积累经验。成功引进银业集团并与其签订投资金额15亿元的“莲塘春色”统筹城乡发展项目协议，以建设“莲塘春色”生态景区为带动，大力发展近郊型都市农业和生态休闲产业，将集中经营土地与发展生态旅游相结合，提高农民收入，改善生态环境，成功打造统筹城乡发展新亮点。针对农村规划建设管理滞后的实际，在全市率先开展规范农村建房专项整治行动，制定“一清二控三规四拆五建”办法，从制度上遏制违法用地和违法建设行为，加快推进新农村规划建设。年末，西瓜岭新农村建设项目奠基，并探索成立股份合作经济联合社。通过以西瓜岭“三村合一”示范村的试点，将规范农村建房、生态旅游、历史文化旅游结合起来，以点带面、逐步推广，进一步规范农村建房和新农村建设。利用自然生态特色和人文景观优势，高起点规划建设绿道网，把原有60公里自行车休闲健身绿道升级改造为“三道两区间”的荔江仙境绿道，即增派旅游大道、自行车健身休闲道、增江画廊水道和“莲塘春色景区”、“荔江公园景区”。以绿道为载体，大力发展都市农业，引导沿线绿道村庄成立农村土地股份合作社，促进农村土地集中流转和规模化生产经营，参与“农家乐”、农家餐馆、生态休闲观光农业园等开发经营，确保农业增效、农民增收。全街完成规模化、集约化土地7000多亩，逐步实现市民休闲健身、游客体验消费、农民增收致富的目标。

【社会事业】 坚持富民优先、民生为重，在推进经济发展的同时，加大民生投入，全年投入社会各项事业经费2.5多亿元，较好地解决和改善民生问题。投入教育经费2.2多亿元，建成农村示范性中心小学清燕小学，兴建增城市一中和新桥小学，全面实现城乡均衡教育；实施奖教奖学，发放金额40万元。全面推进城区社区化进程，继中坚、西园示范社区后，建设碧桂园、富鹏社区等一批文明社区，并实施物业小区围院式管理，全面提升城市社区管理和服务水平。完善社会保障，发放农村低保救济、城乡低保医疗和困难群众慈善救助、农村五保户生活补贴等各项民政专项经费271万元；发放“三难”复员退伍军人困难补助11.13万元，并为参战涉核人员发放每人每月350元优抚补助；做好2160名低保对象和503名优抚对象免费参加城镇居民医疗保险工作。充分发挥“爱心”超市扶贫助困作用，在西园、富鹏社区和西瓜岭设立爱心超市，为城乡困难户和困难群体提供救助。抓好老龄人工作，办理2175名老年人社会保障卡；为800名老人安装“平安通”。文化事业投入经费32万元建成夏街、太平、罗岗等8间示范性村级文化室；完善建设莲塘、迳吓、桥头等8个“农家书屋”；建成群爱、庆东等6个“绿色网园”，城乡文化基础设施不断完善。卫生事业投入2100多万元，实现5465人参加城镇居民基本医疗保险，2345人参加老年居民养老保险，农村新农合参合率100%；全面完成9个村级卫生站建设，覆盖率达100%，获“广州市全国亿万农民健康促进工作示范街”称号。同时，扎实推进经济适用房、廉租住房建设，审核办理77人住房补贴、34人廉租房入住资格、352户经适房购房资格，为困难群众提供政府保障性住房。大力推进城乡统筹就业，免费培训农民工1265人次。

（刘伟科　李天维）

荔城街党工委书记　刘荣照

荔城街道办事处主任　梁毅鹏

增江街

【概况】　增江街位于增江河东畔，是国际旅游度假城的“东翼”。全街总面积69.95平方公里，辖11个行政村和2个居委会，户籍人口46551人，其中农业人口24031人。2009年，全街完成工业总产值29.9亿元，比上年增长17%，规模以上工业产值18.7亿元，增长17%；固定资产投资近6亿元，增长17.39%；税收突破亿元大关，完成1.09亿元，增长39.87%，其中国税收入3824万元，地税收入7076万元，分别比上年增长14.03%和59.41%。

【工业】　以加快增城高科技工业基地建设为重点，进一步优化园区环境，协助供电部门完成荔东线、正东线110KV高压线改造，并投入500多万元完善亮化工程。全年引进项目5个，新增投产项目9个，房地产业实现零的突破，在建和销售的房地产项目3个，其中碧桂园（荔园）房地产项目用地139.448亩，总投资5.5亿元。科学整合资源，设立经济发展服务中心，出台《增江街招商引资奖励办法》，拓宽招商引资渠道，统筹全街招商引资工作。规模以上工业总量稳步增长，产值比上年增长17%，占全街工业总产值62.5%，规模效应逐步显现。科学整合土地资源，土地储备规模2685.246亩，为全街新一轮产业优化升级和国际旅游度假城建设提供充裕的发展空间。

【城乡建设】　以迎亚运为契机，加快推进公园化建设。完成鹤之洲湿地公园首期工程及增江画廊、增江公园、白湖乡村生态公园、凤塔公园等工程建设，并向市民开放；完成东区联围达标加固工程及堤路亮灯、水泥路浇注工程，全面改善江边景观和市容市貌。认真做好一环路延长线工程、水乡龙舟屋、体育馆沿线及周边配套设施建设；投资350万元整饰市体育馆、康威运动场及东山路至竹园路周边房屋。大力整治城区内街内巷，基本实现硬底化道路城区全覆盖。全力开展创文工作，全面实施“清洁美”工程，大力整治城乡“六乱”，围绕增正公路和广汕公路两条主线，结合景观节点建设，做好美化、绿化、亮化工作，扎实推进旧城区改造，让城乡环境更优美。加大违章建筑和违法用地的查处力度，通过“两违”整治，拆除违章建筑200多间37889.65平方米，强化城乡管理，美化街容街貌。

【新农村建设】　以鹤洲村、耕寮合作社为试点，逐步采取改造建筑、完善基础设施、拆除违建、改善景观等手段，推进新农村示范点建设；完善四丰、大埔围、白湖、联益村的村庄规划，光辉、东方、初溪村的规划工作加紧推进。投资100多万元完成西山霞余、塱头、梅花庄、陆村壳坡、五星等村社的清淤整治工程；完成光辉电排站土建工程和陆村、鹤州排灌站等小农水利建设工程，并对机械、设备进行安装调试；完成联益、光辉、陆村、初溪村4个行政村污水治理工程和白湖、光辉、联益、光耀村农田标准化建设，农村基础设施逐步完善。

【民主法治】　坚持严防、严控、严打、严管相结合，完善辖区16个单位及主要路口490个视频监控和违章抓拍视频监控点建设。2009年，全街立刑事案件下降5.8%，其中“两抢”案件下降10.3%，辖区群众对治安环境满意度达85%以上。建成街综治信访维稳中心，全年受理信访件101起，办结98件，办结率97.02%。加强突发事件应急管理，成立应急工作小组，建立健全应急管理工作队伍。开展“人、屋、车、场”专项整治行动，全面清查、整治流动人口和出租屋。狠抓安全生产监督检查，重点开展对食品和药品专项整治，整治和取缔各类无证照生产企业68家，进一步规范市场秩序。

【社会事业】　民生事业全面发展，服务水平不断提高。与辖区单位、村（居）签订《计划生育责任书》，狠抓常住人口及流动人口查环查孕工作，实施“出生缺陷干预工程”，计划生育率95%，户籍人口查环查孕率99.31%，计生工作迈上了新台阶。全年培训退役士兵20名，发放最低生活保障金、优待金等各类社会救助专项资金119.5万元。办理老人优待证1585张，发放五保供养资金3.83万元，为37户困难户提供一次性全面资助或终身资助安装“平安通”优惠。完成22户“安居房”建设并交付入住。落实重残补助，发放困难残疾人参加农村合作医疗费和残疾人家庭学生助学金共42万元。积极推进农村养老保险、社会保险和医疗保险扩面工作，全街农村养老保险参保3890人，超额完成参保任务；社会养老保险参保5268人，完成任务108.82%；医疗保险参保11971人，完成任务100%。加强劳动者培训就业工作，年内成功推荐当地劳动力就业人数1105人。

（孔　娜）

增江街党工委书记　郭伯和

增江街道办事处主任　向俊波

朱村街

【概况】　朱村街位于增城市中部，距增城市区14公里。全街总面积94.3平方公里，下辖12个行政村和1个居民委员会，户籍总人口33445人，其中农业人口29474人。2009年，全街完成工业总产值39.18亿元，比上年增长14.84%，其中规模以上工业产值331090万元，增长16.00%；固定资产投资2.38亿元，增长44.51%；两税入库7413万元，增长1.08%。

【经济发展】　按照建设“富裕、安康、文明、和谐新朱村”的目标，以广汕公路扩建为契机，盘活整合土地资源，实行“一地一策”，积极盘活用地和开展“三旧”改造。全年盘活土地807亩，增强招商引资承载力。同时调整产业结构，淘汰落后产能，依法关闭绿色合成油料厂等3家污染大、产能低企业，拆除7家粘土砖厂，扩宽了发展空间。发挥资源和城市基础设施配套优势，加快园区规划和功能布局，抓好项目策划和规划指引，引进和发展科技含量高、带动能力强、经济效益好的优质项目。2009年，成功引进广州汇美包装有限公司、广州仁安房地产开发公司和广州集丽房地产开发有限公司朱村街综合市场项目，填补了街道房地产业的空白。年内在建重点工业项目4个，分别为广州永辉纸业有限公司、广州翔骏铜业有限公司、广州芳源实业有限公司和广州联增电器设备有限公司；南方健康产业城项目初步达成落户意向。

【“三农”工作】　全街农作物播种面积10.69万亩，实现农业总产值7.18亿元，农民人年均纯收入6514元，比上年增长9%。新农村建设完成12条行政村的规划编制，按照“一清二控三规四拆五建”要求，实行一户一宅制度，加快建设步代，使村容村貌得到有效改善。农业经济以先科公司为龙头，加大农业产业结构调整力度，进一步完善和规范农村集体土地流转，发展横塱蔬菜等专业合作社，培育一批木瓜、马铃薯种植大户。全街1335户将农村土地承包经营权流转给经营面积300亩以上的农业经营主体，实行规模化、集约化经营的土地面积3532亩，促进农业增效、农民增收，并有效地解决农村劳动力就业问题。全年举办种植培训班4期，培训300多人次；举办大型招聘会，转移农村劳动力就业1006人。认真落实家电、汽车、摩托车下乡补贴的宣传和办理，让农民享受实惠。

【城乡建设】　加大城乡建设和环境整治力度，坚持可持续发展战略。积极配合北三环建设和广汕公路扩建工作；投入196万元，推进自然村道建设，建成联兴村东虹、大岗、龙岗维新自然村道4.9公里，交通道路设施进一步改善。开展白洞水库高干渠整治、黄塘围达标加固等水利工程建设；吊钟水库东灌渠改造工程、横塱西灌渠改造工程、北方排洪渠整治工程进入施工阶段；全力推进小型农田水利重点建设工作，并被评为年度水利工程建设三等奖。落实污水治理与河涌综合整治目标任务，完成丹邱村新河社污水处理工程；推进山角、联兴、凤岗、山田农村污水治理和西福河整治工程。

【社会事业】　关注民生，以人民群众满意为目标，多办好事实事，营造和谐社会环境。畅通信访渠道，及时解决关系群众切身利益的热点问题，化解社会矛盾，维护社会稳定，全年实现群众越级上访零记录；开展专项行动，狠抓安全生产工作，进一步规范市场经济秩序；扎实推进计生优质服务、优生优育工作，查环查孕率99.48%。2009年，朱村街在广州市开展的“两无”活动中达标，并在增城市人口与计生目标管理责任制考评中被评为一类达标单位；继续做好新型农村合作医疗工作，参合率100%；开展送电影下乡活动，完成12个行政村农家书屋和朱村、横塱、南岗、凤岗社会主义新农村多功能文化娱乐综合屋建设；完成第三期农村“助残安居工程”30户安居房建设并交付使用；帮扶救济城镇各类困难群众，并推进凤岗、丹邱等6个五保村建设；开办“康园工疗站”，安排多名当地残疾人进行娱疗结合康复。（廖莉萍）

朱村街党工委书记　吴宏云

朱村街道办事处主任　范永新

新塘镇

【概况】　新塘镇位于增城市南部，是广东省、广州市示范中心镇。全镇总面积251.51平方公里，辖71条行政村、16个居委会，户籍人口22万多人，外来人口约50万人。2009年，全镇实现工农业总产值665.69亿元，比上年增长15.43%，其中工业总产值652.88亿元，增长15.66%，农业总产值12.81亿元，增长5%；第三产业产值114.3亿元，增长18.5%；社会固定资产投资62.4亿元，增长10.3%；工商税收入库34.29亿元，市本级税收入库14.5亿元，增长5.56%；城乡居民储蓄存款余额201.56亿元，增长11.98%。先后荣获“中国绿色名镇”、“中国十佳和谐小城镇”、“全国民营企业发展环境最佳乡镇”、“中国最具发展潜力名镇”、“广东省牛仔纺织服装技术创新专业镇”、“广东省平安建设先进镇”、“全国群众体育先进单位”、“全国婚姻登记先进单位”等荣誉称号。

【工商业】　大力调整产业结构，做大做强先进制造业，培育发展现代服务业，优化传统产业，不断增强产业发展后劲。环保、民营、宁西等工业园区的市政配套设施不断完善，一批入园企业相继建成投产或加紧建设。大力盘活整合闲置土地，推动“三旧”改造，整合圣光制衣等6宗土地，充分发挥镇城投公司的融资平台作用，盘活宁西工业园等2362.43亩土地，其中新甘湾744.48亩用地竞拍成交20.5亿元，为推进城乡基础设施建设筹措资金。规划合汇等22宗“三旧”改造项目，引进东华商业城等29个重点招商选资项目。中电荔新热电联产、驭风旭铝铸件汽车零部件、博隆国际达益软件园、集邦物流、皇朝酒店等一批项目开工建设。五羊—本田、豪进、奔马、川井等主体摩托车企业基本完善国内市场营销网络的布点、专营和售后服务，扩大新塘摩托在全国的影响力，豪进摩托、皇朝家私继康威之后被评为全国驰名商标。顺利推进新塘国际牛仔城升级改造，汽车摩托车及其零部件、牛仔服装三大支柱产业完成工业产值369.04亿元，增长14.5%。全镇现有规模以上企业665家，完成工业产值537.1亿元，增长16.21%，税收超1000万元的企业34家，比上年增加8家。先后举办“珠三角经济论坛”、“首届美食娱乐购物节”、“房地产展销会”、“国际牛仔服装节暨牛仔形象大使大赛”，打造“新塘美食娱乐购物天堂”品牌。金海岸城市广场、新塘广场建成，大润发、华润万家等品牌连锁超市进驻开业，商贸业持续兴旺。碧桂园·凤凰城、翡翠绿洲、金地·荔湖城、誉山国际等品牌房地产滚动开发建设，引进保利东江首府、东汇城等一批房地产项目，全年房地产销售面积120万平方米，销售金额77.28亿元。

【城乡宜居环境建设】 积极做好穗莞深城际轨道、广州地铁13号线和广州东部交通枢纽中心设站新塘的各项前期工作，新塘汽车客运站顺利奠基。推进107国道新塘段改线一期工程、广深高速出入口改造等一批道路建设，完成新新路叶岭段、新塘大道西等改造或建设，源章大道、解放南路铺上沥青，完成沙宁路、石新路等14项路灯工程及一批市政道路排水改造或路面维修工程。完成220千伏送电工程和500千伏增横甲乙线、220千伏恒运线等电网建设工程。推进仙村水闸和十字海水闸重建及官湖河、白石河等32宗水利工程建设或整治。深入实施公园化战略和城乡环境"清洁美"工程，高标准规划建设和管理城乡。编制群星、东洲、大林3个片区和民营工业园等6个详细性规划，规划区面积68.11平方公里。大力开展规范农村建房工作，全面完成村庄规划编制并通过专家评审，为有效解决农村建房"在哪建"和"怎么建"等问题提供指引。依法关闭22家粘土砖厂，加快推进新塘、永和两个污水处理系统建设工程及15条村庄生活污水处理等工程建设，积极开展东、西洲及环保工业园一带环境污染重点区域的水环境治理，推进沙村片区河涌整治、垃圾无害化处理各项前期工作。以"创文"为契机，依法拆除违章建筑20.85万平方米，投入4000多万元加强城乡环境卫生保洁管理，93个垃圾中转站建成使用、72条主要道路和街巷纳入市政保洁。推进新荔生态公园、基岗百果生态园和东区公园的建设，投入2450万元完成一批绿化建设或改造工程，全年新增绿化面积13.28万平方米，美化城乡生产生活环境。

【社会事业】 坚持"民生为重、富民优先"，认真贯彻落实各项惠民政策，积极为民办实事、办好事。着力构建"大综治"格局，深入推进"人屋车场"综合治理。投入1147万元在新塘片区增建200个治安监控视频，同步推进永和等四片区的重点区域治安监控视频建设，"两抢两盗"案件立案呈两位数下降，群众安全感明显增强。深入开展"安全生产年"活动，落实各项安全生产责任制和措施，安全生产形势持续好转。大力开展以无证照经营行为、违法生产经营场所为重点的市场整规，营商环境进一步好转。按省计生一类地区管理的要求，严抓计生，稳定低生育水平。完成新塘示范性初中等一批中小学校舍建设或安全工程改造，教育水平进一步提高，高考上线率80%。推进新塘图书馆、市民文化活动中心等文化设施建设，举办"南樵彩墨香"书画展、"舞动新塘"等群众性文体活动。完成38所农村卫生站重建或改建。参加新型农村合作医疗16.26万人，参合率99.8%。全镇9394名60岁以上农村老年人每人每月领取80元老年津贴。完成西南、甘涌"五保安居点"建设。农村低保救济、孤儿、五保户的补助标准，每人每月分别增加50元、377元和65元，为困难群众发放临时救济342.53万元。开展创建"充分就业示范村"活动，全年转移劳动力就业8600人，免费培训农村富余劳动力2846人。深入开展"三联六帮"城乡共建行动和"机关服务年"活动，全年办理市镇人大代表建议30件，政府公信力、执行力进一步增强。

（钟松均）

新塘镇党委书记　刘观佑

新塘镇镇长　黎　冀

石滩镇

【概况】 石滩镇是省、广州市首批示范中心镇，位于增城市东南部。全镇总面积163.53平方公里，辖44个行政村、3个居委会，户籍总人口108729人，其中农业人口93706人，非农业人口15023人，外来人口5万多人。全年完成工农业总产值117.76亿元，比上年增长15.02%，其中工业总产值101.79亿元，农业总产值15.97亿元，分别增长16.72%和5.2%；规模以上工业产值72.79亿元，增长17.67%；完成固定资产投资11.31亿元，增长55.90%；完成两税收入33687万元，增长75.58%，其中国税收入20024万元，地税收入13663万元。

【"三农"工作】 全镇耕地面积83238亩，其中水田68196亩、旱地4663亩。全年水稻种植面积50780亩，总产量16470吨；蔬菜种植面积186808亩，总产量342996吨；鱼塘19170亩，总产量11118吨；生猪出栏101948头；荔枝总产量952吨；龙眼总产量379吨。完成土地规模经营面积3154.261亩。编制完成34条村的新农村规划方案并通过专家评审，实现村庄规划全覆盖。全年投入新农村建设资金1400多万元，投入水利建设资金3000万元。组织本镇农村劳动力参加各级职业技能培训386人次，组织3场大型招聘会，转移农村劳动力就业2986人。

【工业】 全年新引进项目7个，计划总投资32.8亿元；新建成投产项目9个，新增产值8.6亿元；在建项目10个，计划总投资65.37亿元，预计投产后年新增产值30多亿元。皇朝家私被评为全国驰名商标。房地产项目从无到有，从小到大，碧桂园·豪园项目用地面积1400亩，建筑总面积109万平方米，计划分8期3年半时间完成整个项目的开发建设，年内首期280亩建成售罄。

【城乡建设】 新征和整合土地面积10000多亩。启动郑田商住区、广本研发中心园区、石滩工业基地西区、新城区顾屋商住区4个产业集聚点的开发建设工作。全年投入3亿多元用于完善交通体系，配合市交通部门完成荔三公路改造工程，撤并郑田、三江两个收费站；全面完成石三公路配套设施建设、石新公路改造、北三环出入口连接线扩建和初溪大道建设工程；沿江路改造工程和新城区、产业园区内道路全面铺开建设；投资2000多万元建成牛潭变电站并投入使用；计划投资近2亿元的石滩污水处理厂和污水管网工程全面动工建设，基本完成7条村的生活污水治理工程。投入环境整治资金3500多万元，对全镇范围内的卫生、路灯、绿化、排水等各种市政设施进行建设、整修。清理拆除50多家粘土砖瓦陶生产厂，开展对田桥电镀城和养猪场清理整治工作。

【社区管理】 深入开展“人屋车场”综合治理工作，大力打击各类违法犯罪活动和“黄、赌、毒”等社会丑恶现象，社会治安明显好转。组织开展各类专项整治行动30多次，整治无证照生产经营场所547间，引导办证112家，取缔382家；加强对生产流通领域商品监管，关停取缔腐竹生产小作坊23家，进一步规范市场经济秩序。全镇工矿商贸企业无发生死亡安全生产事故，全镇无发生重特大安全生产事故。

【社会事业】 全面落实各项保障救济政策措施，发放最低生活保障金294.8万元，发放各项救济金60多万元。落实田桥、郑田、塘口、金兰寺、沙头、水龙和溪头7条村的村级五保老人安居点建设工程。新建43套残疾人安居房交付使用。新型农村合作医疗参合率99.8%。农村社会养老保险全面铺开，实施农村干部退休生活补贴。全面推进广州市义务教育阶段规范化学校建设，进一步扩大优质教育资源覆盖面，全镇12所学校（新增2所）通过广州市规范化学校督导验收。完成石滩新医院一期工程建设，整修三江卫生院，建成32间标准化农村卫生站。推进“农家书屋”、“绿色网园”建设工程，年内建成30间“农家书屋”并投入使用。文体项目竞赛取得好成绩，石滩镇在增城市第七届农民杯篮球赛中获第四名，在增城市首届广场舞蹈大赛中获一等奖；元洲村和仙塘村龙舟队参加广州国际龙舟邀请赛，分别获彩龙组二、三等奖。

（张振蕾）

石滩镇党委书记 江慧雄

石滩镇镇长 李永强

中新镇

【概况】 中新镇位于增城市的中西部，是广州市示范中心镇。全镇总面积236平方公里，辖35条行政村和2个居委会，户籍总人口85643人。2009年完成工农业总产值80.55亿元，比上年增长17.4%；工业产值72.22亿元，增长22.61%；固定资产投资8.89亿元，增长50.60%；税收入库2.79亿元，增长33.41%，其中，国税1.51亿元，增长12.3%，地税1.28亿元，增长71.44%。2007年~2009年，中新镇连续三年在全市年度考评中被评为一等奖。

【工业】 紧紧围绕壮大先进制造业，大力推进产业结构调整优化。中新塑料厂等生产力骨干项目越做越强；恒大山水城、侨建绿野山庄销售金额13.5亿元，创税8000多万元；丽豹汽配、南炬汽车用品、顺丽化工等一批优质项目建成投（试）产；慧谷新材料、标榜汽车用品等新引进生产力骨干项目抓紧建设；世达橡胶密封件、三泰船舶配件、广州船舶双孖钢结构等一批富有成长性的项目签约落户；东港城市花园、景新世纪花园、恒福花园动工兴建。成功整合回收并出让省农垦工业小区，规划建设集会议、商贸、金融、休闲度假和房地产于一体的侨建国际商务城。关闭拆除11间粘土砖厂，逐步淘汰落后产能。

【“三农”工作】 大力发展冰糖桔、紫心番薯、水晶沙葛、火龙果等特色农产品；加强农村专业合作化建设，积极筹划建立“农超对接”平台，以流通促生产，实现农业产值8.33亿元，比上年增长8.75%；开展“三联六帮”城乡共建行动，农村固本强基、村务公开、民主理财等工程建设得到加强；大力推进农田标准化建设，顺利完成多宗小型水利工程除险加固和自然村“六通”工程，以及联安水库东西灌渠首期改造工程；规范农村建房，启动农村建房报建制；举办农村实用技术培训班13期，新增农村劳动力转移就业1500多人。

【城乡建设】 以“构建大路网，融进大广州；打通南大门，融入大新塘”为目标，推进新新公路、广河高速、广汕公路三大交通动脉建设。新新公路中新至新塘段扩建改造工程顺利完成并通车；广河高速中新段建设工程顺利推进；落实市委、市政府关于“变拆迁户为拆迁富”的指示，完成广汕公路中新段203户拆迁工程，改变了“马路城镇”面貌；加大市政配套设施建设力度，福和广场、中新广场初步建成并向市民开放；中心城区防洪排涝整治工程、福和水厂升级改造工程、中新污水处理系统工程和农村生活污水治理工程全面动工建设；深入实施城乡“清洁美”工程，初步实现环卫保洁城乡全覆盖；云广（云南至广东）800千伏直流线路输电工程建成并投入使用。

【社会事业】 做好社会保障，启动农村社会养老保险程序，企业职工参加工伤、养老保险积极性增强，城镇居民基本医疗保险工作稳步开展，农村低保标准进一步提高；积极争取社会救济机构支持，对全镇孤儿实行每月200元的社会扶助；基本完成单亲特困母亲家庭“母亲安居房”工程和农村残疾人安居工程；提高新型农村医疗筹资和报销水平，全镇参合率99.98%；优化教育资源，中新中学、福和小学、福和一小等中小学校改、扩建工程取得新进展。同时组织开展中新中学师生演讲活动，努力营造素质教育良好氛围；广场健身、阅读求知、民间曲艺、歌舞晚会等群众性文体活动深入开展；公共卫生体系不断完善，中新医院主体工程基本完成，农村卫生站建设得到加强；启动出生缺陷干预工程，人口与计生工作整体水平不断提高；严厉打击各类违法犯罪活动，狠刹抢种青苗和索要工程歪风，社会治安明显好转。（符 翔）

中新镇党委书记 潘小航

中新镇镇长 刘杨波

派潭镇

【概况】 派潭镇位于增城市北部，距增城市区28公里。全镇总面积289.5平方公里，辖34条行政村和1个居委会，户籍总人口76799人。2009年完成工农业总产值100143万元，其中农业产值69127万元，比上年增长10.8%；完成固定资产投资4.15亿元，增长38.4%；完成两税收入3155万元，增长26.5%，其中地税收入2773万元，增长39.7%；农民人均纯收入6124元，增长16.6%。

【农业】 围绕市场需求和旅游发展，加快农业产业化进程，都市农业综合效益明显。合利菜场、邓路吓鸡场等龙头企业、生产基地稳步发展，新引进的德成菜场、大埔包心芥菜种植场等农业基地生产效益良好。建立健全农村土地经营权流转机制，新增登记流转土地约3250亩；积极推动双合寮村、邓路吓村2300亩农田标准化建设，农业集约化水平进一步提高。全年发放种粮直补金1078万元。加大白水寨番薯、粉葛、红柿、凉粉草等农产品的深加工、包装和推介力度，着力打造派潭农业“白水寨”品牌，提高农产品附加值，促进农民增收。

【生态旅游】 全面启动白水仙瀑国家4A级景区创建工作，升级改造大丰门漂流景区旅游设施。金叶子度假等酒店客流量创新高，经营状况良好；锦绣温泉城、广州三英温泉、白水寨文化艺术村主体工程、方中现代生态农业观光园暨温泉休闲度假等一批酒店项目积极推进；投资270万元完成北山新农村改造及乡村旅游示范点建设，积极引导有条件的村庄、村民有序参与乡村旅游开发；成功举办白水寨番薯美食文化节暨增城市派潭镇30个项目竣（动）工、签约庆典活动，进一步打响“白水寨”旅游品牌。全年接待游客330万人次，派潭镇荣膺“中国十大文化休闲旅游镇”称号。

【基础设施建设】 广州飞碟训练中心主体建筑工程封顶完工，联络线工程推进顺利；增从高速公路(派潭段)基本完成征地任务，并加紧推进工程施工建设；增派、派高公路沥青化改造工程竣工，白水寨大道全线动工兴建；高滩11万伏变电站、刘家变电站至高滩变电站11万伏输变线、高滩变电站至广州飞碟训练中心1万伏高压线项目竣工投产；白水寨自来水厂正常运营，高滩地区温泉水集中供水工程一期工程基本完成，高滩污水处理系统动工建设；广东省公安厅警用直升机保障基地项目签约落户；镇区市政设施建设取得突破性进展，投入1000万元完成派潭广场建设；投入450多万元，完成文市路、榕林路、大新路、教育路、教育南路、榕林南路、大埔路等7条道路的沥青化升级改造，实现圩镇区域主干道路沥青化全覆盖；完成大埔路口至红绿灯路口沿线东侧临街建筑外立面整饰工程；着力推进新农村建设，按“一清二控三规四拆五建”的步骤，稳步推进规范农村建房工作，全面开展对34条村在建房屋和已建房屋清查固化工作，维护农村住房建设秩序；编制完成双合寮、背阴等22条行政村村庄规划和北山、增迳窿新屋、老屋社新农村建设，推进溢汾、亚如冚、邓村村场改造；鹅兜、榕树吓、高滩、上九陂、东洞5条村污水治理设施建设竣工；修建完成石马龙湿地公园，进一步提升白水寨景观效果；投资5000多万元，完成增派、派高公路景观林带建设工程；加紧推进派潭河小流域综合整治工程；加大镇村环境综合整治力度，大力整治镇区沿线“六乱”，镇村环卫保洁工作实现市场化全覆盖管理。

【社会事业】 坚持把保民生作为经济增长的出发点和落脚点，积极开展农村劳动力普查，强化劳动力技能培训，全力促进农村富余劳动力转移就业。投入60多万元完成计生综合楼建设，顺利通过省、广州市、增城市各项计生工作检查，2009年出生率13.29‰，自然增长率7.38‰，计划生育率95.78%。不断优化优质教育资源配置，派潭中学成功创建广州市一级学校。投入200万元完成派潭影剧院升级改造；推进地方特色节目《舞春牛》和客家山歌《过山拉》申报广州非物质文化遗产工作；完成溢汾村、亚口冚村等12个村的农家文化书屋、绿色网园建设；实施文化惠民工程，向642户无电视机贫困家庭赠送彩色电视机。认真落实优抚安置政策，最低生活保障基本实现应保尽保，保障水平逐年提高。顺利推进亚口窿、榕树吓颐养院建设工程，完成助残安居工程56户，投入266万元完成133户困难户危房改造。农村合作医疗参合率99.83%，参合农民报销住院医疗费4058人次共726万元。调整提高征地拆迁补偿标准，制定《派潭镇征地及房屋拆迁补偿办法》，保障被征地拆迁农民利益。认真落实“家电下乡”和“汽车摩托车下乡”补贴政策，发放补贴628人次共70万元。

(张劭桦)

派潭镇党委书记 曾志佐

派潭镇镇长 陈一敏

正果镇

【概况】 正果镇位于增城市东北部，距市中心14公里。全镇总面积234.6平方公里，辖1个社区居委会和31个行政村（其中1个少数民族畲族行政村，人口348人)，户籍总人口54230人，其中农村人口49738人。2009年，实现工农业总产值10.53亿元，其中工业总产值7.32亿元，比上年增长7.5%，农业总产值3.21亿元，增长15%；两税入库1786万元，增长26.3%；农民人均纯收入5681元，增长18.9%；固定资产投资8800万元，增长51.9%。

【农业】 加快农业现代化建设，提升农业经济效益，农业总产值3.21亿元。推进土地承包经营权流转4170亩，补贴奖励32.3万元；优化良种，优质良种普及率90%，优质水稻面积6万余亩；形成优质米、头菜、酥醪菜、迟菜心、冬瓜、茨菇、莲藕、油菜花、花卉、香蕉、荔枝、枇杷、林业、水产养殖等一批多元化的种养基地；腊肠、腊肉、头菜、腐竹等名牌农副产品的生产规模不断扩大。进一步完善水利工程和农业基础设施建设。总投资1.12亿元的21项水利工程正抓紧推进，年内完成工程总投资62.3‰；投资2228.75万元完成正果防洪大堤加固工程；投资1354.8万元，完成黄屋、何屋大堤扩建工程；番丰、浪拔、圭湖、黄村4项堤围工程进入施工阶段；总投资3500万元，完成庙尾、岳村、和平、水围、到蔚、石溪、圭岳、黄塘、圭湖和中西村农标工程；西湖滩、汀塘村、正果洋、池田片的农标工程正抓紧施工或完成工程招标；投资156.14万元完成中西引水工程；投资200万元，完成正果河段水环境整治工程；投资6.42万元，完成移民危房改造工程和扶持项目；投资23.74万元，完成4项电排站维修和3项应急度汛工程；投资9.84万元完成小型水利改造工程。

【工业】　全镇现有工业企业81家，总产值7.32亿元。2009年引进湖心岛酒店项目，总投资2亿元，规划占地148亩；引进广州地谷子酒业有限公司项目，总投资2000万元。以湖心岛旅游景区为重点，不断完善榄园竹海、游船码头等基础设施建设，大力发展旅游产业。投资1700万元的聚龙庄项目竣工营业，形成食宿、茶艺、棋艺于一体的大型酒店，与其相关的道路、路灯、停车场、配电室、环境绿化工程和烧烤场的水电、停车场配套工程进一步完善；新建农家乐客栈38家，其中25家被市旅游局评为星级农家乐；实施湖心岛湿地公园工程和江河沿岸避洪场所建筑工程；投入200万元建设月亮湾公园和滨江公园，并对黄屋望海公园码头、何屋村码头、蒙花布、西湖滩村实施环境绿化；投入200万元完成湖心岛、正果寺、畲族风情园的规划设计。全年接待游客90万人次，旅游总收益8000万元，旅游产业初具规模，保持平稳快速发展。

【城乡建设】　投入1250万元完成何屋、黄塘、圭湖、花园等村的污水治理项目；建设新农村2个，范围面积20800平方米，惠及农户627户；实施增正、正麻、正小公路的升级改造工程；投资165万元对正果大道和村道进行了花木绿化、人行道建设、臭水沟改造；投资10万元对乡村道路进行路灯增设和维修工程；投资15万元在主要路段增设垃圾箱和环保宣传牌；完成7个行政村的规划编制；扩建改造自来水厂；拆除砖厂2家、瓦陶厂2家，拆除违规建筑面积1000平方米，收回违法用地48亩，复绿面积3.2万平方米。

【社会事业】　农村文化事业快速发展，投资48万元建设12个村文化室；建设农家书屋8家、绿色网园7家、篮球场7个，送书下乡1.28万册，送电脑下乡28台，送篮球架下乡7副。全镇累计建起农家书屋24家，绿色网园10家，文化室12家，篮球场35个。推进教学改革，提高教学质量，荣获广东省教育强镇称号。年内撤并麻雀学校10多所，完成岳村、麻屲、水围三所小学综合教学楼建设和中心、和平等8所小学改电工程。劳务输出成效显著，通过劳动技术培训，1.12万人成功转移就业，实现劳务经济收入1600万元。全镇低保户1573户4424人，城镇低保每人每月330元，农村低保每人每月260元，基本做到应保尽保。全镇加入农村合作医疗46067人，参合率98%；住院合作医疗受惠2520人次，补偿近420万元，个人出资160万元，有效地减轻农民医疗负担。

【社区管理】　受理群众来信来访73宗（件），办复73件，办复率100%，办结50件，办结率69%，实现三年越级零上访；司法调处社会矛盾125宗，调处率100%，执法检查151次，查出隐患313条，查处非法生产经营场所5个，杜绝生产事故发生；清理卫生死角15处，面积1500平方米，纠正占道经营100余宗；开展“粤安09”、“飓风09”、“风雷09”一系列专项行动，全年破获刑事案件56宗，查处治安案件140宗，抓获违法犯罪人员259人，维持良好社会秩序，为人民群众提供安全保障。　（李宇元）

正果镇党委书记　黄正德

正果镇镇长　董雄锋

小楼镇

【概况】　小楼镇位于增城市北部生态产业区南大门，距市区10公里。全镇总面积136平方公里，辖20个村民委员会和1个社区居委会，户籍总人口4.8万。全镇森林覆盖率57.6%，是广州北部绿化带的重要组成部分。2009年，全镇完成工农业总产值12.6亿元，比上年增长5.3%，其中工业产值7.55亿元，农业产值5.05亿元，增长13.6%；两税总收入2596万元，增长56%，其中地税1676万元，增长210.62%。农民人均纯收入5776元，增长14.8%。先后成功创建广东省文明镇、广东省教育强镇、广东省农业旅游示范基地、广州市“全国亿万农民健康促进行动”示范镇，增城市年终综合考评为优秀。

【生态产业】　以“两点一线”为核心，重点推进何仙姑旅游区、小楼人家生态旅游区建设，科学谋划单车绿道建设，初步解决制约何仙姑旅游区规划建设的旧房拆迁问题。完善东西老街、东境荷花池、东境周氏宗祠文化会馆、东西境森林公园、江坳绿道综合服务区等旅游配套设施；动工建设西境乡村特色酒店、小楼人家汇康阁美食康体中心（二期）；成功举办何仙姑旅旅游文化节、增城菜心美食节，并与香港旅行社达成“增城小楼乡村游”供团协议；实施农业品牌战略，增城菜心打进香港市场，“仙境牌”增城菜心、“仙打粉”香薯等名优土特产越卖越好；都市农业与乡村旅游融合发展，提升农副产品附加值，使农业增效、农民增收。全镇旅游接待人数62万人次，旅游收入1.5亿元，分别增长52.3%和13.6%。

广州增城何仙姑旅游文化节　7月8日，2009广州增城何仙姑文化旅游节暨深圳大芬村百名画家走进增城小楼大公园活动在何仙姑家庙广场开幕。本届旅游节由广东省道教协会、何仙姑文化研究会主办，广州市道教协会、小楼镇人民政府承办，深圳大芬美术产业协会协办，通过文化搭台，旅游唱戏，全力打造“仙姑故里，小楼人家”区域旅游文化品牌。活动期间，全国政协委员、中国道教协会副会长、广东省道教协会会长赖保荣现场主持大型祈福活动，深圳大芬村百名画家齐聚小楼何仙姑景区，联袂创作，再现“仙姑故里，小楼人家”神韵，描绘增城“何必舍近求远，美景就在身边”的优美画卷，提高小楼乃至增城知名度和美誉度。

增城菜心美食嘉年华　由中国蔬菜流通协会、广东省蔬菜行业协会、广州市农业局、广州市旅游局和增城市人民政府主办的2009中国增城菜心美食节，从11月15日开始至翌年1月15日结束。本届菜心节以“食在广州，菜出小楼”为主题，内容上传承精彩，形式上推陈出新。活动内容包括：12月9日在香港港岛海逸君绰酒店举行推介会，加强与香港业界的联系与沟通，以增城菜心及美食为载体，拓宽增城菜心销售平台，为打造特色生态旅游产业链，发展休闲度假乡村游造势。12月25日圣诞节，在小楼人家生态旅游区举行菜心美食嘉年华活动，现场举行小楼镇“广东省农业旅游示范基地”授牌揭幕仪式，广州市文联送戏下乡，文艺活动与乡村民俗文化共冶一炉，与众同乐；“魅力小楼”摄影大赛正式向社会各界征集摄影佳作；广州、增城各大著名酒店（家）在东西境老街设点烹饪菜心美食，供游客市民现场品尝，配以特色农副产品展销，让游客、市民体验集“观、感、饮、尝、乐”于一体的节日嘉年华。

【城乡建设】 深入实施公园化战略，建设镇区滨江公园、梓里荷花公园等一批具有岭南韵味的乡村公园，着力打造小楼大公园。促进主干道沿线节点建设，推动沿线村庄环境整治，竹坑、西境、东境、梓里等一批新农村逐步变成生态示范村和旅游示范村；创建西境村全国新农村档案示范点，为发展乡村旅游营造环境，增加新亮点。统筹征地拆迁工作，全面推动广河、增从高速动工建设，以大交通助推小楼融入珠三角1小时经济生活圈；治水治污工程加紧推进，严格实施污水排放制度，重点推进增江河沿岸风光建设和二龙河流域综合整治，全面启动9条村庄生活污水处理工程；实施精细化管理，镇村社三级联动，建立城乡环境卫生长效保洁机制，开展城乡环境“清洁美”工程和周末环境卫生大扫除行动；成立专责机构，全面调查摸底，建章立制，规范农村建房“一清二控三规四拆五建”工作全面铺开，严厉查处了一批擅自抢建行为；初步完成全镇20条行政村村庄规划编制。

【社会事业】 加强城乡文化基础设施建设，完善腊圃休闲广场、东境群众健身广场等一批富有特色的农村文化广场及文化公园，深入开展文化“三下乡”活动，丰富广大人民群众文化生活；深化“仙姑故里，小楼人家”文化内涵，通过举办何仙姑文化旅游节、“魅力小楼”摄影大赛、菜心美食嘉年华等活动，提升特色文化品牌，促进历史文化与乡村度假休闲融合发展。进一步调整、优化学校布局，教育事业全面发展，中考成绩创历史新高，成功创建广东省教育强镇。加大民生福利投入，民生和各项公共事业经费699万元，占财政综合预算支出14.87%。低保救济对象实现应补尽补，发放救济金200万元；启动城镇老年居民养老保险、城镇居民基本医疗保险、农村社会养老保险、被征地农民养老保险制度；新型农村合作医疗参合率达到99.6%。加大农村富余劳动力培训，依托小楼商会和发展乡村旅游，以创业促进就业，新转移就业600人。建立完善突发公共卫生事件应对机制，开展食品和药品专项整治，实施“放心肉”工程，规范生猪屠宰，抓好禽流感等高致病性传染源的防疫工作。加强社会治安综合治理和安全生产、消防及交通管理、监督和检查，落实工作责任制，安全生产和综治维稳形势保持良好。深入开展领导下访活动，加大对矛盾纠纷调处力度，着力构建“大综治格局”，实现“零集访”，社会治安秩序持续好转，社会和谐稳定。

（陈冠东　汤勇勤）

小楼镇党委书记　广新力

小楼镇镇长　汤海帆

人　物

模范人物

【张瑜愉】 女，新塘镇翟洞村人，1990年出生。2007年入伍，现役军人，深圳经济特区检查站布吉分站勤务中队副班长、上等兵。入伍以来，张瑜愉怀着对理想和事业的执着追求，勤奋学习，努力工作，完成上级交赋的各项任务，在平凡的工作岗位上追求自己人生目标，这位“90后”女兵成为同期入伍战士中的佼佼者。在本职岗位上，她积极肯干，吃苦耐劳，严查细验，2年多来，共查获“网上追逃”人员23名，并一举智擒轰动全国的大型洗钱案在逃犯，荣立个人“二等功”。

2009年5月22日下午，张瑜愉在一次性验放通道执勤时，发现正在接受例行检查的一名身着蓝白间条上衣的青年男子，神情慌张。通过电脑核对，张瑜愉发现该旅客与网上一名涉嫌洗钱28亿元的嫌疑犯资料完全吻合，为了不打草惊蛇，她假装什么也不知道，继续操作电脑进行检查，同时，不动声色地按下值班室报警铃的按钮。值班室领导接报后，迅速部署，在验证大厅的人行通道将该犯罪嫌疑人抓获，经审查，该男子叫张秋伟，涉嫌洗钱28亿元后逃窜。

由于张瑜愉成绩突出，她先后被公安部评为“百名网上追逃能手”，被省公安厅评为“广东省优秀人民警察”，被深圳市评为“社会治安综合治理先进个人”和“鹏城青年卫士”。她的事迹被新华社、中央电视台、《军事报道》、《法制日报》、《南方日报》、《深圳日报》等多家中央及省市新闻媒体的宣传报道。新浪、搜狐、网易、腾讯等国内多家著名网站纷纷转载其事迹。

优秀教师

【夏朗杨】 男，1970年8月出生，增城市小楼镇人，华南师范大学毕业。中共党员，政治中学高级教师，新塘镇第三中学政教处副主任。

1993至2004年担任班主任11年，他善于用规范、独到的方法，严中带爱、严爱相影的师者风范带好班级。1998至2004学年任初三级长，连续获得增城市毕业班综合评价优秀奖。他不断摸索研究课堂教改方法，形成自身教学特色。他引入演、示多种创新方式教学，通过读、讲、议等方法把枯燥的思想政治课知识，生动地演绎在学生面前，取得显著效果。1996至2006学年初三毕业会考政治课成绩列增城市前茅，历年初中会考成绩均高于本市平均水平。曾主讲增城市、新塘镇的公开课、示范课，是学校课题领导组成员。2006年以来，在《广东教学》、《教育导刊》等刊物发表论文多篇，其中《实现网络技术与学校德育的良性“互动”》获新时期教师创新教育优秀论文、优秀教学设计、优秀课例评审优秀成果一等奖。2001年以来，先后被评为增城市和广州市优秀教师、广东省南粤优秀教师。2009年，获“全国优秀教师”称号。

【郑慧琴】 女，1972年11月出生，增城市小楼镇人，文化程度本科，中共党员，政治中学高级教师，增城中学政教处主任。

郑慧琴同志从教14年，2004年起连续3年担任增城中学高三综合科科长。在她的带领下，2005年学校高考综合科800分以上6人，700分以上80人；最高分865分，平均分629.6分,名列广州市前茅。2006年800分以上2人，最高分870分，平均分超过广州市A组。在省内同行中形成一定的影响，广州、佛山、深圳等地区的不少学校纷纷前往增城中学交流学习。2007年9月，增中复办初中，她负责初中部教育教学管理工作，管理理念新，实效性强。践行素质教育，想方设法开展有利于学生发展的教育教学活动，组织编写《增城中学家长教子心得文集》、《增城中学家长学法心得文集》等校本教材，“感恩教育”、“礼仪礼貌教育”、“家长培训”等一系列教育项目成为增城中学初中部的特色校园文化。2000年以来，郑老师先后被评为增城市优秀教师、广州市军训先进个人、增城市优秀共产党员、广州市优秀教师、广州市优秀团干部。2009年，获广东省“南粤优秀教师”称号。

【朱彩红】 女，1971年1月出生，增城市荔城街人，文化程度本科，增城市高级中学教学处副主任。

朱彩红同志多年来担任高中历史教学。她不断探索新的教学模式，运用信息技术能力，改进自己的教学方法，提高课堂教学效率，所教学生历史单科成绩名列增城市前茅，1999年所教的2名学生为当年增城高考历史单科状元，2009年所教的学生中历史单科成绩120分以上的有10人。教学工作成效显著，以创建优秀学科组为目标，培养青年教师，提高学科组教师的整体教学水平，2005年历史科组获得“广州市第三届优秀科组”称号。朱老师深知教书育人的核心是育人，她严于律己、以身作则，用自己的模范行为影响和感染学生，在她的调教下，一些原无心向学的学生越学越好，最终都考上大学。朱彩红1999年获“增城市优秀教师”称号，2005年获“广州市优秀教师”称号，2008年获“广州市中学历史学科高考突出贡献奖”。2009年，获广东省“南粤优秀教师”称号。

【卢慧桃】 女，1971年6月出生，增城市新塘镇人，文化程度本科，中学语文一级教师，任教于新塘镇第三中学。

卢慧桃同志自1992年参加工作以来，先后当了11年班主任。她热爱教育事业，工作认真负责。育人有方，工作得法，所带班级学风良好，学生成绩稳列前茅，在课堂上形成了自身的教学特色，深受学生欢迎。卢老师对学生就象慈母一样关爱，不但关心学生的学习情况，还关心学生的身体健康，她常与家长联系关心孩子，保证学生有强壮的体魄和充足的精力完成学业，有时，她带去自己煲的汤给生病的学生补身体。对后进生以爱心相对，以真情相待，打开他们的心灵，树立信心。她撰写的论文在《增城教育》、《广州师训》、《教育导刊》、

《广州教学研究》等刊物上发表。她曾被评为学校"优秀班主任"、"先进教师"、"最受欢迎的教师"，2007年被评为增城市优秀教师，2008年被评为广州市优秀教师。2009年，获广东省"南粤优秀教师"称号。

【程顺祥】 男，1963年8月出生，湖北省云梦县人，在职研究生，中学数学高级教师，任教于新塘中学。

程顺祥同志2002年8月调入新塘中学，连续4年任教高三数学，在教学上，把"精品课堂、精彩课堂、有效课堂"作为自己的教学目标，逐步形成"精、准、活"的教学风格。所教班高考数学平均分每年均超过广州市B类学校。四年中，他所教班高考数学有2人超过800分，有22人超过700分，有7人进入增城市数学单科前五名，其中2003、2004届学生连续两年获增城市高考数学单科第一名和第二名。2006、2007年，他教高一两个班数学，第一学期期末增城市统考平均分90.1分、合格率100%、优秀率8.0%，平均分和优秀率均在增城市各中学重点班中排名第一；第二学期期末市统考平均分107.3分、合格率100%、优秀率13.0%，在增城市名列前茅。2008年，他教高二两个化学班的数学，期末学校统考平均分108.7分，超过本校理科班平均分38.9分，合格率100%、优秀率17.1%。2009年，他教的高三2个班又取得十分优异的成绩，高考上本科人数分别为36人和38人。程老师的事迹曾在《增城日报》登载，被称为"创造教学奇迹的人"。2009年，获广东省"南粤优秀教师"称号。

【温小金】 女，1979年7月出生，增城市正果镇人，文化程度本科，中共党员，语文小学高级教师，任教于正果镇中心小学。

温老师学习先进的教育教学理念，从一名教学实施者变成一名教学研究者、指导者。在语文教学中，温老师总是首先进入角色，把课文作者的思想感情以自己富有的感情讲述加以宣染，伴以扣人心弦的启智提问，引起学生的深思与共鸣，让学生在课堂上学到丰富的语文知识。主动承担镇示范课、市研讨课。2009年5月承担增城市"聚焦课堂教学，提高教学有效性"研讨课《保护森林，节约用纸》，受到市教研室领导、听课教师的一致好评。善于做好班主任工作，喜欢跟学生打成一片，一起玩耍，善于从多角度想问题，抓住契机进行教育。开展生动活泼的班队活动。因材施教，所带班级的班风、学风良好。善于总结经验，所撰写的论文《班主任要善于抓住教育契机》获增城市一等奖，《小学品德学科发展性评价探析》获广州市三等奖。2004年被评为广州市优秀教师，2008年被评为增城市优秀班主任、广州市优秀中小学班主任。2009年，获广东省"南粤优秀教师"称号。

【李毅兰】 女，1974年出，文化程度大专，湖南省嘉禾县人，小学语文高级教师，新塘镇中心小学教导处副主任。

李毅兰同志工作认真负责，思想上进，工作能力强。富有教学研究精神，善于创新教育教学模式，形成个人教学特色。2002年，被聘为国家教育部重点课题《生本教育下的教学方式研究》课题组成员。她对生本教育教学理念大胆尝试和探索，推动学生阅读书籍，学生把看书当作一件快乐的事情，每周学生的人均阅读量有三四万字。这套可行的方法一直在学校推广。2005年申报研究增城市级课题《小学生主题式读书活动的探索》，取得了良好的效果。2007年，被评为增城市第三届中小学教学能手、增城市优秀教师，并参加增城市首届骨干教师高级研修班，被评为2007~2009年广州市语文教研积极分子。2008年，获增城市首届班主任技能大赛二等奖。2009年，参加增城市师德辩论赛获得一等奖，同年，获广东省"南粤优秀教师"称号。

逝世人物

【徐亮】 (1919~2009) 原名徐汝就，增城市荔城街罗岗村人。1933年至1936在增城中学读初中，在校期间，加入学校读书会，阅读进步书籍，响应北京"12·9"学生运动，参加示威游行宣传抗日活动。1938年参加增城抗日救亡运动，8月，瞒着父母，跟随胞兄徐辛雷与同学一起，经广州八路军办事处介绍奔赴陕甘宁边区陕北公学分校学习。后来，分校转至延安，徐亮留在延安中央马列主义学院学习，同年10月加入中国共产党。

1941年至1945年7月，任马列学院图书馆、中央研究院材料室管理员、负责人。1945年日本投降，延安抽调一批干部到各地工作，徐亮被分配到中共热西地委宣传部任干事。至1949年5月，先后任滦平县委宣传部副部长、热西地委秘书长、围场县委副书记、热河省委研究室农村经济组组长。在热河省工作期间，由于当地情况复杂，伪满人员、地主武装、土匪、国民党反动势力和汉奸互相勾结，老百姓不了解共产党和八路军，徐亮根据党的指示，深入农村，发动群众，做群众的思想工作解除群众顾虑。同时，与郭小川合作编辑地委机关刊物《新作风》指导工作。

建国前夕，中央要求东北局在东北各省抽调大批干部到南方各省工作，徐亮是最佳人选，1949年8月，他带领一批南下干部展转到达江西赣州，与叶剑英接管广州的干部会合。10月14日广州解放，徐亮任广州靖海区军代表。1950年冬至1951年春，在沙河区搞土改。靖海、惠福合并为惠福区后，徐亮任惠福区委书记兼区长。1952年9月至1955年1月，任中区区委第一副书记、区长。1955年2月至1960年4月，先后任广州市人民委员会办公厅主任、副秘书长、市交通部副部长。1960年至1962年4月，任中共芳村区委第二书记、第一书记。1962年至1964年，先后任广州市委副秘书长兼办公厅主任、研究室主任、市监委常委。1964年5月至1966年上半年，任广州市人委副秘书长、秘书长。

"文革"开始至1968年底，在广州市军管会和市革委会工作。1969年1月至11月下放干校劳动，12月以莫须统有罪名（怀疑潜伏特务）送韶关103监狱监管，与家人失去联系并累及家人，2年后平反。1972年6月至1980年4月，先后任广州市革委会政工组文教办副主任、党组副书记。1980年至1988年，任广州市委统战部副部长、市政协秘书长、市政协副主席、党组书记。1991年办理离休。

1988年，增城启动首轮修志，刚从广州市政协领导岗位退下来的他，被增城县委、县政府聘为增城县志主编，负责编修增城县志。他不负众望，一心扑在修志工作上，一方面联系市（县）领导，一方面团结修志人员，分工负责，通力合作搞好修志工作。他身居广州，年事已高，且在战争年代腿部负过伤，行动不便，平时，他用电话或信函联系指导工作，县志进入总纂阶段，他常拄着拐杖回增城指导工作。白天跑图书馆查资料、到高校找专家学者请教，晚上审稿到深夜，他常说：“我虽然离休，但比在职时还要忙。”经8年努力，新编《增城县志》出版发行，并获“全国地方志书二等奖”和“广东省第一轮新编地方志书一等奖”，被方志界专家称为良志、佳志。这些荣誉和成绩与主编徐亮的努力分不开。徐亮热爱家乡，为家乡修志事业作出一定贡献，他是一位深受增城人民爱戴的革命老同志

【张剑美】（1931~2010）女、广东省开平县人，中山大学理学院毕业。出生于书香家庭，父亲是建国前中山大学校长。1945年至1949年9月，先后在中大附中、广东培道女了中学和中山大学读书。在中大理学院读书期间，参加中山大学地下学生联合会（共产党外围组织）的爱国学生运动。1949年9~10月，粤赣湘边纵队独立教导营战士，1949年10月至1951年12月，任东江文工团舞蹈组组长。1951年12月至1953年5月，任博罗县土改队副分队长。1953年至离休前，先后在增城一中、派潭中学、腊布中学和增城中学任教。1978年评为广州市优秀教师和教育系统先进工作者。1981年评为增城县和广州市“三八”红旗手。1982年评为广东省普教系统先进教师。1980年政协召开第一次会议，被选为第一届增城县政协副主席，1987年离休。

张剑美老师把毕生的精力奉献给增城的教育事业。尤其在增城中学担任多年数学科组长和高三毕业班数学课，她坚持在教学第一线，不断探索教育规律。在教学上，认真备好每一节课，并一直坚持把课本作业做完。在课堂上细心讲解，并善于用启发式教学，如讲《几何》课时，她在课堂上点燃一支线香，形象、具体说明“点动成线”的道理。由于她所教的数学课成绩较好，增城中学高考成绩逐年提高。

传奇人物

【曾晖】 中新镇福和茅田村人，1910年9月出生，1928年加入国民革命军第十九路军（简称十九路军），曾任抗日英雄、十九路军蔡廷锴军长的贴身卫士。2009年底，在广东省参加过淞沪抗战的十九路军战士只剩下2人，他是其中一位，又是百岁老人。

1932年1月28日午夜，日本海军陆战队分三路突袭强攻上海闸北、天通庵车站、上海火车北站。曾晖所在的十九路军3个师3万余人，在军长蔡廷锴的指挥下奋起抗战，连续击败日军多次进攻。“淞沪抗战”整整打了33天，场面惨烈、死伤无数。某日，曾晖随蔡军长视察前线战场，一颗子弹飞过来，击中他的左膝盖，使他一辈子落下病根。

抗日战场让曾晖感受到生命的脆弱、战争的无情，也让他感受到祖国同胞的关心和支持。1932年1月的上海，天降大雪，十九路军的将士没有棉衣，身着单衣在冰天雪地里作战。为支持十九路军抗击日军，当时设在上海的国立暨南大学的学生们将亲手缝制的棉衣送到抗日战士手中。其中，有一件棉衣绣着一首诗：“一针一线密加工，送给前方慰有功，给你御寒兼御侮，凯旋归日立奇功”。就是这件棉衣及这首诗，让所有将士深受鼓舞，士气大振。近80年过去了，曾晖仍谨记这首诗，每当吟诵这首诗时，他的眼眶总饱含着泪水，他说：“我一辈子都不会忘记这件特殊的棉衣”。

“淞沪抗战”后，曾晖曾多次参加抗日战役。1943年，他被派到敌后开展工作，和战友们一起炸毁日军木藤桥2座、河清军营一个，炸死日军7名。1947年，曾晖转业回到福和茅田村，他的生活过得很艰苦，子孙都是地道的农民，2004年后领取低保和社保，但他常说：“现在的生活比抗战时候好多了，政府对我也很优待，有困难就找民政，爹亲娘亲不如共产党亲”。2009年，他一家居住不足100平方的泥砖瓦房，他说，最大的愿望是能住上楼房。

百岁老人

据市民政局统计，2009年增城市有百岁老人32人，其中7人逝世。根据《增城市老年人优待实施办法》（增府办［2002］32号）精神，从2001年10月起，增城市百岁老人每人每月发给300元长寿保健金。2009年百岁老人见下表。

2009年增城市百岁老人统计表

姓　名	性　别	所　在　地	出生时间	逝世时间	健　在
邝永喜	女	小楼镇秀水村	1905.12	2009.02	
黄远怀	男	正果镇黄屋村黄一街	1906.09	2009.03	
张　敬	女	石滩镇三江岗尾村中潭社	1901.05	2009.06	
陈英女	女	中新镇福和田美村祠堂社	1908.01	2009.06	
钟记妹	女	中新镇福和圩	1907.04	2009.08	
潘张娣	女	增江街联益村	1908.08	2009.09	
陈化开	女	朱村街朱村新屋巷3号	1907.04	2009.09	
杨亚文	女	荔城街西瓜岭村	1909.09		健在
黄逮枝	女	荔城街西园居委	1907.06		健在
叶细连	女	派潭镇邓路吓村陈屋社	1906.10		健在
王亚枚	女	派潭镇小迳村东升榄树吓	1908.12		健在
温　娇	女	派潭镇亚口窿村	1909.05		健在
刘海明	男	石滩镇石厦村大寮社	1908.10		健在
周　禧	女	石滩镇龙地村红花地社	1909.05		健在
郭亚玉	女	小楼镇二龙村新屋吓社	1907.05		健在
许桂银	女	小楼镇黄村关村一社	1907.04		健在
赵永喜	女	小楼镇青迳村新庆社	1905.10		健在
吴亚新	女	小楼镇九益村一社	1909.03		健在
梁经结	男	小楼镇邓山村梅中社	1903.11		健在
刘　银	女	新塘镇东洲村	1905.12		健在
陈浩林	男	新塘镇仙村上境村宝田二东基一巷8号	1908.06		健在
艰　银	女	新塘镇南安村十社	1909.02		健在
邹元添	女	新塘镇长岗村鹅羽西路	1909.11		健在
朱松好	女	新塘镇下境村新田东社	1909.01		健在
曾莺女	女	新塘镇白石村中心路五横5号	1907.11		健在
黄　娇	女	增江街四丰村	1909.04		健在
王运娣	女	正果镇石溪村老石社	1905.02		健在
王运娣	女	正果镇浪拔村沛记社	1905.11		健在
何德珍	女	正果镇和平村窑洞村	1906.02		健在
黄亚苏	女	中新镇乌石村	1904.09		健在
胡春葵	男	中新镇团结村三社	1908.08		健在
周有娣	女	朱村街丹邱村官南路	1907.08		健在

国民经济统计资料

1、生　产　总　值

单位：万元

指　标　名　称	本年累计	上年同期累计	同比+-（%）
总　计	5743446	5102689	14.30
第一产业	383412	360956	6.70
第二产业	3587919	3202578	13.12
#工业	3418176	3055333	13.26
第三产业	1772115	1539155	18.69
一、比重（%）			
第一产业	6.68	7.07	-0.39
第二产业	62.47	62.76	-0.29
第三产业	30.85	30.17	0.68

2、工业生产、销售

单位：万元

指　标　名　称	本年累计	上年同期累计	同比+-（%）
一、全市工业总产值	12681729	11044192	16.26
出口产品产值	1471931	1391682	10.62
国有控股	66719	56692	17.69
大中型工业	5587079	5388977	7.65
高新技术产品产值	4007706	3467442	15.58
工业销售产值	12449095	11020215	12.97
二、规模以上工业产值	10311514	8840876	17.32
#国有企业	20812	20169	3.19
集体企业	58332	52708	10.67
股份制企业	3142405	2401480	30.85
外商和港澳台投资企业	5895041	5580017	4.65
其他企业	1194923	786502	51.93

注：1、工业总产值绝对数按当年价计算，增长速度按可比价计算。工业总产值含广州本田二厂产值。

2、规模以上工业企业指独立核算国有及年销售收入500万元以上非国有工业企业。

3、各系统工业总产值、全社会用电量

单位：万元

指　标　名　称	本年累计	上年同期累计	同比+－（%）
一、按经济系统分			
1、各镇（街）工业总产值	9905450	8761301	15.39
2、广东增城工业园	2776279	2282891	22.61
二、支柱产业产值	6793261	5803451	22.43
1、汽车及零配件	3232445	2973532	13.70
2、摩托车及零配件	935744	870860	12.38
3、纺织和服装	2625071	1959060	40.15
三、用电量			
全社会用电量（万千瓦时）	397865	403547	−1.40
其中：工业用电量（万千瓦时）	276181	279473	−1.18

4、规模以上工业企业主要经济指标

单位：万元

指　标　名　称	全年累计	同比增长（%）
主营业务收入	7368819	16.65
利润总额	199636	16.78
亏损企业亏损额	17994	−10.69
利税总额	350947	7.36
产成品存货	343294	2.73
应收帐款净额	776205	17.64
资产总计	3993430	8.59
负债总计	2702339	0.44
工业经济效益综合指数	169.24	8.66 点

5、投资和房地产

单位：万元

指　标　名　称	本年累计	上年同期累计	同比+－（%）
一、全社会固定资产投资	1312681	1077153	21.87
#基本建设	302267	335491	-9.90
更新改造	202456	159899	26.60
房地产	800861	575979	39.00
城乡私人建房	7097	5784	22.70
二、按登记注册类型分			
1、国有	261378	149674	74.63
2、民间投资	711946	556046	28.04
3、港澳台及外商投资	339357	371433	-8.64
商品房销售面积（平方米）	2121011	1292479	64.10
商品房销售合同金额	1158593	728376	59.07

6、交通运输、邮电

指　标　名　称	本年累计	上年同期累计	同比+－（%）
一、交通运输			
1、货运量（万吨）	3356	3304	1.57
2、货运周转量（万吨公里）	187425	189042	-0.86
3、客运量（万人）	2980	2630	13.31
4、客运周转量（万人公里）	107662	96514	11.55
二、邮电通讯业			
1、邮电业务收入（万元）	172591	169640	1.74
2、电话用户（万户）	30.57	29.53	3.52

7、消费市场、外经贸

单位：万元

指　标　名　称	本年累计	上年同期累计	同比+-（%）
一、社会消费品零售额	1356031	1145235	18.41
#批发零售业	995312	844800	17.82
住宿和餐饮业	360719	300435	20.07
二、商品销售总额	1793235	1496454	19.83
#批发额	797923	651654	22.45
三、外经贸			
1、外贸出口总额（万美元）	176533	184187	-4.16
2、新引进外资企业（家）	12	18	-33.33
3、合同利用外资（万美元）	13020	8746	48.87
4、实际利用外资（万美元）	17766	17013	4.43

8、财政金融、人民生活

单位：万元

指　标　名　称	本年累计	上年同期累计	同比+-（%）
一、财政收支			
1、财政总收入	1173701	1024856	14.52
#一般预算财政收入	316568	267458	18.36
2、一般预算财政支出	360315	299088	20.47
二、税收			
1、全市税收	804807	755830	6.48
#国税税收	509099	494901	2.87
#地税税收	295708	260929	13.33
三、金融			
1、金融机构人民币存款余额	6083887	4876507	24.76
#城乡居民储蓄存款	3616287	3172901	13.97
2、金融机构人民币贷款余额	2764411	1931970	43.09
四、人民生活			
1、职工平均工资（元）	35363	30978	14.16
2、农民人均纯收入（元）	9281	7920	17.18
3、城镇居民人均可支配收入（元）	21932	19530	12.3

附　录

市委、市政府重要决策

中共增城市委 增城市人民政府 关于印发《增城市开展“三联六帮”城乡共建行动方案》的通知

增委发〔2009〕2号

各镇街党（工）委、人民政府（办事处），市直局以上单位：

为创建贯彻落实科学发展观示范点，统筹城乡科学发展，现将《增城市开展“三联六帮”城乡共建行动方案》印发给你们，请认真遵照执行。

中共增城市委
增城市人民政府
2009年2月17日

增城市开展“三联六帮”城乡共建行动方案

为深入贯彻落实科学发展观，大力推进富民惠民工程，统筹城乡科学发展，全面促进社会和谐，市委、市政府决定，从2009年起，连续用3年时间，广泛发动全市党政机关干部、企事业单位及社会各界人士开展“三联六帮”城乡共建行动。“三联”即“联村（居）、联社、联农户”，“六帮”即“帮树立科学发展理念、帮搞好规划建设、帮整治村容村貌、帮富余劳动力转移就业、帮扶孤助学解困、帮强化村（居）组织建设”。现制定如下方案。

一、目的和意义

开展“三联六帮”城乡共建行动，要坚持以科学发展观为指导，着眼于抓基层、打基础、促发展、建和谐，通过城市与农村对接，机关与基层对接，以城带乡，以工促农，先富帮后富；增进党员干部的群众观念，促进机关作风转变，实现城乡之间、村企之间、干群之间的联帮互动，激发城乡发展活力，培育荔乡文明新风，努力构建城乡一体化发展新格局。

开展“三联六帮”城乡共建行动，是巩固和深化学习实践科学发展观活动成果，争创贯彻落实科学发展观示范点的重要举措；对进一步落实我市“和谐农村365”创建活动，统筹城乡科学发展，促进社会和谐共进具有积极意义。

二、行动原则与方式

（一）行动原则

坚持全社会动员、自愿参与、组织安排、互帮互助、互动共赢的原则。

（二）行动方式

全市各村（居）针对当前的热点难点问题和群众反映较为迫切的民生问题，按照轻重缓急进行全面摸查分类整理，经镇街初核报市委基层办汇总审核后向社会公布，广泛发动全市党政机关干部、企事业单位、社会热心人士、大学生、志愿者等社会各界力量自愿联系村（居）、社、农户并结对帮扶。

1. 选派机关干部结对。实行自愿报名和组织选派相结合，广泛动员全市机关干部参与“三联六帮”共建行动。结合自愿报名情况，安排机关干部联系村（居）、社和农户。

2. 发动企事业单位、社会热心人士、志愿者结对。以灵活多样的形式广泛倡议，发动企事业单位及社会热心人士、志愿者积极参与结对共建行动。

3. 选聘大学生结对。按照“一村两名大学生”的目标，在3年内每年面向社会公开选聘100名具有大专以上学历的增城籍大学生到农村任“村官”，充实农村干部队伍。每名大学生“村官”也是所在村“三联六帮”工作的联络人，负责做好沟通协调工作。

三、行动内容

（一）帮树立科学发展理念，明晰发展思路

1. 深入调研掌握实情。按照我市三大主体功能区的发展定位，通过召开党员干部及村（居）民代表会议等形式，广泛征求干部群众意见，摸清当前发展中存在的突出问题，根据村（居）的人口状况、地理位置、资源禀赋、发展历程、集体经济等方面情况，发挥当地优势，发掘和整合资源，积极穿针引线，帮助其找准发展的切入点和突破口，找准适合村（居）发展的好路子。

2. 拓宽培训渠道搭建互学共享平台。通过开展“局长讲党课”、“企业家谈创业心得”、“志愿者或大学生谈体会”、“村（社）干部介绍农村工作经验”等活动，达到城乡思想观念双向交流、互学互进的效果。依托市、镇（街）党校和农村劳动力技能培训基地、职业技术院校以及农业科研基地的教学资源，举办农村经营管理、农业实用技术、旅游配套服务等方面的专题培训；办好村“两委”干部大专学历函授班。计划每年分类培训5000名农村党员和村（居）干部、群众。组织100名村干部到市直部门、镇街跟班学习锻炼，学习管理知识，积累管理经验。充分运用现代远程教育网络、农村广播学堂、手机学堂、短信平台等载体，为城乡居民提供农业政策和致富技能信息。

3. 引导大力发展经济。按照《增城市促进农业集约化发展的实施方案》（增委办发〔2008〕19号）的要求，围绕发展现代服务业、生态文化旅游和度假休闲产业、都市型现代农业，通过政策引导、村企互动、农民合作互助等方式，因地制宜、突出特色，帮助支持农村以多种方式发展经济。鼓励和支持有条件的村民开办农家店；支持农村和农民发展农产品和旅游产品市场、种植业和养殖业农场以及无污染手工业加工场。继续推广“公司+基地+农户”、“协会+基地+农户”、“种养大户+农户”等农业经营模式，大力发展以“好吃、好看、好玩、好价、好销”为特征的“五好”都市农业，培育更多具有高附加值的特色农产品品牌，进一步畅通农产品流通渠道，使农村经济发展水平有较大提高。

（二）帮搞好农村规划建设，确保健康有序发展

4. 高起点抓好村庄规划。按照《增城市新农村规划建设与农村建房管理暂行办法》（增委办发〔2008〕21号）的要求，全面摸查农民建房情况并登记造册，固化历史住房，制止违法新建，引导搞好旧村改造和新村建设的规划。按照“城乡统筹、积极稳妥、集中居住、集约用地、因地制宜、分类处置”的原则，通过规划引导和激励机制，鼓励农民集聚居住、集约用地、集中配套，建设一批别具特色的生态旅游村、文明示范村和新型农民社区。

5. 加强农村土地管理。按照“产权明晰、用途管制、节约集约、严格管理”的原则，进一步完善农村土地管理制度。结合全市总体发展战略规划，帮助村（居）实行土地统一规划和开发建设，完善农村土地登记制度。探索集体建设用地依法合理流转，盘活闲置土地，逐步依法有序地推动农村土地承包经营权流转，提高农村土地使用效益。

（三）帮整治村容村貌，建设宜居城乡

6. 加大环境卫生整治工作力度。认真组织实施城乡环境“清洁美”工程，按照《增城市城乡环境卫生综合管理试行办法》（增委办发〔2008〕22号）的要求，健全城乡环境卫生保洁长效机制，重点完善垃圾“户集、村收、镇运、市处理”制度，引导农民集中堆放和清运垃圾。启动农村污水综合治理工程，逐步解决农村生活污水处理问题。加强环境卫生的宣传和教育工作，开展环境卫生先进个人、集体和社区的评选活动，增强广大人民群众的文明意识，培养和形成人人讲卫生、户户爱清洁的良好习惯。

7. 积极推进村（居）文化阵地建设。按照《增城市城乡公共文化惠民共享工程建设方案》（增委办发〔2008〕20号）的要求，以“建设标准化、布置规范化、活动经常化”为目标，切实抓好村（居）文化阵地建设，打造村（居）文化阵地建设“精品工程”，力争3年内高标准实现村村“三个有”，即有宣传教育阵地、有文化娱乐场所、有体育休闲场地及设施。

8. 创建文明和谐社区。按照村落社区化的要求，发挥群众在新农村和社区建设中的主体作用，大力开展文明示范村以及“六好”和谐城乡社区建设。重点加强村（居）群众文明意识教育，利用农村广播学堂、手机学堂短信平台、党员干部现代远程教育网络、村务公开栏等形式开展全方位、多层次的宣传教育，通过开展有奖知识问答，“文明家庭”评比，“讲文明、树新风”集中教育等活动，倡导喜事新办、丧事简办、神事不办，移风易俗，逐步形成崇尚文明科学、健康向上的生活方式。

（四）帮富余劳动力转移就业，增加城乡居民收入

9. 开展城乡劳动力普查。建立城乡居民转移就业信息库，对村（居）富余劳动力进行全面摸查并分类登记造册存档，及时掌握留村（居）和外出务工人员的情况，对劳动力就业情况实行动态跟踪管理。

10. 组织城乡劳动力参加技能培训。要充分利用市农村劳动力转移就业服务中心和镇劳动力培训基地，组织和帮助城乡居民参加“订单式”、“定向式”等免费技能培训，确保全年城乡劳动力受训率达80%以上；同时，积极向广州市争取贫困家庭子女免费就读广州市技校的名额，帮助贫困家庭子女读书、就业。

11. 促进城乡劳动力就业创业。积极开展充分就业社区创建工作。鼓励单位、企业、农户之间实行钟点工、季节工等灵活就业方式，引导企业定向帮扶就业，积极提供就业岗位，吸纳劳动力就业，确保全年就业率达90%以上，城镇“零就业家庭”1人以上就业率达100%。采用行业协会搭桥牵线的方式为农民提供种养技术，协调金融机构提供贴息、小额担保贷款、市场信息等服务，积极帮助城乡劳动力创业。

（五）帮扶孤助学解困，共享发展成果

12. 开展分类扶贫济困。对农村低收入人口实行全面普查，分类造册登记，倡议机关干部、企业家和社会热心人士联系结对帮扶一户以上贫困户，开展扶孤、助学、助残、扶贫、济困，助建贫困户安居工程等活动。有条件的村（居）要加快“五保户”集中供养点建设。

13. 协助落实城乡居民社会保障。确保符合农村低保条件的家庭做到应保尽保。做好被征地农民的社会保障工作，做到先保后征，使被征地农民基本生活有长期保障。建立城镇低收入困难家庭生活救助应急机制，完善城乡困难群众重大疾病医疗救助制度。

（六）帮强化村（居）组织建设，增强基层活力

14. 加强村（居）“两委”班子建设。紧紧围绕“五个好”（领导班子好、党员干部队伍好、工作机制好、小康建设业绩好、农民群众反映好）的目标要求，注重把德才兼备、实绩突出、群众信任的优秀干部选拔到领导岗位。2009 年要选择 10 个村作为跨村选任党支部书记的试点。全面落实“两推入党”，即农村发展新党员必须经过“两推”（全体党员推荐、村民代表推荐）程序。每年每村至少保持 3 名入党积极分子的常数，原则上每个村党支部每年至少发展 2 名新党员。

15. 规范村（居）“两委”运作与管理。严格执行《增城市农村“两委”工作规程》，协调好村“两委”关系，落实“三会一课”制度，建立健全村“两委”联席会议制度及党支部向村委会通报工作制度和村委会向党支部汇报工作制度，使村级组织能够各司其职、卓有成效地开展工作。继续推动党务公开、村（居）务公开、财务公开，打造好“阳光工程”，把村（居）干部的各项工作置于群众的有效监督之下。

16. 推行村（居）财务管理预算制。认真贯彻落实《广东省村务管理办法（试行）》和《增城市农村集体财务管理制度》（增农经办〔2008〕3 号）。建立村（居）财务管理预算制度，协助村（居）制定财务预算监督管理的有关规定，每年 3 月底前编制村（居）年度财务收支计划提交村（居）民大会或代表会议审议通过，并报镇街农村集体经济监督管理部门审批。定期开展财务审计，实行事前审核、事中监管和事后审计监督。

17. 民主评议村（居）“两委”干部。每年组织村（居）全体党员和村民群众代表对村（居）“两委”班子成员进行民主测评。积极探索形成激励村（居）干部开拓创新、奋发有为的良好导向。

18. 做好农村稳定工作。加强法制教育，加大普法宣传力度，加强信访、法律和社会矛盾排查调处工作，引导干部群众依法依规办事，公平公正处事，及时解决群众合情、合理、合法的诉求，千方百计为群众排忧解难，妥善化解农村矛盾，切实维护农村稳定。

四、行动要求

（一）加强组织领导。成立市“三联六帮”城乡共建行动领导小组，领导小组下设办公室（设在市委组织部），负责统筹协调工作。各镇街是“三联六帮”城乡共建行动的主要责任单位，负责共建行动的组织、协调和落实工作；镇街党（工）委书记是共建行动工作的第一责任人；镇街要派出一名干部挂村（居）作为共建工作的责任人，协助和跟踪落实好“三联六帮”工作。要因地制宜，分类指导，充分发挥社会各界力量的积极性和创造性，根据村（居）的发展定位和发展条件，研究提出切合实际的工作思路，确定工作重点，确保取得实效。

（二）加大宣传力度。充分利用广播、电视、报纸和手机学堂等多种形式，大力宣传开展“三联六帮”城乡共建行动的目的和意义，广泛发动社会各界力量参与共建行动。各有关职能部门要充分发挥职能作用，利用多种渠道，采取各种形式，积极动员社会热心人士以各种方式主动参与共建行动。宣传部门要及时宣传报道在共建行动开展过程中涌现出来的好典型、好经验、好做法，大力弘扬助人为乐，帮助别人也是帮助自己的文明新风，努力营造城乡互帮互助、合力共建和谐社会的浓厚氛围。

（三）建立激励机制。每年评选若干标兵村（居）、先进村（居）、进步村（居）及优秀村（居）社干部，评选若干先进集体、先进企业、优秀个人和优秀大学生“村官”，进行表彰和奖励。对获奖的优秀村（居）“两委”干部，由市财政给予一次性全资缴纳养老保险金的奖励；本市企业被评为共建行动先进企业的，参加文明企业等评选给予优先考虑；市外企业被评为共建行动先进企业的，专致感谢信给其主管部门或行业协会；被评为共建行动先进个人的社会热心人士，专致感谢信或推荐为增城市荣誉市民；被评为共建行动先进个人的大学生、志愿者，报考我市公务员时，在同等条件下优先录用，报考我市事业单位工作人员时，适当加分；机关干部在结对共建行动中的表现和效果与干部年度考核、领导班子年度考核有机结合起来，并将考评结果作为年终奖励、提拔任用的重要依据。

主题词：城乡　三联六帮△　方案　通知

中共增城市委办公室　　2009年3月2日印发

中共增城市委　增城市人民政府关于印发《增城市文化体制改革试点工作方案》的通知

增委发〔2009〕9号

各镇街党（工）委、人民政府（办事处），市直局以上单位：

《增城市文化体制改革试点工作方案》已经市委、市政府研究同意，现印发给你们，请认真遵照执行。

中共增城市委
增城市人民政府
2009年8月13日

增城市文化体制改革试点工作方案

（2009年6月22日）

为深入贯彻科学发展观和党的十七大精神，贯彻落实中央把增城作为全国县级文化体制改革试点单位的部署要求，依据《中共中央、国务院关于深化文化体制改革的若干意见》（中发〔2005〕14号）和全国、全省文化体制改革工作会议精神，以及《中共广州市委、广州市人民政府关于继续解放思想、深化文化体制改革、推动文化事业和文化产业加快发展的决定》、《广州市加快公共文化服务体系建设实施意见》等文件精神，结合我市实际，制定本方案。

一、指导思想和基本原则

（一）指导思想

按照科学发展观要求，遵循社会主义市场经济和文化发展规律，坚持先进文化前进方向，坚决革除制约文化发展的体制性障碍，创新文化管理体制和运行机制，进一步解放和发展文化生产力，促进文化事业大繁荣，推动文化产业大发展，加速城乡文化一体化，提高文化软实力，不断满足人民群众日益增长的精神文化需求，促进人的全面发展，为建设文化强市和实现经济社会又好又快发展作出新贡献。

（二）基本原则

——坚持解放思想，求是创新。坚决冲破陈旧狭隘的思想观念，革除影响文化发展的体制弊端，在组织架构、资金保障、人才使用等方面，逐步形成有利于推动文化创新的体制机制。

——坚持以人为本，统筹城乡。一切从人民群众利益出发，充分发挥政府主导作用，大力推进公共文化服务社会化、基本公共文化服务均衡化、文化发展水平现代化，推动城乡、区域文化协调发展，丰富城乡文化生活。

——坚持政府主导，突出重点。在推进改革过程中，以政府为主导，结合地方实际，突出工作重点，集中财力办大事，鼓励社会参与，引入市场竞争机制，整合利用现有的公共文化设施、非物质文化遗产、文物景点等资源，积极推动科教研发、文化创意、生态文化旅游产业快速发展。

——坚持分类指导，稳步推进。明确区分公益性文化事业和经营性文化事业之间不同的改革重点，坚持以群众为主体繁荣群众文化，以政府为主体主办文化事业，以企业为主体发展文化产业，积极、稳妥、有序地推进改革，确保取得实效。

二、改革目标

充分利用中央把增城列为文化体制改革试点市的机遇，加快改革探索步伐，着力形成充满活力的文化企事业单位运行机制和有利于促进文化资源整合的管理体制，加快推进文化投资主体多元化、公益性文化事业订单化、经营性娱乐文化产业市场化、城乡公共文化服务均衡化、文化队伍建设社会化、文化市场管理规范化，形成文化事业与文化产业协调发展、文化繁荣与经济发展相互推动、文化资源与城乡环境良性互动、文化创新与公民素质共同迈进的文化发展格局。到2010年，全市城乡居民人均文化消费支出占总消费支出的比重高于全省平均水平，文化产业整体水平和综合实力居于全省县级市前列。

三、主要任务

（一）改革文化管理体制

1、建立科学的文化管理机制。理顺政府和文化企事业单位的关系，实现文化管理职能的“三个转变”：从以办文化为主逐步向以管文化为主转变；从以管理直属单位为主逐步向管理全社会文化转变；从以行政手段管理为主逐步向以经济和法律手段管理为主转变。

2、建立多元化投入机制。建立推进文化体制改革的各类专项资金、基金和奖励制度，加大对公共文化设施建设和重大文化工程建设的投入。在确保政府投入稳步增加的前提下，完善鼓励、捐赠和赞助等办法，拓宽筹资渠道。进一步提高文化行业的开放度，鼓励和支持非公有制经济以多种方式进入文化领域，参与文化市场的竞争。建立与市场经济接轨，与经济和社会发展同步，与社会公众文化需求相适应的多元化投入新格局，形成财政投入和其它渠道投入的多元化文化经费投入保障机制。

3、建立文化人才保障机制。积极引进、培育和使用高层次艺术创作人才、采编人才、经营管理人才、文化科技人才和基层文化人才等五类人才。一是实施业务干部培训计划，选送优秀和特色文化人才到国内外先进地区或专业学校考察培训；二是多渠道引进会经营、善管理、懂业务的复合型人才和培育适应公共文化服务的文化人才，加快形成群众文化人才的培养、使用、流动等一体化服务体系，提高公共文化队伍整体素质；三是设立专项文化基金，建立特色和优秀文化人才津贴和奖励制度，为引进和培育公共文化服务人才提供保障。

4、建立公共文化建设和服务考核机制。加大文化建设在全市四个文明建设考核中的比重，把加强公共文化建设和服务作为评价镇街发展水平，衡量经济质量和领导干部政绩的重要标准。实行公共文化建设和服务的考评制度，每年进行一次“文化建设和服务达标镇（街）、村（居）、社区、企业（单位）”验收活动，每两年开展一次“特色文化活动”、“文化工作先进单位”评选活动，统一由市委、市政府通报表彰。

（二）创新文化运行机制

1、改革公益性文化事业单位。对公益性文化事业单位重点进行劳动、人事、分配三项制度改革。实行全员聘用制，加强岗位管理，建立目标管理责任制和工资、奖金分配的激励机制。用人用工实行公开招考、竞争上岗、双向选择，建立按职位分类的管理方式。专业技术人员的职称实行评、聘分开，允许高职低聘和低职高聘。深化分配制度改革，根据不同岗位的工作、责任风险度、劳动复杂程度等情况，建立能高能低的管理模式，调动员工积极性。在保证财政核拨的基础上，逐年增加文化事业发展专项补贴。

——增城市图书馆。学习借鉴北京图书馆等先进管理理念，实施“图书信息资源共享工程”，发挥新图书馆作为城市中心馆的作用，整合镇街、学校、村（社区）、各单位（企业）的图书馆（室）资源，形成以共建共享为目标的文献信息资源服务网络。完善“数字图书馆”和“流动图书馆”，依托各地文化广场，开设开放式阅览厅，为市民搭建广阔的服务平台。

——增城市博物馆。加快市科技文化博物馆的规划建设，充实专业技术人才，优化文博人才队伍结构。强化博物馆收藏、研究、宣传和鉴定、陈列、休闲六大业务功能，逐步扩大按市场化运作的相关展览活动范围。做好整合陈列展示资源工作，推进博物馆文物数据库和网上博物馆建设。针对我市民间收藏日趋兴旺的实际，成立“增城市收藏爱好者协会”，培育和规范古玩、艺术品市场。结合旅游开发，加大文物普查力度，促进文博资源转化为文化产业资源。

——增城市文化馆。拓展服务领域，培育礼仪服务、艺术培训等项目，逐步完善市场运作机制。完善市镇村三级文化管理体系，整合基层文化站、综合文化室和文化广场、乡村公园资源，指导协调各种群众性文化活动的繁荣发展，全面活跃广场文化。成立市曲艺家协会，做好对全市174个民间曲艺团体扶持、引导工作，使之成为专业文艺团体的补充。积极探索建立分级管理、民办公助或国有民办的社区文化中心，形成组织机构网格化、服务对象社会化、文化设施规范化、活动设备现代化、活动形式多样化的群众文化发展新格局。

2、加快经营性文化事业单位转企改制。经营性文化事业单位转企改制要按照“老人老办法，新人新办法”的原则，解决好“待遇差”和一次性人员安置费用问题，妥善安置好原事业编制人员。在妥善处理好国有资产基础上，逐步与政府职能部门脱钩，完善法人治理结构，确立各自经营主体地位。按照现代企业制度的要求，改革经营管理机制，逐步实现文化设施经营管理社会化。对经营性文化企业的管理人员实行聘任制、任期制和年薪制。

——增城市新华书店。加快经营体制改革，在完成清产核资，妥善处理好国有资产和人员安置问题的基础上，剥离不良资产，以资产作为股份，国资控股60%，单位参股40%，实行股份制经营，按照公司法和现代企业管理的办法管理，具体步骤参照《广州市文化事业单位转企改制和资源整合工作操作程序》进行。

——增城市电影公司。直接转制为企业，建立规范的法人治理结构。按照有关政策，做好资产评估工作，解决好在职和退休人员的社会保险、医疗保险等问题。承担全市电影发行放映、农村电影“2131”工程等公益性项目，政府实施专项补助。

——增城市艺都影剧院。妥善处理好国有资产和人员安置问题，逐步与政府职能部门脱钩，改制为企业，实施公司制改造，建立现代企业制度，确立经营主体地位。

——增城市增江影剧院。通过盘活增江影剧院原地块，解决剩余的债权债务、退休工人的医疗保险等问题，妥善安置留守干部职工，最终注销其事业单位法人登记并撤销该机构。

3、深化市属新闻媒体的内部改革。增城市广播电视台、增城日报社等新闻媒体，实行事业体制，享受扶持政策，科学合理地划分宣传业务和经营业务，剥离经营性资产转制为企业，建立宣传和经营业务相对分开、有统有分、统分结合、相辅相成的组织结构，进一步增强活力。

——增城市广播电视台。整合内部资源，推进广播电视宣传与经营业务“两分开”和制播分离改革，剥离经营性资产，组建增城广播电视有限公司，以股份制方式参加由广州珠江数码集团有限公司控股的广州市有线电视网络资源整合。深化干部、人事、分配三项改革，面向社会公开招聘、竞争上岗，员工的报酬与岗位、绩效挂钩。对专业技术人员的职称实行评、聘分开。努力创办有地方文化特色的频道栏目，推行节日制作人制度，将栏目的社会效益和经济效益挂钩。

——增城日报社。进一步改善和强化管理机制，提高报纸舆论引导水平。将广告、发行等经营性部门归并到报业发展中心，按市场化规律优化资源配置，实行自主经营，形成宣传业务与经营业务相对分开。根据报社发展实际，理顺内部人员编制，吸纳高素质人才。实施经费包干、责权管理以及定岗、定员、定责、定酬的绩效分配制度改革。根据市场和消费群体需求，探索栏目改革，重新评估和整改好专版、专刊；促进报网联动，将综合性门户网站《增城之窗》做强做大。

（三）构建公共文化服务体系

围绕公共文化惠民共享目标，探索建立政府投入与社会投入相结合，多元化、多渠道的投入机制，加快城乡公共文化设施建设，不断创新公共文化服务方式，开展群众特色文化活动，逐步形成“15分钟社区文化圈”和“农村十里文化圈”，到2010年基本建成布局合理、功能完善、覆盖城乡的公共文化服务体系，促进城乡群众共享文化发展成果。

1、推行市场运作，打造特色音乐广场文化活动。以增城广场为龙头，以体育广场、挂绿广场、新塘文化广场为重点，以音乐文化为特色，不断丰富增城广场音乐文化内涵，建设国内著名音乐雕塑城，创广场音乐文化品牌，立足长远打造音乐之乡。每年举办广场音乐文化节和新年音乐会，采取政府适当补贴，承包公司主办等形式，将广场系列文化和节庆活动由政府举办转向市场化运作，每年不少于150场。探索推行政府文化采购制度，对各类文化体育设施经营和文化体育活动项目、精品文化创作项目等，逐步实行政府购买和公开招标制度，鼓励社会组织和个人投资文化活动，大力推进文化产业市场化。利用广场万人大学堂，结合开展“书香增城”—全民阅读求知活动，定期邀请著名学者、艺术家等国内外文化名人开设讲座，着力提升市民的文化素养。

2、创新文化载体，建设文化资源共享工程。大力推动各单位现有文化设施设备向社会开放。建设市镇村三级数字信息服务网络，在开通数字图书馆的基础上，让每家每户拥有一座“数字图书馆”。依托农村党员干部现代远程教育网和有线电视网络资源，加快村级文化信息共享工程建设。建设新农村公共广播系统，行政村实现广播“村村通”。结合“文化下乡”活动，开展旅游驿站和广场公园文化活动，推动“村落社区化，文化进社区，文明进万家”，把文化活动延伸到城乡；结合增城特有的乡村聚会和墟市文化传统，开设特色文化集市，创建具有创新形式的文化网点，开展丰富多彩的乡村文化活动。

3、优化结构布局，推进重点文化设施建设。按照“优化结构、均衡布局、突出重点、分级配置”原则，科学规划文化设施布局，抓好一批重点文化设施建设工程。立足于增城市经济社会可持续发展战略，将新图书馆建成国家一级馆，建设成为全市城乡集藏书、借阅、咨询、管理、网络服务于一体的文献资源收藏中心、情报信息服务中心、学术活动研究中心和社会教育活动中心。改革财政投入方式，逐步改财政拨款为借、贷、投等方式，加快科技文化博物馆和文化艺术中心的规划建设，将其打造成为我市规模最大、功能最全、设备最先进的地标性文化建筑。

4、调动社会力量，加强城乡文化阵地建设。发挥税收、信贷、土地政策等调节作用，认真落实“从城市住房开发投资中提取1%，用于社区公共文化设施建设”的要求，切实加强对城乡文化阵地规划建设力度。充分发挥镇街、村（居）的主体作用，调动社会各方面力量，科学规划一批社区文化活动中心及村（居）多功能文化站室，打造城乡文化阵地建设“精品工程”。继续推进“农家（社区）书屋”、“绿色网园”建设，不断增加镇村图书室藏书量，2010年“农家书屋”工程建设覆盖全市行政村，达到一人一册（书）。力争3年内高标准实现村村“三个有”：有宣传教育阵地、有文化娱乐场所、有体育休闲场地及设施。加强镇街文化站的建设，确保编制和人员到位，2009年底实现全市9个文化站全部达标。

5、实行以奖代补，扶持壮大各类业余文艺社团。我市目前有曲艺社174个，各类协会社团9个，业余文艺团体呈现出专业化的发展态势。设立文艺创作基金和传统艺术保护基金，变产前投入为产后奖励结合的“以奖代补”方式，增强政府扶持资金的奖励、鞭策功能，调动文艺社团创作积极性。凝聚社会文化骨干力量，对文史写作和民间故事、书画、舞蹈、摄影、粤曲、客家山歌等各类民间艺术资源进行整合，进一步加强对企业文艺团体、校园文艺团体、社区文艺团体的引导和扶持，重点扶持“新塘摄影协会”、“新塘曲艺社”等已经形成相当规模、具有一定影响力的先进社团，将其打造成民间艺术团体的典范。实行定期评估和动态管理，组织各类文艺比赛，促进水平不断提高。

6、完善政策体系，挖掘保护利用历史文化资源。按照“谁投资、谁所有、谁受益”的原则，将增城丰富的物质和非物质文化遗产资源推向市场，吸引社会资金，对其丰富的文化内涵进行重点挖掘，如编撰南宋丞相崔与之、明代三部尚书湛若水等名人传记以及何仙姑和小楼姑娘传说集，开展增城榄雕、舞貔貅、舞火狗、客家山歌、畲族风情等非物质文化遗产的保护与推广，以及非物质文化遗产传承人的传帮带工作等。对文物景点进行科学规划与维修保护，利用我市南中北各有特色的历史人文和生态资源优势，将我市古村落与现代文化结合，开设文化旅游集市，变固态文化为活态文化。重点建设崔与之文化民俗村、湛若水纪念馆和崔与之、湛若水文化广场，推动生态旅游与历史人文资源相融合，使之成为惠及城乡群众的宝贵财富。

（四）大力发展特色文化产业

充分发挥我市良好区位、优美的自然生态环境、丰厚的科教与文化资源优势，科学制定《增城市文化产业发展规划》，坚持政府主导与市场运作相结合，推进文化投资主体多元化和社会化，积极培育文化市场；充分利用各种金融工具和手段，探索风险投资机制，推动文化资本的跨地区、跨行业合作，形成文化产业多元化投资结构和多种经济成分并存格局，推动文化产业大发展。

1、文化旅游产业。依托我市无与伦比的山水生态优势和历史文化资源，以荔乡仙境生态健康度假休闲旅游为亮点，合理规划未来文化旅游发展，努力打造国际旅游度假城和国家级生态旅游示范区。增城市区大做增江“一河两岸”山水文化文章，高起点规划鹤之洲等湿地公园，融入文化与旅游元素，突出山水文化休闲和国内外著名音乐雕塑品牌，规划建设40平方公里集旅游度假、科教研发、文化创意、主题公园、运动健身和高端商住于一体的国际旅游度假城，建设山水文化宜居度假城市和广州东部城市副中心，吸引广州、东莞等珠三角高端消费群体到增城置业安居和度假休闲。广汕公路以北约1000平方公里，牢固树立“保护也是发展”的理念，全面规范农民建房，建设各具特色的生态旅游村，营造南国乡村生态大公园和珠三角优质生态文化生活圈。以白水寨为龙头，以湖心岛、鹤之州、小楼人家、莲塘春色等景区景点为重点，抓好“一江”（增江画廊）“两道”（增派、增正旅游大道和80公里自行车健身道）“三游”（南部工商游、中部文化游、北部生态游）。依托广场音乐文化节、荔枝旅游文化节、菜心美食节、国际牛仔服装节、登山旅游节、美食娱乐购物节等品牌节庆活动，重点开发广场文化、美食文化、购物娱乐等资源。

2、文化娱乐产业。以增城广场为核心，大力推进新图书馆、文化艺术中心和科技文化博物馆建设，形成文化中心区。与此同时，积极推广现代休闲健身娱乐理念，大力发展高档商务城、农家美食街、酒吧欢乐街、休闲娱乐街等城市休闲市场和产业形态。在增江一河两岸发展游乐园和文化主题公园，全方位满足不同人群的休闲娱乐需求。

3、体育休闲健康产业。规划建设经营性的体育休闲中心区，培育壮大一批品牌化、连锁式的体育休闲健身企业。大力开发面向青少年和中老年健康有益的体育休闲健身活动，积极举办和申办各级各类体育休闲健身赛事，如自行车环增江游、高尔夫球、钓鱼、攀岩、龙舟、飞碟射击比赛等。有选择地吸纳和引进现代体育休闲健身项目。大力发展各类经营性、低消费、高品位、群众参与性强、自娱自乐的体育休闲健身场所。

4、特色演艺产业。鼓励专业艺术团体面向市场，走出增城，开拓演出市场；鼓励非专业艺术团体发展壮大，配合农家乐旅游，对貔貅舞、春牛舞、醒狮、客家山歌等民间艺术表演加以包装，在丰富景区文化内涵的同时，逐步打造为民间艺术产业。吸纳民间资本，鼓励社会力量创办文化中介公司，由政府总体规划，打造演艺平台，以市场运作、企业推动等形式，将国内知名的音乐家、剧作家、书画家等引进增城开办工作室和创研室，将创作的各种艺术品推向市场，逐步形成名人艺术产业。

5、文化培训产业。通过文化产业政策引导，形成规范化、多样化、以市场需求为导向的文化产业教育培训体系。充分利用邻近广州和我市民办大学多的优势，加强与高校合作，提升文化培训办学水平和办学规模。积极促进人的全面发展，大力开展少儿学艺、青年就业、中老年健美健身、诗书画及其他相关社会培训教育活动。突出增城市书画、文艺基础深厚的优势，多举办书画、文学、音乐、舞蹈、设计等培训，打造增城文化培训品牌。建立文化培训产业的行业标准和评估体系，规范文化培训行为。不断扩大增城文化产业培训的市场占有率，把增城建设成为广州东部文化教育培训基地。

6、数字视听产业。利用市广播电视新闻中心先进的广播电视设施，运用高新技术改造传媒业，导入现代企业制度，大力发展以影视、网络等为代表的数字视听产业。

（五）积极培育现代文化市场体系

积极建设和开放文化市场，完善现代流通系统，发展中介组织，加强市场监管，进一步发挥市场在文化资源配置中的基础作用，形成统一、开放、竞争、有序的现代文化市场体系。

1、加强文化产品和要素市场的建设。依托本地支柱产业和特色文化产业的发展，适应市场消费需求，加快培育汽车文化用品和旅游休闲文化用品等专业市场，培育和规范以网络为载体的新兴文化市场，探索建立适应现代文化市场发展的融资体系和文化资本市场。

2、积极培育农村文化市场。促进文化资源配置向社区和农村基层倾斜，大力扶持和鼓励农民自办文化，开展多种形式的文化经营活动。鼓励农村文化经纪人、中介机构发展。进一步发挥文化行业协会的信息沟通、行业服务和评估推介等作用。

3、加强现代流通体系建设。推行连锁经营、物流配送、电影院线等运营模式。加快建立书报刊、影视产品、音像制品、电子出版物、艺术品、演出剧目的现代市场营销体系。积极扶持农村连锁网点。

4、强化文化市场管理。理顺各级执法机构关系，加强综合执法，建立健全联合执法机制等工作制度。制定文化市场管理规定和版权保护政策措施，加大对盗版、侵权的打击力度。构建文化市场管理信息网络，建立文化企业信用档案和文化市场信用制度。

四、实施步骤

市文化体制改革分三个阶段进行：

第一阶段：准备工作（2009 年 4 月至 6 月）。根据中央和省、广州市的部署要求，围绕市文化体制改革的重大理论和实践问题，组织力量进行专题调研，结合我市实际，制定增城市文化体制改革试点工作方案，建立领导机构，指导改革单位制定相应的改革工作实施方案。市文化体制改革试点工作方案经市委批准后逐级上报审批。

第二阶段：组织实施（2009 年 7 月至 2010 年 10 月）。按照试点工作方案和进度安排，出台各项改革的操作性方案和有关配套政策，认真组织实施，并及时研究试点过程中出现的问题。按季度总结试点工作进展情况，形成季度报告。

第三阶段：总结工作（2010 年 11 月至 12 月）。对试点工作进行总结，分析各项改革任务完成情况，总结经验，查找差距，提出对策建议，形成总结报告。召开文化体制改革试点工作会议，提出进一步深化文化体制改革的思路和具体措施。

五、保障措施

（一）思想保障。全市各级党委、政府和宣传文化系统及有关部门要牢固树立科学的文化发展观，深刻认识文化体制改革的重要性和必要性，增强责任感和紧迫感，坚持解放思想、实事求是，发扬敢为人先、勇于创新的改革精神，尊重群众的首创精神，充分调动和发挥干部群众的积极性和创造性。扎实开展好思想政治工作，及时了解和掌握改革所涉及的干部群众的思想反映，解难释惑、理顺情绪、化解矛盾，为改革顺利推进打下良好的思想基础。

（二）组织保障。成立市文化体制改革试点工作领导小组，负责指导协调全市文化体制改革试点工作，制订改革试点工作方案和相关措施，提出修改、制定文化管理规定的建议，决定文化事业改革和发展的重大事项等。领导小组组长由市委书记担任，领导小组办公室设在市委宣传部，负责文化体制改革的日常工作。领导小组办公室要加强调研和指导，加强信息沟通和反馈工作，协调解决出现的问题，检查督促各项改革任务的落实。各有关部门要按照文化体制改革工作方案的目标和任务，制订出台各项改革的操作性方案及有关配套措施。出台重大改革措施，要按规定程序报批，未经批准不得擅自对外公布和宣传试点工作情况。

（三）政策保障。依据国办发〔2008〕114 号文件，财政部、海关总署、国家税务局总局联合发布的《关于文化体制改革中经营性文化事业单位转制为企业的若干税收政策问题的通知》和《关于支持文化企业发展若干税收政策问题的通知》，以及广东省和广州市有关政策法规和文件精神，在改革中制订具体的市场准入、财政税收、社会保障、劳动人事、工商管理、土地使用等方面的配套政策，建立促进和保障我市文化体制改革和文化产业发展的政策体系。

（四）经费保障。政府要筹措资金，用于处理人员安置、“待遇差”、债权债务等问题，确保改革相关成本费用的支付。在“各级文化事业经费不低于当地财政总支出的 1%”的基础上，对为社会提供公共产品和服务的非营利性的公益性文化单位，政府应逐年加大文化事业经费投入和投资扶持力度；对准公益性的文化单位面向市场，政府的投资机制逐步从事业性投资向项目投资转变，以此推动事业单位内部经营机制的转换。建立文化产业发展专项资金，重点引导和扶持特色文化产业的发展。广开投融资渠道，鼓励社会资本入股、参股、控股办文化事业和文化产业。

主题词：文化工作　体制改革　方案　通知

中共增城市委办公室　　2009年8月13日印发

中共增城市委　增城市人民政府
关于创建全国科学发展示范市的决定

增委发〔2009〕13号

（2009年11月18日中国共产党第十一届增城市委员会第九次全体会议通过）

为深入贯彻落实科学发展观，认真落实中央领导同志重要指示批示精神，遵照中共广东省委、省政府和广州市委、市政府的部署，进一步巩固和扩大深入学习实践科学发展观活动的成果，增强科学发展能力，建设科学发展之城，创建全国科学发展示范市，现作如下决定。

一、创建全国科学发展示范市的重要意义、总体要求和主要目标

1. 重要意义。创建全国科学发展示范市，是深入学习实践科学发展观，深化科学发展理论与实践的重大举措，对于全面提高我市科学发展水平，掌握现代化建设规律，把科学发展观与增城实际紧密结合，实现全面协调可持续发展，走出真正以人为本、统筹兼顾、富有活力的科学发展道路，具有重大现实意义和深远历史意义。

2. 总体要求。以中国特色社会主义理论体系为指导，深入学习实践科学发展观，全面贯彻落实中共中央政治局常委李长春，中共中央政治局委员、广东省委书记汪洋等各级领导同志重要指示批示精神，深化建设三大主体功能区，深入实施公园化战略，统筹城乡一体化发展，创建学习型社会，建设智慧型城市，建立保障科学发展的体制机制，发展高质量经济、建设高品位城乡、培育高素质市民，在全国率先走出一条物质文明、精神文明、政治文明和生态文明全面、协调、可持续发展的道路。

3. 主要目标。力争用五年时间实现经济总量翻一番，到2013年全市地区生产总值超过1000亿元，人均生产总值超过12万元，工业总产值超过2200亿元，地方财政一般预算收入超过60亿元。再用七年时间，到2020年经济总量再翻一番。综合实力明显增强，社会事业全面进步，城乡环境全面优化，城乡居民收入与经济同步增长，农民收入增幅高于城镇居民收入，城乡差距明显缩小，人与自然和谐相处，地区形象和干部群众幸福感显著提升。

二、深化建设三大主体功能区，高起点规划建设“两城两区”，积极探索区域协调发展的新路子

4. 创建国际旅游度假城。中部以规划建设50平方公里新城区为重点，以增江河为主轴，以荔湖为核心，以国际视野和超前的科学规划为引领，引进一批战略投资者参与开发建设，大力发展科教研发、文化创意、主题公园、国际会议和运动休闲产业，建设广州最美丽的城市副中心。力争2011年形成旅游度假城发展框架，立足长远，打造能够代表广州参与国际竞争的山水文化宜居城市。

5. 创建广州东部国际商务城。南部以新塘城区为重点，加大资源整合力度，规划建设30平方公里国际商务城，集中发展区域性总部经济、服务外包、金融、信息、会展和现代物流等高端服务业，培育成珠三角现代服务业重要基地，打造广州、东莞半小时生活圈。

6. 创建国家级经济技术开发区。以贯彻落实广东省委、省政府《关于推进与港澳更紧密合作的决定》为契机，广东增城工业园区要乘势创办粤港澳经济合作区，按照国家级经济技术开发区的要求，加快60平方公里特别是22平方公里核心区的开发建设，发挥广州省会城市和毗邻港澳的优势，主动接受辐射和带动，与周边地区互补互动、错位发展。以信息化带动工业化，完善园区规划和功能布局，提升高端要素集聚能力，打造国家级、创新型、生态化、链接粤港澳的示范性园区。力争到2013年工业产值超过800亿元。

7. 创建生态产业示范区。北部1000平方公里大力培育生态旅游、会议休闲和都市农业等生态产业，形成具有品牌效应的生态产业链。设立生态产业发展资金，重点推进白水寨、湖心岛、小楼人家等景区景点建设，推动形成面线点有机结合的生态旅游发展大格局。到2012年建成两个以上国家4A级景区，创建广东省旅游强市；到2013年旅游接待超2000万人次，旅游营业收入超50亿元。

三、加快构建现代产业体系，大力提升产业竞争力，积极探索县域经济科学发展的新路子

8. 扎实转变经济发展方式。加大经济结构调整力度，更加注重经济增长的质量和效益。完善全市产业发展规划，进一步提高准入标准，调整优化产业结构。以先进制造业为主导，以现代服务业为重点，以生态文化旅游和健康休闲产业为特色，以都市农业为基础，加快建立现代产业体系。重点推进广东增城工业园区、东区高科技产业基地和新塘、石滩、中新等工业基地建设，大力推进“三旧”（旧城镇、旧厂

房、旧村庄）改造，引导推动产业组团式集约化发展。南部新型工业区以粤港澳合作为契机，把发展汽车、摩托车及其零配件、机械装备制造业、服务外包等作为主攻方向，加快发展高端的先进制造业和生产性现代服务业。中部文化生活区着力引进和培育科教研发、文化创意、会议展览、主题公园和商住等产业，到2013年全市第三产业增加值占GDP比重达40%以上。北部生态产业区积极推动都市农业与度假休闲旅游业等生态产业融合发展，提高生态产业综合效益。

9. 大力提升自主创新能力。加快建立区域自主创新体系，逐步提高全社会研发投入占地区生产总值比重。出台实施《关于大力推进自主创新加快高新技术产业发展的实施意见》，鼓励扶持现有企业与高校、科研院所共建研发机构和产业化联合体，争取成立3—5家广州市级以上研发机构。深入实施标准化战略，建立与增城产业优势相适应的技术标准体系和质量管理体系，充分发挥企业自主创新主体作用，推进专利技术产业化，打造一批具有自主知识产权的知名品牌。

10. 加快培育新的支柱产业。做强做大汽车、摩托车和牛仔休闲服装三大支柱产业，培育和引进一批技术创新能力强、具有自主知识产权和自主品牌、较强竞争力和带动力、年产值在30亿元以上的高新技术企业，把信息产业和生态产业培育成为增城新的支柱产业。到2013年汽车及其零部件产业产值超800亿元，高新技术产品产值占全市工业总产值比重达到35%。

11. 推进产业和劳动力"双转移"。制定优惠政策，简化审批手续，以增城市区、新塘城区和旅游景区为重点，明确企业"退二（退出工业）进三（发展第三产业）"时间表，以点带面鼓励推动劳动密集型企业转型升级，促进劳动力合理、有序转移，全面提高劳动者素质，优化劳动力结构。建立健全节能减排长效机制，发展低碳经济和循环经济，坚持集约节约利用土地，坚决依法依规淘汰落后产能，力争到2013年全面完成污染企业的整治，万元GDP能耗每年降低6%。加快推进石滩工业园区建设，主动承接广州市先进制造业项目落户，培育新的经济增长点。大力支持企业"走出去"，拓展发展空间。

12. 掀起民营经济再创业高潮。抓紧制定加快我市民营经济发展的政策措施，激活民间资本和社会创造力。鼓励扶持一批民营企业上市，健全企业组织形式，完善公司法人治理结构，发展壮大一批核心竞争力强、年产值超50亿元的大企业集团。实施民营企业家培育工程，鼓励民营企业实施"人才强企"战略，出台优惠政策，吸引更多的高素质人才落户增城。完善创品牌扶持机制，建立品牌推介公共服务平台，加强地区品牌的培育，扶持民营企业创新创优创品牌，培育十大牛仔休闲服装品牌，争创4—5个国家驰名商标。

四、深入实施公园化战略，着力建设宜居城乡，积极探索工业文明与生态文明融合并进的新路子

13. 创建国家卫生城市。坚持"生态优先，宜居为重"，牢固树立"保护也是发展，发展促进保护"的理念，用公园化的理念和文明特征来统筹城乡规划建设，变"在城市里建公园"为"在公园里建城乡"，让增城人民"工作在公园，生活在花园"。大力整治城乡"六乱"（乱搭建、乱摆卖、乱停放、乱张贴、乱堆放、乱拉挂），半年全面拆除窝棚、一年完成猪场整治。按照统一规划、统一设计、统一制作、统一形式的要求，加强户外广告管理，力争到2010年创建成为全国户外广告规范管理示范市。实施城乡"清洁美"工程，健全以镇街为主体的卫生保洁长效制度，实行城乡环境整治问责制。完善"户集—村收—镇运—市处理"垃圾处理模式，以新塘、荔城和旅游景区为重点，推进生活垃圾无害化处理和生活污水处理，加快建设垃圾焚烧发电站，到2011年生活垃圾无害化处理率达到85%以上，到2013年环境综合指数达90分以上。以建设美好家园为目标，深入开展"宜居城镇"、"宜居村庄"、"卫生镇村"创建活动，推动家园、果园、田园、校园和工业园公园化，让增城水更清、地更洁、环境更优美。力争在2011年前成功创建国家卫生城市。

14. 创建全国林业生态建设示范市。完善生态补偿机制，加强对原生态的综合保护。推进青山绿地工程，以广汕、荔新、增白和增正等公路沿线为重点，在主要道路两侧按照20—50米宽度建设生态景观林带，城区及城郊次要道路两侧建设宽度10—30米的道路生态林带，在重要出入口、立交、匝道建设标志性绿化景观节点，形成多层次、多色彩的生态景观林。在工业集聚区建立生态隔离带，建设绿色工厂，实现绿色生产，树立发达工业区生态建设样板。加强对荔湖、鹤之洲、湖心岛、增江画廊、白湖水乡等湿地的保护和环境整治，加快推进湿地公园建设。充分发挥森林景观资源优势，努力创建两个国家级森林公园和3个省级森林公园。到2013年全市林木覆盖率达61.6%以上，建成区人均公共绿地面积超过20平方米。

15. 大力推进生态产业化。加快生态文化旅游景点景区建设，以100公里自行车健身道为主线，重点建设湖心岛、小楼人家、鹤之洲、莲塘春色、基岗百果园、新荔生态公园、荔江、荔韵公园和月亮湾等一批开放式示范性公园，把增江河两岸和增白、增正旅游大道沿线村庄逐步办成农家旅馆和度假休闲节点，促进都市农业和生态旅游融合发展，推动生态景观林带形成"绿上添花"产业带。高标准规划建设一批农家旅馆和生态旅游村，创广州最美景区，建广东最美乡村，加快白水寨核心区内已引进的7家五星级酒店建设，让都市人享受田园风光和五星级服务，让农民创业就业和增收致富，把生态休闲度假旅游业培育成北部山区新的经济支柱。

16. 全面优化水环境。2010年6月前完成荔城、新塘、石滩、中新、永和、白水寨六大城镇以及75个村庄污水处理工程建设，并继续将治污治水工程向全市覆盖；完成增江西岸、百花涌第四期、二龙河以及水南涌流域综合整治工程，开展西福河整治，确保

增江河水质平均达到Ⅱ类以上。切实抓好派潭河上游小流域综合治理试点工作，加强山、水、田、林、路的综合治理以及河道清淤和生态建设，探索科学实施小流域综合治理路子。

五、高起点建设农民美好新家园，大力推进村落社区化，积极探索建设社会主义新农村的新路子

17. 全面规范农村建房。把新农村规划建设作为有效解决“三农”问题、统筹城乡科学发展、增强增城发展后劲的重要抓手，高起点编制村庄规划，2009年底前完成282个村的规划编制工作，旧村整治和新村规划相结合，落实“一户一宅”政策。突出岭南乡村特色，设计户型优美、间距合理、色调协调、层高适当的建设方案。重点抓好“一清二控三规四拆五建”工作，力争农村面貌实现“一年一小变”、“三年一大变”。

18. 推进农民集中居住。根据村庄布点规划，合理确定农民集中居住点数量、布局、范围以及用地规模，不断完善新村公共设施，引导农民建房向城镇和农村聚居点集中。简化农民建房审批程序，下放审批权，强化镇街责任，提高审批效率。高标准建设上邵、明星、罗岗、郑田等新型农民社区试点，以点带面加快全市新农村建设步伐。

19. 建立责任机制和激励机制。市、镇街两级组建一支作风过硬、认真负责、敢抓敢管的新农村规划建设队伍，实行全覆盖、动态式管理。把规范农村建房工作作为年度考核的重要内容，对单位和责任领导实行一票否决制。各镇街党政“一把手”是第一责任人，专职副书记是直接责任人。设立新农村规划建设专项资金，建立健全建设农民公寓、加快旧村和城中村改造的激励机制；设立农民进城购房激励基金，建立宅基地置换和退出机制，鼓励农民进城购房或居住农民公寓；对成效突出的镇街和行政村实行重奖。

20. 促进村庄建设和生态旅游相融合。把规范农村建房作为营造旅游度假环境的重要举措，让家园变公园、让山区变景区，把北部农村改造成各具特色、文明美丽的休闲度假村，建成南国乡村生态大公园。按照农民投资、政府补贴的原则，同步推进村庄改造与乡村旅游区建设，加快农民住房景观化改造，形成“一村一景、一村一品、一村一特”优势互补、协调发展的格局。

21. 大力发展都市型现代农业。推进小型农田水利重点市建设，利用各级政府财政扶持资金，完成农田灌排渠改造。加强农田标准化建设，以财政补贴的方式，鼓励农户流转土地承包经营权。到2011年完成100亩以上连片面积的农田标准化建设，农村土地承包经营权流转率达60%，农业规模化经营面积达70%以上。培育发展10家广州市级农业龙头企业、5家农产品流通企业大户和建成6个5000亩以上观光型农业基地，提高农业集约化水平。重点推行农村土地股份合作制，扶持农民专业合作经济组织和行业协会。加大农业科技推广力度，强化农产品的深加工、精包装和品牌打造，大力发展好吃、好看、好玩、好价、好销为特征的“五好”都市型现代农业，打响荔枝、迟菜心、白水寨番薯等“增城十宝”品牌，实现基地化生产、公司化经营，促进农产品流通与升值。

22. 促进农民增收致富。积极支持开发利用村经济发展留用地，发展壮大农村集体经济，引导农民因地制宜高标准建设一批商贸物流中心和“农家乐”。制定科学合理的征地补偿、拆迁安置标准，最大限度地保障农民切身利益，让他们在拆迁征地中长期受益，变拆迁户为“拆迁富”，确保农民失地不失利。

23. 培育农村文明新风尚。推动城市生活方式和社区管理模式向农村延伸，以强化公共服务为重点，利用旧民居、旧祠堂、空闲地，建设小广场、小公园和文化娱乐室，拓展农民文化娱乐和健身休闲空间，大力加强农民教育和思想宣传工作，营造良好的舆论氛围，培育农村文明新风，全面提高农民素质。牢固树立“优生优育”新观念，巩固和扩大省计生一类地区的工作成果，成为计划生育优质服务市。

六、大力实施富民惠民工程，不断提高人民群众幸福指数，积极探索统筹城乡经济社会一体化发展的新路子

24. 高起点规划建设中心镇。以中心镇建设为抓手，推进统筹城乡综合配套改革，加快城乡规划、产业发展、基础设施、公共事业、社会管理、创业就业等一体化进程。按照“今日中心镇，明日卫星城”理念，推动形成“两城”（增城市区、新塘城区）、“三中心”（石滩、中新、派潭等中心镇）五大组团的城镇发展格局。优化资源配置，拓宽发展空间，调整产业布局，降低行政成本，推动工业向园区集中、农村富余劳动力向城镇集中、农业用地向规模经营集中，为城乡一体化发展创造良好条件。

25. 构建发达的交通和能源网络。会同省和广州市建设单位，加快推进穗莞深城际轨道、广州地铁13号线和16号线、广惠汕高速铁路以及广州东部新塘交通枢纽中心等工程；加快建设广河、增从、北三环等高速公路，规划建设新塘至派潭高速公路，完善市域道路建设，到2011年实现所有镇街在10分钟车程内接上高速公路。加快市内主干道升级改造和公共交通网络规划建设，到2013年全面完成自然村“五通”和乡镇危桥改造工程。建设增江新大桥，改善“一河两岸”交通。加大财政补贴，全面提高公共汽车和出租车服务水平，取消摩托车搭客营运。进一步完善电网、通讯网、燃气网规划和建设，确保有效供给。

26. 创建国家级创业型城市。完善市、镇、村三级创业就业服务体系,深入开展“青年带头创业致富工程”和“巾帼建功”等活动，开办创业大学堂，打造一批创业示范村和青年创业示范点，力争创建国家级创业型城市。拓宽大中专毕业生就业渠道，引导扶持自主创业；做好复退军人等新增劳动力的免费职业技能培训和推荐就业工作，消除“零就业”家庭。着重提高农村富余劳动力转移就业的组织化程度，实行“订单式”、“定向式”免费技能培训。大量培育中高级技能人才，帮助农村富余劳动力实现“高就”。力争每年转移就业1万人，提升农民工资性收入水平，创建全国农村劳动力转移就业工作示范市。到2013年城镇居民人均收入达4万元，农民人均纯收入达1.8万元。

27. 全面提升医疗服务水平。抓紧编制城乡卫生发展规划，力促南方健康产业城动工建设。大力支持中山大学博济医院发展壮大，到2012年达到三级甲等综合医院水平。全力推进市中医医院、市妇幼保健院和镇街医疗机构标准化建设，实施镇街卫生机构体制改革，建立基本医疗和公共卫生的稳定保障机制，推动镇村卫生机构一体化管理，完善公共卫生三级服务网络。积极推行医疗卫生机构规范化管理，培育高素质医疗队伍，全面落实基本公共卫生服务及重大公共卫生服务项目，不断提高居民健康水平和医疗科研水平，人均预期寿命超过78岁。

28. 打造全国一流的运动城。以飞碟、龙舟、体育舞蹈等广州亚运会场馆和广州水上运动中心、高尔夫体育公园、500亩天然浴场、千亩运动健身俱乐部等建设为契机，坚持场馆建设与旅游开发并举，抓好赛场建设和赛后综合利用，组织大型体育运动赛事和群众休闲健身活动，带动体育休闲产业发展。提升基层体育设施水平，推进镇街文化广场、运动场和室内体育活动中心建设。到2012年所有镇街建成“两场一池”（文化体育广场、篮球场、游泳池），人均体育活动场地面积达3.5平方米。

29. 营造和谐稳定的社会环境。严格管控重点区域、重点行业，高压打击黑恶势力和各种违法犯罪活动,确保刑事发案率每年实现两位数下降，成为全国社会治安最好的地区之一。推行领导干部联合接访和下访制度，加强镇街综治信访维稳中心建设，实行两所（派出所、司法所）带两会（村治保会、调解委员会），形成信访、调解、综治三位一体的新格局，完善预警体系，提高应急处理能力，促进社会和谐稳定。加大安全生产工作力度，构建良好的市场经济秩序，建设和谐劳动关系，加强食品药品安全监管，切实维护人民群众生命财产安全。

30. 完善城乡一体化的社会保障体系。扩大社会保障覆盖面，提高保障标准和水平，到2011年城镇居民养老保险覆盖率达100%，到2012年35周岁以上农村居民参加农村社会养老保险覆盖率达90%以上，城镇居民和职工基本医疗保险覆盖率达100%，新型农村合作医疗筹资标准每人每年达300元以上，构建城镇职工医保、居民医保和新型农村合作医疗统一管理、可转换衔接的社会医疗保障制度，创建社会保险工作示范市。建立城乡低保标准正常增长机制，提高农村低保标准，推动慈善事业发展，实现城乡社会救助均衡化发展。加快保障性住房建设，建立健全财政投入和优先供地机制，扩大住房保障覆盖面。

31. 着力提高市民幸福指数。学习借鉴发达国家和先进地区经验，探索建立“幸福增城”指标体系。开展市民幸福指数调查，及时了解民情、听取民意、汇聚民智、改善民生，努力实现“劳有多得、学有优教、病有良医、老有颐养、住有宜居”，不断增强人民群众的幸福感和自豪感。

七、创建学习型社会，建设智慧型城市，积极探索提升市民整体素质的新路子

32. 创办学习实践科学发展观大学。立足广东，面向全国，以增城市委党校为载体，成立增城市科学发展专家委员会，充分发挥“智囊团”作用，举办“科学发展增城论坛”，创办学习实践科学发展观的开放式大学，干部群众都是学员，领导干部既要当好学员，更要争当教员，聘请更多的专家学者为教授和顾问。坚持理论联系实际编写科学发展观教材，不断完善科学发展的“增城模式”，总结提升科学发展理念、增强示范带动效应，把增城建设成为全国学习研究科学发展观的重要阵地。

33. 加强学习型组织建设。加强学习载体建设，创建学习型机关、学习型社区、学习型企业、学习型村庄、学习型家庭、学习型团队。在全市基层党组织和党员中开展“创建学习型组织、争当学习型党员”主题读书活动，动员引导广大干部群众爱读书、读好书、善读书、用好书，以党员读书带动全民读书。实施《全民科学素质行动计划纲要》，进一步拓宽学习渠道，广泛开展“全民阅读求知”等活动，形成全民学习、终身学习的社会氛围，促进全市干部群众博学善思练就一身本领，干事创业造福子孙后代，用知识改写命运，以智慧创魅力增城。

34. 全面提升基础教育水平。进一步巩固广东省教育强市成果，调整优化学校布局，大力实施“两优”（优质学校、优秀教师）工程，到2012年全市义务教育阶段学校全面达到规范化学校要求。依法提高教师待遇，建立有利于优秀教育人才脱颖而出的政策环境和工作机制，普及免费高中阶段教育，鼓励青少年接受普通高中教育，进而接受高等教育或职业技术教育。到2013年高中阶段教育毛入学率达96%以上，高等教育毛入学率达40%以上。

35. 加快发展职业技术教育和民办教育。大力整合资源，扩大职教园区面积至1000亩，招生规模超过2万人。统一安排未能升学的初、高中毕业生接受职业技术教育，培育中高级技术工人，培养大批经济社会发展适用型人才。扶持壮大广东商学院华商学院、广东工业大学华立学院和广州大学松田学院等6所民办高校，积极引导社会资源增办一批高质量的、从幼儿园到大学的各级各类学校，努力打造民办教育品牌。

36. 全面提高信息化水平。加快信息资源整合共享和开发利用，推动信息技术在经济社会各领域充分渗透利用，促进信息化与工业化、城市化、国际化融合，提高全民信息能力，建设高度信息化、全面网络化的“信息增城”。加快建设覆盖全市、高速互联、安全可靠和业务融合的信息基础设施体系，推进电信网、互联网和广播电视网“三网融合”。着力推进电子政府工程，完善网上审批、网上执法反馈、网上公共服务、网上公共资源交易、网上监督等系统建设，

推动城市管理和公共服务现代化；着力推进信息富民惠民工程，努力让每一个家庭都可以通过网络享受工作、生活、学习等服务；加快推进电子商务发展，促进企业借助网络迅速做强做大。到 2013 年全市信息化发展指数达 80%以上。

37. 实施“人才强市”战略。坚持培养和引进相结合，鼓励优秀人才脱颖而出，重点实施“五个一”人才工程，即培育 100 名以上知名民营企业家、100 名以上优秀拔尖人才、100 名以上文学艺术人才、1000 名以上农村致富带头人、1000 名以上优秀教师，形成一支结构合理、素质优良的人才队伍。

八、加快文化体制改革，不断增强地区文化软实力，积极探索经济与文化协调发展的新路子

38. 创建文化艺术中心区。以增城广场为核心，整合周边的广播电视中心以及增城公园、荔枝文化公园等资源，进一步完善增城图书馆的文化引领功能，高起点办好学习实践科学发展观展览馆，2011 年前完成科技文化博物馆、档案馆、增城歌剧院等公共文化标志性工程，把增城广场建成国内知名的音乐雕塑广场，形成在全国最具影响力的县级文化艺术中心区。坚持每年办好广场音乐文化节，立足长远打造广场音乐文化品牌，形成文化与旅游产业带动效应，不断提升城市文化品位和知名度。

39. 全面活跃群众文化。建设一批社区文化活动中心及村（居）多功能文化站室，基本实现一镇一站（文化站），一村（居）一室（文化室），一人一册（书），打造城市“十分钟文化圈”和农村“十里文化圈”，推进城乡文化共享。运用政府策划、市场运作、群众参与的方式，让广场文化活动深入镇村，带动群众广泛参与读书、音乐、舞蹈、书画等文化活动，以先进文化引领市民积极向上、奋发进取。

40. 加快文化体制改革。抢抓增城作为全国文化体制改革试点单位的机遇，推进市属经营性文化事业单位改制，完善和落实相关政策，增强文化企事业单位的活力和竞争力。坚持以文化旺产业，以产业带文化，大力发展文化创意产业，为文化事业和文化产业互促互动发展提供示范。

41. 创建全国文明城市。深入开展“我为增城增光，增城以我为荣”、“我是增城人，我爱我增城”、“幸福大家快乐自己”等系列活动，激发增城市民的责任感和自豪感。以荔城街富鹏区、增江街、新塘老城区为重点，全面推进旧城改造、城中村改造和环境整治，倡导文明新风。把各镇街纳入“创文”活动，实行每月一考评一公布制度，不断提高群众对创建全国文明城市的知晓率、支持率和参与率，营造全民共建共享的浓厚氛围，全面提升城乡居民的文明素养和文明程度。

九、坚持先行先试，营造良好的政策制度环境，积极探索以长效机制保障科学发展的新路子

42. 实行差异化分类绩效考核。建立科学的统计指标体系和核算方法，把贯彻落实科学发展观的目标和要求转化为可考核的量化指标。制定有侧重、有差别的绩效考核措施，强化考核结果运用。进一步完善分类考核评价体系，引导干部尤其是领导干部善于谋事、科学干事，以实绩实效取信于民。

43. 积极推进政府机构改革。围绕主体功能区定位，适当调整镇街设置，合理配置镇街、机构和编制人员。以政府职能转变为核心，按照精简、统一、效能的原则，理顺政府部门职责关系，明确和强化责任，优化组织结构。紧紧围绕科学发展、统筹城乡的目标，大胆探索，率先实行职能有机统一的大部门体制，努力构建“大经济”、“大建管”、“大三农”、“大教育”、“大文化”、“大生态”、“大旅游”、“大综治”的县级行政管理格局。创新政府管理和服务机制，加快政务服务中心建设，建立重大审批项目牵头单位办理制度，加快财政评审改革，提高项目审批效率，提供优质高效便民服务。

44. 完善公共财政管理和金融运行机制。进一步完善市镇两级财政统筹和转移支付机制，扩大镇街财政自主权，发挥镇街发展经济的积极性和创造性。建立完善政府投融资项目竞争机制，发挥财政资金四两拨千斤作用，提高政府资金使用效益。培育优良信用环境，建立镇街融资平台，解决镇街建设资金的“瓶颈”问题。鼓励组建小额贷款公司，实现多种金融元素并存，巩固全国金融生态市地位。

45. 创新社会综合管理服务机制。大力推进依法治市和依法行政，推进“阳光用权”，实行行政问责制，逐步形成“党委统揽全局、各方积极推进、狠抓贯彻落实”的领导体制和工作机制，建设法治型、服务型政府。进一步推动管理重心下移，向镇街下放行政执法、行政审批和社会管理等权限。培育各类社会中介组织，增强社会自我管理能力。

十、坚持固本强基，全面提升干部队伍执行力，积极探索以基层党建促进科学发展的新路子

46. 加强和改善党的领导。大力支持市人大及其常委会依法履行职能，充分发挥市政协参政议政作用，充分调动工商联、总商会及社会团体的积极性，凸显统一战线政治优势，完善民主协商制度，提高科学决策、民主决策、依法决策水平。落实党管武装工作制度，促进经济建设与国防建设协调发展。加强决策咨询工作，每星期召开党政领导班子务虚会议，做好重大问题前瞻性、对策性研究。

47. 提高领导班子推动科学发展能力。按照守信念、讲奉献、有本领、重品行的要求，加强领导班子思想政治建设，增强班子成员顾全大局、团结协作的自觉性；强化领导班子和领导干部能力培养，重点提高领导班子和领导干部谋划发展、统筹发展、优化发展、推动发展的本领，提高做好群众工作、公共服务、社会管理、营造环境、促进和谐稳定的本领，增强新形势下依法办事和应急管理、舆论引导、新兴媒体运用等方面的能力，把各级班子建设成为统揽全局、团结务实、敢于负责、清正廉明、一身正气的坚强领导核心。

48. 坚持“五种用人导向”。着力解决好发展为了谁、依靠谁的问题，重点抓好干部大培训，树立一切发展都是为了人民的宗旨导向；树立富民优先、民生为重的为民导向；树立立足长远、重打基础的正确政绩导向；树立求真务实、真抓实干的作风导向；树立敢为人先、敢想敢干的创新导向。完善干部选拔初始提名制度，加大并优化公开选拔力度和方式。试行中层干部岗位任期制，完善中层干部“双向交流”制度，切实把干部队伍建设成为敢为人先、真抓实干的高素质团队。

49. 始终坚持勤政廉政。大力倡导密切联系群众之风、求真务实之风，弘扬艰苦奋斗、无私无畏精神，营造公开、透明、廉洁、高效的政务环境。严格执行领导干部廉洁从政各项规定，扎实推进惩治和预防腐败体系建设。加大教育、监督和制度创新力度，健全权力运行制约和监督机制，确保多抓教育防范、多抓制度建设、多抓督查纠正，达到党员干部少犯错误、少被查处的目的。

50. 进一步夯实基层基础。选好配强基层党组织带头人，强化基层党组织的领导核心地位，加强村干部规范化管理，切实提高农村干部的执行力和整体素质。建立健全村（居）“两委”干部考核激励机制，充分调动基层干部的工作积极性。发挥社区党组织在建设文明和谐社区中的领导核心作用，加强新经济组织的党建工作。加大“三联六帮”（“三联”即“联村（居）、联社、联农户”，“六帮”即“帮树立科学发展理念、帮搞好规划建设、帮整治村容村貌、帮富余劳动力转移就业、帮扶孤助学解困、帮强化组织建设”）城乡共建大行动的力度，促进城乡互帮互助、共建共享。

全市各级各部门要增强使命感和责任感，发挥主动性和创造性，团结和带领全市干部群众全身心创建全国科学发展示范市，努力开创增城科学发展新局面。各镇街各部门要根据本决定提出的目标、任务和要求，制定具体的实施方案，明确职责分工，建立健全落实责任制和跟踪督办机制，确保各项措施的落实和目标的实现，以实绩实效取信于民，向党和增城人民交上一份满意的答卷。

（此件发至各镇街、市直局以上单位）

主题词：贯彻　科学发展观　创建全国科学发展示范市　决定

中共增城市委办公室　　2009年12月8日印发

增城市人民政府常务会议（第十三届31次）纪要

增府常纪〔2009〕2号

2009年3月5日上午，叶牛平市长主持召开第十三届31次市人民政府常务会议，常务副市长曾赤鸣，副市长范文添、李荣渝、邬卫东、张文远、叶鸿，市政府党组成员李能坚参加了会议（郑丹群副市长因事请假）。

会议讨论议题及决定事项如下：

一、讨论《政府工作报告》

会议认真讨论了《政府工作报告》（送审稿）。会议认为，2008年是极不平凡的一年，面对国际金融危机等复杂多变的宏观经济形势，全市上下在市委、市政府的正确领导下，以开展深入学习实践科学发展观活动为契机，贯彻落实科学发展观，全力抓好政府各项工作，特别是针对发展中面临的新情况、新问题，主动应对，克难攻坚，经济社会保持了良好的发展势头。

会议指出，2009年将是经济形势极为复杂、极其严峻的一年，全球金融危机对实体经济的影响逐步加剧，直接影响我市项目投资建设的进度和规模以及房地产市场消费，做好今年政府各项工作意义十分重大。会议强调，2009年市政府各项工作已基本列入了政府工作报告，全市上下务必增强忧患意识，把困难和问题估计得更充分一些，把应对措施考虑得更周密一些，切实把思想统一到保增长上来，坚定信心、抢抓机遇，积极有为、共克时艰，围绕今年我市经济社会发展的目标和任务，认真制订工作计划，确保各项工作的落实。一是集中精力抓经济发展，全力以赴保增长；二是大力招商选资，着力构建现代产业体系；三是着力提高城乡规划和建设管理水平，努力建设宜居城乡；四是围绕促进农民增收，切实加强“三农”工作；五是加大投入，切实保障和改善民生；六是加强政府自身建设，进一步提高执政能力；七是切实为民办好十件实事。

会议原则同意提交的《政府工作报告》（送审稿），并要求市府办按照能精简则精简的原则，综合各部门意见作进一步修改完善后提请市委常委会审定。

二、讨论《增城市2008年财政综合预算执行情况和2009年财政综合预算草案报告》

会议听取了市财政局关于我市2008年财政综合预算执行情况和2009年财政综合预算（草案）安排的情况汇报。会议认为，2009年全市的预算盘子是根据去年财政的增长情况和科学分析今年的财力情况制定的，符合我市经济发展实际。会议原则同意市财政局提出的2009年全市财政综合预算安排建议，要求作进一步修改和完善后，提请市委常委会审定。

为确保2009年财政综合预算顺利执行，会议要求：全市各级各部门要牢固树立过“紧日子”的思想，开源节流，与全体市民共度难关。一是要在开源上下功夫，要把抓好经济发展、推进项目建设和土地出让作为财政增收的核心工作，认真抓好落实。各镇街和财税、经贸部门要切实提高服务水平，认真研究企业运行情况，切实帮助企业解决发展中遇到的问题，协助其走出困境，确保税收增长；规划、国土房管、各镇街要高度重视土地出让工作，认真制定土地出让计划，各镇街作为土地出让的主体要当仁不让地承担起责任，做好土地整合和农民补偿等工作，确保土地出让顺利开展。二是要在节流上下功夫，各级各部门要精打细算，科学安排好全年的各项工作；要严格按照中央的有关规定，尽量压缩一些不必要的评比、庆典、论坛等活动，减少不必要的行政开支。三是要突出重点，集中财力和资源办大事、办惠民之事，重点加大对“三农”、教育、就业、社会保障、卫生、科技、公共文化、环境保护等涉及民生和公共服务领域的保障力度，让广大人民群众分享经济发展的成果。四是财政、审计等部门要加大财政资金的监管，确保财政资金科学、高效利用。

三、讨论《增城市2008年国民经济和社会发展计划执行情况与2009年计划草案的报告》

会议听取了市发改局关于我市2008年国民经济和社会发展计划执行情况和2009年国民经济和社会发展主要预期目标安排建议的汇报。会议认为，2008年我市国民经济和社会发展计划执行情况良好，顺利完成了市十三届人大三次会议确定的主要经济社会预期目标，2009年国民经济和社会发展主要预期目标安排科学合理，符合增城实际。会议原则同意市发改局起草的《增城市2008年国民经济和社会发展计划执行情况与2009年计划草案的报告》，要求作进一步修改和完善后，提请市委常委会审定。

四、讨论关于落实荔新公路项目回购资金有关问题

会议听取了市财政局关于落实荔新公路项目回购

资金有关问题的情况说明。会议认为，由市财政通过预算分年度安排资金偿还资金本息的办法，回购荔新公路投资产权和经营权，有利于妥善处理荔新公路债务问题，维护我市良好的金融生态环境，对改善我市交通条件和促进经济发展具有十分重要的意义，市财政等部门要科学安排资金偿还计划，加强资金监管，确保这项工作顺利实施。会议原则同意市财政局关于回购荔新公路项目的融资安排及处理意见，该方案市委常委会已审议决定，要求提交市人大常委会审议通过。

分送：市五套班子成员，市委各部委办，市人大办，市政协办，市纪委，市武装部，市法院，市检察院，各人民团体，增城日报社，各镇街，市府直属各单位。

增城市人民政府办公室综合科　　2009年3月16日印发

增城市人民政府常务会议(第十三届33次)纪要

增府常纪〔2009〕4号

2009年4月8日上午，叶牛平市长主持召开第十三届33次市人民政府常务会议，常务副市长曾赤鸣，副市长范文添、李荣渝、邹卫东、郑丹群、张文远、叶鸿，市政府党组成员李能坚参加了会议（市武装部部长王晓军因事请假）。

会议讨论议题及决定事项如下：

一、讨论2009年市政府为民办十件实事

会议认真讨论并原则同意2009年市政府为民办十件实事责任分工安排。会议指出，为民办十件实事是市委、市政府一项重大决策部署，会议要求：

各镇街、各有关部门要高度重视，进一步增强为民办实事、办好事的使命感、责任感和紧迫感，加强领导，强化措施，确保今年为民办十件实事顺利完成。一是要落实市政府主管领导牵头协调、项目主办单位负责、协办单位主动配合推进的工作机制。市政府主管领导要及时把十件实事的各项工作分解到有关责任单位，落实层级责任制，明确完成任务的时间和要求，同时加强督查和指导工作，对在推进过程中出现的问题要及时协调解决；项目主办单位要切实负起主体责任，制订详细工作推进计划和方案，以高度负责的精神，严格按照建设基本程序组织好项目的实施，确保做到责任到人、工作到位，按时保质全面完成；协办单位要主动做好配合协调，创造性地开展工作，共同推进为民办十件实事。二是要加强监督检查。市府办要切实加强督促和检查，及时掌握十件实事推进情况，反映推进过程中存在的问题，每月要对十件实事推进情况进行通报。

二、讨论《派潭镇高滩村211.482亩土地公开出让方案》、《中新农垦小区406.398亩土地公开出让方案》和《东区工业园商住项目首期139.488亩土地出让方案》

会议听取了市国土房管局关于派潭镇高滩村211.482亩土地、中新农垦小区406.398亩土地和东区工业园商住项目首期139.488亩土地公开出让情况汇报。会议原则同意市国土房管局关于三块土地的公开出让方案。

会议要求，镇街作为配合土地出让、发展项目的主体，要切实履行属地责任，认真做好土地征用、青苗补偿、房屋和厂房拆迁等工作，主动为土地的顺利出让创造有利条件，确保土地按时挂牌出让，并将承诺函报市国土房管局备案。同时，为确保土地竞得人按照规划要求有效利用项目土地，促使项目尽快产生经济社会效益，各镇街要密切关注项目的进展，参与出让合同和土地使用管理合同的制订，竞得人若在签订《国有土地使用权出让合同》之日起6-10个月内未完成项目规划、报建等手续且未动工建设的，由属地镇街收回后再组织出让。有关土地出让问题专门向市委常委会作一次专题汇报。

三、讨论淘汰落后水泥产能企业转产转型项目问题

会议讨论并原则同意市经贸局关于淘汰落后水泥产能企业转产转型项目的处理意见。会议指出，我市水泥行业曾经为我市的经济发展作出了一定的贡献，各镇街、各有关部门要充分发挥政府引导作用，积极引导和鼓励已关闭水泥企业利用原有土地进行转产转型，发展符合我市产业规划的项目。对已关闭水泥企业申请转产转型项目，各镇街和相关部门既要严格把好项目审批关，又要给予大力支持和帮助，引导企业依法依规办理相关手续，促进项目尽快建设投产。

四、讨论保障性住房建设问题

会议讨论并原则通过市国土房管局制定的《增城市经济适用住房制度实施办法》、《增城市城市廉租住房保障制度实施办法》。会议认为，住房保障是最大的民生问题，涉及百姓基本的生存条件，加快保障型住房建设、解决低收入家庭住房困难，不仅是贯彻落实国家、省和广州市政策的要求，也是一项重要的民生工作，而且对于促进房地产市场健康发展，维护社会稳定也具有重要意义。会议提出，各有关部门要根据实施办法的要求，抓紧组织实施，加快保障性住房建设，建立多层次、多渠道的住房保障体系，实现保障型住房建设、管理的制度化、规范化，让符合条件的低收入住房困难家庭买得起、住得上满足基本居住需求的住房，以维护社会公平，促进社会和谐。市国土房管部门及相关镇街要在保障型住房建设中担负起重要作用，严格把好申购审核关，依据低收入家庭住房档案做好廉租住房实物配租和有偿提供政府保障性住房工作，同时要实施阳光操作，接受社会各界的监督，确保公平、公正、公开。市财政局要保障住房制度改革工作机构的工作经费，确保保障住房建设工作顺利进行。其他有关部门要加大对保障型住房建设

的支持力度，实行“绿色通道”，简化审批程序和流程，提高办事效能，加快保障型住房建设。

会议讨论并原则同意《增城市机关事业单位住房货币分配实施方案》，会议要求市国土房管部门要严格把好资格审核和认定关，确保住房货币分配的公平、公正、公开；要会同市财政局、市人事局、市编办结合我市实际，合理确定我市住房补贴标准，同时加强对住房货币补贴资金的管理，制定相关的资金审核办法和管理办法，做到专款专用，确保资金使用安全；市纪检监察和审计部门要加强对住房货币分配政策规定执行情况的监督、检查，对违反规定，侵占国家、集体利益的行为要严肃查处。

分送：市五套班子成员，市委各部委办，市人大办，市政协办，市纪委，市武装部，市法院，市检察院，各人民团体，增城日报社，各镇街，市府直属各单位。

增城市人民政府办公室综合科　　2009年4月15日印发

增城市人民政府常务会议（第十三届36次）纪要

增府常纪〔2009〕7号

2009年6月16日下午，叶牛平市长主持召开第十三届36次市人民政府常务会议，常务副市长曾赤鸣，副市长范文添、李荣渝、邬卫东、郑丹群、张文远、叶鸿及市政府党组成员李能坚参加了会议（市武装部部长王晓军因事请假）。

会议讨论议题及决定事项如下：

一、讨论《增城市加强涉企投资审批服务实施办法（暂行）》

会议听取了市审批服务中心关于《增城市加强涉企投资审批服务实施办法（暂行）》（以下简称《办法》）的情况汇报。会议认为，《办法》的出台是落实政府部门强化优质服务促进健康增长的工作措施和服务承诺的具体体现和有效形式，对进一步提高我市涉企投资审批服务水平、提高办事效率和营造良好的营商环境具有十分重要的意义。会议要求：

（一）市审批服务中心作为全市政务审批服务管理部门，要充分发挥在涉企投资审批服务中的协调监管作用，通过加强队伍建设和借鉴吸收先进地区的先进经验，规范审批流程，优化审批程序，切实提高审批的效率和服务水平。

（二）市分管领导和各行政审批部门主要领导要充分发挥在涉企投资审批服务中牵头协调作用，主动过问、积极协调，落实牵头审批和并联审批制度，帮助企业解决实际困难。

（三）各行政审批部门要高度重视涉企投资审批服务工作，建立主要领导亲自督办、分管领导牵头、业务骨干全程跟踪落实的重点项目审批服务制度；加强对窗口工作人员的业务培训，提高业务水平及服务质量，确保行政审批各环节的流畅；要以广州西力机械有限公司等4个拟落户我市的企业为试点，借鉴江苏昆山等地区投资审批服务工作的做法，按照《办法》在规定时限内完成企业投资审批所有手续，以检验《办法》在实践中的效果。

（四）各镇街、工业园区要优化机构设置，调整机构职能，把促进招商引资和强化涉企投资服务有机结合，明确专责领导和专责机构，统筹推进招商引资和服务企业，形成以服务促招商的招商理念和工作机制。

会议要求各相关行政审批部门根据会议精神，进一步认真梳理本部门涉企投资审批服务事项，市审批服务中心、市府办根据各部门意见对《办法》作进一步修改完善，报市政府审定后印发执行。

二、讨论《进一步明确2009年度招商引资任务强化涉企投资服务全面推进项目建设有关问题的通知》

会议讨论并原则同意市外经贸局草拟的《关于进一步明确2009年度招商引资任务强化涉企投资服务全面推进项目建设有关问题的通知》。会议强调，招商引资工作是我市当前和今后的一项重要工作，全面落实年度招商引资任务，推进项目早签约、早落户、早动工投产对我市顺利完成保增长的目标任务和增强发展后劲具有重大意义。各镇街、各部门要按照《关于进一步明确2009年度招商引资任务强化涉企投资服务全面推进项目建设有关问题的通知》的要求，切实增强招商引资工作的责任感和紧迫感，进一步明确工作责任，拓宽工作思路，加快推进项目引进和建设。各镇街和工业园区要充分发挥政府主导和组织作用，主要领导要亲自抓招商、跑项目、督落实，并安排分管领导和成立专门机构做好投资项目的跟踪服务，确保招商引资工作“有人抓、有人管”；各职能部门要转变职能，牢固树立“服务是责任，审批是职能，解决问题才是真本事”的理念，增强主动服务意识，围绕帮助镇街加快推进项目引进和建设，多想办法、多出实招，及时解决项目落户、项目投资审批的实际问题，切实提高投资审批服务的效率和水平；市府办、市监察局、市外经贸局要加强对项目落实及推进工作的督查督办，并每月对督办落实情况进行通报，促进意向项目早签约、签约项目早动工、动工项目早投产。

三、讨论广州西力机械有限公司等4个企业落户我市有关问题

会议讨论了广州西力机械有限公司、广州市雄兵汽车电器有限公司、广州卓建物流有限公司和增城市华创化工材料科技开发有限公司等四个项目落户问题。会议认为，四个项目的投资强度、产值、税收等各项指标均符合我市工业投资项目评审条件要求。会议原则同意四个项目落户我市。

会议要求，增城工业园区管委会作为项目属地单位，要切实履行主体责任，加强跟踪服务，主动牵头协调各相关职能部门，加快项目审批；市国土房管局、市城乡规划局、市环保局等部门要积极跟进，根据各自职能，主动协调帮助解决项目在规划选址、土

地出让、环评等审批问题，争取项目早日签约、早日动工建设。

四、讨论成立荔城街城市建设投资有限公司、中新镇城市建设投资有限公司、广州市石滩工业园区投资有限公司有关问题

会议听取了荔城街、中新镇和石滩镇关于成立城市建设投资有限公司的情况汇报。会议认为，通过组建镇街城市建设投资有限公司，向银行融资加快镇街土地的征收、整合和开发，推进重大基础设施建设，有利于减轻镇街财政投资的压力，增强镇街可持续发展能力。会议要求，由邬卫东和张文远副市长牵头，组织市国土房管局、市财政局、市土地开发储备中心、相关镇街抓紧研究成立以土地处置权和处置收益作为抵押的出资模式的按公司法运作的城市建设投资有限公司，通过项目融资，推进城镇和工业园区土地开发、基础设施建设。当前暂不同意无明确项目收益还贷管理，单纯依靠财政保证的融资工作。

五、讨论实施农村社会养老保险和城镇老年居民养老保险工作

会议讨论并原则通过了市劳动保障局草拟的《增城市实施农村社会养老保险工作方案》。会议认为，加快实施农村社会养老保险工作是我市贯彻落实广州市委市政府66条惠民措施、17条补充意见和我市惠民100条，保障农村农民年老时的基本生活，解决农民后顾之忧的重要举措。农村社会养老保险工作关系社会和谐稳定，关系农村改革发展。各镇街、各相关部门要高度重视，积极配合，加强协调，认真做好相关工作，让社会养老保险工作真正造福广大农民。会议要求：（一）市劳动保障部门作为推进我市农村社会养老保险工作的牵头部门，要切实负起主体责任，认真做好政策宣传和培训工作，同时要加强对镇街的工作指导，确保这项工作顺利实施。其他职能部门要按照各自职责分工，密切配合，形成合力，共同把这项顺民心、得民意的好事办好、办实，让农民真正得到实惠。（二）各镇街要切实履行属地管理责任，指定分管领导和具体经办机构，制订具体工作方案，落实所属村（社）组织参保工作。（三）要广泛宣传发动。市劳动保障部门牵头，充分利用电视、报纸等媒介、开展咨询活动、印发宣传单张等形式，以深入浅出、通俗易懂的语言，向农民大力宣传农村社会养老保险的重要意义、政策规定、办理程序等，做到家喻户晓、人人皆知，提高农民参保的认可度和积极性，拓宽农村社会保险覆盖面。

会议讨论并原则同意市劳动保障局关于城镇老年居民养老保险工作的意见。会议认为，推进城镇老年居民养老保险工作，是解决我市无定期养老待遇城镇老年居民的基本生活，实现老有所养，建设和谐增城的重要举措。会议要求，市劳动保障局牵头，各镇街积极配合，按照《广州市城镇老年居民养老保险试行办法》的要求，认真做好调查摸底工作和政策宣传工作，切实把这项惠民工程抓紧、抓好、落到实处。

六、讨论广州市汇美房地产发展有限公司与我府诉讼案件协调有关情况

会议讨论了关于广州市汇美房地产发展有限公司与我府诉讼案件协调有关情况，会议原则同意市法制办提出的处理意见，并要求提交市委常委会审定。

分送：市五套班子成员，市委各部委办，市人大办，市政协办，市纪委，市武装部，市法院，市检察院，各人民团体，增城日报社，各镇街，市府直属各单位。

增城市人民政府办公室综合科　　2009年6月30日印发

增城市人民政府常务会议(第十三届37次) 纪要

增府常纪〔2009〕8号

2009年7月24日，市长叶牛平主持召开第十三届37次市人民政府常务会议，常务副市长曾赤鸣，市人大常委会副主任李沃田，副市长范文添、李荣渝、邬卫东、郑丹群、张文远、叶鸿和市政府党组成员李能坚及市武装部部长王晓军参加了会议。

会议讨论议题及决定事项如下：

一、分析全市上半年经济运行形势，研究部署下阶段工作

会议听取了各经济管理部门和各镇街上半年经济运行情况汇报，总结分析了上半年经济形势，并对下半年经济工作进行了部署。会议认为，今年我市的经济发展遇到了前所未有的困难和挑战，随着市委市政府应对金融危机冲击所采取的一系列措施逐步发挥作用，经济增长呈现出止跌回暖态势。上半年，全市累计实现地区生产总值215亿元，同比增长10.09%。上半年我市经济运行主要呈现六个特点：一是工业生产呈加速回升态势，累计完成工业总产值512.79亿元，同比增长9.66%，其中规模以上工业产值420.48亿元，同比增长10.33%；二是重点产业项目加快建设并不断形成新经济增长点，部分优质项目实现新增工业产值近60亿元，成为促进我市经济增长的有力支撑；三是固定资产投资较快增长，累计完成投资42.48亿元，同比增长14.72%；四是房地产业、生态旅游和商贸服务业加快发展，房地产投资、旅游收入、社会消费品零售总额分别比去年同期增长19.87%、171.02%和17.68%；五是外贸出口保持平稳，形势好于全国、全省和广州市平均水平；六是土地整合和招商引资工作取得新进展，为下半年乃至今后的发展奠定了良好基础。为确保完成全年经济目标任务，会议强调：

（一）要准确把握上半年经济发展形势。既要看到应对金融危机冲击所取得的初步成效，进一步坚定信心和目标；也要看到当前经济运行中存在的问题和面临的困难，进一步增强保增长促发展的责任感和紧迫感。虽然我市经济增长已呈止跌回暖的态势，但是我市经济运行仍存在项目投资进度缓慢，工业生产尚未完全恢复，财政增收压力大，招商引资有待进一步强化等问题。因此，各级各部门既要看到国家及我市经济运行企稳向好的总体趋势，又要看到回升的基础还不稳固；既不能盲目乐观，又不能畏难发愁、松懈厌战、无所作为，要进一步增强紧迫感和责任感，紧紧咬定目标不动摇，坚定必胜信心，认真落实各项政策措施，创造性地抓好各项工作，努力保持全市经济平稳较快增长。

（二）要明确下半年的工作重点。继续把保健康增长作为首要任务，不断巩固和发展好形势，把工作的重点放在落实和完善市委市政府已作出的决策部署和已出台的政策措施上，突出重点，抓住难点，加快进度，狠抓落实，确保实现全年各项发展目标和任务。

一要扎实推进“两城两区”的规划建设，加快培育重点发展区域经济增长极。“两城两区”要围绕促进工业和现代服务业的发展来规划建设，“两城两区”管委会要迅速运作起来，积极沟通协调有关镇街和部门，尽快启动规划、设计、征地、动迁、资金安排、招商等各项工作，为我市能够保持长期又好又快发展奠定坚实基础。

二要全面加快重点项目建设，不断扩大全社会固定资产投资的规模和效益。各重点项目建设单位要进一步落实责任、明确时间节点要求，全力加快项目建设。会议明确：广汕公路、增派公路、增滩公路改扩建工程，施工单位和监理单位务必在9月10日前进场正常施工；荔城客运站、新塘客运站及2009年市政府为民办十件实事务必在12月1日前动工建设；所有政府安排资金的固定资产投资项目务必在今年10月31日前动工建设；今年12月1日前，各镇街要确保完成2个以上新招商优质项目落户并动工建设，东区高科技工业基地要新引进5个高新技术产业项目落户并动工建设，广东增城工业园区管委会要引进10个以上新招商项目并动工建设。

三要全力抓好工业、房地产和生态旅游等产业，进一步提高重点产业对经济增长的贡献率。重点推动新投产工业项目尽快达产，推进工业企业增资扩产、技术改造和转产转型，不断挖掘工业生产增长的潜力，鼓励企业积极拓展国内外市场，保持工业生产加速回升的势头；继续加大对我市房地产业宣传和整合营销的力度，加快年初确定的73宗经营性房地产项目和新征地的金竹岗、石滩郑田碧桂园、绿野侨建等8宗经营性项目的建设进度，保持房地产业的良好发展势头；加快白水寨仙瀑景区、湖心岛景区、小楼人家景区等核心景区的建设，积极策划包装一系列具有地域文化特色和影响力的旅游项目，满足不同消费层次游客的需要，推动我市生态旅游业加快发展。

四要再掀招商引资新高潮，切实增强经济发展后

劲。要形成加强招商引资工作的共识，解决招商引资的制约因素，捕捉招商引资的信息，落实年度招商计划，落实招商引资和土地供应的联动机制，储备一批新的优质项目。

五要着力保障和改善民生，夯实扩内需促消费的基础。重点加快推进统筹城乡综合配套改革试点工作，重点推进产业结构、公园化战略、市镇村三级行政管理、新农村建设、节约集约用地、“三农”资金投入、基本公共服务均等化的方面的机制体制创新，为保民生、保稳定提供制度保障；统筹做好城乡就业和社会保障工作，加强城乡就业培训，切实解决市民的后顾之忧，促进社会消费。

六要强化经济发展的协调、服务和管理，确保全年各项目标任务真正落到实处。继续做好经济运行的监测分析，加强项目建设质量安全监管，加强税收征管，努力抓好各项工作的落实。

二、讨论《增城市创建广东省旅游强市（县）工作方案》

会议听取了市旅游局关于制订《增城市创建广东省旅游强市（县）工作方案》（以下简称《方案》）情况说明。会议认为，创建广东省旅游强市，对加快我市旅游业发展，建设广州东部生态休闲旅游区具有重要意义。会议要求，各级各部门要高度重视广东省旅游强市的创建工作，市旅游局要把创建活动作为推动增城旅游事业发展的重要抓手，要对照创建旅游强市的标准，制订具体工作任务表，细化责任分工，把具体任务分解到部门、镇街，确保创建工作“有人抓、有人管”；要广泛宣传发动，形成人人参与“创强”的良好氛围。各镇街、各部门要认真落实《方案》任务要求，各司其职，各负其责，紧密配合，形成合力，确保创建工作顺利开展。

会议原则同意《方案》，要求市旅游局对《方案》作进一步修改细化后，提交市委常委会议审定。

三、讨论调整城市污水处理收费及增城市自来水公司、增城新和自来水有限公司供水价格问题

会议听取了市物价局关于调整我市污水处理费及增城市自来水公司、增城新和自来水有限公司供水价格的情况汇报。会议原则同意市物价局制订的《增城市城市污水处理收费改革方案》、《增城市自来水价格调整方案》和《增城新和自来水价格调整方案》。

会议要求，市物价局要制订宣传方案，认真细致的做好政策的宣传解释工作，要通过电视、电台、报纸、宣传单张等形式，向市民大力宣传开征城市污水处理费的有关政策、重要意义和提高自来水价格的原因等，争取市民的理解和支持。考虑到当前经济形势和市民的经济承受能力，为减少工作阻力，市物价局应分阶段实施，先行调整自来水价格，待市民消化了自来水价格提高的影响后，再行调整污水处理费标准。

会议要求市物价局根据会议精神对调整方案进行修改细化后，提交市委常委会议审定。

四、讨论市儿童活动中心更名及大楼改造有关问题

会议听取了市妇联关于将市儿童活动中心更名为妇女儿童活动中心及引入社会资金改造中心大楼的情况汇报。会议充分肯定市妇联借助社会力量，引入社会资金改造中心大楼的工作思路。会议要求，由李荣渝副市长牵头组织市编办、法制办和妇联等单位对市儿童活动中心引入社会资金改造中心大楼等问题进行深入的分析研究，依法依规提出切实可行的操作办法，加快推进妇女儿童活动中心改造，把其办成集教育、文艺、体育于一体的妇女儿童活动的理想场所。

五、讨论两宗国有建设用地使用权捆绑公开出让建设大型综合商业中心、市民综合文化演艺中心和商住小区的问题

会议听取了市国土房管局关于将两宗国有建设用地使用权捆绑公开出让的情况汇报。会议认为，根据招商意向，将荔城夏街村169.659亩土地和增江街西山村133.978亩土地捆绑出让，分别建设大型综合商业中心、市民综合文化演艺中心和商住小区，有利于吸引有实力的开发商投入上述两个地块的开发，对改善我市中部优先开发的生活和居住文化区的商业条件和文化氛围，推动第三产业的发展，建设广州东部城市副中心具有重大意义。会议要求，市国土房管局要本着公开、公平、公正的原则，依法依规做好上述两个地块的公开出让工作，确保项目顺利招商和开工建设。

分送：市五套班子成员，市委各部委办，市人大办，市政协办，市纪委，市武装部，市法院，市检察院，各人民团体，增城日报社，各镇街，市府直属各单位。

增城市人民政府办公室综合科　　2009年8月21日印发

增城市人民政府常务会议（第十三届 38 次）纪要

增府常纪〔2009〕9 号

2009 年 8 月 18 日，市长叶牛平主持召开第十三届 38 次市人民政府常务会议，常务副市长曾赤鸣，副市长范文添、李荣渝、邬卫东、郑丹群、张文远和市政府党组成员李能坚及市武装部部长王晓军参加了会议（叶鸿副市长因事请假）。

会议讨论议题及决定事项如下：

一、讨论广州市达益高科技有限公司软件外包科技园等八个项目落户问题

会议对广州市达益高科技有限公司软件外包科技园项目落户进行了充分讨论。为加快扶持和发展服务外包产业，提高我市现代高端服务业的发展水平，会议原则同意广州市达益高科技有限公司软件外包科技园项目落户我市新塘镇。为确保该项目顺利落户并尽快投产达效，会议明确由邬卫东副市长负责，牵头组织协调新塘镇、发改局、财政局、规划局、国土房管局、科技局等单位做好项目落户、建设等各项工作，并要求：一是土地出让引进项目必须执行国家有关土地出让政策，有关扶持政策由新塘镇制订，并协调落实；二是新塘镇必须在签订土地出让合同的基础上与投资企业签订严格的项目投资管理合同，设立约束条件，在投资项目的功能、开工时间、投产时间、投资额和产值税收额等方面有明确的责任条款；三是加强项目管理，市发改、财政、国土、工商、统计、税务等职能部门要对该项目单独核算，配合新塘镇对与投资者签订的合同进行全方位的封闭管理；四是国土、规划等部门要以该项目为龙头，全面启动新塘宁西工业园已征用未报批未回收的土地的整合储备工作。

会议对广州富城管道燃气有限公司申请项目落户问题进行了认真讨论。鉴于增城特别是新塘地区的管道燃气尚未完成统一授权特许经营工作，而新奥燃气控股有限公司已通过购买富城管道燃气的股权并参与了增城工业园区管道燃气的建设工作。为避免燃气特许授权经营工作的复杂化，同时保证广州东部（增城）汽车产业基地基础设施的同步建设，会议原则同意增城工业园区管委会继续引进新奥燃气控股有限公司进行管道燃气基础设施建设。为确保我市燃气供应和安全供气，会议要求：一是增城工业园区管委会对富城管道燃气有限公司 LNG 储配气化场站的选址要充分考虑将来使用天然气取消站场的安排计划，同时要符合安全和建设管理有关规定，原则上不得兴建储藏气化站场。二是市政局要加快荔城和新塘地区供气企业的特许授权经营工作，增城工业园区可纳入新塘地区统一授权运营管理；三是由市政局牵头会同规划局、经贸局等相关职能部门，尽快摸清增城市地下管道埋设及建设情况，统计各供气单位的供气设施、资产及供气范围，为统一授权引进供气企业，解决散、乱问题制订整合依据。四是增城市管道燃气特许经营和统一管理要以引进天然气供应惠及千家万户为基本战略目标，并实现传统国企的改制和散、乱供气的整合。

会议还审查了广州驭风铝铸件综合项目、广州易福诺木业扩建项目、广州市通图电梯项目、永华门业不锈钢门项目、广州华冠汽车精冲零部件项目、广州市能兴电气特超高压复合绝缘子项目的评审情况，六个项目均符合评审各项条件要求，会议原则同意六个项目落户我市。

会议要求，项目属地镇街和增城工业园区管委会要加快土地整合储备，为项目落户和建设提供基本条件；各有关职能部门要加快项目土地的出让和提供优质的项目审批服务，推动项目尽快动工建设。

二、讨论《增城市 2010 年亚运会城市行动暨赛事运行工作方案》

会议听取了市体育局关于制定《增城市 2010 年亚运会城市行动暨赛事运行工作方案》（以下简称《工作方案》）的情况汇报。会议认为，《工作方案》明确了我市亚运会前需做的各项准备工作以及赛时的组织指挥体系，落实了 13 个分项工作组和各相关单位的工作职责。会议强调，各级各部门要高度重视亚运会的筹备及项目建设工作，牢固树立强烈的亚运意识，根据市委市政府的工作部署，结合本单位责任分工要求，将亚运各项工作纳入年度、季度、月度工作计划和具体工作中，认真抓好组织落实。

为加快推进我市亚运会的筹备工作，会议要求：一是市体育局、派潭镇等相关单位要加快亚运场馆及其配套设施的建设；二是各镇街、各部门要借助亚运会这一重大国际赛事所形成的共识和合力，加快推进我市城乡基础设施建设和环境综合整治工作，推动我市城乡面貌再上新台阶；三是市规划局等部门要协助市体育局，在绿化系统、广告牌系统、标识标线标牌系统和景观设计系统中加强亚运符号，营造亚运会的浓厚氛围；四是财政部门负责安排好明年亚运会相关的配套设施建设和环境综合整治工作经费。

会议原则同意市体育局制定的《工作方案》，要求根据会议精神作进一步修改完善后，提交市委常委会审定。

三、讨论《增城市征收集体土地补偿管理办法(草案)》和《增城市集体土地房屋拆迁补偿安置办法(草案)》

会议讨论了《增城市征收集体土地补偿管理办法(草案)》（以下简称《管理办法》）。会议认为《管理办法》对规范我市征地补偿管理，维护被征地农村集体经济组织、农民及相关权利人的合法权益，保障我市征地补偿工作有序进行，推进城乡统筹科学发展具有重大意义。会议强调：一是各级领导干部要认真学习，深入领会文件的实质和内涵，掌握征地补偿管理工作的新变化、新做法，切实转变工作思路。根据《管理办法》的规定，我市土地价格由征地补偿款、青苗补偿款和被征地农民养老保险费三部分组成，而且土地的价格也因南中北三个区域、地类和购买被征地农民养老保险费人数的不同而对应具体的征地补偿标准，因此，各镇街、各部门不能再采用以往简单的包干价的办法，而要根据实际情况来计算每亩土地的价格和补偿标准。二是各镇街、各部门要各司其职，各负其责，加强联动，形成工作合力。各镇街和市土地开发储备中心在征地前要做好调查研究，制订征地方案和拆迁补偿标准；市国土房管部门要对征地补偿工作进行统筹管理，把握好征地补偿的标准；各镇街作为征地的主体单位，要具体负责征地补偿工作的实施，制订完整的资金分配管理方案，认真做好群众的说服解释工作，解决征地过程中的矛盾和纠纷；市农村集体经济监督办公室负责监督征地补偿款的发放；市劳动保障局负责落实好农民的社会保障工作。

会议讨论了《增城市集体土地房屋拆迁补偿安置办法（草案）》（以下简称《安置办法》）。会议认为，《安置办法》对规范我市集体土地房屋拆迁补偿安置工作，维护拆迁当事人的合法权益，改善被拆迁人的居住条件，化解社会矛盾，建设和谐社会具有重要意义。为确保拆迁补偿工作的顺利开展，会议要求各级各部门在推进房屋拆迁补偿安置工作中，要注意把握两大原则:一是以保障被拆迁人的居住权益为原则；二是以合理补偿、合法安置为原则，切实保证被拆迁人得到合理的拆迁补偿款，保证被拆迁人应得的拆迁补偿款能够在市场上或在政府提供优惠条件下买到最低的安置房。各镇街可参照《管理办法》和《安置办法》的标准，结合本地区实际，制订具体的征地拆迁补偿标准和实施方案。

会议原则同意市国土房管局制定的《增城市征收集体土地补偿管理办法（草案）》和《增城市集体土地房屋拆迁补偿安置办法（草案）》，要求根据会议精神对两个办法作进一步修改完善后提交市委常委会审定。

四、讨论关于提高社区“两委”干部有关补贴问题

会议讨论了市民政局提交的《增城市提高社区两委干部补贴实施方案》（下简称《方案》）。会议认为，提高我市社区“两委”干部的补贴待遇，有利于调动广大社区居委干部正确行使社区管理职责，推动我市创建全国文明城市工作。会议要求，各镇街要本着尊重历史、尊重现实的原则，进一步健全居委会及其工作站的建设；市财政局要根据市民政局制订的《方案》，做好居委干部有关补贴的资金安排工作；市民政局要结合本次社区居委干部补贴的大幅调整，会同各镇街和相关职能部门尽快制订加强居委干部队伍管理的配套措施和居委会职责管理办法，明确居委会的职责及其工作人员的准入和退出机制，切实提高居委干部队伍的综合素质，发挥居委会的基层堡垒作用。

会议原则同意市民政局制定的《方案》，要求作进一步修改完善后提交市委常委会审定。

五、讨论加强富鹏地区建设和管理有关问题

会议听取了增城市创建全国文明城市工作领导小组办公室关于加强富鹏地区建设和管理的情况汇报，讨论了《关于成立荔城富鹏地区整治建设管理办公室的意见》。为尽快扭转当前荔城富鹏地区建设管理滞后，治安、环境卫生差的落后局面，扎实推进我市创建全国文明城市工作，营造良好的人居环境，会议原则同意成立荔城富鹏地区整治建设管理办公室。办公室主任建议由增城市创建全国文明城市工作领导小组办公室常务副主任、市政府副秘书长邹松新同志担任，办公室其它人员由荔城富鹏地区整治建设管理办公室提出，由市委组织部负责抽调落实。会议要求，荔城富鹏地区整治建设管理办公室要立足现实，量力而行，谨慎认真地推进富鹏地区的建设和管理工作。一是按照整治环境、改善基础设施建设、实现创文达标的要求，全面制订富鹏地区环境整治实施市政设施改善的工作计划，并按相应的职责分工组织实施；二是牵头会同市规划局、国土房管局、荔城街等相关单位根据荔城富鹏地区发展的需要，立足于解决历史遗留问题，重新编制和审定富鹏地区土地规划利用的发展规划；三是根据审定的规划组织土地整合和出让方案；四是全面加强富鹏地区的社会管理工作，督促各职能部门按照荔城富鹏地区整治建设管理的要求和分工，认真履行职责。

为保障整治工作的顺利推进，会议明确：荔城富鹏地区整治建设管理办公室的日常经费和必要的启动资金由市财政统筹安排；同时，根据其提交的整治建设方案和土地出让整合方案安排专项资金用于解决富鹏地区的发展问题，并在财政专项列支、专项使用。

鉴于富鹏地区整治建设管理工作事关我市创建国家文明城市的大局，会议要求市府办进一步完善《关于成立荔城富鹏地区整治建设管理办公室的意见》，提交市委常委会审定。

六、讨论增城客运站建设工作问题

会议听取了市交通局关于增城客运站建设情况的汇报。会议认为，增城客运站项目是我市重大社会公

益性交通基础设施建设项目，对促进我市交通网络的完善和交通运输事业的发展具有重要意义。会议原则同意市交通局制订的《增城汽车客运站建设方案》。鉴于增城汽车客运站已经公开招商和公开评审，确定了投资建设方案，会议原则同意由投资单位进行投资，并由市交通局依法依规组织实施。会议要求，增城汽车客运站必须按照国家一级站（A类）标准投资建设，市交通局和荔城街要密切配合，认真组织实施，力争在今年10月1日前开工建设，2010年6月30日前投入使用。

分送：市委、市人大常委会、市政府、市政协领导同志及市纪委负责同志，市委各部委办，市人大办，市政协办，市武装部，市法院，市检察院，各人民团体，增城日报社，各镇街，市府直属各单位。

增城市人民政府办公室综合科 2009年9月7日印发

增城市人民政府常务会议（第十三届43次）纪要

增府常纪〔2009〕14号

2009年11月27日下午，叶牛平市长主持召开第十三届43次市人民政府常务会议，常务副市长曾赤鸣，副市长范文添、李荣渝、郑丹群、张文远、叶鸿和市武装部部长王晓军及市政府党组成员李能坚参加了会议（邬卫东副市长因事请假）。

会议讨论及决定事项如下：

一、讨论《增城市突发事件信息报告及应急响应制度》等七项应急管理制度

会议听取了市应急办关于制定《增城市突发事件信息报告及应急响应制度》等七项应急管理制度的情况汇报。会议认为，做好应急管理工作是各级各部门全面履行社会管理和公共服务职责，切实保障民生、维护社会稳定和谐的一项重要任务。制定完善《增城市突发事件信息报告及应急响应制度》等七项应急管理制度，为更加规范、有序、高效开展应急管理工作提供了制度保障，对提高我市应对和处置突发事件的能力，快速处置突发事件，及时化解社会矛盾，排除隐患，避免和减少突发事件发生所造成的危害和损失具有重要意义。会议原则同意市应急办制定的《增城市突发事件信息报告及应急响应制度》等七项应急管理制度。会议要求，一是市应急办作为全市应急管理工作的统筹指挥部门，要发挥指挥系统的作用，牵头各单位进一步完善突发事件信息报告及应急响应处置、应急宣传培训、应急演练、应急预案管理、应急专家组管理、应急物资储备管理、应急管理考核等七项管理制度，进一步明确细化部门、镇街的职责和分工，促进应对和处置突发事件责任的落实；加强应急平台和指挥系统建设，按照分级负责的原则，根据突发事件性质、等级、危害范围及影响程度，启动相应的应急预案，及时通知相应级别的领导到场先期处置突发事件，提高快速反应能力，努力形成统一指挥、结构合理、反应迅速、运作高效、保障有力的突发公共事件应急管理体系。二是各级各部门要认真组织学习《增城市突发事件信息报告及应急响应制度》等七项应急管理制度，深刻领会文件的实质和内涵，将其作为组织和处置突发公共事件的应急工作的指导性文件，不断提高应急处置效率和水平。

二、研究推进“莲塘春色”城乡统筹发展项目、广州健康产业园项目

会议听取了荔城街关于“莲塘春色”城乡统筹发展项目进展情况汇报。会议认为，“莲塘春色”城乡统筹发展项目是由广州银业发展集团有限公司开发的集农业集约发展、乡村休闲旅游和运动健身于一体的生态旅游示范项目。开发建设该项目，对促进我市都市农业和乡村生态旅游的发展，推动农村生产、生活方式的转变，促进农村生产发展和农民生活富裕，加快统筹城乡一体化发展具有重大的示范意义。会议原则同意《增城市政府与广州市银业集团关于建设“莲塘春色”城乡统筹项目框架协议》。会议要求，荔城街要根据会议精神对项目框架协议作进一步修改完善，明确项目方开工建设的时限要求；要主动加强与投资方的沟通，做好项目的跟踪服务工作。各有关职能部门要积极配合，协同推进项目的开发建设。

会议听取了朱村街关于南方健康产业园项目进展情况汇报。会议指出，南方健康产业园项目是由中山大学肿瘤医院作为投资主体，是一个集医疗服务、健康干预、康复养生、医疗旅游、健康教育研发和健康商务配套为一体的高端现代服务业项目。该项目的开发建设，对深化我市三大主体功能区建设，加快现代服务业发展，构建增城区域特色现代产业体系具有龙头带动作用和示范意义。会议要求，一是朱村街要牵头会同市规划局、市国土房管局和市土地储备开发中心积极配合中山大学肿瘤医院开展项目总体规划和用地规划的编制工作，并全力做好项目用地整合征用工作。二是市国土房管局和市土地开发储备中心要在一个星期内完成项目首期200亩建设用地的成本核算工作，确保在12月底前完成依法供地工作。三是相关职能部门要结合各自职责，大力支持和配合项目的开发建设。

三、通报《2008年度本级预算执行和其他财政收支审计报告》整改情况

会议通报了《2008年度本级预算执行和其他财政收支审计报告》整改情况。会议认为，市审计部门紧紧围绕全市中心工作，认真履行审计职能，不断加大审计力度，有效促进了政府依法行政，为推动我市逐步走上科学发展轨道作出了积极贡献。这次在常务会议上通报《2008年度本级预算执行和其他财政收支审计报告》整改情况对全市领导干部来说既是学习，也是教育，对强化各级领导干部的审计意识具有积极意义。会议要求，一是市财政部门要进一步提高依法科学编制财政预算的水平，加强财政投资建设项目资金

管理，完善项目工程概算和资金拨付管理制度，严格把好财政资金使用审核关。二是市审计局要从“预防、揭露、抵御”三个方面充分发挥审计工作作为经济社会运行“免疫系统”的功能和纠偏作用，加强对财政收支情况的审计，及时纠正资金使用管理问题，确保财政资金安全高效运营。三是各级各部门要切实加强审计和财经法律法规知识的学习，充分认识审计工作的重要性，增强规范财政资金使用管理的意识；要根据审计中暴露出的问题，健全内部财务管理制度，规范各类资金的使用管理，避免类似问题再次发生。

四、讨论增加增城新图书馆工程项目建设经费及解决增城新图书馆对外开放首期设备经费有关问题

会议听取了市文化广电新闻出版局关于增加增城新图书馆工程项目建设经费及解决增城新图书馆对外开放首期设备经费有关问题的情况汇报。为确保增城新图书馆按时建成竣工并投入使用，会议明确：一是原则同意市文广新局和市财政局联合审查增城新图书馆据实发生的增加项目以及预算需要增加经费的总金额计划；二是具体增加的项目和具体金额按基本建设程序办理，业主、设计、监理、施工单位、财政评审中心按各自职责进行审核；三是市文广新局作为项目法人单位要依照项目法人管理职责理顺项目管理程序，基本概算或新增内容确认后要按基本建设程序逐一申报主管部门审批，签订有关补充协议，完善各项办理手续；四是分管领导和发改、财政部门要加强指导、协调服务、切实监督，全市基本建设管理单位要以此为案例，进一步加强工程建设管理的学习，健全各项管理制度。

五、讨论《增城市集中清理整治重大安全隐患破坏生态环境违法市场经营场所的工作方案》

会议听取了市工商局关于制定《增城市集中清理整治重大安全隐患破坏生态环境违法市场经营场所的工作方案》（以下简称《工作方案》）的情况汇报。会议认为，开展集中清理和整治全市存在重大安全隐患、破坏生态环境的无证照或证照不全的非法违法经营场所，对进一步整顿和规范市场经济秩序，消除重大安全隐患，维护广大人民群众的生命财产安全，营造安全、稳定、有序、和谐的经济社会发展环境具有重大意义。会议强调，各级各部门要高度重视本次清理整治行动，将其作为落实科学发展观和创建全国科学发展示范市的重要举措来抓；要按照“牵头单位负责、牵头领导靠前指挥、职能部门联合执法、落实属地实施责任”的工作机制，互相配合、加强联动，形成工作合力，确保清理整治工作取得实效。会议要求：

（一）市工商局作为本次清理整治工作的牵头单位，要切实负起责任，发挥统筹协调作用，积极借鉴我市关停49家水泥生产企业、54家线路板厂和97家粘土砖瓦陶生产厂等整治行动的成功经验，认真组织协调和开展清理整治工作。为确保清理整治工作有效开展，市工商局要进一步完善工作方案，进一步明确细化镇（街）整治任务，将工作方案中八大类不具备安全生产条件、存在重大安全隐患和破坏生态环境无证照或证照不全的生产经营场所，以属地责任进行集中分类，以任务书的形式下达镇（街）；要进一步明确清理整治的规范和标准，把握好整治行动的时机，2010年春节前做好前期基础性工作，节后全面开展清理整治行动。清理整治工作的专项经费由市工商局申请并统筹安排。

（二）属地镇街要切实负起属地管理责任，根据清理整治任务制订细化工作方案，并主动牵头协调各相关职能部门，集中对辖区内不具备安全生产条件、存在重大安全隐患和破坏生态环境无证照或证照不全的生产经营场所进行清理整治。

（三）市安监局、市环保局、市文广新局、市交通局等执法单位要根据工作方案的责任分工要求，主动配合各镇街和市工商局，齐心协力，形成合力，全力推进清理整治工作。

（四）各镇街、各有关部门要切实加强宣传教育工作，广泛宣传开展清理整治工作的目的和意义，引导生产经营企业和业户自觉进行自查自纠和整改，提高安全生产、保护环境意识；充分发挥舆论监督作用，做到跟踪一批、监控一批、曝光一批；积极发动城乡居民广泛参与，举报违法生产经营行为，营造有利于推进集中清理整治工作的浓厚氛围。

六、讨论广州市世达密封实业有限公司等五个项目落户问题

会议讨论了广州市世达实业有限公司搬迁扩建、广州市福鑫汽车用品有限公司、广州市科旺实业有限公司、广州市金志电气科技有限公司搬迁扩建和增城市新塘镇金穗辉纸箱包装厂等五个项目落户问题。会议认为，根据增城市工业投资项目评审小组的意见，上述五个项目的投资强度、年产值、税收、容积率等均符合我市工业投资项目评审的要求。会议同意上述五个项目落户我市，并要求项目属地镇街和相关审批部门要做好项目的跟踪服务工作，加快项目审批速度，确保项目尽快开工建设。

分送：市委、市人大、市政府、市政协领导同志，市委各部委办，市人大办，市政协办，市纪委，市武装部，市法院，市检察院，各人民团体，增城日报社，各镇街，市府直属各单位

增城市人民政府办公室综合科　　2009年12月3日印发

印发增城市污水治理与河涌综合整治实施方案的通知

增府办〔2009〕3号

各镇政府、街道办事处，市府直属有关单位：

《增城市污水治理和河涌综合整治实施方案》业经第十三届32次市人民政府常务会议讨论通过，现印发给你们，请认真贯彻执行。在执行过程中遇到问题，请径向市市政局反映。

二〇〇九年三月二十五日

增城市污水治理与河涌综合整治实施方案

根据《广州市污水治理和河涌综合整治（2009—2010）任务书》和广州市水务局《广州市污水治理和河涌综合整治工作方案》的有关精神和要求，结合我市实际情况，特制定本实施方案。

一、工作目标

紧紧围绕规划建设三大主体功能区，实施公园化战略，统筹城乡科学发展，把改善水环境作为重大的民生工程，坚持建管并重、综合治理、标本兼治、城乡统筹、全民治污，力争在2010年实现城镇生活污水处理率达到85%的目标，农村生活污水处理率逐步提高。完成扩建荔城及新建新塘、永和、派潭高滩、石滩、中新等6个污水处理系统。开展西南、东境等75条村庄生活污水处理工程建设，完成“二龙河”河涌综合整治。加大执法力度，落实《广州市人民政府禁止向江河湖泊直接排放污水的通告》有关规定，依法从严控制污水排放。结合旧城改造，社区环境综合整治等工作，系统推进建成区雨污分流整治工程，落实新建管网系统实施雨污分流，确保2010年6月底前全市水环境质量有根本性好转。

二、工作内容及实施计划

（一）污水治理

1. 城镇生活污水治理：要求2010年6月前完成扩建荔城城区1个污水处理系统，新建新塘、永和、派潭高滩、石滩、中新等5个污水处理系统，新建管道82.9km、泵站14座、增加处理能力27.3万m3/日，总投资14.7862亿元。为确保完成目标任务，各阶段性工作计划及要求如下：

（1）水污染源调查：包含截污口数量、水量、水质及排水系统管径、流向、标高等，要求在2009年2月下旬前完成截污口数量、标高及水量、水质调查，6月完成整体调查，成果指导管网设计施工。

（2）厂区及BOT投资模式：荔城、新塘厂区征地已完成，荔城污水厂已在扩建，计划2009年底完成，新塘污水厂正组织BOT招商；中新、石滩、派潭高滩、永和等4个污水厂选址2月中旬已完成，2月底完成厂区土地测量和征地红线图，要求3月底前完成征地补偿，并尽快完成审批手续；各建设单位主体要立即启动厂区BOT投资单位的招标工作，BOT招商招标文件要点由市政局组织专家和各建设单位审定，该项工作需在2009年3月底前完成，5月底前完成招商，2009年7月前动工，2010年5月完成，6月组织验收。

（3）管网：环评、立项、设计同步开展，要求2009年4月中旬前完成，参照有关文件程序，建设主体单位经过竞价择优，选定符合资质要求的设计、勘察等前期工作单位，经班子集体研究后，直接委托进行可研、设计、勘察、测量等前期工作。管网工程监理和施工招标，要求2009年6月中旬前完成，2009年7月前动工，2010年5月完成，6月组织验收。

2. 农村生活污水处理：系统覆盖荔城街、增江街、朱村街、新塘镇、石滩镇、中新镇、派潭镇、正果镇和小楼镇共75个村，涉及居住人口18.6万人。广州补助金额1.49亿元，分两年投入建设。

（1）2008年计划项目，完成9条村庄污水处理。2009年1月底前，完成工程选址、地形图测量；2009年2月底前，完成工程设计及评审；2009年3月底前，完成工程招标；2009年5月底前，完成污水处理工程试运行和工程验收。

(2) 2009年计划项目，完成41条村庄污水处理。2009年4月底前，完成工程选址、地形图测量；2009年5月底前，完成工程设计及评审；2009年6月底前，完成工程招标；2009年10月底前，完成污水处理工程试运行；2009年11月底前，完成污水处理工程验收。

(3) 2010年计划项目，完成25条村庄污水处理。2009年6月底前，完成工程选址、地形图测量；2009年8月底前，完成工程设计及评审；2009年10月底前，完成工程招标，工程开工；2010年4月底前，完成污水处理工程试运行；2010年5月底前，完成污水处理工程验收。

(二) 河涌综合整治

2010年6月30日前完成小楼镇二龙河（腊圃至出口段）河涌综合整治工程，全长7.5 km，投资0.76亿元。计划分三期整治，整治内容包括堤岸整治，河道清淤及景观建设。

1. 第一期2009年4月底完成初步设计审批，2009年6月开展施工招投标，2009年8月开工，2010年6月完成施工任务。

2. 第二、三期工程2009年6月底前完成初步设计审批， 2009年8月开展施工招投标，2009年10月开工，2010年6月完成施工任务。

(三) 雨污分流工作

各建设主体需结合污水治理系统建设、社区环境综合整治、旧城改造及年度道路建设计划同步实施雨污分流工作，并落实房地产等企业实施雨污分流。城镇雨污分流改造以增江街、中新镇、石滩镇为试点先组织实施。

(四) 依法从严控制污水排放

在饮用水源一级保护区内设置排污口的排污单位，限于2009年3月31日之前自行拆除或封闭所设排污口，停止直接排污行为。

在饮用水源二级保护区内设置排污口的排污单位，限于2009年6月30日之前自行拆除或封闭所设排污口，停止直接排污行为。

三、资金安排

(一) 城镇污水处理系统。

1. 厂区采取BOT（建设—运营—移交）融资方式建设。从2009年起，所有建设污水处理系统的行政区域征收污水处理费，并适当提高收费标准。支付污水处理厂的污水处理费按镇、街核算，每年先通过各镇、街的污水处理费收入进行偿还，不足部分在镇、街财政体制结算款中安排资金解决，其中：荔城污水处理厂区扩建后，污水处理费不足部分在荔城街和增江街财力中按8:2负担偿还（负担偿还比例：按荔城、增江现有人口比例测算）。

2. 厂区征地、借地及管网建设采取向银行融资，建设期内镇、街收取的污水处理费统筹用于该镇、街管网建设厂区征地、借地所需的资本金投入，由市财政统一核算，以后每年的还贷资金原则上由市镇6:4分级负担（其中荔城街、增江街按7:3分级负担）。

3. 市本级负担偿还部分，每年在水利专项基金、城市公用事业附加、土地出让收入及一般预算中安排资金周转还贷，镇、街负担部分，在镇、街财政体制结算款中安排还贷。

4. 为加快工作进度，各建设主体在征地工作方案审批后可向市财政局暂借土地补偿款及厂区、管网项目建设前期工作费用，项目资金使用由市财政总体平衡。

(二) 农村污水处理系统。利用广州市补贴及市财政两级资金。

(三) 河涌整治。除争取广州市补助资金外，不足部分由本级水利建设资金中安排解决。

四、责任分工

(一) 建设主体

各建设主体需制定工作实施方案（包括投资计划及工程倒排工期计划）报增城市污水治理与河涌综合整治工作领导小组办公室（设在市政局），并且要高度重视，明确分工，确保按期完成任务。

1. 市市政局为我市城镇污水治理业务主管部门，负责统筹全市城镇污水治理实施工作；牵头组织市水污染源调查工作；牵头协调制定实施计划，指导、监督、检查工作进展情况；负责城镇生活污水处理费提价申办工作。

(1) 荔城城区扩建污水处理系统建设主体为市市政局；

(2) 新塘污水处理系统建设主体为新塘镇；

(3) 永和污水处理系统建设主体为新塘镇，由新塘镇和广东增城工业园区组成筹建办负责具体实施。

(4) 高滩污水处理系统建设主体为派潭镇；

(5) 石滩污水处理系统建设主体为石滩镇；

(6) 中新污水处理系统建设主体为中新镇。

2. 市新农村规划建设办公室为我市农村生活污水治理工程建设的业务主管部门，负责牵头协调制定年度计划安排，统筹实施计划，统一组织委托编制工程实施方案、组织建设实施方案评审，监督、检查和考核验收及相关业务培训工作，并负责制定《增城市农村污水治理工程建设工作方案》（另行制定）。

各镇、街为农村污水治理的建设主体，督促具体实施的村负责协调落实农村生活污水治理工程建设项目施工用地，建设过程不征地，尽量利用公共通道和集体用地及废、弃用地，不改变土地性质。

3. 市水利局为我市河涌整治业务主管部门，负责牵头协调制定实施计划，进行相关技术审查，监督检查工作进展情况。

“二龙河”河涌整治建设主体为小楼镇。

(二) 市有关部门分工

1. 市武装部：负责污水治理实施过程中有关国防通讯、国防设施等协调工作。

2. 市监察局：负责同步开展行政效能监察。

3. 市府法制办：负责污水治理和河涌综合整治过程中文件的修订及就有关行政审批权限行使下放等提出意见。

4. 市发改局：负责城镇生活污水处理系统项目的立项工作以及厂区BOT的核准（农村生活污水治理，根据广州市发改委文件，不办理可研报告），并提出上述建设项目列入市重点建设项目计划的建议。

5. 市经贸局：配合开展企业达标排放整治工作。

6. 市财政局：负责资金筹措及安排计划、财政基建评审工作，定期划拨各项建设资金，确保资金需求，同时严格监管资金使用情况，组织绩效评价。

7. 市城乡规划局：负责污水处理厂厂区的选址和规划审批及污水处理厂截污干管和尾水管规划方案的审批工作，配合制订河涌整治的规划控制范围，对城镇雨污合流建成区，负责审查雨污分流改造规划方案，对新建设雨污管网系统从规划审批控制实施雨污分流。

8. 市国土房管局：负责制定污水处理系统征地工作方案和报批工作。

9. 市建设局：负责项目招标，建设的监督检查工作。

10. 市农业局：配合农村生活污水治理工程实施。

11. 市卫生局：配合市环保局做好综合执法检查。

12. 市环保局：牵头制定水污染源控制实施方案（另行制定）；负责项目环评审批及相关工作，协助解决排污口的选址设置。

13. 市物价局：负责制订新的增城市生活污水处理收费办法，适当提高城镇生活污水处理费，制定方案鼓励企业、个人共同治污。

14. 市工商局：配合市环保局做好综合执法检查，依法查处违规排污企业。

15. 市劳动保障局：做好关闭、整顿企业的工人工资保障及稳定工作。

16. 城监大队：配合工作推进中查处违法、违规建设项目，以及按《水污染源控制实施方案》执行相关职责。

17. 其他职能部门按要求做好协办工作。

五、保障措施

（一）加强领导，强化组织。成立增城市污水治理与河涌综合整治工作领导小组，强化污水治理工作的组织。组长由市长担任，副组长由分管副市长担任，成员包括市武装部、市监察局、市市政局、市新农办、市建设局、市城乡规划局、市环保局、市水利局、市物价局、市国土房管局、市发改局、市财政局等部门及各镇街主要领导。领导小组下设办公室，设在市市政局,办公室主任由市市政局主要领导兼任。各镇、街也要成立相应工作机构，共同推进污水治理与河涌综合整治。

（二）定期协调，部门联动。领导小组办公室每月组织一次工作例会，协调解决工程建设中的问题，全力推进各项工作。有关职能部门要认真履行职责、分头抓好落实，要开辟“绿色通道”压缩程序，特事特办，加快审批，加强沟通，提高工作效率,确保治理工作稳步推进。

（三）大力宣传，全面推进。广泛宣传开展污水治理及河涌综合整治的保护生态、改善民生的重要意义，营造氛围，争取各界理解支持，调动全社会积极性，举全市之力打一场治水的“人民战争”，全面推进污水处理系统建设、河涌综合整治、城镇雨污分流和依法从严控制污水排放。

（四）依法治理，严管重罚。各有关部门要依照国家、省市相关法律法规，充分发挥职能作用，切实加大执法和处罚力度，做到严管重罚。建立完善包括环保、城监、公安、工商、水政等在内的联合执法机制，使各职能部门对突出问题的行政执法活动相互衔接、密切配合，以克服各自为政、相互牵制的问题，形成执法的整体合力。

（五）强化督导，过程检查。畅通污水治理信息沟通渠道，要求各实施主体定期书面将各项工作落实情况及存在问题报市领导小组办公室，落实“每周一信息、每半月一简报、每月一例会、每月一检查”制度。市领导小组办公室根据上报情况和对照任务要求，在实施过程中定期和不定期对治理污水工作开展检查、督促、指导和协调。

附件

增城市污水治理与河涌综合整治工作领导机构

为加强对我市污水治理工作的领导，成立增城市污水治理与河涌综合整治工作领导小组。组长由叶牛平市长担任，副组长由范文添副市长、邬卫东副市长、张文远副市长担任，成员包括张登标（市监察局）、王晓军（市武装部）、邓毛颖（市城乡规划局）、钟新庭（市发改局）、张国新（市财政局）、陈泽深（市建设局）、黄海明（市水利局）、蓝周伟（市环保局）、潘共恩（市国土房管局）、朱国胜（市物价局）、麦文光（市市政局）、蒋万芳（市新农办）、黎冀（新塘镇）、李永强（石滩镇）、刘杨波（中新镇）、寇宣奎（派潭镇）、吴锦扬（正果镇）、汤海帆（小楼镇）、吴金城（荔城街）、郭伯和（增江街）、吴宏云（朱村街）、蒋志恒（增城工业园区管委会）组成。领导小组下设办公室（设在市市政局），办公室主任由麦文光同志兼任，副主任由蒋万芳（市新农办）、李洪源（市水利局）、曹民坚（市政局）担任，办公室下设6个工作组：

（一）计划资金组

1. 组织《增城市污水治理与河涌综合整治工作方案》所涉工程投资计划的编制、上报、调整和下达工作。

2. 协调市发改局、市财政局落实计划、资金。

3. 配合市财政局对建设工程资金的使用进行监管，确保资金的专款专用。

4. 市财政局魏筱枢任组长，成员由市发改局、市新农办、市水利局、市市政局有关人员组成。

（二）工程指导组

1. 负责制订有关污水治理和河涌综合整治工程设计要点及项目建设管理办法。

2. 负责协助市建设局进行联合会审，并协调各种前期审批工作。

3. 负责指导工程建设实施。

4. 市市政局邱文斌任组长，成员由市建设局、市水利局、市新农办有关人员组成。

（三）协调督办组

1. 在领导小组办公室的指导下，开展污水治理与河涌综合整治的督查督办工作。

2. 会同检查监督组开展考核评比工作。

3. 市府办彭培坚任组长，成员由市市政局、市新农办、市水利局有关人员组成。

（四）综合后勤组

1. 负责汇总与整理全市污水治理和河涌综合整治工作情况，及时反馈需上级领导协调解决的问题。

2. 配合市政府办公室做好市治水领导小组专题协调会议的会务工作。

3. 收集整理全市污水治理和河涌综合整治工作大事记。

4. 负责市治水办后勤保障工作。

5. 市市政局罗丽雅任组长，成员由市新农办、市水利局有关人员组成。

（五）新闻宣传组

1. 在领导小组办公室的指导下，组织新闻宣传工作。

2. 编印《增城市污水治理与河涌综合整治工作简报》。

3. 负责涉及污水治理和河涌综合整治工作的有关信访和投诉案件的处理。

4. 市委宣传部邱远祥任组长，成员由市政局、增城电视台、增城日报社有关人员组成。

（六）检查监督组

1. 协助市委组织部、市监察局建立健全污水治理和河涌综合整治工作阶段性以及终期考核机制，将水环境治理纳入各成员单位的工作业绩考核体系，定期对各成员单位完成工作任务的进度与效益等情况进行检查、监督、考评，落实责任领导任期考核以及工作问责等制度。

2. 配合市监察局，对各成员单位有关污水治理和河涌综合整治工程行政审批工作开展效能监察，确保简化手续，加快审批，提高效率。

3. 结合加快推进污水治理和河涌综合整治工作，开展廉政建设以及纪检监察工作。

4. 市监察局蔡生科任组长，成员由市委组织部、市发改局、市建设局、市市政局有关人员组成。

各工作组成员单位需落实责任，专人负责，必要时成员集中办公。

主题词：城乡建设　治水△　方案　通知

抄送：市委办，市人大办，市政协办

增城市人民政府办公室综合科　　2009年3月25日印发

关于进一步做好城乡统筹就业工作的通知

增府〔2009〕8号

各镇政府、街道办事处，市府直属有关单位：

为贯彻落实国务院、省和广州市关于做好促进就业工作的有关文件精神，按照《中共增城市委、增城市人民政府关于创建统筹城乡科学发展示范区的实施意见》（增委发〔2008〕8号）要求，结合我市新时期培训和就业工作的目标任务，进一步做好我市城乡统筹就业工作，现将有关问题通知如下：

一、明确工作目标任务

“十一五”期间，率先建立和完善城乡平等就业制度，率先建立和完善覆盖城乡的公共就业服务体系，率先建立和完善市场经济条件下促进就业的长效机制。继续做好城镇登记失业人员的再就业工作，大力推进农村劳动力转移就业，不断提高劳动者素质和就业质量，基本完成农村劳动力转移就业任务，城镇登记失业人员就业率达70%以上，其中“4050”人员(即女40周岁以上，男50周岁以上) 就业率达55%以上，“零就业家庭”保持失业登记零记录，“农转居”和被征地农民登记失业人员就业率达60%以上，年均培训城乡劳动力6000人以上，培训合格率达90%以上，年均转移农村劳动力1.5万人以上，转移就业率达80%以上。

二、建立和完善城乡劳动力动态管理的长效机制

（一）开展劳动力资源普查工作。各镇街、各相关部门要定期对劳动力的基本情况进行深入调查，全面登记造册，建立健全农村劳动力普查工作长效机制，坚持定期普查与重点群体随时复查相结合，完善劳动力资源信息库。

（二）实施劳动力动态管理。各镇街、各相关部门要完善各类月报表的设计和管理，根据劳动力就业状态和个人信息的变动情况，以“政府引导、个人自愿”为原则，以实时更新的劳动力资源信息为依托，针对有相同或相近就业意向的劳动力进行资源分类，并将相关信息输入信息系统与广东省的信息网络联接，实施动态管理，切实提高劳动力培训后就业的成功率和组织化程度。

三、大力开发就业岗位，建立空岗信息申报发布机制

（一）扩大就业容量，创造就业机会。各镇街要积极发展就业容量大的都市型产业及社区服务、公共卫生、城市环保等服务业；鼓励劳动者通过多种形式实现就业；利用我市规划建设三大主体功能区的契机，积极开发更多就业岗位和创业途径，拓宽就业渠道。一是在南部新型工业集聚区，开拓更多转移就业岗位。引导当地农村劳动力直接参与工业化生产，成为产业工人；引导农村劳动力大力发展与先进制造业相配套的生产性和生活性服务业，促进全民创业。二是在中部大都市副中心居住文化区，通过扶持文化产业和商住服务业过程中形成的公益性岗位，优先安置中心城区的大龄劳动力，推动形成城乡统筹的转移就业和再就业工作格局。三是在北部都市型农业和生态旅游区，认真制定旅游区农民转移就业规划，建立全方位的转移就业政策。充分发挥农民在发展生态休闲旅游经济中的主体作用，通过简化证照办理手续，开办经营管理培训班，实施龙头带动等方式，让农村劳动力成为经营农家旅舍、餐馆、特色农副产品生产销售店铺的主体，在发展生态旅游中实现创业就业。

（二）建立用人单位空岗信息上报制度。各镇街、各相关部门要广泛收集和整理用人单位的空岗信息，鼓励用人单位以书面和登录信息系统相结合的方式申报空岗信息，建立健全科学、规范的劳动力市场空岗信息采集、录入、审核、发布、反馈制度，确保本市人力资源市场信息的真实性、合法性和有效性。

1. 建立公益性岗位空岗申报制度。由政府投资或扶持开发的临时性、辅助性或替代性岗位，政府投资建设项目的管理、维护岗位，政府及其部门开发的公共事务协管岗位等公益性岗位，应建立公益性岗位申报制度。各用人单位在公益性岗位出现空缺或新增公益性岗位时，需在30日内向市劳动就业管理部门报告。

2. 建立用人单位用工空岗报告制度。对本市辖区内各用人单位实行空岗上报制度，用人单位出现岗位空缺或新增空缺时，需在30日内向市或所在镇（街）劳动就业管理部门报告，经劳动保障部门对岗位内容进行审核、登记和备案后向社会公开发布空岗信息。

（三）建立就业信息发布机制。要建立和完善用人单位空岗信息发布机制，通过人力资源市场窗口信息系统、求职网站、市政广场公共视频、村居宣传栏等媒介发布各类空岗信息，搭建良好的沟通平台。根据企业和求职者的不同需求，由市劳动保障局和市信息办牵头，建立劳动就业信息专用网站，为用人单位和各类求职人员提供就近、便捷的用工招聘、个人求职、就业推荐、招聘会平台、就业资讯、政策法规等网络平台服务。

四、加强职业技能培训，全面推进素质就业

（一）进一步整合职业教育和培训资源。各有关

单位要充分利用我市具备职业技术培训条件的职业技术学校、技工学校、镇成人文化技术学校以及企业、民办高校等培训资源开展职业教育和培训；整合全市培训资源，分工合作，联合打造精品培训项目；通过科学分析我市目前和今后几年人力资源需求情况，合理配置我市培训资源，确定培训机构、工种和级别，形成“市场引导培训、培训促进就业”机制，进一步完善具有增城特色的“教育与培训相结合、公办与民办相结合、以市场为主导、以职业资格证书制度为核心、突出技能训练”的培训鉴定新体系。

（二）改进培训方式，开展以就业为导向的培训。要坚持以社会需求、针对性、实效性为原则，以就业为导向，大力开展就业和创业培训。

1. 认真开展常规培训。要利用现有的培训力量开展电工、焊工、中式烹调师、汽车维修工等工种的培训，实行免费培训；逐渐加大中、高级工的培训力度，同时根据劳动者的实际工作需要，开展“二次职业技能培训”，实现培训与就业的“无缝对接”。

2. 着力抓好订单培训和定向培训。要充分利用我市培训资源，针对新办企业、用工量大和技术含量高的企业的用工需求，结合其岗位技能要求，通过校企合作的形式开展订单和定向培训，培养出符合用人单位岗位要求的各类人才。

3. 着力抓好创业培训。加强对有意愿、有条件创业的人员的创业培训，培训的重点内容包括市场开发、营销、用工管理、相关政策法规等。

4. 开展岗前职业道德培训。加强对城乡新增劳动力和新招用人员进行岗前培训，培训的内容包括就业观念、职业道德、政策法规等。

五、建立培训及就业援助机制，完善和落实相关扶持政策

（一）落实职业技能培训和鉴定补贴。

1. 根据《国务院关于做好促进就业工作的通知》（国发〔2008〕5号）和《广东省人民政府关于进一步做好促进就业工作的通知》（粤府〔2008〕55号）精神，对本市城乡劳动力的培训实行统一的财政补贴政策。对经劳动保障部门批准具有培训资质的培训机构或用人单位，组织本市劳动力进行技能培训并取得国家职业资格证书的给予培训和鉴定补贴。

2. 对技能提升培训实行补贴。持有初级资格证或具备初级职业素质的本市劳动力参加中级工培训、持有中级资格证或具备中级职业素质的本市劳动力参加高级工培训均可获得政府资助。

3. 落实企业在岗职工的在职技能培训经费。按照省委办公厅、省府办公厅《关于进一步加强高技能人才工作的实施意见》（粤府发〔2006〕29号）的要求，监督企业按职工税前工资总额的2.5%足额提取职工教育经费，其中60%以上用于一线职工的教育和培训，培训的重点要投向技能型人才特别是高技能人才的培训以及在岗人员的技术培训。

（二）落实税收优惠政策。根据《国务院关于做好促进就业工作的通知》（国发〔2008〕5号）、《中华人民共和国增值税暂行条例》（国务院令第134号）和《财政部、国家税务总局关于农民专业合作社有关税收政策的通知》（财税〔2008〕81号）精神，我市辖区内的城镇登记失业人员和农村劳动力创办企业并符合相关规定条件的，可按国家规定享受税收优惠政策。符合有关残疾人就业优惠条件的，可享受现行增值税、营业税、企业所得税、个人所得税等税收优惠政策。

（三）落实收费减免政策。除国家限制的行业（包括建筑业、娱乐业以及销售不动产、转让土地使用权、广告业、房屋中介、桑拿、按摩、网吧、氧吧等）外，我市辖区内的城镇登记失业人员和残疾人员从事个体经营的，按《国务院关于做好促进就业工作的通知》（国发〔2008〕5号）规定免收属于管理类、登记类和证照类的各项行政事业性收费，政策扶持期限最长不超过3年。

（四）落实用人单位招用工补贴。根据《国务院关于做好促进就业工作的通知》（国发〔2008〕5号）和《广东省人民政府关于进一步做好促进就业工作的通知》（粤府〔2008〕55号）精神，对我市辖区内的企业、个体经济组织、民办非企业单位（社团）以及等组织（简称用人单位），以及由我市政府投资或扶持开发的临时性、辅助性或替代性岗位，政府投资建设项目的管理、维护岗位，政府及其部门开发的公共事务协管岗位等公益性岗位，新招用本市劳动力并与其签订1年以上劳动合同的，缴纳同期社会保险，根据签订劳动合同的期限，按每人每月100元的标准，给予累计不超过3年的社会保险补贴。

（五）落实小额担保贷款政策。建立我市小额担保贷款政策，创新小额担保贷款管理模式。根据《国务院关于做好促进就业工作的通知》（国发〔2008〕5号）精神，凡符合法定劳动年龄、具有完全民事行为能力、具备一定劳动技能和就业愿望的本市户籍城镇登记失业人员和农村劳动力进行自主创业或合伙经营的，其自筹资金不足，在贷款担保机构承诺担保的前提下，可向我市开办自主创业小额担保贷款业务的商业银行申请小额担保贷款。

（六）落实自主创业补贴。根据《关于切实加强就业再就业工作的实施意见》（穗府〔2006〕61号）精神，凡本市户籍城乡劳动力进行自主创业并领取了营业执照的，按每人每月100元的标准，对持照者本人给予累计不超过3年的社会保险补贴。

（七）职业介绍补贴。根据《中华人民共和国就业促进法》第三十六款规定，凡在我市辖区内持有《职业中介服务许可证》的各类职业中介服务机构和村（居）劳动保障工作站对我市户籍城乡劳动力提供免费职业介绍服务的，可按实际成功就业人数向市就业办申请职业介绍补贴。补贴按100元/人/月×实际成功就业人数的标准计算。

以上各项补贴政策由市就业工作领导小组根据国家、省、广州市和增城市相关规定制订具体实施细则。

六、进一步完善就业工作责任制，建立就业工作问责机制

（一）建立健全就业工作责任制。

继续强化就业工作目标责任制度。各镇街和各部门要高度重视就业工作，要把促进就业工作作为事关发展全局的“民心工程”来抓，认真履行工作职责，根据各自职能积极配合做好就业工作。具体分工由市就业工作领导小组另行制订。

（二）健全就业工作的考核和奖励机制。

为进一步健全我市的就业工作目标考核和奖励机制，依法加强对有关部门促进就业工作的监督检查和考核，为就业工作营造良好的舆论环境和社会氛围。由市就业工作领导小组牵头，每年组织各有关部门对就业工作目标责任制的落实情况进行考核。考核的内容包括组织领导工作、执行政策措施情况、就业工作的实际效果等。在市就业专项资金中设立“年终表彰奖励劳动就业先进单位”项目，用于奖励就业工作先进单位和先进人员。

1. 按年度完成市下达的各项就业指标的镇（街），由市委、市政府授予其“增城市劳动就业工作先进/达标单位”称号，根据任务完成情况，成绩排名前三名的镇街由市政府授予先进单位称号，并给予适当奖励。

2. 按年度完成市下达的就业指标的企业，由市政府授予其“增城市劳动就业工作先进单位”称号，并给予适当奖励。

3. 按年度完成市下达的就业指标的各村（居）劳动保障工作站，由市政府授予其“增城市劳动就业工作先进村（居）工作站”称号，并给予适当奖励。

4. 对在年度工作中积极配合市委、市政府和劳动保障部门做好各项促进就业工作，并做出显著成绩的部门，由市政府授予其“增城市劳动就业工作先进单位”称号，并给予适当的奖励。

5. 对在年度工作中做好劳动就业工作，为城乡劳动者就业作出突出贡献的各镇（街）、市府直属有关单位、村（居）、企业和劳动就业部门的有关负责人和工作人员，由市政府授予其“增城市劳动就业工作先进工作者”称号，并给予适当的奖励。

6. 每年对本市自主创业人员中开展一次评选，根据劳动合同签订率、招用本市劳动力的比例、社会保险参保和缴费情况、缴纳税收情况以及创造经济效益情况，评选出20名的自主创业示范户，设立“自主创业模范奖”。

每年的就业工作目标责任制考核办法和奖励标准，由市就业工作领导小组制订，报市委、市政府审定后组织实施。

（三）建立就业工作问责制度。

为建立我市完善的就业工作责任制度，我市从2009年起，建立就业工作问责制度，把就业工作列为政绩考核的一项重要内容。各镇街及市府直属有关单位在我市年度就业工作考核中不达标的，或在广州市以上部门到我市检查发现就业工作严重滞后的，依据《中华人民共和国行政监察法》与《增城市领导干部问责暂行办法》给予其主要领导、分管领导和直接责任人免职处理，涉及违纪行为的追究领导责任，同时给予纪律处分；如果行政机关公务员违法违纪涉嫌犯罪的，移送司法机关依法追究刑事责任。

各镇街及有关单位有下列情形之一的，由市委、市政府予以通报批评，并责令改正，不及时改正并产生严重后果的，给予其主要领导、分管领导和直接责任人免职处理，涉及违纪行为的追究领导责任，同时给予纪律处分；如果行政机关公务员违法违纪涉嫌犯罪的，移送司法机关依法追究刑事责任：

1. 对就业工作组织领导不力，对存在的突出问题不及时研究解决，造成严重后果的。

2. 镇（街）、村（居）就业机构不健全，人员和就业经费不落实的。

3. 没有认真执行各项就业工作目标任务，导致没有按时按质完成目标任务的。

4. 未能严格贯彻国家、省、广州市以及增城市就业政策和措施，导致就业政策得不到有效落实的。

5. 对采取虚报、隐瞒实情或者伪造证明材料等手段骗取、冒领各项就业补贴的。

各镇街、各部门要结合工作实际认真贯彻执行，在执行过程中遇到问题，请径向市劳动保障局反映。

二〇〇九年四月二十日

主题词：劳动　就业　通知

抄送：市委各部委办，市人大办，市政协办，市纪委，市武装部，市法院，市检察院，各人民团体，增城日报社。

增城市人民政府办公室综合科　　2009年4月20日印发

关于2009年增城市推进政务公开工作的意见

增府办〔2009〕16号

各镇政府、街道办事处，市府直属各单位：

根据《中华人民共和国政府信息公开条例》（以下简称《公开条例》）、广东省人民政府办公厅《关于进一步推进公共企事业单位办事公开的意见》（粤府办〔2009〕4号）和《关于2009年广州市深化政务公开工作的意见》（穗府办〔2009〕17号）的精神，经市政府同意，提出2009年我市推进政务公开工作意见如下：

一、进一步加强政府门户网站建设，充分发挥政府网站公开的主渠道作用

（一）加强市政府门户网站建设。一是要完善和优化政府信息公开目录系统建设，做好全市政府信息的征集、编辑、发布工作；按照主动公开和依申请公开制度的要求，组织各单位全面清理、更新市政府门户网站已收录的服务事项、服务指南及相关内容，确保市政府门户网站内容得到及时更新、充实。二是要进一步整合政府门户网站互动资源，完善和优化“政民互动”、“网上访谈”等栏目，充实互动内容，提升互动功能；建立健全市民意见征集工作机制，围绕市政府中心工作和重大工作事项，广泛征集市民群众对政府决策的意见和建议，及时反馈采纳市民意见和建议的情况。三是要探索建立网上服务质量考评机制，采取用户评价、社会监督员日常监督、抽查等形式开展考评工作，定期通报考评结果。四是要加强对镇街、部门门户网站（页）建设的指导和规范，开办网上服务窗口，促进市、镇街（部门）政府网站体系不断完善，逐步实现资源共享和条块联动，提升全市政务公开工作水平。（责任单位：市信息办、市政务公开办）

（二）加强镇街、部门门户网站（页）建设。各镇街、各部门要积极创造条件，加快本单位、本部门网站（页）建设，按照深入贯彻实施《公开条例》、深化政务公开的要求，认真编制信息公开目录和指南，规范信息公开内容，将本镇（街）、本部门的机构设置、工作职责、办事内容、办事依据、办事条件、办事程序、办事时限、办事结果、服务承诺等信息上网发布；以便民利民为目标，以“权、钱、人、事”等事项为重点，加大推行政务公开的力度。（责任单位：各镇街、各部门）

二、进一步加强政务公开制度建设，规范政务公开内容和形式

（一）加强政务公开制度建设。根据中央、省和广州市的有关规定，结合我市实际，进一步建立健全各项工作制度，使政务公开的各方面、各个环节都有规可依、有章可循。一是完善主动公开和依申请公开制度，建立健全主动公开和依申请公开的目录，编制公开指南，规范公开内容、时限和程序。二是建立健全考核评议制度，合理确定考评内容，量化考评标准。三是完善责任追究制度，建立从主管部门到公开主体，从各工作机构到各岗位，从领导干部到具体办事人员的责任明确、主体清晰的责任体系。（责任单位：市政务公开办、市信息办、市公开监督评议办）

（二）规范政务公开内容，做好主动公开。按照“公开是原则、不公开是例外”的要求，进一步规范政府信息公开内容。凡是《公开条例》等法律法规规定属于公开范围的政府信息都应依法公开，真正做到应公开的政府信息全部及时地公开；行政机关在公开政府信息时应当依照《中华人民共和国保守国家秘密法》以及其他法律、法规和国家有关规定对拟公开的政府信息进行审查，对于涉及国家秘密、商业秘密、个人隐私等政府信息应依法确定是否不公开。要加快政府信息公开内容的更新速度，对工作中产生的新信息，按照《公开条例》要求及时准确公开。同时，各单位要根据各自职责分工，及时规范上报主动公开的信息，市信息办要主动收集信息，及时在市政府门户网站予以公开。（责任单位：市政务公开办、市信息办、各镇街、各部门）

（三）切实做好依申请公开工作。进一步明确申请公开的内容、条件、程序等，并向社会公示；规范受理范围，严格按照统一的受理格式文本操作，规范程序，及时响应并在规定时限内有效答复申请人在“依申请公开”、“业务咨询”等互动栏目提出的咨询、提供信息、投诉。要加强涉及政府信息公开的行政复议、行政诉讼案件的研究和分析，使政府信息公开工作有章可循，确保信息公开的制度化、规范化。（责任单位：市法制办、市信息办、市政务公开办）

（四）创新载体，丰富和规范公开形式。本着便民利民的原则，不断创新政务公开形式，除采取公开栏、电子显示屏、便民资料等形式外，重点利用四种载体进行公开，不断增强政务公开的实用性、实效性。一是要利用政府网站（页），着重加强网站栏目建设，增强网上办事功能，提高互动交流性。二是要利用报纸、广播、电视等新闻媒体。开辟政务专版，定期发布政府信息。三是要利用各种示政于民、问政于民的会议，如新闻发布会、信息通报会、听证会、民主评议会等。要进一步完善新闻发言人制度，按照

及时准确、公开透明、有序开放、有效管理的要求，及时发布权威信息，防止因信息发布不及时，舆论引导不得力造成负面影响，提高舆论危机处理能力，有效地促进政府信息的及时披露。四是要利用好行政审批服务中心，将各项审批事项的内容、依据、办理程序等在服务中心公布。（责任单位：市政务公开办、市委宣传部、市审批服务中心、各镇街、各部门）

（五）加强政务公开示范点建设。今年市政府将在基础条件较好的镇街或职能部门中选取1-2个单位作为试点，开展政务公开、办事公开示范点创建活动。通过示范点建设，以点带面，促进全市政务公开工作水平整体提升。（责任单位：市政务公开办、市信息办、有关镇街和职能部门）

三、加快推进网上审批，进一步提高政府行政效能和公共服务能力

（一）进一步精简行政审批和管理事项。进一步转变职能，按照职权法定、权责一致的要求，在深化行政审批制度改革的基础上，全面清理行政职权，依法合理确定本部门职责范围和行政权限，尽量精简行政审批和管理事项，规范行政权力的自由裁量权，建立健全行政决策的责任制度。（责任单位：市法制办、各有关职能部门）

（二）加快推进网上审批。有行政审批权力的部门要按照行政权力透明运行的要求绘制每一项行政权力运行程序的流程图，明确并公开行使条件、承办岗位、办理时限、监督制约环节、相对人的权利、投诉举报等内容，统一工作标准，优化行政审批程序，明晰服务指引，提高行政效能和公共服务能力，稳步推进网

上审批。（责任单位：市信息办、有行政审批权力的部门）

（三）进一步规范行政审批服务中心建设，提高窗口服务效能。要按照便民、快捷、公开的原则，进一步建立和完善各项规章制度，逐步将涉及企业投资、经营、管理的审批管理部门集中到市审批服务中心大厅，为市民和企业提供便捷高效的审批一站式服务；严格实行限时办结制和服务承诺制，减少办事环节，规范办事程序，切实提高办事效率和服务水平。要充分发挥行政效能电子监察专用网作用，加强对行政审批事项、政府采购中心、工程建设招投标市场等的监察，强化对办事流程的动态网络监督。（责任单位：市审批服务中心、市政务公开监督评议办）

四、大力推进公共企事业单位办事公开

（一）教育部门管理的公共企事业单位。要围绕解决“上学难、上学贵”问题，以加强招生考试管理、规范教育收费为主线推行校务公开。向社会公布校务公开目标管理、考核评估等制度，办学资格、学籍管理办法和入学条件，收费项目、依据、标准、用途和使用情况，招生考试政策、计划、推行和结果，咨询服务方式，监督渠道和查处结果，保送生、特长生选拔和学生评先选优情况，各类资金和助学物资发放情况等。（责任单位：市教育局）

（二）卫生部门管理的公共企事业单位。要围绕解决“看病贵”问题，以规范药品价格、医疗服务价格等为重点推行院务公开。向社会公布医疗服务、医用耗材和药品等项目的价格信息，门（急）诊、住院医疗费用明细清单等制度，行风建设情况和监督渠道；向患者公开收费项目、依据、标准和使用情况，提供医疗收费查询、信息咨询和病历资料复印的服务。（责任单位：市卫生局）

（三）供水、供电、供气等公共企事业单位。要以便民利民为出发点，向社会重点公布办事项目、依据、程序、时限和结果，收费项目、依据、标准、时间和代收代办项目，服务范围、站点、承诺，纪律规定，新出台政策，公共服务调整计划，故障处理情况，工程招投标，物资采购的方式和结果，监督渠道等内容。（责任单位：市市政局、供电局、自来水公司、农机中心等单位）

（四）交通、公路等具有行政执法职能或受委托行使执法权的公共企事业单位。要向社会重点公布行政执法的法律、法规、政策，职责任务，管理权限，纪律规定，收费和处罚的项目、依据、标准、结果、缴费办法，对工作人员违法、违纪的处理规定，监督渠道等信息。（责任单位：市交通局、公路局）

（五）环境保护事业单位。要主动公开环境保护的法律、法规、政策及标准，大气环境、水环境、声环境、辐射环境等质量监测服务，建设项目环境影响评价服务，委托检测服务等各类服务收费的标准、依据、用途和使用情况，咨询服务的范围、时间、地点和联系方式，监督渠道等内容。（责任单位：市环保局）

（六）人口和计划生育事业单位。要主动公开单位职能权限、工作标准、岗位职责和行为规范，服务的范围、依据、时限、站点、流程、结果以及违诺责任和处理办法，收费的项目、依据、标准、用途和使用情况，对工作人员违法、违纪的处理规定，便民服务电话和监督渠道等内容。（责任单位：市人口计生局）

各公共企事业单位主管部门要积极指导、督促下属公共企事业单位做好办事公开工作，在本部门政务网站上有效整合并及时更新下属各企事业单位办事公开信息，同步报送市信息办（政府门户网站）。

五、加强领导，强化监督，确保政务公开取得实效

（一）健全领导体制和工作机制，落实责任制。政务公开是一项涉及面广、政策性强、人民群众极为关注的系统工程、民心工程。各单位要把政务公开工作列入本部门、本单位的重要议程，予以高度重视；要认真落实“党委统一领导、政府主抓、政府办公室组织协调、纪检监察机关监督检查”领导体制和工作机制，有组织、有步骤、有目标地开展工作。各镇街、各部门是实施政务公开的责任主体，要切实负起主体责任，加强领导，落实专门的工作机构、配备工作人员，保障工作经费，形成一级抓一级、层层抓落

实的工作机制，确保政务公开各项工作稳步推进。各单位要在6月4日前将本单位的年度工作计划、工作机构及工作人员名单报市政务公开办（设在市府办综合科）。（责任单位：市政务公开办、各镇街、各部门）

（二）加强业务培训。今年，市政府将加强对全市政务公开信息员进行业务培训，增强工作人员正确区分政府信息三种属性（即主动公开、依申请公开和不予公开）及政府信息收集、整理等方面的能力，提高妥善办理依申请公开回复事项的水平，确保政府网站（页）得到有力维护、内容得到及时更新。适时组织学习交流活动，总结推广各单位的经验和做法，研究解决实际工作中遇到的问题。加强政府信息公开保密审查培训，提高工作人员做好政府信息公开保密审查工作的能力，确保在增强政府工作透明度、保障公众知情权、促进依法行政的同时不发生泄密问题。（责任单位：市政务公开办、市信息办、市保密局）

（三）加强监督检查，建立和完善考评机制

要把政务公开作为党风廉政建设责任制的一项重要内容和奖惩的重要依据，制定政务公开工作考核评议办法，开展对各镇街、各部门的政务公开情况及政务网站（页）的建设情况进行监督检查和考评。对推进政务公开工作进展缓慢、效果不好、群众不满意的，要采取措施，限期解决；对不按要求进行公开或公开内容失实的要责令改正；对在工作中搞形式主义、做表面文章、落实不力的，要予以通报批评并限期整改。（责任单位：市公开监督评议办、市政务公开办、市信息办、市法制办）

二〇〇九年五月二十六日

主题词：行政事务　政务公开△　意见

抄送：市委各部委办，市人大办，市政协办，市纪委，市武装部，市法院，市检察院，各人民团体，增城日报社。

增城市人民政府办公室综合科　　2009年5月26日印发

印发《增城市经济适用住房制度实施办法（试行）》和《增城市城镇廉租住房保障制度实施办法（试行）》的通知

增府〔2009〕17号

各镇政府、街道办事处，市府直属各单位：

《增城市经济适用住房制度实施办法（试行）》和《增城市城镇廉租住房保障制度实施办法（试行）》业经第十三届33次市人民政府常务会议和第十一届71次市委常委会议讨论通过，现印发给你们，请认真贯彻执行。在执行中遇到的问题，请径向市国土房管局反映。

二〇〇九年六月十一日

增城市经济适用住房制度实施办法（试行）

第一章 总 则

第一条 为改进和规范本市经济适用住房管理，根据国务院《关于解决城市低收入家庭住房困难的若干意见》（国发〔2007〕24号）、《广州市经济适用住房制度实施办法（试行）》及其他有关法律、法规、规章和规范性文件，结合本市实际，制定本办法。

第二条 本市辖区内城市低收入住房困难家庭申请购买经济适用住房及其相关管理活动适用本办法。

第三条 本办法所称的经济适用住房，是指政府提供优惠政策，限定建设标准、供应对象和销售价格，购房人拥有有限产权、具有保障性质的政策性住房。

经济适用住房套型建筑面积控制在60平方米左右。

第四条 市住房制度改革领导小组办公室（以下简称市房改办）负责本市经济适用住房的管理工作。

市国土房管、纪检监察、发展改革、公安、民政、财政、人事、规划、劳动保障、建设、审计、统计、物价、市政、工商等政府职能部门应当按照职责分工，分别协助做好经济适用住房建设、申购和管理工作。

各镇政府、街道办事处应设专人负责经济适用住房的申购受理、审核等工作，相关工作经费纳入市、镇（街）两级财政预算。

第五条 市房改办应当做好本市城市低收入家庭住房困难情况的调查摸底工作，根据社会需求和本市经济社会发展水平编制本市经济适用住房年度计划和发展规划，报市政府批准后公布执行。

第二章 申请购买条件

第六条 申请购买经济适用住房的家庭应当同时符合以下条件：

（一）申请人及共同申请的家庭成员具有本市辖区城镇户籍，并在本市工作或居住；

（二）家庭年人均可支配收入、家庭资产净值符合市政府公布的标准（详见附件1）；

（三）无自有产权住房，或现自有产权住房人均居住面积低于10平方米；

（四）未享受过以下购房优惠政策：

1. 按房改成本价或标准价购买公有住房；
2. 购买解困房、安居房、经济适用住房；
3. 参加本单位内部集资建房；
4. 落实侨房政策专用房；
5. 拆迁安置新社区住房；
6. 政府提供的其他购房优惠政策。

（五）申请人及共同申请的家庭成员在申请之日前5年内没有赠与、购买或出售过房产。

镇政府、街道办事处负责对申请人家庭收入情况的审查核实，市房改办会同房屋管理部门负责对其住房困难的审查核实。

市房改办对前款第（二）、（三）项规定条件实行动态化管理，并会同市财政局、市民政局每年度根据本市经济社会发展水平和住房价格水平进行调整，报市政府批准后公布执行。

第七条　申请购买经济适用住房应当以家庭为单位并实行家庭成员全名制，申请人与其共同申请的家庭成员应当是户口簿记载的有法定的赡养、抚养或收养关系。

户籍因就学、服兵役等原因迁出本市的，可作为家庭成员共同申请。

第八条　符合经济适用住房申购条件，以公房租金标准租住公房的家庭，可以申请购买经济适用住房；按照《增城市城市廉租住房保障制度实施办法（试行）》规定退出廉租住房保障的家庭，可优先购买经济适用住房。属上述情况的家庭在购买并入住经济适用住房后，应当在3个月内退回原租住的公房或廉租住房；逾期不退的，按原价退回所购买的经济适用住房。

第三章　申请购买程序

第九条　申请购买经济适用住房按照以下程序进行：

（一）领表：申请人凭户口簿、身份证向户籍所在地镇政府、街道办事处领取《增城市经济适用住房申购表》（以下简称申购表）。

（二）申请：申请人应当按要求如实填写申购表，并向户籍所在地镇政府、街道办事处提交申购表和相关材料，镇政府、街道办事处应当按本办法第十条的规定受理申请。

（三）初审和公示：镇政府、街道办事处应当自接到申请之日起20个工作日内会同辖区内的房管分局（所、站）对申请人户籍、收入、资产、住房等情况通过入户调查、邻里访问以及信函索证等方式进行调查核实。申请人应当接受调查，如实提供有关情况，有关组织或者个人应积极配合。镇政府、街道办事处调查核实后将申请人家庭人口、现居住地点、住房状况、家庭收入、家庭资产、工作单位等情况在申请人所居住的社区进行公示，公示时间不少于10个工作日；申请人户籍所在地和实际居住地不一致的，实际居住地镇政府、街道办事处应配合调查、核实，实际居住地和户籍所在地镇政府、街道办事处应当同时组织公示，公示时间不少于10个工作日。任何组织或个人对公示的情况有异议的，应当在公示期内书面向镇政府、街道办事处提出，镇政府、街道办事处应当自接到异议之日起10个工作日内重新调查核实。经公示无异议或经核实异议不成立的，受理申请的街道办事处、镇政府应当在5个工作日内将申请资料和审核意见提交市房改办。

（四）复核和评分：市房改办应当自收到初审资料之日起15个工作日内会同市国土房管局、市民政局完成复核，并按本办法对申请人情况进行评分（评分标准依照附件2执行）。

（五）批准和公示：市房改办应当自会审评分完成之日起10个工作日内将经复核、评分符合申购资格的申请人姓名、工作单位、现住房地址、现住房条件、家庭人口、家庭人均居住面积、家庭年人均可支配收入、家庭资产情况、受理单位和方式等在市国土房管局网站或《增城日报》上公示，公示时间不少于10个工作日；对公示情况有异议的组织和个人，应当在公示期内书面向市房改办提出。市房改办应当自接到异议之日起10个工作日内重新调查核实，经公示无异议或经核实异议不成立的，市房改办应当在5个工作日内批准申请人取得购房资格并公告，同时向申请人发放有效期为3年的准购证明。

（六）轮候：市房改办应当将取得购房资格的申请人按照得分高低排列轮候顺序；分数相同的，通过摇珠方式确定轮候的先后顺序。

（七）配售通知：市房改办根据房源情况，并按照轮候顺序向申请人发出配售通知。

（八）选房：接到配售通知的轮候人可根据配售项目房源情况选择购房或继续轮候。选择购房的，申请人可挑选住房3次。申请人选定住房后，应当当场签订选房确认书，并在规定时间内签订购房合同。申请人拒绝选房，或经3次选择不能选定住房，或已签订选房确认书但未在规定时间内签订购房合同，或取得房号后放弃购房的，均视同放弃本次购买资格；放弃购买资格的，两年后方可重新申请购房。

第十条　申请购买经济适用住房应当提交以下材料：

（一）申购表及户口簿、身份证、结婚证、单位或镇政府、街道办事处出具的计划生育证明，丧偶或离异的，提供相关证明。

（二）现住房证明：在户籍所在地、实际居住地或外地拥有房产的证明资料及共同提出申请的家庭成员所拥有的其他房产的证明资料；承租住房的，提供租赁合同；有工作单位的，提交单位住房分配情况证明。

（三）申请人及共同申请的家庭成员上一年度收入证明（工资收入含奖金、各类补贴、加班费或其他收入），上一年度个人所得税完税证明或单位代扣代缴凭证；未就业的，提供失业证或其他相关证明；个体工商户或投资办企业的，提供营业执照、上一年度个人所得税及相关税收缴交凭证。

（四）大中专院校毕业后取得本市城镇户籍的，提供毕业证书及在增城工作的相关证明。

（五）因就学、服兵役等原因户籍迁出本市的，提供原户籍所在地派出所证明。

（六）现役军官、军队文职干部提供经市军队转业干部办公室确认的符合转业安置本市条件的证明材料。

（七）属烈士遗属、优抚对象、移交政府安置的军队离退休或离职人员、转业复员军人、孤老、三级以上（含三级）的残疾人以及受到增城市级以上表彰的劳动模范的，提供有关部门的证明材料。

（八）家庭资产情况及相关证明材料。

（九）诚信承诺书。

前款规定的各类证明材料，应当提交经申请人签字确认的复印件，并提供原件核对。同时，需提交收入、资产、住房面积的证明材料（详见附件3）。

第十一条　有关单位应当按照核对要求，在收到市房改办协助查核函后的15个工作日内，完成对申请人家庭的年人均可支配收入、家庭资产、现住房建筑面积的核定。

第十二条　处于轮候状态的申请人家庭在增城年限评分、婚龄评分、轮候评分随着时间变化而相应自动调整。申请人家庭人均居住面积、家庭年人均可支配收入、家庭人员结构、婚姻状况等情况改变的，申请人应当自改变之日起30日内如实向镇政府、街道办事处提交书面材料，镇政府、街道办事处应当根据实际情况重新审核资格条件，按程序报批后调整轮候顺序。

第四章　购房价格及付款方式

第十三条　经济适用住房的销售价格实行政府定价，由物价部门会同市房改办确定或由相关单位报物价部门审批后确定。

第十四条　按照本办法第十三条确定的经济适用住房价格为同一期工程开发住房的基准价格。分割零售单套住房，以基准价格为基础，计算楼层、朝向差价，楼层、朝向差价按整幢（单元）增减的代数和为零的原则确定。

第十五条　购买经济适用住房的家庭可采取一次性付款、申请银行贷款、住房公积金抵押贷款或组合贷款等方式付款。

符合《个人住房贷款管理办法》规定的家庭，可持与市房改办住建办签订的购房合同，向银行申请贷款。个人住房贷款利率执行中国人民银行公布的贷款利率，不得上浮。符合住房公积金贷款有关规定的，应当优先向购买经济适用住房的个人发放住房公积金贷款。

第五章　产权及售后管理

第十六条　经济适用住房产权为有限产权，不得出租、出借，自签订购房合同之日起5年内不得上市交易。

第十七条　经济适用住房的房地产权证上应当注记以下内容：

（一）经济适用住房。

1. 土地未办有偿使用；

2. 不得出租、出借；

3. 5年内不得上市交易。

（二）共同申请的家庭成员姓名和身份证号码。

第十八条　购得经济适用住房不满5年的，不得直接上市交易。购房人因特殊原因确需转让经济适用住房的，由市房改办回购或安排取得经济适用住房购房资格的家庭购买，回购或购买的价格按原购房价格每年扣减1%计算，回购或购买后原经济适用住房性质不变。

第十九条　购得经济适用住房不满5年的，因赠与、离婚析产等原因需要转移房屋产权的，拟接受住房的家庭应当符合经济适用住房申请购买条件，持市房改办出具的有关证明，经房地产管理部门核准后，办理变更登记手续；变更登记后，原经济适用住房性质不变。

第二十条　购得经济适用住房满5年的，购房人可转让经济适用住房，但应当缴纳土地收益等价款，市房改办可优先回购。购房人缴纳土地收益等价款后，可以取得完全产权，房地产管理部门应当在其房地产权证上重新注记。

土地收益等价款按照届时同地段普通商品住房与经济适用住房差价的80%计算，土地收益等价款全额上交市财政。

第二十一条　购得经济适用住房的申请人及共同申请的家庭成员应当在入住后按照户籍管理条例将其户籍迁入新址。

第二十二条　购得经济适用住房后，申请人不再享受政府其他购房优惠政策。

第二十三条　购得经济适用住房的家庭又购买其他住房的，所购经济适用住房由市房改办回购，回购的价格按原购房价格每年扣减1%计算，回购后原经济适用住房性质不变。

第六章　监督管理

第二十四条　购房人提供家庭收入、资产或住房情况等虚假资料，骗购经济适用住房的，按照以下规定处理：

（一）要求其退还所购买的经济适用住房，依法注销其房地产权登记，退回房价款，退回房价款按原购房价格每年扣减1%计算；如该经济适用住房是购房人及共同申请的家庭成员唯一的自有产权住房的，可由购房人按同一地段同一类型商品房市场价补足购房款；

（二）按市场价向其计收从购买之日起至退出经济适用住房之日止的租金；

（三）按照购房合同约定承担民事赔偿责任；

（四）自退出经济适用住房之日起，5年内不再接受其购买经济适用住房申请；

（五）构成犯罪的，移送司法机关追究刑事责任。

对出具虚假证明的组织和个人，由市房改办提请其上级主管部门或监察部门依法追究相关责任人员的责任；构成犯罪的，移送司法机关追究刑事责任。

第二十五条　购房人购房后将经济适用住房出租、出借或无正当理由连续空置6个月以上，或隐瞒发生不符合经济适用住房继续享受条件情形的，按照以下规定处理：

（一）要求其退还所购买的经济适用住房，依法注销其房地产权登记，退回房价款；退回房价款按原购房价格每年扣减1%计算；

（二）依照购房合同约定追回出租、出借所得租金，并承担其他民事赔偿责任；

（三）自退出经济适用住房之日起，5年内不再接受其购买经济适用住房申请。

前款所称的不符合经济适用住房条件的情形包括申请人及共同申请的家庭成员隐瞒在购买经济适用住房后再购买住房，因赠与、离婚析产而获得经济适用住房产权的家庭不符合经济适用住房条件等情形。

第二十六条 市房改办应当定期或不定期组织有关镇政府、街道办事处对经济适用住房购买人及其家庭的住房情况和经济适用住房的使用情况进行随机抽查，对经抽查发现有骗购、出具虚假证明、将经济适用住房出租、出借、无正当理由连续空置6个月以上、再购买其他住房的，或隐瞒发生不符合经济适用住房继续享受条件情形的，依照本办法第二十四条、第二十五条规定处理。

第二十七条 经济适用住房管理有关单位的工作人员在资格审核和监督管理中，玩忽职守、滥用职权、徇私舞弊的，依法追究其行政责任；构成犯罪的，移送司法机关依法追究刑事责任。

申请人及共同申请的家庭成员对申购经济适用住房工作中的行政管理行为有异议或不服的，可以向有关部门投诉、申诉，或依法提请行政复议、行政诉讼。

第七章 附则

第二十八条 单位经批准利用自用土地建设经济适用住房的申购和管理执行本办法，出售的房源应当报市房改办备案。

第二十九条 经批准利用自用土地建设经济适用住房的单位向本单位符合购买经济适用住房条件的家庭出售后的剩余房源，由市房改办按照成本价收购，统筹向其他符合条件的家庭出售，或安排经审批符合购房条件的家庭向单位购买。

第三十条 市房改办应当在经济适用房买卖合同中明确约定购房人应按本办法规定承担的义务和责任。

第三十一条 本办法与今后国家发布的政策有抵触的以国家的政策规定为准。

第三十二条 本办法自印发之日起试行，有效期为3年。有效期届满，根据实施情况依法评估修订。

附件：1. 购买经济适用住房家庭月可支配收入、家庭可支配收、人均住房面积和家庭资产净值限额标准及经济适用住房申请人家庭资产审核内容

2. 经济适用住房轮候打分标准

3. 收入、资产和住房面积的核定

附件1

购买经济适用住房家庭月可支配收入、家庭可支配收入、人均住房面积和家庭资产净值限额标准

<table>
<tr><th>家庭组成（人）</th><th>家庭月可支配收入（元）</th><th>家庭年可支配收入（元）</th><th>年人均可支配收入（元）</th><th>人均居住面积（平方米）</th><th>家庭资产净值限额（万元）</th></tr>
<tr><td>1</td><td>1408</td><td>16893</td><td rowspan="4">16893</td><td><10</td><td>8.5</td></tr>
<tr><td>2</td><td>2816</td><td>33786</td><td><10</td><td>17</td></tr>
<tr><td>3</td><td>4224</td><td>50679</td><td><10</td><td>25.5</td></tr>
<tr><td>≥4</td><td>5632</td><td>67572</td><td><10</td><td>34</td></tr>
</table>

经济适用住房申请人家庭资产审核内容

银行存款	含现金和借出款。
土地、房产	购买和出售的住宅、商业及工业物业，停车位及已协议买卖的房产，以出让方式取得的土地，且房产、土地与借贷情况无关，价值以现估价值为准。
汽车	自用和经营用车辆，价值以现估价值为准。
投资类资产	含企业股份、股票、各类基金、债券等投资类资产。
收藏品	字画、古币、瓷器等古董，黄金、白银等贵金属，邮票、货币等收藏品。
备注	1.拥有资产的申请人及其家庭成员必须提交有关的证明文件（包括纳税证明）以供查阅。 2.申请人在申报家庭资产时，应当将作值800元以上的上述物品全部统计在内。 3.申请人须书面同意主管部门审核包括申请人银行存款在内的所有资产。

附件 2

经济适用住房轮候打分标准

一、按人均建筑面积评分：

1. 无房户计 25 分；

2. 人均建筑面积 3 平方米以下计 20 分；

3. 人均建筑面积 3 平方米以上 6 平方米以下计 15 分；

4. 人均建筑面积 6 平方米以上 9 平方米以下计 10 分；

5. 人均建筑面积 9 平方米以上 12 平方米以下计 5 分；

6. 人均建筑面积 12 平方米以上 15 平方米以下计 1 分

二、按家庭年收入评分：

1. 家庭年可支配收入标准 20%以下计 15 分；

2. 家庭年可支配收入标准 20%以上家庭年收入标准 40%以下计 12 分；

3. 家庭年可支配收入标准 40%以上家庭年收入标准 60%以下计 9 分；

4. 家庭年可支配收入标准 60%以上家庭年收入标准 80%以下计 5 分；

5. 家庭年可支配收入标准 80%以上计 1 分。

上述所称“以下”含本数，“以上”不含本数。

三、按户口在增城年限评分：

参与申请的家庭成员分别计分并累加计算。户口在增城时间每人每年按 1 分累加，超过 6 个月不满 1 年的按 1 分计，6 个月以下（含 6 个月）按 0.5 分计，每户最高分为 20 分。

在增城时间认定：以户口簿登记落户时间为起算时间。

四、按家庭人员结构评分：

申购家庭每户每增加一代加 10 分。

五、按结婚时间评分：

婚龄以申请人婚龄计分，每户每年按 1 分累加，超过 6 个月不满 1 年按 1 分计，6 个月以下（含 6 个月）按 0.5 分计，每户最高分为 20 分。

六、属烈士遗属、优抚对象、移交政府安置的军队离退休或离职人员、转业复员军人、孤老、三级以上（含三级）的残疾人以及受到增城市级以上表彰的劳动模范，每户加 10 分，每户最高分为 20 分。

七、按照《增城城市廉租住房保障制度实施办法(试行)》规定退出廉租住房保障的，每户加 10 分。

八、自进入轮候之日起，每轮候 1 个月加 0.5 分。

九、父母在本市有两套或两套以上住房，子女单独申请购买经济适用住房的，扣 10 分。

十、违反计划生育政策的，扣 20 分。

附件 3

收入、资产和住房面积的核定

一、申购家庭工资总收入的核定：

1. 申购家庭成员属行政、事业单位职工的，由所在单位的劳资部门核定，加盖劳资专用章和单位公章。

2. 申购家庭成员属企业职工的，由所在单位的劳资部门核定，加盖劳资专用章和单位公章；所在单位未设劳动工资管理机构的，加盖单位公章。

3. 申购家庭成员属其他人员的，由户籍所在地镇政府、街道办事处受理、审核确认并加盖公章；居住地与户籍地不一致的，由户籍地镇政府、街道办事处受理，居住地镇政府、街道办事处配合调查确认后提供给户籍所在地镇政府、街道办事处审核确认盖章。

二、申购家庭资产的核定

1. 申购家庭成员拥有汽车及汽车价值的情况，由市房改办提交市公安交警管理部门查核。

2. 申购家庭成员拥有房地产的情况，由市房改办会同房地产管理部门查核。

3.申购家庭成员拥有其他资产的情况，由市房改办提交相关部门查核。

三、自有产权住房建筑面积的核定：

下列住房纳入申购家庭现有（或已有过）自有产权住房面积核定范围：

1. 自行建造的住房，含宅基地住房；

2. 自有私房和通过继承、赠与等方式取得的各类私有住房；

3. 购买的住房；

4. 在 5 年内已出售的住房；

5. 已拆迁补偿的住房（含已取得拆迁补偿款的住房或已签订拆迁安置协议但未拆迁的住房）

增城市城镇廉租住房保障制度实施办法（试行）

第一章 总则

第一条 为完善本市城镇廉租住房保障制度，保障城镇低收入住房困难家庭的基本住房需要，根据国务院《关于解决城市低收入家庭住房困难的若干意见》（国发〔2007〕24号）、《广州市城市廉租住房保障制度实施办法（试行）》和其他有关法律、法规、规章及规范性文件，结合本市实际，制定本办法。

第二条 本市城镇低收入住房困难家庭申请廉租住房保障及相关管理活动适用本办法。

第三条 本办法所称的城镇廉租住房保障制度，是指政府按照规定的条件通过发放租赁补贴、实物配租、公房租金核减等方式，解决城镇低收入家庭住房困难的住房保障制度。

第四条 廉租住房保障以发放租赁补贴为主要方式，同时实行实物配租和公房租金核减等方式。

本办法所称的租赁补贴，是指廉租住房保障部门向符合条件的申请对象按照廉租住房保障的补贴标准发放租金补贴，由其自行租赁住房。

本办法所称的实物配租，是指廉租住房保障部门向符合条件的申请对象提供住房，并按照廉租住房租金标准计收租金。

实物配租的廉租住房套型建筑面积控制在50平方米以内。

本办法所称的公房租金核减，是指对现已承租市直管房和各单位自管公房的低收入住房困难家庭，按照廉租住房租金标准给予减收住房租金（所核减租金由市财政支付）。

第五条 市住房制度改革领导小组办公室（以下简称市房改办）负责本市廉租住房保障的实施工作。

市民政局负责对家庭收入情况的审查核实，市国土房管局负责对家庭的住房困难情况的审查核实，市纪检监察、发展改革、公安、民政、财政、人事、规划、劳动保障、建设、审计、统计、物价、市政、工商等政府职能部门按照职责分工，分别协助做好廉租住房制度的申请和管理工作。各街道办事处、镇政府应当设专人负责廉租住房保障的申请受理、审核等工作。

住房保障的相关工作经费纳入市财政预算。

第六条 本市廉租住房保障水平以保证低收入住房困难家庭基本住房需要为原则，市房改办应当做好本市城镇低收入家庭住房困难情况的调查摸底工作，根据本市经济发展水平、市场平均租金、保障对象的经济承受能力等因素合理确定。

第二章 保障对象

第七条 申请廉租住房保障应当同时符合下列条件：

（一）申请人及共同申请的家庭成员具有本市城镇户籍，并在本市工作或居住；

（二）家庭年人均可支配收入、家庭资产净值符合政府公布的标准（详见附件1）；

（三）无自有产权住房，或现自有产权住房人均居住面积低于10平方米；

（四）未享受过以下购房优惠政策；

1.按房改成本价或标准价购买公有住房；

2.购买解困房、安居房、经济适用住房；

3.参加单位内部集资建房；

4.落实侨房政策专用房；

5.拆迁安置新社区住房；

6.政府提供的其他购房优惠政策。

（五）申请人及共同申请的家庭成员在申请之日前5年内没有赠与、购买或出售过房产。

市房改办对本条第（二）、（三）项规定条件实行动态化管理，并会同市民政局每年度根据本市经济社会发展水平和住房价格水平进行调整，报市政府批准后公布执行。

第八条 申请廉租住房保障应当以家庭为单位，申请人和共同申请的家庭成员必须具有法定的赡养、抚养或收养关系。30岁以上的单身人士，可独立申请。

第三章 申请程序

第九条 申请廉租住房保障按照以下程序进行：

（一）领表：申请人凭户口簿、身份证向户籍所在地街道办事处、镇政府领取《增城市廉租住房保障申请表》（以下简称申请表）。

（二）申请：申请人应当如实填写申请表，并向户籍所在地街道办事处、镇政府提交申请表和相关资料，街道办事处、镇政府按本办法第十条的规定受理申请。

（三）初审和公示：街道办事处、镇政府应当在受理申请之日起20个工作日内，会同辖区内的房管分局（所、站）采取入户调查、邻里访问以及信函索证等方式，完成对申请人的户籍、收入、住房、资产等申报情况的调查和初审。申请人及有关组织或个人应当接受调查，如实提供有关情况。街道办事处、镇政府调查核实后将申请人家庭人口、现居住地点、住房状况、家庭收入、家庭资产、工作单位等情况在申请人所居住的社区进行公示，公示时间不少于10个工作日；申请人户籍所在地和实际居住地不一致的，实际居住地街道办事处、镇政府应配合调查、核实，实际居住地和户籍所在地街道办事处、镇政府应当同时组织公示，公示时间不少于10个工作日。对公示的情况有异议的组织和个人，应当在公示期内书面向街道办事处、镇政府提出，街道办事处、镇政府自接到异议之日起10个工作日内重新调查核实。经公示无异议或经核实异议不成立的，受理申请的街道办事处、镇政府应当在2个工作日内将申请资料和审核意见提交市房改办。

（四）复核和评分：市房改办应当自收到初审资料起15个工作日内会同市国土房管局、市民政局完成复核，并按本办法规定对申请人评分（评分标准按本办法附件2执行）。

（五）批准和公示：市房改办应当在评分完成之日起10个工作日内将经复核符合资格条件的申请人姓名、工作单位、现住房地址、现住房条件、家庭人口、家庭人均居住面积、家庭年人均可支配收入、家庭资产情况、受理单位及拟定的廉租住房保障方式等在市国土房管局网站或《增城日报》上公示，公示时间不少于10个工作日。对公示情况有异议的组织和个人，应当在公示期内书面向市房改办提出异议，市房改办应当自接到异议之日起10个工作日内重新调查核实。经公示无异议或经核实异议不成立的，市房改办应当在2个工作日内批准申请人取得廉租住房保障资格并予以公告，按批准的保障方式进入轮候。

第十条　申请廉租住房保障应当提交以下资料：

（一）申请表及户口簿、身份证、结婚证、单位或街道办事处、镇政府出具的计划生育证明；离异或丧偶的，提供相关证明；

（二）在户籍所在地、实际居住地或外地拥有房产的证明资料，共同申请的家庭成员所拥有的其他房产的证明资料；承租住房的，提供租赁合同；有工作单位的，提交单位住房分配情况证明；

（三）申请人及共同申请的家庭成员上一年度收入证明（工资收入含奖金、各类补贴、加班费或其他收入），以及上一年度个人所得税完税证明或单位代扣代缴凭证；未就业的，提供失业证或其他相关证明；个体工商户或投资办企业的，提供营业执照和上一年度个人所得税及相关税收缴交凭证；

（四）大中专院校毕业后取得本市城镇户籍的，提供毕业证书及在增城工作的相关证明；

（五）因就学、服兵役等原因户籍迁出本市的，提供原户籍所在地派出所证明；

（六）属民政部门核定的低保家庭、低收入困难家庭或市总工会核定的特困职工家庭的，提供《增城市城镇居民最低生活保障金领取证》、《增城市低收入困难家庭证》或《增城市工会特困职工证》，免交本款第三项规定的资料；

（七）属烈士遗属、优抚对象、移交政府安置的军队离退休或离职人员、转业复员军人、孤老、三级以上（含三级）残疾人以及受到增城市级以上表彰的劳动模范的，提供相关证明；

（八）家庭资产情况及其证明材料；

（九）诚信承诺书。

前款规定的各类证明材料，应当提交经申请人签字确认的复印件，并提供原件核对。同时，提供收入、资产、住房面积的证明材料（详见附件3）。

第十一条　有关单位应当按照核对要求，在收到市房改办协助查核函之日起的15个工作日内，完成对申请人家庭年人均可支配收入、家庭资产、现自有产权住房建筑面积的核定。

第十二条　市房改办应当将取得领取租赁补贴或实物配租资格的家庭按评分高低排列轮候顺序，并按轮候顺序发放租赁补贴或配租；分数相同的，通过摇珠方式确定先后顺序。

第十三条　处于轮候状态的申请人家庭在增城年限评分、婚龄评分、轮候评分随着时间变化而相应自动调整。申请人家庭人均居住面积、家庭年人均可支配收入、家庭人员结构、婚姻状况等情况改变的，申请人应当自改变发生之日起30日内向街道办事处、镇政府如实提交书面材料，由街道办事处、镇政府根据实际情况重新审核资格条件，按程序报批后调整轮候顺序。

第四章　租赁补贴

第十四条　租赁补贴按照人均保障居住面积、家庭人口、补贴标准、收入水平等因素确定。

第十五条　租赁补贴计算公式为：租赁补贴=（人均保障居住面积标准−人均现有居住面积）×家庭人口×补贴标准×补贴系数。具体标准如下：

（一）人均保障居住面积标准：居住面积每人10平方米；

（二）家庭人口标准：1人户按1.5人计算，2—4人户按实际人数计算，超过4人的，每增加1人按0.8人计算；

（三）补贴标准：居住面积每平方米10元；

（四）补贴系数标准根据家庭年人均可支配收入情况确定，具体为：

1. 家庭年人均可支配收入为5209—5832元，按补贴标准的55%计发补贴，补贴系数为0.55;

2. 家庭年人均可支配收入为4585—5208元，按补贴标准的70%计发补贴，补贴系数为0.7;

3. 家庭年人均可支配收入为3961—4584元，按补贴标准的85%计发补贴，补贴系数为0.85;

4.家庭年人均可支配收入低于3960元和经民政部门核定的低保家庭、低收入困难家庭或市总工会核定的特困职工家庭，按补贴标准的100%计发补贴，补贴系数为1。

前款规定的补贴标准、补贴系数和计算方法的调整，由市房改办会同市财政部门拟定，按年度报市政府批准后公布执行。

第十六条　租赁补贴按照以下程序发放：

（一）市房改办按照轮候顺序向申请人发出《办理租赁补贴通知》；

（二）申请人自行在指定银行开设银行帐户，并将该帐户的账号提供给街道办事处、镇政府；

（三）街道办事处、镇政府将申请人的银行账号统一报给市房改办；

（四）市房改办核定后发出《租赁补贴发放确认书》；

（五）市房改办按月在指定银行将保障对象的租赁补贴存入申请人或房屋出租人名下的银行账号内；

（六）申请人领取租赁补贴后，须在6个月内向户籍所在地街道办事处提供出租人出具的符合法定条件的租赁合同或由房屋产权人出具的居住证明（证明内容应包括居住面积、时间、住房地址），逾期不提供的，停发租赁补贴。

第十七条 申请人与房屋出租人议定的房屋租金超过核定的租赁补贴标准的，超出部分由保障对象自行承担；低于核定的租赁补贴标准的，按照实际发生金额发放租赁补贴。

第五章 实物配租

第十八条 实物配租方式适用于以下情况：

（一）经民政部门核定的低保家庭、低收入困难家庭或市总工会核定的特困职工家庭且符合廉租住房保障条件；

（二）符合廉租住房保障条件的烈士遗属、优抚对象、移交政府安置的军队离退休或离职人员、转业复员军人、孤老、三级以上（含三级）残疾人等家庭。

第十九条 实物配租的房源包括直管公房、单位存量公有住房、政府收购、改建的住房、新建廉租住房、社会捐赠住房及其他住房。

第二十条 市房改办每季度根据房源情况，按申请人评分情况排序安排廉租住房；分值相同的，通过摇珠方式确定先后顺序。

本期未能承租的申请人加分后进入下一期轮候。

实物配租家庭不服从安置住房分配的，采取发放租赁补贴的方式解决住房问题。

对经民政部门核定的低保家庭、低收入困难家庭或市总工会核定的特困职工家庭，符合廉租住房保障条件的，按照“应保尽保、发现一户解决一户”的原则，凡申请实物配租的，无需轮候，直接安排廉租住房；其租金标准按照使用面积每月每平方米1元计收，其他低收入家庭按照使用面积每月每平方米2元计收。

符合本办法第十八条规定，但家庭人均居住面积超过6平方米或人均建筑面积超过9平方米的，不参加实物配租，直接发放差额租赁补贴。

第二十一条 实物配租按照以下程序进行：

（一）市房改办按照轮侯顺序发出《实物配租轮候通知书》；

（二）申请人办理选房手续；

（三）申请人与市房改办签订廉租住房租赁合同，并办理房屋租赁备案手续，税费缴交按国家有关规定执行；

（四）申请人到房屋所在地相关单位办理入住手续。

第二十二条 承租人负有保证房屋及其设备完好并合理使用的义务，因使用不当或其他人为原因造成房屋及其设备损坏的，承租人应当负责修复并依法承担相关费用。

第二十三条 廉租住房的修缮维护、设备维修更新、危房改造和房屋空置期间产生的物业管理费等相关费用，以及用于回收、回购、收购住房等所需的资金，纳入部门预算，由市财政核拨。

第二十四条 新建的廉租住房在交付使用前，应当具备基本居住条件。原有的廉租住房在投入使用前，由市房改办视实际需要进行基本装修，相关费用纳入房屋修缮经费项目管理，由市财政核拨。

第二十五条 承租人应当及时向供水、供电、燃气、有线电视、电信、环卫、物业管理等单位申请办理开户和变更手续，相关费用由承租人自行承担；接到申请的相关单位应当提供方便，保证承租人正常使用。

第二十六条 廉租住房的租金收缴和房屋修缮等具体事务性工作，可由市房改办委托具备相应资质条件的单位进行管理。

第六章 公房租金核减

第二十七条 经批准符合公房租金核减条件的廉租对象，可直接到各房管分局（所、站）或房屋产权单位办理公房租金核减手续。

对经民政部门核定的低保家庭、低收入困难家庭或市总工会核定的特困职工家庭，符合廉租住房保障条件的，按照使用面积每月每平方米1元标准缴交租金；其他低收入家庭按照使用面积每月每平方米2元标准缴交租金。各房管分局（所、站）或房屋产权单位应当按照上述标准计收住房租金。

第二十八条 各房管分局（所、站）或房屋产权单位应当将办理公房租金核减的情况定期回复市房改办。

第七章 退出机制

第二十九条 保障对象应当在取得廉租住房保障的次年起，每隔2年于3月向市房改办如实申报家庭收入、资产、人口和住房变动情况，市房改办应当会同有关部门对其申报情况进行审核，并按以下规定处理：

（一）经审核符合保障条件的，继续提供廉租住房保障；

（二）经审核家庭收入、资产、人口、住房等情况发生变化，不再符合原核定保障标准、方式，但仍符合其他保障标准、方式的，按对应的保障标准、方式调整；

（三）经审核不再符合保障条件的，取消廉租住房保障。

第三十条 申请廉租住房保障后出现下列情形的，保障对象应当主动申报退出廉租住房保障：

（一）家庭收入、资产已超过规定标准的；

（二）购买或通过其他途径获得住房的；

（三）出现不符合廉租住房保障条件的其他情形的。

第三十一条　廉租住房保障对象主动申请退出廉租住房保障的，按照以下程序进行：

（一）向市房改办提出书面申请；

（二）与市房改办签订退出协议；

（三）按照本办法第三十二条规定办理退出廉租住房保障，其中腾退租住的廉租住房的，应当结清水、电、煤气、电视、电话、物业及其他应当由承租人承担的相关费用，同时将户籍迁出。

第三十二条　取消廉租住房保障的具体办法如下：

（一）领取租赁补贴的，给予保障对象12个月过渡期，过渡期内发放租赁补贴的50%；过渡期满，停止发放租赁补贴。

（二）享受实物配租的，应当腾退租住的廉租住房；暂时无法腾退的，给予12个月的过渡期，过渡期内按公房租金标准计租；过渡期满，仍不腾退廉租住房的，改按公房成本租金标准的50%计租，一年后按公房成本租金标准计租。

（三）享受公房租金核减的，停止减免租金，纳入公房管理，按公房管理的有关规定计收租金。

退出廉租住房保障的家庭，符合经济适用住房申购条件的，经市房改办按照本市有关经济适用房管理规定批准后，可优先购买经济适用住房。

第八章 监督管理

第三十三条　市房改办不定期对廉租住房保障对象进行随机抽查，经抽查不再符合保障条件的，取消廉租住房保障。

第三十四条　不按本办法第二十九条规定及时申报家庭收入、资产、人口和住房变动情况的，市房改办暂停发放租赁补贴，对享受实物配租或公房租金核减的家庭，按公房成本租金标准计收租金。

第三十五条　申请人以虚报、瞒报情况或提供虚假证明材料等手段骗取廉租住房保障的，由市房改办收回房屋，并按同期市场租金标准追缴占用期间的房屋租金，或追回已发放的租赁补贴、已核减的租金；构成犯罪的，移送司法机关依法追究刑事责任。

对出具虚假证明的组织和个人，由市房改办提请其上级主管部门或纪检监察部门依法追究相关责任人员的责任；构成犯罪的，移送司法机关依法追究刑事责任。

第三十六条　有下列情形之一的，市房改办收回房屋，或追回已发放的租赁补贴、已核减的租金，并依法追究相关人员责任；构成犯罪的，移交司法机关依法追究刑事责任：

（一）申请人擅自将租住的住房转让、转租、出借、调换的；

（二）无正当理由连续拖欠租金3个月或累计拖欠租金6个月的；

（三）无正当理由连续空置住房3个月以上的；

（四）擅自对实物配租的住房进行装修和扩建、加建、改建、改变房屋结构或改变其使用性质的；

（五）故意损坏实物配租的住房及其附属设备的；

（六）违反《广州市房屋租赁管理规定》的有关规定的。

第三十七条　违反本办法第三十五条、第三十六条规定的，应当同时取消申请人及共同申请家庭成员的保障资格，5年内不得再申请。

第三十八条　政府职能部门和街道办事处、镇政府工作人员在资格审核和监督管理中玩忽职守、滥用职权、徇私舞弊的，追究其行政责任；构成犯罪的，移送司法机关依法追究刑事责任。

申请人及共同申请人的家庭成员对申请廉租住房保障工作中的行政管理行为有异议或不服的，可以向有关部门投诉、申诉，或依法提请行政复议、行政诉讼。

第九章 附则

第三十九条　本办法与今后国家发布的政策有抵触的，以国家的政策规定为准。

第四十条　本办法自印发之日起施行，有效期3年。有效期届满，依据有关法律法规并结合实际情况评估修订。

附件：1. 家庭月可支配收入、家庭年可支配收入、人均居住面积和家庭资产净值限额标准及廉租住房保障申请人家庭资产审核内容

2. 廉租住房保障轮候打分标准

3. 收入、资产和住房面积的核定

附件 1

家庭月可支配收入、家庭年可支配收入、人均居住面积和家庭资产净值限额标准

家庭组成（人口数）	家庭月可支配收入（元）	家庭年可支配收入（元）	人均居住面积（平方米）	申请人家庭资产净值限额（万元）
1	486	5832	<10	3
2	972	11664	<10	6
3	1458	17496	<10	9
≥4	1944	23328	<10	12

廉租住房保障申请人家庭资产审核内容

银行存款	含现金和借出款。
土地、房产	购买或出售的住宅、商业及工业物业，停车位及已协议买卖的房产，以出让方式取得的土地，且房产、土地与借贷情况无关，价值以现估价值为准。
汽车	自用和经营用车辆，价值以现估价值为准。
投资类资产	含企业股份、股票、各类基金、债券等投资类资产。
收藏品	字画、古币、瓷器等古董，黄金、白银等贵金属，邮票、货币等收藏品。
备注	1. 拥有资产的申请人及其家庭成员必须提交有关的证明文件（包括纳税证明）以供查阅。 2. 申请人在申报家庭资产时，应当将作值800元以上的上述物品全部统计在内。 3.申请人须书面同意主管部门审核包括申请人银行存款在内的所有资产。

附件 2

廉租住房保障轮候打分标准

一、按人均住房建筑面积评分：

（一）无房户计 25 分；

（二）人均建筑面积 3 平方米以下计 20 分；

（三）人均建筑面积 3 平方米以上 6 平方米以下计 15 分；

（四）人均建筑面积 6 平方米以上 9 平方米以下计 10 分；

（五）人均建筑面积 9 平方米以上 12 平方米以下计 5 分；

（六）人均建筑面积 12 平方米以上 15 平方米以下计 1 分；

二、按家庭年人均可支配收入评分：

（一）3960 元以下计 18 分；

（二）3961 元以上 4584 元以下计 12 分；

（三）4585 元以上 5208 元以下计 6 分；

（四）5209 元以上 5832 元以下计 1 分；

三、按户口在增城年限评分：

参与申请的家庭成员分别计分并累加计算。户口在增城时间每人每年按 1 分累加，超过 6 个月不满 1 年的按 1 分计，6 个月以下（含 6 个月）按 0.5 分计，每户最高分为 20 分。

在增城时间认定：以现居住户籍的登记时间为起算时间；

四、按家庭人员结构评分：

申请家庭每增加一代加 10 分。

五、按结婚时间评分：

婚龄以申请人婚龄计分，每户每年按 1 分累加，超过 6 个月不满 1 年按 1 分计，6 个月以下（含 6 个月）按 0.5 分计。每户最高分为 20 分。

六、属烈士遗属、优抚对象、移交政府安置的军队离退休或离职人员、转业复员军人、孤老、三级以上（含三级）残疾人家庭及受到增城市级以上表彰的劳动模范，每户加 10 分，最高不超过 20 分。

七、自进入轮候之日起，每轮候 1 个月加 1 分。

八、父母在本市有两套或两套以上住房，子女单独申请廉租住房保障的，扣 10 分。

九、违反计划生育政策的，扣 20 分。

附件 3

收入、资产和住房面积的核定

一、申购家庭工资总收入的核定：

1. 申购家庭成员属行政、事业单位职工的，由所在单位的劳资部门核定，加盖劳资专用章和单位公章。

2. 申购家庭成员属企业职工的，由所在单位的劳资部门核定，加盖劳资专用章和单位公章；所在单位未设劳动工资管理机构的，加盖单位公章。

3. 申购家庭成员属其他人员的，由户籍所在地镇政府、街道办事处受理、审核确认并加盖公章；居住地与户籍地不一致的，由户籍地镇政府、街道办事处受理，居住地镇政府、街道办事处配合调查确认后提供给户籍所在地镇政府、街道办事处审核确认盖章。

二、申购家庭资产的核定

1. 申购家庭成员拥有汽车及汽车价值的情况，由市房改办提交市公安交警管理部门查核。

2. 申购家庭成员拥有房地产的情况，由市房改办会同房地产管理部门查核。

3.申购家庭成员拥有其他资产的情况，由市房改办提交相关单位查核。

三、自有产权住房建筑面积的核定：

下列住房纳入申购家庭现有（或已有过）自有产权住房面积核定范围：

1. 自行建造的住房，含宅基地住房；

2. 自有私房和通过继承、赠与等方式取得的各类私有住房；

3. 购买的住房；

4. 在 5 年内已出售的住房；

5. 已拆迁补偿的住房（含已取得拆迁补偿款的住房或已签订拆迁安置协议但未拆迁的住房）。

主题词：城乡建设 住房 保障 通知

抄送：市委各部委办，市人大办，市政协办，市纪委，市武装部，市法院，市检察院，各人民团体，增城日报社。

增城市人民政府办公室综合科　　2009年6月12日印发

印发《增城市集中清理整治重大安全隐患破坏生态环境违法生产经营场所的工作方案》的通知

增府办〔2009〕33号

各镇政府、街道办事处，市府直属各单位：

《增城市集中清理整治重大安全隐患破坏生态环境违法生产经营场所的工作方案》业经市第十三届43次市政府常务会议讨论通过，现印发给你们，请认真遵照执行。执行中遇到问题请径向增城工商分局反映。

二○○九年十二月二十八日

增城市集中清理整治重大安全隐患破坏生态环境违法生产经营场所的工作方案

为进一步整顿和规范市场经济秩序，消除重大安全隐患，严防发生重特大安全事故，营造安全、稳定、有序、和谐的经济社会发展环境，市政府决定，从12月上旬起，开展为期5个月的集中清理整治行动，集中清理和整治全市存在重大安全隐患、破坏生态环境的无证照或证照不全的非法违法生产经营场所，特制定方案如下：

一、指导思想

全面贯彻落实深入学习实践科学发展观的总体要求，以创建全国文明城市为契机，紧紧围绕“安全生产年”工作主线，坚持以人为本、科学发展、安全发展原则，按照“安全第一、预防为主、强化监管、综合治理”的方针，重点清理整治存在重大安全隐患及破坏生态环境的无证照或证照不全的生产经营场所，消除安全生产隐患，为我市经济社会平稳健康发展创造安全稳定的环境。

二、工作目标

通过开展5个月的集中清理整治行动，促进我市各级各部门提高执法治理水平，提高群众对安全生产的认识，切实解决安全生产薄弱环节和突出问题，2010年5月1日前，全市安全生产隐患得到有效治理，市场经营管理以及安全生产监管中的重点领域、薄弱环节和关键环节得到有效监控。

三、清理整治的重点范围和对象

此次集中清理整治的重点范围和对象是，经工商部门摸查确定的1153家不具备安全生产条件、存在重大安全隐患、破坏生态环境的无证照或证照不全的生产经营场所（详见附件），包括：

（一）18家生产、加工废燃料油、润滑油等小炼油厂；

（二）3家小电镀厂；

（三）36家漂染厂；

（四）368家废品回收加工厂（店、档、场）；

（五）40家生产、经营和储存危险化学品场所；

（六）39家娱乐服务场所；

（七）2家烟花爆竹经营场所；

（八）647家汽车、摩托车修理厂（店、档）。

四、实施步骤

此次集中清理整治行动分三个阶段。

（一）限期整改阶段（2009年12月1日至12月31日）

1. 工作内容：（1）对符合清拆条件的生产经营场所限期自行清拆；（2）对存在重大安全隐患的生产经营场所采取查封和限期排查整改措施；（3）对基本符合条件的无证照生产经营场所限期申请和办理证照。

2. 组织实施主体：各镇街。

3. 工作措施：（1）增城工商分局和各执法部门根据分办的具体任务和事项，按照“谁许可审批，谁负责”的原则，实施许可前、许可中、许可后全过程监管，在调查核实的基础上，于12月31日前依法逐一向整治对象及其所属镇街发出限期整改通知书；（2）各镇街组织巡查和加强催办，每周巡查登记一次整改记录，督促各生产经营场所将限期整改措施落实到位，并将整改落实情况上报市集中清理整治重大安全隐患破坏生态环境违法生产经营场所工作领导小组办公室（设在增城工商分局）。

（二）综合执法阶段（2010年1月1日至2010年3月31日）

1.工作内容：（1）根据限期整改措施的落实情况，把限期自行清拆未拆、限期排查整改未改、限期申办证照未办的生产经营场所列为重点整治和综合执法对象；（2）各执法部门对重点整治和综合执法对象出具行政处理决定书，委托各镇街送达违法经营户，并在预定的时间内严格执行落实行政处理决定书中依法作出的强制处理措施，依法对其生产经营设备和违法生产经营场所进行查封或强制拆除，查封违禁商品或超范围经营商品，并依法实施销毁。

2.组织实施主体：各镇街。

3.工作措施：（1）各镇街会同增城工商分局有针对性地制定“一案一策”的重点整治方案，明确开展重点整治的主要执法部门和时间安排，向需要实施联合执法的有关部门发出联合执法通知，组成联合执法队伍，依法对重点整治对象的生产经营设备和违法生产经营场所进行查封或强制拆除；（2）各有关部门根据镇街的统一部署和安排，按照各自职责，积极主动开展执法行动。

（三）督查验收阶段（2010年4月1日至4月30日）

1.工作内容：（1）对已备案的清理整治对象，依据整改措施落实达标情况和综合执法措施落实情况进行核实、销号，填报《存在重大安全隐患与破坏生态环境违法生产经营场所摸查整治情况表》（需所属镇街、整治责任部门签章，并附整治前与整治后的相片各两张）；（2）各镇街各部门组织开展“回头看”，认真总结集中清理整治工作成效和薄弱环节；（3）建立健全和完善安全生产清理整治工作长效机制。

2.组织实施主体：（1）市集中清理整治重大安全隐患破坏生态环境违法生产经营场所工作领导小组办公室；（2）各镇街、各许可审批部门和执法部门。

3.工作措施：（1）自查自纠。各镇街、各部门组织开展“回头看”，对已备案的清理整治对象及其整改措施落实情况进行逐一核查。（2）明查暗访。市集中清理整治重大安全隐患破坏生态环境违法生产经营场所工作领导小组办公室组织专门人员、新闻媒体深入各镇街、各部门，对集中清理整治情况进行明查暗访并实施问责。（3）总结表彰。对在集中清理整治工作中作出重大贡献的集体和个人，适时给予表彰和奖励。（4）建章立制。各镇街、各部门，尤其是市整规办、打假办、整治无证照经营行为工作领导小组办公室等综合监管和协调机构要健全完善和落实联席会议制度、信息收集、举报奖励、告知交办、联合执法、日常巡查和考核问责等工作机制，切实做到发现一宗，制止一宗，处理一宗，形成对违法生产经营场所的长期高压打击态势。

五、职责分工

各镇街政府：按照属地管理和守土有责的原则要求，充分履行集中清理整治主体职责，切实承担督促生产经营者限期整改的督办主体、开展部门综合强制执法的组织协调主体或接受委托直接执法的实施主体职责。

增城工商分局：负责牵头协调、组织、开展无证无照或证照不全的违法生产经营场所的整治工作，定期通报无证照生产经营行为查处取缔工作情况，研究制订工作措施，确保全市查处工作取得实效；依法查处无须取得许可证但应当取得营业执照或已经取得许可证但未依法领取营业执照，已被依法吊销营业执照或营业执照有效期届满以后未按规定重新办理登记手续，擅自从事生产经营活动的行为；依法协助有关职能部门查处未经许可审批，擅自从事经营活动的行为；及时下达行政处理通知书和采取查封、扣押等强制措施查处取缔无证照生产经营行为和场所；依法清理整治废品回收加工店档。

市安监局：负责对全市安全生产工作实施综合监管，指导和协调各镇街、各职能部门加强对生产经营单位的安全监管；依法查处未经许可审批、不具备安全生产条件的生产经营行为；依法对生产、储存危险化学品及烟花爆竹生产、销售经营等须经安全生产许可审批的经营活动进行监督检查。

市环保局：依法对危险废物、严控废物等经营活动进行监督检查；严厉打击和清理整治生产、加工废燃料油、润滑油等小炼油厂，小电镀厂，无牌无照或证照不全的漂染厂，以及各类未经许可审批，尤其是排放污染物、破坏生态环境的违法行为。

市文广新局：依法对娱乐场所、营业性演出、互联网上网服务营业场所等经营活动的监督管理；依法查处无牌无照或证照不全的娱乐服务场所及其他未经许可审批或超范围经营的场所。

市交通局：依法对汽车、摩托车等机动车维修经营活动进行监督管理；依法查处无牌无照或证照不全的汽车、摩托车等机动车维修经营店档，以及其他未经许可审批或超范围经营的场所。

市公安局：依法对特种行业、危险化学品运输、剧毒化学品和易制毒化学品使用、运输及其他须经许可方可从事的经营活动进行监督检查；在各镇街和牵头执法部门强制拆除违法生产场所期间做好安全保卫工作，派出适当警力到现场维持秩序并配合其他部门开展执法，做好群体性事件的预警，处置妨碍执法案件。

防火监督大队：依法对生产经营的企业和场所进行消防审查验收；对互联网上网服务营业场所、娱乐场所等公众聚集场所进行监督检查，对违法行为进行查处；在集中清理整治行动中，对不符合消防安全有关管理规定的生产经营场所及其所属镇街发出限期整改通知书和行政处理决定书，积极配合综合执法行动。

市规划局、建设局和城监大队：依法对部门许可审批事项，尤其是涉及安全生产的许可审批事项进行监督检查；依法查处、清拆破坏生态环境、违反城乡规划的非法违法建设和生产经营场所；在集中清理整治行动中，对不符合城乡规划、涉及违法建筑的生产经营场所及其所属镇街发出限期整改通知书和行政处理决定书，积极配合综合执法行动。

市国土房管局：严肃查处违法用地的生产经营场所；依法对涉及安全生产和须经审批的经营场所进行监督检查，查处未经许可审批，擅自从事生产经营活动的行为；在集中清理整治行动中，依法对不符合安全要求和涉及违法用地的生产经营场所及时下达整改通知书和行政处理决定书，积极配合综合执法行动。

市经贸局：负责协调和组织指导全市整规打假工作；依法对涉及安全生产和须经审批的经营活动实施监督管理；依法查处未经许可审批的生产、经营、仓储行为和场所。

市质监局：依法查处未经许可擅自生产或在经营中使用实行生产许可证管理的产品的违法行为；对违法生产经营场所的设备设施质量安全进行监督检查和依法查处。

市供水、供电、电信等服务部门：积极配合各镇街和执法部门开展集中清理整治工作；加强行业自律与管理，不得在明知或应知生产经营场所存在重大安全隐患、无证照经营、严重破坏环境的情况下提供供水、供电、互联网接入服务；在集中清理整治行动中，对无牌无照或证照不全，尤其是存在重大安全隐患、破坏生态环境的违法生产经营场所实施强制停水、停电和断开网络信号。

市法制办：负责集中清理整治工作过程中的有关法律事务，指导各镇街和相关部门依法清理整治。

其他相关部门：依照《行政许可法》、《无照经营查处取缔办法》等法律法规，结合各自职能，依法查处未经许可审批、擅自从事非法生产经营活动的行为，主动配合各镇街和工商部门牵头组织的综合执法行动。

六、工作要求

（一）加强组织领导。为切实加强对集中清理整治工作的组织领导，成立增城市集中清理整治重大安全隐患与破坏生态环境违法生产经营场所领导小组，由市长叶牛平同志任组长，常务副市长曾赤鸣，副市长郑丹群，市纪委副书记、监察局局长张登标同志任副组长，成员包括市整治无证照、安委会、整规、打假、打私、出租屋管理以及查处"两违"工作联席会议等工作领导小组成员单位的主要领导和各镇街主要领导。

领导小组下设办公室和督查问责办公室。领导小组办公室设在增城工商分局，办公室主任由黄小杰同志担任，组成人员为环保局、安监局、交通局、文广新局、国土房管局、建设局、规划局、经贸局和各镇街的分管领导，负责集中清理整治行动的组织实施、协调督办、综合监管等工作；督查问责办公室设在市监察局，具体负责集中清理整治行动的督查问责工作。

各镇街和各部门要结合辖区实际和部门职能，有针对性地成立集中清理整治行动领导小组，制定实施方案，实行定人定岗定任务，推动形成市政府统一领导、属地镇街具体组织实施、各职能部门齐抓共管的集中清理整治工作格局。

（二）强化舆论宣传和监督。借助报纸、电视台、电台等媒体，通过发放宣传单，张贴宣传海报、悬挂宣传横幅等有效宣传渠道，广泛宣传开展集中清理整治工作的重要意义和目标要求，对行动进展和典型案例进行报道和曝光，提高各级各部门及社会公众对无证无照或证照不全，尤其是存在重大安全生产隐患及破坏生态环境违法生产经营行为危害性及查处取缔工作重要性的认识。引导生产经营企业和业户，自觉进行自查自纠和整改，提升安全生产、保护环境意识，自觉维护社会和谐稳定。充分发挥舆论监督作用，做到跟踪一批、监控一批、曝光一批，发动城乡居民广泛参与，踊跃举报违法生产经营行为，公开举报电话，接受公众举报监督，努力营造有利于推进集中清理整治工作的浓厚氛围。

（三）严明工作纪律。对故意瞒报、漏报违法生产经营场所的集体和个人；对无视国家土地管理规定，违法出租和使用土地，为违法生产经营行为提供生产经营场所、运输、保管、仓储等条件的镇村和个人；对不按规定职责和程序查处无证照经营行为，发现非法违法生产经营场所相互推诿、不予查处，造成严重后果的单位主要领导和相关责任人；对参与非法违法生产经营行为的党员干部和机关工作人员，在此次集中清理整治行动中不配合、不整改，或利用各种不正当手段阻挠清查整治工作的，依据有关法律法规规定及《增城市领导干部问责暂行办法》，一律严肃处理，造成严重后果的，依法移交司法部门追究刑事责任。

（四）落实集中清理整治专项经费。市财政安排专项资金，由增城工商分局制定资金使用和奖励办法，采取以奖代补的形式，对清理整治重大安全隐患与破坏生态环境违法生产经营场所作出重大贡献和发挥模范带头作用的集体和个人，给予通报表彰和奖励；各镇街和各部门也要多方筹措资金，确保清理整治工作有效开展。

（五）建立健全长效管理机制。切实把清理整治无证无照或证照不全、存在重大安全隐患及破坏生态环境违法生产行为作为一项长期性、艰巨性的工作常抓不懈。充分发挥市集中清理整治工作领导小组办公室的综合监管和牵头协调的作用；各镇街、各部门要加强整治工作机构和执法队伍建设，整合资源，形成集中清理整治的强大合力；健全完善信息报送、日常巡查、综合执法、协调督办等工作机制，切实做到整治工作有领导过问、重大安全隐患有人及时发现和报告、非法违法生产经营行为有人严格执法和处理、重点难点问题有人专题协调解决、工作过失有人有效追究问责，形成集中清理整治的长效工作机制。

主题词：商业　经营　管理　方案　通知

抄送：市委各部委办，市人大办，市政协办，市纪委办，市武装部，市法院，市检察院，各人民团体，增城报社。

增城市人民政府办公室综合科　　　　2009年12月28日印发

自2000年来连续10年获得广州市毕业班工作一等奖

科学发展 乘势再上

——前进中的增城中学

增城中学创办于1928年秋，2008年被评为广东省国家级示范性普通高中。

增城中学为完全中学，分一校三区，占地面积近400亩，现有116个班，采取统一管理、初高中分区教学的模式，其中初中部位于荔城街文化路；英华学校位于荔城街大鹏开发区大鹏路；新校区为高中部，位于荔城街荔城大道，现有3个年级60个班，校园建筑面积81000平方米，绿化率达96.8%，是一所背倚青山、绿水环绕的园林校园，是目前广州市占地面积最大的国家级示范性普通高中。

2009年1月8日，广东省省长黄华华（中）视察增城中学

学校拥有一支优秀的师资队伍。现有在职专任教师373人，其中有高级教师110人，全国优秀教师2人，省特级教师1人，硕士研究生20人（含拥有双学位教师3人），中共党员163人，民主党派人士8人，教师分属8个民族，来自全国25个省市、自治区，是一个朝气蓬勃的和睦大家庭。中共中央政治局常委李长春视察增中时，对学校工作尤其是德育工作予以肯定并勉励学校要继续创新发展。

2009年7月8日，广东省副省长佟星（右三）视察增中

学校办学特色明显：学校认真贯彻落实科学发展观，坚持“尚德求真”的校训，坚持“人文·人本·人和”的办学理念和“以法治校、以德立校、以情兴校”的办学思路，以人文的教育观培养人，以人本的价值观塑造人，以人和的社会观发展人，致力于把学生培养成尚德求真、品学兼优、身心健康、有爱心、有责任感的社会未来建设者。

学校办学成绩斐然：语文、数学、英语、政治、物理、化学、历史、地理、生物科、计算机组均被评为广州市“先进科组”；数学科组被评为“广州市青年文明号”，化学科组被评为广东省“先进科组”；英语科组被评为广东省“巾帼文明岗”；学校被评为广州市教育工作先进单位、广东省依法治校示范校、广东省先进集体。

自2000年以来学校连续10年荣获广州市普通高中毕业班工作一等奖。

校园文化多彩缤纷：学校现有书法、器乐、绘画、航模、摄影、辩论、乒乓球、篮球等20多个俱乐部，学生课余生活丰富多彩。每年学生在省市及国家级各种竞赛中均有出色表现，为学校和增城市增添许多荣誉。

桃李不言，下自成蹊。增城中学教育教学连年进步，社会声誉日隆。在市委市政府和教育主管部门的领导下，学校坚持以科学发展观为指导，坚持人文人本人和的办学理念，不断探索新时期教育教学规律，求真务实，为“新穗东·新增城”经济社会和谐发展培养更好更多人才！

附：增城中学近年高考上线人数统计

年份	重点数	本科以上	省大专以上	升大学率
1999	24	112	196	81.1%
2000	106	237	313	90.4%
2001	124	349	532	93.2%
2002	135	383	615	98.7%
2003	147	526	628	99.3%
2004	196	553	656	99.3%
2005	260	557	663	99.8%
2006	274	625	771	99.8%
2007	271	693	831	98.1%
2008	300	915	1072	98.6%
2009	296	991	1163	99.15%

广州华立科技园

GUANGZHOU HUALI COMPUS OF SCIENCE AND TECHNOLOGY

董事长张智峰向中共中央政治局委员、国务院副总理、时任广东省省委书记张德江汇报华立科技园发展情况

中共中央政治局委员、省委书记汪洋出席“百校千企”全省技工教育成果展，参观华立技师学院展区，肯定学院办学成绩

广州华立科技园由广州华立投资有限公司于1999年兴建，自创办以来，立足于教育领域，创立了广东省著名的教育品牌——华立学院，它由广东工业大学华立学院（本科）、广州华立科技职业学院（专科）；广东省华立技师学院（技师、高技）等院校组成。三所院校独立办学，资源共享、优势互补，园区依山傍水，风景幽雅，交通便利，是广大莘莘学子求知和成才的理想殿堂。华立科技园根植于教育领域，积累经验，集聚人才，并逐步向多元化发展，致力于专业技能人才的培养和高新技术成果的产业化，为实施科教兴国战略和广东经济发展服务。

华立学院办学十年来，不断加大投入，不断发展壮大，目前，已成为广东地区规模最大、影响力最强的民办院校之一。园区占地1800多亩，建筑面积50多万平方米，实验实训仪器设备近1亿元，图书馆藏书100多万册。华立学院紧盯市场，以工科为主，工、经、管、文和艺术等多科性协调发展，开设有24个本科专业、25个专科专业和22个“大专+高技”双学历专业，园内现有在校学生达到2万多人。

华立学院秉承“以人为本，因材施教”的人才培养理念，以“厚德、务实、强能、创新”为办学指导思想，认真贯彻教育部16号文件精神，全面实行“工学结合、校企合作”的实践教学，着力构建“学习理论知识和基本技能加毕业实践教学”的人才培养模式，突出应用型、技术型、外向型的专业特色，引导学生积极参加相关的技能等级考证获取证书，努力培养社会急需的德、智、体、美全面发展的高技能应用型人才。学院以就业为导向，就业指导中心加强与企业的联系，对毕业生进行跟踪服务，建立起学生就业网络和就业信息库，使学生的就业得到了可靠的保障，每年的就业率达98%以上。学生毕业后因基础扎实、动手能力强、就业面宽而受到社会的好评。

张智峰董事长荣获“中国民办教育创新与发展陈香梅教科文奖表彰活动”特殊贡献奖

华立学院还不断拓宽办学渠道，2004年，学院与美国英卡奈特大学合作办学，成立美国英卡奈特大学广州教学点，实行美国

广州华立科技园

广东工业大学华立学院

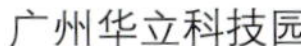

校园一隅

图书馆

现代教育管理模式，使用全美化教学方法和全英文教材，使学生在国内就读，便可以获得与美国校本部完全相同的美国高等教育副学士学位、学士学位。多年来，华立学院还以“服务民众，回报社会”为己任，设立“智力扶贫基金”，积极主动申请参与广东省“智力扶贫工程”，自2003年至今，七年来累计投入智力扶贫资金达1500万元，共招收四川、甘肃、安徽、内蒙古、广东连南等地区贫困生700余名在华立免费就读。

经过十年的积累，华立科技园在“高起点、高速度、高质量”地发展，教育教学质量不断提高，逐渐形成了自己的办学特色，受到了国家教育部和省教育厅的好评，得到了社会的认可：广东工业大学华立学院2007年被评为“中国十大名牌独立学院”、2009年被评为“广东省‘十佳’独立学院”；广州华立科技职业学院2007年被评为“中国民办教育名牌学校”，2009年被授予“广东高等职业教育竞争力十强”荣誉称号；广东省华立技师学院（广东省华立高级技工学校）是国家重点技工学校，也是省内第一所按国家最新技师学院设置标准评审通过的全日制技师学院。华立科技园董事长张智峰先生2004年至今先后获得“全国民办高校十大杰出人物”、“第二届全国民办教育十大杰出人物优秀奖”、“中国民校建设十大杰出企业家”、“第三届中国经济十大新闻人物奖”、“改革开放三十年共和国功勋企业家”等荣誉称号。

回顾过去，华立园成绩显著硕果累累，展望未来，华立人任重道远责任在肩。我们相信在各级政府部门的热情关心和大力支持下，华立科技园坚持“创教育品牌、建百年名校”的办学理念，在立足教育、服务社会的同时，继续加快企业的多元化发展，全体华立人同心同德，携手共进，一定能实现华立园的百年梦想。

张智峰董事长向贫困生代表赠送技能致富金钥匙

办学十年，风华正茂

——广州大学松田学院

白云珠水，弦歌不辍。以人为本，科学发展。在广东、在广州、在增城这块孕育了千年历史文化的城市版图上，坐落着一所经教育部批准的本科独立学院——广州大学松田学院。2010年，松田学院迎来了建校十周年。

广州大学松田学院始建于2000年9月，学院系面向全国统一招生的普通本科院校，招生层次为全日制普通本科，学制四年。学院校园占地面积829亩，建筑面积13多万平方米。目前，学院设有8系2部，即电气与汽车工程系、计算机科学与技术系、管理学系、经济学系、法政系、外语系、艺术系、社会体育系、通识教学部、社会科学部，20个本科专业，涵盖了文学、法学、经济学、管理学、教育学、工学等六大学科门类；全院在校学生近8000名；现有专任教师375人，其中副高以上职称约占30%，研究生以上学历层次教师人约占62%。

学院还先后被广州日报报业集团评为“改革开放30周年广东最具竞争力独立学院奖”、“改革开放30周年广东最佳就业服务奖”，连续七年被增城市市委、市政府授予“增城教书育人先进集体”荣誉称号，校园绿化荣获广州地区绿化委员会、广州市精神文明建设委员会授予的“广州花园式单位”称号。

广州大学松田学院正在为把学院建设成为与广东省经济社会发展需要相适应的，综合实力和办学水平居全国独立学院先进行列的高等院校而努力奋斗！

教学区

学生公寓

校园一角

田径场

不断超越 走向辉煌

——增城市职业技术学校

学校代表广州市参加2010年广东省“制冷与空调组装与调试”项目学生专业技能大赛获一、二等奖

学校参加广州市青春健身操、啦啦队比赛获一等奖（右二）

校园篇

增城市职业技术学校是一所国家级中等职业技术学校，现有校本部、城区部2个教学点，校园总面积603亩，建筑总面积110989平方米。学校着力打造和谐校园，坚持开展舞蹈、声乐、绘画等课外活动，注重以传统文化、传统美德陶冶学生心灵，培养高尚情操，培养阳光心态，建设和谐校园。

成绩篇

2004年3月15日，学校被国家教育部评定为国家级重点中等职业技术学校；2004～2009，毕业班工作连续六年被广州市教育局评为年度一等奖；2005年11月，获全国“环境教育示范基地”；2006年被评为广东省“安全文明示范学校”； 2007年被评定为广州市科技教育特色项目学校、增城市教育科研基地；2009年10月通过了国家级重点中等职业技术学校的复查评估。学校派出的两组选手（四人）代表广州市参加2010年广东省“制冷与空调组装与调试”项目学生专业技能大赛，分别获一等奖和二等奖。

教学篇

学校的办学理念是“以人为本，激扬生命，发展技能，服务社会”。学校现有16个专业。针对南部工业、物流业的大发展，学校大力办好会计、金融、电子技术、电机电器制造与维修、制冷与空调组装与调试、服装设计与工艺、数控、汽车应用与维修等专业，为企业提供专业技术工人。针对中部文化产业的兴起，学校目前主要办好计算机及应用、幼儿师范教育、商务英语、工艺美术等专业。针对北部进行的旅游开发，学校与旅游公司举办导游兴趣班，计划开办导游专业。与广州本田等大型企业建立良好的合作关系，开展校企联合办学，实施订单式培养；大力拓展短期培训，与广东职业技术师范学院合作，举办了财务会计大专函授。

德育篇

德育工作实行“全员动手，齐抓共管”；大力推行学生自主管理，充分发挥学生干部的管理作用。坚持抓好爱国、诚信、团结、感恩、珍惜生命等学生思想教育，重视学生良好行为习惯的养成。注重学生职业知识、职业技能、职业道德、职业品性的培养，始终突出“文明、有礼、有序”的德育内涵。多年来，学校学生犯罪率为零，被评为广东省“安全文明示范学校”。

校园

学生篇

学校在高度重视学生技能培养的同时，重视学生兴趣的培养和发展。在音乐、美术、摄影、影视、文化、文学等方面，向全体学生开设了五十多门选修课。此外学校还组建了写作、英语角、家电维修、电子制作、点钞、珠算、书法、美术、武术、田径、篮球、足球、手风琴、网页制作、文字录入、程序设计等学生兴趣小组。学校毕业生遍布珠三角。在增城、广州、东莞、深圳等不少大型企业，如广州本田汽车制造有限公司、福耀玻璃工业集团股份有限公司、五羊-本田摩托（广州）有限公司、中国移动、中国建设银行、松下电器有限公司等，许多毕业生已经成为技术骨干。

学生实操

艺术长廊

艺术节之插花比赛

增城市郑中钧中学

创建于 1988年，是旅港同胞郑黄月芳女士为纪念先夫，在增城市人民政府的大力支持下回乡捐资兴建的一所由教育局直属的公办高级中学，临增江河畔，居松子山上，毗邻市体育广场，环境幽雅，风景秀丽。学校教学场室齐全，设备先进。现有教学班30个，学生1600多人，教职工130多人，其中中学高级教师和研究生学历教师42人。

郑中钧中学虽然办学时间不长，但在市委、市政府的正确领导下，在教育行政部门的直接指导、关心和社会各界的大力支持下，秉承“人文修德、德才臻善”的办学理念和 “乐教趣学，弱蓄优进”的教学理念，全面推进素质教育，取得了令人瞩目的成绩。学校先后荣获广东省侨资学校办学优秀成果二等奖，广州市教育工作先进单位，广州市高中毕业班工作一等奖,广州市爱国卫生运动先进单位和模范单位，广州市 “推普”工作先进单位，广州市体育工作先进学校， “广州市中小学心理健康示范学校” ， 广东省 “无吸烟学校” ，增城市首批文明校园；学校还是全国教育科学“十五”规划教育部重点课题实验学校和创建“书香校园”的学习型学校实验基地，广州中医药大学首批优质生源基地。在2005年学校通过了“广东省一级学校”的评估，成为本市第二间省一级学校的高中。2008届高考中，郑中钧中学的赖晓锋同学以135分的优异成绩成为全省地理单科状元，成为新中国成立以来增城首位高考单科省状元；2009年11月省普通高中学教学水平评估级专家到郑中钧中学进行“普通高中学教学水平评估” ，最终也以高分优秀等级通过。

郑中钧中学的教育教学成绩牢牢排在增城第二位的同时，学校的社会声誉也在稳步提升，得到了社会各界人士的一致认可。

学生宿舍楼

广东省教育厅普通高中教学水平评估专家莅临指导

省教育专家来本校调研指导

青年教师教学比赛颁奖大会

风急帆满踏浪行
——广东省增城市高级中学

增城市高级中学是广东省一级学校，创建于1975年，原名增城县县城镇第二中学，1987年更名为增城市高级中学。

增城市高级中学位于广州市增城增江街梅花路10号，校园依山傍水，空气清新，环境幽静。学校占地近10公顷，建筑面积17802平方米，现有48个教学班，学生2600多人，专任教师学历达标率100%。

领导关怀（前排中间为增城市委组织部长冼银崧）

革新办学理念，铸就学校教育新发展。学校在“勤奋、务实、守纪、重礼”校风和“尚德，笃学，强体，创新”校训的沐浴下，坚持以“一切为了学生的发展提高服务，为了学生的发展提高创造良好条件”的办学宗旨，坚持“和合共进，彰显个性，为学生发展奠基”的办学理念，以教研为依托，以实施素质教育为主题，以创建特色学校为突破，坚持走内涵发展和可持续发展之路，在高中教育的快车道上风驰电掣：

1、学校层级不断攀升。05年被评为广州市一级学校；07年被评为广东省一级学校；09年11月以优秀成绩通过广东省高中教学水平的评估，成为省高中教学水平评估优秀等级学校。

2、高考成绩和毕业班工作显著。06至09年高考均高超额完成教育局预测目标。09年尤为出色，其中美术专业考生上本科率61%，上线人数和上线率均列增城市第一名。06-07学年获得广州市高中毕业班工作二等奖，08学年荣获广州市高中毕业班工作一等奖，在广州近140所参评学校中位居23位。

3、素质教育硕果香。08年获广州市第四届学校舞蹈节增城赛区中学组一等奖，09年《青春无悔》获广州第五届学校艺术节舞蹈比赛增城市初赛中学组一等奖，09年获广州市中小学体育大课间评比活动一等奖,荣获广州市校园健身啦啦操一等奖。

2009年荣获广州市校园健身啦啦操比赛一等奖作品

抓好内涵发展，提升学校发展软实力。走内涵式发展道路，是本校实现科学发展的战略性决策，不断提升学校内涵发展的软实力是全校师生的共识。

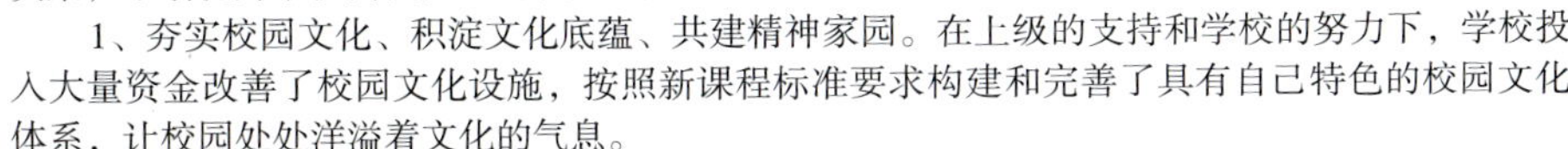
1、夯实校园文化、积淀文化底蕴、共建精神家园。在上级的支持和学校的努力下，学校投入大量资金改善了校园文化设施，按照新课程标准要求构建和完善了具有自己特色的校园文化体系，让校园处处洋溢着文化的气息。

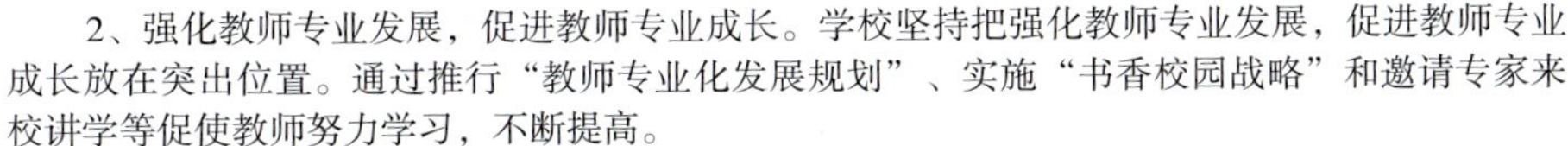
2、强化教师专业发展，促进教师专业成长。学校坚持把强化教师专业发展，促进教师专业成长放在突出位置。通过推行“教师专业化发展规划”、实施“书香校园战略”和邀请专家来校讲学等促使教师努力学习，不断提高。

高一级新生军训

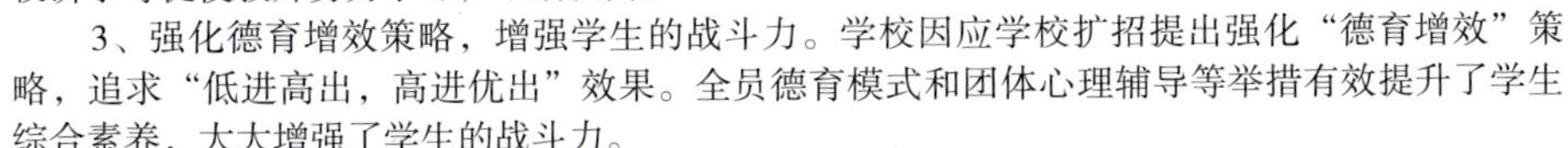
3、强化德育增效策略，增强学生的战斗力。学校因应学校扩招提出强化“德育增效”策略，追求“低进高出，高进优出”效果。全员德育模式和团体心理辅导等举措有效提升了学生综合素养，大大增强了学生的战斗力。

4、细化常规管理，挖掘师生潜能。学校在常规管理中进行深度挖潜，关注细节，遵循规律，走向科学。在课堂教学管理中，强调教师要落实“教学五环节”，要理顺教学的“六个关系”强调要充分调动教师的主动性和责任心。

高举品牌大旗，力推科研特色齐头进。品牌就是特色，就是引导力和影响力。一个好的品牌活动能够引领思想，凝聚人心。学校高举品牌大旗，大力实施品牌战略，积极推进科研建设和特色发展。

校本教材开发，初步形成体现我校特色，全面促进学生综合素质的提高的体系；科研建设渐入佳境，教师主动承担课题研究或积极撰写教育教学论文蔚然成风；品牌建设长足发展，化学科组、历史科组分别被评为广州市中学优秀科组，语文科组被评为增城市中学优秀科组，美术音乐科组则以外出表演和高考成绩突出在增城享有较高声誉；德育建设特色鲜明而深受上级德育管理部门的肯定和广受媒体关注。

增城市高级中学校园远景图：校园一角

优化管理格局，确保高效可持续发展。学校管理倡议“落实、落实、再落实的精神，实行“三线三块”的管理模式和行政挂级管理制度，形成“一把手亲自抓，分管领导具体抓，层层有人抓，人人有事管，件件抓落实”的工作格局。

同时，大力探索民主参与、民主管理的新途径、新方式，增强师生“爱校如家”的主人翁精神，促使全校师生员工积极参与学校管理。优化的管理格局，增强了学校管理执行力，确保高效可持续发展。

魅力增城
MEILIZENGCHENG

中山大学附属博济医院

今年孙逸仙纪念医院将迎来建院175周年院庆，为配合院庆活动的开展，本院区将进行挂牌揭幕仪式。这是本院区挂牌后的效果

中山大学附属博济医院（增城市人民医院）始建于1949年，是一所集医疗、教学、科研、预防、保健为一体的“二级甲等”综合性医院、全国爱婴医院、广东省高等医学院校教学医院，是增城市急危重症疾病抢救和医疗技术的指导中心。

为配合建设广州东部现代化生态新城区的整体战略，提升增城地区的医疗卫生服务水平，增城市委市政府与中山大学孙逸仙纪念医院合作共建增城市人民医院，于2008年10月13日签订了移交协议书，医院整体移交孙逸仙纪念医院，定名为中山大学附属博济医院。医院整体移交得到了中共中央政治局常委李长春同志的充分肯定和赞赏。

孙逸仙纪念医院是一所卫生部直属大型三级甲等现代化综合性医院，有着悠久的历史，是我国最早的西医院，有光荣的革命传统，伟大的民主革命运动先行者孙中山先生曾在这里就读和从事革命活动。孙逸仙纪念医院有雄厚的技术力量及各种先进的医疗设备，是本院的坚强后盾，对本院给予大力支持，派出30多名教授专家常驻医院进行管理、医疗、科研、教学等，各专科的教授专家定期来指导，使本院的医疗技术、业务、基础建设、管理等各方面均取得突破性发展。在骨外科、泌尿外科、心内科等开展了一系列新技术、高难度复杂手术，如关节镜、脊柱手术、腔镜下全肾切除术、双腔起搏器安置术等等。为本院区开通了远程视像会诊系统、技术及检查支持等绿色通道，服务质量明显改善，使病人享受到“三甲”医院服务，“二甲”医院收费。新的住院大楼已全面投入使用，建筑面积3.2万多平方米，可开放床位达700张，住院环境大大改善。下一步将规划建设好感染性疾病科、门诊医技楼、科研楼、停车场等，使当地百姓有一个放心、舒适的就医环境。

全院现有在编职工587人，高级职称人员51人，中级职称人员167人，医学博士3人，硕士研究生22人。开设有创伤骨科、心血管内科、重症医学科等重点专科。其他一级临床科室19个，2个门诊部，增城市120急救中心设在我院急诊科。目前拥有全身双排螺旋CT机、数字减影机（DSA）、DR、CR、关节镜、椎间盘镜、胸腔镜、腹腔镜、宫腔镜、输尿管镜、血液透析机、全自动生化分析仪和危重病人监护系统等先进诊疗设备。

未来本院发展始终坚持：一、人才立院，引进高尖端人才，打造有影响力的大专科、小综合特色医院。二、科技兴院，开设科研实验室，提升科研品牌。三、文化强院，打造服务及管理文化品牌。

院长：沈慧勇（中山大学孙逸仙纪念医院院长兼任，医学博士、骨科教授、主任）

常务副院长：郭正辉（医学博士、泌尿外科副教授）

地址：增城市增江街光明东路1号

电话：020-82735052　传真：020-82747593　急诊电话：020-82752272，020-32855038

2009年11月20日，广州市人大代表团一行20余人来本院视察新大楼建设情况。市领导赖慕玲、李荣渝及本院领导郭正辉等陪同视察。图为本院常务副院长郭正辉在向考察团现场演示远程视像会诊系统

2010年2月1日，本院举行第十六届亚洲运动会定点医院挂牌揭幕仪式。本院是增城地区首家获此殊荣的医院

出席仪式的有沈慧勇院长、增城市李荣渝副市长、市卫生局叶绍安副局长、本院郭正辉常务副院长等

2009年10月14日早上，中山大学附属博济医院门诊楼前人头涌涌，数千名来自全市各地的群众闻讯前来参加中山大学孙逸仙纪念医院专家进驻增城院区暨大型义诊活动。在2个多小时的义诊活动中，专家共为600余名群众诊治了疾病，义诊当天的专家挂号费和诊金均实行全免，真正做到了造福群众，惠及百姓，广受好评

增城市新塘医院

2009年11月，李荣瑜副市长、市卫生局郭铁军局长到新塘医院考察调研

2009年9月，新塘镇镇长黎冀参加新塘医院第一门诊部开业庆典

增城市新塘医院，座落于美丽的东江之畔、繁华的新塘市区，经过57年的发展，已从当年简陋不堪的宝善堂发展成为一所集医疗急救、预防保健、科研教学于一体的政府公立二级综合性医院，是增城市南部地区的医疗、急救、预防、保健中心。

进入21世纪以来，在市委、市政府及上级部门的正确领导下，新塘医院深入贯彻落实科学发展观，坚持“制度管院、科技兴院、人才强院”的发展战略，在医院建设的各个方面取得了骄人的成绩。

全院开放病床250张，2009年门急诊服务人次达61.6万，位居本市卫生系统首位，住院服务人次达1.33万，为广大人民群众提供了安全、优质、价廉、便捷的医疗卫生服务， 是广东省人民医院、南方医科大学珠江医院、广州市妇女儿童医疗中心、广州军区广州总医院、广州医学院第一附属医院、广州市正骨医院技术协作医院。

全院在职员工630多人，汇聚了一大批一流的医学精英，现有高级职称32名（主任医师8名、副主任医师24名），中级职称医务人员112名，形成一支结构合理、技术精湛、德才兼备的专业技术人才队伍。

医学博士、主任医师、本院特聘著名骨科专家卢伟杰教授（左二）与患者合影

学科齐全，特色专科众多。新塘医院积极推进学科建设，现共有14个临床科室和3个医技科室，相继形成了眼科、耳鼻喉科、中医科、康复医学科、微创外科、妇产科等品牌学科，血液透析科、消化内科、肛肠（痔疮）科、泌尿外科、高血压、糖尿病之家等特色专科，其医疗技术水平处于我市领先地位，成功诊断、治疗和抢救了许多危重、疑难和罕见病例，取得了令人瞩目的成就，得到了社会人民群众的高度赞赏。

新塘医院与广州军区广州总医院建立“军民共建医院”协作关系（右二为广州军区广州总医院副政委万金平）

医疗设备先进，技术力量雄厚。为了向患者提供更精确的诊疗服务，医院先后从国内外引进了一批具有高科技含量的医疗仪器设备，设备总固定资产8500万元。现拥有全身螺旋CT，DR、CR影像系统、美国GE—730四维彩超，血液透析系统，全套腹腔镜、全套泌尿外科微创手术设备，全套世界一流的眼科治疗设备，全自动生化分析仪，电子胃肠镜等一大批处于世界先进水平的诊疗设备。

医院不断深化以“病人为中心”的服务理念，倡导“病人至上，真诚关爱”，要求医务人员以“爱心、诚心、细心、精心”对待每一位患者，以一流的诊疗技术、先进的诊疗设备、舒适的就医环境、微笑的贴心服务，全面周到守护群众的健康。

新塘医院与广州市妇女儿童医疗中心建立“技术协作医院”关系（左三为广州市妇女儿童医疗中心主任夏慧敏）

新塘医院与广州医学院第一附属医院建立“技术协作医院”（左二为广医附一院党委书记陈晓辉）

地　址：增城市新塘镇水松路10号

联系电话：急诊科：82768701、82774120　办公室：82767462

医务科：82776733　医保办：82777980

健康体检中心：82771902

网　址：http://www.zcsxtyy.com

E-mail: xtyybgs@126.com

邮政编码：511340

增城市妇幼保健院

广州市妇儿中心协作医院挂牌仪式

广州市妇女儿童医疗中心协作医院挂牌仪式

广州市妇女儿童医疗中心协作医院签约仪式

增城市妇幼保健院是目前增城地区最大的妇女儿童专业医疗保健中心，是集国家二级甲等妇幼保健院、爱婴医院、百家文明医院于一体的综合性医院。医院技术力量雄厚，医院拥有全身CT、四维彩色B超、腹腔镜、宫腔镜、输尿管镜、膀胱镜、阴道镜等一大批先进的医疗设备和抢救设施，担负着全市重症孕产妇、重症儿童转诊和救治的重任。

医院目前开放床位280余张，年门诊量已突破34万人次，出院病人数达1.5万人次，全院现有员工500余人，其中副高以上职称30人，中级以上职称80余人。医院科室设立齐全，病区设有妇科、产科、儿科、新生儿科、内科、外科，产科还设有增城市重症孕产妇救治中心，儿科设有增城市重症儿童救治中心。医院开展有微创手术、无痛分娩、导乐分娩、术后镇痛、术后康得、远程胎监和新生儿抚触等特殊服务项目。门诊设有妇科、产科、儿科、内科、外科、乳腺专科、中医不孕专科、女性不孕症专科、男性病专科、计划生育专科、五官科、口腔科等二级临床科室12个。保健部设有专业保健科室5个，开展有妇女更年期保健、儿童五官保健、心理咨询、智力筛查、微量元素检测、0-3岁幼儿早期教育、遗传优生咨询等保健服务项目，有力地促进了全市妇女儿童的身心健康。此外，本院也是全市唯一一家为群众提供免费婚检的专业保健机构。

近年来本院努力争取外部优势资源，狠抓专科建设，积极与广州市妇女儿童医疗中心和广州医学院第一附属医院建立了长期的协作医院关系，并成立了广州市乳腺病防治中心增城分中心；此外，该院还与加拿大皇家内科医学院、加拿大卑诗省大学医学院以及日本神户市医院之间建立了技术合作协议和国际交流渠道。通过学习和引进国内外先进的医疗技术和特色服务项目，使本院的医疗技术和服务水平不断提高，整体实力不断增强，规模不断壮大，专科特色进一步增强。

本院时刻坚持“以保健为中心，保健与临床相结合，面向基层，面向群众”的妇幼卫生工作方针，积极开展各项妇幼卫生工作，不断创造更好的医疗保健条件，竭诚为广大群众提供最优质的医疗卫生保健服务。

地址：增城市荔城街健生路1号　邮编：511300

急诊电话：82712345；　医院总机：82712299、82712111、82712318

办 公 室：82738986

（各科室分机号码：妇科—8181，产科—8161，产房—8123，爱婴区—8151，
内科—8121，外科—8191，儿科—8141、8131）

医院网址：http://www.zcsfy.com　电子邮箱：bjybgs8986@163.com

环境优美的门诊大厅

环境舒适服务一流的住院部产房

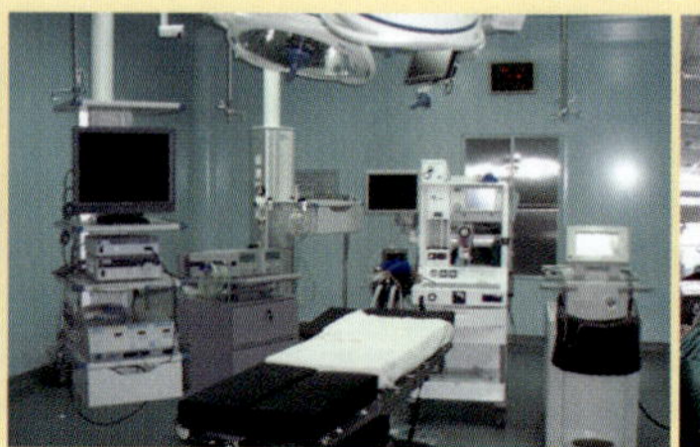
拥有各种先进腔镜设备的层流化手术室

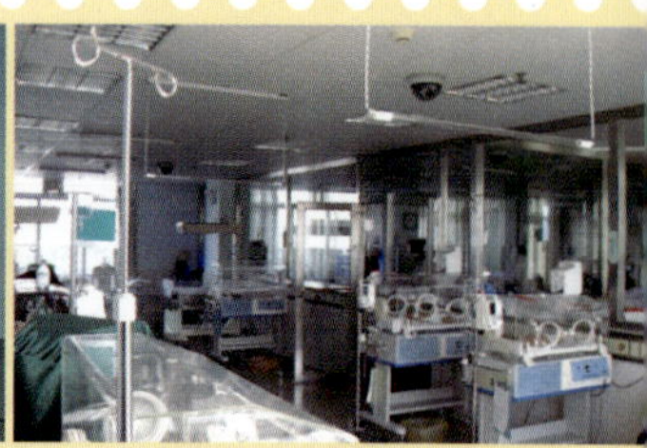
设备先进的新生儿重症监护室

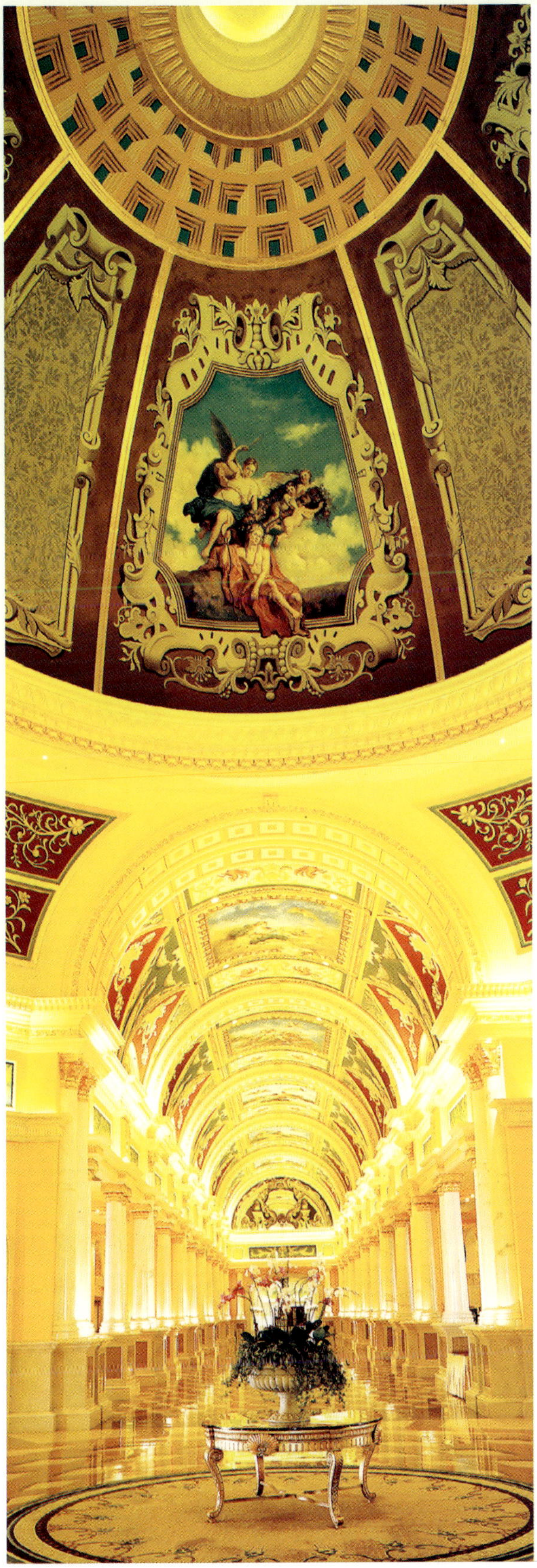

广州凤凰城酒店
白金五星级的体验

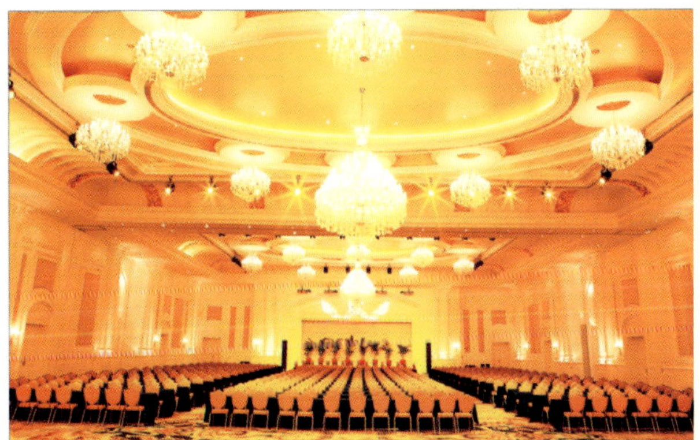

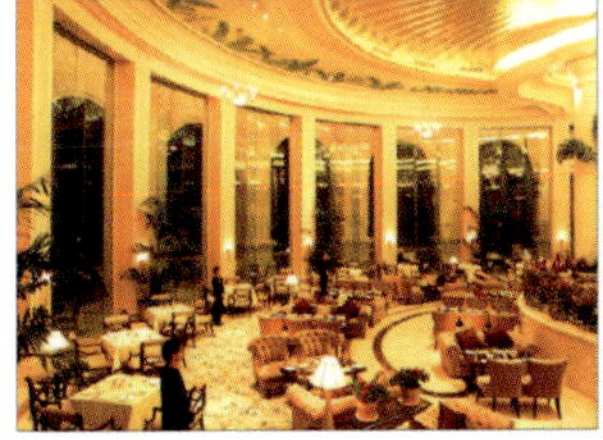

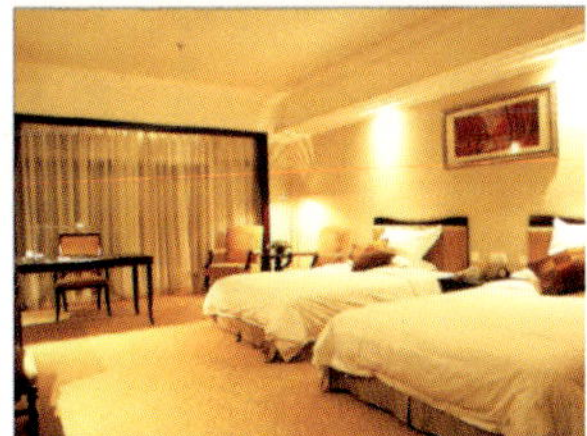

凤凰城酒店——以白金五星级标准建造的主题式酒店，整体占地面积20万平方米，富丽雅典的欧陆式建筑，雍容华贵不言而喻，是广州面积最大，南中国至广阔的山水酒店。

酒店拥有600多间面积超宽的豪华客房、多幢半山度假别墅、中西餐厅、夜总会、桑拿中心、水疗中心、完善的康乐配套及功能各异的大小型会议中心等设施。

凤凰城酒店地理位置优越，交通网络四通八达，经由广园快速路、广深高速公路与铁路、机场、 港口的快线接驳通道，形成强大的交通辐射网络。

凤凰城酒店优美的环境、清新的空气、完善的配套设施、殷勤细致的服务，是阁下商旅度假、享受生活的好地方。

广州凤凰城酒店
PHOENIX CITY HOTEL, GUANGZHOU

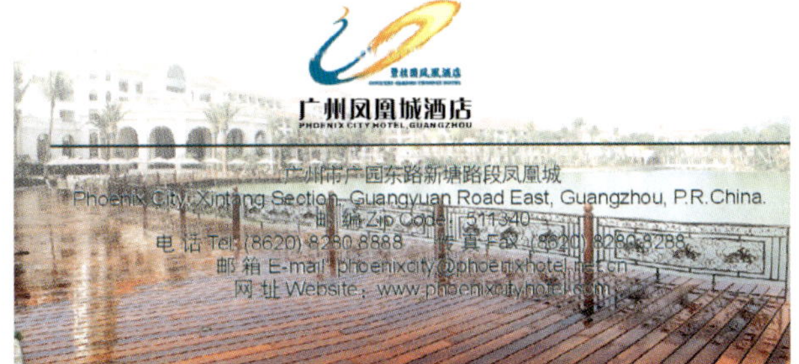

北纬23° 风景迤逦

酒店处于被誉为“北回归线上的瑰丽翡翠”的白水寨省级风景名胜区内，毗邻南昆山国家森林公园、从化石门国家森林公园，拥揽白水仙瀑布、卧佛山等无数胜景。距离广州市区约70公里，距离香港、深圳、东莞、惠州等珠三角城市均在1.5小时车程内。

天然氧吧 全身呼吸

区域内林木终年繁盛，据测量，空气负离子含量高达110,000个/m³，为广东地区之最，素有“珠三角的绿肺”之称。同时，还是广州增城市实施公园化发展战略的重点规划区域，此区域现已明确定位于发展都市农业和生态旅游。

酒店处于群山环抱之中，空气清新怡人，处处鸟语花香，四季如春，移步换景，由天然山泉水汇聚而成的湖泊、跌水瀑布与古典浪漫的欧式建筑和蓝天、白云以及近在咫尺的白水仙瀑布相映生辉，诗意无限。

香江出品　匠心打造

酒店由休闲地产领军企业香江地产按照白金五星级标准倾力打造，整个项目占地面积逾两万亩，计划投资过百亿元。在打破传统的温泉旅游模式的基础上，定位于集休闲、旅游、度假、养生、商务、会议、培训等为一体，为广东温泉旅游产业的转型升级提供了一个良好的新模式，并引导国内温泉度假旅游的新潮流。

恢宏巨制　引领时尚

主题酒店450多间客房、风情酒店200多间客房、温泉别墅式客房及企业会所180多套，及特色温泉区和水上娱乐区近70000平方米，规模水平为行业之最。其中，温泉池区包括三进酒区（红酒、米酒、啤酒）、森林瀑布区、中医养生区、精油区等，水上游乐区则设有冲浪、漂流等游乐项目。另外，国际会议中心、豪华KTV包房、高档特色餐厅等服务配套设施一应俱全。

定制服务　专享尊崇

酒店引入欧洲皇室管家服务理念，并委托广州白天鹅酒店管理公司管理，全力打造“一站式”量身定制的个性化服务模式，为客户提供一种领略巅峰人生价值的顶级感受。

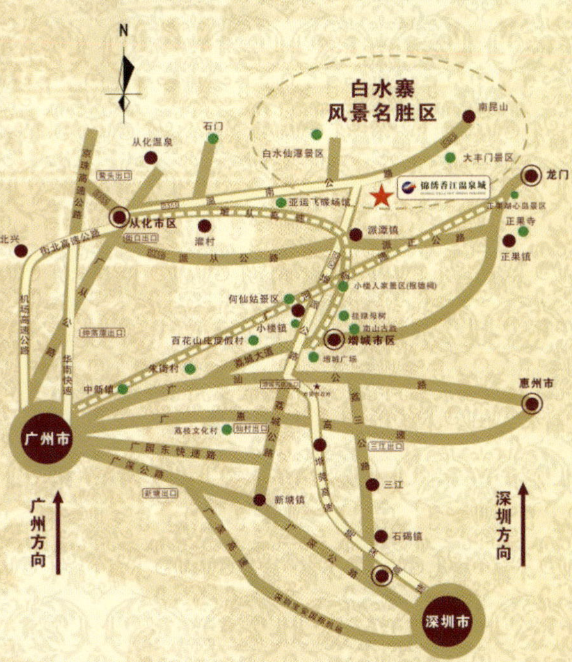

TEL:(+8620)6228 6888
FAX:(+8620)6228 1088
地址:中国广东广州增城白水寨锦绣香江
Add:Global Villa, The Waterfall of Baishui, Zengcheng City, Guangzhou, Guangdong, China

发展商：香江控股　广州大瀑布旅游开发有限公司
DEVELOPER: SOUTHERN LIGHTS GREAT FALLS TOURISM DEVELOPMENT CO., LTD., GUANGZHOU

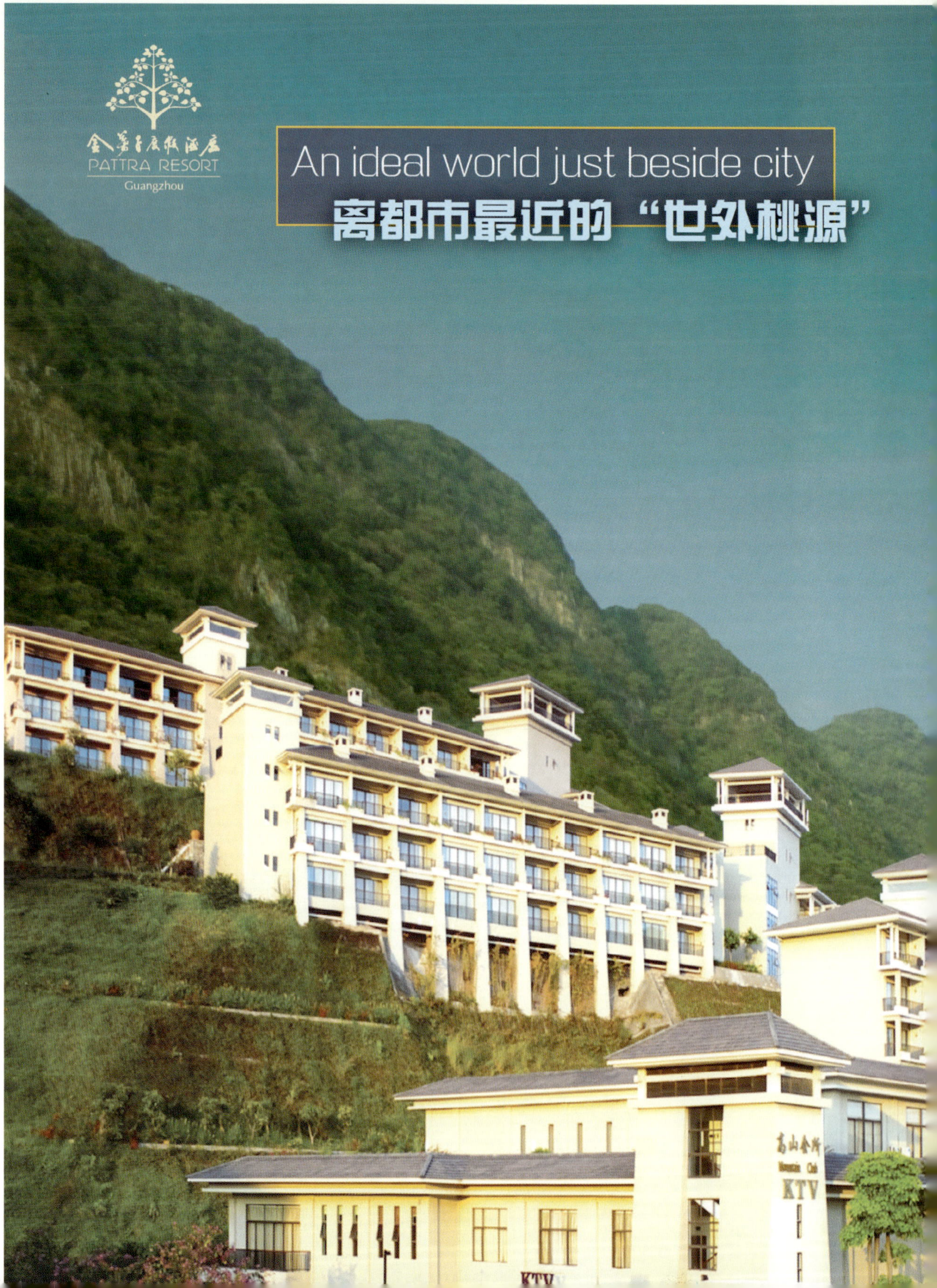

金叶子度假酒店
PATTRA RESORT
Guangzhou

An ideal world just beside city
离都市最近的“世外桃源”

广州仙村国际高尔夫球场
GUANGZHOU INTERNATIONAL GOLF CLUB
地址：广州增城市新塘镇仙村果林场
电话：020-82933888
传真：020-82933168
网址：WWW.GIGC.COM.CN
邮箱：GOLF@GIGC.COM.CN
自然、恬适、亲近
在运动中享受绿色，
在绿色中享受运动！
洋溢激情的路上，
仙村高尔夫与您为伴！
魅力增城
MEILIZENGCHENG

增城市仙村机铸制造厂

产品展示

增城市仙村机铸制造厂位于增城市仙村区，占地面积40亩，一九九三年建厂，投资6000多万元，建有制铁车间、环保余热发电车间、连续铸造车间、机械加工车间等配套设施。全厂职工200多人，年产值1亿多元。

主要产品有：各种型号机械铸件及汽车零部件过百种、铸造生铁等。部分产品经广东外贸出口到欧美地区。

机铸制造厂重视环境保护，实施清洁生产发展循环经济，追求可持续发展。1500KW余热发电车间年发电量1000多万度，节约原煤5000多吨，连续铸造车间年铸机械零部件2000多吨，节约原煤1000多吨，为节能减排作出贡献。

余热发电配电室

连铸电炉

停车登记

增城市
機鑄制造廠

厂门

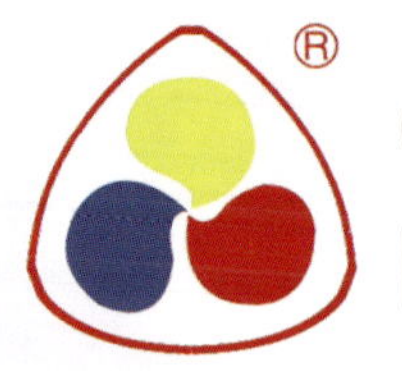

GUANGZHOU EASTERN RAINBOW

广州远华色母厂有限公司

广州远华色母厂有限公司是香港鸿成国际发展有限公司在大陆投资的全资子公司，公司原母公司香港远东自1963年在香港创立以来，一直致力于着色领域的产品研发和创新，为业界提供了优质的塑胶、化纤着色服务，色母粒产品畅销世界各地，广受业界好评。

本厂位于广东增城市新塘镇永和荽元工业区，东临东莞，西接广州科学城，地理位置优越，周边是广忠高速和环城高速，交通四通八达。公司拥有二万余平方米的现代化厂房和上百台套的专业色母粒生产研发设备、四十余人的科研配色队伍。2003年通过ISO9001质量体系认证，2004年起被中国中轻产品质量保障中心等部委授予质量、信誉双保障示范单位、先进企业等多项荣誉。

我们的产品涵盖了塑胶、化纤及涂料的各个应用领域，如玩具、薄膜、工业零部件及建材、合成纤维、人造革、医药食品及化妆洗涤用品包装等产品的着色，研发和生产高性能着色色母粒是本厂的一贯追求，高端的配色系统与先进的生产检测设备加上ISO9001质量认证体系，保证我们的产品在价格、质量及交货期限更具市场竞争力，即使是小批量的产品也能确保产品色彩的高精确度。

色母粒用于各种工业、民用产品的着色已经逐渐成为世界性潮流，传统放入色粉经加工成色母粒后，不但大大改善了着色剂的分散和着色能力，同色也极大的改善了您产品生产过程中的环境状况，简化了产品生产流程，达到了现代工业倡导的节能减排的目的。

远华色母愿本着优质服务的一贯理念，与业界携手，共同创造着着色领域五彩缤纷的世界。

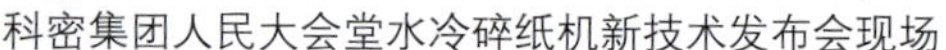
科密集团人民大会堂水冷碎纸机新技术发布会现场

经销商钻石俱乐部揭牌

科密集团

科密集团创立于1993年，是一家集生产、销售与研发为一体的从事办公机具/耗材、高科技电子类产品、商业机器的现代化民营集团企业。目前共拥有员工两千余名。集团下设碎纸机、点钞机、科技、小机具、科密化学5个产品事业部，拥有位于增城的三个生产基地。分公司、办事处遍布全国。

科密集团领航中国碎纸机制造行业，是我国碎纸机、考勤机规模最大最专业的OEM出口基地，同时也是本土最具实力的墨粉制造商。产品行销海内外，遍布欧美、日本、韩国、印尼等50多个国家和地区。

一直以来，科密公司以自主知识产权的技术为核心竞争力，秉承“以客户为尊、以伙伴为友、以员工为本”的核心价值观，努力以一流产品、最佳服务和更优创意，成为所在领域首选合作商。

一流的管理理念、高瞻远瞩的战略思想、优质的服务意识、完美的产品设计、坚定的发展信念和团结一致的精神，是科密人不断进取、发展创新的基石，也是科密人服务于社会、不断为社会贡献的源泉。

中国银行签约战略合作

香港翡翠台采访科密工厂

★企业荣誉★

连续5年蝉联省、市“重合同守信用”企业

连续4年被评为省、市“经济效益显著单位”

连续3年荣获“广东省技术进步先进单位”称号

2004年，获评为中国优秀民营科技企业

2005年，“科密牌”碎纸机商标被评为广州市著名商标

2006年，钟奋强董事长荣膺首届中国文化用品品牌测评“中国文具领袖人物”称号

2007年，“科密”商标被认定为广东省著名商标

2007年，荣获OPI年度最佳供应商金球奖

2008年，荣获OPI年度企业社会责任金球奖

BORCHÊ 广州博创机械有限公司
GUANGZHOU BORCH MACHINERY CO.,LTD

广州博创机械有限公司成立于2003年初，为专业设计、制造、销售高精密节能环保注塑机的高新技术型企业，现有生产基地18万平方米，员工600多人，公司总资产已达5亿多人民币。

博创公司拥有广州、杭州两大生产基地和“省级技术中心”，现已有100多个科技创新项目获得国家级和省市级荣誉以及五十多项具有国际水准技术的专利。公司被评为“国家重点火炬计划高新技术企业”、“中国塑料行业最具影响力的十大品牌企业”、“广东省名牌产品”、“广东省著名商标”、“广东省制造业100强”、“广东省企业500强”、“广东省优秀企业文化突出贡献单位”、“广州市重点培育自主出口名牌”和“广东省最具影响力自主品牌企业”等荣誉称号。

公司的综合实力和品牌指数排名均进入中国塑料机械行业前三甲。

总装区域

办公中心

杭州工厂

广东省名牌产品

广东丰乐能源集团

GUANGDONG FENGLE ENERGY GROUP

——持续成为提供性价比最优最合适的燃料服务商

新塘镇刘书记一行来访指导

丰乐集团是一家集能源、汽车服务、金融服务和股权投资于一体的多元化集团公司，丰乐能源集团隶属于丰乐集团。

丰乐能源集团集贸易、物流、仓储、生产为一体，致力为国内大型玻璃企业、陶瓷企业、船舶用户、电厂等燃料需求大户提供专业的服务。多年来遵循诚信经营为道，赢得市场的良好口碑，与众多行业用户建立了长期稳定的战略伙伴关系。

丰乐能源集团设立燃料油事业部、石油焦事业部和煤炭事业部，目前在华南、华东、华北、东北、西北等区域设有多个分公司。进一步完善全国采购和全国销售两大平台。在东北、华北、山东、华东、华南设立码头基地或罐区，基地化运作提升物流优势，仓储配送能力达50万吨以上。

丰乐能源集团持续坚持“解放思想、持续创新”的企业发展理念，继续大力引进专业人才、扩充生产基地、升级研发中心，更专注为客户提供一站式燃料优化整体服务。集团致力于持续成为最值得客户信赖的、性价比最优最合适的燃料服务商，打造成为全国最卓越的能源集团。

青海玉树地震--爱心捐款

经营产品： 燃料油、石油焦、煤炭、沥青、纯碱、润滑油等

集团地址： 广州市增城新塘镇汇创国贸大厦2栋15楼　**邮编：** 511340

集团电话： 020-61721666 020-61721777　**集团传真：** 020-61756818

石油焦事业部电话： 020-61721388　020-61721366　0512-56969319　0530-6138098

煤炭事业部电话： 020-61756811　0758-3856567　022-66866537

燃料油事业部电话： 020-82792877　0757-88708884　0517-83640666　0533-6127770

集团网址： www.gzfengle.com

越峰电子

工商局、央视到厂

越峰电子设立于1991年9月5日，由台湾聚合化学品股份有限公司转投资创设，从事电感类被动组件之锰锌及镍锌软性铁氧磁铁芯之制造及销售，以及蓝宝石单晶长晶及晶棒销售。主要股东有台聚公司、中华开发工业银行、台聚投资公司等并于2005年2月挂牌为上市公司。

电感类被动组件之软性铁氧磁心事业部于1994年底完成台湾桃园观音厂建厂及试车开始商业运转，2000年转投资大陆江苏省昆山市设立越峰电子（昆山）有限公司，进军中国华北、华东市场。2005年于广东省广州市增城市设立越峰电子(广州)有限公司，持续扩大中国华南市场。

越峰「软性铁氧磁芯」产品为电感类被动电子元件如功率变压器、负载线圈、抗流圈、消磁线圈等之原材料，应用于交换式电源供应器、电脑显示器、Notebook、宽频网路系统、电话交换机、中继站、手机、P D A、LCD电视、数位相机和摄影机、掌上型电玩以及扫描器等3C产品。致力成为具弹性化生产、高服务品质的软性铁氧磁铁芯之世界领导者。

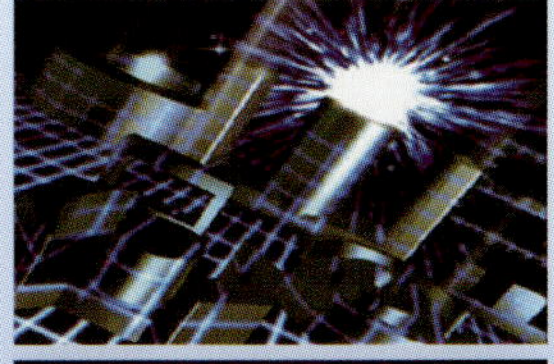

产品图片

2007年于台湾桃园观音厂成立Sapphire新事业部，生产LED上游材料之蓝宝石晶棒(Sapphire Ingot)，2008年7月Sapphire台湾头份厂正式量产，目前可提供LED上游磊晶厂之2吋、2.5吋、3吋、4吋蓝宝石基板所需之单晶晶棒，使台湾LED产业上、中、下游形成完整供应链。公司生产之晶棒已供应给多家下游厂商，均已获得客户在品质上的好评。

2008年收购台聚集团子公司Swanlake Traders Ltd.旗下的Acme Components (Malaysia) Sdn.，进行集团资源的整合，降低相关成本及缩短研发时程，可扩大营运规模及提升经营绩效，提升整体竞争力。

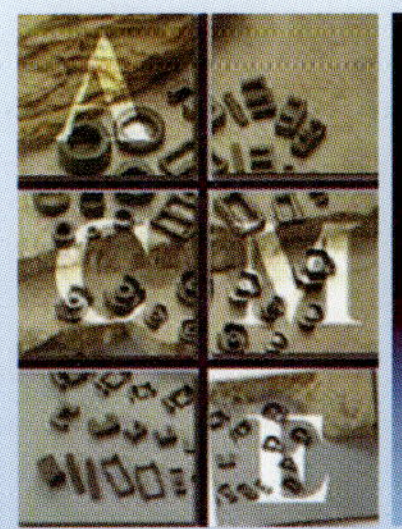

产品图片

越峰电子（广州）有限公司占地面积120,568平方米，坐落于广州增城市增江街东区工业园府前东路2号，属辖区首家制造企业，公司成立技术开发中心，并充分运用当地之技术与人力资源，以提升华南及国际市场之竞争潜力。

国家商务部到厂

增城首个徽派别墅精品小区

力度恢弘，層樓疊苑
源泉清雅，曲徑回
福星

力源•愉苑創造了一個真實的庭院，承載著滿座高朋的家國天下事，回蕩著聞鷄起舞的朗朗書聲，展現著天人合一的自然真諦，記錄著天倫共聚的賞心樂事。

力源•愉苑的前庭後院是賦予別墅建築生命活力的人文靈魂，是中國傳統家庭概念的真摯回歸，是現代都市恬靜悠游別墅生活的完美詮釋。

开 发 商：广州市力源实业有限公司
项目地址：增城市荔城街百花路2号
电　　话：82758228　32822666

悦顺装饰材料城
Yue·shun
DECORATION MATERIAL CITY

悦顺装饰材料城

增城悦顺建筑装饰材料城是广州市悦盛发展有限公司继加悦大厦、悦华酒店、广州瀛富五金材料市场、东缙物流园、骏盈物流园、悦顺商贸大厦外，斥资规建的又一力作，由旗下分公司广州市冠坤物业管理有限公司管理及经营。地处广州东拓计划的发展重镇新塘，主营各类建筑材料及装饰材料，倡导一站式建材家居装饰购物理念，45000平方米的建筑群，海纳装饰行业国内外知名品牌。批零结合的经营理念，落实商贸物流原味精神。地处辐射泛珠三角地区的物流中转咽喉地带，为广州东部综合性装饰材料市场领域的地标、典范。

地址：广州增城新塘镇新塘大道西168号（新康花园南面）
电话：020-61728388　020-61728888
传真：020-61728388
网址：Http://www.gzyueshun.com
E-mail：yueshun020@126.com

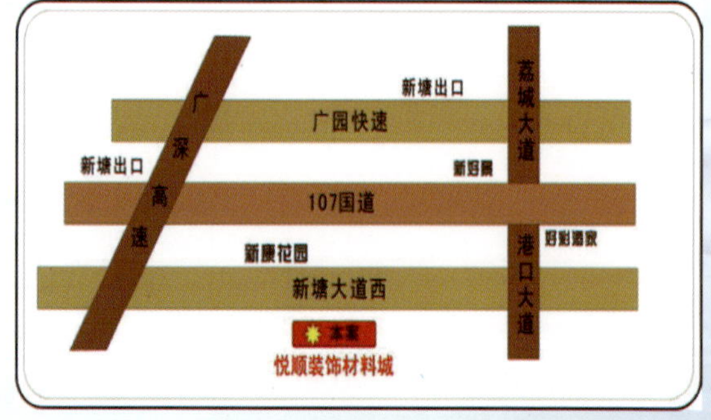

广州市宁基装饰实业股份有限公司

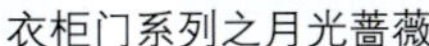

衣柜门系列之月光蔷薇

衣柜系列之简欧衣帽间

广州市宁基装饰实业股份有限公司设立于2003年，厂区位于增城市宁西镇，占地103亩，厂房面积达五万多平方米，11个生产及管理部门，拥有世界一流的全电脑控制的电子开料机、压板机、全自动封边机、打孔机等德国HOMAG公司的家具加工设备。截至2009年，公司拥有员工1000多人，经销商200余家，专卖店400余间。定制衣柜和各类配套家具年生产总量500万件以上，各种推拉门年生产80万平方米以上。大规模的厂房、先进的设备、精湛的工艺使宁基公司成为装饰界的龙头企业。

公司于2003年7月起开始生产、销售索菲亚品牌定制衣柜以来，公司凭借量身定做的定制衣柜和壁柜门相结合的崭新产品概念，在成功把定制衣柜推向市场并获得中国顾客认同的同时，主导了壁柜移门行业向定制衣柜行业的根本转变，一举改变行业竞争的格局。而源自法国的产品设计理念为索菲亚定制衣柜赢得了竞争的先机，并逐步把行业带入了板式标准化定制家具时代，索菲亚品牌已发展成为了定制衣柜行业公认的领军品牌，在终端网络数量和质量、产品和花色的丰富、市场占有率和总营业收入等多方面远远超越竞争对手。

广州市宁基装饰实业有限公司于2009年6月整体改制变更为股份有限公司，并于2009年11月正式引入战略投资者，变更为外资股份有限公司。

获奖情况：

2005年 羊城十大最具影响力家居建材品牌。
2005年 荣获最受消费者推崇称号。
2006年 南方都市报读者最喜爱的品牌荣誉证书。
2006年 荣获华南十大最具影响力家居品牌。
2007年 消费者信赖的品牌。
2007年 华南地区家居建材行业杰出品牌推介活动。
2008年 华南地区最具影响力建材品牌。
2008年 获守合同重信用企业称号。
2009年 羊城晚报第四届十大最具影响力建材品牌
2009年 高新技术企业。
2010年 最值得推荐家居品牌。

隔断门系列

配套之实木贴皮系列

增城市永恒实业有限公司

广东省增城市永恒实业有限公司，成立于1995年，注册资金1100万元。十五年来专业生产挂绿牌氯化石蜡系列产品，目前氯化石蜡产品年生产量已达到60000吨，副产盐酸年产量突破100000吨，次氯酸钠30000吨（另40000吨氯化石蜡二期工程已计划在明年中投产），100000吨投产后，年用液蜡和各类形石蜡约55000吨。多年来公司坚持和谐社会赢得市场用户的信赖，并荣获广州市“连续十一年守合同重信用企业”、“先进私营企业”、“诚信企业”、“质量信得过企业”和“广州市著名商标”等荣誉称号，公司地处广州市永和经济开发区，紧靠黄埔港107国道、广深、广惠、广河、广汕高速公路，是穗、港、澳轻铁和广州地铁15号线的会合处，已形成得天独厚的公路、铁路、水路交通运输网络枢纽。

通过金融海啸的考验，受中央科学发展政策的促进，公司在2009年投入1.6亿元资金在本省韶关市乳源县上马80000吨氯化石蜡基地,使公司占地面积达到108558平方米，公司现有员工100多人；具有专业和大专以上文化程度员工占60%以上，（其中高级工程师10名，高级技工20余名），配备有欧曼420型迁引车38台,建立运输物流公司。

永恒人以“团结敬业，迈向明天，创一流产品，收一流效益，服务于社会”的宗旨，奉行“今天要比昨天好，明天更比今天强”的原则。执行增城市委市政府的英明领导，走科学发展的道路，打好广州牌，落实三大主体工能区，以人为本，关爱民生，安全发展，在我为增城争光，增城以我为荣作出努力。以社会各界精英为傍样，让优秀的企业成为我们的客户，让我们的客户成为优秀的企业。今天正处在科学发展的伟大时代，在这个伟大时代，我们正期待着与大家携手共进，共创美好未来！谢谢！

增城市博立拉链机械有限公司

增城市博立拉链机械有限公司位于荔乡之称的增城市荔城街，成立于1998年，是专业生产制造金属、尼龙、塑胶拉链机械系列产品的民营企业。

公司成立以来一直遵循“以质量求生存，以创新求发展”的经营理念，现已发展成为全国同行业中较具规模的拉链机械生产厂家之一。公司于2004年通过ISO9001：2000认证，2006年被广东省信用研究会授予“广东信用示范企业”，被广东省中小企业局南方报业集团评定为广东省成长型中小工业企业100强，排名56位，系中国拉链协会和广东拉链商会的理事单位。

公司发展目标：以创优“博立品牌”为重任，以打造“广东制造”为目标，以扩大国内市场份额进军国际市场为目的，计划用2-3年的时间加大资金的投入，研发高端产品，淘汰低端产品，以求推动中国拉链业的发展与振兴。

全自动方块插销迫紧机

植齿机

抛光机

全自动穿拉头机

榮陽鋁業(中國)有限公司

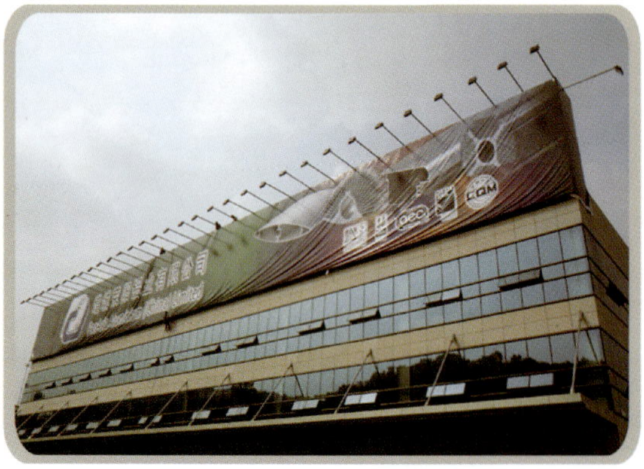

荣阳铝业(中国)有限公司，始创于1990年，是一家集铝合金产品研发、生产、加工及销售于一体的大型综合性国际型企业，分别于澳大利亚悉尼市、墨尔本市、布里斯本市及加拿大温哥华市设立分公司，营运总部设立在香港特别行政区。荣阳铝业位于广州增城，占地面积达 20 万平方米，年生产能力超过 5 万吨。荣阳铝业拥用国际先进的现代化铝材配套生产线 38 条，公司致力于为市场提供高质、高精度的产品，生产的多元化优质挤压铝材产品涵盖 200 多个系列逾 20000 种规格，销售网络遍布世界主要中高端市场，产品畅销中国及远销澳洲、加拿大、美国、欧洲、东南亚等 20 个国家和地区。

公司于2002年通过了香港品质保证局及方圆认证中心的ISO9001：2008质量体系认证，于2008年通过了兴原认证中心的ISO14001：2004、GB/T28001：2001环境及职业健康安全体系认证，“RONGYANG”商标于当年获得广东省名牌称号。公司热诚欢迎各客商前来洽谈业务，共谋发展！

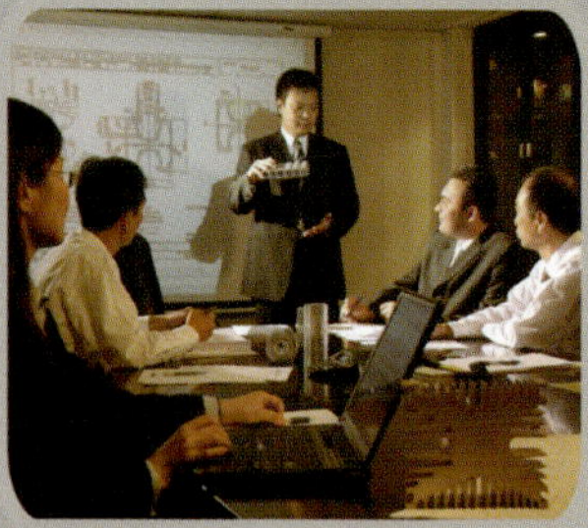

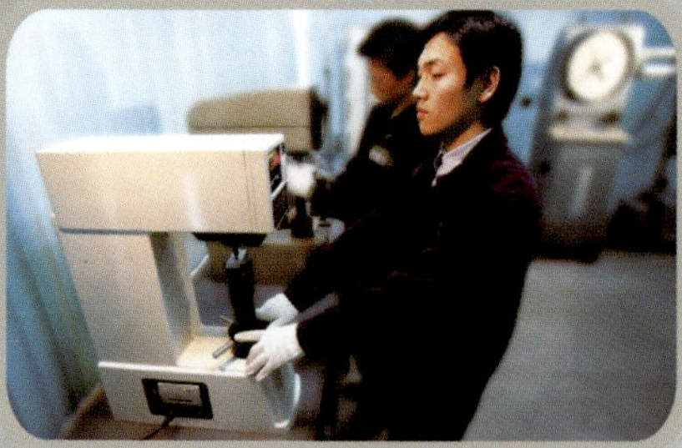

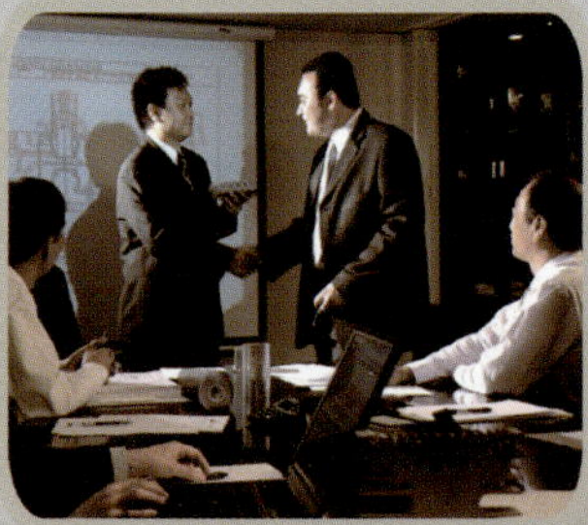

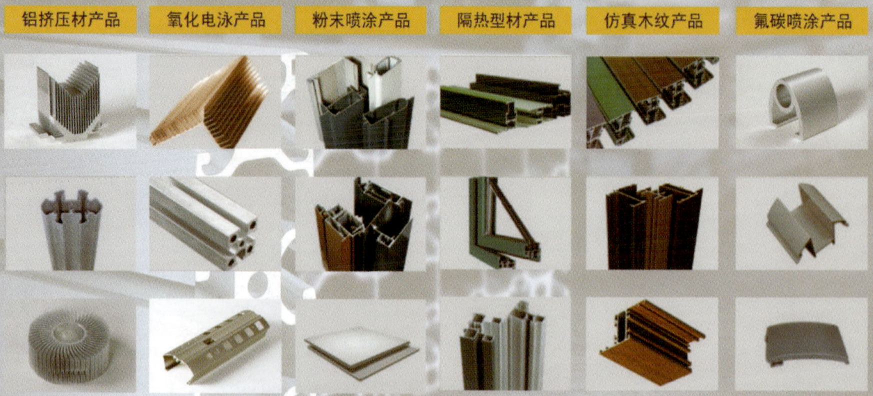

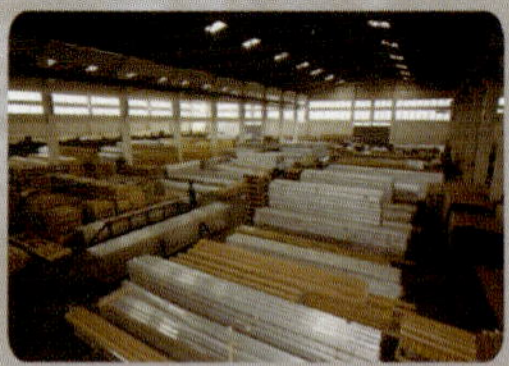

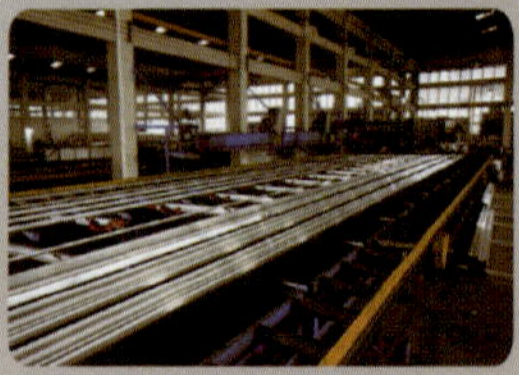

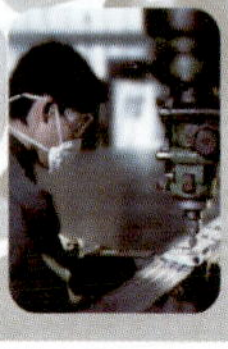

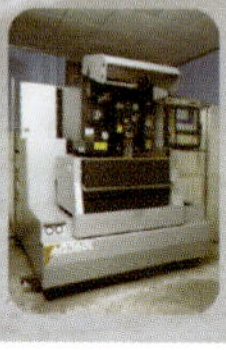

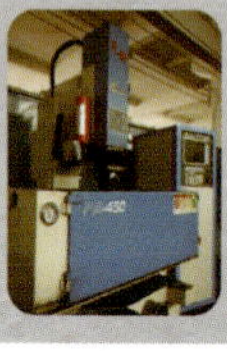

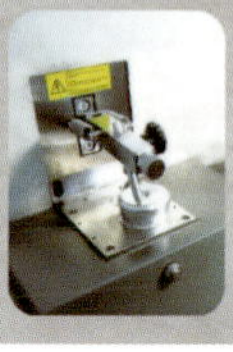

地址：广州增城市荔城镇广汕路旁三联路段
邮编：511300
电话：020-82633588
传真：020-82627828
网站：http://www.palum.com

始源自德国，是一家专业从事金属天花及幕墙铝板的制造销售企业，更以注册品牌[迪高][Deko]在国际享负盛名。

迪高集团于90年代初在香港设立亚太区总部，注资在中国广州经济开发区设立迪高建材（广州）有限公司，作为中国区的生产基地，并管理在北京和上海建立的销售和技术服务处。

随着亚太区，特别中国经济的快速发展，集团为满足高速增长的市场需求，于2003年再次增资，在广州宁西工业园建设占地50000平方米的新厂，年产能超过150万平方米，成为集团在亚洲的主要生产基地。

迪高建材（广州）有限公司的产品范围包括：金属天花METAL CEILING；铝幕墙ALUMINIUM CLADDING；不锈钢STAINLESS STEEL；氟碳PVDF和静电粉末喷涂等等；在国内，我们率先获得了“绿色室内装饰材料”证书，同时被中国建材企业管理协会誉为“质量服务用户满意产品”、“质量服务用户满意单位”。

迪高建材（广州）有限公司定位于专业金属天花和幕墙铝板的设计、制造和销售，公司引进德国先进的天花和幕墙加工机械，瑞士GEMA等先进涂装设备，在管理上导入国际上先进的生产技术、质量控制和管理技术，并获得了SGS机构颁发的国际质量管理体系ISO9001：2008和环境管理体系ISO14001的认证证书。产品质量媲美德国原厂，达到国际水平。

迪高建材（广州）有限公司通过多年来的不断努力，迪高产品广泛应用于机场、车站、展览中心、政府行政大楼、商业写字楼、医院、金融中心、购物中心、酒店和康体中心等，公司曾参建了香港赤腊角机场、香港地铁、香港沙田赛马会、澳门何东体育馆、中国珠海国际机场、天津轻轨、北京中央广播电视中心、北京海淀人民医院、北京儿童医院、北京高等人民法院、中国网通指挥中心大楼、中国移动通信、国家体育馆、国家博物馆、奥体中心、北京地铁五号线\北京地铁十号线、沈阳北站、沈阳地铁一号线、中国医科大学沈阳附属第一医院、合肥体育中心、杭州日报大楼、上海东方航空、上海浦东国际机场、上海地铁、广州塔、广州电信、广州新体育馆、深圳地铁五号线、深圳北站交通枢纽中心、成都联通通信大楼、越南河内酒店、新加坡高等法院、Singapore Nicoll MRT Station、Jurong West Bus Interchange、中东礼顿中心、南非约翰尼斯堡国际机场、摩洛哥国际机场、美国西雅图轻铁等众多项目，特别在香港，更成为香港政府建筑用材（金属天花部分）的指定供应商之一。

迪高建材（广州）有限公司凭着完美的产品品质和细致的客户服务，享誉业内，继而得到国内外客户的信任和支持。在追求产品质素的同时，我们不断发扬技术服务的优势，我们完全有信心通过迪高公司不懈的努力，必然能够让“迪高产品”更好、更多地服务于社会。

金屬天花系列 Metal Ceiling products
標準產品系列 Standard products
非標造型系列 Tailor-Made Products
靜電粉沫噴涂 Electrostatic Powder Coating
聚氨脂漆噴涂 P.V. Coating
納米陶瓷板 Nano Creamic Panel
牆板系列 Cladding products
氟碳噴涂 Fluorocarbon PVF2 Coating

厂部地址:广州增城市新塘镇朱宁公路宁西工业园
NingXi Industrial Zone, Road ZhuNing, XinTang Town, ZengCheng, GuangZhou
电话:8620-82966818　传真:8620-82961318

CONCEPT
洗涤业的骄傲/天天洗衣简介

"天天洗衣"始创于1991年，总部位于广州市新塘上邵工业区，由卢志基先生与外商徐湛滔先生共同创立。经过近20年的发展，经营范围已由原来单一的衣物、布草洗涤涵盖到 消毒产品、家庭日用洗护产品、电子商务等多功能经营的现代化企业。

"天天洗衣"自创办以来，始终坚持"诚信、求实、团结、创新"的经营理念，采用国外洗涤行业先进的管理模式，上规模、严要求、高标准。公司于2000年通过ISO9000国际质量管理体系认证，2001年成为"全国九运会专用洗涤服务机构"，2003年、2004年相继被认定为"广州市著名商标"、"广东省五星级洗涤企业"，卢志基先生并于2005年获得广东省人民政府颁发的"优秀民营企业家"称号。

"精心洗涤、洁净满意、持续改进、质量保优"是天天洗衣的质量方针，"天天人"除了精益求精做好洗衣外，还与国外优质品牌合作，首创国内超高端"天天.安娜"洗衣品牌，专门提供世界名牌衣物的洗涤护理，与欧洲化工研究机构共同开发研制出系列家庭洗涤用品，业务规模不断扩大，在连锁店中还提供羊城通充值、售卡、移动、联通缴费、售车票及电影票等多项电子商务的便民服务，以优质多元化服务广大消费者的同时，更从细节上关心消费者的每一个需求，以饱满的热情服务好每一位消费者。

T&T LAUNDRY HISTORY 天天洗衣发展历程

1991年-2000年 起飞时期

天天洗衣创立，成立第一家洗涤专门店，连锁经营规模不断扩大，花园式工厂建成投产

2001年-2004年 腾飞时期

2001年4月与广州地下铁道总公司签约合作，在地铁沿线各点均设立天天洗衣连锁店，天天洗衣全线进驻地铁站，设立便民服务网络，站站地铁都有天天洗衣，开创国内洗涤行业先河，并使洗衣行业更贴近时尚生活潮流，同时，令广州地铁服务更趋完善。

2001年11月中华人民共和国第九届运动会在广州举行，天天洗衣成为专用洗涤服务机构，这是国内首家以服务形式支持运动会的企业。

2003年、2004年，天天洗衣相继获得广州市工商行政管理局、广东省工商行政管理局认定为"广州市著名商标"、"广东省著名商标"，成为广大消费者和洗涤用户信赖的洗涤企业。

2005年至今 持续发展阶段

2005年、2006年、2007年天天洗衣不断进行自身的技术革新，力争稳定发展的同时，争取更多的发展机会。新时期，新阶段，天天洗衣进行营销渠道的拓宽改善，力争为每一个合作伙伴赢得最大的利益保证，

More than 150 stores Guangzhou Metro and all major communities throughout the

150多家分店
遍布广州地铁及各大社区

(社区分布图示)

ENTERPRISE CHAPER

20000多平方米的花园式厂房规模是信心的保证

"天天洗衣"总部位于广州市新塘上邵工业区，漂亮的花园式厂房占地面积突破20000平方米，工厂拥有全套现代化、专业的自动化洗涤设备，拥有150多家遍布广州地区的连锁经营店。每天，来自广州市区的待洗衣物被集中送到中央工厂，再由专业的技术工人进行专业的分类洗涤，以确保每　件衣物都能得到最专业的洗涤对待。

"添美然"护肤系列产品一览

完美莹润柔肤水　PERFECT CRYSTAL-LIKE MOISTURIZING SMOOTHING TONER

完美莹润滋养霜　PERFECT CRYSTAL-LIKE MOISTURIZING NUTRITIOUS CREAM

完美莹润精华乳　PERFECT CRYSTAL-LIKE MOISTURIZING ESSENCE MILK

完美莹润晚霜　PERFECT CRYSTAL-LIKE MOISTURIZING NIGHT CREAM

完美莹润眼霜　PERFECT CRYSTAL-LIKE MOISTURIZING EYE CREAM

完美莹润身体润肤露　PERFECT CRYSTAL-LIKE MOISTURIZING BODY LOTION

润手霜　PERFECT CRYSTAL-LIKE MOISTURIZING HAND CREAM

"T&T"洗涤系列产品一览

LAUNDRY LIQUID
超浓缩洗衣液

含除菌成份，令衣物经常保持清洁卫生。清洁成份，不但能迅速彻底清除污渍及污垢，更无损衣物原有颜色，使其光彩重现。

FABRIC SOFTENER
衣物柔顺剂
（罗兰香型、田园香型）

德国先进柔顺配方，适用于不同质地的衣物。有效去除和防止衣服产生静电，使衣服不易沾染灰尘。衣物自己顺挺无需再烫。持久保留清香。无磷环保配方。

BABY LIQUID DETERGENT
婴儿洗衣液

采用天然洁净剂，有助于衣物恢复天然弹性、柔软舒适，含有植物除菌成分，可以清除多种细菌和异味，防止洗衣时的二次污染，保护婴儿嫩弱的肌肤。

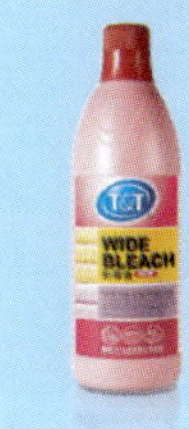

WIDE BLEACH
彩漂液

添加独特的污渍反应因子，该因子能自动搜索并与污渍迅速反应，彻底将其分脱落，洗后衣物洁净清爽，污渍不留痕迹，使彩色衣物更鲜艳，白色衣物更洁白，并可有效改善衣物的变黄、变旧现象。

DISHWASHING LIQUID 维E超浓缩洗洁精（柠檬香型）
快速去除餐具、厨具上的油渍、污迹；泡沫丰富，容易清洗，有效去除蔬菜、瓜果表面残留农药、细菌；无残留，安全无毒，性能温和，不刺激肌肤，保护双手。

LEATHER SOAP 皮革清洁剂
皮革清洁剂使皮革柔软、光滑，清洁后在皮革表面不留任何痕迹。

GLASS CLEANER 玻璃清洁剂
分解污垢，充分清洁；不易附尘，轻松易擦 无彩虹，不留水痕，持久光洁。

ANTISEPTIC GERMICIDE 消毒药水
杀灭微生物类型 肠道致病菌、化脓性球菌和致病性酵母菌等和医院感染常见细菌。
皮肤消毒（需经稀释后使用，只能外用）

SILK/WOOLEN DETERGENT
丝毛洗衣液

含有特效的增艳因子，令衣物鲜艳亮丽，常洗如新，特效护色因子，能有效减轻洗涤过程中的褪色现象，温和中性配方，保护丝毛纤维不受损伤，衣物洗后不变形。

LIGHT CLOTHING DETERGENT
内衣洗涤剂

有效清除血渍、奶渍、尿渍等顽垢，使用方便，抗硬水，溶解快，易洗、易漂，重污垢处可用原液直接除抹作预洗处理，洗衣前充分溶解污渍，洗后内衣柔软舒适、清香宜人。

以上产品天天洗衣连锁店均有销售

广州市广三保畜牧有限公司

广州市广三保畜牧有限公司位于增城市中新镇乌石村，是全国农业产业化重点农业龙头企业——广东省现代农业集团有限公司直属企业，也是广州市农业龙头企业，是目前我国规模最大、机械化程度最高的种猪繁育基地之一。

公司的前身是成立于1984年的中外合资企业广三保养猪有限公司种猪场，于1999年11月13日迁建增城市中新镇，2000年10月从美国引进当时世界上最优秀的长白、大白、杜洛克曾祖代种猪700头，经过十年的产学研合作，以及参加全国育种协会组交流，三个品种的优秀性状都得到进一步提高。2003年经过省政府批准改制登记注册为广州市广三保畜牧有限公司。2010年再次引进新美系长白、大白、杜洛克三个品种的新血缘，使我司种猪独立血缘达到五十多个。公司现已发展成为2750头核心群，五条年产一万头大猪的现代化养猪生产线的大型现代化种猪场，每年向社会提供优质种猪20000多头，优质瘦肉型商品活猪20000多头，供港澳活猪10000多头。

本司是中国出入境检验检疫出入境动物养殖企业，是华南地区种猪精液供应中心。创建了“广三保”品牌种猪，获得“中国国际农业博览会名牌产品”和“广东省名优产品”称号。公司先后通过“农业部无公害产品”、“广东省无公害农产品产地”和ISO9001:2000质量管理体系认证，是“广东省原种猪场”、“广东省健康农业科技示范基地”、“广东省健康与卫生合格猪场”，被评为首批“广东省重点生猪养殖场”，第一届 “健康养猪技术大赛”二等奖。

地址：广州增城市中新镇乌石村

联系人：崔焕彝　13609768392　施华辉　13702254363

　　　　李成军　13926059175　黄泽猛　13660164515

邮编：511365

电话：020-82861278 82861682 82863480 82861108

传真：020-82868875

广州植之元油脂有限公司

广州植之元油脂有限公司系广州东凌粮油股份有限公司成员企业。历经十年发展和积累，公司扩张兴建了南沙生产基地，并以此为基础重组为“东凌粮油”在深圳证券主板上市（证券简称：东凌粮油，证券代码：000893），成为国内A股市场首家大豆加工企业，业务包括油脂压榨、粮食贸易、基础物流等，其所属“植之元”企业品牌历经十年凝练，以其稳定品质和优良服务在市场中享有崇高的声誉。

公司所在地位于广州增城市新塘镇，尽管其工艺设备已使用了十多年，但生产效率和自动化程度仍非常高，从原粮接收到产品出厂，全部自动化控制，每天可加工处理大豆3,000吨，年加工能力可达100万吨，2009年实现产值10.57亿元，创利税6732万元。

公司为我国最重要的商品期货交易所——大连商品交易所的注册交割库，在保障本区域粮食安全及城乡居民菜篮子工程建设方面发挥着重要的积极作用。

公司依托东凌集团强大的实力背景（详情可浏览http://www.dongling-group.com），拥有庞大的终端用户体系、完善的营销体系。公司同时利用广州华南粮食交易中心第三方市场平台、广州南沙粮食专用码头等专属配套资源及相关经营者的市场背景资源，组合以粮油为主的农产品供应资源，努力建设良好的营销环境，在粮油加工及农产品购销、综合物流服务等方面具有独特的优势。

如需了解公司更多信息，可浏览http://www.dongling.cn。

地址：广州增城市永和汽车工业城东路71号
电话：020-82979918
传真：020-82979919
邮编：511356

广州市贝力机床有限公司

广州市贝力机床有限公司，是生产锻压设备的专业工厂。主要产品有剪板机、折弯机、卷板机，开卷校平剪切线等产品。公司占地面积28万平方米，建筑面积1.2万余平方米，建有标准厂房，综合办公楼等设施。绿化面积达6000平方米。公司环境优美，设备齐全，拥有一支以专业工程师，技师为主体的技术队伍。具有设计、开发、制造加工标准系列产品和非标准大型设备的能力。公司坚持以人为本，用户至上的原则，具有严格的管理制度，健全的质量保证体系和优良的售后服务系统。产品广泛适用于机械制造、汽车、钢结构、电器、不锈钢制品，工程装饰等行业，公司宗旨：质量第一，用户至上，不断创新。愿我们的产品与努力带给你成功的喜悦！

贝力机床从诞生的那一天起，就致力于为制造业提供最优的解决之道。在全球化的进程中，我们立足本土，放眼世界，以严谨的专业精神，勇于创新的研发能力，坚如磐石的力量，向着明天更好、更强、更高的目标迈进。贝力以人为本，用户至上的原则是贝力人的行为准则，并不懈地贯穿于企业经营之始终。

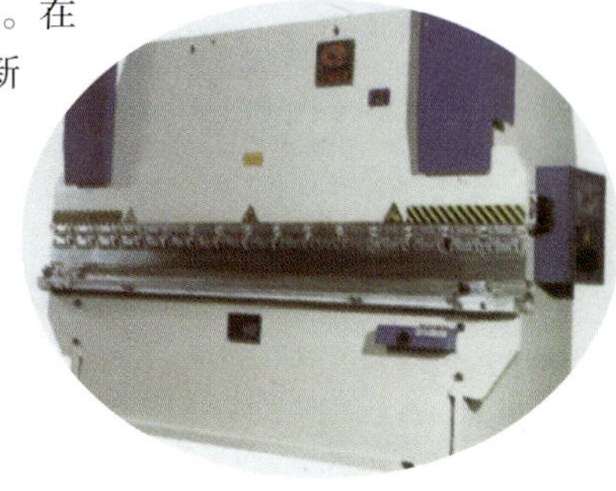

地址：增城市朱村街南岗工业园（广汕公路旁）
电话：020-82852853
传真：020-82859239

广州市增城鑫顺五金加工厂

铝制汽车散热器成品，种类齐全

公司办公大楼

广州市鑫荔汽车散热器有限公司专注于发电机组，重卡，汽车，工程机械，空压机等设备配套散热器的设计生产的专业企业。

公司位于广东省广州市增城工业开发区，毗邻珠三角，交通便利。公司设备及工艺先进，检测手段完备，拥有氮气保护连续钎焊炉、翅片成形机、制带机、波峰焊机等散热器专业设备以及液压成型、冲剪、机加、焊接、涂装等通用设备，铝质散热器与铜质散热器年综合生产能力上万台套以上，产品百分之四十以上出口。曾先后为康明斯，上柴等发电机组配套，生产相关设备。

铝制汽车散热器成品展示

主要产品有：东风康明斯系列、重庆康明斯系列等发电机组水箱及中冷器；斯太尔、欧曼、红岩，解放，东风等卡车水箱及中冷器；各类轿车水箱、冷凝器等车辆散热器；及设计开发各类型机械设备配套散热器。

康明斯K19-G7配套散热器成品展示

公司重视科技创新，具有较强的研发能力，散热器工装模具自主设计制造，新品开发速度快；公司秉承“铸人品，造精品”的企业理念，通过实施ISO9001：2000《质量管理体系》，进一步建立了自我完善和持续改进的体制。专注于更好的服务我们的广大客户。

广州市鑫荔汽车散热器有限公司愿以优质的产品和可靠的信誉为用户提供优质服务，并竭诚邀请各界朋友携手合作，共求发展。

为国内大型机电厂配套散热器

铜制汽车散热器成品展示一

铜制汽车散热器成品展示二

康明斯发电机配套散热器系列

厂区厂房

厂间钣金部

广州新滔水质净化有限公司

2010年8月4日，叶牛平市长登上好氧厌氧池视察本厂

广州新滔水质净化厂位于广州新洲环保工业园内，占地100亩。集中统一处理园内洗水、漂染等厂家排放的工业废水和生活污水及其它废水。首期于2003年开始建设2004年5月份投入调试运行，首期设计规模为日处理综合污水5万立方米，二期设计规模为日处理综合污水5万立方米，于2007年开始建设，2009年通过环保竣工验收。净化厂首期采用以生化为主，结合选择性物化的处理方法（简称CEAO）设计，并在此基础上，采用自主开发的聚氨脂填料，将CEAO工艺改造成为“脉冲——循环硫化床”工艺，该技术具有创新性，在国内甚至国际上都处于领先地位。工业园区的工业废水及生活污水经过我厂处理后，各项指标排放标准执行广东省地方标准（《水污染物排放限值》DB44/26-2001）。

选择性物化池

新滔水质净化厂从投入运行至今，为当地的环保及节能减排做出了突出贡献，受到了各方的好评，已接待各省市环保部门和有关单位来厂参观考察人员多批。2007年9月被国家纺织产业协会评为2007年国家重点环境保护实用技术“示范工程”。

水质过滤池

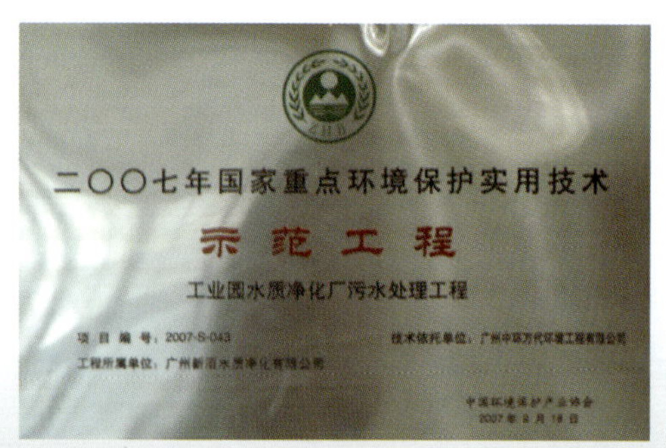

2007年国家重点环境保护实用技术示范工程

辐流沉淀池

净化厂全景

運豪集團
Wan Ho Holdings Inc.

运豪集团，是集产品设计、科研开发、工业制造、市场营销及售后服务于一体的多元化集团企业。集团现有职工三千余人，具有二十多年合金仿真模型车、合金塑料玩具产品、五金制品和彩膜、头盔等的生产经验，拥有高精密计算机锣床、西德进口啤机、德国自动震机、静电生产线、四色(六色)柯式印刷机、全自动计算机过程控制调色系统等先进设备，在严格要求与精湛技术支持下所生产之产品在欧美等国家享负盛名，亦获客户高度评价。此外，集团拥有专利技术二十余项，在同业中被推崇为勇于创新的典范，曾荣获香港新创办中小企业银奖、全国发明展览会金奖、香港生产力促进局生产力奖及香港科技园科技成就奖等多项奖项，年出口额达到3.0亿港币，当之无愧成为行业翘楚。

运豪集团秉承“以客为尊、以勤为本、以质取胜、以效创利”的企业精神，重视质量与效益，已建立各项完善的生产与管理系统，重视员工的培训教育与生活质素，经常接受各界的参观和采访，包括与粤港两地多间大学和机构组织的学员实地参观、上课。同时，集团在不断提升效益的同时，不忘回馈社会，承担起对社会的责任，多年来不断得到各级政府的嘉许和奖励。

地址：香港屯门天后路18号南丰工业城3座1楼1-6室
TEL ： (852) 2469 2228 FAX： (852) 2466 2992
E-mail：hk.office@wan-ho.com

工厂：中国广东省增城市沙庄街
TEL ： (8620) 8291 5168 FAX： (8620) 8291 5968
工厂 ：中国广东省东莞市石碣镇西南村银河北路268号
Tel ： 0769-8138 2666 Fax:0769-8138 2661
E-mail：china.office@wan-ho.com

企业简介 CORPORATION INTRODUCE

广州市枫源化工有限公司成立于2003年，厂房占地面积4万多平方米，其年生产能力达5万吨以上。经多年的发展与实力积聚，取得了良好的销售增长及企业的发展，并于2009年10月获CVAwards 2009最具潜力企业，“好日子”荣获广东省著名商标，枫源漆荣获“中国驰名商标”。

公司成立之始，就立志于创造百年文化品牌的目标。09年12月，枫源化工礼聘影视巨星范冰冰小姐为枫源好日子品牌形象代言人，更加形象地体现出枫源好日子的独特形象和市场影响力，巨星范冰冰小姐助力枫源，开始全方位的形象推广活动，从电视、网络、报纸、杂志、户外广告到各种助销物料，枫源好日子漆将携手范冰冰走进千家万户。

公司引进国际先进的技术，推行全面质量管理，敏锐、富有创意的思维与先进、科学规范的管理赋予枫源化工勃勃生机与活力，尖端的研发技术与生产能力结合全面质量管理，建立起枫源化工的质量保证体系，先后通过了ISO9001质量管理体系、ISO14001环境管理体系认证及中国环境标志、3C强制性产品等认证，组建了由华南理工大学和广东石油化工研究院专家教授领衔的20多人的技术团队，团队成员均有丰富的从事特种涂料行业工作经验。国家级科研大楼以及全新引入国内外先进的生产及检测设备，都为枫源化工的技术创新及产品品质的不断提升注入绵绵不绝的动力。

对质量的严格要求及在技术团队的共同努力下，2010年2月22日，广州市枫源化工“水性多功能环保型丙烯酸涂料创新项目”获广东省专家组验收通过，这标志着国内水性涂料技术创新的一次重大突破与创新；此外，纳米隔热玻璃涂料获政府技术创新奖。

枫源化工致力于为社会环保事业作贡献。研发的新产品：“竹碳系列墙面漆”具有强效净化空气，消除室内异味，可抗甲醛、苯等有害物质，可杀灭大肠埃希氏菌、金黄色葡萄球菌等卓越功能，全面保护家人健康！而“低碳系列墙面漆”产品具有低碳节能、隔热保温，防潮防霉、防火防虫、吸收异味、净化空气等功能；枫源化工致力于研发环保新产品，体现了造福社会及对大众生活的关爱。

技术创新将为枫源化工插上二次腾飞的翅膀。枫源化工将以更优异的产品、更完善的服务、更人性化的事业平台、更为有效的营销模式为更多的经销商及用户带来更绚丽的人生色彩！

四大荣誉品牌

广州市枫源化工有限公司
地址：广东省增城市中新镇九和工业区 邮编：511365
电话：+86 20 8286 2222 传真：+86 20 8286 7368
网址：www.gdfengyuan.cn

GUANGZHOU CITY FENGYUAN CHEMICAL CO.,LTD
Add: JiuHe industrial zone,ZhongXin Town,ZengCheng,Guangdong province
Tel: +86 20 8286 2222 Fax: +86 20 8286 7368 P.C: 511365
Http: // www.gdfengyuan.cn

ACT 广州爱奇实业有限公司
GUANGZHOU ACT CORPORATION

Tel:020-3879 9111 Fax:020-3879 9100 http://www.actcorp.cn

工厂全貌

广州爱奇实业有限公司（GuangZhou ACT Corporation）成立于2001年，其生产基地位于广州市增城，占地面积10万平方米,是一家集研发、生产、销售、服务于一体的专业体育设施生产服务商。经过多年不懈的努力和发展，ACTurf爱奇草、BSM百橙草、速格02拼装式运动地板、ACT爱奇看台座椅等业已成为了国内外众多体育场馆建设的首选产品。

2008年北京残奥会的闭幕式上，“鸟巢”中央场地呈现的一封由ACTurf（爱奇草）人造草坪与鲜花构成的“给未来的信”，令全球观众为之赞叹，而正是这一份荣誉，使得ACTurf爱奇草成为了人造草产品的真正明星；2009年，爱奇实业与第16届亚组委成功签约，正式成为第16届亚运会体育场馆专业看台座椅供应商；2010年，爱奇实业成为第三届亚洲沙滩运动会首批签约合作伙伴，标志着爱奇实业正式成为继“2010年广州亚运会”之后又一大型国际性体育赛事的赞助企业，进一步巩固和提高了公司品牌的国际影响力和知名度。

“致力成为技术领先、以服务为核心、倍受尊重的国际体育产业集团”，是爱奇实业为之奋斗的企业愿景。展望未来，爱奇实业的发展将跨入一个更加璀璨的新里程，必将与全球体育事业共同进步，共创辉煌！

盛唐·世纪广场

东广州首席超大型国际购物中心

2010年，在住宅投资市场受限制的情况下，人们纷纷转向商业物业，商业地产成为最大受益者。盛塘置业有限公司携手东华村委会，斥10亿巨资打造的40万 m^2 超大型国际购物中心——盛唐·世纪广场，是新塘中心城区升级改造战略重点项目之一，也是增城市“三旧改造”试点的重点项目，并被列为广州市重点商业网点。盛唐·世纪广场以其优越的条件，投资前景一直被市场看好。

城市核心地段，缔造新塘财富新标杆

广州首条郊区铁路2010年底直通新塘、穗莞深轻轨2011年建成在新塘换乘、地铁13号线2012年延伸到新塘，广深动车组也将在2011年新塘设站，新塘即将成为广州东部交通枢纽中心，极大促进广州东部的人流、物流向新塘汇聚。项目位于所在城镇发展的核心地带，是新塘的政治、经济、文化中心。107国道、新塘大道、府前路等多条交通干线汇聚，紧靠解放北路传统繁华商业圈，周边大型高档住宅区环绕，集中了城区最旺盛的人气和最强大的消费力，缔造财富新标杆。

40万 ㎡ 商业航母，一站式消费天堂

盛唐·世纪广场毗邻新塘政府，是集购物、休闲、商务、酒店、居住、文化、旅游等功能于一体，涵盖大型百货、品牌超市、潮流服饰、中西美食、康体娱乐、风情酒吧街、IMAX巨幕3D影院、水幕电影、商务酒店及写字楼的大型商业中心，建筑面积逾40万平方米，设3000多个停车位。规模宏大，业态丰富，全方位满足消费者吃、住、游、购、娱等不同生活需求，24小时精彩不断，令人流连忘返！

10亿巨资打造，成就辉煌大钱景

盛唐·世纪广场总投资逾10亿元，设计师巧妙利用缓坡地形，独创三首层商业平台；市民中心文化广场、主入口下沉式广场、中心景观休闲广场互为呼应，汇集旺盛人流；阳光中庭商业街和景观连廊纵横交错，自动扶梯与观光电梯上下贯通，内外景观融为一体；更设有空前规模的3000个停车位，引导人流到购物中心每个角落，有效提升创富速率，成就辉煌大钱景。

出租自营两相宜 实现共创共赢

盛唐·世纪广场实行租售并举的运营方式，大多数商铺由发展商持有，将自己的利益和业主商户的利益捆绑一起，吸引知名度高、实力雄厚的主力商家进驻，铺就商业经营的坦途，与商户、投资者共创共赢。投资者拥有40年使用权，兼享商铺、租金升值双利；部分商铺返租经营，确保投资者长年收益。

盛唐·世纪广场
Century MALL
40万m²超大型国际购物中心
广州东翼第一MALL
一个新崛起的超大型国际购物中心
一块人气鼎盛的黄金宝地
一艘政府重点支持的商业旗舰
一个东广州的财富新地标
一座成就富贵三代的传世金库
广州·新塘
Tel:020-3288 3288
开发商:新塘镇东华村委会　投资商:广州市盛塘置业有限公司
CHANEL
N°5

增城颖海染厂有限公司是港资企业,主要经营染整色纱、色布。是集生产、经营、贸易于一体的综合性纺织企业，拥有自营进出口权。

公司始建于1998年12月，位于增城市新塘镇沙滘村，拥有员工约1500多人。厂房占地面积约300亩，总资产为港币6727万元。主要生产设备包括染色机128台、定型机8台、翻纱机76台、蒸汽烘干机12台、高频微波烘干机4台、缩水机3台、脱水机10台、平幅机2台、蒸汽锅炉35吨1台（备用15吨2台、10吨2台）导热油炉4台。年生产染整各类色纱10000吨，色布15000吨，目前是增城市最大的染整企业之一。

公司一贯坚持品质第一信念，使用欧州标准的环保原料，通过先进的设备和技术，严把品质控制关，以满足客户的需要。

地址：增城市仙村镇沙窖大洲

邮编：511335

TEL：（020）82936695 布厂

（020）82936290纱厂

FAX：（020）82936690 布厂

（020）82936297纱厂